NÚMEROS

Kabbalah Centre Publishing es una DBA registrada de:
Kabbalah Centre International, Inc.

Para más información:
The Kabbalah Centre
155 E. 48th St., New York, NY 10017
1062 S. Robertson Blvd., Los Angeles, CA 90035

Primera edición en inglés: agosto 2008
Primera edición en español: abril 2014

es.kabbalah.com

ISBN: 978-1-57189-934-7
Impreso en Canadá

Diseño gráfico: Shlomit Heymann
Diseño: HL Design (Hyun Min Lee www.hldesignco.com)

La Biblia Kabbalística

NÚMEROS

TECNOLOGÍA PARA EL ALMA™

KABBALAH
CENTRE
PUBLISHING

es.kabbalah.com

ÍNDICE

INTRODUCCIÓN

En arameo, la palabra *bemidbar* significa "en el desierto", lo cual es apropiado, dado que el desierto es el ambiente de este cuarto libro de los Cinco Libros de Moshé. Para percibir a completitud el significado espiritual interno del Libro de Números, es importante comprender la energía innata del desierto; tanto para los israelitas como para nosotros mismos. La palabra "desierto" en este contexto es más que solamente el entorno físico: ésta representa los obstáculos y, a su vez, una oportunidad de traer la Luz a nuestra vida.

Desde una perspectiva kabbalística, el desierto es, primero y principal, un espacio desolado, un vacío espiritual. Está muerto y es estéril, y carece de la Luz del Creador tanto como la superficie de la Luna carece de vida. Aquí, en este paisaje árido, con Moshé como su líder, los israelitas hicieron su largo y lento recorrido a la tierra de Canaán. Este viaje incluyó muchos percances, mucha frustración y bastante caos a cada paso del mismo. En realidad, no pudo haber sido de otra manera, dado que los israelitas se estaban liberando de generaciones de esclavitud en Egipto. Kabbalísticamente hablando, estaban saliendo del dominio del *Deseo de Recibir para Sí Mismo Solamente*, pero no sabían en qué estaban metiéndose. De pronto se encontraron en un entorno espiritualmente sin vida en el cual la tan familiar negatividad de la esclavitud egipcia tenía que ser sustituida con alguna conexión con la Luz.

Después de todo, la esclavitud es, paradójicamente, una clase de libertad. Cuando somos esclavos, alguien más es responsable de cada aspecto de nuestra vida; si somos infelices y estamos insatisfechos, podemos culpar al amo. Pero cuando nos libramos de la esclavitud, de pronto nos damos cuenta de que necesitamos asumir la responsabilidad por nosotros mismos; ahora depende de nosotros si nuestra vida será dominada por el caos o por la realización.

Mientras eran esclavos en Egipto, los israelitas podían considerarse víctimas; y esta mentalidad de víctima era la verdadera esclavitud egipcia. Esta clase de esclavitud —la mentalidad de víctima— tiene sus desventajas, pero puede ser adictiva y, como la mayoría de las adicciones, ofrece un escape conveniente para evitar lidiar con los problemas personales. El éxodo de los israelitas de Egipto conllevó a una libertad genuina y a un control sobre su propio destino, pero esto resultó ser un panorama sorpresivamente incómodo para ellos. De pronto era más conveniente y mucho más fácil para los israelitas verse como esclavos y víctimas, y culpar de todo a los egipcios. De esa manera, podían decir que los eventos en sus vidas estaban, simplemente, "fuera de su control".

La verdad es que ningún acontecimiento jamás está fuera de nuestro control. Es nuestra naturaleza reactiva lo que nos aparta de esta comprensión. Cuando aceptamos la libertad verdadera, tenemos el desafío de vernos en el espejo y asumir la responsabilidad por cualesquiera que sean el caos y dificultades que nos ocurren. La aceptación de esta libertad verdadera fue la causa de los obstáculos internos que los israelitas enfrentaron en el desierto. Y el caos y la dificultad que esto acarreó fue el fundamento para su resistencia al cambio, una resistencia que alcanzó su punto máximo en Números 14 cuando los israelitas, literalmente, rogaron regresar a la esclavitud:

> "¿No sería mejor que regresáramos a Egipto? ... ¡Permítenos regresar a Egipto!"
> *(Números 14:3-4)*

Al leer estas palabras en el siglo XXI, podría sorprendernos la falta de gratitud por la mayor oportunidad que se les había presentado. ¿Cómo podían ser tan débiles de espíritu que querían regresar a la esclavitud? No obstante, la realidad es que nosotros mismos expresamos muchos de estos mismos sentimientos todos los días. Cuando sentimos que es "muy difícil" ser una persona verdaderamente dadora, estamos buscando una manera de regresar a nuestro Egipto personal. Cuando el Deseo de Recibir para Sí Mismo Solamente luce tan tentador y seductor, nuestro deseo es regresar al servicio del Faraón, alguien a quien podamos culpar por nuestra infelicidad, dolor e incomodidad.

> *Rabí Yosi dijo: ¿Cuánto tiempo hemos de soportar el exilio hasta que llegue ese tiempo? Y el Santísimo, bendito sea Él, hizo depender todo de si ellos expiaban sus pecados y se arrepentían, si ellos merecían o no* LA REDENCIÓN, SI SE ARREPINTIERON O NO. *Como está escrito: "Yo, Dios, apresuraré su tiempo" (Isaías 60:22). Si son merecedores,* ESTO ES: SI SE ARREPIENTEN, *"Yo...apresuraré su tiempo", pero si no son dignos,* ESTO ES: SI NO SE ARREPIENTEN, *entonces, "en su tiempo".*
> — *El Zóhar, Vayerá 32:454*

Los conceptos de esclavitud y libertad verdadera en el Libro de Números como tal tienen una importancia enorme para nuestra situación actual en la historia de la humanidad y para el mundo en el que vivimos ahora. No nos equivoquemos: estamos en el nacimiento de una nueva era en la historia. Después de todo, esta es la Era de Acuario.

La felicidad máxima que el Creador tiene destinada para nosotros finalmente será alcanzada, mientras que el caos y la negatividad tendrán fin de una vez por todas. Sin embargo, a medida que entramos en esta nueva era, la humanidad enfrentará las mismas dudas, temores y resistencia interior que el pueblo de Israel sintió durante sus años en el desierto.

Hay varias ventanas de oportunidades en el período de 6.000 años de transformación en las cuales podemos producir la paz mundial mediante un cambio proactivo de nuestra naturaleza. El *Zóhar* provee suficiente información acerca de estas oportunidades y las señales que anuncian su llegada. Muchas veces, las dificultades y los obstáculos aparecen para proporcionarnos una oportunidad para crecer y evolucionar espiritualmente. Si no estamos conscientes de esta verdad, nuestra tendencia será reaccionar con desesperación y angustia. La conciencia crea nuestra realidad; por lo tanto, nuestros pensamientos negativos y dudas son como profecías autocumplidas. Cuando reconocemos que estos desafíos son oportunidades para una transformación positiva, garantizamos una vida llena de propósito; a diferencia de la ilusión del caos fortuito. El *Zóhar* dice:

¡Felices son aquellos que permanecerán en el mundo al final del sexto milenio y entrarán al Shabat, QUE ES EL SÉPTIMO MILENIO, porque ese es un "día" para Dios solamente para unir LA HEI apropiadamente, y seleccionar nuevas almas para traerlas al mundo! ESTO SE REFIERE A LAS ALMAS QUE AÚN NO HAN VENIDO AL MUNDO, junto con LAS ALMAS RENOVADAS que han estado allí desde el principio, como está escrito: "Y sucederá que el que ha quedado en Tsiyón, y el que permanece en Yerusháláyim, serán llamados santos, cada uno de los que están inscritos para la vida en Yerusháláyim" (Isaías 4:3).

El Zóhar, Vaerá 34:483

El volumen que ahora tienes en tus manos es un verdadero tesoro kabbalístico y un gran avance en este trabajo. Este libro representa un gran logro en la meta del Centro de Kabbalah de traer la Luz del Creador a toda la humanidad. La visión, misión y principal razón de ser del Centro es traer la Luz del Creador al "desierto" en el que ahora se encuentra el mundo. Que este Libro de Números llene tu vida con Luz y que los relatos en estas páginas te guíen a la Tierra Prometida espiritual, la cual es tu verdadero destino.

BEMIDBAR

LA LECCIÓN DE BEMIDBAR
(Números 1:1-4:20)

Bemidbar significa "en el desierto" en arameo. Sabemos que el desierto es un lugar inhóspito: cualquiera puede ir y hacer lo que desee. Por generaciones, los kabbalistas han ido al desierto por razones espirituales. Era como exiliarse por un tiempo; ir a un lugar en el que no había nada, de modo que sintieran que no tenían nada. Rav Berg dice que una de las razones por las cuales los kabbalistas iban al desierto era porque allí es donde mora el Satán y, por lo tanto, el desierto es el lugar en el que deberíamos construir nuestro Tabernáculo personal. Nuestro trabajo espiritual es traer Luz a los lugares en los cuales no la hay.

El desierto y Avraham

La palabra *bemidbar* tiene el mismo valor numérico (248) que el nombre Avraham (Abraham). Aquí, en el Capítulo de Bemidbar, la Biblia nos proporciona una herramienta para conectar con la Luz del Creador a través del conocimiento de que cuanto más seamos como Avraham el Patriarca, más podemos atraer Luz a lugares oscuros.

Avraham es conocido como la Carroza de la Sefirá de Jésed, la cual expresa benevolencia, compartir y misericordia. Los sabios enseñan que a fin de que podamos conectar con la Luz, el principio de "igual atrae a igual" debe aplicarse. Dado que el Creador incluye el dar y el amor incondicional, nosotros también debemos convertirnos en seres dadores para conectar con esta Luz. Pero, ¿qué significa realmente esto? Muchas personas creen que con sólo compartir un poco es más que suficiente; pero nada está más lejos de la verdad. El verdadero compartir tiene que doler; tiene que sentirse como si hubiésemos entregado parte de nuestra alma. Además, el verdadero compartir incluye el interés genuino por la otra persona a quien le estamos dando; sin sentir que nos deben algo por lo que hemos hecho. En otras palabras, se trata de ejercer el dar incondicional sin intenciones ocultas.

Hay un relato acerca de Rav Aharón de Carlín, quien llegó a cierta ciudad y percibió el olor del Jardín de Edén. Al acercarse a una casa, se dio cuenta de dónde provenía ese aroma. Entró a dicha casa y la esencia lo llevó a una habitación donde estaba un traje de payaso. Cuando le preguntó al dueño de la casa acerca del traje, el dueño dijo: "Yo recaudo dinero para caridad en la ciudad. Cualquier persona que necesita dinero puede venir a mí y yo salgo a recaudarlo por ellos. Una noche, un hombre se me acercó y me preguntó si podía recaudar dinero para él; así que salí, pero nadie me daba nada. Minutos después de que regresara, otra persona vino y rogó que saliera a buscar dinero para él también, así que salí, pero fallé de nuevo. Un rato después, otra persona se acercó. Le dije que ya había intentado dos veces esa noche y que nadie me daría dinero, pero él me lo imploró, así que salí y pedí nuevamente a las personas a quienes ya les había pedido. Finalmente, los convencí; al final tenía la cantidad exacta que este hombre había pedido. Se la entregué y luego sólo deseaba irme a dormir.

Justo entonces, alguien tocó mi puerta. Era un hombre pobre, rogando que lo ayudara. Yo quería ayudarlo, pero ya les había pedido dinero a todos los que conocía. Finamente, se me ocurrió una idea. Recordé a un hombre rico que detestaba dar dinero para caridad, pero tal vez la Luz le haría hacerlo tan sólo esta vez. Así que le dije al hombre que esperara y, con la ayuda de Dios, obtendría lo necesitaba.

Fui a buscar al hombre rico y lo encontré en una taberna, ebrio. Cuando le dije lo que estaba ocurriendo, me recordó que él nunca daba caridad. Incluso su familia no recibía más de lo absolutamente necesario. Pero luego agregó: 'Dado que estoy de muy buen humor ahora, te daré el dinero si haces algo por mí. ¡Todo lo que quiero que hagas es que uses un traje de payaso y pasees por la ciudad!', y el hombre se rió a carcajadas. Pensó que nadie haría tal cosa porque se burlarían de él y sería ridiculizado por los habitantes de la ciudad.

Pero pensé: 'Si no hago esto, habrá un hombre pobre que se quedará sin nada'. Así que le dije al hombre rico que haría lo que solicitaba. Tomé el traje de payaso y me lo puse. Como era de esperar, se rieron de mí, me despreciaron y me ridiculizaron. Pero obtuve el dinero para el hombre pobre".

Al escuchar esta historia, Rav Aharón le dijo al dueño de la casa: "Debido a tu acción dadora desinteresada, si eres enterrado con ese traje de payaso, tu alma irá directo al Cielo".

Este relato enseña el significado de compartir más allá de nuestra zona de comodidad. No tenemos que llegar al nivel del hombre en la historia. No tenemos que ser despreciados ni ridiculizados pero, al menos, deberíamos desear llegar a ese nivel. El deseo intenso de dar es lo que realmente nos conecta con la Luz.

SINOPSIS DE BEMIDBAR

La palabra *bemidbar* significa "en el desierto". El *Zóhar* dice que la Torá fue revelada en el Monte Sinaí porque el desierto es el lugar en el cual mora el Satán. Los kabbalistas solían meditar allí para derrotar al Satán en su propio territorio. Es importante confrontar al Satán en donde es más fuerte, porque de esta manera podemos experimentar una transformación verdadera. Debemos lograr la victoria contra el Satán cuando él es fuerte y nosotros somos débiles.

Uno dijo al otro: Ciertamente, el Santísimo, bendito sea Él, desea ser alabado con alabanzas de la generación del desierto, ya que nunca existió generación tan elevada como esa generación, y no la habrá hasta la llegada del Rey Mesías. En verdad, todo lo que nos mostró el Santísimo, bendito sea Él, fue sólo para informarnos acerca del gran amor de su Señor por ellos; para dejarnos saber que ellos tienen una buena porción y merecen el Mundo por Venir. En el futuro, cuando el Santísimo, bendito sea Él, reviva a los muertos, éstos, LA GENERACIÓN DEL DESIERTO, serán destinados a levantarse primero, como dice: "'Vivirán tus muertos…'" (Isaías 26:19). Eso se refiere a la generación del desierto.
— El Zóhar, Shlaj Lejá 29:214

PRIMERA LECTURA – AVRAHAM – JÉSED

1 ¹ **E**l Eterno habló a Moshé en el desierto de Sinaí, en la Tienda de Reunión, el primer día del segundo mes del segundo año de su salida de la tierra de Egipto, para decir:

² "Censen a toda la congregación de los hijos de Israel por sus familias, por sus casas paternas, según el número de nombres, todo varón, uno por uno; ³ de veinte años en adelante, todo el que sale al ejército en Israel: tú y Aharón los contarán según sus ejércitos.

⁴ Con ustedes estará un hombre de cada tribu, cada uno jefe de su casa paterna. ⁵ Y estos son los nombres de los hombres que estarán con ustedes: de Reuvén, Elitsur, hijo de Shedeiur. ⁶ De Shimón, Shelumiel, hijo de Tsurishadái. ⁷ De Yehuda, Najshón, hijo de Aminadav. ⁸ De Yisajar, Netanel, hijo de Tsuar. ⁹ De Zevulún, Eliyav, hijo de Jelón.

¹⁰ De los hijos de Yosef: de Efráyim, Elishama, hijo de Amihud; de Menashé, Gamliel, hijo de Pedatsur. ¹¹ de Binyamín, Avidán, hijo de Guidoní. ¹² De Dan, Ajiézer, hijo de Amishadái.

COMENTARIO DEL RAV

Todo el cuarto Libro de Moshé, Bemidbar, se refiere a ese lugar, el hábitat en el cual el Satán tiene su cuartel general.

Si alguien se ha preguntado alguna vez, como yo lo hice, por qué ese agradable chico judío Bugsy Segal decidió construir en Las Vegas, es porque él sabía exactamente dónde ganaría la casa; porque el desierto es la morada del Satán. No puedes ganar allí. Incluso en el béisbol o el fútbol americano, el equipo de la casa usualmente gana: en el estadio de la casa hay una atmósfera en la cual la gente da energía, como muestran las estadísticas: el equipo de la casa usualmente es el favorito.

En Bemidbar encontramos a los israelitas en el *midbar*, en el desierto. Este cuarto Libro de Moshé probablemente sea el más interesante de todos los libros de Moshé;

al menos a nivel superficial. ¿Por qué? Porque cualquier película que quieras crear —cualquier tema, ya sea *sexy*, audaz o extraño—, hay drama emocionante para ello en este libro. Es aquí donde un buen director de películas o guionista encontrará su material. No hay mejor lugar en el mundo, Bemidbar lo tiene todo.

Cuando hablamos de Bemidbar, este es el lugar del Satán. Lo que el *Zóhar* nos dice aquí es que estamos en el campo de juego del Satán. Todo el día, toda la noche, estamos siempre en su terreno; es decir, que tan importantes como creamos que somos —tomando decisiones, ganando dinero, prestigio o lo que sea— si no tenemos lo que encontraremos en esta sección y la siguiente, entonces estamos perdidos. ¡Estamos perdidos! Al final, el equipo de la casa gana. El equipo de la casa gana; no hay forma de salvarse de ello.

PRIMERA LECTURA – AVRAHAM – JÉSED

1 1 וַיְדַבֵּ֨ר רְאה יְה֥וֹוָאדֹנָיאֱהֹוִנֹהי אֶל־מֹשֶׁ֧ה מהיע, אל שדי בְּמִדְבַּ֥ר אברהם, ו"פ אל, רמו"ו

סִינַ֛י נמס, ה"פ יהוה בְּאֹ֥הֶל לאה מוֹעֵ֑ד בְּאֶחָ֣ד אהבה, דאגה לַחֹ֧דֶשׁ י"ב הויות הַשֵּׁנִי֛

בַּשָּׁנָ֧ה הַשֵּׁנִ֛ית לְצֵאתָ֥ם מֵאֶ֥רֶץ אלהים דאלפין מִצְרַ֖יִם מצר לֵאמֹֽר׃ 2 [שְׂא֗וּ]

אֶת־רֹ֗אשׁ ריבוע אלהים ואלהים דיודין ע"ה כָּל־ ילי עֲדַ֣ת בְּנֵֽי־יִשְׂרָאֵ֔ל לְמִשְׁפְּחֹתָ֖ם

לְבֵ֣ית ב"פ ראה אֲבֹתָ֑ם בְּמִסְפַּ֣ר שֵׁמ֔וֹת כָּל־ ילי זָכָ֖ר לְגֻלְגְּלֹתָֽם׃ 3 מִבֶּ֨ן

עֶשְׂרִ֤ים שָׁנָה֙ וָמַ֔עְלָה כָּל־ ילי יֹצֵ֥א צָבָ֖א בְּיִשְׂרָאֵ֑ל תִּפְקְד֥וּ אֹתָ֛ם

לְצִבְאֹתָ֖ם אַתָּ֥ה וְאַהֲרֹֽן ע"ב ורביע ע"ב׃ 4 וְאִתְּכֶ֣ם יִֽהְי֔וּ אל אִ֥ישׁ ע"ה קנ"א קס"א

אִ֖ישׁ ע"ה קנ"א קס"א לַמַּטֶּ֑ה ע"ה קנ"א קס"א רֹ֥אשׁ ריבוע אלהים ואלהים דיודין ע"ה

לְבֵית־ ב"פ ראה אֲבֹתָ֖יו הֽוּא׃ 5 וְאֵ֙לֶּה֙ מ"ב שְׁמ֣וֹת הָֽאֲנָשִׁ֔ים אֲשֶׁ֥ר

יַֽעַמְד֖וּ אִתְּכֶ֑ם לִרְאוּבֵ֕ן ג"פ אלהים ע"ה אֱלִיצ֖וּר בֶּן־שְׁדֵיאֽוּר׃ 6 לְשִׁמְע֕וֹן

שְׁלֻמִיאֵ֖ל בֶּן־צוּרִֽישַׁדָּֽי׃ 7 לִֽיהוּדָ֕ה נַחְשׁ֖וֹן בֶּן־עַמִּֽינָדָֽב׃ 8 לְיִ֨שָּׂשכָ֔ר

י"פ אל י"פ ב"ן נְתַנְאֵ֖ל בֶּן־צוּעָֽר׃ 9 לִזְבוּלֻ֕ן אֱלִיאָ֖ב בֶּן־חֵלֹֽן׃ 10 לִבְנֵ֣י יוֹסֵ֗ף

ציון, קנאה, ו"פ יהוה אל מצפצ לְאֶפְרַ֕יִם אֱלִֽישָׁמָ֖ע בֶּן־עַמִּיה֑וּד לִמְנַשֶּׁ֕ה גַּמְלִיאֵ֖ל

בֶּן־פְּדָהצֽוּר׃ 11 לְבִ֨נְיָמִ֔ן אֲבִידָ֖ן בֶּן־גִּדְעֹנִֽי׃ 12 לְדָ֕ן אֲחִיעֶ֖זֶר בֶּן־עַמִּֽישַׁדָּֽי׃

שְׂאוּ

Números 1:2 – El Creador ordenó a Moshé contar al pueblo a pesar de que, por supuesto, Dios ya sabía cuántas personas había. De acuerdo con el *Zóhar*, había una razón espiritual para el censo: en el momento en que cada persona era contada, se le entregaba la Luz que requería. En el desierto, donde vive el Satán y está en control, necesitamos esa clase de protección. Hoy en día, recibimos esta Luz una vez al año en *Purim*, cuando damos una ofrenda de medio *shékel*. Al hacer esto, recibimos la misma energía de protección contra el Satán que nuestros ancestros recibieron en el desierto.

No encontramos otro conteo entre los hijos de Yisrael por medio del cual ellos recibieron bendiciones de éste como en esta cuenta, EN LA CUAL ELLOS USARON EL MEDIO SHÉKEL PARA EL CONTEO, porque este conteo estaba destinado a propósito para una bendición, y fue destinado para perfeccionar la completitud de los mundos. ESTO ES EL SECRETO DE LA GRAN PERFECCIÓN DE UNIR JOJMÁ Y JASADIM. En el lugar donde emanan las bendiciones, allí fueron contados.
— El Zóhar, Bemidbar 1:17

¹³ De Asher, Paguiel, hijo de Ojrán. ¹⁴ De Gad, Eliyasaf, hijo de Deuel. ¹⁵ De Naftalí, Ajirá, hijo de Einán".

¹⁶ Estos son los que fueron seleccionados de la congregación, los jefes de las tribus de sus padres; cabezas de los millares de Israel.

¹⁷ Y Moshé y Aharón tomaron a estos hombres que habían sido elegidos por sus nombres.

¹⁸ Y reunieron a toda la congregación el primer día del segundo mes, y se registraron según sus antepasados por familias, por sus casas paternas, según el número de nombres, de veinte años en adelante, uno por uno. ¹⁹ Tal como el Eterno había ordenado a Moshé, él los contó en el desierto de Sinaí.

SEGUNDA LECTURA – YITSJAK – GUEVURÁ

²⁰ Y los hijos de Reuvén, primogénito de Israel, fueron contados por su descendencia, por sus familias, por sus casas paternas, según el número de nombres, uno por uno, todo varón de veinte años en adelante, todo el que podía salir a la guerra; ²¹ los enumerados de la tribu de Reuvén fueron cuarenta y seis mil quinientos.

פְּקֻדֵיהֶם

Números 1:21 – Cada signo del Zodíaco tiene ciertas características, pero es importante superar la naturaleza inherente a los signos a fin de que no seamos controlados completamente por los planetas.

También está escrito: "Y que sean para señales y para tiempos designados…", TODA LA ESTRUCTURA DE *fechas, fiestas, festividades religiosas de los meses lunares y el Shabat se deriva de esto* Y ES FORMADA POR EL FIRMAMENTO, PORQUE MIDE TODOS Y CADA UNO DE LOS GRADOS.

Vengan y contemplen: Porque la Luna gobierna y brilla por el poder de ese río que sale DE EDÉN, EL CUAL ES BINÁ, *Luz es añadida a todos los Cielos* DEBAJO: ATSILUT, BRIÁ, YETSIRÁ Y ASIYÁ DE SEPARACIÓN, *y sus huestes. Así, los planetas rigen al mundo y hacen que crezcan plantas y árboles, y todo en el mundo crece y se multiplica.*

Aun el agua y los peces en el mar crecen en cantidad.
— El Zóhar, Bereshit A 41:396, 401

Rav Shimón dijo: "Hemos aprendido… que todas estas Sefirot del Rey son comparadas a siete firmamentos y siete planetas que corren de aquí para allá, y son llamados con nombres FÍSICOS. *Pero aunque ocultan todos los firmamentos,* ESTO ES: SON LLAMADOS CON NOMBRES QUE ALUDEN A SU ASPECTO INTERNO, SECRETO, *en cuanto a los siete planetas, Shabetai (Saturno), Tsédek (Júpiter), Maadim (Marte), Jamá (Sol), Noga (Venus), Cojav (Mercurio), Levaná (Luna), ellos relacionan estas* SIETE SEFIROT CELESTIALES *con aquellos* NOMBRES DE LOS PLANETAS, DESEANDO *ocultar los asuntos,* A SABER: *con relación a aquellos* DE QUIENES *está está escrito 'Que ahora los astrólogos, los astrónomos, los pronosticadores mensuales, se levanten y te salven'" (Isaías 47:13)*
— El Zóhar, Haazinu 4:14

13 לְאָשֵׁר פַּגְעִיאֵל בֶּן־עָכְרָן: 14 לְגָד אֶלְיָסָף בֶּן־דְּעוּאֵל: 15 לְנַפְתָּלִי אֲחִירַע בֶּן־עֵינָן: 16 אֵלֶּה קְרוּאֵי (כתיב: קריאי) הָעֵדָה נְשִׂיאֵי מַטּוֹת אֲבוֹתָם רָאשֵׁי אַלְפֵי יִשְׂרָאֵל הֵם: 17 וַיִּקַּח מֹשֶׁה וְאַהֲרֹן אֵת הָאֲנָשִׁים הָאֵלֶּה אֲשֶׁר נִקְּבוּ בְּשֵׁמוֹת: 18 וְאֵת כָּל־הָעֵדָה הִקְהִילוּ בְּאֶחָד לַחֹדֶשׁ הַשֵּׁנִי וַיִּתְיַלְדוּ עַל־מִשְׁפְּחֹתָם לְבֵית אֲבֹתָם בְּמִסְפַּר שֵׁמוֹת מִבֶּן עֶשְׂרִים שָׁנָה וָמַעְלָה לְגֻלְגְּלֹתָם: 19 כַּאֲשֶׁר צִוָּה יְהוָה אֶת־מֹשֶׁה וַיִּפְקְדֵם בְּמִדְבַּר סִינָי:

SEGUNDA LECTURA – YITSJAK – GUEVURÁ

20 וַיִּהְיוּ בְנֵי־רְאוּבֵן בְּכֹר יִשְׂרָאֵל תּוֹלְדֹתָם לְמִשְׁפְּחֹתָם לְבֵית אֲבֹתָם בְּמִסְפַּר שֵׁמוֹת לְגֻלְגְּלֹתָם כָּל־זָכָר מִבֶּן עֶשְׂרִים שָׁנָה וָמַעְלָה כֹּל יֹצֵא צָבָא: 21 פְּקֻדֵיהֶם לְמַטֵּה רְאוּבֵן שִׁשָּׁה וְאַרְבָּעִים אֶלֶף וַחֲמֵשׁ מֵאוֹת:

Los planetas y estrellas, como dice el *Zóhar*, no son una masa inerte de materia; son fuerzas espirituales de Luz y cada uno de ellos tiene diferentes cualidades. Como se puede ver en los fragmentos del *Zóhar* citados previamente, de cierta manera, los planetas gobiernan las actitudes y los comportamientos humanos. Esto no debe usarse para inferir que no tenemos responsabilidad por nuestras acciones porque, de hecho, nosotros mismos atraemos el signo zodiacal en particular bajo el cual nacemos para ayudarnos a completar nuestro *tikún* aquí en la Tierra. Por lo tanto, no somos controlados por los signos del Zodíaco; en lugar de ello, nosotros escogemos el nivel en el cual nos influirán las estrellas y los planetas.

רְאוּבֵן

Números 1:21 — Los cancerianos son muy sensibles y emocionales, y tienden a ser muy dependientes de las demás personas, en especial de padres o cónyuges. Ellos son muy dadores y afectuosos, pero son propensos a las depresiones. Cuando las personas cuidan de otros que están enfermos o con necesidades, pueden absorber las enfermedades y debilidades de aquellos a quienes ayudan. Los cancerianos deben aprender a hallar su propia fuente de poder de modo que puedan ser de servicio a los demás sin agotar sus energías ni caer en la depresión.

²² *De los hijos de Shimón, fueron contados por su descendencia según sus familias, por sus casas paternas, sus enumerados, según el número de nombres, uno por uno, todo varón de veinte años en adelante, todo el que podía ir al ejército;* ²³ *los censados de la tribu de Shimón fueron cincuenta y nueve mil trescientos.*

²⁴ *De los hijos de Gad, fueron contados por su descendencia según sus familias, por sus casas paternas, según el número de nombres, de veinte años en adelante, todo el que podía ir al ejército;*

²⁵ *los censados de la tribu de Gad fueron cuarenta y cinco mil seiscientos cincuenta.*

²⁶ *De los hijos de Yehuda, fueron contados por su descendencia según sus familias, por sus casas paternas, según el número de nombres, de veinte años en adelante, todo el que podía ir al ejército;*

²⁷ *los enumerados de la tribu de Yehuda fueron setenta y cuatro mil seiscientos.*

²⁸ *De los hijos de Yisajar, fueron contados por su descendencia según sus familias, por sus casas paternas, según el número de nombres, de veinte años en adelante, todo el que podía ir al ejército;*

²⁹ *los enumerados de la tribu de Yisajar fueron cincuenta y cuatro mil cuatrocientos.*

³⁰ *De los hijos de Zevulún, fueron contados por su descendencia según sus familias, por sus casas paternas, según el número de nombres, de veinte años en adelante, todo el que podía ir al ejército;*

³¹ *los enumerados de la tribu de Zevulún fueron cincuenta y siete mil cuatrocientos.*

שִׁמְעוֹן

Números 1:22 – Los Leo son muy fuertes y les encanta dominar. Ellos tienen un gran ego y orgullo, y quieren reconocimiento de aquéllos que los rodean. A su vez, los Leo tienen una energía de liderazgo que les permite actuar contundentemente en el mundo. Ellos deben aprender a ejercer su poder sin exigir reconocimiento ni obediencia de nadie más.

גָּד

Números 1:24 – A menudo los Virgo son sanadores y médicos. Vienen a servirle al mundo, pero pueden estar exageradamente enfocados en aquello que anda mal con los demás en lugar de inspeccionarse a sí mismos. Es importante ver las fallas en nosotros mismos antes de ver con ojo crítico las fallas de los demás.

יְהוּדָה

Números 1:26 – Los individuos del signo de Aries siempre buscan escapar de la esclavitud y eliminar cualquier limitación. Pueden ser impacientes e impulsivos. Ninguno quiere ser esclavo. No obstante, si queremos ser los amos de nuestro propio destino, tenemos que planificar minuciosamente y no ser manejados por el más mínimo impulso o por nuestra incapacidad de esperar por el momento correcto para que ocurran las cosas. Cuando somos pacientes y estamos orientados, vemos como las cosas toman su curso de forma natural.

22 לִבְנֵ֣י שִׁמְעוֹן֒ תּוֹלְדֹתָ֥ם לְמִשְׁפְּחֹתָ֖ם לְבֵ֣ית אֲבֹתָ֑ם פְּקֻדָ֗יו בְּמִסְפַּ֤ר שֵׁמוֹת֙ לְגֻלְגְּלֹתָ֔ם כָּל־זָכָ֗ר מִבֶּ֨ן עֶשְׂרִ֤ים שָׁנָה֙ וָמַ֔עְלָה כֹּ֖ל יֹצֵ֥א צָבָֽא׃ 23 פְּקֻדֵיהֶ֖ם לְמַטֵּ֣ה שִׁמְע֑וֹן תִּשְׁעָ֧ה וַחֲמִשִּׁ֛ים אֶ֖לֶף וּשְׁלֹ֥שׁ מֵאֽוֹת׃

24 לִבְנֵ֣י גָד֒ תּוֹלְדֹתָ֥ם לְמִשְׁפְּחֹתָ֖ם לְבֵ֣ית אֲבֹתָ֑ם בְּמִסְפַּ֣ר שֵׁמ֗וֹת מִבֶּ֨ן עֶשְׂרִ֤ים שָׁנָה֙ וָמַ֔עְלָה כֹּ֖ל יֹצֵ֥א צָבָֽא׃ 25 פְּקֻדֵיהֶ֖ם לְמַטֵּ֣ה גָ֑ד חֲמִשָּׁ֤ה וְאַרְבָּעִים֙ אֶ֔לֶף וְשֵׁ֥שׁ מֵא֖וֹת וַחֲמִשִּֽׁים׃

26 לִבְנֵ֣י יְהוּדָ֗ה תּוֹלְדֹתָ֥ם לְמִשְׁפְּחֹתָ֖ם לְבֵ֣ית אֲבֹתָ֑ם בְּמִסְפַּ֣ר שֵׁמֹ֗ת מִבֶּ֨ן עֶשְׂרִ֤ים שָׁנָה֙ וָמַ֔עְלָה כֹּ֖ל יֹצֵ֥א צָבָֽא׃ 27 פְּקֻדֵיהֶ֖ם לְמַטֵּ֣ה יְהוּדָ֑ה אַרְבָּעָ֧ה וְשִׁבְעִ֛ים אֶ֖לֶף וְשֵׁ֥שׁ מֵאֽוֹת׃

28 לִבְנֵ֣י יִשָּׂשכָר֒ תּוֹלְדֹתָ֥ם לְמִשְׁפְּחֹתָ֖ם לְבֵ֣ית אֲבֹתָ֑ם בְּמִסְפַּ֣ר שֵׁמֹ֗ת מִבֶּ֨ן עֶשְׂרִ֤ים שָׁנָה֙ וָמַ֔עְלָה כֹּ֖ל יֹצֵ֥א צָבָֽא׃ 29 פְּקֻדֵיהֶ֖ם לְמַטֵּ֣ה יִשָּׂשכָ֑ר אַרְבָּעָ֧ה וַחֲמִשִּׁ֛ים אֶ֖לֶף וְאַרְבַּ֥ע מֵאֽוֹת׃

30 לִבְנֵ֣י זְבוּלֻן֒ תּוֹלְדֹתָ֥ם לְמִשְׁפְּחֹתָ֖ם לְבֵ֣ית אֲבֹתָ֑ם בְּמִסְפַּ֣ר שֵׁמֹ֗ת מִבֶּ֨ן עֶשְׂרִ֤ים שָׁנָה֙ וָמַ֔עְלָה כֹּ֖ל יֹצֵ֥א צָבָֽא׃ 31 פְּקֻדֵיהֶ֖ם לְמַטֵּ֣ה זְבוּלֻ֑ן שִׁבְעָ֧ה וַחֲמִשִּׁ֛ים אֶ֖לֶף וְאַרְבַּ֥ע מֵאֽוֹת׃

יִשָּׂשכָר

Números 1:28 – Las personas del signo Tauro están conectadas al mundo físico y necesitan seguridad y estabilidad. Los nacidos bajo este signo pueden ser testarudos e inflexibles, muy enfocados en el materialismo. Al igual que el toro, que es el significado de "Tauro", los individuos de este signo pueden avanzar firmemente sin percatarse de las delicadas sensibilidades que puedan estar pisoteando. Para alcanzar nuestra propia seguridad y estabilidad, también debemos recordar el respeto por la seguridad y los sentimientos de aquellos que nos rodean.

זְבוּלֻן

Números 1:30 – Los geminianos son intelectuales y están involucrados con la comunicación, el estudio y el aprendizaje. Su curiosidad, dualidad, duda y falta de certeza los hacen aprendices de mucho, pero maestros de nada. Dado que tienden a divagar acerca de muchos asuntos, necesitan pasar más tiempo que la mayoría de la gente en determinar minuciosamente cuáles realmente son sus inclinaciones y deseos.

32 De los hijos de Yosef, a saber: de los hijos de Efráyim, fueron contados por su descendencia, por sus familias, por sus casas paternas, según el número de nombres, de veinte años en adelante, todo el que podía ir al ejército; 33 los enumerados de la tribu de Efráyim fueron cuarenta mil quinientos.

34 De los hijos de Menashé, fueron contados por su descendencia según sus familias, por sus casas paternas, según el número de nombres, de veinte años en adelante, todo el que podía ir al ejército;

35 los enumerados de la tribu de Menashé fueron treinta y dos mil doscientos.

36 De los hijos de Binyamín, fueron contados por su descendencia según sus familias, por sus casas paternas, según el número de nombres, de veinte años en adelante, todo el que podía ir al ejército;

37 los enumerados de la tribu de Binyamín fueron treinta y cinco mil cuatrocientos.

38 De los hijos de Dan, fueron contados por su descendencia según sus familias, por sus casas paternas, según el número de nombres, de veinte años en adelante, todo el que podía ir al ejército;

39 los enumerados de la tribu de Dan fueron sesenta y dos mil setecientos.

40 De los hijos de Asher, fueron contados por su descendencia según sus familias, por sus casas paternas, según el número de nombres, de veinte años en adelante, todo el que podía ir al ejército;

אֶפְרַיִם

Números 1:32 – Los libranos son muy amables, pero pueden enfocarse mucho en complacer a los demás; a veces, dándole demasiado a las personas equivocadas. No siempre es beneficioso hacer demasiado por otra persona porque puede hacer al receptor menos independiente e, inclusive, rencoroso con la persona que le está haciendo tanto bien. Los libranos tienen que pensar cuidadosamente sobre los resultados de su constante disposición de complacer a los demás y deben reconocer que su valor personal no depende de las opiniones de nadie más.

מְנַשֶּׁה

Números 1:34 – Los escorpios son el signo de agua más profundo y más fuerte; son muy

sensibles y emocionales, y necesitan estar en control. También pueden ser muy negativos, celosos y determinados en "desquitarse". Por ende, los escorpios deben intentar conectar con la energía de amor-benevolencia, la cual despertará en ellos la importante capacidad de pensar primero en el bienestar de los demás. El amor verdadero anula los celos por completo y, por ser del lado de la misericordia, conlleva al perdón genuino en lugar de a la venganza.

בִּנְיָמִן

Números 1:36 – Los sagitarianos son filósofos, líderes espirituales y maestros, pero se toman por sentado el hecho de que los demás resolverán sus problemas. Todos conocemos a alguien que está lleno de grandes ideas pero que nunca dedica energía a llevarlas a cabo; en efecto, tal persona espera que otros hagan

תּוֹלְדֹתָם אל מוצפ״ץ אֶפְרַ֗יִם לִבְנֵ֤י ציון, קנאה, ר״פ יהוה יוֹסֵף֙ לִבְנֵ֤י 32

מִבֶּ֨ן שֵׁמ֜וֹת בְּמִסְפַּ֣ר אֲבֹתָ֗ם ב״פ ראה לְבֵ֣ית לְמִשְׁפְּחֹתָ֥ם

לְמַטֵּ֥ה פְּקֻדֵיהֶ֖ם 33 צָבָ֑א יֹצֵ֣א יל כֹּ֖ל וָמַ֔עְלָה שָׁנָ֣ה עֶשְׂרִ֣ים

מֵאֽוֹת: וַחֲמֵ֥שׁ אֶ֔לֶף אלף למד שׁין דלת יוד ע״ה אַרְבָּעִ֣ים אל מוצפ״ץ אֶפְרָ֑יִם

בְּמִסְפַּ֣ר אֲבֹתָ֗ם ב״פ ראה לְבֵ֣ית לְמִשְׁפְּחֹתָ֥ם תּוֹלְדֹתָ֥ם מְנַשֶּׁה֙ לִבְנֵ֤י 34

פְּקֻדֵיהֶ֖ם 35 צָבָ֑א יֹצֵ֣א יל כֹּ֖ל וָמַ֔עְלָה שָׁנָ֣ה עֶשְׂרִ֣ים מִבֶּ֨ן שֵׁמ֜וֹת

וּמָאתָֽיִם: אֶ֔לֶף אלף למד שׁין דלת יוד ע״ה וּשְׁלֹשִׁ֣ים שְׁנַ֧יִם מְנַשֶּׁ֗ה לְמַטֵּ֣ה

בְּמִסְפַּ֣ר אֲבֹתָ֗ם ב״פ ראה לְבֵ֣ית לְמִשְׁפְּחֹתָ֥ם תּוֹלְדֹתָ֥ם בִּנְיָמִן֙ לִבְנֵ֤י 36

פְּקֻדֵיהֶ֖ם 37 צָבָ֑א יֹצֵ֣א יל כֹּ֖ל וָמַ֔עְלָה שָׁנָ֣ה עֶשְׂרִ֣ים מִבֶּ֨ן שֵׁמ֜וֹת

וְאַרְבַּ֥ע מֵאֽוֹת: אֶ֔לֶף אלף למד שׁין דלת יוד ע״ה וּשְׁלֹשִׁ֣ים וַחֲמִשָּׁ֧ה בִנְיָמִ֗ן לְמַטֵּ֣ה

בְּמִסְפַּ֣ר אֲבֹתָ֗ם ב״פ ראה לְבֵ֣ית לְמִשְׁפְּחֹתָ֥ם תּוֹלְדֹתָ֥ם דָן֙ לִבְנֵ֤י 38

פְּקֻדֵיהֶ֖ם 39 צָבָ֑א יֹצֵ֣א יל כֹּ֖ל וָמַ֔עְלָה שָׁנָ֣ה עֶשְׂרִ֣ים מִבֶּ֨ן שֵׁמ֜וֹת

וּשְׁבַ֥ע מֵאֽוֹת: אֶ֔לֶף אלף למד שׁין דלת יוד ע״ה וְשִׁשִּׁ֣ים שְׁנַ֧יִם דָ֗ן לְמַטֵּ֣ה

אֲבֹתָ֗ם ב״פ ראה לְבֵ֣ית לְמִשְׁפְּחֹתָ֥ם תּוֹלְדֹתָ֥ם אָשֵׁר֙ לִבְנֵ֤י 40

צָבָֽא: יֹצֵ֣א יל כֹּ֖ל וָמַ֔עְלָה שָׁנָ֣ה עֶשְׂרִ֣ים מִבֶּ֨ן שֵׁמ֜וֹת בְּמִסְפַּ֣ר

---

el trabajo duro porque él considera que dicho trabajo está por debajo de él ("Yo soy un hombre de ideas…"). En lugar de intentar que alguien más haga el trabajo de construir la edificación que el Sagitario ha ideado, él debe tratar de aprender a manifestar por sí mismo las cosas en este mundo.

oración y la meditación para desenfocarse de las preocupaciones materiales.

אָשֵׁר

Números 1:40 – Los acuarianos pueden traer al Mesías con sus nuevas ideas e innovaciones. A ellos les encanta romper las limitaciones y evitar ser controlados o que les digan qué hacer, y esto puede causar caos. Para que la llegada del Mesías tenga éxito, cada persona debe ejercer su papel en lo que es, después de todo, el esfuerzo de toda la humanidad. Cada acuariano debe aprender a verse como parte de un equipo magnífico en vez de verse como una fuerza individual que solamente trabaja solo y por sí mismo.

דָן

Números 1:38 – Los Capricornio están muy vinculados al mundo físico y tienen una necesidad de seguridad, dinero y posesiones. Esto puede llevarlos a ignorar el mundo de la religión y la espiritualidad, lo cual conlleva finalmente a una pérdida de la orientación. Los Capricornio necesitan emplear las técnicas de la

41 los enumerados de la tribu de Asher fueron cuarenta y un mil quinientos. 42 De los hijos de Naftalí, fueron contados por su descendencia según sus familias, por sus casas paternas, según el número de nombres, de veinte años en adelante, todo el que podía ir al ejército; 43 los enumerados de la tribu de Naftalí fueron cincuenta y tres mil cuatrocientos.

44 Estos son los que fueron enumerados, los que Moshé y Aharón contaron con los jefes de Israel, doce hombres; cada uno de los cuales era jefe de su casa paterna.

45 Y todos los enumerados de los hijos de Israel por sus casas paternas, de veinte años en adelante, todo el que podía ir al ejército en Israel,

46 fueron contados seiscientos tres mil quinientos cincuenta. 47 Pero los levitas no fueron enumerados con ellos según la tribu de sus padres. 48 Porque el Señor había hablado a Moshé, diciendo: 49 "Solamente la tribu de Leví no contarás, ni los sumarás con los hijos de Israel;

50 sino que pondrás a los levitas a cargo del Tabernáculo del Testimonio, de todos sus utensilios y de todo lo que le pertenece; ellos llevarán el Tabernáculo y todos sus utensilios, y lo cuidarán; y acamparán alrededor del Tabernáculo.

51 Y cuando el Tabernáculo haya de ser trasladado, los levitas lo desarmarán; y cuando el Tabernáculo acampe, los levitas lo armarán; y el hombre común que se acerque, morirá.

52 Y los hijos de Israel alzarán sus tiendas, cada uno en su campamento, y cada uno junto a su estandarte, según sus ejércitos. 53 Pero los levitas acamparán alrededor del Tabernáculo del Testimonio, para que no venga la ira sobre la congregación de los hijos de Israel; los levitas tendrán a su cargo el Tabernáculo del Testimonio.

נַפְתָּלִי

Números 1:42 – Los piscianos pueden ser muy débiles de voluntad, haciendo lo que los demás esperan que ellos hagan. A menudo no son lo suficientemente fuertes para resistirse a lo que es dañino para ellos y pueden volverse adictos fácilmente a los cigarrillos, las drogas, el alcohol y el sexo. Si bien pueden ser unas de las personas más espirituales, también pueden ser letárgicos y, por ende, desperdician sus dones. La personalidad adictiva se enreda en un ciclo eterno de saciar sus antojos urgentes, dejando al Piscis con poca energía para hacer un trabajo más productivo para sí mismo o para el mundo. Los piscianos deben meditar en obtener fortaleza para resistirse a sus adicciones.

לֵוִי

Números 1:49 – Los levitas no fueron contados junto con los demás porque ellos tenían su propia conexión con Dios. No obstante, el resto de los israelitas tenían que ser contados para restablecer su conexión con la Luz.

El *Zóhar* dice:

Ha sido establecido que la bendición de arriba no reposa sobre algo que ha sido contado. Ustedes pueden preguntar: ¿Cómo podrían tener contados a los hijos de Yisrael? Es porque tomaron rescate de ellos y esto fue arreglado, y el recuento no tuvo lugar hasta que todo el rescate fue

41 פְּקֻדֵיהֶם לְמַטֵּה אָשֵׁר אֶחָד וְאַרְבָּעִים אֶלֶף

וַחֲמֵשׁ מֵאוֹת: 42 בְּנֵי נַפְתָּלִי תּוֹלְדֹתָם לְמִשְׁפְּחֹתָם לְבֵית אֲבֹתָם

בְּמִסְפַּר שֵׁמֹת מִבֶּן עֶשְׂרִים שָׁנָה וָמַעְלָה כֹּל יֹצֵא צָבָא: 43 פְּקֻדֵיהֶם

לְמַטֵּה נַפְתָּלִי שְׁלֹשָׁה וַחֲמִשִּׁים אֶלֶף וְאַרְבַּע מֵאוֹת:

44 אֵלֶּה הַפְּקֻדִים אֲשֶׁר פָּקַד מֹשֶׁה וְאַהֲרֹן

וּנְשִׂיאֵי יִשְׂרָאֵל שְׁנֵים עָשָׂר אִישׁ אִישׁ־אֶחָד

לְבֵית־אֲבֹתָיו הָיוּ: 45 וַיִּהְיוּ כָּל־פְּקוּדֵי בְנֵי־יִשְׂרָאֵל לְבֵית

אֲבֹתָם מִבֶּן עֶשְׂרִים שָׁנָה וָמַעְלָה כָּל־יֹצֵא צָבָא בְּיִשְׂרָאֵל:

46 וַיִּהְיוּ כָּל־הַפְּקֻדִים שֵׁשׁ־מֵאוֹת אֶלֶף

וּשְׁלֹשֶׁת אֲלָפִים וַחֲמֵשׁ מֵאוֹת וַחֲמִשִּׁים: 47 וְהַלְוִיִּם לְמַטֵּה אֲבֹתָם

לֹא הָתְפָּקְדוּ בְּתוֹכָם: 48 וַיְדַבֵּר יְהוָה אֶל־מֹשֶׁה

לֵּאמֹר: 49 אַךְ אֶת־מַטֵּה לֵוִי לֹא תִפְקֹד וְאֶת־רֹאשָׁם

לֹא תִשָּׂא בְּתוֹךְ בְּנֵי יִשְׂרָאֵל: 50 וְאַתָּה הַפְקֵד אֶת־הַלְוִיִּם

עַל־מִשְׁכַּן הָעֵדֻת וְעַל כָּל־כֵּלָיו וְעַל כָּל־

אֲשֶׁר־לוֹ הֵמָּה יִשְׂאוּ אֶת־הַמִּשְׁכָּן וְאֶת־כָּל־כֵּלָיו

וְהֵם יְשָׁרְתֻהוּ וְסָבִיב לַמִּשְׁכָּן יַחֲנוּ: 51 וּבִנְסֹעַ הַמִּשְׁכָּן

יוֹרִידוּ אֹתוֹ הַלְוִיִּם וּבַחֲנֹת הַמִּשְׁכָּן יָקִימוּ

אֹתוֹ הַלְוִיִּם וְהַזָּר הַקָּרֵב יוּמָת: 52 וְחָנוּ בְּנֵי יִשְׂרָאֵל אִישׁ

עַל־מַחֲנֵהוּ וְאִישׁ עַל־דִּגְלוֹ לְצִבְאֹתָם: 53 וְהַלְוִיִּם יַחֲנוּ

סָבִיב לְמִשְׁכַּן הָעֵדֻת וְלֹא־יִהְיֶה קֶצֶף עַל־עֲדַת בְּנֵי

יִשְׂרָאֵל וְשָׁמְרוּ הַלְוִיִּם אֶת־מִשְׁמֶרֶת מִשְׁכַּן הָעֵדוּת:

---

reunido y contado. Al principio bendecirían a los hijos de Yisrael y luego contarían
el rescate, y repetirían y bendecirían otra
vez a Yisrael. De ese modo el resultado

es que encontramos que los hijos de
Yisrael fueron bendecidos al comienzo y
al final, y no había muerte entre ellos.
— *El Zóhar, Bemidbar 1:13*

[54] *Así hicieron los hijos de Israel; conforme a todo lo que el Eterno había ordenado a Moshé, así hicieron.*

TERCERA LECTURA – YAAKOV – TIFÉRET

2 [1] Y el Eterno habló a Moshé y Aharón, para decir: [2] "Los hijos de Israel acamparán junto a su casa paterna; cada uno con su propio estandarte, según sus insignias; acamparán alrededor de la Tienda de Reunión, a una buena distancia de ésta.

[3] Los que acampen al Este, hacia la salida del Sol, serán los del estandarte del campamento de Yehuda, según sus ejércitos; el jefe de los hijos de Yehuda, Najshón, hijo de Aminadav,

[4] y su ejército, quienes fueron enumerados setenta y cuatro mil seiscientos;

[5] y junto a él acampará la tribu de Yisajar; el jefe de los hijos de Yisajar, Netanel, hijo de Tsuar,

[6] y su ejército, quienes fueron los enumerados cincuenta y cuatro mil cuatrocientos;

[7] y la tribu de Zevulún; el jefe de los hijos de Zevulún, Eliyav, hijo de Jelón,

[8] y su ejército, quienes fueron enumerados cincuenta y siete mil cuatrocientos;

[9] el total de los enumerados del campamento de Yehuda: ciento ochenta y seis mil cuatrocientos, según sus ejércitos. Ellos partirán primero.

דִּגְלוֹ

Números 2:2 – Había cuatro campamentos en el desierto. El entender cómo estaban estructurados nos da la capacidad de estar por encima del control de cada uno de los cuatro elementos del Zodíaco: fuego, aire, agua y tierra.

Ven y ve: El fuego, el aire, el agua y la tierra son los primeros y las raíces arriba y abajo; los seres superiores e inferiores están basados en ellos. Estos cuatro ELEMENTOS —FUEGO, AIRE, AGUA Y TIERRA— *corresponden a los cuatro lados,* PORQUE LA RELACIÓN ENTRE ELLOS ES ESA DE UN EXTERIOR A UN INTERIOR. POR LO TANTO, *están situados*

en estos cuatro —Norte, Sur, Este y Oeste— que son de los cuatro lados, y los cuatro ELEMENTOS *permanecen en ellos.*
— *El Zóhar, Vaerá 3:35*

Cada campamento tenía una bandera así como un ángel que servía para proteger al pueblo y para ayudarlos a superar la negatividad. Hoy en día, la batalla de superar nuestra negatividad es más fácil debido a lo que nuestros ancestros superaron y enfrentaron en el desierto y, por lo tanto, aprendemos que todo lo que hacemos influye en los que vendrán después de nosotros.

El *Zóhar* dice:

54 וַיַּעֲשׂוּ בְּנֵי יִשְׂרָאֵל כְּכֹל אֲשֶׁר צִוָּה פּוּ יְהֹוָאדָנֵיאהדונהי אֶת־מֹשֶׁה מוהע, אל עדי כֵּן עָשׂוּ:

TERCERA LECTURA – YAAKOV – TIFÉRET

2 1 וַיְדַבֵּר ראה יְהֹוָאדָנֵיאהדונהי אֶל־מֹשֶׁה מוהע, אל עדי וְאֶל־אַהֲרֹן עב ורביע עב לֵאמֹר: 2 אִישׁ עה קנא קסא עַל־דִּגְלוֹ בְאֹתֹת לְבֵית בב ראה אֲבֹתָם יַחֲנוּ בְּנֵי יִשְׂרָאֵל מִנֶּגֶד נגד, זן, מזבח סָבִיב לְאֹהֶל לאה (אלד עה) מוֹעֵד יַחֲנוּ: 3 וְהַחֹנִים קֵדְמָה מִזְרָחָה דֶּגֶל לאו מַחֲנֵה יְהוּדָה לְצִבְאֹתָם וְנָשִׂיא לִבְנֵי יְהוּדָה נַחְשׁוֹן בֶּן־עַמִּינָדָב: 4 וּצְבָאוֹ וּפְקֻדֵיהֶם אַרְבָּעָה וְשִׁבְעִים אֶלֶף אלף למד שין דלת יוד עה וְשֵׁשׁ מֵאוֹת: 5 וְהַחֹנִים עָלָיו מַטֵּה יִשָּׂשכָר יפ אל יפ בן וְנָשִׂיא לִבְנֵי יִשָּׂשכָר יפ אל יפ בן נְתַנְאֵל בֶּן־צוּעָר: 6 וּצְבָאוֹ וּפְקֻדָיו אַרְבָּעָה וַחֲמִשִּׁים אֶלֶף אלף למד שין דלת יוד עה וְאַרְבַּע מֵאוֹת: 7 מַטֵּה זְבוּלֻן וְנָשִׂיא לִבְנֵי זְבוּלֻן אֱלִיאָב בֶּן־חֵלֹן: 8 וּצְבָאוֹ וּפְקֻדָיו שִׁבְעָה וַחֲמִשִּׁים אֶלֶף אלף למד שין דלת יוד עה וְאַרְבַּע מֵאוֹת: 9 כָּל־ יל הַפְּקֻדִים לְמַחֲנֵה יְהוּדָה מְאַת אֶלֶף אלף למד שין דלת יוד עה וּשְׁמֹנִים אלף למד שין דלת יוד עה אֶלֶף

Un viento de los cuatro vientos ES VESTIDO en cuatro compartimientos y cuatro lados en la brillantez que fue creada, que sostiene las caras iluminadas. Por lo tanto, son como la apariencia de las criaturas vivientes, que son las cuatro esquinas SOBRE LAS CUALES los estandartes fueron desplegados, QUE SON MENCIONADOS COMO león, águila, toro, hombre. Éstos comprenden a los cuatro ángeles dominantes —QUIENES SON MIJAEL, GAVRIEL, URIEL, RAFAEL— e incluyen todo, YA QUE ESTOS CUATRO ÁNGELES COMPRENDEN TODAS LAS HUESTES CELESTIALES.
— *El Zóhar, Behaalotjá 18:101*

קֵדְמָה

Números 2:3 – El Sol sale por el Este, que es de donde también proviene la Luz. El Este está conectado con *Tiféret* y es donde se originan todas nuestras características positivas, aquellas que nos impulsan a conectar con la Luz. Uriel es el ángel que vigila el Este, y allí acamparon las tribus de Yehuda, Yisajar y Zevulún, que representan los signos Aries, Tauro y Géminis respectivamente.

[10] *Al Sur estará el estandarte del campamento de Reuvén, según sus ejércitos. El jefe de los hijos de Reuvén, Elitsur, hijo de Shedeiur,*

[11] *y su ejército, quienes fueron enumerados cuarenta y seis mil quinientos.* [12] *Y junto a él acampará la tribu de Shimón. El jefe de los hijos de Shimón, Shelumiel, hijo de Tsurishadái,*

[13] *y su ejército, quienes fueron enumerados cincuenta y nueve mil trescientos.*

[14] *Después, la tribu de Gad. El jefe de los hijos de Gad, Eliyasaf, hijo de Deuel,*

[15] *y su ejército, quienes fueron enumerados cuarenta y cinco mil seiscientos cincuenta.*

[16] *El total de los enumerados del campamento de Reuvén: ciento cincuenta y un mil cuatrocientos cincuenta, según sus ejércitos. Ellos partirán en segundo lugar.*

[17] *Entonces partirá la Tienda de Reunión con el campamento de levitas en medio de los campamentos; tal como acampan así partirán, cada uno en su lugar, según sus banderas.*

[18] *Al occidente estará la bandera del campamento de Efráyim, según sus ejércitos. El jefe de los hijos de Efráyim, Elishama, hijo de Amihud,*

[19] *y su ejército, quienes fueron enumerados cuarenta mil quinientos.*

[20] *Junto a él estará la tribu de Menashé. El jefe de los hijos de Menashé, Gamliel, hijo de Pedatsur,*

[21] *y su ejército, quienes fueron enumerados treinta y dos mil doscientos.*

[22] *Y la tribu de Binyamín. El jefe de los hijos de Binyamín, Avidán, hijo de Guidoní,* [23] *y su ejército, quienes fueron enumerados treinta y cinco mil cuatrocientos.*

[24] *El total de los enumerados del campamento de Efrayim fue de ciento ocho mil cien, según sus ejércitos. Y ellos partirán en tercer lugar.*

תֵּימָנָה

Números 2:10 – El Sur es un lugar de quietud y está protegido por el ángel Mijael. Aquí es donde todo se manifiesta después de que hemos terminado nuestras conexiones espirituales. En el Sur hacemos una introspección para encontrar claridad. Del *Zóhar* (Terumá 130) aprendemos que el Sur simboliza a Jésed, o el amor y la misericordia. En el Sur estaban establecidas las tribus de Reuvén, Shimón y Gad, que representan los signos Cáncer, Leo y Virgo respectivamente.

יָמָּה

Números 2:18 – Rafael es el ángel que vigila el Oeste, que es por donde el Sol se pone. El *Zóhar* dice que el Oeste representa a *Maljut*, el lugar en el cual "no tenemos", donde estamos carentes. A veces podemos recibir más Luz de lugares

וְשֵׁשֶׁת־אֲלָפִים קס״א וְאַרְבַּע־מֵאוֹת לְצִבְאֹתָם רִאשֹׁנָה יִסָּעוּ: 10 דֶּגֶל

לאו מַחֲנֵה רְאוּבֵן ג״פ אלהים ע״ה תֵּימָנָה לְצִבְאֹתָם וְנָשִׂיא לִבְנֵי רְאוּבֵן

ג״פ אלהים ע״ה אֱלִיצוּר בֶּן־שְׁדֵיאוּר: 11 וּצְבָאוֹ וּפְקֻדָיו שִׁשָּׁה וְאַרְבָּעִים אֶלֶף

אלף למד שין דלת יוד ע״ה וַחֲמֵשׁ מֵאוֹת: 12 וְהַחֹנִם עָלָיו מַטֵּה שִׁמְעוֹן וְנָשִׂיא

לִבְנֵי שִׁמְעוֹן שְׁלֻמִיאֵל בֶּן־צוּרִישַׁדָּי: 13 וּצְבָאוֹ וּפְקֻדֵיהֶם תִּשְׁעָה

וַחֲמִשִּׁים אֶלֶף אלף למד שין דלת יוד ע״ה וּשְׁלֹשׁ מֵאוֹת: 14 וּמַטֵּה גָּד וְנָשִׂיא לִבְנֵי

גָד אֶלְיָסָף בֶּן־רְעוּאֵל: 15 וּצְבָאוֹ וּפְקֻדֵיהֶם חֲמִשָּׁה וְאַרְבָּעִים אֶלֶף

אלף למד שין דלת יוד ע״ה וְשֵׁשׁ מֵאוֹת וַחֲמִשִּׁים: 16 כָּל־ ילי הַפְּקֻדִים לְמַחֲנֵה

רְאוּבֵן ג״פ אלהים ע״ה מְאַת אֶלֶף אלף למד שין דלת יוד ע״ה וְאֶחָד אהבה, דאגה וַחֲמִשִּׁים

אֶלֶף אלף למד שין דלת יוד ע״ה וְאַרְבַּע־מֵאוֹת וַחֲמִשִּׁים לְצִבְאֹתָם וּשְׁנִים יִסָּעוּ:

17 וְנָסַע אֹהֶל־ לאה מוֹעֵד מַחֲנֵה הַלְוִיִּם בְּתוֹךְ הַמַּחֲנֹת כַּאֲשֶׁר יַחֲנוּ כֵּן

יִסָּעוּ אִישׁ ע״ה קנ״א קס״א עַל־יָדוֹ לְדִגְלֵיהֶם: 18 דֶּגֶל לאו מַחֲנֵה אֶפְרַיִם אל מצפצ

לְצִבְאֹתָם יָמָּה וְנָשִׂיא לִבְנֵי אֶפְרָיִם אל מצפצ אֱלִישָׁמָע בֶּן־עַמִּיהוּד:

19 וּצְבָאוֹ וּפְקֻדֵיהֶם אַרְבָּעִים אֶלֶף אלף למד שין דלת יוד ע״ה וַחֲמֵשׁ מֵאוֹת:

20 וְעָלָיו מַטֵּה מְנַשֶּׁה וְנָשִׂיא לִבְנֵי מְנַשֶּׁה גַּמְלִיאֵל בֶּן־פְּדָהצוּר:

21 וּצְבָאוֹ וּפְקֻדֵיהֶם שְׁנַיִם וּשְׁלֹשִׁים אֶלֶף אלף למד שין דלת יוד ע״ה וּמָאתָיִם:

22 וּמַטֵּה בִּנְיָמִן וְנָשִׂיא לִבְנֵי בִנְיָמִן אֲבִידָן בֶּן־גִּדְעֹנִי: 23 וּצְבָאוֹ

וּפְקֻדֵיהֶם חֲמִשָּׁה וּשְׁלֹשִׁים אֶלֶף אלף למד שין דלת יוד ע״ה וְאַרְבַּע מֵאוֹת:

24 כָּל־ ילי הַפְּקֻדִים לְמַחֲנֵה אֶפְרַיִם אל מצפצ מְאַת אֶלֶף אלף למד שין דלת יוד ע״ה

וּשְׁמֹנַת־אֲלָפִים קס״א וּמֵאָה דמב, מלוי ע״ב לְצִבְאֹתָם וּשְׁלֹשִׁים יִסָּעוּ:

---

oscuros, pero si intentamos ocultar nuestra oscuridad, esconder nuestras fallas y echar el polvo debajo de la alfombra, no podemos crecer ni cambiar. Sólo al exponer nuestras fallas a la Luz —siendo genuinos con nosotros mismos y los demás, y sabiendo dónde el ego nos maneja interiormente— es que podemos tener una oportunidad de experimentar este crecimiento. En el Oeste es donde se establecieron las tribus de Efrayim, Menashé y Binyamín, que representan los signos Libra, Escorpio y Sagitario respectivamente.

²⁵ Al Norte estará el estandarte del campamento de Dan, según sus ejércitos. El jefe de los hijos de Dan, Ajiezer, hijo de Amishadái,

²⁶ y su ejército, quienes fueron enumerados sesenta y dos mil setecientos.

²⁷ Y junto a él acampará la tribu de Asher. El jefe de los hijos de Asher, Paguiel, hijo de Ojrán,

²⁸ y su ejército, quienes fueron enumerados cuarenta y un mil quinientos.

²⁹ Y la tribu de Naftalí. El jefe de los hijos de Naftalí, Ajirá, hijo de Einán,

³⁰ y su ejército, quienes fueron enumerados cincuenta y tres mil cuatrocientos.

³¹ El total de los enumerados del campamento de Dan fue de ciento cincuenta y siete mil seiscientos. Ellos serán los últimos en partir, según sus estandartes".

³² Estos son los enumerados de los hijos de Israel según sus casas paternas; el total de los enumerados de los campamentos, según sus ejércitos, fue de seiscientos tres mil quinientos cincuenta.

³³ Pero los levitas no fueron contados entre los hijos de Israel, tal como el Eterno había ordenado a Moshé.

³⁴ Y así hicieron los hijos de Israel: conforme a todo lo que el Eterno había ordenado a Moshé, así acamparon según sus estandartes y así partieron, cada uno según su familia, conforme a su casa paterna.

צָפֹנָה

Números 2:25 – El Norte es la dirección de donde se le permite al Satán entrar en nuestra vida.

El *Zóhar* dice:

> Y allí, en estas montañas de oscuridad, absorben del lado septentrional, porque de ese lado todas estas especies MALIGNAS son despertadas para el mundo.
> — El Zóhar Jadash, Ruth 34:292

Por lo tanto, tenemos que cerrar esa abertura tanto como sea posible. El Norte está conectado con Guevurá, el lugar donde se origina el juicio. Al leer esta sección y conectar con el poder del ángel Gavriel, adquirimos protección contra la entrada del Satán. El Norte es donde acamparon las tribus de Dan, Asher y Naftalí, que representan los signos Capricornio, Acuario y Piscis respectivamente.

שֵׁשׁ-מֵאוֹת אֶלֶף

Números 2:32 – Moshé contó aproximadamente 600.000 personas, el mismo número que había contado anteriormente en Números 1:46. Este aún es el número de almas que requieren corrección hoy en día. Puede que digas "¡Pero hay muchas más de 600.000 personas en el mundo hoy en día!". Esto se debe a que las 600.000 almas originales se han dividido en muchos subgrupos de almas, pero todas las almas de hoy son las mismas almas que estuvieron en el desierto con Moshé. El mundo como lo conocemos seguirá existiendo hasta que todas las 600.000 almas originales y sus

25 דֶּגֶל לאו מַחֲנֵה דָן ע"ה עסמ"ב צָפֹנָה לְצִבְאֹתָם וְנָשִׂיא לִבְנֵי דָן אֲחִיעֶזֶר

בֶּן־עַמִּישַׁדָּי: 26 וּצְבָאוֹ וּפְקֻדֵיהֶם שְׁנַיִם וְשִׁשִּׁים אֶלֶף אלף לבמד שׂין דלת יוד ע"ה

וְשִׁבְעַ מֵאוֹת: 27 וְהַחֹנִים עָלָיו מַטֵּה אָשֵׁר וְנָשִׂיא לִבְנֵי אָשֵׁר

פַּגְעִיאֵל בֶּן־עָכְרָן: 28 וּצְבָאוֹ וּפְקֻדֵיהֶם אַחַד אהבה, דאגה אהד וְאַרְבָּעִים

אֶלֶף אלף לבמד שׂין דלת יוד ע"ה וַחֲמֵשׁ מֵאוֹת: 29 וּמַטֵּה נַפְתָּלִי וְנָשִׂיא לִבְנֵי

נַפְתָּלִי אֲחִירַע בֶּן־עֵינָן: 30 וּצְבָאוֹ וּפְקֻדֵיהֶם שְׁלֹשָׁה וַחֲמִשִּׁים אֶלֶף

אלף לבמד שׂין דלת יוד ע"ה וְאַרְבַּע מֵאוֹת: 31 כָּל יכ הַפְּקֻדִים לְמַחֲנֵה דָן מְאַת

אֶלֶף אלף לבמד שׂין דלת יוד ע"ה וְשִׁבְעָה וַחֲמִשִּׁים אֶלֶף אלף לבמד שׂין דלת יוד ע"ה וְשֵׁשׁ

מֵאוֹת לָאַחֲרֹנָה יִסְעוּ לְדִגְלֵיהֶם: 32 אֵלֶּה פְּקוּדֵי בְנֵי־יִשְׂרָאֵל לְבֵית

ב"פ ראה אֲבֹתָם כָּל יכ פְּקוּדֵי הַמַּחֲנֹת לְצִבְאֹתָם שֵׁשׁ־מֵאוֹת אֶלֶף

אלף לבמד שׂין דלת יוד ע"ה וּשְׁלֹשֶׁת אֲלָפִים קס"א וַחֲמֵשׁ מֵאוֹת וַחֲמִשִּׁים: 33 וְהַלְוִיִּם

לֹא הָתְפָּקְדוּ בְּתוֹךְ בְּנֵי יִשְׂרָאֵל כַּאֲשֶׁר צִוָּה פוי יְהֹוָהאדנילאהדונהי אֶת־מֹשֶׁה

מהש, אל שדי: 34 וַיַּעֲשׂוּ בְּנֵי יִשְׂרָאֵל כְּכֹל יכ אֲשֶׁר־צִוָּה פוי יְהֹוָהאדנילאהדונהי

אֶת־מֹשֶׁה מהש, אל שדי כֵּן־חָנוּ לְדִגְלֵיהֶם וְכֵן נָסָעוּ אִישׁ ע"ה קנ"א קס"א

לְמִשְׁפְּחֹתָיו עַל־בֵּית ב"פ ראה אֲבֹתָיו:

---

subgrupos hayan terminado de corregirse y transformarse. Cuando leemos acerca de gente en la Biblia y todas sus acciones negativas, en realidad no estamos leyendo sobre otras generaciones; estamos leyendo acerca de nosotros mismos. En lugar de juzgar lo que esas personas hicieron, debemos aprender de sus acciones a fin de beneficiar nuestra propia vida. Rav Brandwein, en una carta al Rav, explica:

No obstante, todo el asunto es que lo que se quiere decir con "ser Santo" es como Rashi, de bendita memoria, ha explicado. "Debes evitar ser impuro y transgredir…". Aquí hay cabida para aquél cuyos deseos lo dominan y le hacen contemplar y pensar: "¿Cómo y con qué fuerza puedo superar esos instintos que están arraigados dentro de mí?". Es por ello que el versículo dice "Porque Yo, Dios, soy Santo" y Yo soy tu raíz, porque sus almas son parte de Mi Santidad; y cualquier cosa que esté en el "todo" también se encuentra en la "parte". Por consiguiente, uno no debe desanimarse, porque lo que está en nuestra raíz está cerca de nosotros y nos endulza (Las Diez Emanaciones Luminosas, Aprendizajes, parte I), y lo que necesitamos es hacer un esfuerzo en acercarnos a nuestra raíz y, entonces, la raíz irradiará y despertará dentro de nosotros; y luego podremos derrotar a nuestros deseos e impulsos malignos.

Rav Brandwein, Parte I, Carta 13

CUARTA LECTURA – MOSHÉ – NÉTSAJ

3 ¹ *Y estas son las generaciones de Aharón y Moshé en el día en que el Eterno habló con Moshé en el Monte Sinaí.*

² *Estos son los nombres de los hijos de Aharón: Nadav, el primogénito, Avihú, Eleazar e Itamar.*

³ *Estos son los nombres de los hijos de Aharón, los sacerdotes ungidos, a quienes él consagró para ministrar como sacerdotes.*

⁴ *Y Nadav y Avihú murieron delante del Eterno cuando ofrecieron fuego extraño ante el Eterno en el desierto de Sinaí, y no tuvieron hijos; y Eleazar e Itamar ejercieron el sacerdocio durante la presencia de su padre, Aharón.*

⁵ *Y el Señor habló a Moshé, diciendo:*

⁶ *"Haz que se acerque la tribu de Leví y ponlos delante del sacerdote Aharón, para que le sirvan.*

⁷ *Y se encargarán de las obligaciones para con él y para con toda la congregación delante de la Tienda de Reunión, para cumplir con el servicio del Tabernáculo.*

אַהֲרֹן וּמֹשֶׁה

Números 3:1 – Moshé y Aharón sentían como si todas las personas que habían salido con ellos de Egipto fueran sus hijos. Ellos sentían una responsabilidad paternal y la compasión y el amor de un padre. Este es el máximo nivel de "amar a tu prójimo": sentir una responsabilidad incondicional por otras personas. Todos debemos sentir un sentido de responsabilidad por nuestros amigos, conocidos e, inclusive, desconocidos.

לֵוִי

Números 3:6 – Los levitas fueron escogidos para ser nuestro puente entre los Mundos Inferiores y los Mundos Superiores. Ellos eran asistentes de los *cohanim* (sacerdotes), haciendo la mayoría del trabajo y apoyando a los sacerdotes. Aharón, el primer Cohén, era descendiente de la tribu de Leví, así que en realidad todos los *cohanim* provienen de esta tribu. Los levitas eran elevados y escogidos debido a que tenían tanto las cualidades de la Luz como del juicio, y enfocaban esa energía en conectar con el Creador. Es importante que nosotros conectemos con la Luz del Creador, no sólo a través de nuestras acciones y rasgos positivos, sino también a través de los que tenemos que corregir. Todo lo que estamos destinados a manifestar en nuestra vida está conectado con la transformación de nuestras características negativas. El *Zóhar* dice:

Ven y ve: Los levitas vienen de este lado del Juicio. Son purificados solamente cuando su cabello es quitado, como está escrito: "'Y así les harás para purificarlos: Rocía agua de purificación sobre ellos y que se rasuren todo el cuerpo...'" (Números 8:7). Y para que ellos estén más establecidos, el sacerdote que viene del aspecto de Jésed celestial debe ofrecerlos como está escrito: "'Y Aharón

CUARTA LECTURA – MOSHÉ – NÉTSAJ

3 1 וְאֵלֶּה מ״ב תּוֹלְדֹת אַהֲרֹן ע״ב ורבוע ע״ב וּמֹשֶׁה מהש, אל שדי בְּיוֹם ע״ה = נגד, זן, מזבח
דִּבֶּר ראה יְהֹוָהאדניאהדונהי אֶת־מֹשֶׁה מהש, אל שדי בְּהַר אור, רז, אין סוף סִינָי נמם, ה״פ יהוה׃
2 וְאֵלֶּה מ״ב שְׁמוֹת בְּנֵי־אַהֲרֹן ע״ב ורבוע ע״ב הַבְּכֹר | נָדָב ע״ה אהיה בוכ״ו וַאֲבִיהוּא
אֶלְעָזָר וְאִיתָמָר׃ 3 אֵלֶּה שְׁמוֹת בְּנֵי אַהֲרֹן ע״ב ורבוע ע״ב הַכֹּהֲנִים מלה
הַמְּשֻׁחִים אֲשֶׁר־מִלֵּא יָדָם לְכַהֵן מלה׃ 4 וַיָּמָת נָדָב ע״ה אהיה בוכ״ו וַאֲבִיהוּא
לִפְנֵי חכמה בינה יְהֹוָהאדניאהדונהי בְּהַקְרִבָם אֵשׁ אלהים דיודין ע״ה זָרָה לִפְנֵי חכמה בינה
יְהֹוָהאדניאהדונהי בְּמִדְבַּר אברהם, ו״פ אל, רמ״ח סִינַי נמם, ה״פ יהוה וּבָנִים לֹא־הָיוּ לָהֶם
וַיְכַהֵן אֶלְעָזָר וְאִיתָמָר עַל־פְּנֵי חכמה בינה אַהֲרֹן ע״ב ורבוע ע״ב אֲבִיהֶם׃ 5 וַיְדַבֵּר
ראה יְהֹוָהאדניאהדונהי אֶל־מֹשֶׁה מהש, אל שדי לֵּאמֹר׃ 6 הַקְרֵב אֶת־מַטֵּה לֵוִי
ע״ה יהוה אהיה וְהַעֲמַדְתָּ אֹתוֹ לִפְנֵי חכמה בינה אַהֲרֹן ע״ב ורבוע ע״ב הַכֹּהֵן מלה וְשֵׁרְתוּ
אֹתוֹ׃ 7 וְשָׁמְרוּ אֶת־מִשְׁמַרְתּוֹ וְאֶת־מִשְׁמֶרֶת כָּל־ ילי הָעֵדָה לִפְנֵי חכמה בינה
אֹהֶל לאה (אלד ע״ה) מוֹעֵד לַעֲבֹד אֶת־עֲבֹדַת הַמִּשְׁכָּן ב״פ (רבוע אלהים + ה׳)׃

---

ofrecerá a los levitas ante HaShem en señal de ofrenda... (ibid. 11), PARA INCLUIR LA ILUMINACIÓN DE JOJMÁ EN ELLOS EN LOS JASADIM DEL SACERDOTE, *lo mismo que con Ish arriba. Cuando necesite ser más establecido, la Jésed celestial* QUE VISTE A JOJMÁ *es revelada en él y él es más establecido.* TAMBIÉN *él establece* A JÉSED *abajo* EN LOS LEVITAS.

— El Zóhar, Tazría 23:123

"'Toma a los levitas...'" (Números 8:6). Ya ha sido explicado que hay un requerimiento para purificarlos y atraerlos para conectarse en su lugar, EN LA COLUMNA IZQUIERDA, *ya que ellos son del brazo izquierdo* DE GUEVURÁ DE ZEIR ANPÍN *y el lado del Juicio. Quien viene del lado del Juicio no debe dejar crecer su cabello, ya que éste aumenta el Juicio en el mundo. Consecuentemente, de manera similar, una mujer es requerida para atender a esto: que su cabello no sea visible en el exterior, y ella debe cubrir su cabeza y velar su cabello. Esto ha sido explicado y ya hemos aprendido esto. Todos aquéllos que vienen del lado del Juicio son entonces bendecidos. Por lo tanto, está escrito de los levitas: "'Y esto harás para purificarlos...que se afeiten...'" (ibid. 7). Hemos aprendido que los levitas no pueden llegar a su lugar asignado hasta que el sacerdote los levante, porque la Derecha siempre guía a la Izquierda.*

— El Zóhar, Behaalotjá 10:52

⁸ Y guardarán todos los utensilios de la Tienda de Reunión, junto con las obligaciones de los hijos de Israel, para cumplir con el servicio del Tabernáculo.

⁹ Y tú entregarás los levitas a Aharón y a sus hijos; les son dedicados por completo de entre los hijos de Israel.

¹⁰ Y designarás a Aharón y a sus hijos para que se encarguen de su sacerdocio; pero el hombre común que se acerque será muerto".

¹¹ Y el Señor habló a Moshé, para decir: ¹² "Y he aquí que Yo he tomado a los levitas de entre los hijos de Israel en lugar de todos los primogénitos, los que abren el vientre materno de entre los hijos de Israel; y los levitas serán Míos.

¹³ porque todos los primogénitos son Míos: el día en que azoté a todos los primogénitos en la tierra de Egipto, consagré para Mí a todos los primogénitos en Israel, tanto del hombre como del animal. Míos serán: Yo soy el Eterno".

QUINTA LECTURA – AHARÓN – HOD

¹⁴ Y el Eterno habló a Moshé en el desierto de Sinaí, para decir: ¹⁵ "Enumera a los hijos de Leví por sus casas paternas, por sus familias; contarás todo varón de un mes en adelante".

¹⁶ Y Moshé los enumeró conforme a la palabra del Eterno, tal como se le había ordenado.

¹⁷ Y estos son los hijos de Leví por sus nombres: Guershón, Kohat y Merarí. ¹⁸ Y estos son los nombres de los hijos de Guershón por sus familias: Libní y Shiméi. ¹⁹ y los hijos de Kohat, por sus familias: Amram, Itsar, Jevrón y Uziel.

בְּכוֹר

Números 3:12 – Antes del tiempo del becerro de oro, cada primogénito estaba destinado a ser un sacerdote; los *cohanim* y levitas eran todos primogénitos. Pero después de la adoración al becerro de oro, casi todos fueron tocados por la negatividad y el Ángel de la Muerte, y sólo aquellos levitas que no habían participado en el pecado siguieron siendo levitas. Nosotros también creamos "becerros de oro" en nuestra vida al idolatrar lo que es falso, y a menudo no reconocemos cómo lo que hacemos nos roba la capacidad de alcanzar la grandeza de los levitas. Todos tenemos el potencial de revelar una Luz enorme, pero nuestros pensamientos, decisiones y acciones negativas evitan que logremos dicho potencial.

פָּקַד

Números 3:15 – En esta sección son contados los levitas. Como se mencionó anteriormente, cuando la Biblia dice que las personas fueron contadas significa que el hecho de contarlos añadía bendiciones y energía adicional a sus vidas. A pesar de que los levitas eran elevados, necesitaban una conexión con la Energía Divina.

8 וְשָׁמְרוּ אֶת־כָּל־ יּ כְּלֵי אֹהֶל לאה (אלד ע״ה) כ״ו מוֹעֵד וְאֶת־מִשְׁמֶרֶת בְּנֵי

יִשְׂרָאֵל לַעֲבֹד אֶת־עֲבֹדַת הַמִּשְׁכָּן בּ״פ (רבוע אלהים - ה) 9 וְנָתַתָּה אֶת־הַלְוִיִּ

ם לְאַהֲרֹן ע״ב ורבוע ע״ב וּלְבָנָיו נְתוּנִם נְתוּנִם הֵמָּה לוֹ מֵאֵת בְּנֵי יִשְׂרָאֵל:

10 וְאֶת־אַהֲרֹן ע״ב ורבוע ע״ב וְאֶת־בָּנָיו תִּפְקֹד וְשָׁמְרוּ אֶת־כְּהֻנָּתָם וְהַזָּר

הַקָּרֵב יוּמָת: 11 וַיְדַבֵּר ראה יְהוָֹ(אהדי־אהדונהי) מהע, אל שדי אֶל־מֹשֶׁה לֵּאמֹר:

12 וַאֲנִי בּ״פ אהיה יהוה הִנֵּה מ״ה יה לָקַחְתִּי אֶת־הַלְוִיִּם מִתּוֹךְ בְּנֵי יִשְׂרָאֵל תַּחַת

כָּל־ יּ פֶּטֶר רפ״ח ע״ה בְּכוֹר רֶחֶם אברהם, וז״פ אל, רמ״ח מִבְּנֵי יִשְׂרָאֵל וְהָיוּ לִי

הַלְוִיִּם: 13 כִּי לִי כָּל־ יּ בְּכוֹר בְּיוֹם ע״ה = נגד, זן, מזבח הַכֹּתִי כָּל־ יּ בְּכוֹר

בְּאֶרֶץ אלהים דאלפין מִצְרַיִם מצר הִקְדַּשְׁתִּי לִי כָּל־ יּ בְּכוֹר בְּיִשְׂרָאֵל מֵאָדָם

מ״ה עַד־בְּהֵמָה בּ״ן, לכב, יבמ לִי יִהְיוּ אל אֲנִי אני, טדה״ד כוז״ו יְהוָֹ(אהדי־אהדונהי):

QUINTA LECTURA – AHARÓN – HOD

14 וַיְדַבֵּר ראה יְהוָֹ(אהדי־אהדונהי) מהע, אל שדי אֶל־מֹשֶׁה בְּמִדְבַּר אברהם, וז״פ אל, רמ״ח

סִינַי נמב, ה״פ יהוה לֵאמֹר: 15 פְּקֹד רבוע ע״ב אֶת־בְּנֵי לֵוִי ע״ה יהוה אהיה לְבֵית בּ״פ ראה

אֲבֹתָם לְמִשְׁפְּחֹתָם כָּל־ יּ זָכָר מִבֶּן־חֹדֶשׁ י״ב הוויות וָמַעְלָה תִּפְקְדֵם:

16 וַיִּפְקֹד אֹתָם מֹשֶׁה מהע, אל שדי עַל־פִּי יְהוָֹ(אהדי־אהדונהי) כַּאֲשֶׁר צֻוָּה פיו:

17 וַיִּהְיוּ־ מלוי ס״ג אֵלֶּה בְנֵי־לֵוִי ע״ה יהוה אהיה בִּשְׁמֹתָם גֵּרְשׁוֹן ע״ה ב״פ בוז״ך וּקְהָת

וּמְרָרִי ה״פ ביב: 18 וְאֵלֶּה מ״ב שְׁמוֹת בְּנֵי־גֵרְשׁוֹן ע״ה ב״פ בוז״ך לְמִשְׁפְּחֹתָם לִבְנִי

וְשִׁמְעִי: 19 וּבְנֵי קְהָת לְמִשְׁפְּחֹתָם עַמְרָם וְיִצְהָר וְחֶבְרוֹן וְעֻזִּיאֵל:

"Bendecirá a aquéllos que temen a Dios" (Salmos 115:13). Éstos son los levitas, todos los cuales son bendecidos porque temen a Dios. Está escrito: "ambos, los pequeños y los grandes" (ibid.), porque aunque LOS JÓVENES no fueron incluidos en el conteo, YA QUE SÓLO FUERON CONTADOS EN LA POBLACIÓN LOS DE VEINTE AÑOS EN ADELANTE, SIN EMBARGO, DEBEN SER BENDECIDOS JUNTO CON LOS MAYORES.
— El Zóhar, Bemidbar 1:16

²⁰ *Y los hijos de Merarí, por sus familias: Majlí y Mushí. Estas son las familias de los levitas conforme a sus casas paternas.*

²¹ *De Guershón era la familia de libnitas y la familia de shimeítas; éstas eran las familias de los guershonitas.*

²² *Aquellos que fueron enumerados, de todos los varones de un mes en adelante, fueron siete mil quinientos.*

²³ *Las familias de los guersonitas habían de acampar detrás del Tabernáculo, al Occidente;* ²⁴ *el jefe de las casas paternas de los guersonitas era Eliasaf, hijo de Lael,*

²⁵ *y las responsabilidades de los hijos de Guershón en la Tienda de Reunión incluían el Tabernáculo y la Tienda, su cubierta, el velo de la entrada de la Tienda de Reunión,*

²⁶ *las cortinas del atrio, y el velo para la entrada del atrio —que está alrededor del tabernáculo y el altar— y sus cuerdas; incluyendo todo lo relacionado con el servicio.*

²⁷ *Y de Kohat eran la familia de los amramitas, la familia de los itsaritas, la familia de los jevronitas y la familia de los uzielitas; éstas eran las familias de los kohatitas:*

²⁸ *Según el número de todos los varones de un mes en adelante, había ocho mil seiscientos, que desempeñaban los deberes del Santuario.*

²⁹ *Las familias de los hijos de Kohat habían de acampar al lado sur del tabernáculo;*

³⁰ *el jefe de las casas paternas de las familias kohatitas era Elitsafán, hijo de Uziel,*

³¹ *y ellos estaban a cargo del arca, la mesa, la Menorá, los altares, los utensilios del santuario con que los sacerdotes ministran, el velo y todo lo relacionado con el servicio.*

³² *Eleazar, el hijo de Aharón, el sacerdote, era el principal de los jefes de los levitas; él estaba encargado de supervisar a los guardas que cuidaban el Santuario.*

³³ *De Merarí era la familia de los mahlitas y la familia de los mushitas; éstas eran las familias de Merarí.*

³⁴ *Y aquellos de ellos que fueron enumerados, el número de todos los varones de un mes en adelante, eran seis mil doscientos.*

³⁵ *Y el jefe de las casas paternas de las familias de Merarí era Zuriel, el hijo de Avijail; habían de acampar al lado norte del Tabernáculo.*

³⁶ *El cargo designado a los hijos de Merarí era ocuparse del maderaje del Tabernáculo, sus barras, sus columnas, sus basas, todos sus utensilios y todo lo relacionado con el servicio,*

20 וּבְנֵי מְרָרִי הׁ"פ מ"פ לְמִשְׁפְּחֹתָם מַחְלִי וּמוּשִׁי אֵלֶּה הֵם מִשְׁפְּחֹת הַלֵּוִי

ע"ה יהוה אהיה לְבֵית בׁ"פ ראה אֲבֹתָם: 21 לְגֵרְשׁוֹן ע"ה ב"פ בׁזֹהר מִשְׁפַּחַת הַלִּבְנִי

וּמִשְׁפַּחַת הַשִּׁמְעִי אֵלֶּה הֵם מִשְׁפְּחֹת הַגֵּרְשֻׁנִּי: 22 פְּקֻדֵיהֶם בְּמִסְפַּר

כָּל־ ילׁ זָכָר מִבֶּן־חֹדֶשׁ י"ב הוויות וָמָעְלָה פְּקֻדֵיהֶם שִׁבְעַת אֲלָפִים קס"א

וַחֲמֵשׁ מֵאוֹת: 23 מִשְׁפְּחֹת הַגֵּרְשֻׁנִּי אַחֲרֵי הַמִּשְׁכָּן ב"פ (רבוע אלהים + ה) יַחֲנוּ

יָמָּה: 24 וּנְשִׂיא בֵית בׁ"פ ראה אָב לַגֵּרְשֻׁנִּי אֶלְיָסָף בֶּן־לָאֵל: 25 וּמִשְׁמֶרֶת

בְּנֵי־גֵרְשׁוֹן ע"ה ב"פ בׁזֹהר בְּאֹהֶל לאה (אלד ע"ה) מוֹעֵד הַמִּשְׁכָּן ב"פ (רבוע אלהים + ה)

וְהָאֹהֶל לאה (אלד ע"ה) מִכְסֵהוּ וּמָסַךְ פֶּתַח אֹהֶל לאה (אלד ע"ה) מוֹעֵד: 26 וְקַלְעֵי

הֶחָצֵר וְאֶת־מָסַךְ פֶּתַח הֶחָצֵר אֲשֶׁר עַל־הַמִּשְׁכָּן ב"פ (רבוע אלהים + ה)

וְעַל־הַמִּזְבֵּחַ זֹ, נגד סָבִיב וְאֵת מֵיתָרָיו לְכֹל יׁ אדני עֲבֹדָתוֹ: 27 וְלִקְהָת

מִשְׁפַּחַת הָעַמְרָמִי וּמִשְׁפַּחַת הַיִּצְהָרִי וּמִשְׁפַּחַת הַחֶבְרֹנִי וּמִשְׁפַּחַת

הָעָזִּיאֵלִי אֵלֶּה הֵם מִשְׁפְּחֹת הַקְּהָתִי: 28 בְּמִסְפַּר כָּל־ יׁלׁ זָכָר מִבֶּן־חֹדֶשׁ

י"ב הוויות וָמָעְלָה שְׁמֹנַת אֲלָפִים קס"א וְשֵׁשׁ מֵאוֹת שֹׁמְרֵי מִשְׁמֶרֶת הַקֹּדֶשׁ:

29 מִשְׁפְּחֹת בְּנֵי־קְהָת יַחֲנוּ עַל יֶרֶךְ הַמִּשְׁכָּן ב"פ (רבוע אלהים + ה) תֵּימָנָה:

30 וּנְשִׂיא בֵית־ ב"פ ראה אָב לְמִשְׁפְּחֹת הַקְּהָתִי אֱלִיצָפָן בֶּן־עֻזִּיאֵל:

31 וּמִשְׁמַרְתָּם הָאָרֹן ע"ב ורבוע ע"ב וְהַשֻּׁלְחָן וְהַמְּנֹרָה וְהַמִּזְבְּחֹת וּכְלֵי כלׁ

הַקֹּדֶשׁ אֲשֶׁר יְשָׁרְתוּ בָּהֶם וְהַמָּסָךְ וְכֹל יׁלׁ עֲבֹדָתוֹ: 32 וּנְשִׂיא נְשִׂיאֵי הַלֵּוִי

ע"ה יהוה אהיה אֶלְעָזָר בֶּן־אַהֲרֹן ע"ב ורבוע ע"ב הַכֹּהֵן מלה פְּקֻדַּת שֹׁמְרֵי מִשְׁמֶרֶת

הַקֹּדֶשׁ: 33 לִמְרָרִי הׁ"פ מ"פ מִשְׁפַּחַת הַמַּחְלִי וּמִשְׁפַּחַת הַמּוּשִׁי אֵלֶּה הֵם

מִשְׁפְּחֹת מְרָרִי הׁ"פ מ"פ: 34 וּפְקֻדֵיהֶם בְּמִסְפַּר כָּל־ יׁלׁ זָכָר מִבֶּן־חֹדֶשׁ י"ב הוויות

וָמָעְלָה שֵׁשֶׁת אֲלָפִים קס"א וּמָאתָיִם: 35 וּנְשִׂיא בֵית־ ב"פ ראה אָב לְמִשְׁפְּחֹת

מְרָרִי הׁ"פ מ"פ צוּרִיאֵל בֶּן־אֲבִיחָיִל עַל יֶרֶךְ הַמִּשְׁכָּן ב"פ (רבוע אלהים + ה) יַחֲנוּ

צָפֹנָה ע"ה עסמ"ב: 36 וּפְקֻדַּת מִשְׁמֶרֶת בְּנֵי מְרָרִי הׁ"פ מ"פ קַרְשֵׁי הַמִּשְׁכָּן

ב"פ (רבוע אלהים + ה) וּבְרִיחָיו וְעַמֻּדָיו וַאֲדָנָיו וְכָל־ יׁלׁ כֵּלָיו וְכֹל יׁלׁ עֲבֹדָתוֹ:

37 y las columnas alrededor del atrio con sus basas, sus estacas y sus cuerdas.

38 Y los que habían de acampar delante del Tabernáculo al oriente, delante de la Tienda de Reunión hacia la salida del Sol, eran Moshé, Aharón y sus hijos, desempeñando los deberes del Santuario para ejercer la obligación de los hijos de Israel; y el hombre común que se acercara moriría.

39 Todos los enumerados de los levitas, a quienes Moshé y Aharón contaron según sus familias por mandato del Eterno, todos los varones de un mes en adelante, eran veintidós mil.

SEXTA LECTURA – YOSEF – YESOD

40 Y el Eterno dijo a Moshé: "Enumera a todos los primogénitos varones de los hijos de Israel de un mes en adelante, y haz una lista de sus nombres. 41 Y tomarás a los levitas para Mí, Yo soy el Eterno, en lugar de todos los primogénitos entre los hijos de Israel; y el ganado de los levitas en lugar de todos los primogénitos del ganado de los hijos de Israel".

42 Y Moisés contó a todos los primogénitos de los hijos de Israel, tal como el Eterno le había ordenado. 43 Y todos los primogénitos varones conforme al número de sus nombres de un mes en adelante, los enumerados, eran veintidós mil doscientos setenta y tres.

44 Y el Eterno habló a Moshé, para decir: 45 "Toma a los levitas en lugar de todos los primogénitos entre los hijos de Israel, y el ganado de los levitas en lugar de su ganado; Y los levitas serán Míos, Yo soy el Eterno.

46 Y rescate por los doscientos setenta y tres de los primogénitos de los hijos de Israel, los cuales exceden el número de levitas,

---

וְאַהֲרֹן

Números 3:39 – Los puntos sobre la palabra *VeAharón* nos conectan con el poder de Aharón, el Sumo Sacerdote. Sabemos que el Sumo Sacerdote estaba especialmente dotado para vencer al Ángel de la Muerte. Al conectar con Aharón en esta lectura, activamos la energía de la sanación absoluta en nosotros y conectamos con el poder de la inmortalidad, no sólo en nuestro cuerpo físico, sino también en cualquier aspecto de nuestra vida donde puede ocurrir alguna clase de muerte.

פָּקֹד

Números 3:40 – En este versículo, los 22,273 primogénitos fueron contados. En vez de permitir que estos primogénitos fuesen sacrificados, los levitas realizaron sacrificios para protegerlos del Ángel de la Muerte. Sin embargo, había menos levitas que primogénitos, así que los padres de aquéllos que no tenían un levita que hiciera un sacrificio para redimirlos dieron una ofrenda de cinco *shekalim*, lo cual era la misma cantidad de dinero que los hermanos de Yosef habían recibido al venderlo. Cada vez que redimimos a

37 וְעַמֻּדֵי הֶחָצֵר סָבִיב וְאַדְנֵיהֶם וִיתֵדֹתָם וּמֵיתְרֵיהֶם: 38 וְהַחֹנִים לִפְנֵי

הַמִּשְׁכָּן חכמה בינה ב"פ (רבוע אלהים - ה) קֵדְמָה לִפְנֵי חכמה בינה אֹהֶל־ לאה (אלף ע"ה) מוֹעֵד | מִזְרָחָה | מֹשֶׁה מהע, אל שדי וְאַהֲרֹן ע"ב ורבוע ע"ב | וּבָנָיו שֹׁמְרִים מִשְׁמֶרֶת

הַמִּקְדָּשׁ לְמִשְׁמֶרֶת בְּנֵי יִשְׂרָאֵל וְהַזָּר הַקָּרֵב יוּמָת: 39 כָּל־ ילי פְּקוּדֵי

הַלְוִיִּם אֲשֶׁר פָּקַד רבוע ע"ב מֹשֶׁה מהע, אל שדי וְאַהֲרֹן ע"ב ורבוע ע"ב עַל־פִּי

יְהֹוָ^{אדני}אהדונהי לְמִשְׁפְּחֹתָם כָּל־ ילי זָכָר ילי מִבֶּן־חֹדֶשׁ י"ב הוויות וָמַעְלָה וָמַעְלָה שְׁנַיִם

וְעֶשְׂרִים אָלֶף: אלף למד עין דלת יוד ע"ה:

SEXTA LECTURA – YOSEF – YESOD

40 וַיֹּאמֶר יְהֹוָ^{אדני}אהדונהי אֶל־מֹשֶׁה מהע, אל שדי פְּקֹד רבוע ע"ב כָּל־ ילי בְּכֹר זָכָר לִבְנֵי יִשְׂרָאֵל מִבֶּן־חֹדֶשׁ י"ב הוויות וָמָעְלָה וְשָׂא אֵת מִסְפַּר שְׁמֹתָם: 41 וְלָקַחְתָּ אֶת־הַלְוִיִּם לִי אֲנִי יְהֹוָ^{אדני}אהדונהי אני, טדהד כוז"ו תַּחַת כָּל־ ילי בְּכֹר בִּבְנֵי יִשְׂרָאֵל וְאֵת בֶּהֱמַת הַלְוִיִּם תַּחַת כָּל־ ילי בְּכוֹר בְּבֶהֱמַת בְּנֵי יִשְׂרָאֵל: 42 וַיִּפְקֹד מֹשֶׁה מהע, אל שדי כַּאֲשֶׁר צִוָּה פִּי יְהֹוָ^{אדני}אהדונהי אֹתוֹ אֶת־כָּל־ ילי בְּכוֹר בִּבְנֵי יִשְׂרָאֵל: 43 וַיְהִי אל כָל־ ילי בְּכוֹר זָכָר בְּמִסְפַּר שֵׁמֹת מִבֶּן־חֹדֶשׁ י"ב הוויות וָמַעְלָה לִפְקֻדֵיהֶם שְׁנַיִם וְעֶשְׂרִים אָלֶף אלף למד עין דלת יוד ע"ה שְׁלֹשָׁה וְשִׁבְעִים וּמָאתָיִם:

44 וַיְדַבֵּר ראה יְהֹוָ^{אדני}אהדונהי אֶל־מֹשֶׁה מהע, אל שדי לֵּאמֹר: 45 קַח אֶת־הַלְוִיִּם תַּחַת כָּל־ ילי בְּכוֹר בִּבְנֵי יִשְׂרָאֵל וְאֶת־בֶּהֱמַת הַלְוִיִּם תַּחַת בְּהֶמְתָּם וְהָיוּ־לִי הַלְוִיִּם אֲנִי אני, טדהד כוז"ו יְהֹוָ^{אדני}אהדונהי: 46 וְאֵת פְּדוּיֵי הַשְּׁלֹשָׁה וְהַשִּׁבְעִים וְהַמָּאתָיִם הָעֹדְפִים עַל־הַלְוִיִּם מִבְּכוֹר בְּנֵי יִשְׂרָאֵל:

---

un primogénito hoy en día al hacer un *Pidyón HaBén* (redención del primogénito), es como si estuviéramos corrigiendo el pecado de la venta de Yosef.

⁴⁷ *tomarás cinco shekalim por cada uno; los tomarás conforme al shékel del Santuario, el shékel equivale a veinte guerás.*

⁴⁸ *Y da el dinero, el rescate de los que hay en exceso entre ellos, a Aharón y a sus hijos".*

⁴⁹ *Y Moshé tomó el dinero del rescate de los que excedían el número de los redimidos por los levitas;*

⁵⁰ *de los primogénitos de los hijos de Israel tomó el dinero: mil trescientos sesenta y cinco shekalim, conforme al shékel del Santuario.*

⁵¹ *Y Moshé dio a Aharón y a sus hijos el dinero del rescate, de acuerdo con la palabra del Señor, tal como el Eterno había ordenado a Moshé.*

SÉPTIMA LECTURA – DAVID – MALJUT

4 ¹ Y el Señor habló a Moshé y Aharón, para decir:

² *"Sumen el total de los hijos de Kohat de entre los hijos de Leví, según sus familias, conforme a sus casas paternas,*

³ *de treinta años en adelante hasta los cincuenta, todos los que entran al servicio, para servir en la Tienda de Reunión.*

⁴ *Este será el servicio de los hijos de Kohat en la Tienda de Reunión, con relación a las cosas más sagradas:*

⁵ *Cuando el campamento se traslade, Aharón y sus hijos entrarán y quitarán el velo de separación, y cubrirán el Arca del Testimonio con él;*

קְהָת

Números 4:2 – Tres familias de la tribu de Leví estaban a cargo de diferentes aspectos del Tabernáculo. La familia de Kehat, el más elevado de los levitas, se ocupaba del Arca y todas las herramientas físicas del Tabernáculo.

Yehoshúa, quien gobernó al pueblo después de la muerte de Moshé, se ganó su posición no porque era el más inteligente o el más versado del pueblo, sino porque le importaba dónde moraba la Luz del Creador. De forma similar, a los hijos de Kehat les dieron el trabajo de sanar y el trabajo de tocar el Arca cuando debía ser movida, dado que ellos eran a quienes más les importaba. La lección para nosotros hoy en día cuando leemos esta sección es que tenemos que ocuparnos en gran medida de nuestras propias herramientas de reconstrucción espiritual, reconociendo que nuestro conocimiento no es tan importante como nuestra dedicación, interés y uso reverencial de estas herramientas.

ÉL PREGUNTA: ESTÁ ESCRITO: "EL TABERNÁCULO DEL TESTIMONIO...el trabajo de los levitas..."

47 וְלֻקְחַת֩ וַחֲמֵ֨שׁ וַחֲמִשִּׁ֤ים שְׁקָלִים֙ לַגֻּלְגֹּ֔לֶת בְּשֶׁ֖קֶל הַקֹּ֑דֶשׁ תִּקָּ֔ח

48 עֶשְׂרִ֥ים גֵּרָ֖ה הַשָּׁ֑קֶל וְנָתַתָּ֤ה הַכֶּ֙סֶף֙ לְאַהֲרֹ֣ן

49 וּלְבָנָ֔יו פְּדוּיֵ֖י הָעֹדְפִ֑ים בָּהֶ֑ם: וַיִּקַּ֣ח מֹשֶׁ֗ה אֵ֤ת

כֶּ֣סֶף הַפִּדְי֔וֹם מֵאֵת֙ הָעֹ֣דְפִ֔ים עַ֖ל פְּדוּיֵ֣י הַלְוִיִּֽם:

50 מֵאֵ֗ת בְּכ֤וֹר בְּנֵ֣י יִשְׂרָאֵ֖ל לָקַ֑ח אֶת־הַכָּ֔סֶף חֲמִשָּׁ֥ה וְשִׁשִּׁ֖ים וּשְׁלֹ֥שׁ מֵא֛וֹת

וָאֶ֖לֶף בְּשֶׁ֣קֶל הַקֹּ֑דֶשׁ: 51 וַיִּתֵּ֨ן מֹשֶׁ֜ה

אֶת־כֶּ֤סֶף הַפְּדֻיִם֙ לְאַהֲרֹ֣ן וּלְבָנָ֔יו עַל־פִּ֖י יְ-הֹוָ-ה כַּאֲשֶׁ֛ר

צִוָּ֥ה יְ-הֹוָ-ה אֶת־מֹשֶֽׁה:

SÉPTIMA LECTURA – DAVID – MALJUT

4 1 וַיְדַבֵּ֣ר יְ-הֹוָ-ה אֶל־מֹשֶׁ֥ה וְאֶֽל־אַהֲרֹ֖ן

לֵאמֹֽר: 2 נָשֹׂ֗א אֶת־רֹאשׁ֙ בְּנֵ֣י קְהָ֔ת מִתּ֖וֹךְ בְּנֵ֣י

לֵוִ֑י לְמִשְׁפְּחֹתָ֖ם לְבֵ֥ית אֲבֹתָֽם: 3 מִבֶּ֩ן שְׁלֹשִׁ֨ים שָׁנָ֜ה

וָמַ֗עְלָה וְעַ֛ד בֶּן־חֲמִשִּׁ֥ים שָׁנָ֖ה כָּל־בָּא֙ לַצָּבָ֔א לַעֲשׂ֥וֹת מְלָאכָ֖ה

בְּאֹ֥הֶל מוֹעֵֽד: 4 זֹ֚את עֲבֹדַ֣ת בְּנֵי־קְהָ֔ת בְּאֹ֖הֶל

מוֹעֵ֑ד קֹ֖דֶשׁ הַקֳּדָשִֽׁים: 5 וּבָ֣א אַהֲרֹ֣ן וּבָנָיו֮ בִּנְסֹ֣עַ

הַֽמַּחֲנֶה֒ וְהוֹרִ֙דוּ֙ אֵ֚ת פָּרֹ֣כֶת הַמָּסָ֔ךְ וְכִסּוּ־בָ֕הּ אֵ֖ת אֲרֹ֥ן הָעֵדֻֽת:

(Éxodo 38:21). ¿Cuál es el trabajo de los levitas? CONTESTA: Éste es un secreto, como está escrito: "Y realizará el levita, él, el servicio..." (Números 18:23). Porque él es el secreto del Santo Nombre, BINÁ, que es llamada 'él' y no 'tú', A SABER: TERCERA PERSONA Y NO SEGUNDA PERSONA, COMO MALJUT, QUE ES LLAMADA 'TÚ'. Ésa es la razón de que los levitas sirvan AL TABERNÁCULO DEL TESTIMONIO, QUE ES BINÁ.

Otra explicación: El servicio de los levitas es transportar el Tabernáculo sobre sus hombros de un lugar a otro, como está escrito: "Pero a los hijos de Kehat no les dio nada porque el servicio a lo santo les correspondía a ellos, cargarlo sobre los hombros" (Números 7:9). POR LO TANTO, EL TABERNÁCULO ES LLAMADO EN SU NOMBRE, ESTO ES: "EL SERVICIO DE LOS LEVITAS".

— El Zóhar, Pekudéi 4:25

[6] *y colocarán sobre ella una cubierta de piel de marsopa, y extenderán sobre ésta una tela completamente azul, y luego colocarán sus varas.*

[7] *Y sobre la mesa del Pan del Testimonio tenderán también una tela azul, y en él pondrán los platos, las cacerolas, los tazones para los sacrificios y los jarros para hacer libación; el pan perpetuo estará sobre él.*

[8] *Y extenderán sobre ellos una tela escarlata, y cubrirán al mismo con una cubierta de piel de marsopa, y luego colocarán sus varas.*

[9] *Y tomarán una tela azul y cubrirán la Menorá de la luz, las lámparas, las tenazas, los platillos y todos los utensilios para el aceite con que lo sirven.*

[10] *Y lo pondrán con todos sus utensilios en una cubierta de piel de tajash, y lo colocarán sobre una barra.*

[11] *Y extenderán sobre el altar de oro un paño azul, y lo cubrirán con una cubierta de piel de tajash, y colocarán sus varas.*

[12] *Y tomarán todos los utensilios para el ministerio con que sirven en el Santuario, los pondrán en una tela azul, los cubrirán con una cubierta de piel de tajash y los colocarán sobre una barra.*

[13] *Y quitarán las cenizas del altar y extenderán sobre él una tela púrpura.*

[14] *Y le pondrán encima todas las vasijas con que sirven con relación a él: los braseros, los garfios, las palas y los tazones, todos los utensilios del altar; y extenderán sobre él una cubierta de piel de tajash y colocarán sus varas.*

[15] *Cuando Aharón y sus hijos hayan terminado de cubrir los objetos sagrados y todos los utensilios del Santuario, cuando el campamento esté para trasladarse, vendrán después los hijos de Kohat para transportarlos; pero que no toquen los objetos sagrados pues morirían. Estas son las cargas de los hijos de Kohat en la Tienda de Reunión.*

[16] *Y la responsabilidad de Eleazar, hijo de Aharón, el sacerdote, será el aceite para el alumbrado y el incienso aromático, la ofrenda continua de cereal y el aceite para ungir: él tendrá la responsabilidad de todo el Tabernáculo y de todo lo que en él hay, con el santuario y sus enseres".*

6 וְנָתְנוּ עָלָיו כְּסוּי עוֹר תַּחַשׁ וּפָרְשׂוּ בֶגֶד־כְּלִיל תְּכֵלֶת מִלְמַעְלָה וְשָׂמוּ בַּדָּיו: 7 וְעַל | שֻׁלְחַן הַפָּנִים ע״ב ס״ג מ״ה יִפְרְשׂוּ בֶּגֶד תְּכֵלֶת וְנָתְנוּ עָלָיו אֶת־הַקְּעָרֹת וְאֶת־הַכַּפֹּת וְאֶת־הַמְּנַקִּיֹּת וְאֵת קְשׂוֹת הַנָּסֶךְ וְלֶחֶם הַתָּמִיד ע״ה נתה, קס״א קנ״א קמ״ג עָלָיו יִהְיֶה ׳׳׳ᴵ: 8 וּפָרְשׂוּ עֲלֵיהֶם בֶּגֶד תּוֹלַעַת שָׁנִי וְכִסּוּ אֹתוֹ בְּמִכְסֵה עוֹר תַּחַשׁ וְשָׂמוּ אֶת־בַּדָּיו: 9 וְלָקְחוּ | בֶּגֶד תְּכֵלֶת וְכִסּוּ אֶת־מְנֹרַת הַמָּאוֹר וְאֶת־נֵרֹתֶיהָ וְאֶת־מַלְקָחֶיהָ וְאֶת־מַחְתֹּתֶיהָ וְאֵת כָּל־כְּלֵי שַׁמְנָהּ אֲשֶׁר יְשָׁרְתוּ־לָהּ בָּהֶם: 10 וְנָתְנוּ אֹתָהּ וְאֶת־כָּל־כֵּלֶיהָ אֶל־מִכְסֵה עוֹר תַּחַשׁ וְנָתְנוּ עַל־הַמּוֹט: 11 וְעַל | מִזְבַּח הַזָּהָב יִפְרְשׂוּ בֶּגֶד תְּכֵלֶת וְכִסּוּ אֹתוֹ בְּמִכְסֵה עוֹר תַּחַשׁ וְשָׂמוּ אֶת־בַּדָּיו: 12 וְלָקְחוּ אֶת־כָּל־כְּלֵי הַשָּׁרֵת אֲשֶׁר יְשָׁרְתוּ־בָם בַּקֹּדֶשׁ וְנָתְנוּ אֶל־בֶּגֶד תְּכֵלֶת וְכִסּוּ אוֹתָם בְּמִכְסֵה עוֹר תַּחַשׁ וְנָתְנוּ עַל־הַמּוֹט: 13 וְדִשְּׁנוּ אֶת־הַמִּזְבֵּחַ וּפָרְשׂוּ עָלָיו בֶּגֶד אַרְגָּמָן קנ״א קמ״ג: 14 וְנָתְנוּ עָלָיו אֶת־כָּל־כֵּלָיו אֲשֶׁר יְשָׁרְתוּ עָלָיו בָּהֶם אֶת־הַמַּחְתֹּת אֶת־הַמִּזְלָגֹת וְאֶת־הַיָּעִים וְאֶת־הַמִּזְרָקֹת כֹּל כְּלֵי הַמִּזְבֵּחַ וּפָרְשׂוּ עָלָיו כְּסוּי עוֹר תַּחַשׁ וְשָׂמוּ בַדָּיו: 15 וְכִלָּה אַהֲרֹן ע״ב ורבוע וּבָנָיו לְכַסֹּת אֶת־הַקֹּדֶשׁ וְאֶת־כָּל־כְּלֵי הַקֹּדֶשׁ בִּנְסֹעַ הַמַּחֲנֶה וְאַחֲרֵי־כֵן יָבֹאוּ בְנֵי־קְהָת לָשֵׂאת וְלֹא־יִגְּעוּ אֶל־הַקֹּדֶשׁ וָמֵתוּ אֵלֶּה מַשָּׂא בְנֵי־קְהָת בְּאֹהֶל מוֹעֵד: 16 וּפְקֻדַּת אֶלְעָזָר | בֶּן־אַהֲרֹן ע״ב ורבוע הַכֹּהֵן שֶׁמֶן הַמָּאוֹר וּקְטֹרֶת הַסַּמִּים ע״ה קנ״א, אלהים אדני וּמִנְחַת הַתָּמִיד וְשֶׁמֶן הַמִּשְׁחָה פְּקֻדַּת כָּל־הַמִּשְׁכָּן וְכָל־אֲשֶׁר־בּוֹ בְּקֹדֶשׁ וּבְכֵלָיו:

MAFTIR

¹⁷ Después el Eterno habló a Moshé y Aharón, para decir:

¹⁸ "No corten a la tribu de las familias de los kohatitas de entre los levitas,

¹⁹ sino que harán esto con ellos para que vivan y no perezcan cuando se acerquen a los objetos santísimos: Aharón y sus hijos entrarán y señalarán a cada uno de ellos su trabajo y su carga;

²⁰ pero ellos no entrarán a ver los objetos sagrados mientras son cubiertos, para que no mueran".

HAFTARÁ DE BEMIDBAR

La *Shejiná* mencionada en esta Haftará es llamada una "esposa leal". Esta lectura nos ofrece sabiduría acerca del trato que debemos dar a aquellos con quienes tenemos una relación, sea cónyuge, novia o novio, hijos, amigos, compañeros de trabajo o cualesquiera otros. Nuestras relaciones humanas deben ser como la relación entre la *Shejiná* y el Creador. El *Zóhar* dice:

OSEAS 2:1-22

2 ¹ Sin embargo, el número de los hijos de Israel será como la arena del mar, que no puede ser medida ni contada, y sucederá que, en vez de lo que se les dijo: "Ustedes son Mi pueblo", se les dirá: "Ustedes son los hijos del Dios viviente".

כְּבְּלַע

Números 4:20 – Hay un versículo en la Biblia que dice: "*Bilá hamávet lanétsaj*" (Isaías 25:8). Esto significa "tragará a la muerte". Según la Kabbalah, la muerte no sólo representa la mortalidad de la vida, sino también el caos en lo que deberían ser los aspectos positivos de nuestra vida: relaciones, salud, sustento, y así sucesivamente. No obstante, un aspecto de la muerte desaparece cada vez que el caos es devorado por la Luz. Cuando nos limpiamos espiritualmente mediante nuestro propio esfuerzo, la Luz se traga a la oscuridad y, de esta manera, cada una de nuestras acciones positivas sirve para consumir a la negatividad.

Cuando el Santísimo, bendito sea Él, erija Su casa, Maljut, entonces está escrito: "Él destruirá (también: 'tragará') a la muerte para siempre..." (Isaías 25:8), tragar como en: "Dios ha tragado sin compasión..." (Lamentaciones 2:2). Como bebió de esta copa, así beberá de aquélla. Como

MAFTIR

17 וַיְדַבֵּ֣ר יְהוָ֔ה אֶל־מֹשֶׁ֥ה וְאֶל־אַהֲרֹ֖ן לֵאמֹֽר׃

18 אַל־תַּכְרִ֕יתוּ אֶת־שֵׁ֖בֶט מִשְׁפְּחֹ֣ת הַקְּהָתִ֑י מִתּ֖וֹךְ הַלְוִיִּֽם׃ 19 וְזֹ֣את ׀

עֲשׂ֤וּ לָהֶם֙ וְחָי֔וּ וְלֹ֣א יָמֻ֔תוּ בְּגִשְׁתָּ֖ם אֶת־קֹ֣דֶשׁ הַקֳּדָשִׁ֑ים אַהֲרֹ֣ן

וּבָנָ֗יו יָבֹ֙אוּ֙ וְשָׂמ֣וּ אוֹתָ֔ם אִ֥ישׁ אִ֖ישׁ עַל־עֲבֹדָת֖וֹ

וְאֶל־מַשָּׂאֽוֹ׃ 20 וְלֹא־יָבֹ֧אוּ לִרְא֛וֹת כְּבַלַּ֥ע אֶת־הַקֹּ֖דֶשׁ וָמֵֽתוּ׃

HAFTARÁ DE BEMIDBAR

… Entonces la causa de todas las causas, DENOTANDO A KÉTER, no reposa allí, y es como si el Santísimo, bendito sea Él, no es Uno, cuando Él no está con la Shejiná. EL SANTÍSIMO, BENDITO SEA ÉL, NO ES LLAMADO 'UNO' SI NO ESTÁ UNIDO CON LA SHEJINÁ. … Y cuando el Santísimo, bendito sea Él, se une con la Shejiná, este versículo es realizado: "… En ese día Dios será Uno, y Su Nombre Uno" (Zacarías 14:9). Entonces la causa de todas las causas, KÉTER, mora sobre ellos.

— *El Zóhar, Behar 7:32*

הושע פרק 2, 1–22

2 1 וְֽהָיָ֞ה מִסְפַּ֣ר בְּנֵֽי־יִשְׂרָאֵל֮ כְּח֣וֹל הַיָּם֒ אֲשֶׁ֥ר לֹֽא־יִמַּ֖ד

וְלֹ֣א יִסָּפֵ֑ר וְֽהָיָ֗ה בִּמְק֞וֹם אֲשֶׁר־יֵאָמֵ֤ר לָהֶם֙ לֹֽא־עַמִּ֣י

EL ÁNGEL DE LA MUERTE TRAGÓ A LOS HABITANTES DEL MUNDO, ASÍ ÉL MISMO SERÁ TRAGADO.
— El Zóhar, Pekudéi 40:385

El Santísimo, bendito sea Él, le preguntó: ¿Mato Yo gente?' '¿Se te han revelado las puertas de la muerte? ¿O has visto las puertas de la sombra de la muerte?". ¿Cuántas puertas están abiertas en ese lado A TRAVÉS DE LAS CUALES PUEDES ELUDIR A LA MUERTE? PERO DONDEQUIERA la muerte las controla, porque las puertas no están abiertas a los hombres que no saben de ellas. EN EL FUTURO, SIN EMBARGO, CUANDO EL FUTURO ESTÉ REALIZADO, "…PORQUE LA TIERRA ESTARÁ LLENA DEL CONOCIMIENTO DE HASHEM…" (Isaías 11:9), ENTONCES: "ÉL DESTRUIRÁ A LA MUERTE PARA SIEMPRE…" (ISAÍAS 25:8). ASÍ, ELLOS MUEREN PORQUE NO SABEN CÓMO ESTAR PROTEGIDOS, Y NO PORQUE EL SANTÍSIMO, BENDITO SEA ÉL, LOS MATE.
— El Zóhar, Vayetsé 28:287

² Y los hijos de Yehuda y los hijos de Israel se reunirán, y designarán de entre ellos un jefe, y subirán de la tierra; porque grande será el día de Yizreel.

³ Digan a sus hermanos: "Amí" (pueblo Mío), y a sus hermanas: "Rujamá" (compadecida).

⁴ Contiendan con su madre, contiendan, porque ella no es Mi mujer, ni Yo soy su marido. Y que ella borre sus prostituciones de su rostro, y sus adulterios de entre sus pechos;

⁵ no sea que Yo la despoje de sus ropas, dejándola desnuda como en el día en que nació, y haga de ella un erial y la convierta en un desierto y la mate de sed.

⁶ Y Yo no tendré compasión de sus hijos, porque son hijos de prostitución.

⁷ Porque su madre se prostituyó, la que los concibió lo hizo con deshonra, porque dijo: "Iré tras mis amantes que me dan mi pan y mi agua, mi lana y mi lino, mi aceite y mi bebida".

⁸ Por tanto, he aquí que cercaré tu camino con espinos y levantaré un muro contra ella para que no encuentre sus senderos.

⁹ Y ella seguirá a sus amantes, pero no los alcanzará; los buscará, pero no los hallará. Entonces dirá: "Iré y volveré a mi primer marido, porque mejor me iba entonces que ahora."

¹⁰ Pues ella no sabía que era Yo el que le daba el trigo, el vino y el aceite, y le prodigaba la plata y el oro, que ellos usaban para Báal.

¹¹ Por tanto, volveré a tomar Mi trigo a su tiempo y Mi mosto a su sazón, y arrebataré Mi lana y Mi lino que le di para que cubriera su desnudez.

¹² Y ahora descubriré su vergüenza ante los ojos de sus amantes, y nadie la librará de Mi mano.

¹³ Haré cesar también todo su regocijo, sus fiestas, sus Lunas Nuevas, sus Shabatot y todas sus solemnidades.

¹⁴ Devastaré sus vides y sus higueras, de las cuales ella ha dicho: "Son la paga que mis amantes me han dado"; y las convertiré en matorrales, y las bestias del campo las devorarán. ¹⁵ Y la castigaré por los días de los Baalim, cuando ella les ofrendaba y se adornaba con sus zarcillos y joyas, y se iba tras sus amantes, y se olvidaba de Mí —declara el Eterno.

¹⁶ Por tanto, he aquí que la seduciré, la llevaré al desierto, y le hablaré cariñosamente.

¹⁷ Le daré sus viñas desde allí, y el valle de Ajor por puerta de esperanza; y allí responderá como en los días de su juventud, como en el día en que subió de la tierra de Egipto.

אַתֶּם יֹאמַר לָהֶם בְּנֵי אֵל־ יא"י וְהָיָ‎ 2 וְנִקְבְּצוּ בְּנֵי־יְהוּדָה וּבְנֵי־יִשְׂרָאֵל

יַחְדָּו וְשָׂמוּ לָהֶם רֹאשׁ רביע אלהים אלהים דיודין ע"ה אֶחָד אהבה, דאגה וְעָלוּ מִן־הָאָרֶץ

אלהים דההין ע"ה כִּי גָדוֹל לתהו, מבה, זל, אום יוֹם ע"ה = נגד, זז, מזבח יִזְרְעֶאל: 3 אִמְרוּ

לַאֲחֵיכֶם עַמִּי וְלַאֲחוֹתֵיכֶם רֻחָמָה: 4 רִיבוּ בְאִמְּכֶם רִיבוּ כִּי־הִיא לֹא

אִשְׁתִּי וְאָנֹכִי אי"ע לֹא אִישָׁהּ וְתָסֵר זְנוּנֶיהָ מִפָּנֶיהָ וְנַאֲפוּפֶיהָ מִבֵּין שָׁדֶיהָ:

5 פֶּן־אַפְשִׁיטֶנָּה עֲרֻמָּה וְהִצַּגְתִּיהָ כְּיוֹם ע"ה = נגד, זז, מזבח הִוָּלְדָהּ וְשַׂמְתִּיהָ

כַמִּדְבָּר וְשַׁתִּהָ כְּאֶרֶץ אלהים דאלפין צִיָּה וַהֲמִתִּיהָ בַּצָּמָא: 6 וְאֶת־בָּנֶיהָ לֹא

אֲרַחֵם אברהם, וש"פ אל, רמ"ח כִּי־בְנֵי זְנוּנִים הֵמָּה: 7 כִּי זָנְתָה אִמָּם הֹבִישָׁה

הוֹרָתָם כִּי אָמְרָה אֵלְכָה אַחֲרֵי מְאַהֲבַי נֹתְנֵי לַחְמִי וּמֵימַי צַמְרִי

וּפִשְׁתִּי שַׁמְנִי וְשִׁקּוּיָי: 8 לָכֵן הִנְנִי־שָׂךְ אֶת־דַּרְכֵּךְ בַּסִּירִים וְגָדַרְתִּי

אֶת־גְּדֵרָהּ וּנְתִיבוֹתֶיהָ לֹא תִמְצָא: 9 וְרִדְּפָה אֶת־מְאַהֲבֶיהָ וְלֹא־תַשִּׂיג

אֹתָם וּבִקְשָׁתַם וְלֹא תִמְצָא וְאָמְרָה אֵלְכָה וְאָשׁוּבָה אֶל־אִישִׁי

הָרִאשׁוֹן כִּי טוֹב יה"ו לִי אָז מֵעָתָּה: 10 וְהִיא לֹא יָדְעָה כִּי אָנֹכִי אי"ע נָתַתִּי

לָהּ הַדָּגָן נגד, זז, מזבח וְהַתִּירוֹשׁ וְהַיִּצְהָר וְכֶסֶף הִרְבֵּיתִי לָהּ וְזָהָב עָשׂוּ

לַבָּעַל: 11 לָכֵן אָשׁוּב וְלָקַחְתִּי דְגָנִי בְּעִתּוֹ וְתִירוֹשִׁי בְּמוֹעֲדוֹ וְהִצַּלְתִּי

צַמְרִי וּפִשְׁתִּי לְכַסּוֹת אֶת־עֶרְוָתָהּ: 12 וְעַתָּה אֲגַלֶּה אֶת־נַבְלֻתָהּ לְעֵינֵי

רביע מ"ה מְאַהֲבֶיהָ וְאִישׁ ע"ה קנ"א קס"א לֹא־יַצִּילֶנָּה מִיָּדִי: 13 וְהִשְׁבַּתִּי כָּל־

ילי מְשׂוֹשָׂהּ חַגָּהּ חָדְשָׁהּ וְשַׁבַּתָּהּ וְכֹל ילי מוֹעֲדָהּ: 14 וַהֲשִׁמֹּתִי גַּפְנָהּ

וּתְאֵנָתָהּ אֲשֶׁר אָמְרָה אֶתְנָה הֵמָּה לִי אֲשֶׁר נָתְנוּ־לִי מְאַהֲבָי וְשַׂמְתִּים

לְיַעַר בֹוֹזֶהֶר, ערי, סנדלפון וַאֲכָלָתַם חַיַּת הַשָּׂדֶה שדי: 15 וּפָקַדְתִּי עָלֶיהָ פהל

אֶת־יְמֵי הַבְּעָלִים אֲשֶׁר תַּקְטִיר לָהֶם וַתַּעַד נִזְמָהּ וְחֶלְיָתָהּ וַתֵּלֶךְ

אַחֲרֵי מְאַהֲבֶיהָ וְאֹתִי שָׁכְחָה נְאֻם־יְהוָ‎אהדונהי מ"ה יה: 16 לָכֵן הִנֵּה

אָנֹכִי אי"ע מְפַתֶּיהָ וְהֹלַכְתִּיהָ הַמִּדְבָּר וְדִבַּרְתִּי ראה עַל־לִבָּהּ: 17 וְנָתַתִּי לָהּ

אֶת־כְּרָמֶיהָ מִשָּׁם יהוה שדי וְאֶת־עֵמֶק עָכוֹר לְפֶתַח תִּקְוָה וְעָנְתָה שָּׁמָּה

[18] *Y sucederá en aquel día —declara el Eterno— que me llamarás Ishí (hombre mío), y no me llamarás más Baalí (señor mío).*

[19] *Porque quitaré de su boca los nombres de los Baalim, y nunca más serán mencionados por sus nombres.*

[20] *Y en aquel día haré también un pacto por ellos con las bestias del campo, con las aves del cielo y con los reptiles de la tierra; y quebraré el arco, la espada y la guerra de la tierra, y haré que ellos duerman seguros.*

[21] *Y Yo te desposaré conmigo para siempre; sí, te desposaré conmigo en rectitud y justicia, en misericordia y compasión.*

[22] *Y te desposaré conmigo en fidelidad, y tú conocerás al Eterno.*

מהתע, מושה, אל עדי כִּימֵי נְעוּרֶיהָ וּכְיוֹם ע"ה = נגד, זן, מזבח עֲלוֹתָהּ מֵאֶרֶץ אלהים דאלפין

מִצְרָיִם מצר: 18 וְהָיָה יהוה, יהה בַיּוֹם ע"ה = נגד, זן, מזבח הַהוּא נְאֻם־יְהֹוָ[ה]אדני־אהדנהי

תִּקְרְאִי אִישִׁי וְלֹא־תִקְרְאִי־לִי עוֹד בַּעְלִי: 19 וַהֲסִרֹתִי אֶת־שְׁמוֹת

הַבְּעָלִים מִפִּיהָ וְלֹא־יִזָּכְרוּ עוֹד בִּשְׁמָם: 20 וְכָרַתִּי לָהֶם בְּרִית בַּיּוֹם

ע"ה = נגד, זן, מזבח הַהוּא עִם־חַיַּת הַשָּׂדֶה שדי וְעִם־עוֹף גּ"פ ב"ן, יוסף, ציון הַשָּׁמַיִם

י"פ טל, י"פ כוזו וְרֶמֶשׂ הָאֲדָמָה וְקֶשֶׁת וְחֶרֶב רבוע ס"ג ורבוע אהיה וּמִלְחָמָה

אֶשְׁבּוֹר מִן־הָאָרֶץ אלהים דההין ע"ה וְהִשְׁכַּבְתִּים לָבֶטַח: 21 וְאֵרַשְׂתִּיךְ לִי

לְעוֹלָם רבוע ס"ג - י אותיות וְאֵרַשְׂתִּיךְ לִי בְּצֶדֶק וּבְמִשְׁפָּט ע"ה ה"פ אלהים וּבְחֶסֶד

ע"ב, רבוע יהוה וּבְרַחֲמִים אלהים דיודין, מצפצ, י"פ ייי: 22 וְאֵרַשְׂתִּיךְ לִי בֶּאֱמוּנָה וְיָדַעַתְּ

אֶת־יְהֹוָ[ה]אדני־אהדנהי:

NASÓ

LA LECCIÓN DE NASÓ
(Números 4:21-7:89)

De acuerdo con el calendario kabbalístico, la historia anterior, Bemidbar, normalmente se lee en el Shabat que antecede a la festividad de Shavuot, mientras que la historia de Nasó usualmente se lee después de la festividad. ¿Por qué es tan importante la ubicación exacta de Nasó (con relación a Shavuot)?

Los sabios nos han enseñado que todo en la Biblia tiene un significado importante aunque, a menudo, oculto. Por ejemplo, la ubicación de letras grandes y pequeñas, los puntos sobre las palabras y los espacios son siempre significativos; y en cada caso revelan una Luz especial. La Biblia no es un libro de historia; los relatos no se tratan acerca de lo que ocurrió en Egipto o lo que sucedió en el desierto. Rav Shimón, en el Zóhar, nos advierte que no tomemos ninguna de estas historias al pie de la letra:

Rabí Shimón dice: ¡Ay del hombre que dice que la Torá vino a relatar historias, simple y llanamente, y cuentos simplones ACERCA DE ESAV Y LAVÁN Y SEMEJANTES! Si esto fuera así, incluso en el día presente podríamos producir una Torá de asuntos simplistas, y quizá hasta más agradables que aquéllos. Si LA TORÁ VINO a ejemplificar los asuntos mundanos, aun los gobernantes del mundo tienen entre ellos cosas que son superiores. Si es así, sigámoslos y produzcamos de ellos una Torá de la misma manera. Debe ser que todos los ítems en la Torá son de una naturaleza superior y son secretos más elevados.

Ven y ve: El mundo arriba y el mundo abajo son medidos con una balanza. Yisrael abajo CORRESPONDE A los ángeles elevados arriba. Está escrito acerca de los ángeles elevados: "Que hace de Sus ángeles espíritus…" (Salmos 104:4). Cuando bajan, se visten con las vestiduras de este mundo. Si no hubiesen adquirido la ropa para este mundo, no les sería posible existir en este mundo, y el mundo no podría resistirlos. Y si esto es así con los ángeles, cuánto más lo es para la Torá que creó estos MENSAJEROS y todos los mundos, que existen debido a ella. Una vez que bajó a este mundo, si no se hubiera puesto las vestiduras de este mundo, QUE SON LAS HISTORIAS Y LOS RELATOS SIMPLISTAS, el mundo no habría sido capaz de tolerarla.

Por lo tanto, esta historia de la Torá es el manto de la Torá. El que piensa que este manto es la esencia real de la Torá y que nada más está allí, que exhale su último aliento y que no tenga porción en el Mundo por Venir. Por lo tanto, David dijo: "Abre mis ojos para que pueda contemplar las cosas maravillosas de Tu Torá" (Tehilim 119:18); ESTO ES: MIRAR lo que yace bajo la vestidura de la Torá.

Ven y ve: Hay un vestido que es visible para todos. Los tontos, cuando ven a una persona hermosamente ataviada, QUIEN LES PARECE DISTINGUIDA POR SU VESTIMENTA, no observan más allá.

LA JUZGAN DE ACUERDO CON SU ROPA DISTINGUIDA, y consideran el vestido como el cuerpo DEL HOMBRE, y el cuerpo DE LA PERSONA COMO su alma.

Similar a esto es la Torá. Tiene un cuerpo, que está compuesto de los mandamientos de la Torá que son llamados el 'cuerpo de la Torá'. Este cuerpo está vestido con ropajes, que son relatos de este mundo. Los ignorantes miran solamente a ese vestido, que es el relato en la Torá, y no están conscientes de nada más. No miran lo que yace debajo de ese vestido. Aquéllos que conocen más no miran el vestido, sino más bien al cuerpo debajo de ese vestido. Los sabios, los eruditos, los servidores del Más Elevado Rey, aquellos que estuvieron de pie en el Monte Sinaí, miran sólo el alma DE LA TORÁ, que es la esencia de todo, la Torá verdadera. En el tiempo por venir, mirarán el alma, el alma de la Torá.

Ven y ve: Esto es también como eso arriba. Existe una ropa, un cuerpo, un alma, y un alma del alma. El Cielo y sus legiones son la ropa, y la Congregación de Yisrael, QUE ES MALJUT, es el cuerpo que recibe al alma, que es el esplendor de Yisrael, SIGNIFICANDO ZEIR ANPÍN. Por lo tanto, MALJUT es un cuerpo para el alma, YA QUE ZEIR ANPÍN ESTÁ ATAVIADO CON ELLA, COMO EL ALMA EN UN CUERPO. El alma que mencionamos, que es el esplendor de Yisrael, es la Torá real, SIGNIFICANDO: EL ALMA DE LA TORÁ A LA CUAL LOS SABIOS MIRAN. Es el alma del alma que es Atiká Kadishá, A QUIEN ELLOS MIRARÁN EN EL FUTURO POR VENIR, COMO SE MENCIONÓ. Todo está interconectado. ATIKÁ KADISHÁ ESTÁ VESTIDO CON ZEIR ANPÍN, ZEIR ANPÍN ESTÁ VESTIDO CON MALJUT, Y MALJUT ESTÁ VESTIDA CON LOS MUNDOS BRIÁ, YETSIRÁ, ASIYÁ Y TODAS SUS LEGIONES.

¡Ay de los perversos que dicen que la Torá es meramente una historia y nada más, porque ellos miran el vestido y nada más! ¡Alabados son los justos, quienes miran apropiadamente a la Torá! El vino dura solamente si está en una jarra. De manera similar, la Torá no dura, excepto en este manto. Por lo tanto, no hay necesidad de ver excepto lo que está bajo el manto. Es por eso que todos estos asuntos y todos estos relatos son ropajes.
— *El Zóhar, Behaalotjá 12:58-64*

Por lo tanto, debe haber cierta relevancia en la ubicación de la lectura de la historia de Nasó. En el *Midrash* está escrito que no hay "temprano" ni "tarde" en la Biblia: todo tiene su momento exacto. Cada lectura de Shabat nos conecta con el poder único de la semana siguiente. Dado que Nasó casi siempre se lee en el Shabat después de Shavuot, tiene cierto poder que conecta con la energía de Shavuot —energía de Inmortalidad, la muerte de la muerte misma—, la cual podemos atraer hacia nosotros para todo el año.

Hay un relato acerca de la esposa del santo Maguid de Mezritch (Rav Dov Ber, 1710-1772), la cual siempre quiso que su esposo conociera al Baal Shem Tov (Rav Israel Ben Eliezer 1698-1760). Pero el Maguid no tenía el deseo de conocer al Baal Shem Tov; el Maguid creía que ya sabía todo lo relacionado con la *Guemará* y el *Zóhar*. Él conocía todos los libros sagrados que habían sido escritos y no veía por qué habría de salir de su rutina para encontrarse con alguien en particular. No obstante, al final accedió hacer un viaje para conocer al Baal Shem Tov. Debido a que era invierno, no estaba contento con la idea de caminar en la nieve, pero se dijo a sí mismo que tal vez aprendería algo nuevo.

Después de pasar un mes caminando en la nieve helada, llegó al pueblo de Mezibuzh y fue a saludar al santo Baal Shem Tov. Pero lo que el Baal Shem Tov le dijo fue muy decepcionante, no fue una enseñanza nueva o alguna información secreta; era tan sólo una historia tonta de algo que le había ocurrido al Baal Shem Tov camino a un lugar determinado. El Maguid pasó esa noche preguntándose si había algo que no había entendido. Su esposa y todos los demás habían dicho que el Baal Shem Tov era una gran alma. Tal vez el Baal Shem Tov estaba cansado y compartiría gran sabiduría con él en la mañana.

Pero al día siguiente las cosas no mejoraron, el Baal Shem Tov tan sólo hablaba de la necesidad de alimentar a los caballos. Así que el Maguid concluyó que su viaje había sido para nada y se preparaba para regresar a casa. Sin embargo, mientras se despedía, el Baal Shem Tov le preguntó repentinamente si podía explicarle una sección que trataba acerca del santo ángel Arizal. El Maguid fue tomado por sorpresa, pero explicó la sección.

Tan pronto como el Maguid había terminado, el santo Baal Shem Tov explicó la misma sección; pero cada vez que él pronunciaba el nombre de un ángel, el ángel mismo aparecía. Cuando mencionó el nombre Mijael, Mijael apareció; y cuando mencionó el nombre del santo Arizal, el santo Arizal apareció. Entonces, el Maguid vio lo que el Baal Shem Tov quería enseñarle: ¡no es suficiente con conocer todos los libros y todas las explicaciones! No es la información, sino el conocimiento —poner en práctica todo lo que aprendemos y atesorarlo en nuestro corazón— lo que es la clave para la sabiduría.

Debemos tener certeza total en que la Luz está con nosotros en todo momento y, entonces, podremos manifestar todas las cosas que la Luz quiere dar.

Tal vez pensemos que sabemos mucho, pero cuando conectamos con la Luz del Creador, conectamos con la Fuente de todo el conocimiento. El Creador no sólo conoce lo que ha ocurrido en el pasado, sino también lo que está ocurriendo ahora y lo que ocurrirá en el futuro. Nasó —el capítulo más largo de la Biblia con 174 versículos— puede conectarnos con todo este conocimiento celestial. La forma en la que podemos ver el futuro es conectando con la Luz del Creador: primero, al escuchar la lectura de la Biblia en Shabat; después, manteniendo una conexión continua durante la semana y el próximo año con la energía de la Luz de esas lecturas.

Más acerca de la Biblia

Aquí hay un relato que nos ayudará a entender el tipo de conexión con la Biblia que deberíamos desear. En la época de Rav Zusha, había un joven que vivía en un hotel pequeño que era propiedad de su adinerado tío. Un día, dicho joven comenzó a dudar de si realmente estaba cumpliendo con su misión espiritual en la vida. Sintió que no estaba haciendo tanto como debía y se apartó del mundo que conocía y se fue solo al bosque por 14 años, donde estudió la Santa Biblia con gran diligencia.

Regresó al hotel después de 14 años, convencido de que estaba en el nivel más alto de comprensión espiritual que alguien podría alcanzar. Él le contó esto a su tío, quien escuchó educadamente y después le sugirió que viajara para visitar a Rav Zusha. No obstante, el joven no veía razón alguna para hacer esto. "¿Por qué debería ir a un lugar para conocer a alguien, cuando yo ya lo sé todo?", pensó.

Pero su tío le decía repetidas veces que podría aprender más de Rav Zusha sobre las formas de alabar al Creador y conectarse con Él, así que un día el joven finalmente recorrió todo el trayecto hasta Anípoli. Rav Zusha lo saludó y, de inmediato, le citó un versículo de la Biblia: "Quien piense de sí mismo como 'Yo soy Él', no verá la verdadera palabra de Dios". Una vez que el joven escuchó estas palabras sagradas de parte de Rav Zusha, doblegó su orgullo y su ego y, durante los muchos años que estudió con Rav Zusha, finamente alcanzó un nivel elevado de realización y entendimiento. Fue sólo a través de pensar menos en "qué soy yo" y más en "lo que no soy" —al tener menos ego y más resistencia— que él pudo lograr una conexión firme con la Luz.

Sólo podemos ser verdaderamente justos cuando nos damos cuenta de cuánta sabiduría y conocimiento nos faltan todavía.

SINOPSIS DE NASÓ

Nasó es la porción más larga de la Biblia con 174 versículos. Se lee siempre antes o después de *Shavuot*; es parte de la conexión de *Shavuot*. La porción de Nasó en el *Zóhar* habla acerca de la gran reunión (*Idra Rabá*), el tiempo que Rav Shimón pasó con sus estudiantes después de que saliera de la cueva. La asombrosa Luz que se origina en *Shavuot* —la Luz de Inmortalidad— viene a nosotros a través de la historia de Nasó, la cual también tiene el *Midrash* (comentario bíblico de la Torá, compilado entre el año 400 y 1200 e. c. basado en la exégesis, la parábola y la leyenda hagádica) más largo en la Biblia.

PRIMERA LECTURA – ABRAHAM – JÉSED

4 21 Y el Eterno habló a Moshé, diciendo: 22 "Haz una suma de los hijos de Guershón también, por sus casas paternas, según sus familias; 23 los contarás desde los treinta hasta los cincuenta años de edad: todos los que entren al servicio para hacer la obra en la Tienda de Reunión.

24 Este es el servicio de las familias de los guershonitas para servir y para transportar: 25 llevarán las cortinas del Tabernáculo y de la Tienda de Reunión, con su cubierta, la cubierta de piel de tajash que está encima de ésta, el velo de la entrada de la Tienda de Reunión;

26 y las cortinas del atrio, el velo para la entrada del atrio, el cual está alrededor del tabernáculo y del altar, con sus cuerdas y todos los utensilios para el servicio de ellos; y todo lo que se deba hacer, ellos servirán. 27 Bajo el mandato de Aarón y de sus hijos estará todo el ministerio de los hijos de los guershonitas, en relación con todas sus cargas y todo su servicio; y tú les asignarás como responsabilidad todas sus cargas.

28 Este es el servicio de las familias de los hijos de los guershonitas en la Tienda de Reunión; sus deberes estarán bajo la mano de Itamar, hijo Aarón, el sacerdote. 29 Con respecto a los hijos de Merarí, los enumerarás por sus familias, por sus casas paternas;

COMENTARIO DEL RAV

Lo que encontramos en la superficie de Nasó es la lectura de *Janucá*. Cada día durante *Janucá* leemos un pasaje de este capítulo. Estos pasajes a menudo se refieren a los jefes de las tribus y sus sacrificios individuales.

No quiero hablar de nuevo acerca del servicio o la devoción de los israelitas, porque ese no era el propósito de estos sacrificios en particular. Los sacrificios eran importantes porque todos y cada uno de esos sacrificios trataban una dimensión de negatividad existente en este mundo; y cuando el jefe de cada tribu hacía estos sacrificios, se vaporizaban las dimensiones de negatividad y el Templo podía atraer la Luz. Todos sabemos lo que significa la Luz pero, simplemente, no obtenemos suficiente Luz. El problema es que hemos creado demasiados filtros,

demasiados obstáculos —una cortina negra, si se le quiere llamar así— entre nosotros y la Luz. No nos damos cuenta de que la Luz está ahí. Entonces, todo este secreto al cual tenemos acceso mediante Nasó tiene un solo propósito: atraer la Luz.

Es por ello que digo que este salón es más como un salón de guerra: un salón en el cual le hacemos la guerra a esos obstáculos que hemos creado, obstáculos que le dan al Satán la capacidad de obstruir la Luz para que no entre y elimine todos los tipos de oscuridad.

גֵּרְשׁוֹן

Números 4:22 – Las responsabilidades de las tres familias de levitas con respecto al Tabernáculo son explicadas en este versículo. Los hijos de Kehat (mencionado anteriormente en la porción de Bemidbar) se ocupaban del

PRIMERA LECTURA – ABRAHAM – JÉSED

21 וַיְדַבֵּר יְהוָֹה אֶל־מֹשֶׁה לֵּאמֹר: 22 נָשֹׂא אֶת־

רֹאשׁ בְּנֵי גֵרְשׁוֹן גַּם־הֵם לְבֵית

אֲבֹתָם לְמִשְׁפְּחֹתָם: 23 מִבֶּן שְׁלֹשִׁים שָׁנָה וָמַעְלָה עַד בֶּן־חֲמִשִּׁים

שָׁנָה תִּפְקֹד אוֹתָם כָּל־הַבָּא לִצְבֹא צָבָא לַעֲבֹד עֲבֹדָה בְּאֹהֶל

מוֹעֵד: 24 זֹאת עֲבֹדַת מִשְׁפְּחֹת הַגֵּרְשֻׁנִּי לַעֲבֹד וּלְמַשָּׂא:

25 וְנָשְׂאוּ אֶת־יְרִיעֹת הַמִּשְׁכָּן וְאֶת־אֹהֶל מוֹעֵד

מִכְסֵהוּ וּמִכְסֵה הַתַּחַשׁ אֲשֶׁר־עָלָיו מִלְמָעְלָה וְאֶת־מָסַךְ פֶּתַח אֹהֶל

מוֹעֵד: 26 וְאֵת קַלְעֵי הֶחָצֵר וְאֶת־מָסַךְ פֶּתַח שַׁעַר הֶחָצֵר

אֲשֶׁר עַל־הַמִּשְׁכָּן וְעַל־הַמִּזְבֵּחַ סָבִיב וְאֵת מֵיתְרֵיהֶם

וְאֶת־כָּל־כְּלֵי עֲבֹדָתָם וְאֵת כָּל־אֲשֶׁר יֵעָשֶׂה לָהֶם וְעָבָדוּ:

27 עַל־פִּי אַהֲרֹן וּבָנָיו תִּהְיֶה כָּל־עֲבֹדַת בְּנֵי הַגֵּרְשֻׁנִּי

לְכָל־מַשָּׂאָם וּלְכֹל עֲבֹדָתָם וּפְקַדְתֶּם עֲלֵהֶם בְּמִשְׁמֶרֶת

אֵת כָּל־מַשָּׂאָם: 28 זֹאת עֲבֹדַת מִשְׁפְּחֹת בְּנֵי הַגֵּרְשֻׁנִּי בְּאֹהֶל

מוֹעֵד וּמִשְׁמַרְתָּם בְּיַד אִיתָמָר בֶּן־אַהֲרֹן הַכֹּהֵן

29 בְּנֵי מְרָרִי לְמִשְׁפְּחֹתָם לְבֵית־אֲבֹתָם תִּפְקֹד אֹתָם:

Arca y los utensilios del Tabernáculo. A los hijos de Guershón, responsables de todas las cubiertas del Tabernáculo, se les designó el ocultamiento o revelación de la Luz cuando fuese necesario y, de ese modo, actuaban como un filtro para la Luz. Al conectar con esta sección, aprendemos que hay veces en las cuales necesitamos menos Luz porque no somos capaces de manejar mucha; y hay veces en las que necesitamos más Luz porque nuestra Vasija espiritual para contener esta Luz ha crecido. Debemos siempre esforzarnos en obtener tanta Luz a través el filtro como sea posible.

מְרָרִי

Números 4:29 – La tercera familia de levitas eran los hijos de Merarí; ellos estaban a cargo de las columnas y las basas, los cimientos sobre los cuales estaba erigido el Tabernáculo. Son nuestros cimientos los que nos sostienen cuando pasamos por momentos difíciles. Al conectar con los meraritas, recibimos el sostén para fortalecer nuestros cimientos y revelar la Luz que existe en las dificultades mismas.

30 los contarás desde los treinta hasta los cincuenta años de edad, todos los que entren en el servicio para obrar en la Tienda de Reunión.

31 Y esta es su responsabilidad de lo que han de transportar, según todo su servicio en la Tienda de Reunión: las tablas del Tabernáculo, sus barras, sus columnas, sus basas,

32 las columnas alrededor del atrio y sus basas, sus estacas y sus cuerdas, con todos sus utensilios y todo lo relacionado con su servicio; y les asignarás por nombre los objetos que han de cargar.

33 Este es el servicio de las familias de los hijos de Merarí según todo su servicio en la Tienda de Reunión bajo la mano de Itamar, hijo de Aarón, el sacerdote".

34 Y Moisés y Aarón y los jefes de la congregación contaron a los hijos del kehatí por sus familias y por sus casas paternas,

35 de treinta años en adelante hasta los cincuenta, todo el que se entró en el servicio para obrar en la Tienda de Reunión.

36 Y los enumerados por sus familias fueron dos mil setecientos cincuenta.

37 Estos son los que fueron enumerados de las familias del kehatí, todos los que servían en la Tienda de Reunión, a quienes Moisés y Aarón contaron conforme al mandato del Eterno por la mano de Moisés.

SEGUNDA LECTURA – YITSJAK – GUEVURÁ

38 Y los que fueron enumerados de los hijos de Guershón por sus familias y por sus casas paternas, 39 de treinta años en adelante hasta los cincuenta, todo el que entró en el servicio para obrar en la Tienda de Reunión, 40 los enumerados, por sus familias, por sus casas paternas, fueron dos mil seiscientos treinta.

וּפְקֻדֵי

Números 4:38 – A pesar de que los levitas eran contados a partir de los 30 años, ellos sólo ejercían sus labores entre los 30 y 50 años de edad; el período de su abertura más grande y valiosa. El *Zóhar* dice:

"'De los treinta a los cincuenta años de edad, todo aquél que venía para hacer la labor de servicio del ministerio, y la labor de transportar la Tienda de la Reunión'" (Números 4:47). Este mandamiento ES QUE los levitas debían cantar en el Templo.
— *El Zóhar, Nasó 2:9*

Nosotros también tenemos aberturas en nuestra vida durante este período, y tenemos que asegurarnos de no desperdiciarlas. Si el tiempo de vida promedio es de 80 años, generalmente tendemos a estar distraídos y llenos de ego durante los primeros 30 años como jóvenes y

30 מִבֶּן שְׁלֹשִׁים שָׁנָה וָמַעְלָה וְעַד בֶּן־חֲמִשִּׁים שָׁנָה תִּפְקְדֵם כָּל־ יֹלי
הַבָּא לַצָּבָא לַעֲבֹד אֶת־עֲבֹדַת אֹהֶל לַהה (אלד ע״ה) מוֹעֵד׃ 31 וְזֹאת מִשְׁמֶרֶת
מַשָּׂאָם לְכָל־ יה אדני עֲבֹדָתָם בָּאֹהֶל לַהה (אלד ע״ה) מוֹעֵד קַרְשֵׁי הַמִּשְׁכָּן
ב״פ (רביע אלהים + ה) וּבְרִיחָיו וְעַמּוּדָיו וַאֲדָנָיו׃ 32 וְעַמּוּדֵי הֶחָצֵר סָבִיב
וְאַדְנֵיהֶם וִיתֵדֹתָם וּמֵיתְרֵיהֶם לְכֹל־ יה אדני כְּלֵיהֶם וּלְכֹל עֲבֹדָתָם
וּבְשֵׁמֹת תִּפְקְדוּ אֶת־כְּלֵי כלי מִשְׁמֶרֶת מַשָּׂאָם׃ 33 זֹאת עֲבֹדַת מִשְׁפְּחֹת
בְּנֵי מְרָרִי הי״פ מי״ם לְכָל־ יה אדני עֲבֹדָתָם בָּאֹהֶל לַהה (אלד ע״ה) מוֹעֵד בְּיַד אִיתָמָר
בֶּן־אַהֲרֹן ע״ב ורביע ע״ב הַכֹּהֵן מלה׃ 34 וַיִּפְקֹד מֹשֶׁה מהע, אל שדי וְאַהֲרֹן ע״ב ורביע ע״ב
וּנְשִׂיאֵי הָעֵדָה אֶת־בְּנֵי הַקְּהָתִי לְמִשְׁפְּחֹתָם וּלְבֵית ב״פ ראה אֲבֹתָם׃
35 מִבֶּן שְׁלֹשִׁים שָׁנָה וָמַעְלָה וְעַד בֶּן־חֲמִשִּׁים שָׁנָה כָּל־ יֹלי הַבָּא לַצָּבָא
לַעֲבֹדָה בָּאֹהֶל לַהה (אלד ע״ה) מוֹעֵד׃ 36 וַיִּהְיוּ מלוי ס״ג פְּקֻדֵיהֶם לְמִשְׁפְּחֹתָם
אַלְפַּיִם קס״א שֶׁבַע ע״ב ואלהים דיודין מֵאוֹת וַחֲמִשִּׁים׃ 37 אֵלֶּה פְקוּדֵי מִשְׁפְּחֹת
הַקְּהָתִי כָּל־ יֹלי הָעֹבֵד בָּאֹהֶל לַהה (אלד ע״ה) מוֹעֵד אֲשֶׁר פָּקַד רביע ע״ב מֹשֶׁה
מהע, אל שדי וְאַהֲרֹן ע״ב ורביע ע״ב עַל־פִּי יְהֹוָה אדני יאהדונהי בְּיַד־מֹשֶׁה מהע, אל שדי׃

SEGUNDA LECTURA – YITSJAK – GUEVURÁ

38 וּפְקוּדֵי בְּנֵי גֵרְשׁוֹן ע״ה ב״פ סוזהיך לְמִשְׁפְּחוֹתָם וּלְבֵית ב״פ ראה אֲבֹתָם׃
39 מִבֶּן שְׁלֹשִׁים שָׁנָה וָמַעְלָה וְעַד בֶּן־חֲמִשִּׁים שָׁנָה כָּל־ יֹלי הַבָּא
לַצָּבָא לַעֲבֹדָה בָּאֹהֶל לַהה (אלד ע״ה) מוֹעֵד׃ 40 וַיִּהְיוּ מלוי ס״ג פְּקֻדֵיהֶם
לְמִשְׁפְּחֹתָם לְבֵית ב״פ ראה אֲבֹתָם אַלְפַּיִם קס״א וְשֵׁשׁ מֵאוֹת וּשְׁלֹשִׁים׃

---

adultos jóvenes, y la mayoría de las personas pasan los últimos 20 años de su vida jubilados. En realidad tenemos 30 años de vida verdadera. Este pasaje nos abre los ojos al hecho de que los años de nuestra mediana edad son los más productivos; por lo tanto, debemos sacarle el mayor provecho.

⁴¹ Estos son los enumerados de las familias de los hijos de Guershón, todos los que servían en la Tienda de Reunión, a quienes Moisés y Aarón contaron conforme al mandato del Eterno. ⁴² Y estos son los enumerados de las familias de los hijos de Merarí por sus familias y por sus casas paternas,

⁴³ de treinta años en adelante hasta los cincuenta, todo el que entró en el servicio para obrar en la Tienda de Reunión, ⁴⁴ los enumerados por sus familias, fueron tres mil doscientos. ⁴⁵ Estos son los enumerados de las familias de los hijos de Merarí, a quienes Moshé y Aharón contaron conforme al mandato del Eterno por la mano de Moshé.

⁴⁶ Todos los enumerados de los levitas a quienes Moshé y Aharón y los jefes de Israel contaron, por sus familias y por sus casas paternas, ⁴⁷ de treinta años en adelante hasta los cincuenta, todo el que entró para hacer el trabajo del servicio y la obra de transportar la Tienda de Reunión,

⁴⁸ fueron ocho mil quinientos ochenta. ⁴⁹ Fueron asignados conforme al mandamiento del Eterno dado por mano de Moshé, cada uno según su servicio y según su cargo; y éstos también fueron los enumerados, tal como el Eterno había ordenado a Moshé.

TERCERA LECTURA – YAAKOV – TIFÉRET

5 ¹ Y el Eterno habló a Moshé, para decir: ² "Ordena a los hijos de Israel que echen del campamento a todo leproso, a todo el que padece de flujo y a todo el que es inmundo por causa de un muerto,

---

וישכלוו

Números 5:1 – Para purificar los campamentos, todas aquellas personas que tenían enfermedades físicas e impurezas (las cuales eran vistas como un indicio de impureza espiritual) eran exiliadas. Las personas impuras nos afectan negativamente, así como nosotros afectamos negativamente a los demás con nuestras propias impurezas. Es importante permanecer alejados de la gente negativa y, si nosotros somos negativos, tenemos que cambiar. El primer paso hacia ese cambio es admitir (aunque sea a nosotros mismos) que somos negativos y que existe la necesidad de que cambiemos. Esta sección nos da el poder para hacer esa difícil aceptación.

Rabí Yitsjak y Rabí Yehuda viajaban de Usha a Lod. Rabí Yehuda dijo: Discutamos algo de la Torá mientras viajamos. Rabí Yehuda abrió la discusión con el versículo: "'Si un hombre abre un pozo o si cava un pozo...'" (Éxodo 21:33). El siguiente versículo dice: "'El dueño del pozo pagará en efectivo...'" (ibid. 34). Por lo tanto, quien daña al mundo con sus pecados debe ciertamente pagar. Sin embargo, yo me pregunto algo. Ya que él causó daño al universo, por qué la contrición ayuda como dice: "'...que un hombre o una mujer cometa contra HaShem algún pecado... confesará su pecado y restituirá...'" (Números 5:6-7).

ÉL RESPONDE: Ciertamente, esto les ayuda porque cuando él se arrepiente, es como

41 אֵלֶּה פְקוּדֵי מִשְׁפְּחֹת בְּנֵי גֵרְשׁוֹן עה ב״פ סוזיר״ד כָּל־ יל הָעֹבֵד בְּאֹהֶל

מוֹעֵד (אלד עה) לאה אֲשֶׁר פָּקַד רבוע עב מֹשֶׁה מהע, אל שדי וְאַהֲרֹן עב ורבוע עב עַל־פִּי

יְהוָֹאדניאהדונהי הדס מיש: 42 וּפְקוּדֵי מִשְׁפְּחֹת בְּנֵי מְרָרִי הדס מיש לְמִשְׁפְּחֹתָם לְבֵית

אֲבֹתָם: ב״פ ראה 43 מִבֶּן שְׁלֹשִׁים שָׁנָה וָמַעְלָה וְעַד בֶּן־חֲמִשִּׁים שָׁנָה כָּל־

הַבָּא לַצָּבָא לַעֲבֹדָה בְּאֹהֶל מוֹעֵד: (אלד עה) לאה 44 וַיִּהְיוּ מלוי סג פְּקֻדֵיהֶם

לְמִשְׁפְּחֹתָם שְׁלֹשֶׁת אֲלָפִים קסא וּמָאתָיִם: 45 אֵלֶּה פְקוּדֵי מִשְׁפְּחֹת בְּנֵי

מְרָרִי הדס מיש אֲשֶׁר פָּקַד רבוע עב מֹשֶׁה מהע, אל שדי וְאַהֲרֹן עב ורבוע עב עַל־פִּי

יְהוָֹאדניאהדונהי בְּיַד־מֹשֶׁה מהע, אל שדי: 46 כָּל־ יל הַפְּקֻדִים אֲשֶׁר פָּקַד רבוע עב

מֹשֶׁה מהע, אל שדי וְאַהֲרֹן עב ורבוע עב וּנְשִׂיאֵי יִשְׂרָאֵל אֶת־הַלְוִיִּם לְמִשְׁפְּחֹתָם

וּלְבֵית אֲבֹתָם: 47 מִבֶּן שְׁלֹשִׁים שָׁנָה וָמַעְלָה וְעַד בֶּן־חֲמִשִּׁים שָׁנָה

כָּל־ יל הַבָּא לַעֲבֹד עֲבֹדַת עֲבֹדָה וַעֲבֹדַת מַשָּׂא בְּאֹהֶל (אלד עה) לאה

מוֹעֵד: 48 וַיִּהְיוּ מלוי סג פְּקֻדֵיהֶם שְׁמֹנַת אֲלָפִים קסא וַחֲמֵשׁ מֵאוֹת וּשְׁמֹנִים:

49 עַל־פִּי יְהוָֹאדניאהדונהי פָּקַד רבוע עב אוֹתָם בְּיַד־מֹשֶׁה מהע, אל שדי אִישׁ

איש עה קסא קסא קנא עה עה קנא עה קסא אִישׁ עַל־עֲבֹדָתוֹ וְעַל־מַשָּׂאוֹ וּפְקֻדָיו אֲשֶׁר־צִוָּה פוי

יְהוָֹאדניאהדונהי אֶת־מֹשֶׁה מהע, אל שדי:

TERCERA LECTURA – YAAKOV – TIFÉRET

5 1 וַיְדַבֵּר ראה יְהוָֹאדניאהדונהי אֶל־מֹשֶׁה מהע, אל שדי לֵּאמֹר: 2 צַו פוי אֶת־בְּנֵי

יִשְׂרָאֵל וִישַׁלְּחוּ מִן־הַמַּחֲנֶה כָּל־ יל צָרוּעַ וְכָל־ יל זָב וְכֹל יל טָמֵא

---

si él causa esto en la realidad, DADO QUE EL ARREPENTIMIENTO ('REGRESO') REGRESA LA HEI A LA VAV. Él restauró lo que dañó arriba. ¿Cómo? Por medio del arrepentimiento, como está escrito: "'Cuando un hombre o una mujer cometa algún pecado... confesará su pecado...y restituirá ('regresará')...'" (Levítico 5:6-7). El arrepentimiento restaura todo. Repara arriba y repara abajo, restaurándose él mismo y restaurando el universo todo.
— El Zóhar, Nasó, 4:22-23

3 tanto a hombres como a mujeres; los echarán fuera del campamento para que no contaminen su campamento, donde Yo habito en medio de ellos".

4 Y así lo hicieron los hijos de Israel, y los echaron fuera del campamento; tal como el Eterno había dicho a Moshé, así lo hicieron los hijos de Israel. 5 Entonces el Eterno habló a Moshé, para decir:

6 "Habla a los hijos de Israel: El hombre o la mujer que cometa cualquiera de los pecados de la humanidad en transgresión contra el Eterno, esa persona es culpable;

7 entonces confesará el pecado que ha cometido, y hará completa restitución por el daño causado, añadirá un quinto y lo dará al que él perjudicó.

8 Pero si el hombre no tiene pariente a quien se le haga la restitución por el daño, la restitución hecha por el daño debe ir al Eterno, para el sacerdote; además del carnero de expiación, con el cual se hace expiación por él.

9 Y toda ofrenda alzada, de todas las cosas sagradas que los hijos de Israel ofrecen al sacerdote, será suya. 10 Las cosas consagradas de toda persona serán de él; lo que un hombre dé al sacerdote será de él".

CUARTA LECTURA – MOISÉS – NÉTSAJ

11 El Eterno habló a Moshé, para decir: 12 "Habla a los hijos de Israel, y diles: Si la mujer de alguno se desvía y le es infiel,

---

תֵשְׂטֶה

Números 5:12 – En aquellos tiempos, cuando una mujer era acusada de adulterio, se llevaba a cabo un proceso muy especial para descubrir si en realidad era culpable de este pecado. El Nombre de Dios era escrito en un retazo de pergamino y luego era raspado en agua, la cual después la mujer bebía. Si ella había sido infiel, el agua la mataba; si no, ella vivía. Su propia culpa o inocencia junto con este poderoso Nombre de Dios se combinaban para revelar la verdad. La iluminación del Nombre de Dios creaba una revelación que servía para reemplazar la duda y suspicacia con verdad y honestidad. Este proceso del uso del Nombre de Dios funcionaba para eliminar cualquier duda, mostrándonos que el Creador considera la verdad y la honestidad como el elemento más importante del ser humano y que la Luz del Creador, a través de la eliminación de la suspicacia y la deshonestidad, está involucrada en el proceso de mantener la unidad entre las personas.

Ustedes pueden decir que EL SACERDOTE está llevando juicio, LO CUAL ES CONTRADICTORIO CON SU GRADO DE JÉSED. RESPONDE: No es así. Es solamente para incrementar la paz en el mundo y aumentar el Jésed que él se esfuerza por hacer. Si la esposa es exonerada de la acusación, el sacerdote incrementa la paz entre ellos, LA ESPOSA Y SU ESPOSO, y no sólo eso sino que ella también concebirá un hijo. A través de él, la paz es alcanzada. Si ella no es exonerada en su juicio, no es EL SACERDOTE el que dicta la condena, sino el Santo

לְנֶפֶשׁ רמב״ן ־ ו׳ הויות: 3 מִזָּכָר עַד־נְקֵבָה תְּשַׁלֵּחוּ אֶל־מִחוּץ לַמַּחֲנֶה

תְּשַׁלְּחוּם וְלֹא יְטַמְּאוּ אֶת־מַחֲנֵיהֶם אֲשֶׁר אֲנִי אני, טדהד כו״ו שֹׁכֵן ש״ע

בְּתוֹכָם: 4 וַיַּעֲשׂוּ־כֵן בְּנֵי יִשְׂרָאֵל וַיְשַׁלְּחוּ אוֹתָם אֶל־מִחוּץ לַמַּחֲנֶה

כַּאֲשֶׁר דִּבֶּר רא״ה יְהוֹוָ‎אדני‎אהדונהי מהע, אל שדי אֶל־מֹשֶׁה כֵּן עָשׂוּ בְּנֵי יִשְׂרָאֵל:

5 וַיְדַבֵּר רא״ה יְהוֹוָ‎אדני‎אהדונהי מהע, אל שדי אֶל־מֹשֶׁה לֵּאמֹר: 6 דַּבֵּר רא״ה אֶל־בְּנֵי

יִשְׂרָאֵל אִישׁ ע״ה קנ״א קס״א אוֹ־אִשָּׁה כִּי יַעֲשׂוּ מִכָּל־ ילי וְחַטֹּאת הָאָדָם מ״ה

לִמְעֹל מַעַל בַּיהוָ‎אדני‎אהדונהי עלם וְאָשְׁמָה הַנֶּפֶשׁ רמב״ן ־ ו׳ הויות: 7 וְהִתְוַדּוּ הַהִוא

אֶת־חַטֹּאתָם אֲשֶׁר עָשׂוּ וְהֵשִׁיב אֶת־אֲשָׁמוֹ בְּרֹאשׁוֹ וַחֲמִישִׁתוֹ יֹסֵף

עָלָיו וְנָתַן אבגית״ץ, ושר, אהבת חנם לַאֲשֶׁר אָשַׁם לוֹ: 8 וְאִם־ יוהך, ע״ה מ״ב אֵין לָאִישׁ

ע״ה קנ״א קס״א גֹּאֵל ע״ה בוכו, ע״ה אלד לְהָשִׁיב הָאָשָׁם אֵלָיו הָאָשָׁם הַמּוּשָׁב

לַיהוָ‎אדני‎אהדונהי לַכֹּהֵן מלה מִלְּבַד אֵיל הַכִּפֻּרִים אֲשֶׁר יְכַפֶּר־בּוֹ עָלָיו:

9 וְכָל־ ילי תְּרוּמָה לְכָל־ יה אדני קָדְשֵׁי בְנֵי־יִשְׂרָאֵל אֲשֶׁר־יַקְרִיבוּ לַכֹּהֵן

מלה לוֹ יִהְיֶה ייי: 10 וְאִישׁ ע״ה קנ״א קס״א אֶת־קְדָשָׁיו לוֹ יִהְיוּ אל אִישׁ ע״ה קנ״א קס״א

אֲשֶׁר־יִתֵּן לַכֹּהֵן מלה לוֹ יִהְיֶה ייי:

CUARTA LECTURA – MOISÉS – NÉTSAJ

11 וַיְדַבֵּר רא״ה יְהוֹוָ‎אדני‎אהדונהי אֶל־מֹשֶׁה מהע, אל שדי לֵּאמֹר: 12 דַּבֵּר רא״ה אֶל־בְּנֵי

יִשְׂרָאֵל וְאָמַרְתָּ אֲלֵהֶם אִישׁ ע״ה קנ״א קס״א אִישׁ ע״ה קנ״א קס״א כִּי־תִשְׂטֶה

Nombre, al cual ella fue falsa, emite la condena sobre ella y la prueba.

Ven y ve: El sacerdote no se involucró aquí, excepto en el momento en que ella se presentó a él, *PARA DARLE A ELLA A BEBER*, *PARA QUE* ella sea absuelta. Él le pregunta una y otra vez si ella desea aclarar su inocencia; sólo entonces, *EL SACERDOTE* entra en acción para promover la paz *ENTRE ELLA Y SU MARIDO.*
— El Zóhar, Nasó 5:62-63

De aquí aprendemos que pueden ocurrir ciertos eventos y acciones entre dos personas y, por lo tanto, para que una relación perdure verdaderamente, tenemos que reemplazar la duda y la suspicacia con la honestidad.

¹³ y un hombre tiene relaciones carnales con ella sin y esto es oculto a ojos de su marido, y ella es contaminada secretamente, y no hay testigo contra ella, ni fue sorprendida en el acto;

¹⁴ y un espíritu de celo viene sobre él y tiene celos de su mujer, habiéndose ella contaminado, o si viene un espíritu de celos sobre él y tiene celos de su mujer, no habiéndose ella contaminado,

¹⁵ el hombre llevará su mujer al sacerdote y llevará como ofrenda por ella un décimo de un efá de harina de cebada; no derramará aceite sobre esta, ni pondrá sobre ella incienso, porque es una ofrenda de cereal de celos, una ofrenda memorial de cereal, un recordatorio de iniquidad.

¹⁶ Y el sacerdote hará que ella se acerque y la pondrá delante del Eterno.

¹⁷ Y el sacerdote tomará agua santa en una vasija de barro; y tomará del polvo que está sobre el piso del Tabernáculo, y lo pondrá en el agua.

¹⁸ Y el sacerdote pondrá a la mujer delante del Eterno y descubrirá la cabeza de la mujer, y pondrá en sus manos la ofrenda memorial de cereal, que es la ofrenda de celos, y en la mano del sacerdote estará el agua de amargura que causa maldición.

¹⁹ Y el sacerdote hará que ella pronuncie juramento, y dirá a la mujer: 'Si ningún hombre se ha acostado contigo, y si no te has desviado a la inmundicia, estando sujeta a tu marido, sé libre de esta agua de amargura que causa maldición;

²⁰ pero si te has desviado, estando sujeta a tu marido, y te has corrompido, y otro hombre que no es tu marido se ha acostado contigo',

²¹ entonces el sacerdote hará que la mujer jure con el juramento de maldición, y el sacerdote dirá a la mujer: 'El Eterno te haga maldición y juramento entre tu pueblo, haciendo el Eterno que tu muslo se caiga y tu vientre se hinche;

²² y esta agua que causa maldición entrará en tus entrañas, y hará que tu vientre se hinche y tu muslo se caiga'. Y la mujer dirá: 'Amén, Amén'.

אִשְׁתּוֹ וּמָעֲלָה בוֹ מָעַל ‎עלב: 13 וְשָׁכַב אִישׁ ‎ע"ה קנ"א קס"א אֹתָהּ שִׁכְבַת־זֶרַע

וְנֶעְלַם מֵעֵינֵי ‎ריבוע מ"ה אִישָׁהּ וְנִסְתְּרָה וְהִיא נִטְמָאָה וְעֵד אֵין בָּהּ וְהִוא

לֹא נִתְפָּשָׂה: 14 וְעָבַר ‎רבוע יהוה ורבוע אלהים עָלָיו רוּחַ־ ‎מלוי אלהים דיודין קִנְאָה

‎יוסף, ציון, ר"פ יהוה מקוה, קנ"א, אלהים אדני וְקִנֵּא אֶת־אִשְׁתּוֹ וְהוּא נִטְמָאָה אוֹ־עָבַר

‎רבוע יהוה ורבוע אלהים עָלָיו רוּחַ־ ‎מלוי אלהים דיודין קִנְאָה ‎יוסף, ציון, ר"פ יהוה וְקִנֵּא

‎מקוה, קנ"א, אלהים אדני אֶת־אִשְׁתּוֹ וְהִיא לֹא נִטְמָאָה: 15 וְהֵבִיא הָאִישׁ ‎ז"פ אדם

אֶת־אִשְׁתּוֹ אֶל־הַכֹּהֵן ‎מלה וְהֵבִיא אֶת־קָרְבָּנָהּ עָלֶיהָ ‎פהל עֲשִׂירִת הָאֵיפָה

קֶמַח שְׂעֹרִים ‎כתר לֹא־יִצֹק עָלָיו שֶׁמֶן ‎י"פ טל, י"פ כוזו, ביט וְלֹא־יִתֵּן עָלָיו לְבֹנָה

כִּי־מִנְחַת קְנָאֹת הוּא מִנְחַת זִכָּרוֹן ‎ע"ב קס"א נט"ב מַזְכֶּרֶת עָוֹן ‎ג"פ מ"ב:

16 וְהִקְרִיב אֹתָהּ הַכֹּהֵן ‎מלה וְהֶעֱמִדָהּ לִפְנֵי ‎וחכמה בינה יְהוָהֵאֲדֹנֶיֱהֲוִהי: 17 וְלָקַח

‎ב"פ יהוה אדני אהיה ה"פ הַכֹּהֵן ‎מלה מַיִם קְדֹשִׁים בִּכְלִי־ ‎כלי וְזֶרַע וּמִן־הֶעָפָר אֲשֶׁר

יִהְיֶה ‎ייי בְּקַרְקַע הַמִּשְׁכָּן ‎ב"פ (רבוע אלהים - ה) יִקַּח ‎ועם הַכֹּהֵן ‎מלה וְנָתַן

‎אבגית"ץ, ושר, אהבת חנם אֶל־הַמָּיִם: 18 וְהֶעֱמִיד הַכֹּהֵן ‎מלה אֶת־הָאִשָּׁה לִפְנֵי

‎וחכמה בינה יְהוָהֵאֲדֹנֶיֱהֲוִהי וּפָרַע אֶת־רֹאשׁ ‎ריבוע אלהים ואלהים דיודין ע"ה הָאִשָּׁה וְנָתַן

‎אבגית"ץ, ושר, אהבת חנם עַל־כַּפֶּיהָ אֵת מִנְחַת הַזִּכָּרוֹן ‎ע"ב קס"א נט"ב מִנְחַת קְנָאֹת

הִוא וּבְיַד־הַכֹּהֵן ‎מלה יִהְיוּ ‎אל מ"י יְלֵי הַמַּיִם הַמָּרִים הַמְאָרֲרִים: 19 וְהִשְׁבִּיעַ אֹתָהּ

הַכֹּהֵן ‎מלה וְאָמַר אֶל־הָאִשָּׁה אִם־ ‎יוהך, ע"ה מ"ב לֹא שָׁכַב אִישׁ ‎ע"ה קנ"א קס"א

אֹתָךְ וְאִם ‎יוהך, ע"ה מ"ב ־לֹא שָׂטִית טֻמְאָה תַּחַת אִישֵׁךְ הִנָּקִי ‎ע"ה קס"א מִמֵּי

‎ילי הַמַּיִם הַמְאָרֲרִים הָאֵלֶּה: 20 וְאַתְּ כִּי שָׂטִית תַּחַת אִישֵׁךְ וְכִי

נִטְמֵאת וַיִּתֵּן ‎י"פ מלוי ע"ב אִישׁ ‎ע"ה קנ"א קס"א בָּךְ אֶת־שְׁכָבְתּוֹ מִבַּלְעֲדֵי אִישֵׁךְ:

21 וְהִשְׁבִּיעַ הַכֹּהֵן ‎מלה אֶת־הָאִשָּׁה בִּשְׁבֻעַת הָאָלָה וְאָמַר הַכֹּהֵן ‎מלה

לָאִשָּׁה יִתֵּן יְהוָהֵאֲדֹנֶיֱהֲוִהי אוֹתָךְ לְאָלָה וְלִשְׁבֻעָה בְּתוֹךְ עַמֵּךְ ‎ה הויות, נגם

בְּתֵת יְהוָהֵאֲדֹנֶיֱהֲוִהי אֶת־יְרֵכֵךְ נֹפֶלֶת וְאֶת־בִּטְנֵךְ צָבָה: 22 וּבָאוּ הַמַּיִם

הַמְאָרֲרִים הָאֵלֶּה בְּמֵעַיִךְ לַצְבּוֹת בֶּטֶן וְלַנְפִּל יָרֵךְ וְאָמְרָה הָאִשָּׁה

23 Y el sacerdote escribirá estas maldiciones en un pergamino y las raspará en el agua de amargura.

24 Después hará que la mujer beba el agua de amargura que causa maldición, para que el agua que causa maldición entre a ella y le traiga amargura.

25 Y el sacerdote tomará la ofrenda de cereal de los celos de la mano de la mujer, y ondeará la ofrenda de cereal delante del Eterno y la llevará al altar.

26 Y el sacerdote tomará un puñado de la ofrenda de cereal como su ofrenda memorial y la quemará en el altar, y después hará que la mujer beba el agua.

27 Y cuando le haya hecho beber el agua, sucederá que si ella se ha contaminado y ha sido infiel a su marido, el agua que causa maldición entrará en ella y se volverá amarga, y su vientre se hinchará, su muslo se caerá; y la mujer vendrá a ser una maldición en medio de su pueblo. 28 Y si la mujer no se ha contaminado y es limpia, quedará libre y concebirá hijos.

29 Esta es la ley de los celos: cuando una mujer, estando sujeta a su marido, se desvíe y se contamine,

30 o cuando el espíritu de los celos venga sobre un hombre y esté celoso de su mujer, entonces hará que la mujer se presente delante del Eterno y el sacerdote le aplicará a ella toda esta ley. 31 Y el hombre quedará libre de iniquidad y esa mujer cargará con su iniquidad".

6 1 Y el Eterno habló a Moshé, para decir: 2 "Habla a los hijos de Israel, y diles: 'El hombre o la mujer que haga un voto de nazareo, para dedicarse al Eterno,

---

נָזִיר

Números 6:1 – En aquella época había un grupo de individuos llamados naziritas, quienes querían unirse a Dios con mayor profundidad. Para alcanzar ese nivel más elevado, ellos se abstenían de realizar ciertas acciones como cortarse el cabello y beber vino. Esta era su fórmula para acercarse al Creador. A todos se nos da una "fórmula" para acercarnos al Creador. Hoy en día, nuestra fórmula es ejercer la restricción, resistir y cancelar los pensamientos y acciones que sabemos que nos están bloqueando y evitando que conectemos con la Luz. El *Zóhar* explica:

Ven y ve: "'... 'Cuando un hombre...haga un voto especial de nazir...'" (Números 6:2), SIGNIFICANDO que se ha apresurado

mientras está en este mundo, a ser santificado con la santidad de su Señor. Así, *"se abstendrá del vino y las bebidas fuertes, y no beberá vinagre de vino..."* (ibid. 3). Aquí debemos deliberar. Sólo porque le está prohibido beber vino, ¿por qué tienen las uvas QUE ESTAR PROHIBIDAS PARA ÉL, viendo que del sacerdote dice: *"'No beberás vino ni licor..."* (Levítico 10:9), pero puede comer uvas? De modo que ¿por qué un nazir es diferente? ¿Por qué las uvas le están prohibidas?

ÉL RESPONDE: Este procedimiento y prohibición es del mayor secreto: QUE EL NAZIR DEBE aislarse enteramente del Juicio MÁS AÚN QUE UN SACERDOTE. Es sabido que el árbol con el cual Adam pecó era una vid. Éste es el secreto de esto, que el vino y la

אָמֵן יאהדונהי | אָמֵן יאהדונהי: 23 וְכָתַב אֶת־הָאָלֹת הָאֵלֶּה הַכֹּהֵן מלה בַּסֵּפֶר וּמָחָה אֶל־מֵי יוי הַמָּרִים: 24 וְהִשְׁקָה אֶת־הָאִשָּׁה אֶת־מֵי יוי הַמָּרִים הַמְאָרֲרִים וּבָאוּ בָהּ הַמַּיִם הַמְאָרֲרִים לְמָרִים: 25 וְלָקַח ב"פ יהוה אדני אהיה הַכֹּהֵן מלה מִיַּד הָאִשָּׁה אֵת מִנְחַת הַקְּנָאֹת וְהֵנִיף אֶת־הַמִּנְחָה ע"ה ב"פ בן לִפְנֵי וחכמה בינה יְהוָֹואהדונהיאהדונהי וְהִקְרִיב אֹתָהּ אֶל־הַמִּזְבֵּחַ זין, גגד: 26 וְקָמַץ הַכֹּהֵן מלה מִן־הַמִּנְחָה ע"ה ב"פ בן אֶת־אַזְכָּרָתָהּ וְהִקְטִיר הַמִּזְבֵּחָה וְאַחַר יַשְׁקֶה אֶת־הָאִשָּׁה אֶת־הַמָּיִם: 27 וְהִשְׁקָהּ אֶת־הַמַּיִם וְהָיְתָה אִם־ יוהך, ע"ה מ"ב נִטְמְאָה וַתִּמְעֹל מַעַל עלב בְּאִישָׁהּ וּבָאוּ בָהּ הַמַּיִם הַמְאָרֲרִים לְמָרִים וְצָבְתָה בִטְנָהּ וְנָפְלָה יְרֵכָהּ וְהָיְתָה הָאִשָּׁה לְאָלָה בְּקֶרֶב קמ"ג קס"א עַמָּהּ: 28 וְאִם־ יוהך, ע"ה מ"ב לֹא נִטְמְאָה הָאִשָּׁה וּטְהֹרָה י"פ אכא הִוא וְנִקְּתָה וְנִזְרְעָה זָרַע: 29 זֹאת תּוֹרַת הַקְּנָאֹת אֲשֶׁר תִּשְׂטֶה אִשָּׁה תַּחַת אִישָׁהּ וְנִטְמָאָה: 30 אוֹ אִישׁ ע"ה קנ"א קס"א אֲשֶׁר תַּעֲבֹר עָלָיו רוּחַ מלוי אלהים דיודין קִנְאָה יוסף, ציון, ר"פ יהוה וְקִנֵּא מקוה, קנ"א, אלהים אדני אֶת־אִשְׁתּוֹ וְהֶעֱמִיד אֶת־הָאִשָּׁה לִפְנֵי וחכמה בינה יְהוָֹואהדונהיאהדונהי וְעָשָׂה לָהּ הַכֹּהֵן מלה אֵת כָּל־ יוי הַתּוֹרָה הַזֹּאת: 31 וְנִקָּה קס"א הָאִישׁ ו"פ ארם בועון ג"פ מ"ב מֵעָוֹן וְהָאִשָּׁה הַהִוא תִּשָּׂא אֶת־עֲוֹנָהּ: 6 1 וַיְדַבֵּר ראה יְהוָֹואהדונהיאהדונהי אֶל־מֹשֶׁה מהש, אל עדי לֵּאמֹר: 2 דַּבֵּר ראה אֶל־בְּנֵי יִשְׂרָאֵל וְאָמַרְתָּ אֲלֵהֶם אִישׁ ע"ה קנ"א קס"א אוֹ־אִשָּׁה כִּי יַפְלִא לִנְדֹּר נֶדֶר נָזִיר לְהַזִּיר לַיהוָֹואהדונהיאהדונהי:

bebida fuerte y las uvas están adheridas al mismo aspecto, QUE ES DE LA COLUMNA IZQUIERDA; el vino arriba, EN LA COLUMNA IZQUIERDA DE BINÁ, QUE ES MENCIONADA ALLÍ COMO EL VINO GUARDADO como se explicó. La bebida fuerte está en el lado izquierdo DE ZEIR ANPÍN, ya que la bebida fuerte es producida del vino. ASÍ TAMBIÉN LA COLUMNA IZQUIERDA DE ZEIR ANPÍN ES ATRAÍDA DE LA COLUMNA IZQUIERDA DE BINÁ. Las uvas reúnen todo hacia ellas, YA QUE SON MALJUT QUE RECIBE DE TODO ARRIBA, y ése es el árbol con el cual pecó Adam. Consecuentemente, todos ellos están conectados al mismo lado, LA IZQUIERDA DE BINÁ, DE ZEIR ANPÍN Y DE MALJUT. Si ustedes dicen que este nazir ha abandonado la Fe suprema, POR NO RECIBIR DE BINÁ, ZEIR ANPÍN Y MALJUT celestiales, no es así. Es sólo que no es apropiado para él hacer nada del lado izquierdo.
— El Zóhar, Nasó 10:124-125

³ se abstendrá de vino y licor: no beberá vinagre de vino o vinagre de licor, tampoco beberá ningún jugo de uva, ni comerá uvas frescas ni secas.

⁴ Todos los días de su nazareato no comerá nada de lo que se hace de la vid, desde el hollejo hasta las semillas.

⁵ Durante todos los días del voto de su nazareato no pasará navaja sobre su cabeza. Hasta que se cumplan los días por los cuales se apartó a sí mismo para el Eterno, será santo; dejará crecer los mechones del cabello de su cabeza.

⁶ Durante todos los días de su nazareato para el Eterno no se acercará a un cuerpo muerto.

⁷ No se contaminará por su padre, ni por su madre, ni por su hermano, ni por su hermana, cuando éstos mueran, pues su nazareato para Dios está sobre su cabeza.

⁸ Todos los días de su nazareato él es santo al Eterno. ⁹ Y si alguno muere repentinamente junto a él, y se contamina su cabeza consagrada, entonces se rasurará la cabeza el día de su purificación; en el séptimo día se la rasurará.

¹⁰ Y en el octavo día traerá dos tórtolas o dos pichones al sacerdote, a la entrada de la Tienda de Reunión.

¹¹ Y el sacerdote preparará uno como ofrenda por pecado y el otro como holocausto, y hará expiación por él, porque pecó a causa de la persona muerta; y consagrará su cabeza ese mismo día.

¹² Y dedicará al Eterno los días de su nazareato, y traerá un cordero de un año como ofrenda por culpa; pero los primeros días quedarán anulados, por cuanto su nazareato fue contaminado.

¹³ Y esta es la ley del nazareo cuando se hayan cumplido los días de su nazareato: la llevará a la entrada de la Tienda de Reunión,

¹⁴ y presentará su ofrenda delante del Eterno, un cordero de un año, sin defecto, como holocausto, y una cordera de un año, sin defecto, como ofrenda por pecado, y un carnero sin defecto, como ofrenda de paz,

¹⁵ y una cesta de tortas ácimas de flor de harina mezcladas con aceite, y hojaldres ácimos untados con aceite, junto con sus ofrendas de cereal y sus libaciones.

¹⁶ Y el sacerdote traerá todo esto delante del Eterno, y presentará su ofrenda por pecado y el holocausto.

¹⁷ Y hará con el carnero un sacrificio de las ofrendas de paz al Eterno, junto con la cesta de los panes sin levadura; el sacerdote también presentará su ofrenda de cereal y su libación.

3 מִיַּ֜יִן מיכ, י"פ האא וְשֵׁכָר֙ י"פ ב"ן יַזִּ֔יר וְזֹמֶ֖ן יַ֛יִן מיכ, י"פ האא וְחֹ֥מֶץ שֵׁכָ֖ר י"פ ב"ן לֹ֣א
יִשְׁתֶּ֑ה וְכָל־ יולי מִשְׁרַ֤ת עֲנָבִים֙ ב"פ אלהים לֹ֣א יִשְׁתֶּ֔ה וַעֲנָבִ֛ים ב"פ אלהים לַחִ֥ים
וִיבֵשִׁ֖ים לֹ֥א יֹאכֵֽל: 4 כֹּ֖ל יולי יְמֵ֣י נִזְר֑וֹ מִכֹּל֩ יולי אֲשֶׁ֨ר יֵעָשֶׂ֜ה מִגֶּ֣פֶן הַיַּ֗יִן
מֵחַרְצַנִּ֥ים מיכ, י"פ האא וְעַד־זָ֖ג לֹ֥א יֹאכֵֽל: 5 כָּל־ יולי יְמֵי֙ נֶ֣דֶר נִזְר֔וֹ תַּ֖עַר
לֹא־יַעֲבֹ֣ר עַל־רֹאשׁ֑וֹ עַד־מְלֹ֨את הַיָּמִ֜ם אֲשֶׁר־יַזִּ֤יר לַיהֹוָ֨אאדניההּ
קָדֹ֣שׁ יִהְיֶ֔ה ייי גַּדֵּ֥ל להוו, מבה, זכ, אום פֶּ֖רַע שְׂעַ֥ר רֹאשֽׁוֹ: 6 כָּל־ יולי יְמֵ֥י הַזִּיר֖וֹ
לַיהֹוָ֨אאדניהה עַל־נֶ֣פֶשׁ רמ"ח ▪ ז' הויות מֵ֖ת י"פ רבוע אהיה לֹ֥א יָבֹֽא: 7 לְאָבִ֣יו וּלְאִמּ֗וֹ
לְאָחִיו֙ וּלְאַ֣חֹת֔וֹ לֹא־יִטַּמָּ֥א לָהֶ֖ם בְּמֹתָ֑ם כִּ֛י נֵ֥זֶר אֱלֹהָ֖יו יולה עַל־רֹאשֽׁוֹ:
8 כֹּ֖ל יולי יְמֵ֣י נִזְר֑וֹ קָדֹ֥שׁ ה֖וּא לַיהֹוָ֨אאדניההּ: 9 וְכִי־יָמ֨וּת מֵ֜ת י"פ רבוע אהיה
עָלָ֗יו בְּפֶ֤תַע פִּתְאֹם֙ וְטִמֵּ֖א רֹ֣אשׁ רבוע אלהים ואלהים דיורין ע"ה נִזְר֑וֹ וְגִלַּ֤ח רֹאשׁוֹ֙
בְּי֣וֹם ע"ה = נגד, זך, מזבח טׇהֳרָת֔וֹ בַּיּ֥וֹם ע"ה = נגד, זך, מזבח הַשְּׁבִיעִ֖י יְגַלְּחֶֽנּוּ: 10 וּבַיּ֣וֹם
ע"ה = נגד, זך, מזבח הַשְּׁמִינִ֗י יָבִא֙ שְׁתֵּ֣י תֹרִ֔ים א֥וֹ שְׁנֵ֖י בְּנֵ֣י יוֹנָ֑ה כ"י מ"ה אֶל־הַ֨כֹּהֵ֔ן
מלה אֶל־פֶּ֖תַח אֹ֥הֶל לאה (אלד ע"ה) מוֹעֵֽד: 11 וְעָשָׂ֣ה הַכֹּהֵ֗ן מלה אֶחָ֤ד אהבה, דאגה
לְחַטָּאת֙ וְאֶחָ֣ד אהבה, דאגה לְעֹלָ֔ה וְכִפֶּ֣ר מצפ֖ץ עָלָ֔יו מֵאֲשֶׁ֥ר חָטָ֖א עַל־הַנָּ֑פֶשׁ
וְקִדַּ֥שׁ רמ"ח ▪ ז' הויות אֶת־רֹאשׁ֖וֹ בַּיּ֥וֹם ע"ה = נגד, זך, מזבח הַהֽוּא: 12 וְהִזִּ֤יר
לַיהֹוָ֨אאדניהה אֶת־יְמֵ֣י נִזְר֔וֹ וְהֵבִ֛יא כֶּ֥בֶשׂ ב"פ קס"א בֶּן־שְׁנָת֖וֹ לְאָשָׁ֑ם
וְהַיָּמִ֤ים גלך הָרִאשֹׁנִים֙ יִפְּל֔וּ כִּ֥י טָמֵ֖א נִזְר֑וֹ: 13 וְזֹ֥את תּוֹרַ֖ת הַנָּזִ֑יר בְּי֗וֹם
ע"ה = נגד, זך, מזבח מְלֹאת֙ יְמֵ֣י נִזְר֔וֹ יָבִ֣יא אֹת֔וֹ אֶל־פֶּ֖תַח אֹ֥הֶל לאה (אלד ע"ה) מוֹעֵֽד:
14 וְהִקְרִ֣יב אֶת־קָרְבָּנ֣וֹ לַיהֹוָ֨אאדניהה כֶּ֣בֶשׂ ב"פ קס"א בֶּן־שְׁנָת֠וֹ תָמִ֨ים
אֶחָ֜ד אהבה, דאגה לְעֹלָ֗ה וְכַבְשָׂ֨ה אַחַ֧ת בַּת־שְׁנָתָ֛הּ תְּמִימָ֖ה לְחַטָּ֑את
וְאַֽיִל־אֶחָ֥ד אהבה, דאגה תָּמִ֖ים לִשְׁלָמִֽים: 15 וְסַ֣ל מַצּ֗וֹת סֹ֤לֶת חַלֹּת֙ בְּלוּלֹ֣ת
בַּשֶּׁ֔מֶן וּרְקִיקֵ֥י מַצּ֖וֹת מְשֻׁחִ֣ים בַּשָּׁ֑מֶן י"פ טל, י"פ כוז"ו, ביט וּמִנְחָתָ֖ם וְנִסְכֵּיהֶֽם:
16 וְהִקְרִ֥יב הַכֹּהֵ֖ן מלה לִפְנֵ֣י חכמה בינה דעת יְהֹוָ֑אאדניהאהדונהי וְעָשָׂ֥ה אֶת־חַטָּאת֖וֹ
וְאֶת־עֹלָתֽוֹ: 17 וְאֶת־הָאַ֜יִל אבגיתץ, ושר, אהבת חנם יַעֲשֶׂ֥ה זֶ֨בַח שְׁלָמִים֙

18 Y el nazareo se rasurará el cabello de su cabeza consagrada a la entrada de la Tienda de Reunión, y tomará el cabello de su cabeza consagrada y lo pondrá en el fuego que está debajo del sacrificio de las ofrendas de paz. 19 Y el sacerdote tomará la espaldilla hervida del carnero, y un pan sin levadura de la cesta, y un hojaldre sin levadura, y los pondrá en las manos del nazareo después de que éste se haya rasurado su cabeza consagrada.

20 Y el sacerdote los ondeará como ofrenda ondeada delante del Eterno. Es cosa sagrada para el sacerdote, junto con el pecho ondeado y la pierna levantada; después de eso, el nazareo podrá beber vino. 21 Esta es la ley del nazareo que hace voto de su ofrenda al Eterno, según su nazareato, además de lo que sus recursos le permitan; según el voto que tome, así hará conforme a la ley de su nazareato".

22 Y el Eterno habló a Moshé, para decir: 23 "Habla a Aharón y a sus hijos, y diles: Esta es la forma en que bendecirán a los hijos de Israel; les dirán: 24 'El Eterno te bendiga y te guarde; 25 el Eterno haga resplandecer Su rostro sobre ti, y tenga de ti misericordia;

26 el Eterno alce sobre ti Su rostro, y te dé paz'. 27 Así pondrán Mi Nombre sobre los hijos de Israel, y Yo los bendeciré".

QUINTA LECTURA – AHARÓN – HOD

7 1 Y sucedió que el día en que Moshé terminó de erigir el Tabernáculo, lo ungió y lo santificó con todos sus muebles; también ungió y santificó el altar y todos sus utensilios; 2 los que los jefes de Israel, las cabezas de sus casas paternas, habían presentado. Ellos eran los jefes de las tribus, los que estaban sobre los enumerados.

תְּבָרֲכוּ

Números 6:23 – La Bendición de los *Cohanim*. Los *cohanim* usaban la secuencia para sanación de los 72 Nombres de Dios. La sanación personal sólo es posible si la persona quiere ser sanada, ya que mucha gente acoge su propio caos, ya sea de forma consciente o inconsciente. El proceso de dedicar el Tabernáculo era el primer paso para la sanación; como parte de esta dedicación, el jefe de cada tribu llevaba una ofrenda. Antes de que llevaran el sacrificio al Altar, Moshé lo ungía para elevarlo más allá de la Realidad del 1 Por Ciento —nuestro mundo físico de Maljut— hasta la Realidad del 99 Por Ciento, los Mundos Superiores. El *Zóhar* dice que hay un Moshé en cada generación que ayuda a la gente a elevar su conciencia. Hoy en día, podemos conectar a través del *Zóhar* y el conocimiento y las herramientas de la Kabbalah para elevarnos por encima de la Realidad del 1 Por Ciento. Moshé lo hizo, tomando la materia y elevándola a la Realidad del 99 Por Ciento.

נְשִׂיאֵי

Números 7:2 – Cada una de las 12 tribus de Israel es representada por un signo del Zodíaco, y cada uno de los 12 signos del Zodíaco tiene una corrección kármica (*tikún*) diferente. Dependiendo de nuestro signo, todos nosotros venimos a corregir un asunto diferente en este tiempo de vida.

לַיהֹוָׂאהדי֜אהדונהי עַל סַל הַמַּצּוֹת וְעָשָׂה הַכֹּהֵן מלה אֶת־מִנְחָתוֹ וְאֶת־נִסְכּוֹ:

18 וְגִלַּח הַנָּזִיר פֶּתַח אֹהֶל (אלד ע"ה) לאה מוֹעֵד אֶת־רֹאשׁ ריבוע אלהים ואלהים דיודין ע"ה

נִזְרוֹ וְלָקַח ב"פ יהוה אדני אהיה אֶת־שְׂעַר רֹאשׁ ריבוע אלהים ואלהים דיודין ע"ה נִזְרוֹ וְנָתַן

אבגית"ץ, ושר, אהבת חנם עַל־הָאֵשׁ שאה אֲשֶׁר־תַּחַת זֶבַח הַשְּׁלָמִים: 19 וְלָקַח

ב"פ יהוה אדני אהיה הַכֹּהֵן מלה אֶת־הַזְּרֹעַ בְּשֵׁלָה מִן־הָאַיִל וְחַלַּת מַצָּה ע"ב ס"ג

אַחַת מִן־הַסַּל וּרְקִיק מַצָּה ע"ב ס"ג אֶחָד אהבה, דאגה וְנָתַן אבגית"ץ, ושר, אהבת חנם

עַל־כַּפֵּי הַנָּזִיר אַחַר הִתְגַּלְּחוֹ אֶת־נִזְרוֹ: 20 וְהֵנִיף אוֹתָם הַכֹּהֵן מלה |

תְּנוּפָה לִפְנֵי חכמה בינה יְהֹוָׂאהדי֜אהדונהי קֹדֶשׁ הוּא לַכֹּהֵן מלה עַל וְחָזֶה הַתְּנוּפָה

וְעַל שׁוֹק הַתְּרוּמָה וְאַחַר יִשְׁתֶּה הַנָּזִיר יַיִן מ"כ, י"פ האא" 21 וְזֹאת תּוֹרַת

הַנָּזִיר אֲשֶׁר יִדֹּר קָרְבָּנוֹ לַיהֹוָׂאהדי֜אהדונהי עַל־נִזְרוֹ מִלְּבַד אֲשֶׁר־תַּשִּׂיג

יָדוֹ כְּפִי נִדְרוֹ אֲשֶׁר יִדֹּר כֵּן יַעֲשֶׂה עַל תּוֹרַת נִזְרוֹ: 22 וַיְדַבֵּר ראה

יְהֹוָׂאהדי֜אהדונהי אֶל־מֹשֶׁה מהע, אל שדי לֵּאמֹר: 23 דַּבֵּר ראה אֶל־אַהֲרֹן ע"ב ורבוע ע"ב

וְאֶל־בָּנָיו לֵאמֹר כֹּה היי תְבָרֲכוּ אֶת־בְּנֵי יִשְׂרָאֵל אָמוֹר לָהֶם:

24 יְבָרֶכְךָ יְהֹוָׂאהדי֜אהדונהי וְיִשְׁמְרֶךָ: 25 יָאֵר כף ייי זין ייו יְהֹוָׂאהדי֜אהדונהי | פָּנָיו

אֵלֶיךָ אני וִיחֻנֶּךָּ מנד: 26 יִשָּׂא יְהֹוָׂאהדי֜אהדונהי | פָּנָיו אֵלֶיךָ אני וְיָשֵׂם לְךָ שָׁלוֹם:

27 וְשָׂמוּ אֶת־שְׁמִי רבוע ע"ב ורבוע ס"ג עַל־בְּנֵי יִשְׂרָאֵל וַאֲנִי ב"פ אהיה יהוה אֲבָרֲכֵם:

ר"ת הפסוקים: ייי:

QUINTA LECTURA – AHARÓN – HOD

7 1 וַיְהִי אל ביום ע"ה = נגד, זן, מזבוז בְּיוֹם כַּלּוֹת מֹשֶׁה מהע, אל שדי לְהָקִים אֶת־הַמִּשְׁכָּן

ב"פ (רבוע אלהים - ה) וַיִּמְשַׁח אֹתוֹ וַיְקַדֵּשׁ אֹתוֹ וְאֶת־כָּל־ ילי כֵּלָיו וְאֶת־הַמִּזְבֵּחַ

זן, נגד וְאֶת־כָּל־ ילי כֵּלָיו וַיִּמְשָׁחֵם וַיְקַדֵּשׁ אֹתָם: 2 וַיַּקְרִיבוּ נְשִׂיאֵי יִשְׂרָאֵל

רָאשֵׁי בֵית ב"פ ראה אֲבֹתָם הֵם נְשִׂיאֵי הַמַּטֹּת הֵם הָעֹמְדִים עַל־הַפְּקֻדִים:

³ Y ellos trajeron su ofrenda delante del Eterno: seis carretas cubiertas y doce bueyes, una carreta por cada dos jefes y un buey por cada uno; y los presentaron ante el Tabernáculo.

⁴ Y el Eterno habló a Moshé, para decir:

⁵ "Acepta de ellos estas cosas, para que sean usadas en el servicio de la Tienda de Reunión; y las darás a los levitas, a cada uno conforme a su servicio".

⁶ Y Moshé tomó las carretas y los bueyes, y se los dio a los levitas. 7 Dio dos carretas y cuatro bueyes a los hijos de Guershón, conforme a su servicio.

⁸ Y dio cuatro carretas y ocho bueyes a los hijos de Merarí, conforme a su servicio, bajo la mano de Itamar, hijo de Aharón, el sacerdote.

⁹ Pero a los hijos de Koat no les dio nada, porque el servicio de los objetos sagrados pertenecía a ellos: los llevaban sobre sus hombros.

¹⁰ Y los jefes presentaron la ofrenda de dedicación del altar el día que fue ungido; los jefes presentaron su ofrenda ante el altar.

¹¹ Y el Eterno dijo a Moshé: "Que presenten su ofrenda, cada jefe en su día, para la dedicación del altar".

¹² Y el que presentó su ofrenda el primer día fue Najshón, hijo de Aminadab, de la tribu de Yehuda;

¹³ y su ofrenda fue un plato de plata de ciento treinta shekalim de peso, un tazón de plata de setenta shekalim conforme al shékel del Santuario; ambos llenos de flor de harina mezclada con aceite como ofrenda de cereal;

¹⁴ una cacerola de oro de diez shekalim, llena de incienso;

¹⁵ un novillo, un carnero y un cordero de un año, como holocausto;

¹⁶ un macho cabrío como ofrenda por pecado;

¹⁷ y para el sacrificio de las ofrendas de paz, dos novillos, cinco carneros, cinco machos cabríos y cinco corderos de un año. Esta fue la ofrenda de Najshón, hijo de Aminadab.

¹⁸ El segundo día, Netanel, hijo de Zuar, jefe de Isacar, ofreció:

יְהוּדָה

Números 7:12 – Aries es el signo para la tribu de Yehuda. Un aries necesita subyugar su ego y aprender autocontrol, ser paciente en vez de impulsivo, y pensar y analizar antes de actuar.

3 וַיָּבִ֣יאוּ אֶת־קָרְבָּנָ֣ם לִפְנֵ֣י וחכמה בינה יְהֹוָ֗ה שֵׁשׁ־עֶגְלֹ֥ת צָב֙

וּשְׁנֵ֣י עָשָׂ֣ר בָּקָ֔ר עֲגָלָ֛ה עַל־שְׁנֵ֥י הַנְּשִׂאִ֖ים וְשׁ֣וֹר

לְאֶחָ֑ד אהבה, דאגה וַיַּקְרִ֥יבוּ אוֹתָ֖ם לִפְנֵ֥י וחכמה בינה הַמִּשְׁכָּֽן: ב״פ (רבוע אלהים - ה׳)

4 וַיֹּ֥אמֶר יְהֹוָ֖ה מהע, אל שדי אֶל־מֹשֶׁ֥ה לֵּאמֹֽר: 5 קַ֚ח מֵֽאִתָּ֔ם וְהָי֕וּ

לַֽעֲבֹ֕ד אֶת־עֲבֹדַ֖ת אֹ֣הֶל לאה (אלד ע״ה) מוֹעֵ֑ד וְנָֽתַתָּ֤ה אוֹתָם֙ אֶל־הַֽלְוִיִּ֔ם

אִ֖ישׁ ע״ה קנ״א קס״א כְּפִ֥י עֲבֹֽדָתֽוֹ: 6 וַיִּקַּ֣ח מֹשֶׁ֔ה וחלם מהע, אל שדי אֶת־הָ֣עֲגָלֹ֔ת

וְאֶת־הַבָּקָ֑ר וַיִּתֵּ֥ן י״פ מלוי ע״ב אוֹתָ֖ם אֶל־הַֽלְוִיִּֽם: 7 אֵ֣ת ׀ שְׁתֵּ֣י הָֽעֲגָלֹ֗ת וְאֵת֙

אַרְבַּ֣עַת הַבָּקָ֔ר נָתַ֖ן לִבְנֵ֣י גֵֽרְשׁ֑וֹן ע״ה ב״פ בזֶהٰר כְּפִ֖י עֲבֹֽדָתָֽם: 8 וְאֵ֣ת ׀ אַרְבַּ֣ע

הָֽעֲגָלֹ֗ת וְאֵת֙ שְׁמֹנַ֣ת הַבָּקָ֔ר נָתַ֖ן לִבְנֵ֣י מְרָרִ֑י ה״פ מ״ה כְּפִי֙ עֲבֹ֣דָתָ֔ם בְּיַד֙

אִֽיתָמָ֔ר בֶּֽן־אַֽהֲרֹ֖ן ע״ב ורבוע ע״ה הַכֹּהֵֽן: מלה״ד 9 וְלִבְנֵ֥י קְהָ֖ת לֹ֣א נָתָ֑ן כִּֽי־עֲבֹדַ֤ת

הַקֹּ֨דֶשׁ֙ עֲלֵהֶ֔ם בַּכָּתֵ֖ף יִשָּֽׂאוּ: 10 וַיַּקְרִ֣יבוּ הַנְּשִׂאִ֗ים אֵ֚ת חֲנֻכַּ֣ת הַמִּזְבֵּ֔חַ

וחן, נגד ב״פ בְּי֖וֹם ע״ה, נגד, חן, מזבח = נגד, חן הִמָּשַׁ֣ח אֹת֑וֹ וַיַּקְרִ֧יבוּ הַנְּשִׂיאִ֛ם אֶת־קָרְבָּנָ֖ם לִפְנֵ֥י

וחכמה בינה הַמִּזְבֵּֽחַ: נגד, חן 11 וַיֹּ֥אמֶר יְהֹוָ֖ה מהע, אל שדי אֶל־מֹשֶׁ֑ה נָשִׂ֨יא

אֶחָ֜ד אהבה, דאגה לַיּ֗וֹם ע״ה, נגד = נגד, חן, מזבח נָשִׂ֤יא אֶחָד֙ אהבה, דאגה לַיּ֔וֹם ע״ה = נגד, חן, מזבח

יַקְרִ֨יבוּ֙ אֶת־קָרְבָּנָ֔ם לַֽחֲנֻכַּ֖ת הַמִּזְבֵּֽחַ: חן, נגד 12 וַֽיְהִ֗י אל הַמַּקְרִ֛יב בַּיּ֥וֹם

ע״ה = נגד, חן, מזבח הָֽרִאשׁ֖וֹן אֶת־קָרְבָּנ֑וֹ נַחְשׁ֥וֹן בֶּן־עַמִּֽינָדָ֖ב לְמַטֵּ֥ה ‏‏‏‏יְהוּדָֽה:‏‏‏‏

13 וְקָרְבָּנ֞וֹ קַֽעֲרַת־כֶּ֣סֶף אַחַ֗ת שְׁלֹשִׁ֣ים וּמֵאָה֘ דמב, מלוי ע״ב מִשְׁקָלָהּ֒ משה ק״ל

מִזְרָ֤ק אֶחָד֙ אהבה, דאגה כֶּ֔סֶף שִׁבְעִ֥ים שֶׁ֖קֶל בְּשֶׁ֣קֶל הַקֹּ֑דֶשׁ שְׁנֵיהֶ֣ם ׀

מְלֵאִ֗ים סֹ֛לֶת בְּלוּלָ֥ה בַשֶּׁ֖מֶן י״פ טל, י״פ כוז״ו, ביט לְמִנְחָֽה: ע״ה ב״פ ב״ן 14 כַּ֚ף

אַחַת֙ עֲשָׂרָ֣ה זָהָ֔ב מְלֵאָ֖ה קְטֹֽרֶת: 15 פַּ֣ר בזֶהٰר, ערי, סנדלפון אֶחָ֞ד אהבה, דאגה

בֶּן־בָּקָ֗ר אַ֧יִל אֶחָ֛ד אהבה, דאגה ב״פ קס״א כֶּֽבֶשׂ־ אֶחָ֥ד אהבה, דאגה בֶּן־שְׁנָת֖וֹ

לְעֹלָֽה: 16 שְׂעִיר־עִזִּ֥ים אֶחָ֖ד אהבה, דאגה לְחַטָּֽאת: 17 וּלְזֶ֣בַח הַשְּׁלָמִים֮ בָּקָ֣ר

שְׁנַ֗יִם אֵילִ֤ם חֲמִשָּׁה֙ עַתּוּדִ֣ים חֲמִשָּׁ֔ה כְּבָשִׂ֥ים בְּנֵֽי־שָׁנָ֖ה חֲמִשָּׁ֑ה זֶ֛ה

קָרְבַּ֥ן נַחְשׁ֖וֹן בֶּן־עַמִּֽינָדָֽב: חן, נגד, ע״ה = נגד, חן, מזבח 18 בַּיּוֹם֙ הַשֵּׁנִ֔י הִקְרִ֖יב נְתַנְאֵ֥ל

¹⁹ *presentó como su ofrenda un plato de plata de ciento treinta shekalim de peso, un tazón de plata de setenta shekalim, conforme al shékel del Santuario, ambos llenos de flor de harina mezclada con aceite como ofrenda de cereal;*

²⁰ *una cacerola de oro de diez shekalim, llena de incienso;*

²¹ *un novillo, un carnero y un cordero de un año, como holocausto;*

²² *un macho cabrío como ofrenda por pecado;*

²³ *y para el sacrificio de las ofrendas de paz, dos novillos, cinco carneros, cinco machos cabríos y cinco corderos de un año. Esta fue la ofrenda de Netanel, hijo de Tsuar.*

²⁴ *El tercer día se presentó Eliav, hijo de Jelón, jefe de los hijos de Zebulún:*

²⁵ *su ofrenda fue un plato de plata de ciento treinta shekalim de peso, un tazón de plata de setenta shekalim, conforme al shékel del santuario, ambos llenos de flor de harina mezclada con aceite como ofrenda de cereal;*

²⁶ *una cacerola de oro de diez shekalim, llena de incienso;*

²⁷ *un novillo, un carnero y un cordero de un año, como holocausto;*

²⁸ *un macho cabrío como ofrenda por pecado;*

²⁹ *y para el sacrificio de las ofrendas de paz, dos bueyes, cinco carneros, cinco machos cabríos y cinco corderos de un año. Esta fue la ofrenda de Eliav, hijo de Jelón.*

³⁰ *El cuarto día se presentó Elitsur, hijo de Shedeiur, jefe de los hijos de Reuvén:*

³¹ *su ofrenda fue un plato de plata de ciento treinta shekalim de peso, un tazón de plata de setenta shekalim, conforme al shékel del Santuario, ambos llenos de flor de harina mezclada con aceite como ofrenda de cereal;*

³² *una cacerola de oro de diez shekalim, llena de incienso;*

³³ *un novillo, un carnero y un cordero de un año, como holocausto,*

יִשָּׂשכָר

Números 7:18 – Tauro es el signo para la tribu de Yisajar. Un tauro necesita deshacerse de su apego a lo material y a la fisicalidad para aprender a ser flexible en vez de testarudo, y resistirse a la vida cómoda y fácil.

זְבוּלֻן

Números 7:24 – Géminis es el signo para la tribu de Zevulún. Un géminis necesita eliminar la duda y la incertidumbre a fin de encontrar un camino y apegarse a él.

19 הִקְרִב אֶת־קָרְבָּנוֹ קַעֲרַת־כֶּסֶף אַחַת נְשִׂיא יִשָּׂשכָר בֶּן־צוּעָר

אַחַת שְׁלֹשִׁים וּמֵאָה מִשְׁקָלָהּ מִזְרָק אֶחָד כֶּסֶף

שִׁבְעִים שֶׁקֶל בְּשֶׁקֶל הַקֹּדֶשׁ שְׁנֵיהֶם ׀ מְלֵאִים סֹלֶת בְּלוּלָה בַשֶּׁמֶן

לְמִנְחָה: 20 כַּף אַחַת עֲשָׂרָה זָהָב מְלֵאָה קְטֹרֶת:

21 פַּר אֶחָד בֶּן־בָּקָר אַיִל אֶחָד כֶּבֶשׂ־

אֶחָד בֶּן־שְׁנָתוֹ לְעֹלָה: 22 שְׂעִיר־עִזִּים אֶחָד

לְחַטָּאת: 23 וּלְזֶבַח הַשְּׁלָמִים בָּקָר שְׁנַיִם אֵילִם חֲמִשָּׁה עַתּוּדִים

חֲמִשָּׁה כְּבָשִׂים בְּנֵי־שָׁנָה חֲמִשָּׁה זֶה קָרְבַּן נְתַנְאֵל בֶּן־צוּעָר: 24 בַּיּוֹם

הַשְּׁלִישִׁי נָשִׂיא לִבְנֵי זְבוּלֻן אֱלִיאָב בֶּן־חֵלֹן: 25 קָרְבָּנוֹ

קַעֲרַת־כֶּסֶף אַחַת שְׁלֹשִׁים וּמֵאָה מִשְׁקָלָהּ מִזְרָק אֶחָד

כֶּסֶף שִׁבְעִים שֶׁקֶל בְּשֶׁקֶל הַקֹּדֶשׁ שְׁנֵיהֶם ׀ מְלֵאִים סֹלֶת

בְּלוּלָה בַשֶּׁמֶן לְמִנְחָה: 26 כַּף אַחַת עֲשָׂרָה זָהָב

מְלֵאָה קְטֹרֶת: 27 פַּר אֶחָד בֶּן־בָּקָר אַיִל אֶחָד

כֶּבֶשׂ־אֶחָד בֶּן־שְׁנָתוֹ לְעֹלָה: 28 שְׂעִיר־עִזִּים

אֶחָד לְחַטָּאת: 29 וּלְזֶבַח הַשְּׁלָמִים בָּקָר שְׁנַיִם אֵילִם חֲמִשָּׁה

עַתּוּדִים חֲמִשָּׁה כְּבָשִׂים בְּנֵי־שָׁנָה חֲמִשָּׁה זֶה קָרְבַּן אֱלִיאָב בֶּן־חֵלֹן:

30 בַּיּוֹם הָרְבִיעִי נָשִׂיא לִבְנֵי רְאוּבֵן אֱלִיצוּר

בֶּן־שְׁדֵיאוּר: 31 קָרְבָּנוֹ קַעֲרַת־כֶּסֶף אַחַת שְׁלֹשִׁים וּמֵאָה

מִשְׁקָלָהּ מִזְרָק אֶחָד כֶּסֶף שִׁבְעִים שֶׁקֶל בְּשֶׁקֶל הַקֹּדֶשׁ

שְׁנֵיהֶם ׀ מְלֵאִים סֹלֶת בְּלוּלָה בַשֶּׁמֶן לְמִנְחָה: 32 כַּף

אַחַת עֲשָׂרָה זָהָב מְלֵאָה קְטֹרֶת: 33 פַּר אֶחָד

רְאוּבֵן

Números 7:30 – Cáncer es el signo para la tribu de Reuvén. Un cáncer tiene que ser menos emocional y debe aprender a tomar la iniciativa en lugar de quedarse necesitado y dependiente de los demás.

34 un macho cabrío como ofrenda por pecado;

35 y para el sacrificio de las ofrendas de paz, dos bueyes, cinco carneros, cinco machos cabríos y cinco corderos de un año. Esta fue la ofrenda de Elitsur, hijo de Shedeiur.

36 El quinto día se presentó Shelumiel, hijo de Tsurishadai, jefe de los hijos de Shimón:

37 su ofrenda fue un plato de plata de ciento treinta shekalim de peso, un tazón de plata de setenta shekalim, conforme al shékel del Santuario, ambos llenos de flor de harina mezclada con aceite como ofrenda de cereal;

38 una cacerola de oro de diez shekalim, llena de incienso;

39 un novillo, un carnero y un cordero de un año, como holocausto;

40 un macho cabrío como ofrenda por pecado;

41 y para el sacrificio de las ofrendas de paz, dos bueyes, cinco carneros, cinco machos cabríos y cinco corderos de un año. Esta fue la ofrenda de Shelumiel, hijo de Tsurishadai.

SEXTA LECTURA – YOSEF – YESOD

42 El sexto día se presentó Eliasaf, hijo de Deuel, jefe de los hijos de Gad:

43 su ofrenda fue un plato de plata de ciento treinta shekalim de peso, un tazón de plata de setenta shekalim, conforme al shékel del Santuario, ambos llenos de flor de harina mezclada con aceite como ofrenda de cereal;

44 una cacerola de oro de diez shekalim, llena de incienso; 45 un novillo, un carnero y un cordero de un año, como holocausto;

46 un macho cabrío como ofrenda por pecado;

47 y para el sacrificio de las ofrendas de paz, dos novillos, cinco carneros, cinco machos cabríos y cinco corderos de un año. Esta fue la ofrenda de Eliasaf, hijo de Deuel.

שִׁמְעוֹן   גָּד

Números 7:36 – Leo es el signo para la tribu de Shimón. Un leo tiene que dominar su ego y aprender a ser más humilde.

Números 7:42 – Virgo es el signo para la tribu de Gad. Un virgo necesita abandonar el juicio y la crítica, y examinar sus propias acciones en lugar de las acciones de las demás personas.

בֶּן־בָּקָ֗ר אַ֣יִל אֶחָ֔ד אהבה, דאגה כֶּ֥בֶשׂ־ ב"פ קס"א אֶחָ֖ד אהבה, דאגה בֶּן־שְׁנָת֖וֹ

לְעֹלָֽה׃ 34 שְׂעִיר־עִזִּ֥ים אֶחָ֖ד אהבה, דאגה לְחַטָּ֑את׃ 35 וּלְזֶ֣בַח הַשְּׁלָמִים֮

בָּקָ֣ר שְׁנַ֒יִם֒ אֵילִ֤ם חֲמִשָּׁה֙ עַתֻּדִ֣ים חֲמִשָּׁ֔ה כְּבָשִׂ֥ים בְּנֵֽי־שָׁנָ֖ה חֲמִשָּׁ֑ה

זֶ֛ה קָרְבַּ֥ן אֱלִיצ֖וּר בֶּן־שְׁדֵיאֽוּר׃ 36 בַּיּוֹם֙ ע"ה = נגד ע"ה, זך, מזבח הַחֲמִישִׁ֔י נָשִׂ֖יא

לִבְנֵ֣י שִׁמְעוֹן שְׁלֻמִיאֵ֖ל בֶּן־צוּרִֽישַׁדָּֽי׃ 37 קָרְבָּנ֞וֹ קַֽעֲרַת־כֶּ֣סֶף אַחַ֗ת

שְׁלֹשִׁ֣ים וּמֵאָה֮ דמב, מלוי ע"ב מִשְׁקָלָהּ֒ משה ק"ל מִזְרָ֤ק אֶחָד֙ אהבה, דאגה כֶּ֣סֶף

שִׁבְעִ֥ים שֶׁ֙קֶל֙ בְּשֶׁ֣קֶל הַקֹּ֔דֶשׁ שְׁנֵיהֶ֣ם מְלֵאִ֗ים סֹ֛לֶת בְּלוּלָ֥ה בַשֶּׁ֖מֶן

י"פ טל, י"פ כוו"ז, ביט לְמִנְחָֽה׃ ע"ה ב"פ ב"ן 38 כַּ֥ף אַחַ֛ת עֲשָׂרָ֥ה זָהָ֖ב מְלֵאָ֥ה קְטֹֽרֶת׃

39 פַּ֣ר בזוהר, ערי, סנדלפון אֶחָ֞ד אהבה, דאגה בֶּן־בָּקָ֗ר אַ֣יִל אֶחָ֔ד אהבה, דאגה כֶּ֥בֶשׂ־

ב"פ קס"א אֶחָ֖ד אהבה, דאגה בֶּן־שְׁנָת֖וֹ לְעֹלָֽה׃ 40 שְׂעִיר־עִזִּ֥ים אֶחָ֖ד אהבה, דאגה

לְחַטָּֽאת׃ 41 וּלְזֶ֣בַח הַשְּׁלָמִים֮ בָּקָ֣ר שְׁנַ֒יִם֒ אֵילִ֤ם חֲמִשָּׁה֙ עַתֻּדִ֣ים חֲמִשָּׁ֔ה

כְּבָשִׂ֥ים בְּנֵֽי־שָׁנָ֖ה חֲמִשָּׁ֑ה זֶ֛ה קָרְבַּ֥ן שְׁלֻמִיאֵ֖ל בֶּן־צוּרִֽישַׁדָּֽי׃

SEXTA LECTURA – YOSEF – YESOD

42 בַּיּוֹם֙ ע"ה = נגד ע"ה, זך, מזבח הַשִּׁשִּׁ֔י נָשִׂ֖יא לִבְנֵ֣י גָ֑ד אֶלְיָסָ֖ף בֶּן־דְּעוּאֵֽל׃ 43 קָרְבָּנ֞וֹ

קַֽעֲרַת־כֶּ֣סֶף אַחַ֗ת שְׁלֹשִׁ֣ים וּמֵאָה֮ דמב, מלוי ע"ב מִשְׁקָלָהּ֒ משה ק"ל מִזְרָ֤ק אֶחָד֙

אהבה, דאגה כֶּ֣סֶף שִׁבְעִ֥ים שֶׁ֙קֶל֙ בְּשֶׁ֣קֶל הַקֹּ֔דֶשׁ שְׁנֵיהֶ֣ם מְלֵאִ֗ים סֹ֛לֶת

בְּלוּלָ֥ה בַשֶּׁ֖מֶן י"פ טל, י"פ כוו"ז, ביט לְמִנְחָֽה׃ ע"ה ב"פ ב"ן 44 כַּ֥ף אַחַ֛ת עֲשָׂרָ֥ה זָהָ֖ב

מְלֵאָ֥ה קְטֹֽרֶת׃ 45 פַּ֣ר בזוהר, ערי, סנדלפון אֶחָ֞ד אהבה, דאגה בֶּן־בָּקָ֗ר אַ֣יִל אֶחָ֔ד אהבה, דאגה

כֶּ֥בֶשׂ־ ב"פ קס"א אֶחָ֖ד אהבה, דאגה בֶּן־שְׁנָת֖וֹ לְעֹלָֽה׃ 46 שְׂעִיר־עִזִּ֥ים

אֶחָ֖ד אהבה, דאגה לְחַטָּֽאת׃ 47 וּלְזֶ֣בַח הַשְּׁלָמִים֮ בָּקָ֣ר שְׁנַ֒יִם֒ אֵילִ֤ם חֲמִשָּׁה֙

עַתֻּדִ֣ים חֲמִשָּׁ֔ה כְּבָשִׂ֥ים בְּנֵֽי־שָׁנָ֖ה חֲמִשָּׁ֑ה זֶ֛ה קָרְבַּ֥ן אֶלְיָסָ֖ף בֶּן־דְּעוּאֵֽל׃

[48] El séptimo día se presentó Elishama, hijo de Amihud, jefe de los hijos de Efraim.

[49] Y su ofrenda fue un plato de plata de ciento treinta shekalim de peso, un tazón de plata de setenta shekalim, conforme al shékel del Santuario, ambos llenos de flor de harina mezclada con aceite como ofrenda de cereal;

[50] una cacerola de oro de diez shekalim, llena de incienso;

[51] un novillo, un carnero y un cordero de un año, como holocausto;

[52] un macho cabrío como ofrenda por pecado;

[53] y para el sacrificio de las ofrendas de paz, dos bueyes, cinco carneros, cinco machos cabríos y cinco corderos de un año. Esta fue la ofrenda de Elishama, hijo de Amihud.

[54] El octavo día se presentó Gameliel, hijo de Pedatsur, jefe de los hijos de Menashé:

[55] su ofrenda fue un plato de plata de ciento treinta shekalim de peso, un tazón de plata de setenta shekalim, conforme al shékel del Santuario, ambos llenos de flor de harina mezclada con aceite como ofrenda de cereal;

[56] una cacerola de oro de diez shekalim, llena de incienso;

[57] un novillo, un carnero y un cordero de un año, como holocausto;

[58] un macho cabrío como ofrenda por pecado;

[59] y para el sacrificio de las ofrendas de paz, dos novillos, cinco carneros, cinco machos cabríos y cinco corderos de un año. Esta fue la ofrenda de Gameliel, hijo de Pedatsur.

[60] El noveno día se presentó Avidán, hijo de Guideoni, jefe de los hijos de Binyamín:

[61] su ofrenda fue un plato de plata de ciento treinta shekalim de peso, un tazón de plata de setenta shekalim, conforme al shékel del Santuario, ambos llenos de flor de harina mezclada con aceite como ofrenda de cereal; [62] una cacerola de oro de diez shekalim, lleno de incienso;

אֶפְרַיִם

Números 7:48 – Libra es el signo para la tribu de Efráyim. Un libra tiene que encontrar equilibrio en su vida, y debe aprender a no entregar demasiado o complacer demasiado. Su desafío es hallar armonía en el universo.

מְנַשֶּׁה

Números 7:54 – Escorpio es el signo para la tribu de Menashé. Un escorpio debe aprender a autocontrolarse a fin de resistir las emociones extremas de envidia y negatividad; asimismo, un escorpio debe aprender a abstenerse de guardar rencores.

48 בַּיּוֹם ע״ה = נגד, זז, מזבח הַשְּׁבִיעִי נָשִׂיא לִבְנֵי אֶפְרָיִם אל מצפצ אֱלִישָׁמָע

בֶּן־עַמִּיהוּד: 49 קׇרְבָּנוֹ קַעֲרַת־כֶּסֶף אַחַת שְׁלֹשִׁים וּמֵאָה דמב, מלוי ע״ב

מִשְׁקָלָהּ משה ק״ל מִזְרָק אֶחָד אהבה, דאגה כֶּסֶף שִׁבְעִים שֶׁקֶל בְּשֶׁקֶל הַקֹּדֶשׁ

שְׁנֵיהֶם | מְלֵאִים סֹלֶת בְּלוּלָה בַשֶּׁמֶן י״פ טל, י״פ כוז״ו, ביט לְמִנְחָה ע״ה ב״פ בן: 50 כַּף

אַחַת עֲשָׂרָה זָהָב מְלֵאָה קְטֹרֶת: 51 פַּר בזֹוֹזר, ערי, סנדלפון אֶחָד אהבה, דאגה

בֶּן־בָּקָר אַיִל אֶחָד אהבה, דאגה כֶּבֶשׂ־ ב״פ קס״א אֶחָד אהבה, דאגה בֶּן־שְׁנָתוֹ

לְעֹלָה: 52 שְׂעִיר־עִזִּים אֶחָד אהבה, דאגה לְחַטָּאת: 53 וּלְזֶבַח הַשְּׁלָמִים בָּקָר

שְׁנַיִם אֵילִם חֲמִשָּׁה עַתֻּדִים חֲמִשָּׁה כְּבָשִׂים בְּנֵי־שָׁנָה חֲמִשָּׁה זֶה

קׇרְבַּן אֱלִישָׁמָע בֶּן־עַמִּיהוּד: 54 בַּיּוֹם ע״ה = נגד, זז, מזבח הַשְּׁמִינִי נָשִׂיא לִבְנֵי

מְנַשֶּׁה גַּמְלִיאֵל בֶּן־פְּדָהצוּר: 55 קׇרְבָּנוֹ קַעֲרַת־כֶּסֶף אַחַת שְׁלֹשִׁים

וּמֵאָה דמב, מלוי ע״ב מִשְׁקָלָהּ משה ק״ל מִזְרָק אֶחָד אהבה, דאגה כֶּסֶף שִׁבְעִים שֶׁקֶל

בְּשֶׁקֶל הַקֹּדֶשׁ שְׁנֵיהֶם | מְלֵאִים סֹלֶת בְּלוּלָה בַשֶּׁמֶן י״פ טל, י״פ כוז״ו, ביט

לְמִנְחָה ע״ה ב״פ בן: 56 כַּף אַחַת עֲשָׂרָה זָהָב מְלֵאָה קְטֹרֶת: 57 פַּר

בזֹוֹזר, ערי, סנדלפון אֶחָד אהבה, דאגה בֶּן־בָּקָר אַיִל אֶחָד אהבה, דאגה כֶּבֶשׂ־ ב״פ קס״א

אֶחָד אהבה, דאגה בֶּן־שְׁנָתוֹ לְעֹלָה: 58 שְׂעִיר־עִזִּים אֶחָד אהבה, דאגה לְחַטָּאת:

59 וּלְזֶבַח הַשְּׁלָמִים בָּקָר שְׁנַיִם אֵילִם חֲמִשָּׁה עַתֻּדִים חֲמִשָּׁה כְּבָשִׂים

בְּנֵי־שָׁנָה חֲמִשָּׁה זֶה קׇרְבַּן גַּמְלִיאֵל בֶּן־פְּדָהצוּר: 60 בַּיּוֹם ע״ה = נגד, זז, מזבח

הַתְּשִׁיעִי נָשִׂיא לִבְנֵי בִנְיָמִן אֲבִידָן בֶּן־גִּדְעֹנִי: 61 קׇרְבָּנוֹ קַעֲרַת־כֶּסֶף

אַחַת שְׁלֹשִׁים וּמֵאָה דמב, מלוי ע״ב מִשְׁקָלָהּ משה ק״ל מִזְרָק אֶחָד אהבה, דאגה כֶּסֶף

שִׁבְעִים שֶׁקֶל בְּשֶׁקֶל הַקֹּדֶשׁ שְׁנֵיהֶם | מְלֵאִים סֹלֶת בְּלוּלָה בַשֶּׁמֶן

י״פ טל, י״פ כוז״ו, ביט לְמִנְחָה ע״ה ב״פ בן: 62 כַּף אַחַת עֲשָׂרָה זָהָב מְלֵאָה קְטֹרֶת:

בִּנְיָמֵן

Números 7:60 – Sagitario es el signo para la tribu de Binyamín. Un sagitario necesita aprender a ser un canal para la Luz y debe evitar que otros hagan el trabajo por ellos. Tienen que aprender a ser más serios y cuidarse de adicciones a las drogas y las apuestas.

63 un novillo, un carnero y un cordero de un año, como holocausto;

64 un macho cabrío como ofrenda por el pecado;

65 y para el sacrificio de las ofrendas de paz, dos novillos, cinco carneros, cinco machos cabríos y cinco corderos de un año. Esta fue la ofrenda de Avidán, hijo de Guideoní.

66 El décimo día se presentó Ajiezer, hijo de Amishadái, jefe de los hijos de Dan:

67 su ofrenda fue un plato de plata de ciento treinta shekalim de peso, un tazón de plata de setenta shekalim, conforme al shékel del Santuario, ambos llenos de flor de harina mezclada con aceite como ofrenda de cereal;

68 una cacerola de oro de diez shekalim, llena de incienso;

69 un novillo, un carnero y un cordero de un año, como holocausto;

70 un macho cabrío como ofrenda por pecado;

71 y para el sacrificio de las ofrendas de paz, dos bueyes, cinco carneros, cinco machos cabríos y cinco corderos de un año. Esta fue la ofrenda de Ajiezer, hijo de Amishadái.

SÉPTIMA LECTURA – DAVID – MALJUT

72 El undécimo día se presentó Paguiel, hijo de Acrán, jefe de los hijos de Asher: 73 su ofrenda fue un plato de plata de ciento treinta shekalim de peso, un tazón de plata de setenta shekalim, conforme al shékel del Santuario, ambos llenos de flor de harina mezclada con aceite como ofrenda de cereal;

74 una cacerola de oro de diez shekalim, llena de incienso; 75 un novillo, un carnero y un cordero de un año, como holocausto;

76 un macho cabrío como ofrenda por pecado; 77 y para el sacrificio de las ofrendas de paz, dos novillos, cinco carneros, cinco machos cabríos y cinco corderos de un año. Esta fue la ofrenda de Paguiel, hijo de Acrán.

דָּן

אָשֵׁר

Números 7:66 – Capricornio es el signo para la tribu de Dan. Un capricornio tiene que liberarse de las limitaciones de los cinco sentidos y aprender a confiar en la Luz en lugar de apoyarse solamente en el mundo físico.

Números 7:72 – Acuario es el signo para la tribu de Asher. Un acuario necesita controlar su deseo de romper todas las reglas, de modo que pueda revelar Luz mediante ideas novedosas, intuiciones y descubrimientos.

63 פַּ֣ר בוזֶהָר, ערי, סנדלפון אֶחָ֗ד אהבה, דאגה בֶּן־בָּקָ֞ר אַ֧יִל אֶחָ֛ד אהבה, דאגה כֶּֽבֶשׂ־

אֶחָ֥ד ב״פ קס״א אהבה, דאגה בֶּן־שְׁנָת֖וֹ לְעֹלָֽה׃ 64 שְׂעִיר־עִזִּ֥ים אֶחָ֖ד אהבה, דאגה

לְחַטָּֽאת׃ 65 וּלְזֶ֣בַח הַשְּׁלָמִים֮ בָּקָ֣ר שְׁנַ֒יִם֒ אֵילִ֤ם חֲמִשָּׁה֙ עַתֻּדִ֣ים

חֲמִשָּׁ֔ה כְּבָשִׂ֥ים בְּנֵֽי־שָׁנָ֖ה חֲמִשָּׁ֑ה זֶ֛ה קׇרְבַּ֥ן אֲבִידָ֖ן בֶּן־גִּדְעֹנִֽי׃ 66 בַּיּוֹם֙

ע״ה = נגד, זן, מזבח הָֽעֲשִׂירִ֔י נָשִׂ֖יא לִבְנֵ֣י דָ֑ן אֲחִיעֶ֖זֶר בֶּן־עַמִּֽישַׁדָּֽי׃ 67 קׇרְבָּנ֞וֹ

קַֽעֲרַת־כֶּ֣סֶף אַחַ֗ת שְׁלֹשִׁ֣ים וּמֵאָה֮ דמב, מלוי ע״ב בְּמִשְׁקָלָהּ֒ משה ק״ל מִזְרָ֤ק אֶחָד֙

אהבה, דאגה כֶּ֔סֶף שִׁבְעִ֥ים שֶׁ֖קֶל בְּשֶׁ֣קֶל הַקֹּ֑דֶשׁ שְׁנֵיהֶ֣ם ׀ מְלֵאִ֗ים סֹ֤לֶת

בְּלוּלָ֥ה בַשֶּׁ֖מֶן י״פ טל, י״פ כוזו, ביט לְמִנְחָֽה׃ ע״ה ב״פ ב״ן 68 כַּ֥ף אַחַ֛ת עֲשָׂרָ֥ה זָהָ֖ב

מְלֵאָ֥ה קְטֹֽרֶת׃ 69 פַּ֣ר בוזֶהָר, ערי, סנדלפון אֶחָ֗ד אהבה, דאגה בֶּן־בָּקָ֞ר אַ֧יִל אֶחָ֛ד

אהבה, דאגה כֶּֽבֶשׂ־ ב״פ קס״א אֶחָ֥ד אהבה, דאגה בֶּן־שְׁנָת֖וֹ לְעֹלָֽה׃ 70 שְׂעִיר־עִזִּ֥ים

אֶחָ֖ד אהבה, דאגה לְחַטָּֽאת׃ 71 וּלְזֶ֣בַח הַשְּׁלָמִים֮ בָּקָ֣ר שְׁנַ֒יִם֒ אֵילִ֣ם

חֲמִשָּׁ֗ה עַתֻּדִ֥ים חֲמִשָּׁה֙ כְּבָשִׂ֣ים בְּנֵֽי־שָׁנָ֔ה חֲמִשָּׁ֑ה זֶ֛ה קׇרְבַּ֥ן

אֲחִיעֶ֖זֶר בֶּן־עַמִּֽישַׁדָּֽי׃

SÉPTIMA LECTURA – DAVID – MALJUT

72 בְּיוֹם֙ ע״ה = נגד, זן, מזבח עַשְׁתֵּ֣י עָשָׂ֣ר י֔וֹם ע״ה = נגד, זן, מזבח נָשִׂ֖יא לִבְנֵ֣י אָשֵׁ֑ר

ריבוע אלהים ואלהים דיודין ע״ה פַּגְעִיאֵ֖ל בֶּן־עׇכְרָֽן׃ 73 קׇרְבָּנ֞וֹ קַֽעֲרַת־כֶּ֣סֶף אַחַ֗ת

שְׁלֹשִׁ֣ים וּמֵאָה֮ דמב, מלוי ע״ב מִשְׁקָלָהּ֒ משה ק״ל מִזְרָ֤ק אֶחָד֙ אהבה, דאגה כֶּ֔סֶף

שִׁבְעִ֥ים שֶׁ֖קֶל בְּשֶׁ֣קֶל הַקֹּ֑דֶשׁ שְׁנֵיהֶ֣ם ׀ מְלֵאִ֗ים סֹ֤לֶת בְּלוּלָ֥ה בַשֶּׁ֖מֶן

י״פ טל, י״פ כוזו, ביט לְמִנְחָֽה׃ ע״ה ב״פ ב״ן 74 כַּ֥ף אַחַ֛ת עֲשָׂרָ֥ה זָהָ֖ב מְלֵאָ֥ה קְטֹֽרֶת׃

75 פַּ֣ר בוזֶהָר, ערי, סנדלפון אֶחָ֗ד אהבה, דאגה בֶּן־בָּקָ֞ר אַ֧יִל אֶחָ֛ד אהבה, דאגה כֶּֽבֶשׂ־

אֶחָ֥ד ב״פ קס״א בֶּן־שְׁנָת֖וֹ לְעֹלָֽה׃ 76 שְׂעִיר־עִזִּ֥ים אֶחָ֖ד אהבה, דאגה

לְחַטָּֽאת׃ 77 וּלְזֶ֣בַח הַשְּׁלָמִים֮ בָּקָ֣ר שְׁנַ֒יִם֒ אֵילִ֣ם חֲמִשָּׁה֙ עַתֻּדִ֣ים

[78] *El duodécimo día se presentó Ajirá, hijo de Einán, jefe de los hijos de Neftalí:* [79] *su ofrenda fue un plato de plata de ciento treinta shekalim de peso, un tazón de plata de setenta shekalim, conforme al shékel del Santuario, ambos llenos de flor de harina mezclada con aceite como ofrenda de cereal;* [80] *una cacerola de oro de diez shekalim, llena de incienso;* [81] *un novillo, un carnero y un cordero de un año, como holocausto;* [82] *un macho cabrío como ofrenda por pecado;* [83] *y para el sacrificio de las ofrendas de paz, dos novillos, cinco carneros, cinco machos cabríos y cinco corderos de un año. Esta fue la ofrenda de Ajirá, hijo de Einán.*

[84] *Esta fue la ofrenda de dedicación del altar el día en que lo ungieron los jefes de Israel: doce platos de plata, doce tazones de plata, doce cacerolas de oro;*

[85] *cada plato de plata pesaba ciento treinta shekalim, y cada tazón setenta shekalim; toda la plata de los utensilios era dos mil cuatrocientos shekalim, conforme al shékel del Santuario;* [86] *las doce cacerolas de oro, llenas de incienso, pesaban diez shekalim cada una, conforme al shékel del Santuario. Todo el oro de las cacerolas era ciento veinte shekalim;*

MAFTIR

[87] *el total de los animales para el holocausto fue de doce novillos; los carneros, doce; los corderos de un año con sus ofrendas de cereal, doce; y los machos cabríos para la ofrenda por pecado, doce;*

[88] *y el total de los animales para el sacrificio de las ofrendas de paz fue de veinticuatro novillos; los carneros, sesenta; los machos cabríos, sesenta; y los corderos de un año, sesenta. Esta fue la ofrenda de la dedicación del altar después que fue ungido.* [89] *Y cuando Moshé entró en la Tienda de Reunión para que el Eterno hablara con él, oyó*

נַפְתָּלִי

Números 7:78 – Piscis es el signo para la tribu de Naftalí. Un piscis debe cuidar la tendencia a tener poca voluntad propia, lo que puede resultar en adicciones a sustancias o comportamientos negativos. En lugar de ello, los piscis deben nadar en contra de la corriente para revelar la Luz que se encuentra dentro de ellos.

וַזֹּנֻכַּת

Números 7:84 – Aquí leemos: "Esta es la dedicación del Altar, el Tabernáculo…". Esta sección en particular también se lee en el último día de la celebración de Janucá, un período de milagros y maravillas que revela una gran cantidad de Luz. Pero es más que sólo eso. Hay una realidad en la cual incluso las cosas más simples son milagros, y podemos conectar con esa realidad aquí, al aprender que lo que parece imposible es milagrosamente posible.

וַחֲמִשָּׁה כְּבָשִׂים בְּנֵי־שָׁנָה וַחֲמִשָּׁה זֶה קָרְבַּן פַּגְעִיאֵל בֶּן־עָכְרָן:

78 בְּיוֹם ע״ה = נגד, זך, מזבח שְׁנֵים עָשָׂר יוֹם ע״ה = נגד, זך, מזבח נָשִׂיא לִבְנֵי נַפְתָּלִי

אֲחִירַע בֶּן־עֵינָן: 79 קָרְבָּנוֹ קַעֲרַת־כֶּסֶף אַחַת שְׁלֹשִׁים וּמֵאָה דמב, מלוי ע״ב

מִשְׁקָלָהּ מִשָה ק״ל מִזְרָק אֶחָד אהבה, דאגה כֶּסֶף שִׁבְעִים שֶׁקֶל בְּשֶׁקֶל הַקֹּדֶשׁ

שְׁנֵיהֶם | מְלֵאִים סֹלֶת בְּלוּלָה בַשֶּׁמֶן ״פ טל, ״פ כוז״ו, בוט לְמִנְחָה ע״ה ב״פ ב״ן: 80 כַּף

אַחַת עֲשָׂרָה זָהָב מְלֵאָה קְטֹרֶת: 81 פַּר בוֹזֶּהֶר, עֲרִי, סַנדלפון אֶחָד אהבה, דאגה

בֶּן־בָּקָר אַיִל אֶחָד אהבה, דאגה כֶּבֶשׂ־ ב״פ קס״א אֶחָד אהבה, דאגה בֶּן־שְׁנָתוֹ

לְעֹלָה: 82 שְׂעִיר־עִזִּים אֶחָד אהבה, דאגה לְחַטָּאת: 83 וּלְזֶבַח הַשְּׁלָמִים בָּקָר

שְׁנַיִם אֵילִם חֲמִשָּׁה עַתֻּדִים חֲמִשָּׁה כְּבָשִׂים בְּנֵי־שָׁנָה חֲמִשָּׁה זֶה

קָרְבַּן אֲחִירַע בֶּן־עֵינָן: 84 זֹאת | וַֽחֲנֻכַּת הַמִּזְבֵּחַ זך, נגד בְּיוֹם ע״ה = נגד, זך, מזבח

הִמָּשַׁח אֹתוֹ מֵאֵת נְשִׂיאֵי יִשְׂרָאֵל קַעֲרֹת כֶּסֶף שְׁתֵּים עֶשְׂרֵה

מִזְרְקֵי־כֶסֶף שְׁנֵים עָשָׂר כַּפּוֹת זָהָב שְׁתֵּים עֶשְׂרֵה: 85 שְׁלֹשִׁים וּמֵאָה דמב, מלוי ע״ב

הַקְּעָרָה הָאַחַת כֶּסֶף וְשִׁבְעִים הַמִּזְרָק הָאֶחָד אהבה, דאגה כָּל יל

כֶּסֶף הַכֵּלִים אַלְפַּיִם קס״א וְאַרְבַּע־מֵאוֹת בְּשֶׁקֶל הַקֹּדֶשׁ: 86 כַּפּוֹת זָהָב

שְׁתֵּים־עֶשְׂרֵה מְלֵאֹת קְטֹרֶת עֲשָׂרָה עֲשָׂרָה הַכַּף בְּשֶׁקֶל הַקֹּדֶשׁ

כָּל־ יל זְהַב הַכַּפּוֹת עֶשְׂרִים וּמֵאָה דמב, מלוי ע״ב:

MAFTIR

87 כָּל־ יל הַבָּקָר לָעֹלָה שְׁנֵים עָשָׂר פָּרִים אֵילִם שְׁנֵים־עָשָׂר כְּבָשִׂים

בְּנֵי־שָׁנָה שְׁנֵים עָשָׂר וּמִנְחָתָם וּשְׂעִירֵי עִזִּים שְׁנֵים עָשָׂר לְחַטָּאת:

88 וְכֹל יל בְּקָר | זֶבַח הַשְּׁלָמִים עֶשְׂרִים וְאַרְבָּעָה פָּרִים אֵילִם שִׁשִּׁים

עַתֻּדִים שִׁשִּׁים כְּבָשִׂים בְּנֵי־שָׁנָה שִׁשִּׁים זֹאת חֲנֻכַּת הַמִּזְבֵּחַ זך, נגד

אַחֲרֵי הִמָּשַׁח אֹתוֹ: 89 וּבְבֹא מֹשֶׁה מהע, אל שדי אֶל־אֹהֶל מהע, אל שדי אֶל־אֹהֶל לאה (אלד ע״ה) מוֹעֵד

la Voz que le hablaba desde encima del propiciatorio que estaba sobre el arca del testimonio, de entre los dos querubines, y Él le habló.

HAFTARÁ DE NASÓ

La historia de Shimshón es relatada aquí. Leemos que la madre de Shimshón no podía tener hijos hasta que un ángel la visitó y le predijo que un hijo nacería de ella. Tener hijos es la máxima acción dadora, y hacer una conexión con esta *Haftará* puede ayudar a que las mujeres conciban.

JUECES 13:2-25

13 ² Y había cierto hombre de Tsorá, de la familia de los danitas, llamado Manóaj; y su mujer era estéril y no había tenido hijo.

³ Y el ángel del Eterno se apareció a su mujer, y le dijo: "He aquí que eres estéril y no has concebido, pero concebirás y tendrás un hijo. ⁴ Ahora bien, te ruego que no bebas vino o licor, ni comas cosa inmunda.

⁵ Por cuanto has de concebir y tendrás un hijo, sobre cuya cabeza no ha de pasar navaja, puesto que el niño será nazareo para Dios desde el vientre materno; y él comenzará a liberar a Israel de la mano de los filisteos".

⁶ Entonces la mujer fue a contarle a su marido, diciendo: "Vino a mí un hombre de Dios y su aspecto era como el aspecto de un ángel de Dios, muy asombroso; y no le pregunté de dónde venía, ni tampoco me dijo su nombre;

⁷ pero me dijo: 'He aquí que concebirás y tendrás un hijo, y no bebas vino ni licor, ni comas cosa inmunda; por cuanto el hijo será nazareo para Dios desde el vientre materno hasta el día de su muerte'". ⁸ Entonces Manóaj rogó al Eterno, y dijo: "Eterno, te ruego permitas que el hombre de Dios que nos enviaste venga de nuevo y nos enseñe qué debemos hacer con el niño que ha de nacer".

וַיִּשְׁמַע

Números 7:89 – Moshé acostumbraba entrar en el Tabernáculo y escuchar la voz de Dios saliendo del Arca. Hoy día, escuchamos a Dios como nuestra voz interior. No obstante, a menudo no sabemos cuál voz es la Luz y cuál es el Satán. Conectar con esta lectura puede ayudarnos a reconocer la voz de la Luz y a despertar nuestra propia porción vital de discernimiento.

לִדְבֵּר ראה אִתּוֹ אֶת־הַקּוֹל וַיִּשְׁמַע ע״ב ס״ג ע״ה בְּמִדְבָּר ראה אֵלָיו מֵעַל עלם הַכַּפֹּרֶת אֲשֶׁר עַל־אֲרֹן הָעֵדֻת מִבֵּין שְׁנֵי הַכְּרֻבִים וַיְדַבֵּר ראה אֵלָיו:

HAFTARÁ DE NASÓ

שׁוֹפְטִים, פֶּרֶק 13, 2–25

13 2 וַיְהִי אֹל אִישׁ ע״ה קנ״א קס״א אֶחָד אהבה, דאגה מִצָּרְעָה מִמִּשְׁפַּחַת הַדָּנִי וּשְׁמוֹ מהע ע״ה, אל שדי ע״ה מָנוֹחַ וְאִשְׁתּוֹ עֲקָרָה וְלֹא יָלָדָה: 3 וַיֵּרָא אלף לנמד יהוה מַלְאַךְ־ יאהדונהי יְהֹוָהאהדונהי אֶל־הָאִשָּׁה וַיֹּאמֶר אֵלֶיהָ הִנֵּה בּ״ה יה נָא אַתְּ־עֲקָרָה וְלֹא יָלַדְתְּ וְהָרִית וְיָלַדְתְּ בֵּן: 4 וְעַתָּה הִשָּׁמְרִי נָא וְאַל־תִּשְׁתִּי יַיִן מיכ, י״פ האא וְשֵׁכָר י״פ ב״ן וְאַל־תֹּאכְלִי כָּל־ ילו טָמֵא: 5 כִּי הִנָּךְ הָרָה וְיֹלַדְתְּ ס״ת כהה בֵּן וּמוֹרָה לֹא־יַעֲלֶה עַל־רֹאשׁוֹ כִּי־נְזִיר אֱלֹהִים מום, אהיה אדני ; ילה יִהְיֶה יי הַנַּעַר ש״ך מִן־הַבָּטֶן וְהוּא יָחֵל לְהוֹשִׁיעַ אֶת־יִשְׂרָאֵל מִיַּד פְּלִשְׁתִּים י״פ אלהים: 6 וַתָּבֹא הָאִשָּׁה וַתֹּאמֶר לְאִישָׁהּ לֵאמֹר אִישׁ הָאֱלֹהִים מום, אהיה אדני ; ילה בָּא אֵלַי וּמַרְאֵהוּ כְּמַרְאֵה מַלְאַךְ ע״ה קנ״א קס״א הָאֱלֹהִים מום, אהיה אדני ; ילה נוֹרָא ע״ה ג״פ אלהים מְאֹד בּ״ה יאהדונהי וְלֹא שְׁאִלְתִּיהוּ אֵי־מִזֶּה הוּא וְאֶת־שְׁמוֹ מהע ע״ה, אל שדי ע״ה לֹא־הִגִּיד לִי: 7 וַיֹּאמֶר לִי הִנָּךְ הָרָה וְיֹלַדְתְּ ס״ת כהה בֵּן וְעַתָּה אַל־תִּשְׁתִּי | יַיִן מיכ, י״פ האא וְשֵׁכָר י״פ ב״ן וְאַל־תֹּאכְלִי כָּל־ ילו טָמְאָה כִּי־נְזִיר אֱלֹהִים מום, אהיה אדני ; ילה יִהְיֶה יי הַנַּעַר ש״ך מִן־הַבֶּטֶן עַד־יוֹם ע״ה = נגד, זן, מזבח מוֹתוֹ: 8 וַיֶּעְתַּר מָנוֹחַ אֶל־יְהֹוָהאדני יאהדונהי

⁹ Y Dios escuchó la voz de Manóaj, y el ángel de Dios se apareció nuevamente a la mujer cuando ella estaba sentada en el campo; pero Manóaj, su marido, no estaba con ella.

¹⁰ Y la mujer se apresuró y corrió a contárselo a su marido, y le dijo: "He aquí que se me ha aparecido el hombre que vino a mí aquel día".

¹¹ Y Manóaj se levantó y fue tras su mujer, y fue hasta donde estaba el hombre y le dijo: "¿Eres Tú el hombre que habló con esta mujer?". Y él contestó: "Yo soy".

¹² Y Manóaj dijo: "Cuando Tu palabra se cumpla, ¿cuál será la orden para el muchacho, y qué habrá de hacerse con él?".

¹³ Y el ángel del Eterno dijo a Manóaj: "Que la mujer cumpla con todo lo que le prescribí.

¹⁴ No podrá comer nada que venga de la vid, ni beber vino o bebida fermentada, ni comer cosa inmunda; todo lo que le ordené será cumplido por ella".

¹⁵ Y Manoa dijo al ángel del Eterno: "Te ruego que nos permitas detenerte, para que tengamos un cabrito listo para Ti".

¹⁶ Y el ángel del Eterno dijo a Manóaj: "Aunque me detuvieran, no comeré de tu pan; y si quieres brindar holocausto, debes ofrecerlo delante del Eterno". Manóaj no sabía que él era el ángel del Eterno.

¹⁷ Y Manóaj dijo al ángel del Eterno: "¿Cuál es tu nombre? Para que cuando Tu palabra se cumpla, podamos honrarte".

¹⁸ Y el ángel del Eterno le dijo: "¿Por qué preguntas por mi nombre, si ves que está oculto?".

¹⁹ Entonces Manóaj tomó el cabrito con la ofrenda de cereal y lo ofreció sobre la peña al Eterno; y (el ángel) obró maravillosamente, y Manóaj y su mujer miraban.

²⁰ Por cuanto sucedió, cuando la llama subió al Cielo desde el altar, que el ángel del Eterno ascendió en ésta; y Manóaj y su mujer observaron esto, y se prosternaron.

וַיֹּאמֶר בִּי אֲדוֹנִי אִישׁ ע"ה קנ"א קס"א הָאֱלֹהִים מום, אהיה אדני ; ילה אֲשֶׁר עָלוֹזת

יָבוֹא־נָא עוֹד אֵלֵינוּ וְיוֹרֵנוּ מַה־ מ"ה נַעֲשֶׂה לַנַּעַר שׁיך הַיּוּלָד: 9 וַיִּשְׁמַע

הָאֱלֹהִים מום, אהיה אדני ; ילה בְּקוֹל ע"ב ס"ג ע"ה מָנוֹחַ וַיָּבֹא מַלְאַךְ יאהדונהי הָאֱלֹהִים

מום, אהיה אדני ; ילה עוֹד אֶל־הָאִשָּׁה וְהִיא יוֹשֶׁבֶת בַּשָּׂדֶה וּמָנוֹחַ אִישָׁהּ אֵין

עִמָּהּ: 10 וַתְּמַהֵר הָאִשָּׁה וַתָּרָץ וַתַּגֵּד לְאִישָׁהּ וַתֹּאמֶר אֵלָיו הִנֵּה מ"ה יה

נִרְאָה ע"ב ורבוע ע"ב אֵלַי הָאִישׁ ע"ה קנ"א קס"א אֲשֶׁר־בָּא בַיּוֹם ע"ה = נגד, זן, מזבח אֵלָי:

11 וַיָּקָם וַיֵּלֶךְ כלי מָנוֹחַ אַחֲרֵי אִשְׁתּוֹ וַיָּבֹא אֶל־הָאִישׁ ע"ה קנ"א קס"א וַיֹּאמֶר

לוֹ הַאַתָּה הָאִישׁ ע"ה קנ"א קס"א אֲשֶׁר־דִּבַּרְתָּ ראה אֶל־הָאִשָּׁה וַיֹּאמֶר אָנִי

אני, טהדד כ"ז: 12 וַיֹּאמֶר מָנוֹחַ עַתָּה יָבֹא דְבָרֶיךָ ראה מַה־ מ"ה יִהְיֶה יי"י מִשְׁפַּט־

ע"ה ה"פ אלהים הַנַּעַר שׁיך וּמַעֲשֵׂהוּ: 13 וַיֹּאמֶר מַלְאַךְ יאהדונהי יְהוָֹה יאהדונהיאהדונהי

אֶל־מָנוֹחַ מִכֹּל אֲשֶׁר־אָמַרְתִּי ילי אֶל־הָאִשָּׁה ע"ה אדני תִּשָּׁמֵר: 14 מִכֹּל

ילי אֲשֶׁר־יֵצֵא מִגֶּפֶן הַיַּיִן מיכ, י"פ האא לֹא תֹאכַל וְיַיִן מיכ, י"פ האא וְשֵׁכָר י"פ ב"ן

אַל־תֵּשְׁתְּ וְכָל־ ילי טֻמְאָה אַל־תֹּאכַל כֹּל ילי אֲשֶׁר־צִוִּיתִיהָ תִּשְׁמֹר:

15 וַיֹּאמֶר מָנוֹחַ אֶל־מַלְאַךְ יאהדונהי יְהוָֹה יאהדונהיאהדונהי נַעְצְרָה־נָּא אוֹתָךְ וְנַעֲשֶׂה

לְפָנֶיךָ סמ"ב גְּדִי והו עִזִּים: 16 וַיֹּאמֶר מַלְאַךְ יאהדונהי יְהוָֹה יאהדונהיאהדונהי אֶל־מָנוֹחַ

אִם־ יוהך, ע"ה מ"ב תַּעְצְרֵנִי לֹא־אֹכַל בְּלַחְמֶךָ וְאִם־ יוהך, ע"ה מ"ב תַּעֲשֶׂה

עֹלָה לַיהוָֹה יאהדונהי תַּעֲלֶנָּה כִּי לֹא־יָדַע ב"פ מ"ב מָנוֹחַ כִּי־מַלְאַךְ יאהדונהי

יְהוָֹה יאהדונהיאהדונהי הוּא: 17 וַיֹּאמֶר מָנוֹחַ אֶל־מַלְאַךְ יאהדונהי יְהוָֹה יאהדונהיאהדונהי מִי ילי

שְׁמֶךָ כִּי־יָבֹא דְבָרֶיךָ ראה (כתיב: דבריך) וְכִבַּדְנוּךָ: 18 וַיֹּאמֶר לוֹ מַלְאַךְ יאהדונהי

יְהוָֹה יאהדונהיאהדונהי לָמָּה זֶּה תִּשְׁאַל לִשְׁמִי רבוע ע"ב ורבוע ס"ג וְהוּא־פֶלִי (כתיב: פלאי):

19 וַיִּקַּח וחעם מָנוֹחַ אֶת־גְּדִי והו הָעִזִּים וְאֶת־הַמִּנְחָה ע"ה ב"ן וַיַּעַל עַל־הַצּוּר

אלהים דההן ע"ה לַיהוָֹה יאהדונהיאהדונהי וּמַפְלִא לַעֲשׂוֹת וּמָנוֹחַ וְאִשְׁתּוֹ רֹאִים: 20 וַיְהִי

אל בַעֲלוֹת הַלַּהַב מֵעַל עלב הַמִּזְבֵּחַ הַ, נגד הַשָּׁמַיְמָה וַיַּעַל מַלְאַךְ־ יאהדונהי

יְהוָֹה יאהדונהיאהדונהי בְּלַהַב הַמִּזְבֵּחַ הַ, נגד וּמָנוֹחַ וְאִשְׁתּוֹ רֹאִים וַיִּפְּלוּ עַל־פְּנֵיהֶם

[21] *Pero el ángel del Eterno no se apareció más a Manóaj o a su mujer. Entonces Manóaj supo que aquel era el ángel del Eterno.*

[22] *Y Manóaj le dijo a su mujer: "De seguro vamos a morir, porque hemos visto a Dios".*

[23] *Pero su mujer le dijo: "Si el Eterno hubiese querido matarnos, no habría recibido un holocausto y una ofrenda de cereales de parte de nosotros, ni nos habría mostrado todas estas cosas, ni nos habrían dicho tales cosas en este momento".*

[24] *Y la mujer tuvo un varón, y lo llamó Shimshón; y el niño creció y el Eterno lo bendijo.*

[25] *Y el espíritu del Eterno comenzó a impulsarlo en Majané Dan, entre Tsora y Eshtaol.*

אַרְצָה אלהים דההון ע"ה: 21 וְלֹא־יָסַף עוֹד מַלְאַךְ יְהוָֹאדהֹיאהדונהי יאהדונהי לְהֵרָאֹה אֶל־מָנֹוחַ וְאֶל־אִשְׁתֹּו אָז יָדַע ב"פ מ"ב מָנֹוחַ כִּי־מַלְאַךְ יאהדונהי יְהוָֹאדהֹיאהדונהי הֽוּא: 22 וַיֹּאמֶר מָנֹוחַ אֶל־אִשְׁתֹּו מֹות נָמֽוּת כִּי אֱלֹהִים מום, אהיה אדני ; ילה רָאִֽינוּ: 23 וַתֹּאמֶר לֹו אִשְׁתֹּו לוּ חָפֵץ יְהוָֹאדהֹיאהדונהי לַהֲמִיתֵנוּ לֹא־לָקַ֣ח ב"פ יהוה אדני אהיה מִיָּדֵנוּ עֹלָה וּמִנְחָה ע"ה ב"פ ב"ן וְלֹא הֶרְאָנוּ אֶת־כָּל־ ילי אֵלֶּה וְכָעֵת לֹא הִשְׁמִיעָנוּ כָּזֹאת: 24 וַתֵּלֶד הָאִשָּׁה בֵּן וַתִּקְרָא אֶת־שְׁמֹו מהטע ע"ה, אל שדי ע"ה שִׁמְשֹׁון וַיִּגְדַּל ילי הַנַּעַר ש"ר וַיְבָרְכֵהוּ יְהוָֹאדהֹיאהדונהי: 25 וַתָּחֶל רוּחַ מלוי אלהים דיודין יְהוָֹאדהֹיאהדונהי לְפַעֲמֹו בְּמַחֲנֵה־דָן בֵּין צָרְעָה וּבֵין אֶשְׁתָּאֹל:

BEHAALOTJÁ

LA LECCIÓN DE BEHAALOTJÁ
(Números 8:1-12:16)

¿Cuál es el secreto de la *Menorá*?

La energía de las *Sefirot*, la capacidad de moverse entre los Mundos Superiores e Inferiores, y el poder de la sanación residen todos en la *Menorá*.

Pero este capítulo de Behaalotjá revela otro secreto acerca de la *Menorá*. Después de que Moshé le dijera a Aharón que encendiera la Menorá, está escrito: "Y así hizo Aharón"; como si, después de que Moshé le dijera que hiciera algo para el Creador, ¡él fuese a decidir hacer otra cosa por cuenta propia en lugar de ello! ¿Por qué la Biblia tiene que decirnos que Aharón, quien estaba en un nivel espiritual sumamente elevado, hizo como se le ordenó? ¡Hasta Rashí pregunta también por qué está escrito: "… dar alabanza a Aharón porque no cambió nada"! Si Moshé bajara del Cielo y nos dijera que hiciéramos algo, es poco probable que cambiáramos su ordenanza e hiciéramos otra cosa; entonces, alguien que estuviera en el nivel espiritual de Aharón definitivamente no revocaría ninguna de las instrucciones de Moshé.

Lo que la Biblia nos enseña aquí es cuán poderoso es realmente el Lado Negativo: tanto así que aun si el mismo Moshé nos dijera que hiciéramos algo, nuestra "sabiduría" podría convencernos de cambiar sus ordenanzas. El poder del Lado Negativo está en convencernos de que lo sabemos todo. El Lado Negativo quiere que actuemos como una persona enferma a la que el médico le prescribe una medicina, pero decide no tomarla porque ella cree saber más. Hay muchas personas en el mundo que se comportan de esa manera. No escuchan a su médico o a su abogado… y tampoco habrían escuchado a Moshé. Ese es el poder que el ego tiene sobre ellas.

Tan sólo piensa al respecto: los israelitas habían sido testigos de las plagas, la división del Mar Rojo y la entrega del maná en el desierto; sin embargo, desconfiaban de Moshé y se rebelaban contra él. Sólo puede haber una explicación para este incomprensible comportamiento: cuando tenían la opción entre Moshé —quien hablaba en nombre de Dios— y el *Deseo de Recibir* Solamente para Sí Mismos, ellos siempre encontraban algo mal en Moshé y, por lo tanto, nunca hacían algo que frustrara el Deseo de Recibir de ellos. La verdad es que siempre podemos encontrar algo "malo" en cualquiera si observamos lo suficiente.

Una vez, un estudiante le dijo a su maestro que tenía planeado dejar la escuela porque había cosas que no le parecían correctas. Su maestro le dijo: "Déjame hacerte sólo una pregunta: ¿esas cosas dejaron de verse correctas antes o después que decidieras marcharte?". El Lado Negativo siempre nos da razones para racionalizar nuestras decisiones una vez que hemos tomado una decisión egoísta en nuestro corazón. Quien sólo ve a sí mismo, siempre encontrará algo que "no anda bien" con los demás; aun si se trata de Elías el Profeta, Moshé o cualquier otro.

Behaalotjá también nos enseña algo además del importante hecho de que siempre debemos escuchar al Creador (y a Moshé y Rav Shimón): **cualquier cosa que hagamos sólo puede manifestarse gracias a la Luz del Creador**. Con la ayuda de la Luz, cualquier cosa que deseemos se manifestará. Sin la Luz, somos como un computador poderoso que tiene teclado, monitor, mucha memoria… pero no tiene electricidad. Sin energía, el computador no funcionará. Sin la Luz del Creador, no podemos hacer nada.

Con respecto al Segundo *Pésaj* (Pascua)

En el segundo año que los israelitas estuvieron en el desierto, ellos realizaron el sacrificio de Pésaj. No obstante, quienquiera que se estuviese ocupando de un cuerpo sin vida no podría llevar un sacrificio al Tabernáculo Sagrado hasta haber sido purificado con las cenizas de una vaquilla roja. Después de que los hijos de Aharón murieron, algunas personas no pudieron participar en los rituales de Pésaj porque se estaban ocupando de los cuerpos, y acudieron a Moshé para expresar su remordimiento por no haber podido hacer el sacrificio. Debido a su deseo de realizar el sacrificio, se les dio otra oportunidad para participar en el ritual de Pésaj un mes después.

> *Rabí Yitsjak dijo: ¿Por qué está escrito: "'…esté impuro por razón de un cadáver, o esté en un viaje lejano…'" (ibid.)? Eso parece indicar que hay dos cosas aquí, lo cual es sobreentendido de la palabra "'o'". ¿Y CÓMO PUEDEN USTEDES DECIR QUE ELLOS SON UNA COSA, QUE LA IMPUREZA LE CAUSÓ ESTAR LEJOS? Rabí Yosi dijo: Aquí, CUANDO DICE: "'IMPURO POR RAZÓN DE UN CADÁVER'", ESTO SIGNIFICA: antes de haber sido hecho impuro DESDE ARRIBA. Aquí, CUANDO DICE: "'EN UN VIAJE LEJANO'", EL SIGNIFICADO ES: después de que fue hecho impuro DESDE ARRIBA Y HAYA SALIDO A UN VIAJE LEJANO, QUE ES EL OTRO LADO. Parece que ni el uno ni el otro tendrán a la Santidad de arriba para residir con ellos, y ellos no cumplirán el Pésaj al mismo tiempo que los hijos de Yisrael lo hacen.*
>
> *Si ustedes se preguntan si él observa EL PÉSAJ en el mes siguiente, aun si no se corrige a sí mismo, no es así. Es sólo después de que se ha purificado y corregido a sí mismo, que él tiene otro mes para conservar el cordero pascual. De aquí, tomamos que cada persona que se purifica a sí misma, también es purificada DESDE ARRIBA.*
>
> *El Zóhar, Behaalotjá 13:68 69*

Esto nos enseña una lección muy importante acerca de nuestro trabajo espiritual. A menudo simplemente aceptamos el hecho de que no hemos hecho nuestro trabajo; tal vez incluso nos alivia que tengamos una "buena excusa" para no hacerlo. Cuando esto ocurre, el problema no es tanto el trabajo que hemos dejado a un lado, sino cómo nos sentimos después al respecto.

Nunca estamos exentos del trabajo espiritual; tan sólo hay veces en las que algo evita que hagamos lo que tenemos que hacer. Bajo ningún concepto deberíamos estar felices cuando hemos perdido una oportunidad de revelar Luz. Debería dolernos, y debemos sentir el dolor muy profundamente. Si realmente buscamos una forma de hacer más trabajo espiritual, la Luz del Creador siempre nos ayudará a encontrarla; mientras que si siempre buscamos la manera de evitar dicho trabajo, la Luz del Creador siempre nos ayudará a encontrar excusas.

Hay una historia acerca de un estudioso de la Torá que tenía 25 años rezando en la misma sinagoga. Un día, el Baal Shem Tov se le acercó y dijo: "*Shalom aleja*" (la paz esté contigo). Según la ley, sólo podemos decirle esto a alguien que no hemos visto en al menos tres días. Así que el estudioso le preguntó al Baal Shem Tov: "¿Por qué me dices '*shalom aleijem*'? Me ves todos los días". El Baal Shem Tov contestó: "Tal vez tu cuerpo ha estado aquí, pero tus pensamientos estaban en otro lugar".

Es posible estar al lado de alguien físicamente, y aun así estar lejos de ellos mental y emocionalmente. La Biblia enseña que cualquiera que desee estar más cerca de la Luz del Creador, lo estará; pero no cerca en términos físicos, sino por afinidad. Este también es el caso de nuestras relaciones con los demás. Si estamos cansados de estar lejos de las demás personas, si queremos dejar de construir murallas a nuestro alrededor para mantener a la gente afuera, esta porción nos da el poder de abrirnos a la Luz y a los demás.

Cuando dejamos de buscar excusas para evitar nuestro trabajo espiritual, podremos demoler las murallas que hemos construido entre nosotros y la Luz, y entre nosotros y las demás personas.

SINOPSIS DE BEHAALOTJÁ

El principio de esta historia conecta con lo que en realidad es la tercera tribu —los levitas— y nos da la oportunidad de elevar nuestra conciencia.

Si bien es cierto que cada uno de nosotros nace bajo un signo astrológico, no tenemos que ser controlados por la influencia de dicho signo; y a pesar de que la mayoría del tiempo estamos bajo la influencia de las estrellas, no tenemos que sucumbir ante ellas. Esta lectura nos da la oportunidad de trascender nuestro destino astrológico.

PRIMERA LECTURA – AVRAHAM – JÉSED

8 ¹ **Y** el Eterno habló a Moshé, para decir: ² *"Habla a Aharón y dile: Cuando eleves las velas, las siete velas alumbrarán al frente de la Menorá". ³ Y así lo hizo Aharón: elevó las lámparas al frente de la Menorá, como el Eterno había ordenado a Moshé.*

⁴ *Y esta era la hechura de la Menorá: de oro labrado a martillo; desde su base hasta sus flores fue obra labrada a martillo; según el modelo que el Eterno le había mostrado a Moshé, así hizo la Menorá.*

⁵ *Y el Eterno habló a Moshé, para decir: ⁶ "Toma de entre los hijos de Israel a los levitas y purifícalos.*

⁷ *Y así harás con ellos para su purificación: rociarás sobre ellos agua de purificación, y que ellos hagan pasar una navaja sobre toda su carne, laven sus ropas y se purifiquen.*

COMENTARIO DEL RAV

Moisés creó la *Menorá*, puesto que dice: "el candelabro se elevaría, como Dios había dicho a Moisés". Y esa es una de las razones por las cuales venimos acá, porque la dificultad que encontró Moisés no estaba en la *Menorá* física. Cuando se puso difícil, Moisés dijo: "Dios, dame una visión". La respuesta sólo podía ser que la *Menorá* no podía crearse en secciones; en lugar de ello, a Moisés se le mostró cómo construirla en una pieza, una sola pieza y no en secciones. Esto fue lo difícil para Moisés, construir el candelabro en una sola pieza. ¿Cómo se hace tal cosa?

Y la respuesta es que, cuando hablamos de la Luz —y ciertamente hablamos bastante de la Luz aquí—, se entiende que no hablamos de una llama visible. A lo largo de los últimos milenios, cuando leíamos la sección de Behaalotjá antes de la revelación de la Kabbalah, la dificultad era, como lo mencioné, que necesitábamos la intervención de Dios para mostrarnos el ingenio para construir el candelabro en una sola pieza.

Pero el significado más profundo que podemos aprender en nuestra propia vida es que, cuando queremos conectarnos a la Fuerza de Luz —y lo único que puede sustentarnos en cada aspecto es la Fuerza de Luz de Dios— nos adherimos, nos conectamos con el Universo Perfecto.

No estamos familiarizados con ello. El caos gobierna cada aspecto de la realidad física. No hay nada en el plano físico que no participe en la fuerza del caos. No hay nada que no sea afectado por caos de cualquier tipo: muerte, deterioro, entre otros. Y, también, la pregunta de Moisés acerca del candelabro era sólo para indicarnos hoy en día en este este siglo, la dificultad de conectar con la Fuerza de Luz del Creador. ¿Cómo eliminamos en la realidad física, que conoce de caos, que conoce de límites, que conoce de finales, esos aspectos? La dificultad no era cómo crear la *Menorá*, sino cómo crear la unidad. Ese es el significado profundo de lo que Dios y Moshé estaban tratando.

PRIMERA LECTURA – AVRAHAM – JÉSED

וַיְדַבֵּר יְהוָֹה רְאה־אֲדֹנָי־אֲהַדְוְנָֹהי אֶל־מֹשֶׁה מַהע, אל שדי רְאה לֵּאמֹר: 2 דַּבֵּר רְאה אֶל־אַהֲרֹן 8 1

ע"ב ורביע ע"ב וְאָמַרְתָּ אֵלָיו בְּהַעֲלֹתְךָ אֶת־הַנֵּרֹת אֶל־מוּל פְּנֵי וחכמה בינה

הַמְּנוֹרָה יָאִירוּ שִׁבְעַת הַנֵּרוֹת: 3 וַיַּעַשׂ כֵּן אַהֲרֹן ע"ב ורביע ע"ב אֶל־מוּל פְּנֵי

וחכמה בינה הַמְּנוֹרָה הֶעֱלָה נֵרֹתֶיהָ כַּאֲשֶׁר צִוָּה פ"י יְהוָֹהאֲדֹנָי־אֲהַדְוְנָֹהי אֶת־מֹשֶׁה

מהע, אל שדי: 4 וְזֶה מַעֲשֵׂה הַמְּנֹרָה מִקְשָׁה זָהָב עַד־יְרֵכָהּ עַד־פִּרְחָהּ

מִקְשָׁה הִוא כַּמַּרְאֶה אֲשֶׁר הֶרְאָה יְהוָֹהאֲדֹנָי־אֲהַדְוְנָֹהי אֶת־מֹשֶׁה מַהע, אל שדי כֵּן

עָשָׂה אֶת־הַמְּנֹרָה: 5 וַיְדַבֵּר רְאה יְהוָֹהאֲדֹנָי־אֲהַדְוְנָֹהי אֶל־מֹשֶׁה מַהע, אל שדי לֵּאמֹר:

6 קַח אֶת־הַלְוִיִּם מִתּוֹךְ בְּנֵי יִשְׂרָאֵל וְטִהַרְתָּ אֹתָם: 7 וְכֹה הי תַעֲשֶׂה

לָהֶם לְטַהֲרָם הֲזֵה עֲלֵיהֶם יהו מֵי יהו חַטָּאת וְהֶעֱבִירוּ תַעַר עַל־כָּל־ יהו:

הַמְּנוֹרָה

Números 8:2 – La *Menorá*, de acuerdo con los kabbalistas, hace alusión al milagro de Janucá. Moshé le dijo a su hermano, Aharón, cómo encender la *Menorá*, cómo y dónde debía ubicarla en el Tabernáculo. La contribución que hizo Aharón durante su vida no sólo fue para su propio tiempo; estaba también sembrando semillas para el futuro. Asimismo, nosotros siempre estamos sembrando semillas para el futuro: la próxima semana, el próximo año, la próxima generación. Aunque mientras hagamos estas cosas tal vez pensemos que estamos perdiendo el tiempo, estamos sembrando semillas que podrían producir unos frutos hermosos *algún día. El Zóhar dice:*

Rabí Yosi abrió la discusión diciendo: "'Cuando enciendas las lámparas'" (Números 8:2), SIGNIFICANDO: *cuando ustedes realmente iluminen, esto es: mientras enciendan, porque dos servicios fueron hechos por el sacerdote que son la misma conexión, y son aceite e incienso;* ÉSE ES EL SECRETO DE JOJMÁ Y BINÁ, *como está escrito: "El aceite y el incienso regocijan*

al corazón..." (Proverbios 27:9), y: "'Y quemará Aharón sobre él incienso... Y cuando Aharón encienda las lámparas en las tardes, quemará incienso sobre él...'" (Éxodo 30:7-8). PREGUNTA: *¿Cuál es la diferencia, que aquí dice: "'cuando prepara'", y allí dice "'enciende'"? Rabí Yehuda dice:* PREPARAR Y ENCENDER *son la misma cosa,* YA QUE PREPARAR ES COMO ENCENDER.

— *El Zóhar, Behaalotjá 4:22*

הַלְוִיִּם

Números 8:6 – El proceso de preparación para realizar los deberes de un levita es explicado en este versículo. El simple hecho de que alguien fuese levita no quería decir que estaba automáticamente calificado para trabajar en el Tabernáculo. Esta sección nos ayuda a entender que estar en una posición de poder no necesariamente nos da derechos o privilegios; primero se requiere un proceso de devoción y disposición. No tenemos un derecho inherente de recibir algo sin pasar por el proceso de ganárnoslo por cuenta propia.

8 Entonces tomarán un novillo y su ofrenda de cereal, flor de harina mezclada con aceite; y tú tomarás otro novillo como ofrenda por pecado. 9 Y presentarás a los levitas delante de la Tienda de Reunión; y reunirás a toda la congregación de los hijos de Israel.

10 Y presentarás a los levitas delante del Eterno; y los hijos de Israel pondrán sus manos sobre los levitas.

11 Y Aarón ofrecerá a los levitas delante del Eterno, como ofrenda ondeada de los hijos de Israel, para que ellos puedan cumplir el servicio del Eterno.

12 Y los levitas pondrán sus manos sobre la cabeza de los novillos; y ofrecerán uno como ofrenda por pecado y el otro como holocausto al Eterno, para hacer expiación por los levitas.

13 Y harás que los levitas estén de pie delante de Aarón y delante de sus hijos, para presentarlos como ofrenda ondeada al Eterno. 14 Así separarás a los levitas de entre los hijos de Israel, y los levitas serán Míos.

SEGUNDA LECTURA –YITSJAK– GUEVURÁ

15 Y después de eso, los levitas podrán entrar hacer el servicio de la Tienda de Reunión, y tú los purificarás y los ofrecerás como ofrenda ondeada. 16 Porque son dados, entregados a Mí de entre los hijos de Israel; los he tomado para Mí en lugar de todo aquel que abre la matriz, los primogénitos de todos los hijos de Israel.

17 Porque Míos son todos los primogénitos de entre los hijos de Israel, tanto de hombres como de animales; el día en que azoté a todo primogénito en la tierra de Egipto, los santifiqué para Mí. 18 Y he tomado a los levitas en lugar de los primogénitos de entre los hijos de Israel.

19 Y he entregado a los levitas; son entregados a Aarón y a sus hijos de entre los hijos de Israel, para cumplir el servicio de los hijos de Israel en la Tienda de Reunión y para hacer expiación por los hijos de Israel, para que no haya plaga entre los hijos de Israel al acercarse al Santuario".

נְתֻנִים

Números 8:16 – Después de pasar por su preparación y entrenamiento, los levitas (en lugar de los primogénitos) realizaban el servicio del Tabernáculo y, posteriormente, el del Templo. Ellos eran como un escudo protector, un filtro para evitar que las personas recibieran demasiada o muy poca Luz. Hoy en día, nuestros filtros son nuestras acciones dadoras. Cuando compartimos con los demás —cuando nos ocupamos de ellos verdadera y sinceramente— creamos filtros que podemos usar después para protección en cualquier situación.

עמם בְּשָׂרָם וְכִבְּסוּ בִגְדֵיהֶם וְהִטֶּהָֽרוּ: 8 וְלָֽקְחוּ פַּר בֹּוזֶּךְ, עֲרִי, סֹנֹדלפֹוֹין בֶּן־בָּקָר

וּמִנְחָתוֹ סֹלֶת בְּלוּלָה בַשָּׁמֶן יֹ"פ טֹל, יֹ"פ כֹוֹ"ז, בֹיֹט וּפַר־ בֹוזֶּךְ, עֲרִי, סֹנֹדלפֹוֹין עֵנִי

בֶּן־בָּקָר תִּקַּח רֹבֹוֹע אֹהֹיֹה דֹאלפֹוֹין לְחַטָּֽאת: 9 וְהִקְרַבְתָּ אֶת־הַלְוִיִּם לִפְנֵי וֹחֹכֹמֹה בֹינֹה

אֹהֶל לֹאה (אֹלֹד עֹ"ה) מוֹעֵד וְהִקְהַלְתָּ אֶֽת־כָּל־ יֹלֹי עֲדַת בְּנֵי יִשְׂרָאֵֽל:

10 וְהִקְרַבְתָּ אֶת־הַלְוִיִּם לִפְנֵי יֹהֹוֹ֒אֹדֹנֹיֹ֒אֹהֹדֹנֹהֹיֹ וֹחֹכֹמֹה בֹינֹה וְסָֽמְכוּ בְנֵֽי־יִשְׂרָאֵל

אֶת־יְדֵיהֶם עַל־הַלְוִיִּֽם: 11 וְהֵנִיף אַהֲרֹן עֹ"בֹ וֹרֹבֹוֹע עֹ"בֹ אֶֽת־הַלְוִיִּם תְּנוּפָה

לִפְנֵי יֹהֹוֹ֒אֹדֹנֹיֹ֒אֹהֹדֹנֹהֹיֹ וֹחֹכֹמֹה בֹינֹה מֵאֵת בְּנֵי יִשְׂרָאֵל וְהָיוּ לַעֲבֹד אֶת־עֲבֹדַת

יֹהֹוֹ֒אֹדֹנֹיֹ֒אֹהֹדֹנֹהֹיֹ: 12 וְהַלְוִיִּם יִסְמְכוּ אֶת־יְדֵיהֶם עַל רֹאשׁ רֹבֹוֹע אֹלֹהֹיֹם וֹאלֹהֹיֹם דֹיֹוֹדֹיֹן עֹ"ה

הַפָּרִים וַֽעֲשֵׂה אֶת־הָֽאֶחָד אֹהֹבֹה, דֹאֹהֹ וְחַטָּאת וְאֶת־הָאֶחָד עֹלָה אֹהֹבֹה, דֹאֹהֹ

לַֽיהֹוֹ֒אֹדֹנֹיֹ֒אֹהֹדֹנֹהֹיֹ לְכַפֵּר מֹצֹפֹץ עַל־הַלְוִיִּֽם: 13 וְהַֽעֲמַדְתָּ אֶת־הַלְוִיִּם לִפְנֵי וֹחֹכֹמֹה בֹינֹה

אַהֲרֹן עֹ"בֹ וֹרֹבֹוֹע עֹ"בֹ וְלִפְנֵי וֹחֹכֹמֹה בֹינֹה בָנָיו וְהֵנַפְתָּ אֹתָם תְּנוּפָה לַיהֹוֹ֒אֹדֹנֹיֹ֒אֹהֹדֹנֹהֹיֹ:

14 וְהִבְדַּלְתָּ אֶת־הַלְוִיִּם מִתּוֹךְ בְּנֵי יִשְׂרָאֵל וְהָיוּ לִי הַלְוִיִּֽם:

SEGUNDA LECTURA –YITSJAK– GUEVURÁ

15 וְאַֽחֲרֵי־כֵן יָבֹאוּ הַלְוִיִּם לַעֲבֹד אֶת־אֹהֶל לֹאה (אֹלֹד עֹ"ה) מוֹעֵד וְטִֽהַרְתָּ

אֹתָם וְהֵנַפְתָּ אֹתָם תְּנוּפָֽה: 16 כִּי נְתֻנִים נְתֻנִים הֵמָּה לִי מִתּוֹךְ בְּנֵי

יִשְׂרָאֵל תַּחַת פִּטְרַת כָּל־ יֹלֹי רֶחֶם בְּכוֹר כֹּל מִבְּנֵי אֹבֹרֹהֹם, וֹ"פ אֹל, רֹמֹ"וֹ יֹלֹי

יִשְׂרָאֵל לָקַחְתִּי אֹתָם לִֽי: 17 כִּי לִי כָל־ יֹלֹי בְּכוֹר בִּבְנֵי יִשְׂרָאֵל בָּאָדָם מֹ"ה

וּבַבְּהֵמָה בֹ"ן, לֹכֹב יֹבֹמֹ בְּיוֹם עֹ"ה = גֹדֹר, זֹ, מֹזֹבֹח הַכֹּתִי כָל־ יֹלֹי בְּכוֹר בְּאֶרֶץ אֹלֹהֹיֹם דֹאלפֹוֹין

מִצְרַיִם מֹצֹר הִקְדַּשְׁתִּי אֹתָם לִֽי: 18 וָאֶקַּח אֶת־הַלְוִיִּם תַּחַת כָּל־ יֹלֹי בְּכוֹר

בִּבְנֵי יִשְׂרָאֵֽל: 19 וָאֶתְּנָה אֶת־הַלְוִיִּם נְתֻנִים | לְאַהֲרֹן עֹ"בֹ וֹרֹבֹוֹע עֹ"בֹ וּלְבָנָיו

מִתּוֹךְ בְּנֵי יִשְׂרָאֵל לַעֲבֹד אֶת־עֲבֹדַת בְּנֵֽי־יִשְׂרָאֵל בְּאֹהֶל לֹאה (אֹלֹד עֹ"ה)

מוֹעֵד וּלְכַפֵּר עַל־בְּנֵי יִשְׂרָאֵל וְלֹא יִהְיֶה יֹי בִּבְנֵי יִשְׂרָאֵל נֶגֶף בְּגֶשֶׁת

²⁰ Así hicieron Moshé, Aharón y toda la congregación de los hijos de Israel a los levitas; conforme a todo lo que el Eterno había mandado a Moshé acerca de los levitas, así hicieron con ellos los hijos de Israel. ²¹ Y los levitas se purificaron y lavaron sus ropas; y Aharón los ofreció como regalo sagrado delante del Eterno; y Aharón hizo expiación por ellos para purificarlos.

²² Y, después de eso, los levitas entraron para cumplir su servicio en la Tienda de Reunión delante de Aharón y delante de sus hijos; como el Eterno había ordenado a Moshé acerca de los levitas, así hicieron con ellos.

²³ Y el Eterno habló a Moshé, para decir: ²⁴ "Esto es lo que se refiere a los levitas: desde los veinticinco años en adelante entrarán a realizar el servicio en la obra de la Tienda de Reunión; ²⁵ y a partir de los cincuenta años volverán de ejercer el servicio, y no trabajarán más; ²⁶ pero ayudarán a sus hermanos en la Tienda de Reunión a hacer vigilancia, pero no harán ningún tipo de trabajo. Así harás con los levitas en cuanto a sus obligaciones".

TERCERA LECTURA –YAAKOV– TIFÉRET

9 ¹ El Eterno habló a Moshé en el desierto de Sinaí, en el primer mes del segundo año de su salida de la tierra de Egipto, para decir: ² "Que los hijos de Israel guarden la Pascua en su tiempo señalado.

יְבוֹא

Números 8:24 – Los levitas comenzaban a trabajar a partir de los 25 años, pero no trabajaban tiempo completo sino hasta los 30; ya que les tomaba cinco años aprender acerca de sus deberes. Podemos ver que aun a los levitas, quienes eran almas elevadas, les tomaba muchos años para entender sus labores, nosotros tenemos mucho trabajo por delante a fin de elevarnos y profundizar nuestro propio entendimiento.

"'Esto es para los levitas...'" (Números 8:24). Ven y ve: El levita que tiene 25 años llega a su lugar y es adornado. Hará trabajo de servicio durante 25 años hasta que llega al grado de cincuenta. Cuando llega al grado del quincuagésimo año y en adelante, él declina de la fuerza del fuego dentro de él. Dado que el fuego y el calor se enfrían, él causa daño al lugar al cual está conectado, QUE ES LA IZQUIERDA.

En adición, DESPUÉS DE CINCUENTA AÑOS, la voz cantante ya no es ésa bien conectada con él, YA QUE SE VUELVE UN POCO DÉBIL. Es necesario que esta voz no sea manchada, sino más bien que se haga más fuerte, ya que está en un lugar de Juicio fuerte y no en uno débil. Por lo tanto, es importante no degradar ese lugar, QUE ES LA IZQUIERDA, al cual él está asignado, ya que es Juicio poderoso y no endeble. Es necesario no mostrar endeblez en cualquier dirección. ¡Alabado es el hombre que se ocupa en la Torá, conoce los caminos del Santísimo, bendito sea Él, y no se desvía a la derecha o a la izquierda! Está escrito: "...porque los caminos de Dios son rectos..." (Oseas 14:10), SIGNIFICANDO: UNO QUE SIGUE FIRMEMENTE EN LA COLUMNA CENTRAL.
— El Zóhar, Behaalotjá 11:54-55

בְּנֵי־יִשְׂרָאֵל אֶל־הַקֹּדֶשׁ: 20 וַיַּעַשׂ מֹשֶׁה מהע, אל עדי וְאַהֲרֹן ע״ב ורבוע ע״ב וְכָל־

עֲדַת בְּנֵי־יִשְׂרָאֵל לַלְוִיִּם כְּכֹל אֲשֶׁר־צִוָּה פוי יְהֹוָה־ אדני אהדונהי אֶת־מֹשֶׁה

מהע, אל עדי לַלְוִיִּם כֵּן־עָשׂוּ לָהֶם בְּנֵי יִשְׂרָאֵל: 21 וַיִּתְחַטְּאוּ הַלְוִיִּם וַיְכַבְּסוּ

בִּגְדֵיהֶם וַיָּנֶף אַהֲרֹן ע״ב ורבוע ע״ב אֹתָם תְּנוּפָה לִפְנֵי וחכמה בינה יְהֹוָה־אדני אהדונהי

וַיְכַפֵּר עֲלֵיהֶם אַהֲרֹן ע״ב ורבוע ע״ב לְטַהֲרָם: 22 וְאַחֲרֵי־כֵן בָּאוּ הַלְוִיִּם לַעֲבֹד

אֶת־עֲבֹדָתָם בְּאֹהֶל לאה (אלד ע״ה) מוֹעֵד לִפְנֵי וחכמה בינה אַהֲרֹן ע״ב ורבוע ע״ב וְלִפְנֵי

וחכמה בינה בָנָיו כַּאֲשֶׁר צִוָּה פוי יְהֹוָה־ אדני אהדונהי אֶת־מֹשֶׁה מהע, אל עדי עַל־הַלְוִיִּם

כֵּן עָשׂוּ לָהֶם: 23 וַיְדַבֵּר ראה יְהֹוָה־ אדני אהדונהי אֶל־מֹשֶׁה מהע, אל עדי לֵּאמֹר:

24 זֹאת אֲשֶׁר לַלְוִיִּם מִבֶּן חָמֵשׁ וְעֶשְׂרִים שָׁנָה וָמַעְלָה $\boxed{\text{יָבוֹא}}$ לִצְבֹא

צָבָא בַּעֲבֹדַת אֹהֶל לאה (אלד ע״ה) מוֹעֵד: 25 וּמִבֶּן חֲמִשִּׁים שָׁנָה יָשׁוּב מִצְּבָא

הָעֲבֹדָה וְלֹא יַעֲבֹד עוֹד: 26 וְשֵׁרֵת אֶת־אֶחָיו בְּאֹהֶל לאה (אלד ע״ה) מוֹעֵד

לִשְׁמֹר מִשְׁמֶרֶת וַעֲבֹדָה לֹא יַעֲבֹד כָּכָה תַּעֲשֶׂה לַלְוִיִּם בְּמִשְׁמְרֹתָם:

TERCERA LECTURA –YAAKOV– TIFÉRET

9 1 וַיְדַבֵּר ראה יְהֹוָה־ אדני אהדונהי אֶל־מֹשֶׁה מהע, אל עדי בְמִדְבַּר־ אברהם, וז״פ אל, רמ״ח בְּמִדְבַּר־

סִינַי נומם, ה״פ יהוה בַּשָּׁנָה הַשֵּׁנִית לְצֵאתָם מֵאֶרֶץ אלהים דאלפין מִצְרַיִם מצר בַּחֹדֶשׁ

י״ב הויות הָרִאשׁוֹן לֵאמֹר: 2 וְיַעֲשׂוּ בְנֵי־יִשְׂרָאֵל אֶת־ $\boxed{\text{הַפָּסַח}}$ בְּמוֹעֲדוֹ:

הַפָּסַח

Números 9:2 – Aquí leemos acerca de la observancia de la Pascua. Esta es la primera vez que se nos da una oportunidad de conectar con un evento cósmico que ocurrió previamente en la Biblia. Anteriormente, cuando leímos sobre *Pésaj* por primera vez en el libro de Éxodo, estaba ocurriendo "en vivo". Sin embargo, este versículo particular de Números funciona como una conexión en el círculo de la vida en el cual, cada año en esta fecha, los canales se abren de regreso al Monte Sinaí y la liberación de Egipto. Así como la observancia de la Pascua corresponde a un evento histórico, nuestra vida es afectada por las acciones que realizamos en un pasado cercano o incluso en una vida pasada. Esto a veces puede hacernos difícil el cumplimiento de cierto trabajo, dado que no sólo estamos afrontando nuestra corrección en esta vida, sino también nuestra corrección acumulada de vidas pasadas. El *Zóhar* explica:

³ En el día catorce de este mes, al atardecer, la guardarán a su tiempo señalado; la guardarán conforme a todos sus estatutos y conforme a todas sus ordenanzas". ⁴ Y Moshé habló a los hijos de Israel para que guardaran la Pascua. ⁵ Y ellos guardaron la Pascua en el primer mes, en el día catorce del mes, al atardecer, en el desierto de Sinaí; tal como el Eterno había ordenado a Moshé, así lo hicieron los hijos de Israel.

⁶ Pero había algunos hombres que estaban inmundos por causa de un hombre muerto, y no pudieron guardar la Pascua aquel día; y vinieron ante Moshé y Aharón aquel día.

⁷ Y aquellos hombres le dijeron: "Estamos inmundos por causa de un hombre muerto, ¿por qué se nos impide presentar la ofrenda del Eterno en su tiempo señalado entre los hijos de Israel?"

⁸ Entonces Moshé les dijo: "Quédense aquí, y oiré lo que el Eterno ordene acerca de ustedes". ⁹ Y el Eterno habló a Moshé, para decir: ¹⁰ "Habla a los hijos de Israel y diles: 'Si alguno de ustedes o de sus generaciones está inmundo por causa de un cadáver o anda de viaje lejos, puede, sin embargo, guardar la Pascua al Eterno;

¹¹ la guardarán a los catorce días del segundo mes, al atardecer; la comerán con pan ácimo y hierbas amargas; ¹² no dejarán nada de ella hasta la mañana, ni quebrarán hueso de ella; conforme a todos los estatutos de la Pascua la guardarán. ¹³ Pero el hombre que está limpio y no anda de viaje, deja de guardar la Pascua, esa alma será cortada de entre su pueblo, porque no presentó la ofrenda del Eterno a su tiempo señalado; ese hombre cargará su pecado.

¹⁴ Y si un forastero reside entre ustedes y desea guardar la Pascua al Eterno: conforme al estatuto de la Pascua y conforme a su ordenanza lo hará; tendrán un solo estatuto, tanto para el forastero como para el nativo de la tierra".

"Y habló Dios a Moshé en el desierto de Sinaí..." (Números 9:1). Rabí Aba dijo: ¿Cuál es la razón de que Él los exhortó aquí acerca del Pésaj? Esto ya se les había dicho en Egipto. RESPONDE: Esto es porque éste era el segundo año y los hijos de Yisrael pensaban que esto solamente se aplicaba en Egipto. Dado que ellos ya lo habían realizado en Egipto una vez, asumían que ya no era necesario. El Santísimo, bendito sea Él, vino y les advirtió acerca de esto, para que ellos no pensaran que su tiempo había pasado en Egipto Y YA no era necesario. Por lo tanto, ÉL LOS EXHORTÓ acerca de éste "en el desierto de Sinaí...en el segundo año" para instituir a PÉSAJ para las generaciones por venir.

— El Zóhar, Behaalotjá 12:56

רְחֹקָה

Números 9:10 – Aquí hay un punto sobre la letra Hei en la palabra rejoká, la cual significa "lejos". Sólo porque una persona se encuentre lejos físicamente no quiere decir que esté distante espiritualmente, y viceversa. Hay un dicho que reza: "Si dos personas se odian, el mundo entero no es lo suficientemente grande para los dos. Pero si se aman, la punta de un alfiler es más que suficiente". Nuestro nivel de cercanía física y espiritual con otro individuo es una función de nuestra conciencia; y lo mismo es cierto con respecto a nuestra cercanía a la Luz. El punto en esta sección nos ayuda en nuestros esfuerzos para acercarnos más a la Luz.

3 בְּאַרְבָּעָ֣ה עָשָׂ֣ר־י֗וֹם ע"ה = נגד, זן, מזבח בַּחֹ֧דֶשׁ י"ב הויות הַזֶּ֛ה ודו בֵּ֥ין הָֽעַרְבַּ֖יִם
תַּעֲשׂ֣וּ אֹת֑וֹ בְּמֹעֲד֗וֹ כְּכָל־ ילי וְחֻקֹּתָ֛יו וּכְכָל־ ילי מִשְׁפָּטָ֖יו תַּעֲשׂ֥וּ אֹתֽוֹ׃
4 וַיְדַבֵּ֣ר ראה מֹשֶׁ֔ה מהע, אל שדי אֶל־בְּנֵ֥י יִשְׂרָאֵ֖ל לַעֲשֹׂ֥ת הַפָּֽסַח׃ 5 וַיַּעֲשׂ֣וּ
אֶת־הַפֶּ֗סַח בָּרִאשׁ֞וֹן בְּאַרְבָּעָ֨ה עָשָׂ֥ר י֛וֹם ע"ה = נגד, זן, מזבח לַחֹ֖דֶשׁ י"ב הויות
בֵּ֣ין הָֽעַרְבַּ֑יִם בְּמִדְבַּ֣ר אברהם, וז"פ אל, רמ"וז סִינָ֑י נמם, ה"פ יהוה סוי כְּ֠כֹל ילי אֲשֶׁ֨ר צִוָּ֧ה
יְהֹוָ֣יאהדונהי אֶת־מֹשֶׁ֗ה מהע, אל שדי כֵּ֥ן עָשׂ֖וּ בְּנֵ֥י יִשְׂרָאֵֽל׃ 6 וַיְהִ֣י אל אֲנָשִׁ֗ים
אֲשֶׁ֨ר הָי֤וּ טְמֵאִים֙ לְנֶ֣פֶשׁ רמ"וז - ז הויות אָדָ֔ם ב"ה וְלֹא־יָכְל֥וּ לַעֲשֹׂת־הַפֶּ֖סַח
בַּיּ֣וֹם ע"ה = נגד, זן, מזבח הַה֑וּא וַֽיִּקְרְבוּ֙ וזכמה בינה לִפְנֵ֤י מֹשֶׁה֙ מהע, אל שדי וְלִפְנֵ֣י
וזכמה בינה אַהֲרֹ֔ן ע"ב ורביע ע"ב בַּיּ֖וֹם ע"ה = נגד, זן, מזבח הַהֽוּא׃ 7 וַ֠יֹּאמְרוּ הָאֲנָשִׁ֤ים
הָהֵ֨מָּה֙ אֵלָ֔יו אֲנַ֥חְנוּ טְמֵאִ֖ים לְנֶ֣פֶשׁ רמ"וז - ז הויות אָדָ֑ם ב"ה לָ֣מָּה נִגָּרַ֗ע לְבִלְתִּ֞י
הַקְרִ֣ב אֶת־קָרְבַּ֤ן יְהֹוָה֙יאהדונהי בְּמֹ֣עֲד֔וֹ בְּת֖וֹךְ בְּנֵ֥י יִשְׂרָאֵֽל׃ 8 וַיֹּ֥אמֶר
אֲלֵהֶ֖ם מֹשֶׁ֑ה מהע, אל שדי עִמְד֣וּ וְאֶשְׁמְעָ֔ה מַה־ מ"ה יְצַוֶּ֥ה יְהֹוָ֖היאהדונהי לָכֶֽם׃
9 וַיְדַבֵּ֥ר ראה יְהֹוָ֖היאהדונהי אֶל־מֹשֶׁ֥ה מהע, אל שדי לֵּאמֹֽר׃ 10 דַּבֵּ֛ר ראה אֶל־בְּנֵ֥י
יִשְׂרָאֵ֖ל לֵאמֹ֑ר אִ֣ישׁ ע"ה קנ"א קס"א אִ֣ישׁ ע"ה קנ"א קס"א כִּי־יִהְיֶֽה־ ייי טָמֵ֣א׀ לָנֶ֗פֶשׁ
רמ"וז - ז הויות א֣וֹ בְדֶ֣רֶךְ ב"פ יב"ק רְחֹקָה֩ לָכֶ֨ם א֜וֹ לְדֹרֹ֣תֵיכֶ֗ם וְעָ֥שָׂה פֶ֖סַח
לַֽיהֹוָֽהיאהדונהי׃ 11 בַּחֹ֨דֶשׁ י"ב הויות הַשֵּׁנִ֜י בְּאַרְבָּעָ֨ה עָשָׂ֥ר י֛וֹם ע"ה = נגד, זן, מזבח
בֵּ֥ין הָעַרְבַּ֖יִם יַעֲשׂ֣וּ אֹת֑וֹ עַל־מַצּ֥וֹת וּמְרֹרִ֖ים יֹאכְלֻֽהוּ׃ 12 לֹֽא־יַשְׁאִ֤ירוּ
מִמֶּ֨נּוּ֙ עַד־בֹּ֔קֶר וְעֶ֖צֶם לֹ֣א יִשְׁבְּרוּ־ב֑וֹ כְּכָל־ ילי וְחֻקַּ֥ת הַפֶּ֖סַח יַעֲשׂ֥וּ
אֹתֽוֹ׃ 13 וְהָאִישׁ֩ ד"פ אדם אֲשֶׁר־הוּ֨א טָה֜וֹר ד"פ אדם וּבְדֶ֣רֶךְ ב"פ יב"ק לֹא־הָיָ֗ה יהה
וְֽחָדַל֙ לַעֲשׂ֣וֹת הַפֶּ֔סַח וְנִכְרְתָ֛ה הַנֶּ֥פֶשׁ רמ"וז - ז הויות הַהִ֖וא מֵֽעַמֶּ֑יהָ כִּ֣י׀
קָרְבַּ֣ן יְהֹוָ֗היאהדונהי לֹ֤א הִקְרִיב֙ בְּמֹ֣עֲד֔וֹ חֶטְא֥וֹ יִשָּׂ֖א הָאִ֥ישׁ ד"פ אדם הַהֽוּא׃
14 וְכִֽי־יָג֨וּר אִתְּכֶ֜ם גֵּ֗ר בין קנ"א וְעָ֤שָׂה פֶ֨סַח֙ לַֽיהֹוָ֔היאהדונהי כְּחֻקַּ֥ת הַפֶּ֛סַח
וּכְמִשְׁפָּט֖וֹ כֵּ֣ן יַעֲשֶׂ֑ה חֻקָּ֤ה אַחַת֙ ייי יִהְיֶ֣ה לָכֶ֔ם וְלַגֵּ֖ר בין קנ"א וּלְאֶזְרַ֥ח
הָאָֽרֶץ׃ אלהים דההין ע"ה׃

CUARTA LECTURA – MOSHÉ – NÉTSAJ

¹⁵ *Y el día que fue erigido el Tabernáculo, la nube cubrió el Tabernáculo, la Tienda del Testimonio; y al atardecer estaba sobre el Tabernáculo una apariencia de fuego hasta la mañana.*

¹⁶ *Así sucedía siempre: la nube lo cubría de día, y la apariencia de fuego de noche.*

¹⁷ *Y cuando la nube se levantaba de sobre la Tienda, enseguida los hijos de Israel partían; y en el lugar donde la nube se detenía, allí acampaban los hijos de Israel.*

¹⁸ *A la orden del Eterno los hijos de Israel partían, y a la orden del Eterno acampaban: mientras la nube estaba sobre el Tabernáculo, permanecían acampados.*

¹⁹ *Y cuando la nube se detenía sobre el Tabernáculo por muchos días, los hijos de Israel guardaban la ordenanza del Eterno y no partían.*

²⁰ *Y a veces la nube permanecía varios días sobre el Tabernáculo; según la orden del Eterno, permanecían acampados; y según la orden del Eterno, partían.*

²¹ *Y a veces la nube estaba desde el atardecer hasta la mañana, cuando la nube se levantaba por la mañana, ellos partían; y si continuaba durante el día y durante la noche, cuando la nube se levantaba, ellos partían.*

²² *Ya fuera que la nube se detuviera dos días, o un mes, o un año sobre el Tabernáculo, los hijos de Israel, guiándose por ésta, permanecían acampados y no partían; pero cuando se levantaba, partían.* ²³ *A la orden del Eterno acampaban, y a la orden del Eterno partían; guardaban la ordenanza del Eterno según el mandato del Eterno por mano de Moshé.*

הַעֲנָן

Números 9:15 – En el desierto, el pueblo se movilizaba siguiendo a una nube durante el día. En nuestra vida actual no tenemos una nube que seguir y a menudo no tenemos liderazgo en lo absoluto. Nuestra nube son los mensajes internos, los susurros suaves que recibimos diariamente y a los cuales no siempre escuchamos. En su lugar, somos atraídos por el fuerte ruido que nos aleja de estos susurros suaves, los cuales son la voz de la Luz guiándonos. Esta sección despierta nuestro deseo de estar abiertos y escuchar los suaves susurros de la Luz.

"Y la columna de nube iba delante del campamento…" (Éxodo 14:19). PREGUNTA: *¿Cuál es esta columna de nube? Rabí Yosi dijo: Es la nube que aparece siempre con la Shejiná,* QUIEN ES EL ÁNGEL MIJAEL, *y ésta es la nube en la cual Moshé entró. Rabí Aba dijo: Está escrito: "Y Dios iba delante de ellos en el día como una columna de nube",* PARA QUE VEAMOS QUE NO ES MIJAEL, QUIEN ES EL ASPECTO DE LA SHEJINÁ, *sino que más bien es el apoyo de los justos,* ESTO ES: YESOD EN ZEIR ANPÍN. *Extiende* JASADIM *de su impronta,* PORQUE YESOD EXTIENDE JASADIM SOBRE LA JOJMÁ EN MALJUT Y ENTONCES ELLA ES CAPAZ DE ILUMINAR. *Por lo tanto, esta*

CUARTA LECTURA – MOSHÉ – NÉTSAJ

15 וּבְיוֹם ע"ה = נגד, זן, מזבח הָקִים בּ"פ (רבוע אלהים ‑ ה) אֶת־הַמִּשְׁכָּן כִּסָּה

הֶעָנָן אֶת־הַמִּשְׁכָּן בּ"פ (רבוע אלהים ‑ ה) לָאֹהֶל לאה (אלד ע"ה) הָעֵדֻת וּבָעֶרֶב

רבוע יהוה ורבוע אלהים יְהְיֶה יי עַל־הַמִּשְׁכָּן בּ"פ (רבוע אלהים ‑ ה) כְּמַרְאֵה־אֵשׁ

אלהים דיודין ע"ה עַד־בֹּקֶר: 16 כֵּן יִהְיֶה יי תָמִיד ע"ה נתה, קס"א קנ"א קמ"ג הֶעָנָן יְכַסֶּנּוּ

וּמַרְאֵה־אֵשׁ אלהים דיודין ע"ה לָיְלָה מלה: 17 וּלְפִי הֵעָלֹת הֶעָנָן מֵעַל הָאֹהֶל עלם

לאה (אלד ע"ה) וְאַחֲרֵי־כֵן יִסְעוּ בְּנֵי יִשְׂרָאֵל וּבִמְקוֹם יהוה ברבוע, ר"פ אל אֲשֶׁר

יִשְׁכָּן־שָׁם הֶעָנָן יהוה שדי שָׁם יַחֲנוּ בְּנֵי יִשְׂרָאֵל: 18 עַל־פִּי יְהֹוָהִאהדונהי

יִסְעוּ בְּנֵי יִשְׂרָאֵל וְעַל־פִּי יְהֹוָהִאהדונהי יַחֲנוּ כָּל־ ילי יְמֵי אֲשֶׁר יִשְׁכֹּן

הֶעָנָן עַל־הַמִּשְׁכָּן בּ"פ (רבוע אלהים ‑ ה) יַחֲנוּ: 19 וּבְהַאֲרִיךְ הֶעָנָן עַל־הַמִּשְׁכָּן

בּ"פ (רבוע אלהים ‑ ה) יָמִים רַבִּים וְשָׁמְרוּ בְנֵי־יִשְׂרָאֵל אֶת־מִשְׁמֶרֶת

יְהֹוָהִאהדונהי וְלֹא יִסָּעוּ: 20 וְיֵשׁ י"ש אל אֲשֶׁר יִהְיֶה יי הֶעָנָן יָמִים מִסְפָּר

עַל־הַמִּשְׁכָּן בּ"פ (רבוע אלהים ‑ ה) עַל־פִּי יְהֹוָהִאהדונהי יַחֲנוּ וְעַל־פִּי יְהֹוָהִאהדונהי

יִסָּעוּ: 21 וְיֵשׁ י"ש אל אֲשֶׁר־יִהְיֶה יי הֶעָנָן מֵעֶרֶב רבוע יהוה ורבוע אלהים עַד־בֹּקֶר

וְנַעֲלָה הֶעָנָן בַּבֹּקֶר וְנָסָעוּ אוֹ יוֹמָם וָלַיְלָה מלה וְנַעֲלָה הֶעָנָן וְנָסָעוּ:

22 אוֹ־יֹמַיִם אוֹ־חֹדֶשׁ י"ב הוויות אוֹ־יָמִים בְּהַאֲרִיךְ הֶעָנָן עַל־הַמִּשְׁכָּן

בּ"פ (רבוע אלהים ‑ ה) לִשְׁכֹּן עָלָיו יַחֲנוּ בְנֵי־יִשְׂרָאֵל וְלֹא יִסָּעוּ וּבְהֵעָלֹתוֹ יִסָּעוּ:

23 עַל־פִּי יְהֹוָהִאהדונהי יַחֲנוּ וְעַל־פִּי יְהֹוָהִאהדונהי יִסָּעוּ אֶת־מִשְׁמֶרֶת

יְהֹוָהִאהדונהי עַל־פִּי יְהֹוָהִאהדונהי שָׁמָרוּ בְּיַד־מֹשֶׁה מהש, אל שדי:

---

columna va en el día, QUE ES EL TIEMPO EN QUE LOS JASADIM ILUMINAN, como está escrito: "Pero Dios ordena a su bondad (heb. jésed) durante el día…" (Salmos 42:9), porque esta nube viene del lado de Jésed y es llamada 'Jésed'. Una nube diferente va por la noche, y es llamada 'una columna de fuego', QUE ES DEL LADO DE MALJUT.

— El Zóhar, Beshalaj 13:157

10 ¹ Y el Eterno habló a Moshé, para decir: ² "Hazte dos trompetas de plata; las harás labradas a martillo. Y te servirán para convocar a la congregación y para dar la orden de poner en marcha los campamentos. ³ Y cuando se toquen las dos, toda la congregación se reunirá junto a ti a la puerta de la Tienda de Reunión.

⁴ Y si se toca una sola, entonces los principales, los jefes de los miles de Israel, se reunirán junto a ti. ⁵ Y cuando toquen un sonido corto, partirán los campamentos que están al oriente. ⁶ Y cuando toquen un sonido corto por segunda vez, partirán los campamentos que están al sur; se tocarán sonidos cortos para que ellos se pongan en marcha. ⁷ Pero cuando se convoque la asamblea, tocarán un sonido largo, pero no tocarán sonido corto.

⁸ Y los hijos de Aharón, los sacerdotes, tocarán las trompetas; y será para ustedes por estatuto perpetuo por sus generaciones. ⁹ Cuando vayan a la guerra en su tierra contra el adversario que los ataque, tocarán sonidos cortos con las trompetas a fin de que el Eterno su Dios se acuerde de ustedes y sean salvados de sus enemigos.

¹⁰ Asimismo, en el día de su alegría, en sus tiempos señalados y en el primer día de sus meses, tocarán las trompetas durante sus holocaustos y durante los sacrificios de sus ofrendas de paz; y serán para ustedes como recordatorio delante de su Dios: Yo soy el Eterno su Dios".

QUINTA LECTURA – AHARÓN – HOD

¹¹ Y sucedió que en el segundo año, en el segundo mes, el día veinte del mes, la nube se levantó de sobre el Tabernáculo del Testimonio.

¹² Y los hijos de Israel partieron, según su orden, del desierto de Sinaí; y la nube se detuvo en el desierto de Parán.

וַחֲצֹצְרֹת

Números 10:2 – A Moshé se le dijo que hiciera dos trompetas que serían tocadas para indicarle al pueblo cuándo era momento de levantarse y avanzar en el desierto, así como también cuándo tenían que batallar para destruir a sus enemigos. Al igual que el Shofar, estas trompetas tenían dos propósitos: primero, despertar la conciencia del pueblo; segundo, ayudarlos a hacer su trabajo espiritual. En la vida, en realidad no hacemos todo el trabajo; la Luz se ocupa de la mayoría. Nosotros tan sólo iniciamos la acción para crear una abertura que enciende la energía de la Luz, lo cual, a su vez, despierta nuestra conciencia y nos ayuda con nuestro trabajo espiritual. No podemos manifestar mucho realmente, aunque pensemos que podemos; nosotros tan sólo encendemos la cerilla y la Luz hace el resto.

וַיִּסְעוּ

Números 10:12 – El orden en el cual los israelitas estaban divididos en sus 12 campamentos nos enseña que todo se hizo para las generaciones

10 1 וַיְדַבֵּר רא״ה יְהֹוָ֨הּאדנּיּאהדונהי אֶל־מֹשֶׁה מהע, אל עדי לֵּאמֹֽר: 2 עֲשֵׂ֣ה לְךָ֗ שְׁתֵּי֙

וְֽצֽוֹצְרֹ֣ת כֶּ֔סֶף מִקְשָׁ֖ה תַּעֲשֶׂ֣ה אֹתָ֑ם וְהָי֤וּ לְךָ֙ לְמִקְרָ֣א עב ע״ה, יהוה עדי

הָֽעֵדָ֔ה וּלְמַסַּ֖ע אֶת־הַֽמַּחֲנֽוֹת: 3 וְתָקְע֖וּ בָּהֵ֑ן וְנֽוֹעֲד֤וּ אֵלֶ֙יךָ֙ אניּ כָּל־ יליּ

הָ֣עֵדָ֔ה אֶל־פֶּ֖תַח אֹ֥הֶל לאה (אלד ע״ה) מוֹעֵֽד: 4 וְאִם־ יוהך, ע״ה, מ״ב בְּאַחַ֖ת יִתְקָ֑עוּ

וְנֽוֹעֲד֤וּ אֵלֶ֙יךָ֙ אניּ הַנְּשִׂיאִ֔ים רָאשֵׁ֖י אַלְפֵ֥י יִשְׂרָאֵֽל: 5 וּתְקַעְתֶּ֖ם תְּרוּעָ֑ה

וְנָֽסְעוּ֙ הַֽמַּחֲנ֔וֹת הַֽחֹנִ֖ים קֵֽדְמָה: 6 וּתְקַעְתֶּ֤ם תְּרוּעָה֙ שֵׁנִ֔ית וְנָֽסְעוּ֙ הַֽמַּחֲנ֔וֹת

הַֽחֹנִ֖ים תֵּימָ֑נָה תְּרוּעָ֥ה יִתְקְע֖וּ לְמַסְעֵיהֶֽם: 7 וּבְהַקְהִ֣יל אֶת־הַקָּהָ֑ל ע״ב ס״ג

תִּתְקְע֖וּ וְלֹ֥א תָרִֽיעוּ: 8 וּבְנֵ֤י אַֽהֲרֹן֙ ע״ב רביע ע״ב הַכֹּ֣הֲנִ֔ים מלה יִתְקְע֖וּ בַּֽחֲצֹֽצְר֑וֹת

וְהָי֥וּ לָכֶ֛ם לְחֻקַּ֥ת עוֹלָ֖ם לְדֹרֹֽתֵיכֶֽם: 9 וְכִֽי־תָבֹ֨אוּ מִלְחָמָ֜ה בְּאַרְצְכֶ֗ם

עַל־הַצַּר֙ הַצֹּרֵ֣ר אֶתְכֶ֔ם וַֽהֲרֵֽעֹתֶ֖ם בַּֽחֲצֹֽצְרֹ֑ת וְנִזְכַּרְתֶּ֗ם לִפְנֵי֙ וחכמה בינה

יְהֹוָ֨הּאדנּיּאהדונהי אֱלֹֽהֵיכֶ֔ם ילה וְנֽוֹשַׁעְתֶּ֖ם מֵאֹֽיְבֵיכֶֽם: 10 וּבְי֣וֹם ע״ה = נגד, זן, מזבח

שִׂמְחַתְכֶ֣ם וּֽבְמֽוֹעֲדֵיכֶם֮ וּבְרָאשֵׁ֣י חָדְשֵׁכֶם֒ וּתְקַעְתֶּ֣ם בַּֽחֲצֹֽצְרֹ֗ת עַ֣ל

עֹֽלֹֽתֵיכֶ֔ם וְעַ֖ל זִבְחֵ֣י שַׁלְמֵיכֶ֑ם וְהָי֨וּ לָכֶ֤ם לְזִכָּרוֹן֙ ע״ב קס״א נע״ב לִפְנֵ֣י וחכמה בינה

אֱלֹֽהֵיכֶ֔ם ילה אֲנִ֖י אניּ, טדהד כוז״ו יְהֹוָ֥הּאדנּיּאהדונהי אֱלֹֽהֵיכֶֽם ילה:

QUINTA LECTURA – AHARÓN – HOD

11 1 וַיְהִ֞י אל בַּשָּׁנָ֤ה הַשֵּׁנִית֙ י״ב הויות בַּחֹ֣דֶשׁ הַשֵּׁנִ֔י בְּעֶשְׂרִ֖ים י״ב הויות בַּחֹ֑דֶשׁ

נַֽעֲלָה֙ הֶֽעָנָ֔ן מֵעַ֖ל מִשְׁכַּ֥ן ב״פ (רביע אלהים – ה) הָֽעֵדֻֽת: 12 וַיִּסְע֧וּ בְנֵֽי־יִשְׂרָאֵ֛ל ייאי

futuras. La tribu de Yehuda controlaba el signo de Aries y sembró la semilla para darles a los nacidos bajo este signo la capacidad de superar sus dificultades. Nuestras acciones tienen consecuencias en varios niveles, los cuales están formados como una pirámide. Empezando en el ápice de la pirámide, nuestras acciones nos afectan a nosotros. Luego, afectan a las personas que comparten el alma con nosotros. Después afectan a todos los que tienen el mismo signo que nosotros y, finalmente, afectan a toda la humanidad. Más aún, cuanto más cercanas sean las personas a nosotros, mayor efecto tenemos en ellos.

¹³ Y partieron la primera vez conforme al mandamiento del Eterno por mano de Moshé. ¹⁴ Y en primer lugar partió el estandarte del campamento de los hijos de Yehuda, según sus ejércitos; y al frente de su ejército estaba Najshón, hijo de Aminadav. ¹⁵ Y al frente del ejército de la tribu de los hijos de Isasjar estaba Netanel, hijo de Tsuar. ¹⁶ Y al frente del ejército de la tribu de los hijos de Zabulón estaba Eliav, hijo de Jelón.

¹⁷ Y el Tabernáculo fue desarmado; y los hijos de Guershón y los hijos de Merarí, quienes llevaban el Tabernáculo, partieron. ¹⁸ Y el estandarte del campamento de Reuvén partió según sus ejércitos; y al frente de su ejército estaba Elitsur, hijo de Shedeiur. ¹⁹ Y al frente del ejército de la tribu de los hijos de Shimón estaba Shelumiel, hijo de Tsurishadái. ²⁰ Y al frente del ejército de la tribu de los hijos de Gad estaba Eliasaf, hijo de Deuel.

²¹ Y después partieron los kehatim, quienes cargaban el Santuario, de modo que el Tabernáculo estuviera erigido antes de que ellos llegaran. ²² Y el estandarte del campamento de los hijos de Efraín partió según sus ejércitos; y al frente de su ejército estaba Elishama, hijo de Amihud. ²³ Y al frente del ejército de la tribu de los hijos de Menashé estaba Gamliel, hijo de Pedatsur.

²⁴ Y al frente del ejército de la tribu de los hijos de Binyamín estaba Avidán, hijo de Guideoní. ²⁵ Y el estandarte del campamento de los hijos de Dan, la retaguardia de todos los campamentos, partió según sus ejércitos; y al frente de su ejército estaba Ajiezer, hijo de Amishadái. ²⁶ Y al frente del ejército de la tribu de los hijos de Asher estaba Paguiel, hijo de Ojrán. ²⁷ Y al frente del ejército de la tribu de los hijos de Naftalí estaba Ajirá, hijo de Einán. ²⁸ Este fue el orden de marcha de los hijos de Israel por sus ejércitos. Y así partieron.

²⁹ Entonces Moisés dijo a Jobab, hijo de Reuel, el madianita, suegro de Moisés: "Nosotros partimos hacia el lugar del cual el Eterno dijo: 'Yo se los daré'. Ven con nosotros y te haremos bien, pues el Eterno ha hablado el bien a Israel".

³⁰ Y él le dijo: "No iré, sino que me iré a mi tierra y a mi parentela". ³¹ Y él dijo: "Te ruego que no nos dejes; puesto que tú sabes dónde debemos acampar en el desierto, y serás como ojos para nosotros. ³² Y será que si vienes con nosotros, el bien que el Eterno nos haga, nosotros te haremos".

לְעֵינָיִם

Números 10:31 — Moshé invitó a su suegro, Jetró (Yitró), a que fuera "sus ojos" (es decir, los ojos de los israelitas). Dado que el mismo Jetró no era israelita, parece extraño que hubiese sido escogido para cumplir esta función. También debemos preguntarnos por qué Moshé necesitaba ayuda, ya que él era el alma más elevada de esa generación. Siempre ha ocurrido que las personas dentro de una situación problemática ven con menor claridad que las personas que se encuentran fuera de ella. Moshé quería a Jetró para esta labor porque Jetró podría ver las cosas de forma objetiva, sin intenciones ocultas. Los kabbalistas han buscado a menudo la perspectiva de alguien que no es de ellos para que les permitan ver la verdad con mayor claridad.

לְמַסְעֵיהֶם מִמִּדְבַּר סִינָי נמם, ה״פ יהוה וַיִּשְׁכֹּן הֶעָנָן בְּמִדְבַּר אברהם, וז״פ אל, רמ״ז

פָּארָן: 13 וַיִּסְעוּ בָּרִאשֹׁנָה עַל־פִּי יְהֹוָהאהדנהי מהע, אל עדי בְּיַד־מֹשֶׁה:

14 וַיִּסַּע דֶּגֶל לאו מַחֲנֵה בְנֵי־יְהוּדָה בָּרִאשֹׁנָה לְצִבְאֹתָם וְעַל־צְבָאוֹ

נַחְשׁוֹן בֶּן־עַמִּינָדָב: 15 וְעַל־צְבָא מַטֵּה בְּנֵי יִשָּׂשכָר י״פ אל י״פ ב״ן נְתַנְאֵל

בֶּן־צוּעָר: 16 וְעַל־צְבָא מַטֵּה בְּנֵי זְבוּלֻן אֱלִיאָב בֶּן־חֵלֹן: 17 וְהוּרַד

הַמִּשְׁכָּן ב״פ (רבוע אלהים + ה) וְנָסְעוּ בְנֵי־גֵרְשׁוֹן ע״ה ב״ה בז׳וד׳ר וּבְנֵי מְרָרִי ה״פ מיב נֹשְׂאֵי

הַמִּשְׁכָּן ב״פ (רבוע אלהים + ה): 18 וְנָסַע דֶּגֶל לאו מַחֲנֵה רְאוּבֵן ג״פ אלהים ע״ה, ע״ה קנ״א קס״א

לְצִבְאֹתָם וְעַל־צְבָאוֹ אֱלִיצוּר בֶּן־שְׁדֵיאוּר: 19 וְעַל־צְבָא מַטֵּה בְּנֵי

שִׁמְעוֹן שְׁלֻמִיאֵל בֶּן־צוּרִישַׁדָּי: 20 וְעַל־צְבָא מַטֵּה בְּנֵי־גָד אֶלְיָסָף

בֶּן־דְּעוּאֵל: 21 וְנָסְעוּ הַקְּהָתִים נֹשְׂאֵי הַמִּקְדָּשׁ וְהֵקִימוּ אֶת־הַמִּשְׁכָּן

ב״פ (רבוע אלהים + ה) עַד־בֹּאָם: 22 וְנָסַע דֶּגֶל לאו מַחֲנֵה בְנֵי־אֶפְרַיִם אל מצפצ

לְצִבְאֹתָם וְעַל־צְבָאוֹ אֱלִישָׁמָע בֶּן־עַמִּיהוּד: 23 וְעַל־צְבָא מַטֵּה בְּנֵי

מְנַשֶּׁה גַּמְלִיאֵל בֶּן־פְּדָהצוּר: 24 וְעַל־צְבָא מַטֵּה בְּנֵי בִנְיָמִן אֲבִידָן

בֶּן־גִּדְעֹנִי: 25 וְנָסַע דֶּגֶל לאו מַחֲנֵה בְנֵי־דָן מְאַסֵּף לְכָל־ יה אדני הַמַּחֲנֹת

לְצִבְאֹתָם וְעַל־צְבָאוֹ אֲחִיעֶזֶר בֶּן־עַמִּישַׁדָּי: 26 וְעַל־צְבָא מַטֵּה בְּנֵי

אָשֵׁר פַּגְעִיאֵל בֶּן־עָכְרָן: 27 וְעַל־צְבָא מַטֵּה בְּנֵי נַפְתָּלִי אֲחִירַע בֶּן־עֵינָן:

28 אֵלֶּה מַסְעֵי בְנֵי־יִשְׂרָאֵל לְצִבְאֹתָם וַיִּסָּעוּ: 29 וַיֹּאמֶר מֹשֶׁה מהע, אל עדי

לְחֹבָב בֶּן־רְעוּאֵל הַמִּדְיָנִי חֹתֵן מֹשֶׁה מהע, אל עדי נֹסְעִים אֲנַחְנוּ אֶל־הַמָּקוֹם

יהוה ברבוע, ר״פ אל אֲשֶׁר אָמַר יְהֹוָהאהדנהי אֹתוֹ אֶתֵּן לָכֶם לְכָה אִתָּנוּ וְהֵטַבְנוּ

לָךְ כִּי־יְהֹוָהאהדנהי דִּבֶּר־ ראה טוֹב והו עַל־יִשְׂרָאֵל: 30 וַיֹּאמֶר אֵלָיו לֹא

אֵלֵךְ כִּי אִם־ יוהך, ע״ה מ״ב אֶל־אַרְצִי וְאֶל־מוֹלַדְתִּי אֵלֵךְ: 31 וַיֹּאמֶר אַל־נָא

תַּעֲזֹב אֹתָנוּ כִּי עַל־כֵּן יָדַעְתָּ חֲנֹתֵנוּ בַּמִּדְבָּר אברהם, וז״פ אל, רמ״ז וְהָיִיתָ לָּנוּ

מוֹם, אלהים, אהיה אדני לְעֵינָיִם ריבוע מ״ה: 32 וְהָיָה יהוה, יהה כִּי־תֵלֵךְ עִמָּנוּ ריבוע ס״ג וְהָיָה

יהוה, יהה הַטּוֹב והו הַהוּא אֲשֶׁר יֵיטִיב יְהֹוָהאהדנהי עִמָּנוּ ריבוע ס״ג וְהֵטַבְנוּ לָךְ:

[33] *Y partieron desde el monte del Eterno tres días de camino; y el Arca del Pacto del Eterno iba delante de ellos por los tres días, buscándoles un lugar para descansar.*

[34] *Y la nube del Eterno iba sobre ellos de día desde que partieron del campamento.*

SEXTA LECTURA –YOSEF– YESOD

[35] *Y sucedía que cuando el Arca se ponía en marcha, Moshé decía: "¡Levántate, Eterno! Y que sean dispersados Tus enemigos y huyan de Tu presencia los que te aborrecen".*

[36] *Y cuando el arca descansaba, él decía: "Vuelve, Eterno, a las decenas de millares de las familias de Israel". 11 [1] Y el pueblo comenzó a quejarse, hablando mal a oídos del Eterno; y cuando el Eterno lo oyó, se encendió Su ira, y el fuego del Eterno ardió entre ellos y consumió un extremo del campamento. [2] Y el pueblo clamó a Moshé y Moshé oró al Eterno y el fuego se apagó.*

נ

Números 10:35-36 – Esta sección contiene dos lugares en los cuales la letra *Nun* aparece invertida y en oposición a otra *Nun*. Sabemos que la letra *Nun* representa *nefilá* (caída) y también controla a la constelación de Escorpio, la cual contiene el secreto del *Mashíaj* (Mesías). Los escorpios pueden ser las personas más negativas, pero ellos tienen el poder de traer cambios enormes a este mundo cuando logran superar su negatividad. Cuando caemos espiritualmente, se crean dos trampas: una es la posibilidad de deprimirnos y la segunda es negarnos a aprender algo a partir de nuestra caída. El Satán (todos nuestros pensamientos negativos acerca de nosotros mismos) en realidad no nos hace caer, sino que, sencillamente intenta mantenernos abajo una vez que hemos caído. La *Nun* nos protege de caer y también nos ayuda a levantarnos cuando caemos.

"Y ocurrió que cuando el Arca viajaba, Moshé decía..." (Números 10:35). Rabí Elazar dijo: Aquí debemos observar la letra Nun que está invertida, ENCARANDO hacia atrás en dos lugares, SIGNIFICANDO LA LETRA NUN QUE ESTÁ DELANTE DEL PASAJE: "Y OCURRIÓ QUE CUANDO EL ARCA VIAJABA..." Y DESPUÉS DE ÉSTE. ¿Por qué? Uno puede

pensar QUE ALUDE a una Nun invertida, ya que es conocido que una Nun invertida es femenino, SIGNIFICANDO MALJUT, y la Nun derecha incluye a ambos: el masculino y el femenino, QUE SON ZEIR ANPÍN Y MALJUT. Explicamos aquí LA NUN INVERTIDA, ACERCA DE LA CUAL ESTÁ DICHO: "Y ocurrió que cuando el Arca viajaba, MOSHÉ DECÍA: ¡LEVÁNTESE HASHEM...!" (Números 10:35); QUE EN LA NUN INVERTIDA ÉL DIJO: "LEVÁNTESE". USTEDES PUEDEN DECIR QUE ÉSTA ES LA RAZÓN POR LA QUE AMBAS NUN ESTABAN ESCRITAS INVERTIDAS, pero SI ASÍ FUERA, ¿POR QUÉ FUERON volteadas otra vez PARA ENCARAR EN FORMA INVERSA de esta manera?

Ven y ve: ninguna Nun es mencionada en LA ALABANZA ALFABÉTICA: "Felices son quienes moran en Tu casa..." (Salmos 84:5) porque LA NUN, QUE ES MALJUT, está en el exilio. Los compañeros han explicado esto, ya que está escrito acerca de ella: "Ha caído y no se levantará más la virgen de Yisrael..." (Amós 5:2). Sin embargo, está escrito arriba: "...y el Arca del Pacto iba delante de ellos en el viaje de tres días, en busca de un lugar de descanso para ellos" (Números 10:33). Tan pronto como el Arca viajaba, la Nun iba viajando arriba de ésta, QUE

33 וַיִּסְעוּ מֵהַר רבוע אלהים ~ ה יְהֹוָ֖הּאהדונהי דֶּרֶךְ ב״פ יב״ק שְׁלֹ֣שֶׁת יָמִ֔ים גלך וַאֲר֨וֹן

ע״ה ג״פ אלהים בְּרִית־יְהֹוָ֧הּאהדונהי נֹסֵ֣עַ לִפְנֵיהֶ֗ם דֶּרֶךְ ב״פ יב״ק שְׁלֹ֣שֶׁת יָמִ֔ים גלך

לָת֥וּר מלוי אדני לָהֶ֖ם מְנוּחָֽה: 34 וַעֲנַ֧ן יְהֹוָ֛הּאהדונהי עֲלֵיהֶ֖ם יוֹמָ֑ם בְּנָסְעָ֖ם

מִן־הַֽמַּחֲנֶֽה:

SEXTA LECTURA –YOSEF– YESOD

35 וַיְהִ֗י ע״ב ורבוע ע״ב בִּנְסֹ֣עַ הָאָרֹן֒ אל מוהע, אל עֿדי וַיֹּ֣אמֶר מֹשֶׁ֔ה

קוּמָ֣ה מקוה, קנ״א, אלהים אדני | יְהֹוָ֗הּאהדונהי וְיָפֻ֙צוּ֙ אֹ֣יְבֶ֔יךָ וְיָנֻ֛סוּ מְשַׂנְאֶ֖יךָ מִפָּנֶֽיךָ

סמֿ״בֿ: 36 וּבְנֻחֹ֖ה יֹאמַ֑ר שׁוּבָ֣ה הוזע יְהֹוָ֔הּאהדונהי רִֽבְב֖וֹת אַלְפֵ֥י יִשְׂרָאֵֽל:

11 1 וַיְהִ֤י אל הָעָם֙ כְּמִתְאֹ֣נְנִ֔ים רַ֖ע בְּאָזְנֵ֣י יְהֹוָ֑הּאהדונהי וַיִּשְׁמַ֤ע

יְהֹוָ֨הּאהדונהי וַיִּ֣חַר אַפּ֗וֹ וַתִּבְעַר־בָּם֙ מ״ב אֵ֣שׁ אלהים דיודין ע״ה יְהֹוָ֔הּאהדונהי

וַתֹּ֖אכַל בִּקְצֵ֥ה ה״פ טל, ג״פ אדני הַֽמַּחֲנֶֽה: 2 וַיִּצְעַ֥ק הָעָ֖ם אֶל־מֹשֶׁ֑ה מוהע, אל עֿדי

וַיִּתְפַּלֵּ֤ל מֹשֶׁה֙ אל עֿדי אֶל־יְהֹוָ֔הּאהדונהי וַתִּשְׁקַ֖ע הָאֵֽשׁ: שׁאה:

כְּמִתְאֹנְנִים

ES MALJUT, ya que la Shejiná residía en el Arca. Ven y ve el amor del Santísimo, bendito sea Él, por los hijos de Yisrael. Aunque ellos se desviaron del camino correcto, el Santísimo, bendito sea Él, no deseó abandonarlos. Él siempre voltea Su rostro atrás a ellos, porque si no hubiera sido así, nunca habrían sido capaces de sobrevivir en el mundo.
— El Zóhar, Behaalotjá 22:127-128

"ESTO SIGNIFICA QUE LA LETRA NUN ESTÁ INSCRITA AL COMIENZO DE LA PALABRA CAÍDA (HEB. NEFILÁ). SOSTIENE A TODOS LOS QUE CAEN. ASÍ, LA NUN REGRESÓ A SU LUGAR PARA SOSTENER A AQUELLOS QUE CAEN..."
— Introducción en arameo de Muslav, 29.

Números 11:1 – Los israelitas comenzaron a quejarse del alimento. Esto era increíble, tomando en cuenta toda la protección que acababan de recibir y los milagros de los cuales habían sido testigos. En Egipto habían comido gratuitamente. La idea es que, a pesar de que tenían muchas dificultades en Egipto, no tenían ninguna responsabilidad. Muchas personas prefieren pasar por gran estrés y caos en vez de asumir la responsabilidad de sus acciones. Si verdaderamente queremos escapar del caos, necesitamos asumir la responsabilidad de recaudar nuestro propio alimento espiritual.

3 Y se le dio a aquel lugar el nombre de Taberá, porque el fuego del Eterno había ardido entre ellos. 4 Y la multitud mixta que estaba entre ellos tenía un deseo insaciable; y también los hijos de Israel volvieron a llorar, y dijeron: "¿Quién nos dará carne para comer?

5 Nos acordamos del pescado que comíamos libremente en Egipto, de los pepinos, las sandías, los puerros, las cebollas y los ajos; 6 pero ahora nuestra alma está seca; nada hay para nuestros ojos salvo este maná". 7 Y el maná era como una semilla de cilantro, y tenía un color como el color del bedelio. 8 El pueblo iba, lo recogía y lo molía en molinos, o lo machacaba en morteros, y lo hervía en calderos y hacía tortas con él; y tenía el sabor de tortas cocidas con aceite.

9 Y cuando el rocío caía en el campamento por la noche, sobre él caía el maná. 10 Y Moshé oyó al pueblo llorar, familia por familia, cada uno a la puerta de su tienda; y la ira del Eterno se encendió en gran manera, y a Moshé le disgustó.

11 Y Moshé dijo al Eterno: "¿Por qué has tratado mal a Tu siervo? ¿Y por qué no he hallado gracia ante Tus ojos para que hayas puesto la carga de todo este pueblo sobre mí? 12 ¿Acaso concebí yo a todo este pueblo? ¿Fui yo quien lo dio a luz para que me dijeras: 'Llévalo en tu pecho, como un institutor lleva al niño de pecho, a la tierra que Yo juré a sus padres'?

13 ¿Cuándo conseguir carne para dar a todo este pueblo? Porque claman a mí, diciendo: 'Danos carne para que comamos'. 14 Yo solo no puedo llevar a todo este pueblo, porque es muy pesado para mí. 15 Y si así me vas a tratar, te ruego que me mates si he hallado gracia ante Tus ojos, y no me permitas ver mi desdicha". 16 Entonces el Eterno dijo a Moisés: "Reúne para Mí a setenta hombres de los ancianos de Israel, a quienes tú conozcas como los ancianos del pueblo, y a sus oficiales, y tráelos a la Tienda de Reunión y que permanezcan allí contigo.

שִׁבְעִים

Números 11:16 – Moshé había llegado a un punto en el que estaba completamente sobrecargado. El organizó el *Sanhedrín*, una corte, a fin de que él pudiera delegar algunas de sus responsabilidades. Él aún era el líder del pueblo, pero el *Sanhedrín* lo asistía en la labor. Se asignaron 70 personas para esta corte, una por cada nación, y cada persona era responsable de enviar Luz a una nación en específico.

"Y le dijo Dios a Moshé: 'Reúneme setenta hombres de los ancianos de Yisrael...'" (Números 11:16). 'Ellos están presentes aquí para darles otro alimento', QUE NO VIENE DEL CIELO, QUE ES EL NIVEL DE MOSHÉ, *'y no serás manchado en tu nivel'. Por lo tanto, '"...y tomaré del espíritu que está sobre ti, y lo pondré sobre ellos..."' (ibid.17). ¿Cuál es la razón? Porque ellos se volvieron unidos con la Luna, QUE ES FEMENINO, y había una necesidad del Sol, QUE ES EL GRADO DE ZEIR ANPÍN Y EL NIVEL DE MOSHÉ, para iluminarla. Por lo tanto, '"y lo pondré sobre ellos"', para que brillen del Sol, SIENDO EL NIVEL DE MOSHÉ, como la luz de la Luna QUE VIENE DEL SOL. En consecuencia, este alimento, LA CARNE, no vino a través de Moshé, SINO MÁS BIEN A TRAVÉS DE LOS SETENTA ANCIANOS, para que él no se manchase Y NO LE FUERA REQUERIDO DECLINAR DE SU NIVEL, COMO SE MENCIONÓ.*
— El Zóhar, Behaalotjá 26:148

3 וַיִּקְרָ֤א ב"פ קס"א + ה אותיות שֵֽׁם־ יהוה שדי הַמָּק֖וֹם יהוה ברבוע, ר"פ אל הַה֖וּא תַּבְעֵרָ֑ה
כִּֽי־בָעֲרָ֥ה בָ֖ם מ"ב אֵ֥שׁ אלהים דיודין ע"ה יְהֹוָֽה אדני אהדונהי ע"ה: 4 וְהָֽאסַפְסֻף֙ אֲשֶׁ֣ר
בְּקִרְבּ֔וֹ הִתְאַוּ֖וּ תַּֽאֲוָ֑ה וַיָּשֻׁ֣בוּ וַיִּבְכּ֗וּ גַּ֚ם יגל בְּנֵ֣י יִשְׂרָאֵ֔ל וַיֹּ֣אמְר֔וּ מִ֥י
ילי יַֽאֲכִלֵ֖נוּ בָּשָֽׂר: 5 זָכַ֙רְנוּ֙ אֶת־הַדָּגָ֔ה אֲשֶׁר־ נֹאכַ֥ל בְּמִצְרַ֖יִם מצר
וְנָ֥ם אֵ֣ת הַקִּשֻּׁאִ֗ים וְאֵת֙ הָֽאֲבַטִּחִ֔ים וְאֶת־הֶֽחָצִ֥יר וְאֶת־הַבְּצָלִ֖ים
וְאֶת־הַשּׁוּמִֽים: 6 וְעַתָּ֛ה נַפְשֵׁ֥נוּ יְבֵשָׁ֖ה אֵ֣ין כֹּ֑ל ילי בִּלְתִּ֖י אֶל־הַמָּ֥ן עֵינֵֽינוּ
רִבוע מ"ה: 7 וְהַמָּ֕ן כִּזְרַע־גַּ֖ד ה֑וּא וְעֵינ֖וֹ כְּעֵ֥ין רִבוע מ"ה הַבְּדֹֽלַח: 8 שָׁ֩טוּ֩
ר"פ אדם הָעָ֨ם וְלָֽקְט֜וּ וְטָֽחֲנ֣וּ בָֽרֵחַ֗יִם א֤וֹ דָכוּ֙ בַּמְּדֹכָ֔ה וּבִשְּׁלוּ֙ בַּפָּר֔וּר
וְעָשׂ֥וּ אֹת֖וֹ עֻגֹ֑ות וְהָיָ֣ה יהוה, יהה טַעְמ֔וֹ כְּטַ֖עַם לְשַׁ֥ד הַשָּֽׁמֶן י"פ טל, י"פ כוז"ו, ביט"ל:
9 וּבְרֶ֧דֶת הַטַּ֛ל כ"ו עַל־הַֽמַּחֲנֶ֖ה לָ֑יְלָה מלה יֵרֵ֥ד הַמָּ֖ן עָלָֽיו: 10 וַיִּשְׁמַ֨ע
מֹשֶׁ֜ה מהעו, אל שדי אֶת־הָעָ֗ם בֹּכֶה֙ לְמִשְׁפְּחֹתָ֔יו ע"ה קנ"א קס"א אִ֕ישׁ לְפֶ֣תַח
אָֽהֳל֑וֹ וַיִּֽחַר־אַ֤ף יְהֹוָה֙ אדני אהדונהי מְאֹ֔ד מ"ה וּבְעֵינֵ֥י רִבוע מ"ה מֹשֶׁ֖ה מהעו, אל שדי
רָֽע: 11 וַיֹּ֨אמֶר מֹשֶׁ֜ה מהעו, אל שדי אֶל־יְהֹוָה֮ אדני אהדונהי לָמָ֣ה הֲרֵעֹ֣תָ לְעַבְדֶּ֒ךָ֒
פוי וְלָ֙מָּה֙ לֹֽא־מָצָ֣תִי חֵ֔ן מוזי בְּעֵינֶ֑יךָ ע"ה קס"א לָשׂ֗וּם אֶת־מַשָּׂ֛א כָּל־ ילי הָעָ֥ם
הַזֶּ֖ה והו עָלָֽי: 12 הֶֽאָנֹכִ֣י איע הָרִ֗יתִי אֵ֚ת כָּל־ ילי הָעָ֣ם הַזֶּ֔ה והו אִם־ יוהך, ע"ה מ"ב
אָֽנֹכִ֣י איע יְלִדְתִּ֔יהוּ כִּֽי־תֹאמַ֣ר אֵלַ֗י שָׂאֵ֙הוּ֙ בְחֵיקֶ֔ךָ כַּֽאֲשֶׁ֨ר יִשָּׂ֤א הָֽאֹמֵן֙
אֶת־הַיֹּנֵ֔ק עַ֚ל הָֽאֲדָמָ֔ה אֲשֶׁ֥ר נִשְׁבַּ֖עְתָּ לַֽאֲבֹתָֽיו: 13 מֵאַ֤יִן לִ֨י בָשָׂ֔ר לָתֵ֖ת
לְכָל־ יה אדני הָעָ֣ם הַזֶּ֑ה והו כִּֽי־יִבְכּ֤וּ עָלַי֙ לֵאמֹ֔ר מום, אלהים, אהיה אדני תְּנָה־לָּ֥נוּ
בָשָׂ֖ר וְנֹאכֵֽלָה: 14 לֹֽא־אוּכַ֤ל אָֽנֹכִי֙ איע לְבַדִּ֔י לָשֵׂ֕את אֶת־כָּל־ ילי הָעָ֥ם
הַזֶּ֖ה והו כִּ֥י כָבֵ֖ד מִמֶּֽנִּי: 15 וְאִם־ יוהך, ע"ה מ"ב כָּ֣כָה | אַֽתְּ־עֹ֣שֶׂה לִּ֗י הָרְגֵ֤נִי נָא֙
הָרֹ֔ג אִם־ יוהך, ע"ה מ"ב מָצָ֥אתִי חֵ֖ן מוזי בְּעֵינֶ֑יךָ ע"ה קס"א וְאַל־אֶרְאֶ֖ה בְּרָֽעָתִֽי:
16 וַיֹּ֨אמֶר יְהֹוָ֜ה אדני אהדונהי אֶל־מֹשֶׁ֗ה מהעו, אל שדי אֶסְפָה־לִּ֞י שִׁבְעִ֣ים אִישׁ֙
ע"ה קנ"א קס"א מִזִּקְנֵ֣י יִשְׂרָאֵ֔ל אֲשֶׁ֣ר יָדַ֔עְתָּ כִּי־הֵ֛ם זִקְנֵ֥י הָעָ֖ם וְשֹֽׁטְרָ֑יו וְלָֽקַחְתָּ֣
אֹתָ֗ם אֶל־אֹ֙הֶל֙ לאה (אלד ע"ה) מוֹעֵ֔ד וְהִתְיַצְּב֥וּ שָׁ֖ם יהוה שדי עִמָּֽךְ ה הויות, נמב:

¹⁷ Y descenderé y hablaré contigo allí; y tomaré del espíritu que está sobre ti y lo pondré sobre ellos; y llevarán contigo la carga del pueblo para que no la lleves tú solo.

¹⁸ Y di al pueblo: "Santifíquense para mañana, y comerán carne, pues han llorado a oídos del Eterno, diciendo: '¡Quién nos diera a comer carne! Porque nos iba mejor en Egipto'; por lo tanto, el Eterno les dará carne y comerán.

¹⁹ No comerán un día, ni dos días, ni cinco días, ni diez días, ni veinte días,

²⁰ sino todo un mes, hasta que les salga por las narices y les sea aborrecible; porque han rechazado al Eterno, que está entre ustedes, y lo han disgustado con llantos, diciendo: '¿Por qué salimos de Egipto?'".

²¹ Y Moshé dijo: "El pueblo, en medio del cual estoy, llega a seiscientos mil de a pie; sin embargo, Tú has dicho: '¡Les daré carne para que coman por todo un mes!'.

²² Si los rebaños y manadas fueran degollados para ellos, ¿les sería suficiente? O si juntáramos para ellos a todos los peces del mar, ¿les sería suficiente?".

²³ Y el Eterno dijo a Moshé: "¿Está limitada la mano del Eterno? Ahora verás si Mi palabra se te cumple o no".

²⁴ Y Moshé salió y dijo al pueblo las palabras del Eterno; y reunió después a setenta hombres de los ancianos del pueblo y los colocó alrededor de la Tienda.

²⁵ Y el Eterno descendió en la nube y le habló; y tomó del espíritu que estaba sobre él y lo colocó sobre los setenta ancianos. Y sucedió que cuando el espíritu reposó sobre ellos, ellos profetizaron; pero no volvieron a hacerlo más.

²⁶ Pero quedaron dos hombres en el campamento; uno se llamaba Eldad, y el otro se llamaba Medad. Y el espíritu reposó sobre ellos; y ellos estaban entre los que se habían inscrito, pero no habían salido a la Tienda; y profetizaron en el campamento.

וַיִּשָּׁאֲרוּ

Números 11:26 – Si bien la responsabilidad de gobernar al pueblo estaba siendo pasada al *Sanhedrín*, todavía estaban dos personas, Eldad y Medad, quienes recibían Luz directamente del Creador y quienes hacían profecías acerca del futuro. Hay oportunidades para que todos nosotros —no sólo los rabinos y líderes— conectemos con la Luz. Podemos hacer esto de forma individual, especialmente con ayuda del *Zóhar*, el cual nos permite lograr cualquier cosa.

17 וְיָרַדְתִּי וְדִבַּרְתִּי עִמְּךָ ראה ה הויות, נמם שָׁם יהוה עדי וְאָצַלְתִּי מִן־הָרוּחַ

מלוי אלהים דיודין אֲשֶׁר עָלֶיךָ רביע מ"ה וְשַׂמְתִּי עֲלֵיהֶם וְנָשְׂאוּ אִתְּךָ בְּמַשָּׂא

הָעָם וְלֹא־תִשָּׂא אַתָּה לְבַדֶּךָ: 18 וְאֶל־הָעָם תֹּאמַר הִתְקַדְּשׁוּ

לְמָחָר אברהם, ו"ף אל, רמ"ח וַאֲכַלְתֶּם בָּשָׂר כִּי בְּכִיתֶם בְּאָזְנֵי יְהוָֹאדנֹיאהדונהי

לֵאמֹר יל וַ־ יֹאכִלֵנוּ בָּשָׂר כִּי־טוֹב וַ־ לָנוּ מום, אלהים, אהיה אדני בְּמִצְרַיִם

מצר וְנָתַן אב"ג ית"ץ, וער, אהבת וזֹנם יְהוָֹאדנֹיאהדונהי לָכֶם בָּשָׂר וַאֲכַלְתֶּם: 19 לֹא

יוֹם ע"ה = נגד, זן, מזבחו אֶחָד אהבה, דאגה תֹּאכְלוּן וְלֹא יוֹמָיִם וְלֹא| וַחֲמִשָּׁה

יָמִים נלך וְלֹא עֲשָׂרָה יָמִים נלך וְלֹא עֶשְׂרִים יוֹם ע"ה = נגד, זן, מזבחו: 20 עַד|

חֹדֶשׁ י"ב הויות יָמִים נלך עַד אֲשֶׁר־יֵצֵא מֵאַפְּכֶם וְהָיָה יהוה, יהה לָכֶם לְזָרָא

יַעַן כִּי־מְאַסְתֶּם אֶת־יְהוָֹאדנֹיאהדונהי אֲשֶׁר בְּקִרְבְּכֶם וַתִּבְכּוּ לְפָנָיו

לֵאמֹר לָמָּה זֶּה יָצָאנוּ מִמִּצְרָיִם מצר: 21 וַיֹּאמֶר מֹשֶׁה מהע, אל עדי

שֵׁשׁ־מֵאוֹת אֶלֶף אלף לבמד שׁין דלת יוד ע"ה רַגְלִי הָעָם אֲשֶׁר אָנֹכִי איע בְּקִרְבּוֹ

וְאַתָּה אָמַרְתָּ בָּשָׂר אֶתֵּן לָהֶם וְאָכְלוּ וְחֹדֶשׁ י"ב הויות יָמִים נלך: 22 הֲצֹאן

מלוי אהיה דיודין וּבָקָר ע"ה יִשָּׁחֵט לָהֶם וּמָצָא ע"ה לָהֶם אָנ נמם ע"ה יוהך, ע"ה מ"ב אֶת־כָּל־

ילי דְּגֵי הַיָּם ילי יֵאָסֵף לָהֶם וּמָצָא נמם ע"ה לָהֶם: 23 וַיֹּאמֶר יְהוָֹאדנֹיאהדונהי

אֶל־מֹשֶׁה מהע, אל עדי הֲיַד יְהוָֹאדנֹיאהדונהי תִּקְצָר עַתָּה תִרְאֶה הֲיִקְרְךָ

דְבָרִי ראה אִם־ יוהך, ע"ה מ"ב לֹא: 24 וַיֵּצֵא מֹשֶׁה מהע, אל עדי וַיְדַבֵּר ראה אֶל־הָעָם

אֵת דִּבְרֵי ראה יְהוָֹאדנֹיאהדונהי וַיֶּאֱסֹף ע"ה קנ"א קס"א אִישׁ שִׁבְעִים מִזִּקְנֵי

הָעָם וַיַּעֲמֵד אֹתָם סְבִיבֹת הָאֹהֶל לאה (אלך ע"ה): 25 וַיֵּרֶד רוי יְהוָֹאדנֹיאהדונהי|

בֶּעָנָן וַיְדַבֵּר ראה אֵלָיו וַיָּאצֶל מִן־הָרוּחַ מלוי אלהים דיודין אֲשֶׁר עָלָיו וַיִּתֵּן

י"ם מלוי ע"ב עַל־שִׁבְעִים אִישׁ ע"ה קנ"א קס"א הַזְּקֵנִים וַיְהִי אל כְּנוֹחַ עֲלֵיהֶם הָרוּחַ

מלוי אלהים דיודין וַיִּתְנַבְּאוּ וְלֹא יָסָפוּ: 26 וַיִּשָּׁאֲרוּ שְׁנֵי־אֲנָשִׁים| בַּמַּחֲנֶה שֵׁם

יהוה עדי הָאֶחָד אהבה, דאגה| אֶלְדָּד וְשֵׁם יהוה עדי הַשֵּׁנִי מֵידָד וַתָּנַח עֲלֵהֶם

הָרוּחַ מלוי אלהים דיודין וְהֵמָּה בַּכְּתֻבִים וְלֹא יָצְאוּ הָאֹהֱלָה וַיִּתְנַבְּאוּ בַּמַּחֲנֶה:

[27] *Y un joven corrió y avisó a Moshé, diciendo: "Eldad y Medad están profetizando en el campamento".*

[28] *Entonces respondió Yehoshúa, hijo de Nun, ayudante de Moshé desde su juventud, y contestó: "Moshé, señor mío, detenlos".*

[29] *Pero Moshé le dijo: "¿Estás alterado por mí? ¡Ojalá todo el pueblo del Eterno fuera profeta, que el Eterno pusiera su Espíritu sobre ellos!"*

SÉPTIMA LECTURA – DAVID – MALJUT

[30] *Después Moshé volvió al campamento, él y los ancianos de Israel. [31] Y salió un viento de parte del Eterno, y trajo codornices desde el mar y las dejó caer junto al campamento, como un día de camino de este lado y un día de camino del otro lado, alrededor de todo el campamento, y cerca de dos codos por encima de la superficie de la tierra.*

[32] *Y el pueblo estuvo levantado todo el día, toda la noche y todo el día siguiente, y recogieron las codornices; el que recogió menos, recogió diez hómeres; y las tendieron para sí alrededor de todo campamento.*

[33] *Mientras la carne estaba aún entre sus dientes, antes de que la masticaran, la ira del Eterno se encendió contra el pueblo, y el Eterno azotó al pueblo con una plaga muy fuerte. [34] Y ese lugar fue llamado Kiberot-Hataavá, porque allí sepultaron a los que habían sido codiciosos. [35] De Kiberot-Hataavá el pueblo partió para Hatserot; y acamparon en Hatserot.*

[12] [1] Entonces Miriam y Aharón hablaron contra Moshé por causa de la mujer cushita con quien se había casado; pues se había casado con una mujer cushita.

שַׂלְוִים

Números 11:31 – Los israelitas se quejaban porque no tenían carne, así que un viento sopló y trajo un gran número de codornices al campamento. Las personas con el mayor deseo de carne comenzaron a comer primero pero, dado que fueron egoístas, murieron; y fueron sus propios antojos y deseos egoístas los que en realidad los mataron. Con frecuencia, el problema no es lo que hacemos, sino lo que queremos hacer. Si un hombre casado desea a otra mujer que no es su esposa, esto es tan espiritualmente dañino como si en realidad hubiese estado con la mujer. Esto es peor que una situación en la que una persona comete un error que ni siquiera ha contemplado. Si la mente ya está 99 por ciento ocupada en el pensamiento de un pecado, entonces es seguro que la persona caiga; a menos que se ocupe con la intención de recibir la ayuda de la Luz.

וַתְּדַבֵּר

Números 12:1 – Aharón y Míriam comenzaron a calumniar a Moshé por la esposa que había escogido. Esto es muy difícil de entender para

וַיָּ֤רָץ הַנַּ֙עַר֙ עֶּ֜רִי וַיַּגֵּ֤ד לְמֹשֶׁה֙ מהעל, אל שדי וַיֹּאמַ֔ר אֶלְדָּ֥ד וּמֵידָ֖ד מִֽתְנַבְּאִ֥ים 27
בַּֽמַּחֲנֶֽה׃ 28 וַיַּ֜עַן יְהוֹשֻׁ֣עַ בִּן־נ֗וּן מְשָׁרֵ֥ת מֹשֶׁ֛ה מהעל, אל שדי מִבְּחֻרָ֖יו וַיֹּאמַ֑ר
אֲדֹנִ֥י מֹשֶׁ֖ה מהעל, אל שדי כְּלָאֵֽם׃ 29 וַיֹּ֤אמֶר לוֹ֙ מֹשֶׁ֔ה מהעל, אל שדי הַֽמְקַנֵּ֥א
אַתָּ֖ה לִ֑י וּמִ֨י יִתֵּ֜ן כׇּל־ ילי עַ֤ם יְהֹוָה֙אהדניאהדונהי נְבִיאִ֔ים כִּֽי־יִתֵּ֧ן יְהֹוָה֛אהדניאהדונהי
אֶת־רוּח֖וֹ עֲלֵיהֶֽם׃

SÉPTIMA LECTURA – DAVID – MALJUT

וַיֵּאָסֵ֥ף 30 מֹשֶׁ֖ה מהעל, אל שדי אֶל־הַֽמַּחֲנֶ֑ה ה֖וּא וְזִקְנֵ֥י יִשְׂרָאֵֽל׃ 31 וְר֜וּחַ
מלוי אלהים דיורין נָסַ֣ע ׀ מֵאֵ֣ת יְהֹוָ֗האהדניאהדונהי וַיָּ֣גׇז שְׂלָוִ֘ים ילי מִן־הַיָּ֒ם֒ וַיִּטֹּ֣שׁ
עַל־הַֽמַּחֲנֶ֡ה כְּדֶ֣רֶךְ ב"פ יב"ק י֣וֹם ע"ה = נגד, זן, מזבח כֹּ֩ה היי וּכְדֶ֨רֶךְ֙ ב"פ יב"ק י֣וֹם
ע"ה = נגד, זן, מזבח כֹּ֜ה היי סְבִיב֣וֹת הַֽמַּחֲנֶ֗ה וּכְאַמָּתַ֖יִם עַל־פְּנֵ֥י וחכמה בינה הָאָֽרֶץ
אלהים דההין ע"ה׃ 32 וַיָּ֣קׇם הָעָ֡ם כׇּל־ ילי הַיּוֹם֩ ע"ה = נגד, זן, מזבח הַה֨וּא ילי וְכׇל־ ילי הַלַּ֜יְלָה
מלה וְכֹ֣ל ׀ י֣וֹם ע"ה = נגד, זן, מזבח הַֽמׇּחֳרָ֗ת וַיַּֽאַסְפוּ֙ אֶת־הַשְּׂלָ֔ו הַמַּמְעִיט֙ אָסַ֖ף
עֲשָׂרָ֣ה חֳמָרִ֑ים וַיִּשְׁטְח֤וּ לָהֶם֙ שָׁט֔וֹחַ סְבִיב֖וֹת הַֽמַּחֲנֶֽה׃ 33 הַבָּשָׂ֗ר עוֹדֶ֙נּוּ֙
בֵּ֣ין שִׁנֵּיהֶ֔ם טֶ֖רֶם אברהם ע"ה, וו"פ אל ע"ה, רמו"ח ע"ה יִכָּרֵ֑ת וְאַ֤ף יְהֹוָה֙אהדניאהדונהי חָרָ֣ה
בָעָ֔ם ר"ת באר ענן מן וַיַּ֤ךְ יְהֹוָה֙אהדניאהדונהי בָּעָ֔ם ר"ת באר ענן מן מַכָּ֖ה רַבָּ֥ה מְאֹֽד׃
34 וַיִּקְרָ֛א ב"פ קס"א + ה אותיות אֶת־שֵֽׁם־ יהוה שדי הַמָּק֥וֹם יהוה ברבוע, ו"פ אל ע"ה הַה֖וּא
קִבְר֣וֹת הַֽתַּאֲוָ֑ה כִּי־שָׁם֙ יהוה שדי קָֽבְר֔וּ אֶת־הָעָ֖ם הַמִּתְאַוִּֽים׃ 35 מִקִּבְר֧וֹת
הַֽתַּאֲוָ֛ה נָסְע֥וּ הָעָ֖ם וְזִקְנֵ֑י וַיִּֽהְי֖וּ מלוי ס״ג בַּחֲצֵרֽוֹת׃ 12 1 וַתְּדַבֵּ֨ר ראה

---

nosotros porque Moshé era hermano de ellos. Míriam fue prontamente castigada con lepra debido a su habla maliciosa. Ella estuvo en cuarentena para que no esparciera su lepra, pero ella no era físicamente contagiosa; más bien, era espiritualmente contagiosa. Cuando una persona habla *lashón hará* (habla maliciosa), afecta a tres personas: la persona que habla, la persona de quien se habla y la persona que escucha. Si oímos a alguien hablar *lashón hará*, debemos siempre alejarnos; poniéndonos de este modo en cuarentena del mal.

² Y dijeron: "¿Es cierto que el Eterno ha hablado sólo con Moshé? ¿No ha hablado también con nosotros?". Y el Eterno lo oyó.

³ El hombre Moshé era muy moderado, más que cualquier otro hombre sobre la faz de la Tierra.

⁴ Y el Eterno habló de pronto a Moshé, Aharón y Miriam: "Salgan ustedes tres a la Tienda de Reunión". Y los tres salieron.

⁵ Y el Eterno descendió en una columna de nube y se puso a la puerta de la Tienda; y llamó a Aharón y a Miriam, y ambos se acercaron:

⁶ Y Él dijo: "Oigan ahora Mis palabras: Si entre ustedes hay profeta, Yo, el Eterno, me manifestaré a él en visión. Hablaré con él en sueños. ⁷ Mi siervo Moshé no es así; él es fiel en toda Mi casa.

⁸ Con él hablo boca a boca, abiertamente y no en dichos oscuros, y él contempla la imagen del Eterno. Entonces, ¿por qué no temieron hablar contra Mi siervo, contra Moshé?". ⁹ Y la ira del Eterno se encendió contra ellos, y Él se fue.

¹⁰ Pero cuando la nube se retiró de sobre la Tienda, he aquí que Miriam estaba leprosa, blanca como la nieve; y Aharón se volvió hacia Miriam, y vio que estaba leprosa.

¹¹ Y Aharón dijo a Moshé: "Señor mío, te ruego que no nos cargues este pecado, en el cual hemos obrado incautamente y con el cual hemos pecado.

¹² Te ruego que no permitas que ella sea como el que sale muerto del vientre de su madre y la mitad de su carne está ya medio consumida. ¹³ Y Moshé clamó al Eterno, diciendo: "Te lo ruego: ¡sánala!".

אֵל נָא רְפָא נָא לָהּ

Números 12:13 – Para ayudar a curar a Míriam de la lepra, Moshé dijo la frase: "*El na refá na la*", que significa "¡Dios, Te ruego, sánala, por favor!". Hay dos lecciones aparentes aquí. Primero, cualquiera puede caer espiritualmente, sin importar cuán elevados sea; segundo, si Míriam no hubiese hablado calumnias, este versículo jamás habría sido creado. Por lo tanto, la razón por la cual ella dijo palabras maliciosas fue para ayudar a las futuras generaciones, aun si eso le traería negatividad a ella. Nosotros también debemos estar dispuestos a hacer algún sacrificio en nuestra vida por un fin mayor. Esto no quiere decir que debamos planificar la realización de acciones negativas, sino que cierta

negatividad es válida si se hace en beneficio de los demás.

"Y Moshé clamó a Dios diciendo: ¡El, Te ruego: sánala, por favor!" (Números 12:13). Esto ya ha sido explicado. Éste es el significado secreto del Santo Nombre de once letras, SIGNIFICANDO LAS ONCE LETRAS QUE ESTÁN EN LAS PALABRAS "¡EL, TE RUEGO: SÁNALA, POR FAVOR!". Moshé no quiso rezar más para no cargar al Rey demasiado con su propia familia. Es por eso que el Santísimo, bendito sea Él, se deleitó en la gloria de Moshé. El Santísimo, bendito sea Él, siempre prefiere el honor del Justo que el Suyo propio. En el Mundo por Venir, el Santísimo, bendito sea Él, vengará la

מִרְיָם וְאַהֲרֹן ע״ב ורבוע ע״ב בְּמֹשֶׁה מהזע, אל שדי עַל־אֹדוֹת הָאִשָּׁה הַכֻּשִׁית

אֲשֶׁר לָקָח ב״פ יהוה אדני אהיה כִּי־אִשָּׁה כֻשִׁית לָקָח ב״פ יהוה אדני אהיה: 2 וַיֹּאמְרוּ

הֲרַק אַךְ־ אהיה בְּמֹשֶׁה מהזע, אל שדי דִּבֶּר ראה יְהֹוָ‍ה‍אדניאהדונהי הֲלֹא גַם־ יג״ל

בָּנוּ דִבֵּר ראה וַיִּשְׁמַע יְהֹוָ‍ה‍אדניאהדונהי: 3 וְהָאִישׁ זי״פ אדם מֹשֶׁה מהזע, אל שדי עָנָו

ג״פ מ״ב, רבוע אדני מְאֹד מ״ה מִכֹּל ילי הָאָדָם מ״ה אֲשֶׁר עַל־פְּנֵי הָאֲדָמָה: וֹזכמה בינה ה״א

4 וַיֹּאמֶר יְהֹוָ‍ה‍אדניאהדונהי פִּתְאֹם אֶל־מֹשֶׁה מהזע, אל שדי וְאֶל־אַהֲרֹן ע״ב ורבוע ע״ב

וְאֶל־מִרְיָם צְאוּ שְׁלָשְׁתְּכֶם אֶל־אֹהֶל לאה (אלד ע״ה) מוֹעֵד וַיֵּצְאוּ שְׁלָשְׁתָּם:

5 וַיֵּרֶד רי״ו יְהֹוָ‍ה‍אדניאהדונהי בְּעַמּוּד עָנָן וַיַּעֲמֹד פֶּתַח הָאֹהֶל לאה (אלד ע״ה)

וַיִּקְרָא עם ה׳ אותיות = ב״פ קס״א אַהֲרֹן ע״ב ורבוע ע״ב וּמִרְיָם וַיֵּצְאוּ שְׁנֵיהֶם: 6 וַיֹּאמֶר

שִׁמְעוּ־נָא דְבָרָי ראה אִם־ יהור, ע״ה מ״ב יִהְיֶה ייי נְבִיאֲכֶם יְהֹוָ‍ה‍אדניאהדונהי

בַּמַּרְאָה אֵלָיו אֶתְוַדָּע בַּחֲלוֹם אֲדַבֶּר־ ראה בּוֹ: 7 לֹא־כֵן עַבְדִּי מֹשֶׁה

מהזע, אל שדי בְּכָל־ ב״ן, לכב, יבמ בֵּיתִי נֶאֱמָן הוּא: 8 פֶּה ע״ה אלהים ע״ה מום אֶל־פֶּה

ע״ה אלהים ע״ה מום אֲדַבֶּר־ ראה בּוֹ וּמַרְאֶה וְלֹא בְחִידֹת וּתְמֻנַת יְהֹוָ‍ה‍אדניאהדונהי

יַבִּיט וּמַדּוּעַ לֹא יְרֵאתֶם לְדַבֵּר ראה בְּעַבְדִּי בְמֹשֶׁה מהזע, אל שדי: 9 וַיִּחַר־אַף

יְהֹוָ‍ה‍אדניאהדונהי בָּם מ״ב וַיֵּלַךְ: 10 וְהֶעָנָן סָר י היות מֵעַל בַּעֲל עלם הָאֹהֶל לאה (אלד ע״ה)

וְהִנֵּה מ״ה יה מִרְיָם מְצֹרַעַת כַּשָּׁלֶג וַיִּפֶן אַהֲרֹן ע״ב ורבוע ע״ב אֶל־מִרְיָם וְהִנֵּה

מְצֹרָעַת: 11 וַיֹּאמֶר אַהֲרֹן ע״ב ורבוע ע״ב אֶל־מֹשֶׁה מהזע, אל שדי בִּי אֲדֹנִי

אַל־נָא תָשֵׁת עָלֵינוּ רבוע ס״ג חַטָּאת אֲשֶׁר נוֹאַלְנוּ וַאֲשֶׁר חָטָאנוּ: 12 אַל־נָא

תְהִי כַּמֵּת זי״פ רבוע אהיה אֲשֶׁר בְּצֵאתוֹ מֵרֶחֶם אברהם, וז״פ אל, רמ״ח אִמּוֹ וַיֵּאָכֵל

חֲצִי בְשָׂרוֹ: 13 וַיִּצְעַק מֹשֶׁה מהזע, אל שדי אֶל־יְהֹוָ‍ה‍אדניאהדונהי לֵאמֹר

אֵל יאי נָא רְפָא נָא לָהּ:

---

humillación que las naciones idólatras infligieron a Yisrael, y Él hará felices a los hijos de Yisrael con la grandeza de Tsiyón, como está escrito: "Y vendrán y cantarán en la altura de Tsiyón..." (Jeremías 31:11). Luego: "Y vendrá un redentor a Tsiyón..." (Isaías 59:20).

— El Zóhar, Behaalotjá 27:150

MAFTIR

[14] *Pero el Eterno dijo a Moshé: "Si su padre le hubiera escupido a ella en el rostro, ¿no se ocultaría por vergüenza siete días? Que sea echada fuera del campamento por siete días, y después puede ser admitida de nuevo".*

[15] *Y Miriam fue confinada fuera del campamento por siete días; y el pueblo no se puso en marcha hasta que Miriam fue incluida de nuevo.*

[16] *Y después el pueblo partió de Hatserot y acampó en el desierto de Parán.*

HAFTARÁ DE BEHAALOTJÁ

Esta Haftará habla acerca del Creador instando a los israelitas de regreso a Jerusalén. Leemos cómo Yehoshúa, el sumo sacerdote, se paró ante el ángel de Dios, el cual lo purificó y le envió la promesa de la protección de Dios siempre y cuando Yehoshúa protegiera el Templo. El Creador les garantizó a los israelitas la vitoria sobre sus enemigos y, a su vez, les proporcionó una protección

ZACARÍAS 2:14-4:7

2 [14] *"¡Canta y regocíjate, hija de Sión, porque he aquí que vengo y moraré en medio de ti!", declara el Eterno.*

[15] *Y muchas naciones se unirán al Eterno en aquel día y serán Mi pueblo, y Yo moraré en medio de ti"; y sabrás que el Eterno de los ejércitos me ha enviado a ti.*

[16] *Y el Eterno heredará a Yehuda como Su porción de la tierra santa, y escogerá de nuevo a Jerusalén.*

[17] *Que toda carne guarde silencio ante el Eterno, porque Él despierta y sale de Su santa morada.*

3 [1] *Y me mostró a Yehoshúa, el sumo sacerdote, de pie ante el ángel del Eterno, y el Satán estaba a su derecha para acusarlo.*

[2] *Y el Eterno dijo al Satán: "¡El eterno te reprende, Satán! ¡Sí, el Eterno que ha escogido a Jerusalén te reprende! ¿no es este hombre un leño sacado del fuego?".*

MAFTIR

14 וַיֹּאמֶר יְהֹוָהאדני יאהדונהי אֶל־מֹשֶׁה מהש, אל שדי וְאָבִיהָ יָרֹק יָרַק בְּפָנֶיהָ הֲלֹא
תִכָּלֵם שִׁבְעַת יָמִים נלך תִּסָּגֵר שִׁבְעַת יָמִים נלך מִחוּץ לַמַּחֲנֶה וְאַחַר
תֵּאָסֵף: 15 וַתִּסָּגֵר מִרְיָם מִחוּץ לַמַּחֲנֶה שִׁבְעַת יָמִים נלך וְהָעָם לֹא
נָסַע עַד־הֵאָסֵף מִרְיָם: 16 וְאַחַר נָסְעוּ הָעָם מֵחֲצֵרוֹת וַיַּחֲנוּ בְּמִדְבַּר
אברהם, וז"פ אל, רמ"ח פָּארָן:

HAFTARÁ DE BEHAALOTJÁ

constante contra ellos. Esta Haftará también se lee en *Janucá*, el momento histórico en el cual los soldados macabeos, a pesar de todos los pronósticos, vencieron al Imperio Griego; esto nos da el poder de acceder a la Luz de milagros y maravillas en nuestra vida hoy en día.

זכריה פרק 2, 14-פרק 4, 7

2 14 רָנִּי וְשִׂמְחִי בַּת־צִיּוֹן יוסף, ו"פ יהוה, ה"פ אל כִּי הִנְנִי־בָא וְשָׁכַנְתִּי בְתוֹכֵךְ
נְאֻם־יְהֹוָהאדני יאהדונהי: 15 וְנִלְווּ גוֹיִם רַבִּים אֶל־יְהֹוָהאדני יאהדונהי בַּיּוֹם ע"ה = נגד, זן, מזבח
הַהוּא וְהָיוּ לִי לְעָם עלם וְשָׁכַנְתִּי בְתוֹכֵךְ וְיָדַעַתְּ כִּי־יְהֹוָהאדני יאהדונהי צְבָאוֹת
נתה ורבוע אהיה שְׁלָחַנִי אֵלָיִךְ אני: 16 וְנָחַל יְהֹוָהאדני יאהדונהי אֶת־יְהוּדָה חֶלְקוֹ עַל
אַדְמַת הַקֹּדֶשׁ וּבָחַר עוֹד בִּירוּשָׁלָםִ רי"ו ש"ע: 17 הַס כָּל־ ילי בָּשָׂר מִפְּנֵי
וחכמה בינה יְהֹוָהאדני יאהדונהי כִּי נֵעוֹר מִמְּעוֹן קָדְשׁוֹ: 3 1 וַיַּרְאֵנִי אֶת־יְהוֹשֻׁעַ
הַכֹּהֵן מלה הַגָּדוֹל להח, מבה, יזל, אום עֹמֵד לִפְנֵי וחכמה בינה מַלְאַךְ יאהדונהי יְהֹוָהאדני יאהדונהי
וְהַשָּׂטָן עֹמֵד עַל־יְמִינוֹ לְשִׂטְנוֹ: 2 וַיֹּאמֶר יְהֹוָהאדני יאהדונהי אֶל־הַשָּׂטָן יִגְעַר
יְהֹוָהאדני יאהדונהי בְּךָ הַשָּׂטָן וְיִגְעַר יְהֹוָהאדני יאהדונהי בְּךָ הַבֹּחֵר בִּירוּשָׁלָםִ רי"ו ש"ע

3 Ahora Yehoshúa estaba vestido con harapos sucios y de pie ante el ángel.

4 Y él contestó y habló a aquellos que estaban delante de él, diciendo: "Quítenle esos harapos". Y a él le dijo: "He aquí que yo quito la iniquidad de ti, y te vestiré de gala".

5 Y yo dije: "Que le coloquen una hermosa mitra sobre su cabeza". Así pusieron una mitra sobre su cabeza y lo vistieron con vestiduras; y el ángel del Eterno permaneció ahí.

6 Y el ángel del Eterno advirtió a Yehoshúa, diciendo:

7 "Así dice el Eterno de los ejércitos: Si tú sigues Mis caminos y guardas Mi instrucción, y también gobiernas Mi casa y guardas Mis atrios, entonces te daré libre acceso entre estos que están presentes.

8 Escucha ahora, Yehoshúa, sumo sacerdote, tú y tus compañeros que están ante ti; porque son hombres que son una señal; porque he aquí que traigo a Mi siervo, el vástago.

9 Porque he aquí la piedra que he puesto ante Yehoshúa. Sobre la piedra hay siete caras. He aquí que las grabaré, dijo el Eterno de los ejércitos, Y Yo quitaré la iniquidad de esa tierra en un día.

10 Y en aquel día, dijo el Eterno de los ejércitos, llamarán a cada hombre su vecino bajo la viña y bajo la higuera".

4 1 Y el ángel que hablaba conmigo regresó y me despertó, como a un hombre que es despertado de su sueño.

2 Y me dijo: "¿Qué ves?". Y yo dije: "He aquí que he visto un candelabro todo de oro, con un tazón arriba de éste y sus siete lámparas; hay siete tubos, sí, siete, hacia las lámparas que están arriba;

3 y dos olivos junto a él, uno al lado izquierdo del tazón y otro al lado izquierdo de éste".

4 Y le contesté y le hablé al ángel que habló conmigo, diciendo: "¿Qué son estos, señor mío?".

5 Entonces el ángel que habló conmigo contestó y me dijo: "¿No sabes qué son estos?". Y yo dije: "No, señor mío".

3 וִיהוֹשֻׁעַ הָיָה לָבֻשׁ בְּגָדִים צוֹאִים וְעֹמֵד לִפְנֵי הַמַּלְאָךְ: 4 וַיַּעַן וַיֹּאמֶר אֶל־הָעֹמְדִים לְפָנָיו לֵאמֹר הָסִירוּ הַבְּגָדִים הַצֹּאִים מֵעָלָיו וַיֹּאמֶר אֵלָיו רְאֵה הֶעֱבַרְתִּי מֵעָלֶיךָ עֲוֺנֶךָ וְהַלְבֵּשׁ אֹתְךָ מַחֲלָצוֹת: 5 וָאֹמַר יָשִׂימוּ צָנִיף טָהוֹר עַל־רֹאשׁוֹ וַיָּשִׂימוּ הַצָּנִיף הַטָּהוֹר עַל־רֹאשׁוֹ וַיַּלְבִּשֻׁהוּ בְּגָדִים וּמַלְאַךְ יְהֹוָה עֹמֵד: 6 וַיָּעַד מַלְאַךְ יְהֹוָה בִּיהוֹשֻׁעַ לֵאמֹר: 7 כֹּה אָמַר יְהֹוָה צְבָאוֹת אִם בִּדְרָכַי תֵּלֵךְ וְאִם אֶת־מִשְׁמַרְתִּי תִשְׁמֹר וְגַם אַתָּה תָּדִין אֶת־בֵּיתִי וְגַם תִּשְׁמֹר אֶת־חֲצֵרָי וְנָתַתִּי לְךָ מַהְלְכִים בֵּין הָעֹמְדִים הָאֵלֶּה: 8 שְׁמַע־נָא יְהוֹשֻׁעַ הַכֹּהֵן הַגָּדוֹל אַתָּה וְרֵעֶיךָ הַיֹּשְׁבִים לְפָנֶיךָ כִּי־אַנְשֵׁי מוֹפֵת הֵמָּה כִּי־הִנְנִי מֵבִיא אֶת־עַבְדִּי צֶמַח: 9 כִּי הִנֵּה הָאֶבֶן אֲשֶׁר נָתַתִּי לִפְנֵי יְהוֹשֻׁעַ עַל־אֶבֶן אַחַת שִׁבְעָה עֵינָיִם הִנְנִי מְפַתֵּחַ פִּתֻּחָהּ נְאֻם יְהֹוָה צְבָאוֹת וּמַשְׁתִּי אֶת־עֲוֺן הָאָרֶץ הַהִיא בְּיוֹם אֶחָד: 10 בַּיּוֹם הַהוּא נְאֻם יְהֹוָה צְבָאוֹת תִּקְרְאוּ אִישׁ לְרֵעֵהוּ אֶל־תַּחַת גֶּפֶן וְאֶל־תַּחַת תְּאֵנָה: 14 וַיָּשָׁב הַמַּלְאָךְ הַדֹּבֵר בִּי וַיְעִירֵנִי כְּאִישׁ אֲשֶׁר־יֵעוֹר מִשְּׁנָתוֹ: 2 וַיֹּאמֶר אֵלַי מָה אַתָּה רֹאֶה וָאֹמַר (כתיב: ויאמר) רָאִיתִי וְהִנֵּה מְנוֹרַת זָהָב כֻּלָּהּ וְגֻלָּהּ עַל־רֹאשָׁהּ וְשִׁבְעָה נֵרֹתֶיהָ עָלֶיהָ שִׁבְעָה וְשִׁבְעָה מוּצָקוֹת לַנֵּרוֹת אֲשֶׁר עַל־רֹאשָׁהּ: 3 וּשְׁנַיִם זֵיתִים עָלֶיהָ אֶחָד מִימִין הַגֻּלָּה וְאֶחָד עַל־שְׂמֹאלָהּ: 4 וָאַעַן וָאֹמַר אֶל־הַמַּלְאָךְ הַדֹּבֵר בִּי לֵאמֹר מָה אֵלֶּה אֲדֹנִי: 5 וַיַּעַן הַמַּלְאָךְ הַדֹּבֵר

[6] *Entonces él contestó y me habló, diciendo: "Esta es la palabra del Eterno a Zorobabel, que dice: "No por fuerza, ni por poder, sino por Mi Espíritu", dijo el Eterno de los ejércitos.*

[7] *"¿Quién eres tú, gran montaña delante de Zorobabel? Has de convertirte en llanura; y él sacará la piedra de la cima con exclamaciones de 'Gracia, gracia sea sobre ella'".*

רְאֵה בִּי וַיֹּאמֶר אֵלַי הֲלוֹא יָדַעְתָּ מָה־הֵמָּה אֵלֶּה וָאֹמַר לֹא אֲדֹנִי: מ״ה הֵנָּה אֵלֶּה וָאֹמַר

6 וַיַּעַן וַיֹּאמֶר אֵלַי לֵאמֹר זֶה דְּבַר־ רְאֵה יְהֹוָה אל-אדני אֶל־זְרֻבָּבֶל לֵאמֹר

לֹא בְחַיִל ומ״ב וְלֹא בְכֹחַ כִּי אִם־ יוהך, ע״ה מ״ב בְּרוּחִי אָמַר יְהֹוָה אל-אדני

צְבָאוֹת נתה ורבוע אהיה: 7 מִי־ ילי אַתָּה הַר־ רבוע אלהים ־ ה הַגָּדוֹל להו, מבה, חכל, אום

לִפְנֵי חכמה בינה זְרֻבָּבֶל לְמִישֹׁר וְהוֹצִיא אֶת־הָאֶבֶן יוד הה וו הה הָרֹאשָׁה

תְּשֻׁאוֹת חֵן וָחֵן מוזי מוזי לָהּ:

SHLAJ LEJÁ

LA LECCIÓN DE SHLAJ LEJÁ
(Números 13:1-15:41)

Con respecto a los espías

Sabemos que los hombres que fueron enviados a espiar la tierra de Canaán no eran tan sólo jefes de las tribus; ellos eran *tsadikim* (almas justas), de lo contrario Moshé no los habría enviado. Entonces, ¿por qué dijeron mentiras acerca de la tierra en sus reportes a Moshé? Tanto el *Zóhar* como el *Midrash* explican que los espías tenían miedo de lo que pasaría si el pueblo entraba en la tierra de Israel. Ellos temían que el Mesías (*Mashíaj*) llegaría y todos conocerían los secretos de la Creación, causando que ellos perdieran su poder como jefes de sus respectivas tribus y se volvieran prescindibles.

No obstante, aun si los espías no hubiesen estado entre las personas más justas de la generación de Moshé, no queda claro cómo pudieron haber hablado de forma tan negativa sobre Moshé y la tierra de Israel. ¿Cómo pudieron pecar después de haber estado en el desierto con Moshé por tantos años y haber experimentado todos los milagros en carne propia? Debe haber una explicación más profunda de por qué los espías actuaron como lo hicieron, así como algo de sabiduría sobre cómo nosotros podemos protegernos de caer en trampas similares a aquella en la que ellos cayeron.

Para arrojar algo de Luz en este asunto, Rav Berg dice que debemos observar cuidadosamente las palabras de Moshé cuando ordenó a los espías a ir a la tierra de Canaán. Moshé les dijo específicamente: "Vayan y espíen la tierra". En otras palabras, Moshé los envió solamente a observar la tierra, no a que vivieran en ella. Cuando alguien es turista en otra tierra, los inconvenientes de ese lugar no le molestan tanto como si fuera un habitante de allí porque, como visitante, no está apegado de forma permanente a ese lugar. Cuando Moshé envió a los espías, ellos debían ser imparciales ante todo. Ellos debían ir como observadores, no como inmigrantes.

Desde el principio, Moshé les dio a los espías una solución a su *Deseo de Recibir para Sí Mismos*: les dijo que miraran todo de la forma en que lo haría un turista. Pero ellos ignoraron esta orden e involucraron su ego en la evaluación de la tierra; y esta es la razón de sus reportes fraudulentos. En nuestra vida también caemos como víctimas de la ilusión, observando rara vez las cosas con desapego. El desapego significa observar nuestra vida como si estuviéramos en una película con actores y escenarios que no están conectados con nosotros de forma primordial. Cuando en realidad "vivimos" en un lugar y no somos sólo turistas, el *Deseo de Recibir para Sí Mismo* cobra fuerzas y no vemos las cosas sin apego, sino pensando en cómo éstas nos afectan y a aquello que nos pertenece.

Para desconectar del *Deseo de Recibir para Sí Mismo Solamente,* debemos aprender a observar las cosas distantemente, con objetividad. La única manera en la que llegaremos a una conclusión correcta es mirando las cosas sin una conexión con nuestro ser; sin pensar en "mí" o en el "yo" en lo absoluto.

Esta también es la razón por la cual en la lectura de Números 10:31 Moshé le pidió a Yitró ser los "ojos" de Israel. ¿Acaso Moshé no podía haber buscado a un israelita para ejercer tal labor? ¿Por qué escogió a un madianita? La respuesta está en el principio que acabamos de tratar. Sólo una persona fuera del marco de referencia israelita podría producir un juicio verdadero.

Esta es la única manera en la que podemos obtener una perspectiva que no esté contaminada por el *Deseo de Recibir para Sí Mismo Solamente*. Yitró nunca asumió la responsabilidad de ser los ojos de Israel. Sin embargo, el hecho de que Moshé le pidiera hacerlo nos demuestra cómo nosotros también podemos ser "ojos"; si tan sólo doblegáramos nuestros egos y miráramos todo de la manera en que lo hacen los turistas. Sólo de esa manera nuestros ojos podrán ver la verdad claramente.

Más acerca de los espías

Al final, los espías que estaban preocupados por sus cargos no recibieron nada, sino que perdieron todo lo que tenían. Calev y Yehoshúa, quienes no estaban preocupados por su propio poder, recibieron todo. Esto nos enseña que la gente que desea cosas por motivos egoístas se quedarán sin nada, y aquellos que no desean nada serán recibirán riquezas.

Hay una historia que aclarará más este concepto. Es un relato acerca de Rav Zusha de Anípoli (1718-1800), hermano de Rav Elimélej de Lizhansk (1717-1786); ambos fueron estudiantes del santo Maguid de Mezritch (1704-1772). Rav Zusha nunca se refería a sí mismo como "yo" porque, para él, sólo había un solo "Yo": "Yo soy el Eterno, tu Dios".

De hecho, en aquel entonces había dos rabinos de Anípoli: Uno se oponía al movimiento jasídico y el otro era Rav Zusha, el *jasid*. Una noche, el rabino en oposición al movimiento jasídico esperó hasta muy tarde en la noche de modo que ninguno de sus estudiantes supiera hacia donde se dirigía, y fue a verse secretamente con Rav Zusha. Él le dijo a Rav Zusha: "No entiendo su jasidismo. Sus vidas son muy difíciles y, sin embargo, son muy felices. Mi vida es mucho mejor y podría tener todo lo que quisiera, pero estoy lleno de ira y tristeza. ¿Cómo puedo remediar esto?".

Rav Zusha contestó: "Zusha te lo explicará. ¿Recuerdas cuando fuiste invitado por un hombre rico a la boda de su hija? No te sorprendió que hubieras sido invitado porque, después de todo, eres un rabino importante. Pero cuando el mensajero te entregó la invitación, se te ocurrió preguntarle si podías ver la lista de las otras personas que también estaban invitadas. Cuando el mensajero te mostró la lista, observaste que eras el número 14. Esto te molestó mucho. ¿Cómo podía haber 13 personas delante de ti?

Así que decidiste vengarte. Para demostrarle al hombre rico lo que pensabas de él, decidiste llegar tarde a la boda. Llegaste dos horas después de que la ceremonia había terminado pero, para aquel entonces, no quedaba lugar para que te sentaras en las mesas y casi todo el banquete de boda se había acabado. Así que tuviste que sentarte solo mientras todos los demás estaban disfrutando el postre. Estabas tan molesto por esto que te fuiste furioso del salón de bodas, murmurando maldiciones para la novia, el novio, el padre de la novia y el mundo entero.

Ahora bien, Zusha también fue invitado a la misma boda. Pero cuando el mensajero vino con la invitación, fue difícil de creer. Después de todo, Zusha nunca había hecho nada por este hombre adinerado. ¿Qué clase de mérito tenía Zusha para haber sido invitado a la boda de su hija? En ese momento, Zusha decidió llegar un par de horas más temprano para ver si podía ser de ayuda.

Cuando Zusha llegó al salón de bodas, primero ayudó a organizar las mesas y las sillas, y luego se cercioró de barrer el piso. Como resultado, el padre de la novia estaba tan agradecido por su ayuda que le pidió a Zusha que realizara la ceremonia para su hija. Posteriormente, Zusha se sentó en la mesa principal durante el banquete de bodas y luego hizo las siete bendiciones. Zusha se fue a casa lleno de amor por el mundo. Como puedes ver, si lo quieres todo, no recibes nada. Zusha no quiso nada, y lo recibió todo".

Esta es una gran enseñanza, y ayuda a explicar el error de los espías. Ellos estaban pensando sólo en cómo podían mantener su poder y cómo podrían servir a su Deseo de Recibir para Sí Mismos. Pero Calev y Yehoshúa actuaron de una forma completamente diferente. Ellos incluso preguntaron primero por qué habían sido escogidos como espías. Por lo tanto, ellos siguieron con vida mientras que los otros diez espías murieron.

Acerca del *Mashíaj* (el Mesías)

Mashíaj para mí no sólo significa paz mundial o transformación global. Para mí, *Mashíaj* es algo pequeño y personal también. Significa que nunca tendré que decirles adiós a mi padre, el Rav, a mi madre, Karen, a mi esposa e hijos, mi hermano y su familia, ni a todos nuestros amigos alrededor del mundo.

El gran Rav Yehuda Tzvi de Stretin, el tatarabuelo de Rav Yehuda Tzvi Brandwein (maestro del Rav Berg), de quien Rav Brandwein recibió el nombre, era muy cercano a su rabino, Rav Uri de Selerlisk. Una vez, a Rav Yehuda Tzvi le preguntaron qué haría durante el tiempo del *Mashíaj*. Él respondió que la mayoría de la gente correría a estudiar con Moshé, y también estarán aquellos que querrán acudir a Avraham el Patriarca o a Rav Shimón y el sagrado Rav Yitsjak Luria. "Pero en cuanto a mí", dijo Rav Yehuda Tzvi, "yo sólo quiero estar con mi maestro las 24 horas del día".

SINOPSIS DE SHLAJ LEJÁ

La enseñanza espiritual en este capítulo consiste principalmente acerca del juicio. Los kabbalistas ilustran que la única forma para que ejerzan juicio sobre nosotros es si nosotros juzgamos a los demás primero. Juzgar a los demás es peligroso en dos maneras: atrae juicio sobre nosotros de parte del cosmos, y también puede hacer que nosotros hagamos acciones negativas basándonos en nuestros frecuentes juicios erróneos.

PRIMERA LECTURA – AVRAHAM – JÉSED

13 :1 **Y** el Eterno habló a Moshé, para decir: :2 "Envía hombres a fin de que exploren la tierra de Canaán, la cual entrego a los hijos de Israel; enviarás un hombre de cada una de las tribus de sus padres, cada uno de ellos jefe entre ellos".

:3 Y Moshé los envió desde el desierto de Parán, según el mandato del Eterno; todos aquellos hombres eran jefes de los hijos de Israel.

:4 Y estos eran sus nombres: de la tribu de Reuvén, Shamuá, hijo de Zacur. :5 De la tribu de Shimón, Shafat, hijo de Jorí.

:6 De la tribu de Yehuda, Calev, hijo de Yefuné. :7 de la tribu de Yisajar, Yigal, hijo de Yosef.

COMENTARIO DEL RAV

Acerca del amor

¿Acaso no dice la Torá: "Ama a tu prójimo como a ti mismo"? No obstante, lo que estamos diciendo acá en Shlaj Lejá es: "No, no tienes que amar a todos", que es lo contrario de *veahavta lereaja camoja* (ama a tu prójimo como a ti mismo). Entonces, ¿cuál es la respuesta? Le he preguntado a mucha gente en el transcurso de los años: ¿Cómo interpretas, cómo explicas, cómo entiendes lo que significa el amor?

Una vez que entendemos lo que significa el amor, la respuesta es muy sencilla. Es lo que el *Zóhar* dice acerca de Dios: Ama a tu Dios. ¿Pero cómo podemos amar a algo o alguien que jamás has visto, con quien nunca has estado en contacto? Ciertamente, Dios no está en esa categoría de amor. La respuesta es que en las relaciones, como en la relación entre nosotros y Dios, a pesar de que no siempre lo parezca asumimos que Dios es compasivo, lleno de misericordia.

Por lo tanto, el *Zóhar* explica que no se trata de amar a Dios, sino nuestra conexión con

Dios. Y esa es la lección: dado que Dios es compasivo, tenemos que ser compasivos. Si Dios brinda misericordia, tenemos que brindar misericordia. De eso se trata el "amor": conectar con los atributos.

De la misma manera, cuando otro individuo nos ofrece esa clase de compasión, no tenemos otra opción más que ofrecerla a cambio. ¿Qué ocurre si alguien me odia? Entonces, se nos dice que para poder conectar y entender esa negatividad (sentir la falta de compasión de ese individuo), y ver en ese individuo las consecuencias de comportarnos de manera poco digna, es importante entender que nosotros también podemos caer en esa trampa.

Así que venimos aquí con la esperanza de que la *Yud* agrandada, la cual es el antídoto para esa violación (que es la raíz de todo sufrimiento humano a nivel individual, colectivo, nacional e internacional), es la respuesta. Que tratemos a todos con dignidad humana, indiferentemente del estatus de la persona, y que nunca abandonemos la responsabilidad de ofrecer dignidad humana.

PRIMERA LECTURA – AVRAHAM – JÉSED

13 1 וַיְדַבֵּר רְאֵה יְהוָֹהאהדונהי מהע, אל שדי אֶל־מֹשֶׁה לֵאמֹר: 2 שְׁלַח־לְךָ

אֲנָשִׁים וְיָתֻרוּ כס״א כס״א קנ״א קנ״א קמ״ג אֶת־אֶרֶץ אלהים דאלפין כְּנַעַן אֲשֶׁר־אֲנִי

אני, טדהד כוז״ו אבגית״ץ נֹתֵן ועיר, אהבת חנם לִבְנֵי יִשְׂרָאֵל עה קנ״א קס״א אִישׁ אֶחָד אהבה, דאגה

אִישׁ עה קנ״א קס״א אֶחָד אהבה, דאגה לְמַטֵּה אֲבֹתָיו תִּשְׁלָחוּ כֹּל ילי נָשִׂיא בָהֶם:

3 וַיִּשְׁלַח אֹתָם מֹשֶׁה מהע, אל שדי מִמִּדְבַּר פָּארָן עַל־פִּי יְהוָֹהאהדונהי כֻּלָּם

אֲנָשִׁים רָאשֵׁי בְנֵי־יִשְׂרָאֵל הֵמָּה: 4 וְאֵלֶּה מ״ב שְׁמוֹתָם לְמַטֵּה רְאוּבֵן

ג״פ אלהים עה, עה, עה קנ״א קס״א שַׁמּוּעַ בֶּן־זַכּוּר: 5 לְמַטֵּה שִׁמְעוֹן שָׁפָט בֶּן־חוֹרִי:

6 לְמַטֵּה יְהוּדָה כָּלֵב בֶּן־יְפֻנֶּה: 7 לְמַטֵּה יִשָּׂשׂכָר יי״פ אל יי״פ ב״ן

שְׁלַח־לְךָ

Números 13:2 – Dios le dijo a Moshé que enviara un espía de cada una de las 12 tribus a la tierra de Canaán. Dado que un nombre refleja el alma de una persona, Moshé cambió el nombre de Hóshea (Oseas) a Yehoshúa (Josué, que significa "el Señor es mi salvación") antes de que Yehoshúa partiera, a fin de que su nombre fuese más espiritual y más apegado a su alma. Cambiar nuestro nombre es una de las maneras en las que podemos comenzar nuestro camino a la transformación. Si tu nombre no es adecuado para ti, se recomienda que lo cambies para que esté más conectado al propósito de tu alma. El *Zóhar* dice:

> "… Y a Hoshea, hijo de NUN, lo llamó Yehoshúa" (Números 13:16). RABÍ YITSJAK dijo: ¿Alguna vez la Escritura lo llamó Hoshea? ¿No está escrito: "Y dijo Moshé a Yehoshúa…" (Éxodo 17:9), y "… Yehoshúa ben Nun, un joven…" (Éxodo 33:11) y "Yehoshúa debilitó" (Éxodo 17:13)? RESPONDE: Sin embargo, Moshé le dijo: Yud-Hei te salvará (heb. *yoshiajá*) de ellos, YA QUE YEHOSHÚA ESTÁ ESCRITO CON LAS LETRAS YUD Y HEI, Y YOSHÍA ('SALVARÁ').

Rabí Aba dijo: Tan pronto como MOSHÉ envió a YEHOSHÚA para allá, A LA TIERRA DE YISRAEL, él necesitaba ser perfecto. ¿Y de qué manera? Con la Shejiná, YA QUE LA TIERRA DE YISRAEL ES EL SECRETO DE LA SHEJINÁ. Hasta ese tiempo, él era considerado un joven, como hemos explicado, SIGNIFICANDO QUE ESTABA ADHERIDO A METATRÓN MENCIONADO COMO UN JOVEN. En ese tiempo, Moshé lo ató a LA SHEJINÁ. Él fue mencionado en las Escritura antes de eso como Yehoshúa porque las Escrituras se referían a él de acuerdo a como estaba destinado a ser llamado. Moshé dijo: De lo más cierto es que no es apropiado para él llegar allí excepto por medio de la Shejiná y eso es apropiado. POR LO TANTO, LO LLAMÓ YEHOSHÚA AÑADIENDO LA YUD A SU NOMBRE, LO CUAL ES EL SECRETO DE LA SHEJINÁ.
— El *Zóhar, Shlaj Lejá* 6:33-34

Rashí dice, y el *Zóhar* en los fragmentos anteriores lo muestra, que Moshé añadió la Yud al nombre de Hoshea para formar Yehoshúa, a fin de que su nombre comenzara con las mismas letras del Nombre de Dios. Esto significa que Moshé rezó: "Que Dios te salve de la conspiración de los espías".

[8] *De la tribu de Efráyim, Hoshea, hijo de Nun.*

[9] *De la tribu de Binyamín, Paltí, hijo de Rafú.*

[10] *De la tribu de Zevulún, Gadiel, hijo de Sodí.*

[11] *De la tribu de los hijos de Yosef, a saber: de la tribu de Menashé, Gadí, hijo de Susí.*

[12] *De la tribu de Dan, Amiel, hijo de Guemalí.*

[13] *De la tribu de Asher, Setur, hijo de Mijael.*

[14] *De la tribu de Naftalí, Najbí, hijo de Vofsí.*

[15] *De la tribu de Gad, Gueuel, hijo de Mají.*

[16] *Estos son los nombres de los hombres a quienes Moshé envió a explorar la tierra. Y Moshé llamó Yehoshúa a Hoshea, hijo de Nun.*

[17] *Y Moshé los envió a reconocer la tierra de Canaán, y les dijo: "Suban hacia el Sur, y suban las montañas;*

[18] *y vean cómo es la tierra; y si la gente que habita en ella es fuerte o débil, si son pocos o muchos;*

[19] *y si la tierra en que viven es buena o mala; y si las ciudades en que habitan son en campamentos o fortificaciones;*

[20] *y si el terreno es fértil o no, si hay árbol, un hombre íntegro, o no. Sean esforzados y traigan del fruto de la tierra". Y los días eran los días de la primera cosecha de uvas.*

לְהוֹשֵׁעַ

Números 13:16 – Antes de que se marchara, Moshé bendijo a Yehoshúa para que regresara puro y libre de juicio. Calev tomó la iniciativa de visitar las tumbas de los *tsadikim* para pedir protección porque quería evitar que el juicio de las personas le afectaran. Nosotros también podemos usar a los *tsadikim* para protegernos, pero tenemos que tomar la iniciativa; ellos no pueden ayudarnos salvo que les pidamos ayuda. El *Zóhar* dice:

"Y éstos son sus nombres (de los hombres que Moshé envió)..." (Números 13:4). Rabí Yitsjak dijo: Moshé observó y estaba consciente de que ellos, ESTO ES: LOS OBSERVADORES, no tendrían éxito en su misión, y entonces oró con respecto a Yehoshúa. Calev estaba entonces afligido. Dijo: ¿Qué haré, ya que Yehoshúa se adelanta con la máxima ayuda de Moshé, quien inspiró en él la iluminación de la Luna, QUE ES MALJUT? Él resplandeció sobre él con su luz en su oración, ya que

יִגְאָל בֶּן־יוֹסֵף צִיוֹן, ר״פ יהוה: 8 לְמַטֵּה אֶפְרַיִם הוֹשֵׁעַ בֶּן־נוּן: 9 לְמַטֵּה אל מַצפצ

בִּנְיָמִן פַּלְטִי בֶּן־רָפוּא: 10 לְמַטֵּה זְבוּלֻן גַּדִּיאֵל בֶּן־סוֹדִי: 11 לְמַטֵּה יוֹסֵף

צִיוֹן, ר״פ יהוה לְמַטֵּה מְנַשֶּׁה גַּדִּי בֶּן־סוּסִי: 12 לְמַטֵּה דָן עַמִּיאֵל בֶּן־גְּמַלִּי:

13 לְמַטֵּה אָשֵׁר רִיבוע אלהים ואלהים דיודין ע״ה סְתוּר בֶּן־מִיכָאֵל: 14 לְמַטֵּה נַפְתָּלִי

נַחְבִּי בֶּן־וָפְסִי: 15 לְמַטֵּה גָד גְּאוּאֵל בֶּן־מָכִי: 16 אֵלֶּה שְׁמוֹת הָאֲנָשִׁים

אֲשֶׁר־שָׁלַח מֹשֶׁה מהע לָתוּר אֶת־הָאָרֶץ מלוי אדני אל עדי ע״ה אלהים דההן וַיִּקְרָא

עם ה׳ אותיות = ב״פ קס״א מֹשֶׁה מהע, אל עדי לְהוֹשֵׁעַ בֶּן־נוּן יְהוֹשֻׁעַ: 17 וַיִּשְׁלַח אֹתָם

מֹשֶׁה מהע, אל עדי לָתוּר אֶת־אֶרֶץ מלוי אדני דאלפין כְּנָעַן וַיֹּאמֶר אֲלֵהֶם עֲלוּ

זֶה בַּנֶּגֶב וַעֲלִיתֶם אֶת־הָהָר: 18 וּרְאִיתֶם אֶת־הָאָרֶץ אלהים דההן ע״ה מַה־ מ״ה

הִוא וְאֶת־הָעָם הַיֹּשֵׁב עָלֶיהָ פהל הֶחָזָק פהל הוּא הֲרָפֶה הַמְעַט הוּא אִם־

יוהך, ע״ה מ״ב רָב ע״ב ורבוע מ״ה: 19 וּמָה מ״ה הָאָרֶץ אלהים דההן ע״ה אֲשֶׁר־הוּא יֹשֵׁב

בָּהּ הֲטוֹבָה אכא הִוא אִם־ יוהך, ע״ה מ״ב רָעָה רהע וּמָה מ״ה הֶעָרִים עכ״ה, ה״פ אדני

אֲשֶׁר־הוּא יוֹשֵׁב בָּהֵנָּה הַבְּמַחֲנִים אִם יוהך, ע״ה מ״ב בְּמִבְצָרִים: 20 וּמָה מ״ה

הָאָרֶץ אלהים דההן ע״ה הַשְּׁמֵנָה הִוא אִם־ יוהך, ע״ה מ״ב רָזָה הֲיֵשׁ־ י״פ אל בָּהּ

עֵץ ע״ה קס״א אִם־ יוהך, ע״ה מ״ב אַיִן וְהִתְחַזַּקְתֶּם וּלְקַחְתֶּם מִפְּרִי ע״ה אלהים דאלפין

הָאָרֶץ אלהים דההן ע״ה וְהַיָּמִים גלך יְמֵי בִּכּוּרֵי עֲנָבִים ב״פ אלהים:

---

es EL ASPECTO del Sol, QUE ES ZEIR ANPÍN.
¿Así que qué hizo Calev? Se retiró de LOS
OBSERVADORES, y vino al sepulcro de los
patriarcas, y oró su oración allí.
— *El Zóhar, Shlaj Lejá 6:31*

עֵץ

Números 13:20 – Moshé envió a los hombres
para ver si el Árbol de la Vida (no el Árbol del

Conocimiento del Bien y el Mal, el cual representa
el caos y que contribuyó con el pecado original
de Adam) se encontraba en la tierra de Canaán.
Moshé quería avanzar sólo si el Árbol de la
Vida estaba allí. Estos dos árboles representan
nuestras decisiones críticas y fundamentales en
la vida. Debemos siempre seguir el ejemplo de
Moshé y avanzar sólo hacia el Árbol de la Vida
en todos los aspectos de nuestra vida.

SEGUNDA LECTURA – YITSJAK – GUEVURÁ

²¹ *Entonces ellos subieron y exploraron la tierra desde el desierto de Tsin hasta Rejov, a la entrada de Jamat.* ²² *Y subieron por el Sur, y llegaron hasta Jevrón, donde estaban Ajimán, Sheshái y Talmái, los hijos del gigante. Hebrón fue edificada siete años antes que Tsoán en Egipto.*

²³ *Y llegaron hasta el valle de Eshcol y de allí cortaron un sarmiento con un solo racimo de uvas; y lo llevaban en un palo entre dos hombres; también tomaron de las granadas y los higos.* ²⁴ *Aquel lugar fue llamado Valle de Eshcol por razón del racimo que los hijos de Israel cortaron allí.*

²⁵ *Y volvieron de reconocer la tierra al cabo de cuarenta días.* ²⁶ *Y fueron y se presentaron a Moshé y a Aharón, y a toda la congregación de los hijos de Israel en el desierto de Parán, en Cades; y trajeron el reporte a ellos y a toda la congregación, y les enseñaron el fruto de la tierra.* ²⁷ *Y le contaron a él, y le dijeron: "Fuimos a la tierra adonde nos enviaste; ciertamente mana leche y miel, y este es el fruto de ella.*

²⁸ *Sin embargo, el pueblo que habita en la tierra es vigorosa y las ciudades son fortificadas y muy grandes; y además vimos allí a los hijos del gigante.*

²⁹ *Amalek habita en la tierra del Sur, y los hititas, los jebuseos y los amorreos habitan en las montañas, y los cananeos habitan junto al mar y junto al Jordán".* ³⁰ *Y Calev calmó al pueblo para Moshé, y dijo: "¡Debemos subir en seguida y tomar posesión de ella, porque podemos lograrlo!".*

³¹ *Pero los hombres que habían subido con él dijeron: "¡No podemos subir contra ese pueblo, porque ellos son más fuertes que nosotros!".*

וַיַּעֲלוּ

Números 13:21 – Cuando los espías partieron, comenzaron a cuestionar si Canaán era un buen lugar para ellos, temiendo que dejaran de ser necesitados dado que, si los israelitas avanzaban hacia ese lugar, todos estarían unidos. De modo que partieron hacia Canaán con intenciones ocultas, las cuales tergiversaron su juicio de lo que vieron y reportaron. Cuando regresaron al campamento de los israelitas, diez de ellos dieron reportes similares acerca de la tierra de Canaán, mientras que Yehoshúa y Calev dieron un reporte completamente diferente. Sólo Yehoshúa y Calev vieron lo que era real porque ellos creían en tratar a los demás con dignidad humana.

Cuando nos importa la dignidad humana de los demás, somos protegidos de ser tan negativos como los otros diez espías, quienes sólo estaban interesados en sí mismos y mostraron un irrespeto absoluto por las otras personas debido a sus propias intenciones ocultas. Respetar la dignidad humana nos protege de caer a su nivel. Esta lectura nos ayuda a eliminar cualquier intención oculta personal, a fin de que veamos claramente y hablemos honestamente.

נוּכַל

Números 13:30 – En esta lectura, Calev dice: "Debemos subir en seguida y tomar posesión de

SEGUNDA LECTURA – YITSJAK – GUEVURÁ

21 וַיַּעֲלוּ֙ וַיָּתֻ֖רוּ אֶת־הָאָ֑רֶץ אלהים ההון ע״ה מִמִּדְבַּר־צִ֥ן עַד־רְחֹ֖ב לְבֹ֣א

חֲמָֽת׃ 22 וַיַּעֲל֣וּ בַנֶּגֶב֮ וַיָּבֹ֣א עַד־חֶבְרוֹן֒ וְשָׁ֤ם יהוה עדי אֲחִימַ֣ן שֵׁשַׁ֣י

וְתַלְמַ֔י יְלִידֵ֖י הָעֲנָ֑ק וְחֶבְר֗וֹן ע״ב ואלהים דיורין שֶׁ֤בַע שָׁנִים֙ נִבְנְתָ֔ה לִפְנֵ֖י

חכמה בינה צֹ֥עַן מִצְרָֽיִם מצר: 23 וַיָּבֹ֜אוּ עַד־נַ֣חַל אֶשְׁכֹּ֗ל וַיִּכְרְת֨וּ מִשָּׁ֤ם

זְמוֹרָה֙ וְאֶשְׁכּ֤וֹל עֲנָבִים֙ ב״פ אלהים אֶחָ֔ד אהבה, דאגה וַיִּשָּׂאֻ֥הוּ בַמּ֖וֹט בִּשְׁנָ֑יִם

וּמִן־הָרִמֹּנִ֖ים וּמִן־הַתְּאֵנִֽים׃ 24 לַמָּק֣וֹם יהוה ברבוע, ר״פ אל הַה֗וּא קָרָ֖א נַ֣חַל

אֶשְׁכּ֑וֹל עַ֚ל אֹד֣וֹת הָֽאֶשְׁכּ֔וֹל אֲשֶׁר־כָּרְת֥וּ מִשָּׁ֖ם יהוה עדי בְּנֵ֥י יִשְׂרָאֵֽל׃

25 וַיָּשֻׁ֖בוּ מִתּ֣וּר הָאָ֑רֶץ אלהים ההון ע״ה מִקֵּ֖ץ מנק אַרְבָּעִ֥ים ע״ה = נגד, זן, מזבח י֖וֹם׃

26 וַיֵּלְכ֡וּ ע״ב, ריבוע יהוה; כלי וַיָּבֹאוּ֩ אֶל־מֹשֶׁ֨ה מהע, אל שדי וְאֶֽל־אַהֲרֹ֜ן ע״ב ורבוע ע״ב

וְאֶל־כָּל־ ילי עֲדַ֧ת בְּנֵֽי־יִשְׂרָאֵ֛ל אֶל־מִדְבַּ֥ר ראה פָּארָ֖ן קָדֵ֑שָׁה וַיָּשִׁ֨יבוּ

אֹתָ֤ם דָּבָר֙ ראה וְאֶת־כָּל־ ילי הָ֣עֵדָ֔ה וַיַּרְא֖וּם אֶת־פְּרִ֥י ע״ה אלהים דאלפין הָאָֽרֶץ

אלהים ההון ע״ה׃ 27 וַיְסַפְּרוּ־ל֣וֹ וַיֹּֽאמְר֔וּ בָּ֕אנוּ אֶל־הָאָ֖רֶץ אלהים ההון ע״ה אֲשֶׁ֣ר

שְׁלַחְתָּ֑נוּ וְ֠גַם יגל זָבַ֨ת חָלָ֥ב וּדְבַ֛שׁ הִ֖וא וְזֶה־פִּרְיָֽהּ׃ 28 אֶ֚פֶס כִּֽי־עַ֣ז

אני יהוה הָעָ֔ם הַיֹּשֵׁ֖ב בָּאָ֑רֶץ וְהֶֽעָרִים֙ אלהים דאלפין בְּצֻר֣וֹת גְּדֹלֹ֣ת עכה״ס, ה״פ אדני

מְאֹ֔ד מ״ה וְגַם־ יגל יְלִדֵ֥י הָעֲנָ֖ק רָאִ֥ינוּ שָֽׁם יהוה עדי׃ 29 עֲמָלֵ֥ק ב״פ קר״ע יוֹשֵׁב֙

בְּאֶ֣רֶץ אלהים דאלפין הַנֶּ֔גֶב וְ֠הַֽחִתִּי וְהַיְבוּסִ֤י וְהָֽאֱמֹרִי֙ יוֹשֵׁ֣ב בָּהָ֔ר אור, רז, אין סוף

וְהַֽכְּנַעֲנִי֙ יֹשֵׁ֣ב עַל־הַיָּ֔ם ילי וְעַ֖ל יַ֥ד הַיַּרְדֵּֽן׃ 30 וַיַּ֧הַס י״פ יהוה ורד אותיות כָּלֵ֛ב

ב״ן, לכבד, יבם אֶת־הָעָ֖ם אֶל־מֹשֶׁ֑ה מהע, אל שדי וַיֹּ֗אמֶר עָלֹ֤ה נַעֲלֶה֙ וְיָרַ֣שְׁנוּ

אֹתָ֔הּ כִּֽי־יָכ֥וֹל נוּכַ֖ל לָֽהּ׃ 31 וְהָ֣אֲנָשִׁ֗ים אֲשֶׁר־עָל֤וּ עִמּוֹ֙ אָֽמְר֔וּ לֹ֥א

---

ella, porque podemos lograrlo". El mensaje que Calev estaba transmitiendo al pueblo era que, si es la voluntad de Dios, podemos lograr cualquier cosa. Nada es imposible. Ningún obstáculo es demasiado grande cuando estamos conectados a la Luz. A través de esta lectura, podemos adquirir el poder de la certeza, el cual nos ayuda a superar todos los obstáculos.

32 Y dieron un mal informe a los hijos de Israel de la tierra que habían reconocido, diciendo: "La tierra por la que hemos ido para explorarla es una tierra que devora a sus habitantes, y toda la gente que vimos en ella son hombres de gran estatura.

33 Vimos allí a los caídos, los titanes, los hijos de Anak que provienen de los nefilim; y nosotros éramos como langostas ante nuestros ojos; y así éramos ante sus ojos".

14 1 Y toda la congregación levantó la voz y clamó; y el pueblo lloró aquella noche.

2 Y todos los hijos de Israel murmuraron contra Moshé y Aharón; y toda la congregación les dijo: "¡Ojalá hubiéramos muerto en la tierra de Egipto! ¡Ojalá hubiéramos muerto en este desierto!

3 ¿Y por qué el Eterno nos trae a esta tierra para caer a espada? Nuestras mujeres y nuestros pequeños irán a ser cautivos. ¿No será mejor que volvamos a Egipto?".

4 Y se decían unos a otros: "Nombremos un jefe y volvamos a Egipto".

5 Entonces Moshé y Aharón cayeron sobre sus rostros en presencia de toda la asamblea de la congregación de los hijos de Israel.

6 Y Yehoshúa, hijo de Nun, y Calev, hijo de Yefuné, que eran de los que habían explorado la tierra, rasgaron sus vestidos.

7 Y hablaron a toda la congregación de los hijos de Israel, diciendo: "La tierra por la que pasamos para explorarla es una tierra buena en gran manera.

TERCERA LECTURA – YAAKOV – TIFÉRET

8 Si el Eterno se complace en nosotros, nos llevará a esa tierra y nos la dará; es una tierra que mana leche y miel.

9 Sólo no se rebelen contra el Eterno, ni tengan miedo de la gente de la tierra, pues serán presa nuestra; su protección les ha sido quitada y el Eterno está con nosotros, no les tengan miedo".

נוּכַ֣ל לַעֲל֣וֹת אֶל־הָעָ֔ם כִּֽי־חָזָ֥ק פהל ה֖וּא מִמֶּֽנּוּ׃ 32 וַיֹּצִ֜יאוּ דִּבַּ֤ת הָאָ֨רֶץ֙

אֱלֹהִים דההון ע"ה אֲשֶׁ֣ר תָּר֣וּ אֹתָ֔הּ אֶל־בְּנֵ֥י יִשְׂרָאֵ֖ל לֵאמֹ֑ר הָאָ֡רֶץ אלהים דההון ע"ה

אֲשֶׁר֩ עָבַ֨רְנוּ בָ֜הּ לָת֣וּר מלוי אדני אֹתָ֗הּ אֶ֤רֶץ אלהים דאלפין אֹכֶ֤לֶת יוֹשְׁבֶ֨יהָ֙ הִ֔וא

וְכָל־ ילי הָעָ֛ם אֲשֶׁר־רָאִ֥ינוּ בְתוֹכָ֖הּ אַנְשֵׁ֥י מִדּֽוֹת׃ 33 וְשָׁ֣ם יהוה עדי רָאִ֗ינוּ

אֶת־הַנְּפִילִ֛ים בְּנֵ֥י עֲנָ֖ק מִן־הַנְּפִלִ֑ים וַנְּהִ֤י ריבוע מ"ה בְעֵינֵ֨ינוּ֙ כַּֽחֲגָבִ֔ים וְכֵ֥ן

הָיִ֖ינוּ בְּעֵינֵיהֶֽם׃ 14 1 וַתִּשָּׂא֙ ריבוע מ"ה ילי כָּל־הָ֣עֵדָ֔ה וַֽיִּתְּנ֖וּ אֶת־קוֹלָ֑ם וַיִּבְכּ֥וּ

הָעָ֖ם בַּלַּ֥יְלָה מלה הַהֽוּא׃ 2 וַיִּלֹּ֨נוּ מהעל, אל עדי עַל־מֹשֶׁ֜ה וְעַֽל־אַהֲרֹ֗ן ע"ב וְרבוע ע"ב

כֹּ֚ל ילי בְּנֵ֣י יִשְׂרָאֵ֔ל וַיֹּֽאמְר֨וּ אֲלֵהֶ֜ם כָּל־ ילי הָעֵדָ֗ה לוּ־מַ֨תְנוּ֙ בְּאֶ֣רֶץ

אלהים דאלפין מִצְרַ֔יִם מצר א֛וֹ בַּמִּדְבָּ֥ר אברהם, וו"פ אל, רמ"ח הַזֶּ֖ה והו לוּ־מָֽתְנוּ׃ 3 וְלָמָ֣ה

יְהֹוָ֡האדניאהדונהי מֵבִיא֩ אֹתָ֨נוּ אֶל־הָאָ֤רֶץ אלהים דההון ע"ה הַזֹּאת֙ לִנְפֹּ֣ל בַּחֶ֔רֶב

ריבוע ס"ג ורבוע אהיה נָשֵׁ֥ינוּ וְטַפֵּ֖נוּ יִהְי֣וּ אל לָבַ֑ז הֲל֧וֹא ט֦וֹב והו לָ֛נוּ שׁ֥וּב מִצְרָֽיְמָה׃

מצר 4 וַיֹּאמְר֖וּ אִ֣ישׁ קנ"א קס"א ע"ה אֶל־אָחִ֑יו נִתְּנָ֥ה רֹ֖אשׁ ריבוע אלהים ואלהים דיודין ע"ה

וְנָשׁ֥וּבָה מִצְרָֽיְמָה׃ מצר 5 וַיִּפֹּ֥ל מֹשֶׁ֖ה מהעל, אל עדי וְאַהֲרֹ֑ן ע"ב ורבוע ע"ב עַל־פְּנֵיהֶ֑ם

לִפְנֵ֕י וחכמה בינה כָּל־ ילי קְהַ֖ל ע"ב ס"ג עֲדַ֥ת בְּנֵ֥י יִשְׂרָאֵֽל׃ 6 וִיהוֹשֻׁ֣עַ בִּן־נ֗וּן וְכָלֵב֙

בֵּ"ן, לכב יבמ בֶּן־יְפֻנֶּ֔ה מִן־הַתָּרִ֖ים אֶת־הָאָ֑רֶץ אלהים דההון ע"ה קָרְע֖וּ בִּגְדֵיהֶֽם׃

7 וַיֹּ֣אמְר֔וּ אֶל־כָּל־ ילי עֲדַ֥ת בְּנֵי־יִשְׂרָאֵ֖ל לֵאמֹ֑ר הָאָ֗רֶץ אלהים דההון ע"ה

אֲשֶׁ֨ר עָבַ֤רְנוּ בָהּ֙ לָת֣וּר מלוי אדני אֹתָ֔הּ טוֹבָ֥ה אכא הָאָ֖רֶץ אלהים דההון ע"ה מְאֹ֥ד

מ"ה מְאֹֽד׃ מ"ה׃

TERCERA LECTURA – YAAKOV – TIFÉRET

8 אִם־ יוהך ע"ה מ"ב חָפֵ֥ץ בָּ֨נוּ֙ יְהֹוָ֔האדניאהדונהי וְהֵבִ֤יא אֹתָ֨נוּ֙ אֶל־הָאָ֣רֶץ

אלהים דההון ע"ה הַזֹּ֔את וּנְתָנָ֖הּ לָ֑נוּ מום, אלהים, אהיה - אדני אֶ֕רֶץ אלהים דאלפין אֲשֶׁר־הִ֛וא

זָבַ֥ת חָלָ֖ב וּדְבָֽשׁ׃ 9 אַ֣ךְ אהיה בַּֽיהֹוָה֮אהדונהי אַל־תִּמְרֹ֒דוּ֒ וְאַתֶּ֗ם אַל־תִּֽירְאוּ֙

¹⁰ Pero toda la congregación dijo que los lapidaran con piedras, entonces la gloria del Eterno apareció en la Tienda de Reunión a todos los hijos de Israel.

¹¹ Y el Eterno dijo a Moshé: "¡¿Hasta cuándo me desdeñará este pueblo? ¿Y hasta cuándo no creerán en Mí a pesar de todas las señales que he hecho en medio de ellos?!

¹² Los azotaré con la pestilencia y los destruiré, y a ti te haré una nación más grande y poderosa que ellos".

¹³ Y Moshé respondió al Eterno: "Entonces lo oirán los egipcios, pues Tú sacaste a este pueblo de en medio de ellos con Tu poder,

¹⁴ se lo dirán a los habitantes de esta tierra quienes han oído que Tú, Eterno, estás en medio de este pueblo, porque Tú, Eterno, eres visto cara a cara y Tu nube está sobre ellos; y Tú vas delante de ellos de día en una columna de nube y de noche en una columna de fuego;

¹⁵ pero si Tú destruyes a este pueblo como a un solo hombre, entonces las naciones que han oído de Tu fama hablarán, diciendo:

¹⁶ 'Dado que el Eterno no pudo introducir a este pueblo a la tierra que les había prometido con juramento, los mató en el desierto'.

¹⁷ Y ahora, te ruego que sea engrandecido el poder del Eterno, tal como Tú lo has declarado, diciendo:

¹⁸ 'El Eterno es lento para la ira y abundante en misericordia, y perdona la iniquidad y la transgresión; pero de ninguna manera tendrá por inocente al culpable; sino que castigará la iniquidad de los padres sobre los hijos, sobre la tercera y la cuarta generación'.

¹⁹ Perdona, te ruego, la iniquidad de este pueblo conforme a la grandeza de Tu misericordia y conforme a como has perdonado a este pueblo desde Egipto hasta este momento".

²⁰ Y el Eterno dijo: "Los he perdonado según tu palabra. ²¹ Pero tan cierto como que Yo vivo será que toda la tierra estará llena de la gloria del Eterno; ²² porque estos hombres que han visto Mi gloria y Mis señales que hice en Egipto y en el desierto, y sin embargo me han puesto a prueba estas diez veces y no han oído Mi voz,

---

יִגְדַּל

Números 14:17 – Si bien la *Yud* es la letra más pequeña del alfabeto, en la palabra *yigdal* ("se engrandezca") está agrandada. La letra *Yud* está relacionada con el signo de Virgo, el cual gobierna a las personas que generalmente son criticonas. Los espías a quienes Moshé envió representan algunos de los aspectos más problemáticos en nosotros: crítica excesiva odio, intenciones ocultas. Ver esta *Yud* agrandada nos ayuda a superar dichas características negativas.

אֶת־עַם הָאָ֔רֶץ אלהים דההין ע"ה כִּ֤י לַחְמֵ֙נוּ֙ הֵ֔ם סָ֣ר ֹ הויות צלם ע"ה קס"א מֵֽעֲלֵיהֶ֗ם

וַֽיהֹוָ֤האדנים־יאהדונהי אִתָּ֙נוּ֙ אַל־תִּ֣ירָאֻ֔ם: 10 וַיֹּֽאמְרוּ֙ יל כָּל־הָ֣עֵדָ֔ה לִרְגּ֥וֹם אֹתָ֖ם

בָּֽאֲבָנִ֑ים וּכְב֣וֹד ל"ב יְהֹוָ֗האדני־יאהדונהי נִרְאָה֙ ע"ב וֹרבוע ע"ב בְּאֹ֣הֶל לאה (אלד ע"ה) מוֹעֵ֔ד

אֶֽל־כָּל־ יל בְּנֵ֖י יִשְׂרָאֵֽל: 11 וַיֹּ֤אמֶר יְהֹוָ֙האדני־יאהדונהי אֶל־מֹשֶׁ֔ה מהע, אל שדי

עַד־אָ֥נָה יְנַֽאֲצֻ֖נִי הָעָ֣ם הַזֶּ֑ה והו וְעַד־אָ֙נָה֙ לֹֽא־יַאֲמִ֣ינוּ בִ֔י בּ"ן, לכב, יבם בְּכֹל֙

הָ֣אֹת֔וֹת אֲשֶׁ֥ר עָשִׂ֖יתִי בְּקִרְבּֽוֹ: 12 אַכֶּ֥נּוּ בַדֶּ֖בֶר ראה וְאֽוֹרִשֶׁ֑נּוּ וְאֶֽעֱשֶׂ֥ה

אֹֽתְךָ֛ לְגֽוֹי־גָּד֥וֹל לההו, מבה, יזל, אום וְעָצ֖וּם מִמֶּֽנּוּ: 13 וַיֹּ֥אמֶר מֹשֶׁ֖ה מהע, אל שדי

אֶל־יְהֹוָ֑האדני־יאהדונהי וְשָֽׁמְע֣וּ מִצְרַ֔יִם מצר כִּֽי־הֶעֱלִ֧יתָ בְכֹחֲךָ֛ אֶת־הָעָ֥ם

הַזֶּ֖ה והו מִקִּרְבּֽוֹ: 14 וְאָֽמְר֗וּ אֶל־יוֹשֵׁב֮ הָאָ֣רֶץ אלהים דההין ע"ה הַזֹּאת֒ שָֽׁמְעוּ֙

כִּֽי־אַתָּ֣ה יְהֹוָ֗האדני־יאהדונהי בְּקֶ֙רֶב֙ קמ"ג קס"א הָעָ֣ם הַזֶּ֔ה והו אֲשֶׁר־עַ֤יִן ריבוע מ"ה

בְּעַ֙יִן֙ ריבוע מ"ה נִרְאָ֣ה ע"ב ורבוע ע"ב | אַתָּ֣ה יְהֹוָ֔האדני־יאהדונהי וַעֲנָ֣נְךָ֖ עֹמֵ֣ד עֲלֵהֶ֑ם

וּבְעַמֻּ֣ד עָנָ֗ן אַתָּ֞ה הֹלֵ֤ךְ מ"ה לִפְנֵיהֶם֙ יוֹמָ֔ם וּבְעַמּ֥וּד אֵ֖שׁ אלהים דיודין ע"ה

לָֽיְלָה: מלה 15 וְהֵֽמַתָּ֛ה אֶת־הָעָ֥ם הַזֶּ֖ה והו כְּאִ֣ישׁ ע"ה קנ"א קס"א אֶחָ֑ד אהבה, דאגה

וְאָֽמְרוּ֙ הַגּוֹיִ֔ם אֲשֶׁר־שָֽׁמְע֥וּ אֶֽת־שִׁמְעֲךָ֖ לֵאמֹֽר: 16 מִבִּלְתִּ֞י יְכֹ֣לֶת

יְהֹוָ֗האדני־יאהדונהי לְהָבִיא֙ אֶת־הָעָ֣ם הַזֶּ֔ה והו אֶל־הָאָ֖רֶץ אלהים דההין ע"ה

אֲשֶׁר־נִשְׁבַּ֣ע לָהֶ֑ם וַיִּשְׁחָטֵ֖ם בַּמִּדְבָּֽר: אברהם, וח"פ אל, רמ"זו 17 וְעַתָּ֕ה

יִגְדַּל־ יזל נָ֥א כֹ֖חַ אֲדֹנָ֑י ללה כֵּֽן כַּאֲשֶׁ֥ר דִּבַּ֖רְתָּ ראה לֵאמֹֽר: 18 יְהֹוָ֗האדני־יאהדונהי

אֶ֤רֶךְ אַפַּ֙יִם֙ וְרַב־ ע"ב ורבוע מ"ה וָחֶ֔סֶד ע"ב, ריבוע יהוה נֹשֵׂ֥א ג"ס מ"ב עָוֹ֖ן ג"ס מ"ב וָפָ֑שַׁע

וְנַקֵּה֙ קס"א לֹ֣א יְנַקֶּ֔ה פֹּקֵ֞ד רבוע ע"ב ג"ס מ"ב עֲוֹ֤ן ג"ס מ"ב אָבוֹת֙ עַל־בָּנִ֔ים עַל־שִׁלֵּשִׁ֖ים

וְעַל־רִבֵּעִֽים: 19 סְלַֽח־ יהוה ע"ב נָ֗א לַעֲוֹ֛ן ג"ס מ"ב הָעָ֥ם הַזֶּ֖ה והו כְּגֹ֣דֶל חַסְדֶּ֑ךָ

וְכַאֲשֶׁ֤ר נָשָׂ֙אתָה֙ לָעָ֣ם הַזֶּ֔ה עלם והו מִמִּצְרַ֖יִם מצר וְעַד־הֵֽנָּה: מ"ה יה: 20 וַיֹּ֣אמֶר

יְהֹוָ֔האדני־יאהדונהי סָלַ֖חְתִּי כִּדְבָרֶֽךָ ראה: 21 וְאוּלָ֖ם וְחַי־אָ֑נִי אני, טדהד כוזו וְיִמָּלֵ֥א

כְב֥וֹד ל"ב יְהֹוָ֖האדני־יאהדונהי אֶת־כָּל־ יל הָאָֽרֶץ אלהים דההין ע"ה: 22 כִּ֣י כָל־ יל

הָֽאֲנָשִׁ֗ים הָרֹאִ֤ים אֶת־כְּבֹדִי֙ וְאֶת־אֹ֣תֹתַ֔י אֲשֶׁר־עָשִׂ֥יתִי בְמִצְרַ֖יִם מצר

²³ ciertamente no verán la tierra que juré a sus padres, ni la verá ninguno de los que me desdeñaron.

²⁴ Pero a mi siervo Calev, dado que ha habido en él otro espíritu y me ha seguido plenamente, lo llevaré a la tierra donde entró y su simiente tomará posesión de ella.

²⁵ Ahora bien, los amalekitas y los cananeos moran en el valle; mañana vuelvan y partan hacia el desierto por el camino del Mar Rojo".

CUARTA LECTURA – MOSHÉ – NÉTSAJ

²⁶ Y el Eterno habló a Moshé y a Aharón, para decir:

²⁷ "¿Hasta cuándo tendré que sobrellevar a esta congregación malvada que murmura contra Mí? He oído las quejas de los hijos de Israel, que murmuran contra Mí.

²⁸ Diles: 'Por Mi vida', declara el Eterno, 'que tal como han hablado a Mis oídos, así haré Yo con ustedes:

²⁹ sus cadáveres caerán en este desierto, y todos ustedes que fueron enumerados, de veinte años en adelante, que han murmurado contra Mí;

³⁰ ciertamente no entrarán en la tierra en la cual levanté Mi mano para establecerlos, excepto Calev, hijo de Yefuné, y Yehoshúa, hijo de Nun.

³¹ Pero a sus pequeños, de quienes dijeron que serían presa del enemigo, a ellos los introduciré y conocerán la tierra que ustedes han despreciado.

מַנְאָצַי

Números 14:23 – La Biblia usa la palabra *yenaatsuní*, que significa "ellos Me provocarán", cuando Dios expresa su ira ante los ingratos israelitas. Dentro de la palabra *yenaatsuní* está la palabra "natsi (nazi)", la cual se refiere a las personas que están consumidas por el odio. La esencia del significado de la palabra comenzó miles de años antes de que el Tercer Reich la llegara a usar. Moshé dijo a los israelitas en el desierto que ellos eran nazis porque estaban consumidos por el odio.

No obstante, a pesar de la provocación tan fuerte de los israelitas, Moshé le suplicó al Creador y consiguió el perdón para ellos. El poder del amor y liderazgo de Moshé todavía existe en nuestro mundo actual para que nosotros accedamos a éste.

בַּמִּדְבָּר

Números 14:29 – Aprendemos que la nación gimoteó cuando los espías regresaron, a pesar de que no hubiese razón aparente para ello. Moshé le dijo al pueblo que no entrarían a la tierra de Canaán. Toda la generación que se quejó moriría

וּבַמִּדְבָּר וַיְנַסּוּ אֹתִי זֶה עֶשֶׂר פְּעָמִים וְלֹא שָׁמְעוּ בְּקוֹלִי: 23 אִם־

יוהך, ע״ה מ״ב יִרְאוּ אֶת־הָאָרֶץ אלהים דההין ע״ה אֲשֶׁר נִשְׁבַּעְתִּי לַאֲבֹתָם וְכָל־

ילי מְנַאֲצַי לֹא יִרְאוּהָ: 24 וְעַבְדִּי כָלֵב ב״ן, לכב, יבמ עֵקֶב ב״פ מום הָיְתָה רוּחַ

מלוי אלהים דיודין אַחֶרֶת עִמּוֹ וַיְמַלֵּא אַחֲרָי וַהֲבִיאֹתִיו אֶל־הָאָרֶץ אלהים דההין ע״ה

אֲשֶׁר־בָּא שָׁמָּה מושה, מההע, אל שדי וְזַרְעוֹ יוֹרִשֶׁנָּה: 25 וְהָעֲמָלֵקִי וְהַכְּנַעֲנִי

יוֹשֵׁב בָּעֵמֶק מָחָר אברהם, וז״פ אל, רמ״ח פְּנוּ וּסְעוּ לָכֶם הַמִּדְבָּר דֶּרֶךְ ב״פ יב״ק

יַם־ ילי סוּף:

CUARTA LECTURA – MOSHÉ – NÉTSAJ

26 וַיְדַבֵּר ראה יְהֹוָאדִנִיאהדונהי אֶל־מֹשֶׁה מההע, אל שדי וְאֶל־אַהֲרֹן ע״ב ורבוע ע״ב

לֵאמֹר: 27 עַד־מָתַי לָעֵדָה הָרָעָה רהע הַזֹּאת אֲשֶׁר הֵמָּה מַלִּינִים עָלָי

אֶת־תְּלֻנּוֹת בְּנֵי יִשְׂרָאֵל אֲשֶׁר הֵמָּה מַלִּינִים עָלַי שָׁמָעְתִּי: 28 אֱמֹר

אֲלֵהֶם חַי־אָנִי אני, טהד״ד כװ״ו נְאֻם־יְהֹוָאדִנִיאהדונהי יוהך, ע״ה מ״ב אִם־ לֹא כַּאֲשֶׁר

דִּבַּרְתֶּם ראה בְּאָזְנָי כֵּן אֶעֱשֶׂה לָכֶם: 29 בַּמִּדְבָּר אברהם, וז״פ אל, רמ״ח הַזֶּה וה

יִפְּלוּ פִגְרֵיכֶם וְכָל־ ילי פְּקֻדֵיכֶם לְכָל־ יה אדני מִסְפַּרְכֶם מִבֶּן עֶשְׂרִים

שָׁנָה וָמַעְלָה אֲשֶׁר הֲלִינֹתֶם עָלָי: 30 אִם־ יוהך, ע״ה מ״ב אַתֶּם תָּבֹאוּ

אֶל־הָאָרֶץ אלהים דההין ע״ה אֲשֶׁר נָשָׂאתִי אֶת־יָדִי לְשַׁכֵּן אֶתְכֶם בָּהּ כִּי

אִם־ יוהך, ע״ה מ״ב כָּלֵב ב״ן, לכב יבמ בֶּן־יְפֻנֶּה וִיהוֹשֻׁעַ בִּן־נוּן: 31 וְטַפְּכֶם אֲשֶׁר

אֲמַרְתֶּם לָבַז יִהְיֶה ... וְהֵבֵיאתִי אֹתָם וְיָדְעוּ אֶת־הָאָרֶץ אלהים ע״ה

---

en el desierto y sus hijos entrarían a Canaán en lugar de ellos. Los espías regresaron el 9 de Av, un día que, históricamente, es el día más negativo del año. Una serie de eventos catastróficos han ocurrido el 9 de Av: la destrucción de los dos Templos en Jerusalén, la expulsión de los judíos de España fue declarada y el decreto de la "Solución Final" fue firmado en la Alemania nazi. La semilla inicial de la negatividad del 9 de Av se encuentra en el "llorar sin razón". Según los sabios, cuando lloramos sin razón alguna, no tarda mucho en que recibamos una razón para llorar.

³² *Pero en cuanto a ustedes, sus cadáveres caerán en este desierto.*

³³ *Y sus hijos serán nómadas en el desierto por cuarenta años, y llevarán la carga de la infidelidad de ustedes, hasta que los cadáveres de ustedes sean consumidos en el desierto.*

³⁴ *Según el número de los días que espiaron la tierra, cuarenta días, por cada día llevarán sus iniquidades un año, hasta cuarenta años, y conocerán Mi desagrado.*

³⁵ *Yo, el Eterno, he hablado; ciertamente esto haré a toda esta perversa congregación que se ha juntado contra Mí. En este desierto serán destruidos y allí morirán'".*

³⁶ *En cuanto a los hombres a quienes Moshé envió a explorar la tierra y quienes, cuando volvieron, hicieron a toda la congregación murmurar contra él dando un mal informe acerca de la tierra,*

³⁷ *aquellos hombres que dieron el mal informe acerca de la tierra, murieron por la plaga delante del Eterno.*

³⁸ *Pero Yehoshúa, hijo de Nun, y Calev, hijo de Yefuné, sobrevivieron de entre aquellos hombres que fueron a explorar la tierra.*

³⁹ *Y Moshé habló estas palabras a todos los hijos de Israel, y el pueblo enlutó profundamente.*

⁴⁰ *Y temprano en la mañana se levantaron y subieron a la cumbre del monte, diciendo: "He aquí que acá estamos y subiremos al lugar que el Eterno ha prometido, porque hemos pecado".*

⁴¹ *Y Moshé dijo: "¿Por qué, entonces, quebrantan el mandamiento del Eterno, si esto no les saldrá bien?*

⁴² *No suban, no sea que los abatan delante de sus enemigos, pues el Eterno no está entre ustedes.*

⁴³ *Pues los amalecitas y los cananeos están frente a ustedes, y caerán a espada; dado que se han negado a seguir al Eterno, el Eterno no estará con ustedes".*

⁴⁴ *Pero ellos se obstinaron en subir a la cumbre del monte; no obstante, ni el Arca del Pacto del Eterno ni Moshé se apartaron del campamento.*

וַיַּעְפִּ֫לוּ

Números 14:40 – En este punto en la Biblia, el pueblo quería entrar en la tierra de Canaán, pero ya era demasiado tarde. No habían aprovechado la oportunidad cuando ésta se presentó. En nuestro trabajo espiritual, debemos siempre estar preparados para actuar cuando surgen las oportunidades para el crecimiento porque, a veces, sólo tenemos una oportunidad.

אֲשֶׁר מֵאַסְתֶּם בָּהּ: 32 וּפִגְרֵיכֶם אַתֶּם יִפְּלוּ בַּמִּדְבָּר אברהם, וי"פ אל, רמ"ח הַזֶּה וּתּו: 33 וּבְנֵיכֶם יִהְיוּ רֹעִים בַּמִּדְבָּר אברהם, וי"פ אל, רמ"ח אַרְבָּעִים שָׁנָה

וְנָשְׂאוּ אֶת־זְנוּתֵיכֶם עַד־תֹּם יי"פ רבוע אהיה פִּגְרֵיכֶם בַּמִּדְבָּר אברהם, וי"פ אל, רמ"ח:

34 בְּמִסְפַּר הַיָּמִים גֶּלֶך אֲשֶׁר־תַּרְתֶּם אֶת־הָאָרֶץ אלהים דההין ע"ה אַרְבָּעִים יוֹם ע"ה = גגד, זך, מזבוח יוֹם ע"ה = גגד, זך, מזבוח לַשָּׁנָה שכינה, אלהים פשוט ויודין ע"ה יוֹם

ע"ה = גגד, זך, מזבוח לַשָּׁנָה שכינה, אלהים פשוט ויודין ע"ה תִּשְׂאוּ אֶת־עֲוֹנֹתֵיכֶם אַרְבָּעִים שָׁנָה וִידַעְתֶּם אֶת־תְּנוּאָתִי: 35 אֲנִי אני, טרהד כוז"ו יְהוָֹהּדניאהדונהי דִּבַּרְתִּי ראה

אִם־ יוהך, ע"ה מ"ב לֹא | זֹאת אֶעֱשֶׂה לְכָל־ יי אדני הָעֵדָה הָרָעָה רההע הַזֹּאת הַנּוֹעָדִים עָלָי בַּמִּדְבָּר אברהם, וי"פ אל, רמ"ח הַזֶּה וי"פ אל, רמ"ח וְשָׁם יהוה שדי יִתַּמּוּ וְשָׁם יהוה שדי יָמֻתוּ:

36 וְהָאֲנָשִׁים אֲשֶׁר־שָׁלַח מֹשֶׁה מהש, אל שדי לָתוּר מלוי אדני אֶת־הָאָרֶץ אלהים דההין ע"ה וַיָּשֻׁבוּ וילונו וַיַּלִּ֫ינוּ (כתיב: וילונו) עָלָיו אֶת־כָּל־ יי הָעֵדָה לְהוֹצִיא דִבָּה עַל־הָאָרֶץ אלהים דההין ע"ה: 37 וַיָּמֻתוּ הָאֲנָשִׁים מוֹצִאֵי דִבַּת־הָאָרֶץ אלהים דההין ע"ה רָעָה רההע בַּמַּגֵּפָה לִפְנֵי חכמה בינה יְהֹוָהּדניאהדונהי: 38 וִיהוֹשֻׁעַ בִּן־נוּן וְכָלֵב בן, לכב יבם בֶּן־יְפֻנֶּה חָיוּ מִן־הָאֲנָשִׁים הָהֵם הַהֹלְכִים לָתוּר מלוי אדני אֶת־הָאָרֶץ אלהים דההין ע"ה: 39 וַיְדַבֵּר ראה מֹשֶׁה מהש, אל שדי אֶת־הַדְּבָרִים הָאֵלֶּה אֶל־כָּל־ יי בְּנֵי יִשְׂרָאֵל וַיִּתְאַבְּלוּ הָעָם מְאֹד מ"ה: 40 ‎וַיַּשְׁכִּמוּ‎ בַבֹּקֶר וַיַּעֲלוּ אֶל־רֹאשׁ־ ריבוע אלהים ואלהים דיודין ע"ה הָהָר לֵאמֹר הִנֶּנּוּ וְעָלִינוּ אֶל־הַמָּקוֹם יהוה ברבוע, ר"פ אל אֲשֶׁר־אָמַר יְהוָֹהּדניאהדונהי כִּי חָטָאנוּ:

41 וַיֹּאמֶר מֹשֶׁה מהש, אל שדי לָמָּה זֶּה אַתֶּם עֹבְרִים אֶת־פִּי יְהוָֹהּדניאהדונהי וְהִוא לֹא תִצְלָח: 42 אַל־תַּעֲלוּ כִּי אֵין יְהוָֹהּדניאהדונהי בְּקִרְבְּכֶם וְלֹא תִּנָּגְפוּ לִפְנֵי חכמה בינה אֹיְבֵיכֶם: 43 כִּי הָעֲמָלֵקִי וְהַכְּנַעֲנִי שָׁם יהוה שדי לִפְנֵיכֶם וּנְפַלְתֶּם בֶּחָרֶב רבוע ס"ג ורבוע אהיה כִּי־עַל־כֵּן שַׁבְתֶּם מֵאַחֲרֵי יְהוָֹהּדניאהדונהי וְלֹא־יִהְיֶה יְהוָֹהּדניאהדונהי עִמָּכֶם: 44 וַיַּעְפִּלוּ לַעֲלוֹת אֶל־רֹאשׁ ריבוע אלהים ואלהים דיודין ע"ה הָהָר וַאֲרוֹן ע"ה ג"פ אלהים בְּרִית־יְהוָֹהּדניאהדונהי

⁴⁵ Entonces descendieron los amalekitas y los cananeos que habitaban en la región montañosa, y los hirieron y los destrozaron, persiguiéndolos hasta Jormá.

15 ¹ Y el Eterno habló a Moshé, para decir:

² "Habla a los hijos de Israel, y diles: 'Cuando entren en la tierra que Yo les doy por morada,

³ y hagan una ofrenda ígnea al Eterno, una ofrenda encendida o un sacrificio para cumplir un voto claramente enunciado, o como ofrenda voluntaria, o para ofrecer en sus fiestas señaladas aroma agradable al Eterno, de la manada o del rebaño,

⁴ entonces el que presente su ofrenda, traerá al Eterno una ofrenda de cereal de una décima de un efá de flor de harina mezclada con un cuarto de un hin de aceite;

⁵ y prepararás vino para la libación, un cuarto de un hin con el holocausto o para el sacrificio, por cada cordero.

⁶ Y para un carnero prepararás como ofrenda de cereal dos décimas de efá de flor de harina mezclada con la tercera parte de un hin de aceite;

⁷ y para la libación ofrecerás la tercera parte de un hin de vino de dulce aroma al Eterno.

QUINTA LECTURA – AHARÓN – HOD

⁸ Y cuando prepares un novillo como holocausto o sacrificio para cumplir un voto claramente enunciado, o para las ofrendas de paz al Eterno,

⁹ entonces se debe presentar con el novillo una ofrenda de cereal de tres décimas de un efá de flor de harina mezclada con la mitad de un hin de aceite.

¹⁰ Y ofrecerás como libación medio hin de vino como ofrenda ígnea, aroma agradable al Eterno. ¹¹ Así se hará con cada novillo, o con cada carnero, o con cada uno de los corderos o de las crías.

תָּבֹאוּ

Números 15:2 – A pesar de que los israelitas no entraron a la tierra de Canaán, ellos podían hacer sus conexiones espirituales como si estuvieran allí. Este versículo nos enseña que aun cuando perdemos una oportunidad, no significa que estemos impedidos para siempre. A veces hay otras opciones disponibles para nosotros cuando un camino espiritual en particular parece estar bloqueado.

וּמֹשֶׁה מהע, אל עדי לֹא־מָשׁוּ מִקֶּרֶב הַמַּחֲנֶה: 45 וַיֵּרֶד רַי הָעֲמָלֵקִי וְהַכְּנַעֲנִי

הַיֹּשֵׁב בָּהָר אור, רז, אין סוף הַהוּא וַיַּכּוּם וַיַּכְּתוּם עַד־הַחׇרְמָה: 15 1 וַיְדַבֵּר

ראה יְהֹוָה־אדנ־ יאהדונהי אֶל־מֹשֶׁה מהע, אל עדי לֵאמֹר: 2 דַּבֵּר ראה אֶל־בְּנֵי יִשְׂרָאֵל

וְאָמַרְתָּ אֲלֵהֶם כִּי תָבֹאוּ אֶל־אֶרֶץ אלהים דאלפין מוֹשְׁבֹתֵיכֶם אֲשֶׁר אֲנִי

אני, טדהד כוו״י נֹתֵן אבגית״ץ, ושר, אהבת חנם לָכֶם: 3 וַעֲשִׂיתֶם אִשֶּׁה לַיהֹוָה־אדנ־ יאהדונהי

עֹלָה אוֹ־זֶבַח לְפַלֵּא־נֶדֶר אוֹ בִנְדָבָה חיים, בינה ע״ה אוֹ בְּמֹעֲדֵיכֶם לַעֲשׂוֹת

רֵיחַ נִיחֹחַ לַיהֹוָה־אדנ־ יאהדונהי מִן־הַבָּקָר אוֹ מִן־הַצֹּאן מלוי אהיה ע״ה:

4 וְהִקְרִיב הַמַּקְרִיב קׇרְבָּנוֹ לַיהֹוָה־אדנ־ יאהדונהי מִנְחָה ע״ה ב״פ ב״ן סֹלֶת עִשָּׂרוֹן

בָּלוּל בִּרְבִעִית הַהִין שָׁמֶן י״פ טל, י״פ כוו״י, ביט ל: 5 וְיַיִן מיכ, י״פ האא לַנֶּסֶךְ רְבִיעִית

הַהִין תַּעֲשֶׂה עַל־הָעֹלָה אוֹ לַזָּבַח לַכֶּבֶשׂ ב״פ קס״א הָאֶחָד אהבה, דאגה:

6 אוֹ לָאַיִל תַּעֲשֶׂה מִנְחָה ע״ה ב״פ ב״ן סֹלֶת שְׁנֵי עֶשְׂרֹנִים בְּלוּלָה בַשֶּׁמֶן

י״פ טל, י״פ כוו״י, ביט שְׁלִשִׁית הַהִין: 7 וְיַיִן מיכ, י״פ האא לַנֶּסֶךְ שְׁלִשִׁית הַהִין תַּקְרִיב

רֵיחַ־נִיחֹחַ לַיהֹוָה־אדנ־ יאהדונהי:

QUINTA LECTURA – AHARÓN – HOD

8 וְכִי־תַעֲשֶׂה בֶן־בָּקָר עֹלָה אוֹ־זָבַח לְפַלֵּא־נֶדֶר אוֹ־שְׁלָמִים

לַיהֹוָה־אדנ־ יאהדונהי: 9 וְהִקְרִיב עַל־בֶּן־הַבָּקָר מִנְחָה ע״ה ב״פ ב״ן סֹלֶת שְׁלֹשָׁה

עֶשְׂרֹנִים בָּלוּל בַּשֶּׁמֶן י״פ טל, ביט כוו״י, י״פ וַחֲצִי הַהִין: 10 וְיַיִן מיכ, י״פ האא תַּקְרִיב

לַנֶּסֶךְ חֲצִי הַהִין אִשֵּׁה רֵיחַ־נִיחֹחַ לַיהֹוָה־אדנ־ יאהדונהי: 11 כָּכָה יֵעָשֶׂה לַשּׁוֹר

וְיַיִן

Números 15:5 – La ofrenda de vino, la cual es un conducto poderoso de Luz, representaba el sacrificio de entrega personal. Cuando hacemos acciones espirituales, también tenemos que asegurarnos de hacer una conexión física con la Luz para aumentar y fortalecer dichas acciones. Por ejemplo, cuando donamos dinero con fines caritativos, debemos meditar en las secuencias de los 72 Nombres (específicamente *Yud*, *Resh*, *Tav*) como un canal para fortalecer la conexión.

¹² Según el número que preparen, así harán con cada uno conforme a su número.

¹³ Todo nativo hará estas cosas en esta forma al presentar una ofrenda ígnea, aroma agradable al Eterno.

¹⁴ Y si un extranjero reside con ustedes, o quienquiera que esté entre ustedes por sus generaciones, y desea hacer una ofrenda ígnea como aroma agradable al Eterno: como lo hacen ustedes, así lo hará él.

¹⁵ En cuanto a la congregación, habrá un estatuto para ustedes y para el extranjero que reside con ustedes, un estatuto perpetuo por sus generaciones: como ustedes son, así será el extranjero delante del Eterno. ¹⁶ Una sola ley habrá, una sola ordenanza, para ustedes y para el extranjero que reside con ustedes'".

SEXTA LECTURA – YOSEF – YESOD

¹⁷ Y el Eterno habló a Moshé, para decir: ¹⁸ "Habla a los hijos de Israel, y diles: 'Cuando entren en la tierra adonde les llevo,

¹⁹ será que cuando coman del pan de la tierra, apartarán una porción como ofrenda al Eterno.

²⁰ De las primicias de su masa apartarán una torta como ofrenda; como la ofrenda de la era, así la apartarán.

²¹ De las primicias de su masa darán al Eterno una porción como ofrenda por sus generaciones. ²² Y cuando erren y no observen todos estos mandamientos que el Eterno ha hablado a Moshé,

---

בִּקְדוֹם

Números 15:19 – Cada vez que horneamos pan, debemos retirar una pequeña porción de masa para eliminar el *Deseo de Recibir para Sí Mismo Solamente* de ésta. Durante la época del Templo, se removía una parte de la masa y se le entregaba al Sumo Sacerdote. Esto quebraba el dominio del *Deseo de Recibir* y creaba el potencial de compartir. Hoy en día, no tenemos el Tabernáculo, el Templo o el Sumo Sacerdote, así que cuando horneamos retiramos una porción y, simplemente, la apartamos para superar nuestro *Deseo de Recibir*. Debemos aplicar este principio

en nuestra rutina diaria, el sacrificio de una porción de todo lo que tenemos. Es importante apartar un poco de tiempo para superar nuestro *Deseo de Recibir para Sí Mismo*. En específico, podemos considerar el tiempo que tomamos para escanear o estudiar el *Zóhar* como nuestra "porción de pan" sacrificada.

תִּשְׁגּוּ

Números 15:22 – De este versículo aprendemos que cuando toda una población comete la misma acción negativa, esto crea un defecto grave en el

אוֹ־כַלְשֵׂה דאגה, אהבה הָאַיִל לְאַיִל אוֹ אהבה, דאגה הָאֹזֶד ושר, אהבת חֹנֵם אבֹגִיתֵֹן

לְאָוֹד תַּעֲשׂוּ כָּכָה תַּעֲשׂוּ אֲשֶׁר כַּמִּסְפָּר 12: בְעֹזִים אוֹ בַכְּבָשִׂים

לְהַקְרִיב אֶת־אֵלֶּה־כָּכָה יַעֲשֶׂה יל הָאֶזְרָח כָּל־ 13: כְּמִסְפָּרָם דאגה, אהבה

אוֹ אַתֶּם קנ"א בן גֵּר אתכם וְכִי־יָגוּר 14: לַיהֹוָהאהדונהי נִיחֹוֹח רֵיחַ אִשֵּׁה

לַיהֹוָהאהדונהי נִיחֹוֹח רֵיחַ אִשֵּׁה וְעָשָׂה לְדֹרֹתֵיכֶם בְּתוֹכְכֶם אֲשֶׁר־

וְלַגֵּר קנ"א בן לָכֶם אַחַת חֻקָּה ע"ב ס"ג הַקָּהָל 15: יַעֲשֶׂה כֵּן תַּעֲשׂוּ כַּאֲשֶׁר

לִפְנֵי חכמה בינה יהֹוָה יי קנ"א בן כַּגֵּר כָּכֶם לְדֹרֹתֵיכֶם עוֹלָם וְחֻקַּת דיס בן הַגֵּר

יהֹוָה יי דאגה, אהבה אֶחָד אלהים היפ ע"ה וּמִשְׁפָּט אַחַת תּוֹרָה 16: יהֹוָהאהדונהי

אִתְּכֶם: הַגֵּר דיס בן הַגֵּר קנ"א בן וְלַגֵּר לָכֶם

SEXTA LECTURA – YOSEF – YESOD

אֶל־בְּנֵי ראה דַּבֵּר 18: לֵּאמֹר אל שדי מהש אֶל־מֹשֶׁה יהֹוָהאהדונהי ראה וַיְדַבֵּר 17:

אֲנִי אֲשֶׁר ע"ה דההין אלהים אֶל־הָאָרֶץ בְּבֹאֲכֶם אֲלֵהֶם וְאָמַרְתָּ יִשְׂרָאֵל

בַּאֲכָלְכֶם יהוה דאגה, אהבה, וְהָיָה 19: שָׁמָּה אֶתְכֶם מֵבִיא אל שדי מהש, מֹשֶׁה כוזו טדהד, אנ"י

לַיהֹוָהאהדונהי תְּרוּמָה תָּרִימוּ ע"ה דההין אלהים הָאָרֶץ יהוה ג"פ מִלֹּחֶם

תָּרִימוּ כֵּן גֹּרֶן כִּתְרוּמַת תְּרוּמָה תָּרִימוּ וְזֹאת עֲרִסֹתֵכֶם רֵאשִׁית 20:

לְדֹרֹתֵיכֶם: תְּרוּמָה לַיהֹוָהאהדונהי תִּתְּנוּ עֲרִסֹתֵיכֶם מֵרֵאשִׁית 21: אֹתָהּ:

אֲשֶׁר־דִּבֶּר הָאֵלֶּה כָּל־הַמִּצְוֹת אֵת תַעֲשׂוּ וְלֹא תִשְׁגּוּ וְכִי 22:

---

sistema espiritual que, posteriormente, afecta a todo el mundo.

Hay acciones individuales que generan negatividad y también hay errores que toda la humanidad comete junta. Por ejemplo, la acción física de fumar y la condición emocional del odio crean negatividades globales que necesitan contrarrestarse tanto a nivel individual como colectivo. A la inversa, las acciones espirituales que realizamos a nivel personal (nuestro deseo de transformar y conectar con el Creador) también tienen efectos globales. Estos efectos positivos pueden alcanzarse cuando rezamos, siempre y cuando no sólo recemos por nosotros mismos sino también por todos los demás.

23 todo lo que el Eterno les ha mandado por la mano de Moshé, desde el día en que el Eterno dio mandamiento, en el futuro, por todas sus generaciones, 24 entonces sucederá que si se hizo inadvertidamente, oculto a sus ojos, toda la congregación ofrecerá un novillo como holocausto, como aroma agradable al Eterno, con su ofrenda de cereal y su libación, según la ordenanza, y un macho cabrío como ofrenda por pecado. 25 Y el sacerdote hará expiación por toda la congregación de los hijos de Israel, y serán perdonados, pues fue un error; y ellos han traído su ofrenda, una ofrenda encendida al Eterno, y su ofrenda por pecado ante el Eterno por su error. 26 Y toda la congregación de los hijos de Israel será perdonada, y el extranjero que reside entre ellos, pues sucedió a todo el pueblo por error.

SÉPTIMA LECTURA – DAVID – MALJUT

27 Y si una persona peca por error, entonces ofrecerá una cabra de un año como ofrenda por pecado. 28 Y el sacerdote hará expiación delante del Eterno por la persona que ha cometido error, cuando peca inadvertidamente, haciendo expiación por él, y será perdonado;

29 tanto para el que es nativo entre los hijos de Israel y para el extranjero que reside entre ellos: tendrán una sola ley para el que erre inadvertidamente. 30 Pero el alma que obre con mano altiva, ya sea nativo o extranjero, ese blasfema contra el Eterno; y esa alma será cortada de entre su pueblo.

31 Porque ha menospreciado la palabra del Eterno, y ha quebrantado Su mandamiento; esa persona será enteramente cortada su iniquidad caerá sobre ella". 32 Y cuando los hijos de Israel estaban en el desierto, encontraron a un hombre que recogía leña en el día de Shabat. 33 Y los que lo encontraron recogiendo leña lo llevaron a Moshé y a Aharón y a toda la congregación.

הַשַּׁבָּת

Números 15:32 – En esta sección leemos acerca de una persona que fue lapidada porque no observó el *Shabat* ni hizo restricción del trabajo. Si no apartamos nuestro *Shabat* para conectar con el Creador, es difícil cambiar nuestros deseos egoístas. La mayoría de la gente es egoísta cuando entran a este mundo y lo siguen siendo cuando lo abandonan. Podemos tomar el tiempo del *Shabat* como un regalo para ayudarnos a superar esta característica negativa. La lectura aquí es una metáfora que nos muestra que, si no conectamos con el *Shabat*, es casi imposible superar nuestro *Deseo de Recibir para Sí Mismo Solamente*.

En Terumá 175-177, el *Zóhar* dice que Dios entra en el Jardín de Edén Inferior en los días de la semana para convivir con las personas justas que moran allí. No obstante, en la noche de Shabat y en Shabat, el Creador entra en el Jardín de Edén Superior en el cual los espíritus sagrados se reúnen de Arriba y Abajo para estar en la presencia Divina.

רָאֵה יְהֹוָֿאֲדֹנָיֵֿאהדֹנָֿהִי אֶל־מֹשֶׁה מֵהֵע, אל עדי‎ 23 אֵת כׇּל־ יל אֲשֶׁ֣ר צִוָּ֧ה פי‎

יְהֹוָֿאֲדֹנָיֵֿאהדֹנָֿהִי אֲלֵיכֶ֖ם בְּיַד־מֹשֶׁ֑ה מֵהֵע, אל עדי מִן־הַיּ֗וֹם עה = נגד, זז, מזבח אֲשֶׁ֨ר

צִוָּ֧ה פי יְהֹוָֿאֲדֹנָיֵֿאהדֹנָֿהִי וָהָ֖לְאָה לְדֹרֹתֵיכֶֽם׃‎ 24 וְהָיָ֗ה אם יהוה, יהה עה מ׳ב מֵעֵינֵ֣י

רביע מב הָעֵדָ֘ה נֶעֶשְׂתָ֣ה לִשְׁגָגָה֒ וְעָשֻׂ֣ו כׇל־ יל הָעֵדָ֡ה פַּ֣ר בוזזך, ערי, סנדלפון

בֶּן־בָּקָ֣ר אֶחָ֩ד אהבה, דאגה לְעֹלָה֩ לְרֵ֨יחַ נִיחֹ֜חַ אברהם, וז׳פ אל, רמו״ח לַיהֹוָֿאֲדֹנָיֵֿאהדֹנָֿהִי

וּמִנְחָת֧וֹ וְנִסְכּ֛וֹ כַּמִּשְׁפָּ֖ט עה ה׳פ אלהים וּשְׂעִיר־עִזִּ֥ים אֶחָ֖ד אהבה, דאגה לְחַטָּֽת׃‎

‎25 וְכִפֶּ֣ר מצפצ הַכֹּהֵ֗ן מלה עַל־כׇּל־ יל; עמם עֲדַ֛ת בְּנֵ֥י יִשְׂרָאֵ֖ל וְנִסְלַ֣ח לָהֶ֑ם

כִּֽי־שְׁגָגָ֣ה ה֒וּא וְהֵ֩ם הֵבִ֨יאוּ אֶת־קׇרְבָּנָ֜ם אִשֶּׁ֣ה לַיהֹוָֿאֲדֹנָיֵֿאהדֹנָֿהִי וְחַטָּאתָ֛ם

לִפְנֵ֥י וחכמה בינה יְהֹוָֿאֲדֹנָיֵֿאהדֹנָֿהִי עַל־שִׁגְגָתָֽם׃‎ 26 וְנִסְלַ֗ח לְכׇל־ יה ארני עֲדַת֙ בְּנֵ֣י

יִשְׂרָאֵ֔ל וְלַגֵּ֖ר בן קנא הַגָּ֣ר ד״פ בן בְּתוֹכָ֑ם כִּ֥י לְכׇל־ יה ארני הָעָ֖ם בִּשְׁגָגָֽה׃‎

SÉPTIMA LECTURA – DAVID – MALJUT

‎27 וְאִם־ יוהך, עה מ׳ב נֶ֥פֶשׁ רמו״ח ← ד׳ היוות אַחַ֖ת תֶּחֱטָ֣א בִשְׁגָגָ֑ה וְהִקְרִ֥יבָה עֵ֛ז אני יהה

בַּת־שְׁנָתָ֖הּ לְחַטָּֽאת׃‎ 28 וְכִפֶּ֣ר מצפצ הַכֹּהֵ֗ן מלה עַל־הַנֶּ֧פֶשׁ רמו״ח ← ד׳ היוות הַשֹּׁגֶ֛גֶת

בְּחֶטְאָ֥ה בִשְׁגָגָ֖ה לִפְנֵ֣י וחכמה בינה יְהֹוָֿאֲדֹנָיֵֿאהדֹנָֿהִי מצפצ לְכַפֵּ֣ר עָלָ֑יו וְנִסְלַ֖ח לֽוֹ׃‎

‎29 הָֽאֶזְרָח֙ בִּבְנֵ֣י יִשְׂרָאֵ֔ל וְלַגֵּ֖ר בן קנא הַגָּ֣ר ד״פ בן בְּתוֹכָ֑ם תּוֹרָ֤ה אַחַת֙

יִהְיֶ֣ה ייי לָכֶ֔ם לָעֹשֶׂ֖ה בִּשְׁגָגָֽה׃‎ 30 וְהַנֶּ֜פֶשׁ רמו״ח ← ד׳ היוות אֲשֶֽׁר־תַּעֲשֶׂ֣ה׀ בְּיָ֣ד

רָמָ֗ה מִן־הָֽאֶזְרָח֙ וּמִן־הַגֵּ֔ר ד״פ בן אֶת־יְֿהֹוָֿאֲדֹנָיֵֿאהדֹנָֿהִי ה֣וּא מְגַדֵּ֑ף וְנִכְרְתָ֛ה

הַנֶּ֥פֶשׁ רמו״ח ← ד׳ היוות הַהִ֖וא מִקֶּ֥רֶב עַמָּֽהּ׃‎ 31 כִּ֤י דְבַר־ ראה יְֿהֹוָֿאֲדֹנָיֵֿאהדֹנָֿהִי בָּזָ֔ה

וְאֶת־מִצְוָת֖וֹ הֵפַ֑ר בוזזך, ערי, סנדלפון הִכָּרֵ֧ת׀ תִּכָּרֵ֛ת רמו״ח ← ד׳ היוות הַנֶּ֥פֶשׁ הַהִ֖וא

עֲוֺנָ֥ה בָֽהּ׃‎ 32 וַיִּהְי֥וּ מלוי ס׳ג בְנֵֽי־יִשְׂרָאֵ֖ל בַּמִּדְבָּ֑ר אברהם, וז׳פ אל, רמו״ח וַֽיִּמְצְא֗וּ

אִ֛ישׁ עה קנא קס״א מְקֹשֵׁ֥שׁ עֵצִ֖ים בְּי֣וֹם עה = נגד, זז, מזבח הַשַּׁבָּֽת׃‎ 33 וַיַּקְרִ֣יבוּ

אֹת֔וֹ הַמֹּצְאִ֥ים אֹת֖וֹ מְקֹשֵׁ֣שׁ עֵצִ֑ים אֶל־מֹשֶׁה֙ מֵהֵע, אל עדי וְאֶֽל־אַהֲרֹ֔ן

³⁴ Y lo pusieron bajo custodia, porque no se había declarado qué debería hacérsele.

³⁵ Y el Eterno dijo a Moshé: "Ciertamente al hombre se le dará muerte; toda la congregación lo lapidará fuera del campamento".

³⁶ Y toda la congregación lo sacó fuera del campamento y lo lapidaron con piedras, y murió, tal como el Eterno había ordenado a Moshé.

MAFTIR

³⁷ Y el Eterno habló a Moshé, diciendo:

³⁸ "Habla a los hijos de Israel y diles que se hagan por sus generaciones flecos en los bordes de sus vestidos, y que pongan en el fleco de cada borde un cordón azul.

³⁹ Y será para ustedes un fleco, para que lo vean y se acuerden de todos los mandamientos del Eterno y los cumplan; y no vayan tras su propio corazón ni sus propios ojos, tras los cuales se han desviado;

⁴⁰ para que se acuerden de cumplir todos Mis mandamientos y sean santos a su Dios.

⁴¹ Yo soy el Eterno, su Dios, quien los sacó de la tierra de Egipto para ser su Dios. Yo soy el Eterno, su Dios".

"'Si él toma otra'"; ¿QUÉ ES OTRA? Aquí hay misterios secretos dados a los sabios. Primero he de informar a ustedes algo. Ven y ve: en el Shabat, cuando el día es santificado, las almas emergen del Árbol de la Vida, A SABER: ZEIR ANPÍN. Estas almas soplan sobre los seres inferiores, quienes descansan para esto en el día del Shabat. SON EL SECRETO DEL ALMA ADICIONAL QUE LOS JUSTOS OBTIENEN EN EL DÍA DEL SHABAT. Al final del Shabat, todas las almas suben OTRA VEZ para ser coronadas con coronas santas arriba.
— *El Zóhar, Mishpatim 3:79*

צִיצָת

Números 15:38 – Esta sección se refiere al tsitsit (prenda interior de flecos) que los hombres usan para evitar que cualquier clase de entidades externas los afecten. El Zóhar dice:

ע״ב ורבוע ע״ב וְאֶל כָּל־ יי׳ הָעֵדָה: 34 וַיַּנִּיחוּ אֹתוֹ בַּמִּשְׁמָר כִּי לֹא פֹרַשׁ

מַה־ מ״ה יֵעָשֶׂה לוֹ: 35 וַיֹּאמֶר יְהֹוָהדמיאהדונהי מהע, אל שדי מוֹת יוּמַת

הָאִישׁ י״פ אדם רָגוֹם אֹתוֹ בָאֲבָנִים כָּל־ יי׳ הָעֵדָה מִחוּץ לַמַּחֲנֶה: 36 וַיֹּצִיאוּ

אֹתוֹ כָּל־ יי׳ הָעֵדָה אֶל־מִחוּץ לַמַּחֲנֶה וַיִּרְגְּמוּ אֹתוֹ בָּאֲבָנִים וַיָּמֹת

כַּאֲשֶׁר צִוָּה פי׳ יְהֹוָהדמיאהדונהי מהע, אל שדי אֶת־מֹשֶׁה:

MAFTIR

37 וַיֹּאמֶר יְהֹוָהדמיאהדונהי מהע, אל שדי אֶל־מֹשֶׁה לֵּאמֹר: 38 דַּבֵּר ראה אֶל־בְּנֵי

יִשְׂרָאֵל וְאָמַרְתָּ אֲלֵהֶם וְעָשׂוּ לָהֶם צִיצִת עַל־כַּנְפֵי בִגְדֵיהֶם לְדֹרֹתָם

וְנָתְנוּ עַל־צִיצִת הַכָּנָף ע״ה קנ״א, אלהים אדני פְּתִיל י״פ ב״ן תְּכֵלֶת: 39 וְהָיָה יהוה, יהה

לָכֶם לְצִיצִת וּרְאִיתֶם אֹתוֹ וּזְכַרְתֶּם אֶת־כָּל־ יי׳ מִצְוֹת יְהֹוָהדמיאהדונהי

וַעֲשִׂיתֶם אֹתָם וְלֹא־תָתוּרוּ אַחֲרֵי לְבַבְכֶם וְאַחֲרֵי עֵינֵיכֶם רבוע מ״ה

אֲשֶׁר־אַתֶּם זֹנִים אַחֲרֵיהֶם: 40 לְמַעַן תִּזְכְּרוּ וַעֲשִׂיתֶם אֶת־כָּל־ יי׳

מִצְוֹתָי וִהְיִיתֶם קְדֹשִׁים לֵאלֹהֵיכֶם ילה: 41 אֲנִי אני, טדהד כו״ו יְהֹוָהדמיאהדונהי

אֱלֹהֵיכֶם יל׳׳ אֲשֶׁר הוֹצֵאתִי אֶתְכֶם מֵאֶרֶץ אלהים דאלפין מִצְרַיִם מצר לִהְיוֹת

לָכֶם לֵאלֹהִים מום, אהיה אדני ; ילה אֲנִי אני, טדהד כו״ו יְהֹוָהדמיאהדונהי אֱלֹהֵיכֶם יל׳׳:

Rabí Yitsjak dijo: El propósito de los hilos DE LA TSITSIT es mostrar cómo están suspendidos de este y ese lugar, y de aquí a las cuatro esquinas del mundo, y ella, MALJUT, gobierna a todos ellos en el secreto del corazón (heb. lev – Lámed Bet), siendo el corazón del mundo entero, y el corazón de los seres superiores, SIGNIFICANDO: EN LOS TRES MUNDOS DE BRIÁ, YETSIRÁ Y ASIYÁ, y se origina en el corazón más elevado DE ZEIR ANPÍN. Todo está en EL SECRETO DEL corazón que emerge de la más alta sabiduría, INDICANDO LOS LÁMED BET (= 32) SENDEROS DE LA SABIDURÍA QUE BRILLAN EN ÉSTE. Rabí Yitsjak dijo: Hemos aprendido su medida y largo, DE LA TSITSIT, en las letras grabadas de Rabí Elazar.
— El Zóhar, Shlaj Lejá 48:345

HAFTARÁ DE SHLAJ LEJÁ

Aquí tenemos la historia de una prostituta llamada Rahav, quien salvó las vidas de dos espías a quienes Yehoshúa ben Nun había enviado desde Shitim para examinar la tierra, especialmente Yerijó. Debido a su acción dadora, su familia fue salvada; a pesar de que el resto de su generación fue completamente destruida.

JOSUÉ 2:1-24

2 ¹ Y Yehoshúa, hijo de Nun, envió secretamente a dos espías desde Sitim, diciendo: "Vayan, avisten la tierra y Jericó". Y ellos fueron y entraron en la casa de una ramera que se llamaba Rajav, y allí se hospedaron.

² Y se le avisó al rey de Jericó, diciendo: "He aquí que unos hombres de los hijos de Israel han venido aquí esta noche para inspeccionar la tierra.

³ Y el rey de Jericó mandó decir a Rajav, diciendo: "Saca a los hombres que han venido a ti, que han entrado en tu casa, porque han venido a inspeccionar toda la tierra".

⁴ Y la mujer tomó a los dos hombres y los escondió, y dijo: "Sí, los hombres vinieron a mí, pero yo no sabía de dónde venían;

⁵ y sucedió que a la hora de cerrar la puerta, al oscurecer, los hombres salieron; no sé adónde fueron los hombres. Vayan de prisa tras ellos, que los alcanzarán".

⁶ Pero ella los había hecho subir al terrado, y los había escondido entre los tallos de lino que había dispuesto en el terrado.

⁷ Y los hombres los persiguieron por el camino al Jordán hasta los vados, y tan pronto como los que los perseguían habían salido, fue cerrada la puerta.

⁸ Y antes que se acostaran, ella subió al terrado donde ellos estaban,

⁹ y dijo a los hombres: "Sé que el Eterno les ha dado la tierra, y que el terror de ustedes ha caído sobre nosotros, y que todos los habitantes de la tierra se han deshecho ante ustedes.

¹⁰ Porque hemos oído cómo el Eterno secó el agua del Mar Rojo delante de ustedes cuando salieron de Egipto, y de lo que hicieron a los dos reyes de los amorreos que estaban más allá del Jordán, a Sijón y a Og, a quienes destruyeron por completo.

HAFTARÁ DE SHLAJ LEJÁ

El tatara-tataranieto de Rahab, David, se hizo rey. A veces una acción puede cambiar todo nuestro destino, tanto para nosotros como para las generaciones que vienen después.

יְהוֹשֻׁעַ פֶּרֶק 2, 1–24

2 ₁ וַיִּשְׁלַח יְהוֹשֻׁעַ־בִּן־נוּן מִן־הַשִּׁטִּים שְׁנַיִם־אֲנָשִׁים מְרַגְּלִים חֶרֶשׁ לֵאמֹר לְכוּ רְאוּ אֶת־הָאָרֶץ אלהים ע״ה דההין וְאֶת־יְרִיחוֹ וַיֵּלְכוּ כלו וַיָּבֹאוּ בֵּית־ ב״פ ראה אִשָּׁה זוֹנָה וּשְׁמָהּ רָחָב וַיִּשְׁכְּבוּ־שָׁמָּה מהע, משה, אל עדי״ג 2 וַיֵּאָמַר לְמֶלֶךְ יְרִיחוֹ לֵאמֹר הִנֵּה מ״ה יה אֲנָשִׁים מ״ה יה בָּאוּ הֵנָּה מ״ה יה הַלַּיְלָה מלה מִבְּנֵי יִשְׂרָאֵל לַחְפֹּר אֶת־הָאָרֶץ אלהים ע״ה דההין 3 וַיִּשְׁלַח מֶלֶךְ יְרִיחוֹ אֶל־רָחָב לֵאמֹר הוֹצִיאִי הָאֲנָשִׁים הַבָּאִים אֵלַיִךְ אני אֲשֶׁר־בָּאוּ לְבֵיתֵךְ כִּי לַחְפֹּר אֶת־כָּל־הָאָרֶץ יל״י בָּאוּ ע״ה דההין אלהים 4 וַתִּקַּח רבוע אהיה דאלפין הָאִשָּׁה אֶת־שְׁנֵי הָאֲנָשִׁים וַתִּצְפְּנוֹ וַתֹּאמֶר | כֵּן בָּאוּ אֵלַי הָאֲנָשִׁים וְלֹא יָדַעְתִּי מֵאַיִן הֵמָּה 5 וַיְהִי אל הַשַּׁעַר לִסְגּוֹר בַּחֹשֶׁךְ ע״ר ניצוצות של ח׳ מלכים וְהָאֲנָשִׁים יָצָאוּ לֹא יָדַעְתִּי אָנָה הָלְכוּ מ״ה הָאֲנָשִׁים רִדְפוּ מַהֵר אַחֲרֵיהֶם כִּי תַשִּׂיגוּם 6 וְהִיא הֶעֱלָתַם הַגָּגָה וַתִּטְמְנֵם בְּפִשְׁתֵּי הָעֵץ ע״ה קס״א הָעֲרֻכוֹת לָהּ עַל־הַגָּג 7 וְהָאֲנָשִׁים רָדְפוּ אַחֲרֵיהֶם דֶּרֶךְ ב״פ יב״ק הַיַּרְדֵּן י״פ יהוה ורי׳ אותיות עַל הַמַּעְבְּרוֹת וְהַשַּׁעַר סָגָרוּ אַחֲרֵי כַּאֲשֶׁר יָצְאוּ הָרֹדְפִים אַחֲרֵיהֶם 8 וְהֵמָּה טֶרֶם אברהם ע״ה, וי״פ אל ע״ה, רמ״ח ע״ה יִשְׁכָּבוּן וְהִיא עָלְתָה עֲלֵיהֶם עַל־הַגָּג 9 וַתֹּאמֶר אֶל־הָאֲנָשִׁים יָדַעְתִּי כִּי־נָתַן יְהוָה אהדונהי אדנ״י לָכֶם אֶת־הָאָרֶץ אלהים ע״ה דההין וְכִי־נָפְלָה אֵימַתְכֶם עָלֵינוּ ס״ג ריבוע וְכִי נָמֹגוּ כָּל־ יל״י יֹשְׁבֵי הָאָרֶץ אלהים ע״ה דההין מִפְּנֵיכֶם 10 כִּי שָׁמַעְנוּ אֵת אֲשֶׁר־הוֹבִישׁ

¹¹ *Y tan pronto como lo oímos, se deshizo nuestro corazón, no quedando ya espíritu en hombre alguno por causa de ustedes; porque el Eterno su Dios, Él es Dios arriba en los Cielos y abajo en la Tierra.*

¹² *Ahora pues, les ruego que me juren por el Eterno, ya que los he tratado con bondad, que ustedes tratarán con bondad a la casa de mi padre, y denme una garantía verdadera,*

¹³ *y salvarán a mi padre y a mi madre, a mis hermanos y a mis hermanas, con todo lo que tienen, y que librarán nuestras vidas de la muerte".*

¹⁴ *Y los hombres le dijeron a ella: "Nuestra vida responderá por la de ustedes si no revelan nuestro propósito; y sucederá que cuando el Eterno nos dé la tierra, te trataremos con bondad y sinceridad".*

¹⁵ *Entonces ella los hizo descender con una cuerda por la ventana, porque su casa estaba en la muralla de la ciudad, y ella vivía en la muralla.*

¹⁶ *Y les dijo: "Vayan a la montaña, no sea que los perseguidores los encuentren; y escóndanse allí por tres días, hasta que los perseguidores hayan regresado. Después podrán continuar su camino".*

¹⁷ *Y los hombres le dijeron: "Nosotros quedaremos libres de este juramento que nos has hecho jurarte.*

¹⁸ *He aquí que cuando entremos en la tierra, atarás este cordón de hilo escarlata a la ventana por la cual nos dejas bajar, y reunirás contigo en la casa a tu padre y a tu madre, a tus hermanos y a toda la casa de tu padre.*

¹⁹ *Y sucederá que quien que salga de las puertas de tu casa a la calle, su sangre caerá sobre su propia cabeza, y quedaremos libres. Y la sangre de quien permanezca en la casa contigo caerá sobre nuestra cabeza si alguien pone su mano sobre él.*

²⁰ *Pero si divulgas nuestro propósito, quedaremos libres del juramento que nos has hecho jurar".*

יְהֹוָה אֶת־מֵי יָם־סוּף מִפְּנֵיכֶם בְּצֵאתְכֶם מִמִּצְרָיִם

וַאֲשֶׁר עֲשִׂיתֶם לִשְׁנֵי מַלְכֵי הָאֱמֹרִי אֲשֶׁר בְּעֵבֶר

הַיַּרְדֵּן לְסִיחֹן וּלְעוֹג אֲשֶׁר הֶחֱרַמְתֶּם אוֹתָם: 11 וַנִּשְׁמַע

וַיִּמַּס לְבָבֵנוּ וְלֹא־קָמָה עוֹד רוּחַ בְּאִישׁ מִפְּנֵיכֶם

כִּי יְהֹוָה אֱלֹהֵיכֶם הוּא אֱלֹהִים בַּשָּׁמַיִם

מִמַּעַל וְעַל־הָאָרֶץ מִתָּחַת: 12 וְעַתָּה הִשָּׁבְעוּ־נָא

לִי בַּיהֹוָה כִּי־עָשִׂיתִי עִמָּכֶם חֶסֶד וַעֲשִׂיתֶם גַּם־

אַתֶּם עִם־בֵּית אָבִי חֶסֶד וּנְתַתֶּם לִי אוֹת אֱמֶת:

13 וְהַחֲיִתֶם אֶת־אָבִי וְאֶת־אִמִּי וְאֶת־אַחַי וְאֶת־אַחְיוֹתַי

(כתיב: אחותי) וְאֵת כָּל־אֲשֶׁר לָהֶם וְהִצַּלְתֶּם אֶת־נַפְשֹׁתֵינוּ מִמָּוֶת:

14 וַיֹּאמְרוּ לָהּ הָאֲנָשִׁים נַפְשֵׁנוּ תַחְתֵּיכֶם לָמוּת אִם לֹא תַגִּידוּ

אֶת־דְּבָרֵנוּ זֶה וְהָיָה בְּתֵת־יְהֹוָה לָנוּ

אֶת־הָאָרֶץ וְעָשִׂינוּ עִמָּךְ חֶסֶד וֶאֱמֶת

15 וַתּוֹרִדֵם בַּחֶבֶל בְּעַד הַחַלּוֹן כִּי בֵיתָהּ בְּקִיר

הַחוֹמָה וּבַחוֹמָה הִיא יוֹשָׁבֶת: 16 וַתֹּאמֶר לָהֶם הָהָרָה לֵּכוּ פֶּן־יִפְגְּעוּ

בָכֶם הָרֹדְפִים וְנַחְבֵּתֶם שָׁמָּה שְׁלֹשֶׁת יָמִים עַד

שׁוֹב הָרֹדְפִים וְאַחַר תֵּלְכוּ לְדַרְכְּכֶם: 17 וַיֹּאמְרוּ אֵלֶיהָ הָאֲנָשִׁים נְקִיִּ

ם אֲנַחְנוּ מִשְּׁבֻעָתֵךְ הַזֶּה אֲשֶׁר הִשְׁבַּעְתָּנוּ: 18 הִנֵּה אֲנַחְנוּ בָאִים

בָּאָרֶץ אֶת־תִּקְוַת חוּט הַשָּׁנִי הַזֶּה תִּקְשְׁרִי בַּחַלּוֹן אֲשֶׁר

הוֹרַדְתֵּנוּ בוֹ וְאֶת־אָבִיךְ וְאֶת־אִמֵּךְ וְאֶת־אַחַיִךְ וְאֵת כָּל־בֵּית

אָבִיךְ תַּאַסְפִי אֵלַיִךְ הַבָּיְתָה: 19 וְהָיָה כֹּל אֲשֶׁר־יֵצֵא מִדַּלְתֵי

בֵיתֵךְ | הַחוּצָה דָּמוֹ בְרֹאשׁוֹ וַאֲנַחְנוּ נְקִיִּם וְכֹל אֲשֶׁר יִהְיֶה אִתָּךְ

בַּבַּיִת דָּמוֹ בְרֹאשֵׁנוּ אִם־יָד תִּהְיֶה־בּוֹ: 20 וְאִם־

תַּגִּידִי אֶת־דְּבָרֵנוּ זֶה וְהָיִינוּ נְקִיִּם מִשְּׁבֻעָתֵךְ אֲשֶׁר הִשְׁבַּעְתָּנוּ:

[21] Y ella dijo: "Conforme a sus palabras, así sea". Y los envió, y se marcharon; y ella ató el cordón escarlata a la ventana.

[22] Y ellos se fueron y llegaron a la montaña, y permanecieron allí por tres días, hasta que los perseguidores regresaron; y los perseguidores los habían buscado por todo el camino, pero no los encontraron.

[23] Entonces los dos hombres regresaron y bajaron de la montaña, y pasaron y vinieron a Yehoshúa, hijo de Nun, y le contaron todo lo que les había ocurrido.

[24] Y dijeron a Yehoshúa: "Ciertamente, el Eterno ha entregado toda la tierra en nuestras manos y, además, todos los habitantes de la tierra se han deshecho ante nosotros".

21 וַתֹּאמֶר כְּדִבְרֵיכֶם כֶּן־הוּא וַתְּשַׁלְּחֵם וַיֵּלֵכוּ וַתִּקְשֹׁר אֶת־תִּקְוַת הַשָּׁנִי בַּחַלּוֹן ׃ 22 וַיֵּלְכוּ וַיָּבֹאוּ הָהָרָה וַיֵּשְׁבוּ שָׁם שְׁלֹשֶׁת יָמִים עַד־שָׁבוּ הָרֹדְפִים וַיְבַקְשׁוּ הָרֹדְפִים בְּכָל־הַדֶּרֶךְ וְלֹא מָצָאוּ ׃ 23 וַיָּשֻׁבוּ שְׁנֵי הָאֲנָשִׁים וַיֵּרְדוּ מֵהָהָר וַיַּעַבְרוּ וַיָּבֹאוּ אֶל־יְהוֹשֻׁעַ בִּן־נוּן וַיְסַפְּרוּ־לוֹ אֵת כָּל־הַמֹּצְאוֹת אוֹתָם ׃ 24 וַיֹּאמְרוּ אֶל־יְהוֹשֻׁעַ כִּי־נָתַן יְהוָה בְּיָדֵנוּ אֶת־כָּל־הָאָרֶץ וְגַם־נָמֹגוּ כָּל־יֹשְׁבֵי הָאָרֶץ מִפָּנֵינוּ ׃

KÓRAJ

LA LECCIÓN DE KÓRAJ
(Números 16:1-18:32)

En esta historia, debemos hacernos una pregunta difícil: dado Kóraj era una persona grandiosa y justa, ¿cómo pudo haber caído tan bajo y tan rápidamente?

El *Midrash* dice que todo se debe a la esposa de Kóraj, quien le dijo algo como: "Mira, Moshé tiene todo el dinero. Él dice que está construyendo un Tabernáculo pero, en realidad, sólo quiere el dinero para sí mismo". La esposa de Kóraj estaba agobiándolo constantemente. Está escrito: "Una mujer puede construir o puede destruir".

> *En el secreto de la sabiduría, la casa de un hombre es su esposa. Si ella es una mujer de bien y de mal y él desea cambiar una* MUJER *mala por una buena, debe redimirla de ese mal y darle a ella su valor. Sin embargo, dice acerca de una mujer del Árbol de la Vida,* QUE ES MALJUT: *"el oro y el cristal no pueden igualarla; y el cambio de ésta no será por contenedores de oro fino" (Job 28:17). Ella es invaluable, como dice: "Una mujer virtuosa es una corona para su marido..." (Proverbios 12:4), y también dice: "Mujer virtuosa, ¿quién puede hallarla?..." (Proverbios 31:10). Ésa es la Shejiná. Quien es bondadoso por medio de Ella recibirá una recompensa invaluable, y quien es pecador hacia Ella recibirá un castigo inimaginable.*
> *El Zóhar, Kóraj 9:44*

Pero culpar a la esposa de Kóraj es tan sólo el principio de la explicación de la caída de Kóraj.

La primera palabra de este capítulo es una pista: *vayikaj*, que significa "él tomó". Nuestra lección aquí es que nuestro trabajo espiritual debe despertar en nosotros la necesidad de dar más de lo que tomamos. Pero Kóraj era lo contrario a esto, él quería recibir todo para sí mismo.

Además, el *Talmud* explica que Kóraj era bastante adinerado, pues había encontrado las abundantes riquezas acumuladas y posteriormente ocultadas por Yosef en Egipto. Debido a su fortuna, erróneamente se creía muy elevado y más importante que todos los demás, y esto creó dentro de él una ambición aún mayor de obtener más riquezas todavía.

Es por esto que Kóraj cayó, porque se mantuvo como "receptor". A pesar de tener toda la sabiduría de la Biblia y ser un estudiante versado, su conocimiento no fue suficiente para ayudarlo. Todos enfrentamos el mismo desafío cuando iniciamos nuestro camino espiritual. Pensamos que asistir al templo en Shabat, escanear el *Zóhar*, usar los 72 Nombres de Dios y estudiar será suficiente. Además de realizar acciones espirituales, tenemos que transformarnos de receptores a dadores. Por supuesto, es muy importante leer el *Zóhar* y estudiar, pero más importante todavía es cuánto cambiamos interiormente. Aun con todo su aprendizaje, Kóraj nunca logró esa transformación interior vital. Nosotros debemos trabajar a fin de obtener ese resultado bendecido ahora mismo, ya sea que nos sepamos el *Zóhar* de memoria o lo hayamos abierto por primera vez el día de hoy.

SINOPSIS DE KÓRAJ

Koraj, si bien era una persona muy negativa, tenía el potencial de ser muy positivo. La pista hacia esta negatividad está en la palabra *vayikaj*, que significa que él era un receptor. Aprendemos una lección importante de esto: cuando una persona sólo desea recibir, sólo puede obtener resultados negativos. El *Zóhar* dice:

"Pero Kóraj…tomó…" (Números 16:1). PREGUNTA: ¿Cuál es el significado de "tomó"? RESPONDE: Tomó consejo incorrecto para sí. Si uno persigue algo que no le pertenece, éste escapa de él y aun pierde lo que tiene. Kóraj persiguió algo que no era suyo. Por lo tanto, perdió lo propio y nadie más ganó.

El Zóhar, Kóraj 1:4

PRIMERA LECTURA – AVRAHAM – JÉSED

16 ¹ Ahora se ensoberbeció Kóraj, hijo de Yitsar, hijo de Kehat, hijo de Leví, con Datán y Aviram, hijos de Eliav, y On, hijo de Pelet, hijos de Reuvén; ² y se alzaron contra Moshé, junto con algunos de los hijos de Israel, doscientos cincuenta hombres; eran jefes de la congregación, los electos de la asamblea, hombres de renombre;

COMENTARIO DEL RAV

El mal de ojo

Lo que el *Talmud* nos dice, y digo esto por mi propia experiencia del estudio del *Talmud*, es que el 99% de las personas del mundo muere a causa del ojo maligno. ¿Qué es el ojo maligno?

Curiosamente, el primer ojo maligno aparece en el libro de Génesis; aunque no parezca estar muy claro. Pero tanto el *Zóhar* como el *Talmud* explican cómo se produjo la muerte: a través de Adán, Eva y otra entidad: la serpiente. Y si bien no está muy claro en la Escritura (dado que la Escritura está expresada con misterio), existe un sentido más profundo en las palabras (y esto ocurre en toda la Escritura): la serpiente estaba envidiosa y celosa del hecho de que no podía tomar a Eva como su esposa.

Recuerden que esta era una serpiente que no sólo podía arrastrarse, también podía erguirse y hablar. Así es como el episodio es descrito en Génesis: una interacción normal entre Adán y la serpiente, lo cual acarreó la muerte. Pero, a partir de dicha Escritura, el *Talmud* y el *Zóhar* explican que el ojo maligno, que es tan destructivo, no nos victimiza y no siempre significa que le deseamos el mal a nuestro enemigo; eso es tan sólo un aspecto. La razón por la cual el ojo maligno es tan severo —y no hablo sólo del perpetrador— se debe a que es muy destructivo. Cada vez que pensamos, aun sin darnos cuenta, que alguien tiene algo que no debería tener,

eso es ojo maligno. Desear el mal no es la única forma de ojo maligno; existen otras.

El evento de la serpiente fue tan severo porque la Torá y el *Zóhar* dicen que cuando robas, al menos te beneficias de ello. Cuando robas un abrigo o dinero, al menos obtienes el abrigo o el dinero; salvo que pierdas el abrigo o el dinero posteriormente. Pero cuando tienes ojo maligno (y esto incluso puede ocurrir en una familia cuando un miembro tiene algo que otro no tiene), el perpetrador quiere aquello que no tiene. Cuando eso ocurre, el individuo es atacado por aquello que posee. Ese es el poder del ojo maligno, es como un rayo láser. ¿Alguna vez tuviste una lupa cuando eras niño, y la enfocaste en algo usando los rayos del Sol para concentrarlos y crear fuego —*Jojmá*— en ese punto? Lo mismo ocurre cuando el otro individuo recibe ojo maligno; es por ello que es tan destructivo. La persona puede incluso morir bajo diferentes circunstancias.

¿Qué era lo que quería Kóraj? Un poco de reconocimiento. ¿Era eso tan malo dadas las circunstancias? Había una abertura y alguien pudo atacar a esa persona. Con un familiar, ¿desea uno ver al otro perder? No necesariamente; ¡ellos simplemente tienen un deseo también!

וַיִּקַּח

Números 16:1 – Kóraj inició una rebelión y un hombre de la tribu de Reuvén lo acompañó en su sublevación. La tribu de Reuvén estaba acampada al lado de la de Kóraj, lo que nos recuerda cuán

PRIMERA LECTURA – AVRAHAM – JÉSED

16 1 וַיִּקַּח קֹרַח בֶּן־יִצְהָר בֶּן־קְהָת בֶּן־לֵוִי וְדָתָן

וַאֲבִירָם בְּנֵי אֱלִיאָב וְאוֹן בֶּן־פֶּלֶת בְּנֵי רְאוּבֵן

2 וַיָּקֻמוּ לִפְנֵי מֹשֶׁה וַאֲנָשִׁים מִבְּנֵי־יִשְׂרָאֵל

חֲמִשִּׁים וּמָאתָיִם נְשִׂיאֵי עֵדָה קְרִאֵי מוֹעֵד אַנְשֵׁי־שֵׁם׃

influenciados estamos por las personas que están físicamente cerca de nosotros. Así como nuestras acciones negativas afectan a los demás, a su vez nosotros somos afectados por las acciones negativas de nuestros allegados.

"Se enojó mucho Moshé", porque Kóraj y su compañía se negaron a reconocerlo y no le permitieron resolver la disputa. Está escrito "mucho", porque ellos negaron el reconocimiento del acto de la Creación. Así Kóraj negó todo arriba EN ZEIR ANPÍN Y DEBAJO EN LAS ALMAS, como está escrito: "cuando contendieron contra Dios" (Números 26:9), QUE ES EL SECRETO DE ZEIR ANPÍN, PORQUE EL DAÑO QUE ÉL HIZO ALCANZÓ arriba A ZEIR ANPÍN y abajo A MOSHÉ. Por lo tanto, KÓRAJ se adhirió a lo que merecía; ÉL ALCANZÓ GUEHINOM, COMO ESTÁ ESCRITO: "ELLOS… SE FUERON ABAJO VIVOS ADENTRO DEL SHEOL" (NÚMEROS 16:33).

Otra disputa fue resuelta como arriba. Una disputa que se generó y no descendió y estuvo basada en la decencia, fue aquella entre Shamái e Hilel. SHAMÁI ERA EL ASPECTO DE LA IZQUIERDA EN LAS ALTURAS, MIENTRAS QUE HILEL ERA EL ASPECTO DE LA DERECHA CELESTIAL. Y el Santísimo, bendito sea Él, intervino entre ellos y los aprobó. ESTO SIGNIFICA QUE LAS DIFERENCIAS Y LAS DISCUSIONES ENTRE SHAMÁI E HILEL LLEGARON A ELLOS DESDE LA COLUMNA CENTRAL DE ARRIBA, QUE ES EL SECRETO DEL SANTÍSIMO, BENDITO SEA ÉL. Ésta fue una disputa por el bien (nombre) del Cielo, y los Cielos, ZEIR ANPÍN, reconciliaron esta disputa para ESTABLECER AMBAS. Por esto, SUS ILUMINACIONES CONTINÚAN existiendo. Esta DISPUTA es como la obra de la

Creación. ES SIMILAR A LO QUE LA COLUMNA CENTRAL LOGRÓ CON EL OBJETIVO DE ESTABLECER EL ACTO DE LA CREACIÓN. Pero Kóraj negó el establecimiento del acto de la Creación y la disputa fue hacia los Cielos, ESTO ES: ZEIR ANPÍN, QUE ES LA COLUMNA RECONCILIADORA. Y él quiso negar los principios de la Torá, QUE ES ZEIR ANPÍN. Seguramente esta DISPUTA Y NEGACIÓN fue el resultado de los esfuerzos de Gehinom y su poder de juicio aferrado a KÓRAJ y él a éste. ASÍ, ÉL CAYÓ A GUEHINOM.

Hubo dos tipos de disputas: una al principio y una al final. Ésta es la senda de los justos, que es difícil en el comienzo, porque está llena de sufrimiento, pero termina en paz. Kóraj, SIENDO LA IZQUIERDA, fue el comienzo de la disputa ENTRE LA DERECHA Y LA IZQUIERDA, que estaba llena de ira y fiereza. CADA UNA QUERÍA DISMINUIR LA ILUMINACIÓN DE SU VECINA. DE ESTO, EMERGIÓ GUEHINOM y Kóraj se adhirió a Gehinom. Shamái fue TAMBIÉN EL ASPECTO DE LA IZQUIERDA, PERO, al final de la disputa ENTRE LA DERECHA Y LA IZQUIERDA, se le olvidó la ira y la disputa de amor fue puesta en acción para recibir la aprobación de los Cielos, QUE ES LA COLUMNA CENTRAL QUE RESUELVE LA DISPUTA.
    — El Zóhar, Bereshit A 6:49, 50 y 52

El *Zóhar* nos dice que Kóraj inició una discusión entre las Columnas Derecha e Izquierda que fue marcada por la ira y la furia, e inevitablemente lo llevaría a caer en *Gehinom* (el Infierno). El texto compara esto con las discusiones entre los grandes exégetas Shamái e Hilel, quienes también iniciaron disputas entre las Columnas Derecha e Izquierda, pero el resultado de ellos fue en paz porque fue resuelto con amor y decidido por Dios.

³ y se reunieron contra Moshé y Aharón, y les dijeron: "Se encargan de demasiadas cosas. Si ven que toda la congregación es santa, cada uno de sus miembros, y el Eterno está en medio de ellos, ¿por qué, entonces, se levantan por encima de la asamblea del Eterno?".

⁴ Y cuando Moshé escuchó esto, cayó sobre su rostro.

⁵ Y habló a Kóraj y a toda su compañía, diciendo: "En la mañana el Eterno mostrará quién es de Él y quién es santo, y lo acercará a Sí; aquel a quien Él escoja, lo acercará a Sí.

⁶ Hagan esto: tomen incensarios, Kóraj y toda su compañía,

⁷ y pongan fuego en ellos, y echen incienso sobre ellos mañana en la presencia del Eterno; y el hombre a quien el Eterno escoja será el que es santo. Eso les bastará, hijos de Leví".

⁸ Y Moshé dijo a Kóraj: "Oigan ahora, hijos de Leví:

⁹ ¿Les parece poco que el Dios de Israel los haya separado del resto de la congregación de Israel para acercarlos a Él, a fin de hacer el servicio del Tabernáculo del Eterno, y para estar ante la congregación para ministrarles,

¹⁰ y que se te ha acercado a ti, Kóraj, y a todos tus hermanos, hijos de Leví, contigo? ¿Y pretenden también el sacerdocio?

¹¹ Por lo tanto, tú y toda tu compañía se han juntado contra el Eterno; y en cuanto a Aharón, ¿qué es él para que murmuren contra él?".

¹² Y Moshé mandó llamar a Datán y a Aviram, hijos de Eliav, pero ellos dijeron: "No subiremos;

¹³ ¿Te parece poco que nos hayas sacado de una tierra que mana leche y miel para que muramos en el desierto, sino que también quieras engrandecerte como príncipe sobre nosotros?

SEGUNDA LECTURA – YITSJAK – GUEVURÁ

¹⁴ Además, tú no nos has traído a una tierra que mana leche y miel, ni nos has dado herencia de campos y viñas. ¿Acaso les sacarías los ojos a estos hombres? No subiremos".

3 וַיִּקָּהֲלוּ עַל־מֹשֶׁה מהע, אל עדי וְעַל־אַהֲרֹן ע״ב ורבוע ע״ב וַיֹּאמְרוּ אֲלֵהֶם רַב־

ע״ב ורבוע מ״ה לָכֶם כִּי כָל־הָעֵדָה ילי כֻּלָּם קְדֹשִׁים וּבְתוֹכָם יְהֹוָאדֹנָיאהדונהי

וּמַדּוּעַ תִּתְנַשְּׂאוּ עַל־קְהַל יְהֹוָאדֹנָיאהדונהי ע״ב ס״ג 4 וַיִּשְׁמַע מֹשֶׁה מהע, אל עדי

וַיִּפֹּל עַל־פָּנָיו: 5 וַיְדַבֵּר ראה אֶל־קֹרַח וְאֶל־כָּל־ ילי עֲדָתוֹ לֵאמֹר בֹּקֶר

וְיֹדַע ב״ן מ״ב יְהֹוָאדֹנָיאהדונהי אֶת־אֲשֶׁר־לוֹ וְאֶת־הַקָּדוֹשׁ וְהִקְרִיב אֵלָיו

וְאֵת אֲשֶׁר יִבְחַר־בּוֹ יַקְרִיב אֵלָיו: 6 זֹאת עֲשׂוּ קְחוּ־לָכֶם מַחְתּוֹת

קֹרַח וְכָל־ ילי עֲדָתוֹ: 7 וּתְנוּ בָהֵן | אֵשׁ אלהים דיודין ע״ה וְשִׂימוּ עֲלֵיהֶן | קְטֹרֶת

לִפְנֵי וחכמה בינה יְהֹוָאדֹנָיאהדונהי מָחָר אברהם, וז״פ אל, רמ״ח וְהָיָה יהוה, יהה וְ״פ אדם הָאִישׁ

אֲשֶׁר־יִבְחַר יְהֹוָאדֹנָיאהדונהי הוּא הַקָּדוֹשׁ רַב־ ע״ב ורבוע מ״ה לָכֶם בְּנֵי לֵוִי

ע״ה יהוה אהיה 8 וַיֹּאמֶר מֹשֶׁה מהע, אל עדי אֶל־קֹרַח שִׁמְעוּ־נָא בְּנֵי לֵוִי ע״ה יהוה אהיה:

9 הַמְעַט מִכֶּם כִּי־הִבְדִּיל אֱלֹהֵי דמב, ילה יִשְׂרָאֵל אֶתְכֶם מֵעֲדַת יִשְׂרָאֵל

לְהַקְרִיב אֶתְכֶם אֵלָיו לַעֲבֹד אֶת־עֲבֹדַת מִשְׁכַּן ב״פ (רבוע אלהים ־ ה)

יְהֹוָאדֹנָיאהדונהי וְלַעֲמֹד לִפְנֵי וחכמה בינה הָעֵדָה לְשָׁרְתָם: 10 וַיַּקְרֵב אֹתְךָ

וְאֶת־כָּל־ ילי אַחֶיךָ בְנֵי־לֵוִי ע״ה יהוה אהיה אִתָּךְ וּבִקַּשְׁתֶּם גַּם־ יגל כְּהֻנָּה:

11 לָכֵן אַתָּה וְכָל־ ילי עֲדָתְךָ הַנֹּעָדִים עַל־יְהֹוָאדֹנָיאהדונהי וְאַהֲרֹן ע״ב ורבוע ע״ב

מַה־ מ״ה הוּא כִּי תַלִּינוּ תלונו (כתיב: תלונו) עָלָיו: 12 וַיִּשְׁלַח מֹשֶׁה מהע, אל עדי לִקְרֹא

לְדָתָן ע״ה קס״א קנ״א קמ״ג, ע״ה נתה וְלַאֲבִירָם בְּנֵי אֱלִיאָב וַיֹּאמְרוּ לֹא נַעֲלֶה:

13 הַמְעַט כִּי הֶעֱלִיתָנוּ מֵאֶרֶץ אלהים דאלפין זָבַת חָלָב וּדְבַשׁ לַהֲמִיתֵנוּ

בַּמִּדְבָּר אברהם, וז״פ אל, רמ״ח כִּי־תִשְׂתָּרֵר עָלֵינוּ רבוע ס״ג גַּם־ יגל הִשְׂתָּרֵר:

SEGUNDA LECTURA – YITSJAK – GUEVURÁ

14 אַף לֹא אֶל־אֶרֶץ אלהים דאלפין זָבַת חָלָב וּדְבַשׁ הֲבִיאֹתָנוּ וַתִּתֶּן ב״פ כהת

לָנוּ מום, אלהים, אהיה אדני נַחֲלַת שָׂדֶה וָכָרֶם י הויות הָעֵינֵי רבוע מ״ה הָאֲנָשִׁים

¹⁵ Y Moshé se enojó mucho y dijo al Eterno: "No respetes su ofrenda; no he tomado de ellos ni un solo asno, ni le he hecho daño a ninguno de ellos".

¹⁶ Y Moshé dijo a Kóraj: "Tú y toda tu congregación preséntense mañana delante del Eterno; tú, ellos y Aharón;

¹⁷ cada uno de ustedes tome su incensario y ponga incienso en ellos, y cada uno de ustedes traiga su incensario delante del Eterno, doscientos cincuenta incensarios; tú también, y Aharón, cada uno traiga su incensario".

¹⁸ Y cada uno tomó su incensario y pusieron fuego en ellos, y echaron incienso en ellos; y se pusieron a la puerta de la Tienda de Reunión con Moshé y Aharón.

¹⁹ Y Kóraj reunió a toda la congregación en contra de ellos a la puerta de la Tienda de Reunión, y la gloria del Eterno apareció a toda la congregación.

TERCERA LECTURA – YAAKOV – TIFÉRET

²⁰ Entonces el Eterno habló a Moshé y a Aharón, para decir:

²¹ "Apártense de entre esta congregación, para que Yo la consuma en un instante".

²² Y ellos cayeron sobre sus rostros, y dijeron: "Dios, Dios de los espíritus de toda carne, cuando un hombre peque, ¿te enojarás con toda la congregación?".

וַיְחַר

Números 16:15 – Moshé estaba preocupado porque si tal rebelión podría ocurrir, tal vez había alguna negatividad en él que permitió que ocurriera. Moshé le rogó a Dios que le revelara su propia negatividad. Podemos ver que si Moshé, quien era el ser más espiritual del mundo, estaba inseguro de sí mismo, nosotros nunca debemos asumir que somos totalmente buenos. Tenemos que hacer todo lo que está a nuestro alcance para garantizar que estemos esforzándonos constantemente en transformar y crecer. Con ese propósito, escaneamos el Zóhar, usamos las herramientas kabbalísticas, rezamos y estudiamos, de modo que nuestros puntos ciegos nos sean revelados.

וַאֲכַלֶּה

Números 16:21 – Dios declaró que había una necesidad de destruir a la nación de Israel debido a sus acciones malignas, pero Moshé y Aharón imploraron en nombre del pueblo, diciendo que toda la nación no debería sufrir por un solo pecador. En realidad, Dios no tenía la intención de destruir a los Israelitas. En lugar de ello, Su declaración tenía el fin de poner a Moshé y Aharón en una posición en la que tuviesen que rezar intensamente, dado que las oraciones de los *tsadikim* revelan abundante Luz. A veces, Dios pone a los *tsadikim* en situaciones difíciles de modo que todos puedan beneficiarse de la Luz que se revela a través de sus oraciones. Nos beneficiamos del poder de los *tsadikim* mediante esta lectura.

הָהֵם תִּנְקֵּר לֹא נַעֲלֶה: 15 וַיִּחַר לְמֹשֶׁה מְאֹד וַיֹּאמֶר

אֶל־יְהוָֹה אַל־תֵּפֶן אֶל־מִנְחָתָם לֹא חֲמוֹר אֶחָד מֵהֶם

נָשָׂאתִי וְלֹא הֲרֵעֹתִי אֶת־אַחַד מֵהֶם: 16 וַיֹּאמֶר מֹשֶׁה

אֶל־קֹרַח אַתָּה וְכָל־עֲדָתְךָ הֱיוּ לִפְנֵי יְהוָֹה אַתָּה וָהֵם

וְאַהֲרֹן מָחָר: 17 וּקְחוּ | אִישׁ מַחְתָּתוֹ

וּנְתַתֶּם עֲלֵיהֶם קְטֹרֶת וְהִקְרַבְתֶּם לִפְנֵי יְהוָֹה אִישׁ

מַחְתָּתוֹ חֲמִשִּׁים וּמָאתַיִם מַחְתֹּת וְאַתָּה וְאַהֲרֹן

אִישׁ מַחְתָּתוֹ: 18 וַיִּקְחוּ אִישׁ מַחְתָּתוֹ וַיִּתְּנוּ עֲלֵיהֶם

אֵשׁ וַיָּשִׂימוּ עֲלֵיהֶם קְטֹרֶת וַיַּעַמְדוּ פֶּתַח אֹהֶל

מוֹעֵד וּמֹשֶׁה וְאַהֲרֹן: 19 וַיַּקְהֵל עֲלֵיהֶם קֹרַח אֶת־כָּל־

הָעֵדָה אֶל־פֶּתַח אֹהֶל מוֹעֵד וַיֵּרָא כְבוֹד־

יְהוָֹה אֶל־כָּל־הָעֵדָה:

TERCERA LECTURA – YAAKOV – TIFÉRET

20 וַיְדַבֵּר יְהוָֹה אֶל־מֹשֶׁה וְאֶל־אַהֲרֹן

לֵאמֹר: 21 הִבָּדְלוּ מִתּוֹךְ הָעֵדָה הַזֹּאת וַאֲכַלֶּה אֹתָם כְּרָגַע:

22 וַיִּפְּלוּ עַל־פְּנֵיהֶם וַיֹּאמְרוּ אֵל אֱלֹהֵי הָרוּחֹת לְכָל־

בָּשָׂר הָאִישׁ אֶחָד יֶחֱטָא וְעַל כָּל־הָעֵדָה תִּקְצֹף:

El beneficio más importante de la oración es su capacidad de eliminar todos los rasgos negativos y egoístas de la naturaleza humana. Se activa este poder en la oración cuando nuestra conciencia es imbuida de humildad y un sentido de pobreza espiritual. Podemos adquirir estas cualidades al leer detenidamente esta sección con un corazón abierto. El *Zóhar* dice:

A causa de este exilio, David describió A LA SHEJINÁ COMO "hambrienta, cansada y sedienta en el desierto" (II Samuel 17:29), porque él vio a la Shejiná desolada y afrentada y entonces se unió al pesar de ella. Después de ver que Yisrael se arrepintió con alegría, él compuso diez tipos de salmos. Al final de todos ellos, dijo: está escrito: "Una plegaria del

[23] *Y el Eterno habló a Moshé, para decir:* [24] *"Habla a la congregación, para decir: 'Aléjense de los alrededores de la morada de Kóraj, Datán y Aviram'".* [25] *Y Moshé se levantó y fue a Datán y a Aviram; y le seguían los ancianos de Israel.*

[26] *Y habló a la congregación, diciendo: "Les ruego que se alejen de las tiendas de estos hombres malvados, y no toquen nada que les pertenezca, no sea que sean destruidos en todo su pecado".*

[27] *Así se alejaron de los alrededores de las tiendas de Kóraj, Datán y Aviram; y Datán y Aviram salieron y se pusieron a la puerta de sus tiendas, junto con sus mujeres, sus hijos y sus pequeños.*

[28] *Y Moshé dijo: "Ahora sabrán que el Eterno me ha enviado para hacer todas estas obras, y que no las hice por iniciativa propia.*

[29] *Si estos hombres mueren de muerte común como todos los hombres y el destino de todo ser humano se les aplica a ellos, entonces el Eterno no me envió.*

[30] *Pero si el Eterno hace algo nuevo y la tierra abre su boca y los traga con todo lo que les pertenece, y descienden vivos al inframundo, entonces sabrán que estos hombres han menospreciado al Eterno".*

[31] *Y aconteció que cuando terminó de hablar todas estas palabras, la tierra debajo de ellos se partió.*

---

afligido (lit. 'pobre'), cuando desfallece..." (Salmos 102:1). *Esta plegaria rodea a todas las otras oraciones* Y ASCIENDE ANTES QUE TODAS LAS OTRAS ORACIONES. LAS OTRAS ORACIONES, CANTADAS CON UNA MELODÍA, SON PRESENTADAS CON RETARDO ANTE EL REY Y NO ENTRAN HASTA QUE LO HACE LA PLEGARIA DEL POBRE. *Es por esto que* LA PLEGARIA DEL *pobre viene antes que todas las otras.*
— El Zóhar, Bereshit A 17:187

Rav Yistjak Luria (el Arí) nos instruye más sobre este tema:

También debes saber que todas las almas que emergen de las klipot, a fin de ascender a la santidad a través de la concepción, lo hacen sólo por medio de las oraciones del pueblo de Israel. Luego salen y se elevan a la santidad por medio de Mayin Nukvín. O salen mediante la unificación realizada por un hombre justo en este mundo como se explica en La

puerta del Espíritu Santo acerca de las unificaciones y su propósito. O pueden salir por medio de ciertos preceptos que uno cumple en este mundo.
— Los escritos de Rav Yistsjak Luria: La Puerta de la Reencarnación, Decimotercera Introducción: 1

Y, finalmente, el Zóhar añade:

¿Por qué fue todo esto especificado? Porque el Santísimo, bendito sea Él, siempre anhela las oraciones de los justos y se adorna a Sí mismo con ellas. Como ya hemos dicho, el ángel a cargo de las oraciones de Yisrael, cuyo nombre es Sandalfón, recibe todas sus oraciones y las teje en una corona para la Vida de los Mundos. El Santísimo, bendito sea Él, desea las oraciones de los justos en alto grado; se vuelven una corona con la cual adornar al Santísimo, bendito sea Él. Ustedes se preguntarán por qué Yaakov

23 וַיְדַבֵּר רֵאה יְהוָֹאֲדנָֹיאהדונהי מהע, אל עדי אֶל־מֹשֶׁה לֵּאמֹר: 24 דַּבֵּר רֵאה

אֶל־הָעֵדָה לֵאמֹר הֵעָלוּ מִסָּבִיב לְמִשְׁכַּן־ ב"פ (רבוע אלהים ד ה) קֹרַח דָּתָן

ע"ה קס"א קנ"א קמ"ג, ע"ה נתה וַאֲבִירָם: מהע, אל עדי 25 וַיָּקָם מֹשֶׁה וַיֵּלֶךְ כלי אֶל־דָּתָן

ע"ה קס"א קנ"א קמ"ג, ע"ה נתה וַאֲבִירָם וַיֵּלְכוּ כלי אַחֲרָיו זִקְנֵי יִשְׂרָאֵל: 26 וַיְדַבֵּר רֵאה

אֶל־הָעֵדָה לֵאמֹר עלמ סוּרוּ נָא מֵעַל אָהֳלֵי הָאֲנָשִׁים הָרְשָׁעִים הָאֵלֶּה

וְאַל־תִּגְּעוּ בְּכָל־ ב"ן, לכבב, יבמ אֲשֶׁר לָהֶם פֶּן־תִּסָּפוּ בְּכָל־ ב"ן, לכבב, יבמ וַחֲטֹּאתָם:

27 וַיֵּעָלוּ מֵעַל מִשְׁכַּן־ עלמ ב"פ (רבוע אלהים ד ה) קֹרַח דָּתָן ע"ה קס"א קנ"א קמ"ג, ע"ה נתה

וַאֲבִירָם מִסָּבִיב וְדָתָן ע"ה קס"א קנ"א קמ"ג, ע"ה נתה וַאֲבִירָם יָצְאוּ נִצָּבִים פֶּתַח

אָהֳלֵיהֶם וּנְשֵׁיהֶם וּבְנֵיהֶם וְטַפָּם: 28 וַיֹּאמֶר מֹשֶׁה מהע, אל עדי בְּזֹאת תֵּדְעוּן

כִּי־יְהוָֹאֲדנָֹיאהדונהי שְׁלָחַנִי לַעֲשׂוֹת אֵת כָּל־ ילי הַמַּעֲשִׂים הָאֵלֶּה כִּי־לֹא

מִלִּבִּי: 29 אִם־ ע"ה מ"ב יוהך, כְּמוֹת כָּל־ ילי הָאָדָם מ"ה יָמֻתוּן אֵלֶּה וּפְקֻדַּת כָּל־

הָאָדָם מ"ה יִפָּקֵד עֲלֵיהֶם לֹא יְהוָֹאֲדנָֹיאהדונהי שְׁלָחָנִי: 30 וְאִם־ ע"ה מ"ב יוהך,

בְּרִיאָה יִבְרָא יְהוָֹאֲדנָֹיאהדונהי וּפָצְתָה הָאֲדָמָה אֶת־פִּיהָ וּבָלְעָה

אֹתָם וְאֶת־כָּל־ ילי אֲשֶׁר לָהֶם וְיָרְדוּ וָזִיִּים בינה ע"ה שְׁאֹלָה וִידַעְתֶּם כִּי

נִאֲצוּ הָאֲנָשִׁים הָאֵלֶּה אֶת־יְהוָֹאֲדנָֹיאהדונהי: 31 וַיְהִי אל כְּכַלֹּתוֹ לְדַבֵּר רֵאה

אֵת כָּל־ ילי הַדְּבָרִים רֵאה הָאֵלֶּה וַתִּבָּקַע הָאֲדָמָה אֲשֶׁר תַּחְתֵּיהֶם:

---

estaba temeroso ya que huestes de ángeles santos lo acompañaban. Estaba temeroso porque los justos no cuentan con sus merecimientos, sino con sus oraciones y súplicas ante su Señor.
— El Zóhar, Vayishlaj 3:44

סוּרוּ

Números 16:26 – Dios dijo a todos que se distanciaran de Kóraj y sus posesiones. Cuando alguien o algo no nos hace sentir cómodos, puede ser que lo que estamos sintiendo es

una fuente de negatividad. Es importante mantenernos al tanto de nuestras percepciones y nuestro conocimiento intuitivo de las personas que nos rodean; distanciándonos así de aquellos que generan negatividad.

הָאֲדָמָה

Números 16:30 – En este versículo ocurre un terremoto. Al leer este pasaje, obtenemos protección contra todos los desastres naturales. Es importante que conectemos con la energía de las personas que fueron salvadas durante ese terremoto.

32 Y la tierra abrió su boca y se los tragó, a ellos y a sus hogares, y a todos los hombres de Kóraj con todos sus bienes.

33 De modo que ellos y todo lo que les pertenecía descendieron vivos a la cárcava; y la tierra los cubrió y perecieron de en medio de la asamblea.

34 Y todo Israel, que estaban alrededor de ellos, huyeron ante sus gritos, pues decían: "No sea que la tierra nos trague".

35 Y salió fuego del Eterno y devoró a los doscientos cincuenta hombres que ofrecían el incienso. 17 1 Y el Eterno habló a Moshé, diciendo: 2 "Di a Eleazar, hijo de Aharón, el sacerdote, que levante los incensarios de en medio de la hoguera y esparce allí las brasas, por cuanto han sido santificados;

3 En cuanto a los incensarios de estos que han pecado a costa de sus vidas, que se hagan de ellos láminas batidas para cubrir el altar, por cuanto han sido santificados puesto que los presentaron ante el Eterno; y serán una señal para los hijos de Israel".

4 Y Eleazar, el sacerdote, tomó los incensarios de bronce que habían presentado los que fueron quemados, y a martillo los hicieron una cubierta para el altar,

5 como memorial para los hijos de Israel de que ningún hombre común que no sea de la simiente de Aharón debe acercarse a quemar incienso delante del Eterno, para que no le suceda como a Kóraj y a su compañía; tal como el Eterno se lo había dicho por la mano de Moshé.

6 Pero al día siguiente, toda la congregación de los hijos de Israel murmuró contra Moshé y Aharón, diciendo: "Ustedes han matado al pueblo del Eterno".

7 Y sucedió que, cuando la congregación se había juntado contra Moshé y Aharón, se volvieron hacia la Tienda de Reunión, y he aquí que la nube la cubría y la gloria del Eterno apareció. 8 Y Moshé y Aharón fueron al frente de la Tienda de Reunión.

וַיִּקְדָּשׁוּ

Números 17:3 – Las 250 personas que se aliaron con Kóraj llegaron al altar con una ofrenda, sólo para ser azotados y consumidos por una flama. Sin embargo, Moshé y Aharón transformaron la negatividad de la muerte de los hombres en positividad al convertir sus incensarios en una cubierta para el altar. Esto nos demuestra que las personas con una conciencia sumamente elevada pueden transformar cualquier cosa. Al leer esta sección, podemos comenzar a adquirir este poder de Moshé y Aharón.

וַיִּלֹּנוּ

Números 17:6 – Aprendemos aquí que el pueblo de Israel culpó a Moshé por el terremoto que había ocurrido. Su deseo de culpar y buscar represalias contra un alma tan grandiosa nos muestra que, si somos profundamente negativos y estamos involucrados sólo en nosotros y en cómo el mundo nos afecta, incluso grandes cosas y personas piadosas pueden verse negativas a nuestros ojos.

וַתִּפְתַּ֤ח הָאָ֙רֶץ֙ אלהים דההון ע"ה אֶת־פִּ֔יהָ וַתִּבְלַ֥ע אֹתָ֖ם וְאֶת־בָּתֵּיהֶ֑ם 32

וְאֵ֤ת כָּל־ ילי הָֽאָדָם֙ מ"ה אֲשֶׁ֣ר לְקֹ֔רַח וְאֵ֖ת כָּל־ ילי הָֽרֲכֽוּשׁ׃ 33 וַיֵּ֨רְדֽוּ

הֵ֜ם וְכָל־ ילי אֲשֶׁ֥ר לָהֶ֛ם וְחַיִּ֖ים בינה ע"ה חַיִּ֑ים שְׁאֹ֑לָה וַתְּכַ֤ס עֲלֵיהֶם֙ הָאָ֔רֶץ

אלהים דההון ע"ה וַיֹּאבְד֖וּ מִתּ֥וֹךְ הַקָּהָֽל׃ ע"ב ס"ג׃ 34 וְכָל־ ילי יִשְׂרָאֵ֗ל אֲשֶׁ֤ר

סְבִיבֹֽתֵיהֶם֙ נָ֣סֽוּ לְקֹלָ֑ם כִּ֣י אָֽמְר֔וּ פֶּן־תִּבְלָעֵ֖נוּ הָאָֽרֶץ׃ אלהים דההון ע"ה

35 וְאֵ֥שׁ אלהים דיודין ע"ה יָֽצְאָ֖ה מֵאֵ֣ת יְהֹוָ֑ה ־אלהיאהדונהי וַתֹּ֗אכַל אֵ֤ת הַחֲמִשִּׁים֙

וּמָאתַ֣יִם אִ֔ישׁ ע"ה קנ"א קס"א מַקְרִיבֵ֖י הַקְּטֹֽרֶת׃ 17 1 וַיְדַבֵּ֥ר ראה יְהֹוָ֖ה ־אלהיאהדונהי

אֶל־מֹשֶׁ֥ה מהש, אל שדי לֵּאמֹֽר׃ 2 אֱמֹ֨ר אֶל־אֶלְעָזָ֜ר בֶּן־אַֽהֲרֹ֣ן ע"ב ורבוע ע"ב

הַכֹּהֵ֗ן מלה וְיָרֵ֤ם אֶת־הַמַּחְתֹּת֙ מִבֵּ֣ין הַשְּׂרֵפָ֔ה וְאֶת־הָאֵ֖שׁ שׂאה

זְרֵה־הָ֑לְאָה כִּ֖י קָדֵֽשׁוּ׃ 3 אֵ֡ת מַחְתּוֹת֩ הַֽחַטָּאִ֨ים הָאֵ֜לֶּה

בְּנַפְשֹׁתָ֗ם וְעָשׂ֨וּ אֹתָ֜ם רִקֻּעֵ֤י פַחִים֙ צִפּ֣וּי לַמִּזְבֵּ֔חַ גנד כִּֽי־הִקְרִיבֻ֥ם לִפְנֵֽי־

חכמה בינה יְהֹוָ֖ה ־אלהיאהדונהי ⟨וַיִּקְדָּ֑שׁוּ⟩ וְיִֽהְי֥וּ מלוי ס"ג לְא֖וֹת לִבְנֵ֣י יִשְׂרָאֵֽל׃ 4 וַיִּקַּ֞ח

ויעם אֶלְעָזָ֤ר הַכֹּהֵן֙ מלה אֵ֚ת מַחְתּ֣וֹת הַנְּחֹ֔שֶׁת אֲשֶׁ֥ר הִקְרִ֖יבוּ הַשְּׂרֻפִ֑ים

וַֽיְרַקְּע֖וּם צִפּ֣וּי לַמִּזְבֵּֽחַ׃ גנד 5 זִכָּר֞וֹן ע"ב קס"א נט"ב לִבְנֵ֣י יִשְׂרָאֵ֗ל לְמַ֡עַן אֲשֶׁר֩

לֹֽא־יִקְרַ֜ב אִ֣ישׁ ע"ה קנ"א קס"א זָ֗ר אור, זר, אין סוף אֲשֶׁ֨ר לֹ֤א מִזֶּ֣רַע אַֽהֲרֹן֙ ע"ב ורבוע ע"ב

ה֔וּא לְהַקְטִ֥יר קְטֹ֖רֶת יי אדני לִפְנֵ֣י חכמה בינה יְהֹוָ֑ה ־אלהיאהדונהי וְלֹֽא־יִֽהְיֶ֤ה יי כְקֹ֙רַח֙

וְכַֽעֲדָת֔וֹ כַּֽאֲשֶׁ֨ר דִּבֶּ֧ר ראה יְהֹוָ֛ה ־אלהיאהדונהי בְּיַד־מֹשֶׁ֖ה מהש, אל שדי לֽוֹ׃ 6 ⟨וַיִּלֹּ֜נוּ⟩

כָּל־ ילי עֲדַ֤ת בְּנֵֽי־יִשְׂרָאֵל֙ מִמָּֽחֳרָ֔ת עַל־מֹשֶׁ֥ה מהש, אל שדי וְעַֽל־אַֽהֲרֹ֖ן

ע"ב ורבוע ע"ב לֵאמֹ֑ר אַתֶּ֥ם הֲמִתֶּ֖ם אֶת־עַ֥ם יְהֹוָֽה׃ ־אלהיאהדונהי 7 וַיְהִ֗י אל בְּהִקָּהֵ֤ל

הָֽעֵדָה֙ עַל־מֹשֶׁ֣ה מהש, אל שדי וְעַֽל־אַֽהֲרֹ֔ן ע"ב ורבוע ע"ב וַיִּפְנוּ֙ אֶל־אֹ֣הֶל אלד (אלד ע"ה)

מוֹעֵ֔ד מ"ה יה וְהִנֵּ֥ה כִסָּ֖הוּ הֶֽעָנָ֑ן וַיֵּרָ֖א אלף למד יהוה כְּב֥וֹד ל"ב יְהֹוָֽה׃ ־אלהיאהדונהי

8 וַיָּבֹ֤א מֹשֶׁה֙ מהש, אל שדי וְאַֽהֲרֹ֔ן ע"ב ורבוע ע"ב אֶל־פְּנֵ֖י חכמה בינה אֹ֥הֶל אלד (אלד ע"ה)

מוֹעֵֽד׃

CUARTA LECTURA – MOSHÉ – NÉTSAJ

⁹ Y el Eterno habló a Moshé, para decir: ¹⁰ "Levántense de en medio de esta congregación, para que Yo la consuma en un instante". Y ellos cayeron sobre sus rostros.

¹¹ Y Moshé le dijo a Aharón: "Toma tu incensario, pon en él fuego del altar y echa incienso en él, y tráelo pronto a la congregación y haz expiación por ellos, porque la ira ha salido de parte del Eterno: la plaga ha comenzado".

¹² Y Aharón lo tomó como Moshé le había dicho, y corrió hacia el medio de la asamblea; y he aquí que la plaga ya había comenzado entre el pueblo; y echó el incienso e hizo expiación por el pueblo.

¹³ Y él se colocó entre los muertos y los vivos, y la plaga se detuvo. ¹⁴ Ahora los que murieron a causa de la plaga fueron catorce mil setecientos, aparte de los que murieron por el asunto de Kóraj.

¹⁵ Y Aharón regresó a Moshé a la puerta de la Tienda de Reunión, y la plaga había sido detenida.

QUINTA LECTURA – AHARÓN – HOD

¹⁶ Y habló el Eterno a Moshé, para decir:

¹⁷ "Habla a los hijos de Israel y toma una vara por cada jefe conforme a sus casas paternas, doce varas; escribirás el nombre de cada uno en su vara.

וַיְכַפֵּר

Números 17:11 – A pesar de que Moshé intervino nuevamente en nombre de los israelitas, ocurrió una plaga debido a la negatividad de éstos. A través del poder de esta lectura, podemos obtener protección de todos los tipos de plagas en nuestra vida. También aprendemos acerca de la importancia de la quema del incienso, que es una herramienta que se empleaba para prevenir plagas. Este versículo nos enseña que el uso del incienso y la salvia es efectivo en nuestra vida y en nuestros hogares hoy en día. El *Zóhar* dice:

Cuando los Juicios prevalecen en el mundo desde el aspecto de la Izquierda, la Derecha es atraída. ¿Por medio de qué? Por medio de la quema de incienso, lo cual es hecho silenciosamente en secreto, más sutil y refinado que cualquier cosa.
— El Zóhar, Kóraj 6:24

דִּבֶּר

Números 17:17 – Moshé intentó hacer todo pare elevar la conciencia del pueblo a un nivel más

CUARTA LECTURA – MOSHÉ – NÉTSAJ

וַיְדַבֵּר יְהוָֹה אֶל־מֹשֶׁה לֵּאמֹר: 10 הֵרֹמּוּ מִתּוֹךְ 9

הָעֵדָה הַזֹּאת וַאֲכַלֶּה אֹתָם כְּרָגַע וַיִּפְּלוּ עַל־פְּנֵיהֶם: 11 וַיֹּאמֶר

מֹשֶׁה אֶל־אַהֲרֹן קַח אֶת־הַמַּחְתָּה

וְתֶן־עָלֶיהָ אֵשׁ מֵעַל הַמִּזְבֵּחַ וְשִׂים קְטֹרֶת

וְהוֹלֵךְ מְהֵרָה אֶל־הָעֵדָה וְכַפֵּר עֲלֵיהֶם כִּי־יָצָא הַקֶּצֶף מִלִּפְנֵי

יְהוָֹה הֵחֵל הַנָּגֶף: 12 וַיִּקַּח אַהֲרֹן כַּאֲשֶׁר

דִּבֶּר מֹשֶׁה וַיָּרָץ אֶל־תּוֹךְ הַקָּהָל וְהִנֵּה הֵחֵל הַנֶּגֶף

בָּעָם וַיִּתֵּן אֶת־הַקְּטֹרֶת וַיְכַפֵּר עַל־הָעָם:

13 וַיַּעֲמֹד בֵּין־הַמֵּתִים וּבֵין הַחַיִּים וַתֵּעָצַר הַמַּגֵּפָה: 14 וַיִּהְיוּ

הַמֵּתִים בַּמַּגֵּפָה אַרְבָּעָה עָשָׂר אֶלֶף וּשְׁבַע מֵאוֹת

מִלְּבַד הַמֵּתִים עַל־דְּבַר־קֹרַח: 15 וַיָּשָׁב אַהֲרֹן אֶל־מֹשֶׁה

אֶל־פֶּתַח אֹהֶל מוֹעֵד וְהַמַּגֵּפָה נֶעֱצָרָה:

QUINTA LECTURA – AHARÓN – HOD

16 וַיְדַבֵּר יְהוָֹה אֶל־מֹשֶׁה לֵּאמֹר: 17 דַּבֵּר

אֶל־בְּנֵי יִשְׂרָאֵל וְקַח מֵאִתָּם מַטֶּה מַטֶּה לְבֵית אָב מֵאֵת כָּל־

---

alto. Los líderes de las 12 tribus estaban a punto de entrar en el Tabernáculo, lugar en el que Dios escogería a uno de ellos para ser el líder de toda la nación. Dos días después, almendras y flores brotaron milagrosamente en la vara de Aharón, la cual había sido un pedazo de madera seca hasta ese entonces; esto demostró que Aharón había sido electo para el liderazgo de la nación.

Esto nos enseña que hay momentos en los que Dios nos muestra la Luz de una manera que, sencillamente, no podemos ignorar. Tenemos que estar profundamente conscientes de estos mensajes milagrosos y aprovecharlos cuando aparezcan.

18 Y escribirás el nombre de Aharón en la vara de Leví, porque habrá una vara para cada jefe de sus casas paternas. 19 Y las pondrás en la Tienda de Reunión delante del testimonio, donde me encuentro contigo.

20 Y sucederá que la vara del hombre que Yo escoja retoñará; y me desharé de las quejas de los hijos de Israel que murmuran contra ustedes". 21 Y Moshé habló a los hijos de Israel; y todos los jefes de ellos le dieron varas, una por cada jefe según sus casas paternas; doce varas, y la vara de Aharón entre sus varas.

22 Y Moshé colocó las varas en la Tienda del Testimonio delante del Eterno. 23 Y sucedió que el día siguiente, Moshé entró en la Tienda del Testimonio, y he aquí que la vara de Aharón de la casa de Leví había retoñado y echado botones, y había producido flores y almendras maduras. 24 Y Moshé sacó todas las varas de la presencia del Eterno y las llevó a los hijos de Israel; y ellos las miraron y cada hombre tomó su vara.

SEXTA LECTURA – YOSEF – YESOD

25 Y el Eterno dijo a Moshé: Vuelve a poner la vara de Aharón delante del testimonio para guardarla por señal a los hijos rebeldes, para que cesen sus murmuraciones contra Mí y no mueran. 26 Así lo hizo Moshé; como el Eterno le había ordenado, así lo hizo.

27 Y los hijos de Israel hablaron a Moshé, diciendo: "He aquí que perecemos, estamos deshechos; todos nosotros estamos deshechos.

וַהֲשִׁכֹּתִי

Números 17:20 – La palabra *vahashcotí* es el punto medio del libro de Números. Cada vez que llegamos al punto medio de cualquier proyecto, tenemos la oportunidad de conectar con la energía de la Columna Central, la energía de equilibrio. Por lo tanto, en este punto de la lectura, es importante detenerse y analizar nuestra condición física y espiritual, así como también conectar con la poderosa fuente de energía que está disponible para ayudarnos a obtener mayor equilibrio en nuestra vida.

וַתְּכַל

Números 17:25 – Dios le dijo a Aharón que ignorara el mal de ojo proveniente del envidioso Kóraj. A veces sólo tenemos que continuar con nuestro trabajo, indiferentemente de lo que la gente piense o diga. El mal de ojo nunca debe frenarnos de hacer nuestras tareas espirituales.

גָּוַעְנוּ

Números 17:27 – Los israelitas eran interrumpidos en su acción de acercarse a la Luz del Creador porque, cada vez que lo hacían, parecía que una plaga o alguna clase de desastre los afectaba. Aquí tenemos una oportunidad de enfocarnos en eliminar los miedos e incertidumbres de nuestra vida, a fin de que podamos conectar mejor con la Luz del Creador.

ילי נְשִׂיאֵהֶם לְבֵית ב״פ ראה אֲבֹתָם שְׁנֵים עָשָׂר מַטּוֹת אִישׁ ע״ה קנ״א קס״א

אֶת־שְׁמוֹ מהע ע״ה, אל שדי ע״ה תִּכְתֹּב עַל־מַטֵּהוּ: 18 וְאֵת שֵׁם יהוה שדי אַהֲרֹן

ע״ב ורביע ע״ב תִּכְתֹּב עַל־מַטֵּה לֵוִי ע״ה יהוה אהיה כִּי מַטֶּה אֶחָד אהבה, דאגה

לְרֹאשׁ רבוע אלהים ואלהים דיודין ע״ה בֵּית ב״פ ראה אֲבוֹתָם: 19 וְהִנַּחְתָּם בְּאֹהֶל

לאה (אלד ע״ה) מוֹעֵד לִפְנֵי וחכמה בינה הָעֵדוּת אֲשֶׁר אִוָּעֵד לָכֶם שָׁמָּה

משה, מהע, אל שדי: 20 וְהָיָה יהוה, יהוה זיי אדם הָאִישׁ אֲשֶׁר אֶבְחַר־בּוֹ מַטֵּהוּ יִפְרָח

וַהֲשִׁכֹּתִי מֵעָלַי אֶת־תְּלֻנּוֹת בְּנֵי יִשְׂרָאֵל אֲשֶׁר הֵם מַלִּינִם עֲלֵיכֶם:

21 וַיְדַבֵּר ראה מֹשֶׁה מהע, אל שדי אֶל־בְּנֵי יִשְׂרָאֵל וַיִּתְּנוּ אֵלָיו | כָּל־ ילי

נְשִׂיאֵיהֶם מַטֶּה לְנָשִׂיא אֶחָד אהבה, דאגה מַטֶּה לְנָשִׂיא אֶחָד אהבה, דאגה לְבֵית

ב״פ ראה אֲבֹתָם שְׁנֵים עָשָׂר מַטּוֹת וּמַטֵּה אַהֲרֹן ע״ב ורביע ע״ב בְּתוֹךְ מַטּוֹתָם:

22 וַיַּנַּח מֹשֶׁה מהע, אל שדי אֶת־הַמַּטֹּת לִפְנֵי וחכמה בינה יְהֹוָ(אדני)הִוהי בְּאֹהֶל

לאה (אלד ע״ה) הָעֵדֻת: 23 וַיְהִי אל מִמָּחֳרָת וַיָּבֹא מֹשֶׁה מהע, אל שדי אֶל־אֹהֶל

לאה (אלד ע״ה) הָעֵדוּת וְהִנֵּה מ״ה יה פָּרַח רפ״ח מַטֵּה־אַהֲרֹן ע״ב ורביע ע״ב לְבֵית ב״פ ראה

לֵוִי ע״ה יהוה אהיה וַיֹּצֵא פֶרַח רפ״ח וַיָּצֵץ צִיץ וַיִּגְמֹל שְׁקֵדִים: 24 וַיֹּצֵא מֹשֶׁה

מהע, אל שדי אֶת־כָּל־ ילי הַמַּטֹּת מִלִּפְנֵי וחכמה בינה יְהֹוָ(אדני)הִוהי אֶל־כָּל־ ילי בְּנֵי

יִשְׂרָאֵל וַיִּרְאוּ וַיִּקְחוּ חעם ע״ה קנ״א קס״א אִישׁ מַטֵּהוּ:

SEXTA LECTURA – YOSEF – YESOD

25 וַיֹּאמֶר יְהֹוָ(אדני)ההֹ(אהדונהי) אֶל־מֹשֶׁה מהע, אל שדי הָשֵׁב אֶת־מַטֵּה אַהֲרֹן

ע״ב ורביע ע״ב לִפְנֵי וחכמה בינה הָעֵדוּת לְמִשְׁמֶרֶת לְאוֹת לִבְנֵי־מֶרִי

וּתְכַל תְּלוּנֹּתָם מֵעָלַי וְלֹא יָמֻתוּ: 26 וַיַּעַשׂ מֹשֶׁה מהע, אל שדי כַּאֲשֶׁר

צִוָּה פ״י יְהֹוָ(אדני)ההֹ(אהדונהי) אֹתוֹ כֵּן עָשָׂה: 27 וַיֹּאמְרוּ בְּנֵי יִשְׂרָאֵל

אֶל־מֹשֶׁה מהע, אל שדי לֵאמֹר הֵן גָּוַעְנוּ אָבַדְנוּ כֻּלָּנוּ אָבַדְנוּ:

²⁸ Cualquiera que se acerca, que se acerca al Tabernáculo del Eterno, muere. ¿Hemos de perecer todos?".

18 ¹ Y el Eterno dijo a Aharón: "Tú y tus hijos, y toda tu casa paterna, llevarán consigo la iniquidad del santuario; y tú y tus hijos llevarán la iniquidad de su sacerdocio.

² Y también a tus hermanos, la tribu de Leví, la tribu de tu padre, haz que se acerquen para que se junten contigo y te sirvan, mientras que tú y tus hijos contigo estén al frente de la Tienda del Testimonio.

³ Y atenderán a lo que tú ordenes y a las obligaciones de toda la Tienda; sólo que no se acercarán a los utensilios sagrados ni al altar, para que no mueran, tanto ellos como ustedes.

⁴ Y ellos se juntarán contigo y atenderán a las obligaciones de la Tienda de Reunión, cualquiera que sea el servicio de la Tienda; pero ningún extraño se acercará a ustedes.

⁵ Y atenderán a las obligaciones de los asuntos sagrados y a las obligaciones del altar, a fin de que la ira no venga más sobre los hijos de Israel. ⁶ He aquí que Yo he tomado a sus hermanos, los levitas, de entre los hijos de Israel; son un regalo para ustedes, dedicado al Eterno, para hacer el servicio de la Tienda de Reunión.

⁷ Y tú y tus hijos contigo guardarán a su sacerdocio en todo lo concerniente al altar y a lo que está dentro del velo, y servirán. Les doy el sacerdocio como un regalo para servir, pero el hombre común que se acerque morirá".

⁸ Y el Eterno habló a Aharón: "He aquí que Yo te he dado la responsabilidad de Mis ofrendas alzadas; todas las cosas consagradas de los hijos de Israel te las he dado a ti como porción sagrada, y a tus hijos como provisión perpetua.

⁹ Esto será tuyo de las cosas santísimas preservadas del fuego: toda ofrenda de ellos, toda ofrenda de cereal y toda ofrenda por pecado y toda ofrenda por culpa que ellos me han de presentar, será santísima para ti y para tus hijos. ¹⁰ En un lugar santísimo las comerás; todo varón la comerá. Será cosa santa para ti.

¹¹ Y esto es para ti: la ofrenda alzada de sus dádivas, todas las ofrendas ondeadas de los hijos de Israel; las he dado a ti, a tus hijos y a tus hijas contigo, como porción perpetua. Todo el que esté limpio en tu casa podrá comerla.

כְּהֻנַּת כָּם

Números 18:1 – Los cohanim (sacerdotes) se involucraban solamente en el trabajo espiritual y no se ocupaban del mundo físico. Todas sus necesidades eran cubiertas por parte del pueblo en forma de regalos. Hoy en día, sin el Tabernáculo o el Templo o la obra de los cohanim, tenemos que hacer nuestro propio trabajo espiritual además de cumplir con nuestras responsabilidades físicas. Por ende, es importante poner las cosas en perspectiva para evitar estancarnos con nuestras necesidades físicas.

כָּל יכי הַקָּרֵב ‖ הַקָּרֵב אֶל־מִשְׁכַּן בײפ (רביע אלהים ־ ה) יְהֹוָ֙ה אדני ואדני 28

יָמֽוּת הָעָ֑ם יוהך, ע״ה מ״ב תָּבֹ֣ונוּ לָגְוֺ֔עַ 18 1 וַיֹּ֤אמֶר יְהֹוָה֙ אדני אהדונהי אֶֽל־אַהֲרֹ֗ן

אַתָּ֙ה וּבָנֶ֤יךָ וּבֵֽית־ בײס ראה אָבִ֙יךָ֙ אִתָּ֔ךְ תִּשְׂא֖וּ אֶת־עֲוֺ֣ן ע״ב ורבוע ע״ב

הַמִּקְדָּ֑שׁ וְאַתָּ֣ה וּבָנֶ֣יךָ אִתָּ֔ךְ תִּשְׂא֖וּ אֶת־עֲוֺ֥ן | כְּהֻנַּתְכֶֽם | גײפ מ״ב 2 : וְגַ֣ם

אֶת־אַחֶ֣יךָ מַטֵּ֣ה לֵוִ֗י ע״ה אהיה אהיה שֵׁ֤בֶט אָבִ֙יךָ֙ הַקְרֵ֣ב אִתָּ֔ךְ וְיִלָּו֥וּ

עָלֶ֖יךָ רביע מ״ה וְיִֽשָׁרְת֑וּךָ וְאַתָּ֣ה וּבָנֶ֣יךָ אִתָּ֔ךְ לִפְנֵ֖י וחכמה בינה אֹ֥הֶל לאה (אלד ע״ה)

הָעֵדֻֽת: 3 וְשָֽׁמְרוּ֙ מִֽשְׁמַרְתְּךָ֔ וּמִשְׁמֶ֖רֶת כָּל־ יכי הָאֹ֑הֶל לאה (אלד ע״ה) אַ֣ךְ

אהיה אֶל־כְּלֵ֤י כלי הַקֹּ֙דֶשׁ֙ וְאֶל־הַמִּזְבֵּ֔חַ זז, נגד לֹ֣א יִקְרָ֔בוּ וְלֹֽא־יָמֻ֥תוּ גַם־

הֵ֖ם גַּם־ יגל אַתֶּֽם: 4 וְנִלְו֣וּ רביע מ״ה עָלֶ֔יךָ וְשָֽׁמְר֗וּ אֶת־מִשְׁמֶ֙רֶת֙ אֹ֣הֶל

לאה (אלד ע״ה) מוֹעֵ֔ד לְכֹ֖ל יה אדני עֲבֹדַ֣ת הָאֹ֑הֶל לאה (אלד ע״ה) וְזָ֖ר אור, רז, אין סוף

לֹא־יִקְרַ֥ב אֲלֵיכֶֽם: 5 וּשְׁמַרְתֶּ֗ם אֵ֚ת מִשְׁמֶ֣רֶת הַקֹּ֔דֶשׁ וְאֵ֖ת מִשְׁמֶ֣רֶת

הַמִּזְבֵּ֑חַ זז, נגד וְלֹֽא־יִהְיֶ֥ה יי ע֛וֹד קֶ֖צֶף עַל־בְּנֵ֥י יִשְׂרָאֵֽל: 6 וַאֲנִ֗י אני, בײפ אהיה יהוה

הִנֵּ֤ה מ״ה יה לָקַ֙חְתִּי֙ אֶת־אֲחֵיכֶ֣ם הַלְוִיִּ֔ם מִתּ֖וֹךְ בְּנֵ֣י יִשְׂרָאֵ֑ל לָכֶ֞ם מַתָּנָ֤ה

נְתֻנִים֙ לַֽיהֹוָ֔ה אדני אהדונהי לַֽעֲבֹ֕ד אֶת־עֲבֹדַ֖ת אֹ֥הֶל לאה (אלד ע״ה) מוֹעֵֽד: 7 וְאַתָּ֣ה

וּבָנֶ֣יךָ אִ֠תְּךָ תִּשְׁמְר֨וּ אֶת־כְּהֻנַּתְכֶ֜ם לְכָל־ יה אדני דְּבַ֧ר ראה הַמִּזְבֵּ֛חַ זז, נגד

וּלְמִבֵּ֥ית לַפָּרֹ֖כֶת וַעֲבַדְתֶּ֑ם עֲבֹדַ֣ת מַתָּנָ֗ה אֶתֵּן֙ אֶת־כְּהֻנַּתְכֶ֔ם וְהַזָּ֥ר

אור, רז, אין סוף הַקָּרֵ֖ב יוּמָֽת: 8 וַיְדַבֵּ֣ר ראה יְהֹוָה֮ אדני אהדונהי אֶֽל־אַהֲרֹן֒ ע״ב ורבוע ע״ב

וַאֲנִ֞י אני, בײפ אהיה יהוה הִנֵּ֣ה מ״ה יה נָתַ֣תִּי לְךָ֔ אֶת־מִשְׁמֶ֖רֶת תְּרוּמֹתָ֑י לְכָל־

קָדְשֵׁ֣י יה אדני בְנֵֽי־יִשְׂרָאֵ֡ל לְ֠ךָ נְתַתִּ֧ים לְמָשְׁחָ֛ה וּלְבָנֶ֖יךָ לְחָק־עוֹלָֽם: 9

זֶ֣ה־יִֽהְיֶ֥ה יי לְךָ֛ מִקֹּ֥דֶשׁ הַקֳּדָשִׁ֖ים מִן־הָאֵ֑שׁ שאה כָּל־ יכי קָ֠רְבָּנָ֞ם לְכָל־

יה אדני מִ֠נְחָתָ֟ם וּלְכָל־ יה אדני וַֽזַטָּאתָ֤ם יה אדני וּלְכָל־ יה אדני אֲשָׁמָם֙ אֲשֶׁ֣ר יָשִׁ֣יבוּ

לִ֔י קֹ֣דֶשׁ קָֽדָשִׁ֥ים לְךָ֛ ה֖וּא וּלְבָנֶֽיךָ: 10 בְּקֹ֥דֶשׁ הַקֳּדָשִׁ֖ים תֹּאכְלֶ֑נּוּ

כָּל־ יכי זָכָר֙ יֹ֣אכַ֣ל אֹת֔וֹ קֹ֖דֶשׁ יִֽהְיֶה־ יי לָּֽךְ: 11 וְזֶה־לְּךָ֞ תְּרוּמַ֣ת מַתְּנָ֡ם

לְכָל־ יה אדני תְּנוּפֹת֩ בְּנֵ֨י יִשְׂרָאֵ֜ל לְךָ֣ נְתַתִּ֗ים וּלְבָנֶ֧יךָ וְלִבְנֹתֶ֛יךָ אִתְּךָ֖

¹² *Todo lo mejor del aceite y todo lo mejor del vino y del trigo, las primicias que presenten al Eterno, te las daré a ti.* ¹³ *Los primeros frutos maduros de todo lo que hay en su tierra, que traigan al Eterno, serán tuyos. Todo el que esté limpio en tu casa podrá comer de ello.*

¹⁴ *Toda cosa dedicada en Israel, será tuya.* ¹⁵ *Todo lo que abre la matriz de toda carne, ya sea hombre o animal, que presenten al Eterno, será tuyo; sin embargo, el primogénito de hombre ciertamente redimirás, y el primogénito de animales inmundos redimirás.*

¹⁶ *De un mes los redimirás, y el dinero de su redención será según tu valuación, cinco shekalim de plata, según el shékel del Santuario; que es de veinte gerás.* ¹⁷ *Pero no redimirás el primogénito de toro, ni el primogénito de oveja, ni el primogénito de cabra; porque son sagrados. Rociarás su sangre en el altar y quemarás su grasa como ofrenda ígnea, como aroma agradable al Eterno.*

¹⁸ *Y la carne de ellos será para ti, así como el pecho de la ofrenda ondeada y la pierna derecha son tuyas.* ¹⁹ *Todas las ofrendas alzadas de las cosas sagradas que los hijos de Israel ofrezcan al Eterno las he dado a ti, a tus hijos y a tus hijas contigo, como porción perpetua; es un pacto permanente de sal delante del Eterno para ti y para tu simiente contigo".*

²⁰ *Y el Eterno dijo a Aharón: "No tendrás heredad en su tierra, ni tendrás posesión entre ellos; Yo soy tu porción y tu herencia entre los hijos de Israel.*

SÉPTIMA LECTURA – DAVID – MALJUT

²¹ *Y he aquí que Yo he dado a los hijos de Leví todos los diezmos en Israel por heredad, a cambio del servicio que realizan, el de la Tienda de Reunión.*

²² *Y de aquí en adelante los hijos de Israel no se acercarán a la Tienda de Reunión, no sea que carguen con un pecado y mueran.*

בְּמַעֲשֵׂר

Números 18:21 – Esta lectura es acerca del maaser (diezmo). A fin de desconectarnos de la negatividad y la fisicalidad del dinero en el nivel de Maljut (nivel físico), necesitamos entregar diez por ciento de nuestro ingreso (ya sea que ese ingreso sea ganado, regalado u obtenido a través de los intereses de unas inversiones). El dinero, como todo lo demás en este mundo, está dividido y clasificado según las Diez Sefirot. Diezmar puede hacerse a través de dinero, obsequios o tiempo como voluntario, pero es nuestra responsabilidad garantizar que el diez por ciento de todo lo que tenemos tenga una finalidad más elevada. Mientras que en el pasado los israelitas daban el diezmo a los levitas, actualmente nuestro diezmo debe ir a un lugar o propósito espiritual que nos ayude a transformar y revelar Luz en nuestra vida.

לְחָזָק יהוה אהיה יהוה אדני עוֹלָם כָּל־ ילי טָהוֹר ילי בְּבֵיתְךָ ב"פ אכא ב"פ ראה יֹאכַל אֹתוֹ:

12 כֹּל ילי וְחֵלֶב יִצְהָר וְכָל־ ילי וְחֵלֶב תִּירוֹשׁ וְדָגָן רֵאשִׁיתָם אֲשֶׁר־יִתְּנוּ

לַיהֹוֵאדֹנֵיאהדונהי לְךָ נְתַתִּים: 13 בִּכּוּרֵי כָּל־ ילי אֲשֶׁר בְּאַרְצָם אֲשֶׁר־יָבִיאוּ

לַיהֹוֵאדֹנֵיאהדונהי לְךָ יִהְיֶה ייי כָּל־ ילי טָהוֹר בְּבֵיתְךָ יֹאכְלֶנּוּ: 14 כָּל־ ילי

חֵרֶם אברהם, וח"פ אל, רמ"ח בְּיִשְׂרָאֵל לְךָ יִהְיֶה ייי: 15 כָּל־ ילי פֶּטֶר רפ"ח ע"ה רֶחֶם

אברהם, וח"פ אל, רמ"ח לְכָל־ יה אדני בָּשָׂר אֲשֶׁר־יַקְרִיבוּ לַיהֹוֵאדֹנֵיאהדונהי בָּאָדָם מ"ה

וּבַבְּהֵמָה ב"ן, לכב, יבמ יִהְיֶה־ ייי לָּךְ אַךְ אהיה | פָּדֹה תִפְדֶּה אֵת בְּכוֹר הָאָדָם

מ"ה וְאֵת בְּכוֹר־הַבְּהֵמָה ב"ן, לכב, יבמ הַטְּמֵאָה תִּפְדֶּה: 16 וּפְדוּיָו מִבֶּן־חֹדֶשׁ

תִּפְדֶּה בְּעֶרְכְּךָ כֶּסֶף חֲמֵשֶׁת שְׁקָלִים בְּשֶׁקֶל הַקֹּדֶשׁ עֶשְׂרִים

גֵּרָה ד"פ ב"ן הוּא: 17 אַךְ אהיה בְּכוֹר־שׁוֹר אבגיתץ, ושׁר, אהבת חנם אוֹ־בְכוֹר כֶּשֶׂב

אוֹ־בְכוֹר עֵז אני יהוה לֹא תִפְדֶּה קֹדֶשׁ הֵם אֶת־דָּמָם תִּזְרֹק

עַל־הַמִּזְבֵּחַ צג, גגד וְאֶת־חֶלְבָּם תַּקְטִיר אִשֶּׁה לְרֵיחַ נִיחֹחַ אברהם, רמ"ח, וח"פ אל

לַיהֹוֵאדֹנֵיאהדונהי: 18 וּבְשָׂרָם יִהְיֶה־ ייי לָּךְ כַּחֲזֵה הַתְּנוּפָה וּכְשׁוֹק הַיָּמִין

לְךָ יִהְיֶה ייי: 19 כֹּל ילי | תְּרוּמֹת הַקֳּדָשִׁים אֲשֶׁר יָרִימוּ בְנֵי־יִשְׂרָאֵל

לַיהֹוֵאדֹנֵיאהדונהי נָתַתִּי לְךָ וּלְבָנֶיךָ וְלִבְנֹתֶיךָ אִתְּךָ לְחָק־עוֹלָם בְּרִית מֶלַח

עוֹלָם הִוא לִפְנֵי יהוה וחכמה בינה יְהֹוֵאדֹנֵיאהדונהי לְךָ וּלְזַרְעֲךָ אִתָּךְ: 20 וַיֹּאמֶר

יְהֹוֵאדֹנֵיאהדונהי אֶל־אַהֲרֹן ע"ב ורבוע ע"ב בְּאַרְצָם לֹא תִנְחָל וְחֵלֶק לֹא־יִהְיֶה ייי

לְךָ בְּתוֹכָם אֲנִי אני, טדה"ד כוז"ו חֶלְקְךָ וְנַחֲלָתְךָ בְּתוֹךְ בְּנֵי יִשְׂרָאֵל:

SÉPTIMA LECTURA – DAVID – MALJUT

21 וְלִבְנֵי לֵוִי ע"ה יהוה אהיה יהוה הִנֵּה מ"ה יה נָתַתִּי כָּל־ ילי מַעֲשֵׂר ירת בְּיִשְׂרָאֵל לְנַחֲלָה

חֵלֶף עֲבֹדָתָם אֲשֶׁר־הֵם עֹבְדִים אֶת־עֲבֹדַת אֹהֶל אלד ע"ה לאה מוֹעֵד:

22 וְלֹא־יִקְרְבוּ עוֹד בְּנֵי יִשְׂרָאֵל אֶל־אֹהֶל אלד ע"ה לאה מוֹעֵד לָשֵׂאת חֵטְא

²³ Sólo los levitas harán el servicio de la Tienda de Reunión, y ellos cargarán con la iniquidad de ellos; será estatuto perpetuo por todas sus generaciones, y entre los hijos de Israel no tendrán heredad.

²⁴ Porque el diezmo de los hijos de Israel, el cual ofrecen como ofrenda al Eterno, Yo lo he dado a los levitas por heredad; por lo tanto, he dicho en cuanto a ellos: 'Entre los hijos de Israel no tendrán heredad'".

²⁵ Y el Eterno habló a Moshé, para decir: ²⁶ "Asimismo, hablarás a los levitas y les dirás: Cuando tomen de los hijos de Israel los diezmos que de ellos les he dado como su heredad, apartarán de ello una ofrenda al Eterno, un diezmo de los diezmos.

²⁷ Y la ofrenda que han apartado les será considerada como los cereales de la era o como la plenitud del lagar. ²⁸ Así también apartarán al Eterno una ofrenda de todos los diezmos que reciben de los hijos de Israel; y de ellos darán la ofrenda apartada para el Eterno a Aharón, el sacerdote. ²⁹ De todo lo que se les da, apartarán todo lo que le pertenece al Eterno, de lo mejor de ello, la parte consagrada de ello.

MAFTIR

³⁰ Por lo tanto, les dirás: Cuando hayan apartado lo mejor de ello, entonces el resto será contado a los levitas como el producto de la era y como el producto del lagar.

³¹ Lo comerán en cualquier lugar, ustedes y sus hogares, porque es su remuneración a cambio de su servicio en la Tienda de Reunión. ³² Y no llevarán pecado por ello cuando hayan ofrecido lo mejor; y no profanarán las cosas sagradas de los hijos de Israel, no sea que mueran".

Así el diezmo que los hijos de Yisrael son requeridos para poner según el mandamiento acerca del diezmo, es debido a la letra Yud EN MALJUT, que es un diezmo de un diezmo, SIGNIFICANDO QUE MALJUT ES UNO DE DIEZ SEFIROT Y NUEVE DE LAS SEFIROT SON PARTE DE ELLA. POR LO TANTO, ES EL SECRETO DE YUD, y es una de cinco Sefirot del aspecto de Hei. En dondequiera que dice diez, es desde la letra Yud, que es la Shejiná, que es una de las Diez Sefirot.
— El Zóhar, Kóraj 12:53

הַמַּעֲשֵׂר

Números 18:26 – Después de que los levitas habían recibido el diezmo del pueblo, ellos mismos daban una décima parte de esa ofrenda al *Cohén haGadol* (el Sumo Sacerdote). En otras palabras, todas las organizaciones o individuos que aceptan diezmos también tienen la responsabilidad de perpetuar la bendición de esta acción al usar los diezmos para revelar más Luz en el mundo. Por consiguiente, no debemos dar nuestro diezmo a cualquiera; más bien, debemos asegurarnos de que el diezmo que ofrezcamos tenga continuidad y genere Luz para toda la humanidad.

לָמֽוּת׃ 23 וְעָבַד֙ הַלֵּוִ֜י ע״ה יהוה אהיה הוּא֙ אֶת־עֲבֹדַת֙ אֹ֣הֶל לאה (אלד ע״ה) מוֹעֵ֔ד

וְהֵ֖ם יִשְׂא֣וּ עֲוֺנָ֑ם חֻקַּ֤ת עוֹלָם֙ לְדֹרֹ֣תֵיכֶ֔ם וּבְתוֹךְ֙ בְּנֵ֣י יִשְׂרָאֵ֔ל לֹ֥א יִנְחֲל֖וּ

נַחֲלָֽה׃ 24 כִּ֞י אֶת־מַעְשַׂ֣ר ירה בְּנֵֽי־יִשְׂרָאֵ֗ל אֲשֶׁ֨ר יָרִ֤ימוּ לַיהֹוָֽה אדני אהדני אדני

תְּרוּמָ֔ה נָתַ֖תִּי לַלְוִיִּ֣ם לְנַחֲלָ֑ה עַל־כֵּן֙ אָמַ֣רְתִּי י״פ אדני ע״ה לָהֶ֔ם בְּתוֹךְ֙ בְּנֵ֣י

יִשְׂרָאֵ֔ל לֹ֥א יִנְחֲל֖וּ נַחֲלָֽה׃ 25 וַיְדַבֵּ֥ר ראה יְהֹוָֽה אדני אהדני אהדני מהש, אל שדי אֶל־מֹשֶׁ֥ה

לֵּאמֹֽר׃ 26 וְאֶל־הַלְוִיִּ֣ם ראה תְּדַבֵּר֮ וְאָמַרְתָּ֣ אֲלֵהֶם֒ כִּֽי־תִקְח֞וּ מֵאֵ֣ת

בְּנֵֽי־יִשְׂרָאֵ֗ל אֶת־ הַמַּעֲשֵׂ֗ר ירה אֲשֶׁ֨ר נָתַ֧תִּי לָכֶ֛ם מֵאִתָּ֖ם בְּנַחֲלַתְכֶ֑ם

וַהֲרֵמֹתֶ֤ם מִמֶּ֙נּוּ֙ תְּרוּמַ֣ת יְהֹוָֽה אדני אהדני אהדני מַעֲשֵׂ֔ר ירה מִן־הַֽמַּעֲשֵֽׂר׃ ירה

27 וְנֶחְשַׁ֥ב לָכֶ֖ם תְּרוּמַתְכֶ֑ם כַּדָּגָן֙ מִן־הַגֹּ֔רֶן וְכַֽמְלֵאָ֖ה מִן־הַיָּֽקֶב׃ 28 כֵּ֣ן

תָּרִ֤ימוּ גַם־ יג״ל אַתֶּם֙ תְּרוּמַ֣ת יְהֹוָֽה אדני אהדני אהדני מִכֹּל֙ ילי מַעְשְׂרֹ֣תֵיכֶ֔ם אֲשֶׁ֣ר

תִּקְח֔וּ מֵאֵ֖ת בְּנֵ֣י יִשְׂרָאֵ֑ל וּנְתַתֶּ֤ם מִמֶּ֙נּוּ֙ אֶת־תְּרוּמַ֣ת יְהֹוָֽה אדני אהדני אהדני

לְאַֽהֲרֹ֖ן ע״ב ורבוע ע״ב הַכֹּהֵֽן׃ מלה 29 מִכֹּל֙ ילי מַתְּנֹ֣תֵיכֶ֔ם תָּרִ֕ימוּ אֵ֖ת כָּל־ ילי

תְּרוּמַ֣ת יְהֹוָ֑ה אדני אהדני אהדני מִכָּל־ ילי חֶלְבּ֔וֹ אֶת־מִקְדְּשׁ֖וֹ מִמֶּֽנּוּ׃

MAFTIR

30 וְאָמַרְתָּ֖ אֲלֵהֶ֑ם בַּהֲרִֽימְכֶ֤ם אֶת־חֶלְבּוֹ֙ מִמֶּ֔נּוּ וְנֶחְשַׁב֙ לַלְוִיִּ֔ם

כִּתְבוּאַ֣ת גֹּ֔רֶן וְכִתְבוּאַ֖ת יָֽקֶב׃ 31 וַאֲכַלְתֶּ֤ם אֹתוֹ֙ בְּכָל־ ב״ן, לכב, יבם מָק֔וֹם

יהוה ברבוע, ר״פ אל אַתֶּ֖ם וּבֵֽיתְכֶ֑ם כִּֽי־שָׂכָ֥ר כִּי־שָׂכָ֥ר י״פ ב״ן הוּא֙ לָכֶ֔ם חֵ֖לֶף עֲבֹֽדַתְכֶ֔ם

בְּאֹ֥הֶל לאה (אלד ע״ה) מוֹעֵֽד׃ 32 וְלֹֽא־תִשְׂא֤וּ עָלָיו֙ חֵ֔טְא בַּהֲרִֽימְכֶ֥ם אֶת־חֶלְבּ֖וֹ

מִמֶּ֑נּוּ וְאֶת־קׇדְשֵׁ֧י י״ג בְּנֵֽי־יִשְׂרָאֵ֛ל לֹ֥א תְחַלְּל֖וּ וְלֹ֥א תָמֽוּתוּ׃

HAFTARÁ DE KÓRAJ

Shaúl era el rey ungido y por ende era alguien que tenía el poder de influir en toda la nación. En este punto en la historia, no tenemos un rey; en su lugar, nosotros tenemos una gran responsabilidad y poder, dado que nuestras acciones individuales influyen en todo el mundo. Ahora, más que

I SAMUEL 11:14-12:22

11 ¹⁴ Entonces Shmuel dijo al pueblo: "Vengan, vayamos a Guilgal y renovemos el reino allí".

¹⁵ Y todo el pueblo fue a Guilgal; y allí hicieron rey a Shaúl delante del Eterno en Guilgal. Y allí ofrecieron sacrificios de las ofrendas de paz delante del Eterno; y allí Shaúl y todos los hombres de Israel se regocijaron grandemente.

12 ¹ Y Shmuel dijo a todo Israel: "He aquí que yo he escuchado su voz en todo lo que me dijeron, y he puesto rey sobre ustedes.

² Y ahora, he aquí que el rey va delante de ustedes; y yo ya soy viejo y lleno de canas, y he aquí que mis hijos están con ustedes. Yo he andado delante de ustedes desde mi juventud hasta este día.

³ Aquí estoy; testifiquen contra mí delante del Eterno y delante de Su ungido: ¿a quién le he quitado un toro? ¿O a quién le he quitado un asno? ¿O a quién he defraudado? ¿O a quién he oprimido? ¿O de mano de quién he tomado soborno para cegar mis ojos con él? Y se los restituiré".

⁴ Y ellos dijeron: "Tú no nos has defraudado ni oprimido, ni has tomado nada de mano de ningún hombre".

⁵ Y él les respondió: "El Eterno es testigo contra ustedes, y Su ungido es testigo en este día que nada han hallado en mi mano". Y ellos dijeron: "Él es testigo".

⁶ Y Shmuel dijo al pueblo: "El Eterno es el que hizo a Moshé y a Aharón, y el que sacó a sus padres de la tierra de Egipto.

HAFTARÁ DE KÓRAJ

nunca, es importante estar conscientes de nuestra capacidad de traer más negatividad o más Luz al mundo mediante nuestras acciones.

שמואל א' פרק 11, 14–פרק 12, 22

14 11 וַיֹּאמֶר שְׁמוּאֵל אֶל־הָעָם לְכוּ וְנֵלְכָה הַגִּלְגָּל וּנְחַדֵּשׁ שָׁם יהוה עדי

הַמְּלוּכָה: 15 וַיֵּלְכוּ כל כָּל־ כל הָעָם הַגִּלְגָּל וַיַּמְלִכוּ שָׁם יהוה עדי אֶת־שָׁאוּל

לִפְנֵי וחכמה בינה יְהוָֹואדנייאהדונהי בַּגִּלְגָּל וַיִּזְבְּחוּ־שָׁם יהוה עדי זְבָחִים שְׁלָמִים

לִפְנֵי וחכמה בינה יְהוָֹואדנייאהדונהי וַיִּשְׂמַח משיח שָׁם יהוה עדי שָׁאוּל וְכָל־ ילי אַנְשֵׁי

יִשְׂרָאֵל עַד־מְאֹד מה: 12 1 וַיֹּאמֶר שְׁמוּאֵל אֶל־כָּל־ ילי יִשְׂרָאֵל הִנֵּה

מה יה שָׁמַעְתִּי בְקֹלְכֶם לְכֹל יה אדני אֲשֶׁר־אֲמַרְתֶּם לִי וָאַמְלִיךְ עֲלֵיכֶם

מֶלֶךְ: 2 וְעַתָּה מה יה הִנֵּה הַמֶּלֶךְ מיה יה מִתְהַלֵּךְ | לִפְנֵיכֶם וַאֲנִי אני, ב"פ אהיה יהוה

זָקַנְתִּי וָשַׂבְתִּי וּבָנַי הִנָּם אִתְּכֶם וַאֲנִי אני, ב"פ אהיה יהוה הִתְהַלַּכְתִּי לִפְנֵיכֶם

מִנְּעֻרַי עַד־הַיּוֹם ע"ה = נגד, זן, מזבח הַזֶּה ותו"ל 3 הִנְנִי עֲנוּ גיפ מ"ב, רבוע אדני בִי נֶגֶד זן, מזבח

יְהוָֹואדנייאהדונהי וְנֶגֶד זן, מזבח מְשִׁיחוֹ אֶת־שׁוֹר אבגיתץ, ושר, אהבת חנם מִי ילי לָקַחְתִּי

וַחֲמוֹר מִי ילי לָקַחְתִּי וְאֶת־מִי ילי עָשַׁקְתִּי אֶת־מִי ילי רַצּוֹתִי וּמִיַּד־מִי ילי

לָקַחְתִּי כֹפֶר מצפץ וְאַעְלִים עֵינַי ריבוע מ"ה בּוֹ וְאָשִׁיב לָכֶם: 4 וַיֹּאמְרוּ לֹא

עֲשַׁקְתָּנוּ וְלֹא רַצּוֹתָנוּ וְלֹא־לָקַחְתָּ מִיַּד־אִישׁ ע"ה קנ"א קס"א מְאוּמָה: 5 וַיֹּאמֶר

אֲלֵיהֶם עֵד יְהוָֹואדנייאהדונהי בָּכֶם ב"פ אל וְעֵד מְשִׁיחוֹ הַיּוֹם ע"ה = נגד, זן, מזבח

הַזֶּה ותו"ל כִּי לֹא מְצָאתֶם בְּיָדִי מְאוּמָה וַיֹּאמֶר עֵד: 6 וַיֹּאמֶר שְׁמוּאֵל

אֶל־הָעָם יְהוָֹואדנייאהדונהי אֲשֶׁר עָשָׂה אֶת־מֹשֶׁה מהש, אל עדי וְאֶת־אַהֲרֹן

ע"ב ורבוע ע"ב וַאֲשֶׁר הֶעֱלָה אֶת־אֲבוֹתֵיכֶם מֵאֶרֶץ אלהים דאלפין מִצְרָיִם מצר:

⁷ *Por lo tanto, preséntense ahora para que yo argumente con ustedes delante del Eterno acerca de todos los hechos de justicia del Eterno que Él ha hecho por ustedes y por sus padres.*

⁸ *Cuando Yaakov fue a Egipto y sus padres clamaron al Eterno, el Eterno envió a Moshé y a Aharón, quienes sacaron a sus padres de Egipto y los hicieron habitar en este lugar.*

⁹ *Pero ellos olvidaron al Eterno, su Dios, y Él los dejó en manos de Sísera, jefe del ejército de Jatsor, en manos de los filisteos y en manos del rey de Moav, los cuales pelearon contra ellos.*

¹⁰ *Y clamaron al Eterno, y dijeron: 'Hemos pecado porque hemos dejado al Eterno y hemos servido a los baalim y al Ashtarot; pero ahora, líbranos de la mano de nuestros enemigos, y te serviremos'.*

¹¹ *Y el Eterno envió a Yerubaal, Bedán, Yiftaj y Shmuel, y los libró de la mano de sus enemigos de cada lado, de manera que habitaron con seguridad.*

¹² *Y cuando vieron que Najash, rey de los hijos de Amón, venía contra ustedes, me dijeron: 'No, sino que un rey ha de reinar sobre nosotros'; cuando el Eterno su Dios ya era su rey.*

¹³ *Ahora pues, aquí está el rey que han escogido ya quien han pedido; he aquí que el Eterno ha puesto rey sobre ustedes.*

¹⁴ *Si temen al Eterno y le sirven, escuchan Su voz y no se rebelan contra el mandamiento del Eterno, entonces ustedes y el rey que reine sobre ustedes estarán siguiendo al Eterno su Dios;*

¹⁵ *pero si no escuchan la voz del Eterno, sino que se rebelan contra el mandamiento del Eterno, entonces la mano del Eterno estará contra ustedes, como estuvo contra sus padres.*

¹⁶ *Ahora, preséntense y vean esta gran cosa que el Eterno hará delante de sus ojos.*

¹⁷ *¿No es hoy la siega del trigo? Yo clamaré al Eterno para que mande truenos y lluvia; y sabrán y verán que es grande la maldad que han hecho ante los ojos del Eterno, al pedir para ustedes un rey".*

7 וְעַתָּה הִתְיַצְּבוּ וְאִשָּׁפְטָה אִתְּכֶם לִפְנֵי יְהֹוָה אֵת כָּל־
צִדְקוֹת יְהֹוָה אֲשֶׁר־עָשָׂה אִתְּכֶם וְאֶת־אֲבוֹתֵיכֶם: 8 כַּאֲשֶׁר־בָּא
יַעֲקֹב מִצְרָיִם וַיִּזְעֲקוּ אֲבוֹתֵיכֶם אֶל־יְהֹוָה
וַיִּשְׁלַח יְהֹוָה אֶת־מֹשֶׁה וְאֶת־אַהֲרֹן וַיּוֹצִיאוּ
אֶת־אֲבוֹתֵיכֶם מִמִּצְרַיִם וַיֹּשִׁבוּם בַּמָּקוֹם הַזֶּה:
9 וַיִּשְׁכְּחוּ אֶת־יְהֹוָה אֱלֹהֵיהֶם וַיִּמְכֹּר אֹתָם בְּיַד סִיסְרָא
שַׂר־צְבָא חָצוֹר וּבְיַד־פְּלִשְׁתִּים וּבְיַד מֶלֶךְ
מוֹאָב וַיִּלָּחֲמוּ בָּם: 10 וַיִּזְעֲקוּ אֶל־יְהֹוָה וַיֹּאמְרוּ
(כתיב: ויאמר) חָטָאנוּ כִּי עָזַבְנוּ אֶת־יְהֹוָה וַנַּעֲבֹד אֶת־הַבְּעָלִים
וְאֶת־הָעַשְׁתָּרוֹת וְעַתָּה הַצִּילֵנוּ מִיַּד אֹיְבֵינוּ וְנַעַבְדֶךָּ: 11 וַיִּשְׁלַח
יְהֹוָה אֶת־יְרֻבַּעַל וְאֶת־בְּדָן וְאֶת־יִפְתָּח וְאֶת־שְׁמוּאֵל וַיַּצֵּל
אֶתְכֶם מִיַּד אֹיְבֵיכֶם מִסָּבִיב וַתֵּשְׁבוּ בֶּטַח: 12 וַתִּרְאוּ כִּי־נָחָשׁ
מֶלֶךְ בְּנֵי־עַמּוֹן בָּא עֲלֵיכֶם וַתֹּאמְרוּ לִי לֹא כִּי־מֶלֶךְ
יִמְלֹךְ עָלֵינוּ וַיהֹוָה אֱלֹהֵיכֶם מַלְכְּכֶם: 13 וְעַתָּה הִנֵּה
הַמֶּלֶךְ אֲשֶׁר בְּחַרְתֶּם אֲשֶׁר שְׁאֶלְתֶּם וְהִנֵּה נָתַן יְהֹוָה
עֲלֵיכֶם מֶלֶךְ: 14 אִם־תִּירְאוּ אֶת־יְהֹוָה וַעֲבַדְתֶּם
אֹתוֹ וּשְׁמַעְתֶּם בְּקֹלוֹ וְלֹא תַמְרוּ אֶת־פִּי יְהֹוָה וִהְיִתֶם גַּם־
אַתֶּם וְגַם־הַמֶּלֶךְ אֲשֶׁר מָלַךְ עֲלֵיכֶם אַחַר יְהֹוָה אֱלֹהֵיכֶם:
15 וְאִם־לֹא תִשְׁמְעוּ בְּקוֹל יְהֹוָה וּמְרִיתֶם
אֶת־פִּי יְהֹוָה וְהָיְתָה יַד־יְהֹוָה בָּכֶם וּבַאֲבֹתֵיכֶם:
16 גַּם־עַתָּה הִתְיַצְּבוּ וּרְאוּ אֶת־הַדָּבָר הַגָּדוֹל הַזֶּה
אֲשֶׁר יְהֹוָה עֹשֶׂה לְעֵינֵיכֶם: 17 הֲלוֹא קְצִיר־חִטִּים הַיּוֹם
אֶקְרָא אֶל־יְהֹוָה וְיִתֵּן קֹלוֹת וּמָטָר
וּדְעוּ וּרְאוּ כִּי־רָעַתְכֶם רַבָּה אֲשֶׁר עֲשִׂיתֶם

[18] *Entonces Shmuel clamó al Eterno, y el Eterno envió truenos y lluvia aquel día; y todo el pueblo temió grandemente al Eterno y a Shmuel.*

[19] *Y todo el pueblo dijo a Shmuel: "Ruega por tus siervos al Eterno tu Dios, para que no muramos, porque hemos añadido este mal a todos nuestros pecados al pedir para nosotros un rey".*

[20] *Y Shmuel dijo al pueblo: "No teman; en efecto, han hecho todo este mal, pero no se aparten de seguir al Eterno, sino sirvan al Eterno con todo su corazón;*

[21] *y no se aparten, porque entonces irían tras vanidades que ni aprovechan ni libran, pues son vanidades.*

[22] *Porque el Eterno, a causa de Su gran Nombre, no desamparará a Su pueblo; pues el Eterno se ha complacido en hacerlos pueblo Suyo".*

בְּעֵינֵי רִיבוע מ״ה יְהֹוָ‎אדנ״יאהדונהי לִשְׁאוֹל לָכֶם מֶלֶךְ ב״פ קס״א + ה אותיות 18 וַיִּקְרָא

שְׁמוּאֵל אֶל־יְהֹוָ‎אדנ״יאהדונהי וַיִּתֵּן י״ס מלוי ע״ב יְהֹוָ‎אדנ״יאהדונהי קֹלֹת וּמָטָר

אברהם ע״ה, וז״פ אל ע״ה, רמ״ח ע״ה בַּיּוֹם ע״ה = גגד, זך, מזבח הַהוּא וַיִּירָא יל״י כָל־הָעָם מְאֹד

מ״ה אֶת־יְהֹוָ‎אדנ״יאהדונהי וְאֶת־שְׁמוּאֵל: 19 וַיֹּאמְרוּ כָל־ יל״י הָעָם אֶל־שְׁמוּאֵל

הִתְפַּלֵּל בְּעַד־עֲבָדֶיךָ אֶל־יְהֹוָ‎אדנ״יאהדונהי אֱלֹהֶיךָ יל״ה וְאַל־נָמוּת כִּי־יָסַפְנוּ

עַל־כָּל־ יל״י ; עמם וַחֲטֹאתֵינוּ רָעָה רה״ע לִשְׁאֹל לָנוּ מום, אלהים, אהיה אדני מֶלֶךְ:

20 וַיֹּאמֶר שְׁמוּאֵל אֶל־הָעָם אַל־תִּירָאוּ אַתֶּם עֲשִׂיתֶם אֵת כָּל־ יל״י

הָרָעָה רה״ע הַזֹּאת אַךְ אהיה אַל־תָּסוּרוּ מֵאַחֲרֵי יְהֹוָ‎אדנ״יאהדונהי וַעֲבַדְתֶּם

אֶת־יְהֹוָ‎אדנ״יאהדונהי בְּכָל־ ב״ן, לכב, יבמ לְבַבְכֶם: 21 וְלֹא תָּסוּרוּ כִּי | אַחֲרֵי

הַתֹּהוּ אֲשֶׁר לֹא־יוֹעִילוּ וְלֹא יַצִּילוּ כִּי־תֹהוּ הֵמָּה: 22 כִּי לֹא־יִטֹּשׁ

יְהֹוָ‎אדנ״יאהדונהי אֶת־עַמּוֹ בַּעֲבוּר שְׁמוֹ מהשע ע״ה, אל שדי ע״ה הַגָּדוֹל לההו, מבה, יזל, אום

כִּי הוֹאִיל יְהֹוָ‎אדנ״יאהדונהי לַעֲשׂוֹת אֶתְכֶם לוֹ לְעָם: עלם

JUKAT

LA LECCIÓN DE JUKAT
(Números 19:1-22:1)

Acerca del tema: "Este es el mandamiento de la Biblia"

La porción de Jukat inicia con una explicación acerca de cómo los impuros y los inmundos deben ser purificados con las cenizas de una vaca roja. Muchos estudiosos preguntan acerca de la conexión entre la vaca roja y el resto de la Biblia. Un sorprendente número de ellos concluye que, sencillamente, no tenemos que entender lo que se dice aquí; a pesar de que esté escrito: "Este es el mandamiento de la Biblia". Un estudioso incluso dice: "De esta manera, siempre estará arraigada en nosotros la creencia de que no podemos percibir o entender los caminos y la conducta de Dios en este mundo". En otras palabras, están diciendo que lo único que tenemos que hacer es seguir los deseos del Creador sin hacer ninguna pregunta.

No obstante, en términos kabbalísticos, no entender lo que se dice aquí contradice todas las verdades que conocemos; por lo tanto, es evidente que hay mucho más de lo que se ve a simple vista. En una carta a Rav Berg, Rav Brandwein habla acerca de las dos preguntas que Kóraj le hizo a Moshé: "¿Un *Talit* (manto de oraciones) que sea todo azul debe tener *tsitsit* (flecos en las cuatro esquinas)?" y "¿Una casa que esté sólo llena de libros sagrados necesita *Mezuzá*?".

> … *Estos dos caminos son llamados fuego y agua. Por ende, está escrito que la Torá es una analogía del fuego, como está dicho: "¿No son Mis palabras como el fuego?..." (Jeremías 23:29). También se encuentra una analogía del agua, en el secreto de "Todos los sedientos vengan al agua" (Isaías 55:1). No obstante, el agua y el fuego son opuestos absolutos y uno destruye al otro. El agua extingue el fuego y el fuego seca el agua. En el mundo físico, ¿qué hace el que tiene sed y sólo tiene agua fría y no puede beberla porque está fría, pero tiene fuego y no puede poner el agua directamente en el fuego porque lo extinguiría? Vierte el agua en una vasija y coloca la vasija con el agua sobre el fuego, a fin de que la energía del fuego pase al agua. Ahora el individuo bebe el agua caliente que combina al fuego y al agua. Esto revela que la vasija creó paz entre el fuego y el agua. Ahora él disfruta de ambos juntos. Este es el secreto que nuestros sabios de bendita memoria han explicado. "Aquel que ve una cacerola en un sueño puede esperar paz", lo mismo ocurre en la espiritualidad y con esos dos caminos mencionados anteriormente. Éstos se acomodan uno al otro y han hallado una analogía con el fuego y el agua. Ambos aspectos son llamados Derecha e Izquierda, a saber: la fe y el conocimiento, porque el conocimiento desenreda y desordena la fe. Y viceversa, igualmente. Y aquel que sigue el camino de la Torá, la enseñanza de Moshé, nuestro Maestro, se vuelve como esta Vasija que genera paz y une extremidades y polos, conforme al secreto de "El Santísimo, bendito sea Él, no encontró Vasija que pudiera contener bendiciones para Israel excepto la paz". Es la Vasija quien crea la paz, y el hombre se vuelve como una Vasija en las manos del Santísimo, bendito sea Él, mediante la cual ambos lados y extremos previamente mencionados son unificados. Él se vuelve una carroza*

para la Columna Central, que es el secreto de Moshé y quien es el atributo de Tiféret (Zóhar, Yitró 22) en el secreto de una corona de Tiféret (magnificencia) que le has entregado (la oración matutina de Shabat). Él disfruta de ambos extremos, la fe y también el conocimiento, y alcanza una realización tal como si no tuviera dudas de sí mismo, si existe o si está vivo, a pesar de que no vea la Luz en su vida con sus ojos físicos. De manera similar, él alcanza realización absoluta en Su Esencia, bendito sea Él, conforme al secreto de "conoce al Eterno, el Dios de tu padre, y exáltalo" (Divréi Hayamim 1, 28:9) con un conocimiento completo y claro. Ese no fue el caso de Kóraj; él sólo quería un aspecto, ya fuera la fe o el conocimiento. Es por ello que fracasó y fue castigado.

—Rav Brandwein, parte 1, carta 1

Al leer este fragmento de una carta de Rav Brandwein, podemos ver su conexión con nuestra pregunta acerca de la vaca roja y el resto de la Biblia. Y cuando analizamos profundamente las dos preguntas de Kóraj podemos ver que lo que en realidad estaba diciendo era: "No me importa la razón por la cual el Creador nos ha dado estos preceptos. No me interesa transformarme. Le transfiero la responsabilidad de mis acciones al Creador; y si las cosas no marchan de la forma que quiero, es culpa del Creador y no mía". La conclusión es que Kóraj sentía que la creencia sin la acción era suficiente.

Pero ni siquiera Dios puede hacer el trabajo espiritual por nosotros. La Luz del Creador ciertamente puede orientarnos y asistirnos, pero nosotros solos debemos hacer el trabajo. Sólo nosotros mismos tenemos la oportunidad de crear y controlar lo que ocurre en nuestra vida y, efectivamente, en todo el mundo. No hay coerción en la espiritualidad, por lo tanto, la Luz no puede venir a nuestra vida y ayudarnos sin una invitación de nuestra parte para que lo haga. No estamos solos en nuestra labor de crecer y transformarnos, pero nosotros tenemos que iniciar el proceso: debemos estar determinados a hacer todo lo que sea necesario para cambiar nuestra actitud y comportamiento, y enfrentar nuestros miedos. Entonces, cuando pidamos la ayuda del Creador, la Luz vendrá.

Hay un relato acerca de un hombre ahogado que puede ilustrar mejor esta idea. Una vez hubo una inundación y, durante ese tiempo, todos evacuaron la ciudad excepto un hombre que estaba aferrado desesperadamente al frontón del techo de su casa. Pasó un bote a recogerlo y los guardacostas le arrojaron un salvavidas, pero él ni siquiera intentó alcanzarlo. Ellos le preguntaron por qué y él contestó que el Creador lo salvaría. Luego llegó un helicóptero y soltó una soga. El hombre no tenía oportunidad de salvarse a menos que cogiera la soga, pero él insistía en que el Creador lo salvaría. Por supuesto, al final se ahogó. Llegó a los Mundos Superiores y le cuestionó al Creador: "¿Por qué no me salvaste?". El Creador contestó: "¿Quién crees que envió el bote y el helicóptero?".

Kóraj quería estar solo en su vida, aseverando que él conocía todas las razones espirituales por las cuales las personas tenían que hacer ciertas cosas y no otros, y que él no necesitaba ninguna ayuda. Pero la Luz del Creador es la energía que nos sustenta y nos da vida. Sin ella, no tenemos nada y, salvo que hagamos el trabajo de transformarnos, la Luz no puede revelarse. Tenemos que preguntar por qué nos ocurren las cosas y debemos asumir la responsabilidad de hacer nuestro trabajo espiritual. Una metáfora de esta idea es que cada uno de nosotros es el conductor de nuestro automóvil. El motor de nuestro auto —y la energía que lo enciende— es siempre la Luz del Creador. El *Zóhar* dice:

> Está escrito aquí: "'Ésta es la ley de la Torá'", y también: "Y ésta es la Torá", PERO NO ESTÁ ESCRITO 'LA LEY'. ¿Cuál es la diferencia entre ésta y aquélla? RESPONDE: Es un secreto elevado y eso es lo que hemos aprendido. Las palabras: "Y ésta es la Torá" son para mostrar que todo está en una armonía y para unir a la Congregación de Yisrael, QUE ES MALJUT, con el Santísimo, bendito sea Él, QUE ES ZEIR ANPÍN, de modo que todo sea uno.
> —El Zóhar, Jukat 1:2

La historia de por qué los padres de los hermanos piadosos Rav Elimélej y Rav Zusha tuvieron el mérito de tener hijos tan justos ilustra esta idea. Un día, unos mendigos pobres visitaron a los padres pidiendo caridad. Los padres compartieron abundantemente con los mendigos. Entonces, la madre vio que uno de los mendigos se veía como si no se hubiese bañado en mucho tiempo, así que le preguntó si quería bañarse. Él contestó que sí, por lo que ella lo llevó a unas termas y, en ese lugar, notó que él no podía bañarse por sí solo porque su piel estaba cubierta con llagas. Ella le preguntó si quería que lo ayudara, y él dijo "Sí".

Después de que terminó el baño, el mendigo le dijo que gracias a su benevolencia con él, la bendeciría para que tuviera hijos como él. Al principio, ella quería decir que tener un hijo era una buena bendición, pero ¿por qué alguien querría que sus hijos fueran como el mendigo? No obstante, ella guardó silencio, pensando que tal vez había algo en sus palabras. De regreso a la casa de ella, el hombre se reveló como Eliyahu el Profeta, cuyas cualidades de justo ella anhelaba para sus hijos. Si ella hubiera reaccionado de la forma que la mayoría de nosotros lo habría hecho —después de todo, ¿quién quiere hijos indigentes que estén cubiertos de llagas?—, no habría tenido el mérito de tener dos hijos justos. Debemos siempre recordar que lo que vemos es tan sólo una pequeña parte de todo el panorama.

Sin embargo, quedan todavía dos preguntas con relación a Jukat: ¿cuál es la conexión con la vaca roja y cuál es el significado de: "El que era impuro se volvió puro y el que era puro se volvió impuro"? Los sabios explican que el problema es nuestra evaluación personal: quien piense que es puro, es realmente impuro; mientras que quien se considere impuro será puro. Como se explicó anteriormente de forma breve (y será explicado mejor a continuación), la vaca roja está relacionada a ambos aspectos de esto; es por ello que tiene el poder de limpiar la mayor impureza de todas: la muerte. La vaca roja tiene el poder de librarnos de la muerte y traer la inmortalidad.

> Cada una de las partes que pertenecen a esta vaca, QUE ES MALJUT, está en siete, siete lavados. Y ya se nos enseñó eso. ¿Cuál es la razón? Es porque MALJUT es los siete años del año Sabático, QUE CONTIENE SIETE SEFIROT —JÉSED, GUEVURÁ, TIFÉRET, NÉTSAJ, HOD, YESOD Y MALJUT— y es llamada 'Batsheva' ('Hija de Siete'). Por lo tanto, todos los rituales son en siete. Ven y ve: Todo lo que es hecho de esta vaca es con el propósito de purificación y no para santificación. Aunque fue dada a un ayudante DEL SACERDOTE, ESTO ES: ELAZAR, él no

realiza el degüello o la incineración para que ningún Juicio Severo esté en su aspecto. Aún
más así para Aarón, quien está en un nivel más perfeccionado QUE ELAZAR. No necesita estar
presente él mismo o estar disponible allí.
                              — El Zóhar, Jukat 4:22

La vaca roja tiene el poder de anular y neutralizar los efectos del pecado de idolatrar al becerro de
oro, el cual fue la introducción de la muerte. Hoy en día, todavía idolatramos "becerros de oro" en
forma de adicciones y deseos que nos apartan de la Luz. Al conectar con esta sección, no sólo
estamos leyendo acerca de algo que ocurrió hace muchos años; se nos otorga el poder de eliminar
la muerte de cualquier clase en nuestra vida —ya sea muerte física, muerte emocional en nuestras
relaciones, o muerte psicológica manifestada como conflictos internos y dolor emocional— y
reemplazarla con la fuerza de vida del Creador.

SINOPSIS DE JUKAT

La palabra *jukat* significa "leyes, ética y decretos". Desde una perspectiva kabbalística, sabemos que la Biblia no se trata de leyes y acciones que "tenemos" que hacer. En lugar de ello, la Biblia consiste en la Ley Universal de Causa y Efecto. Nunca debemos hacer una acción sin saber por qué la estamos haciendo y a quién afectamos con ella. Cuando estudiamos la Biblia, la cual nos enseña acerca de nuestra propia vida, debemos siempre aplicar sus lecciones a fin de conocer las razones detrás de todas nuestras acciones. De este modo, entenderemos nuestros propios impulsos e influencias kármicas, así como nuestro propio proceso de *tikún* (corrección).

PRIMERA LECTURA – AVRAHAM – JÉSED

19 ¹ **Y** el Eterno habló a Moshé y a Aharón, diciendo: ² "Este es el estatuto de la ley que el Eterno ha ordenado, diciendo: 'Di a los hijos de Israel que te traigan una novilla bermeja sin defecto, que no tenga manchas y sobre la cual nunca se haya puesto yugo.

³ Y la darán a Elazar, el sacerdote, y él la sacará fuera del campamento, y será degollada en su presencia.

⁴ Y Elazar, el sacerdote, tomará con su dedo de la sangre y rociará un poco de sangre hacia el frente de la Tienda de Reunión siete veces.

⁵ Y la novilla será quemada a su vista; su piel, su carne, su sangre y su estiércol serán quemados.

⁶ Y el sacerdote tomará madera de cedro, e hisopo y escarlata, y los echará en medio del fuego de la novilla.

⁷ Luego el sacerdote lavará su ropa y bañará su carne en agua, y después podrá entrar en el campamento, y el sacerdote quedará inmundo hasta el atardecer.

COMENTARIO DEL RAV

Los israelitas querían pasar por cierta área para llegar a la Tierra Santa; ellos querían ahorrarse una semana de viaje al pasar a través de Edom, en lugar de caminar alrededor de dicho lugar. ¿Pero qué les dijeron? ¡No! Los israelitas pidieron piedad, pero a los edomitas no les agradaban los israelitas. No estoy inventando esto; todo está en la Torá. Los israelitas dijeron: "Tan sólo queremos pasar a través de este lugar. Les pagaremos por cualquier cantidad de agua que usemos. Por favor, apiádense de nosotros". Y la respuesta fue: "¿Quiénes son ustedes? ¡Váyanse de aquí!". Por lo tanto, los israelitas tuvieron que caminar alrededor de Edom.

Lo que esto nos enseña es que todos tenemos la tendencia a sentir que podemos imponerles nuestras dificultades a los demás. La verdad es que nosotros somos responsables de nuestra propia desdicha. Uno de los grandes problemas con la sociedad es que no nos sentimos responsables de nuestras propias acciones. Cada año, hay un mínimo de 36 de escaramuzas en el mundo, cada una comienza por una sociedad que quiere imponérsele a otra irrespetando por completo la vida humana. Durante la Segunda Guerra Mundial, cincuenta millones de personas perdieron la vida, pero cientos de millones sufrieron como resultado. ¿Acaso no puede haber otra solución?

Los israelitas pidieron ayuda para mejorar su existencia. Cualquier dificultad que experimentamos es resultado de nuestras propias acciones. Nosotros causamos nuestro propio caos. Para eliminar este caos, necesitamos inyectar en nuestra conciencia el concepto de la mente sobre la materia.

PRIMERA LECTURA – AVRAHAM – JÉSED

19 ַ1 וַיְדַבֵּר ראה יְהוָֹואדניאהדונהי אֶל־מֹשֶׁה מוהע, אל שדי אֶל־אַהֲרֹן ע"ב ורבוע ע"ב
לֵאמֹר: 2 זֹאת חֻקַּת הַתּוֹרָה אֲשֶׁר־צִוָּה פוי יְהוָֹואדניאהדונהי לֵאמֹר דַּבֵּר
ראה אֶל־בְּנֵי יִשְׂרָאֵל וְיִקְחוּ אֵלֶיךָ ולעם אני פָרָה אֲדֻמָּה עסמ"ב ורבוע עסמ"ב
תְמִימָה אֲשֶׁר אֵין־בָּהּ מוּם מום, אלהים, אהיה אדני אֲשֶׁר לֹא־עָלָה עָלֶיהָ פהל
עֹל: 3 וּנְתַתֶּם אֹתָהּ אֶל־אֶלְעָזָר הַכֹּהֵן מלה וְהוֹצִיא אֹתָהּ אֶל־מִחוּץ
לַמַּחֲנֶה וְשָׁחַט אֹתָהּ לְפָנָיו: 4 וְלָקַח ב"פ יהוה אדני אהיה אֶלְעָזָר הַכֹּהֵן מלה
מִדָּמָהּ בְּאֶצְבָּעוֹ וְהִזָּה ותו אֶל־נֹכַח ג"פ יהוה פְּנֵי וחכמה בינה אֹהֶל אלד ע"ה
מוֹעֵד מִדָּמָהּ שֶׁבַע ע"ב ואלהים דיודין פְּעָמִים: 5 וְשָׂרַף אֶת־הַפָּרָה לְעֵינָיו
רבוע מ"ה אֶת־עֹרָהּ וְאֶת־בְּשָׂרָהּ וְאֶת־דָּמָהּ עַל־פִּרְשָׁהּ יִשְׂרֹף: 6 וְלָקַח
ב"פ יהוה אדני אהיה הַכֹּהֵן מלה עֵץ ע"ה קס"א אֶרֶז ד"פ ב"ן וְאֵזוֹב וּשְׁנִי תוֹלָעַת שקוצית
וְהִשְׁלִיךְ אֶל־תּוֹךְ שְׂרֵפַת הַפָּרָה: 7 וְכִבֶּס בְּגָדָיו הַכֹּהֵן מלה וְרָחַץ בְּשָׂרוֹ
בַּמַּיִם וְאַחַר יָבֹא אֶל־הַמַּחֲנֶה וְטָמֵא הַכֹּהֵן עַד־הָעָרֶב רבוע יהוה ורבוע אלהים:

פָרָה אֲדֻמָּה

Números 19:2 – Cuando entramos en contacto con la muerte —cuando tocamos el cuerpo de alguien que ha fallecido o cuando realizamos acciones negativas, así como cuando pasamos por la "muerte" de un negocio o una relación— absorbemos la energía negativa de la muerte, la cual debe ser eliminada posteriormente. El proceso de eliminación de la energía de muerte involucra a una vaca roja. A través del poder de esta lectura, recibimos una limpieza de la energía de muerte.

El secreto de todo esto está escrito: "'...para el agua de aspersión; es una ofrenda de purificación'" (Números 19:9). Eso es porque todos los Juicios inferiores y todos lo que vienen del aspecto de Contaminación RECIBEN SU FUERZA DE MALJUT

EN EL MOMENTO en que ella sorbe del Otro Lado y mora en el Juicio, como dice: "...está llena de sangre, y engrasada con la gordura..." (Isaías 34:6). En ese momento, todas LAS SENTENCIAS DEL ASPECTO DE LA CONTAMINACIÓN son incitadas a levantarse y morar en el mundo. Tan pronto como realizan ese ritual DE QUEMAR LA VACA abajo y la sentencia es llevada a cabo en este lugar, en esta vaca, arrojan sobre ella la leña de cedro. Entonces esa energía es debilitada, DEL ASPECTO IMPURO, y donde prevalecen, se quiebran y se vuelven débiles y escapan de allí, ya que ven su poder ROTO Y SUPRIMIDO, COMO SE REALIZÓ EN EL RITUAL DE QUEMAR LA VACA. Entonces, no prevalecen en el hombre y él se vuelve purificado.
— El Zóhar, Jukat 4:24

8 Y el que la haya quemado lavará su ropa con agua y bañará su carne con agua, y quedará inmundo hasta el atardecer.

9 Y un hombre que esté limpio juntará las cenizas de la novilla y las almacenará fuera del campamento en un lugar limpio, y serán guardadas para la congregación de los hijos de Israel, para el agua de la purificación del pecado.

10 Y el que haya recogido las cenizas de la novilla lavará su ropa y quedará inmundo hasta el atardecer; y será un estatuto perpetuo para los hijos de Israel y para el extranjero que reside entre ellos.

11 El que toque un cadáver, el cuerpo de un hombre muerto, quedará inmundo por siete días;

12 él mismo se purificará de ello con el agua al tercer día y al séptimo día, y entonces quedará limpio; pero si no se purifica a sí mismo al tercer día y al séptimo día, no quedará limpio.

13 Cualquiera que toque un cadáver, el cuerpo de un hombre que ha muerto, y no se purifique a sí mismo, habrá contaminado el Tabernáculo del Eterno y esa persona será cortada de Israel; será inmundo porque el agua de la purificación no se roció sobre él; su impureza aún permanece sobre él.

14 Esta es la ley: cuando un hombre muera en una tienda, todo el que entre en la tienda y todo el que esté en la tienda quedará inmundo por siete días.

15 Y toda vasija abierta que no tenga la cubierta atada sobre ella, será inmunda.

16 Y todo el que en campo abierto toque a uno que ha sido asesinado a espada, o que ha muerto de causas naturales, o que toque hueso humano, o tumba, quedará inmundo durante siete días.

17 Y para la persona inmunda tomarán de las cenizas la quema para purificación del pecado, y la verterán junto a agua corriente en una vasija.

וְטָמֵא

Números 19:10 – El pueblo era purificado con las cenizas de la vaca roja, pero la persona que realizaba la ceremonia se contaminaba en el proceso. Esto nos enseña una lección básica en la Kabbalah: cuando alguien cree que está purificado, es probable que no lo esté; y cuando alguien crea que no está purificado, tal vez sí lo esté. Hoy en día ya no realizamos la ceremonia de purificación con la vaca roja. Para purificarnos actualmente, tenemos que hacer "sacrificios" personales por y para nosotros mismos. Cualquier acción de resistencia y restricción (sacrificar el ego) puede limpiarnos de la energía de muerte.

8 וְהַשֹּׂרֵף אֹתָהּ יְכַבֵּס בְּגָדָיו בַּמַּיִם וְרָחַץ בְּשָׂרוֹ בַּמָּיִם וְטָמֵא

עַד־הָעָרֶב רבוע יהוה ורבוע אלהים: 9 וְאָסַף | אִישׁ ע"ה קנ"א קס"א טָהוֹר י"פ אכא אֶת

אֵפֶר ס"ז ח"ד ע"ה הַפָּרָה וְהִנִּיחַ מִחוּץ לַמַּחֲנֶה בְּמָקוֹם יהוה ברבוע, י"פ אל טָהוֹר

י"פ אכא וְהָיְתָה לַעֲדַת בְּנֵי־יִשְׂרָאֵל לְמִשְׁמֶרֶת לְמֵי י"לי נִדָּה וַטֵּאת

הוּא: 10 וְכִבֶּס הָאֹסֵף אֶת־אֵפֶר ס"ז ח"ד ע"ה הַפָּרָה אֶת־בְּגָדָיו ‏וְטָמֵא

עַד־הָעָרֶב רבוע יהוה ורבוע אלהים וְהָיְתָה לִבְנֵי יִשְׂרָאֵל וְלַגֵּר ד"פ ב"ן הַגָּר ד"פ ב"ן

בְּתוֹכָם לְחֻקַּת עוֹלָם: 11 הַנֹּגֵעַ מלוי אהיה דאלפין בְּמֵת י"פ רבוע אהיה לְכָל־ יה אדני

נֶפֶשׁ רמ"ח ו' היות אָדָם מ"ה וְטָמֵא שִׁבְעַת יָמִים גלך: 12 הוּא יִתְחַטָּא־בוֹ בַּיּוֹם

ע"ה = נגד, זן, מזבח הַשְּׁלִישִׁי וּבַיּוֹם ע"ה = נגד, זן, מזבח הַשְּׁבִיעִי יִטְהָר וְאִם־ ע"ה, ע"ה מ"ב יהרך

לֹא יִתְחַטָּא בַּיּוֹם ע"ה = נגד, זן, מזבח הַשְּׁלִישִׁי וּבַיּוֹם ע"ה = נגד, זן, מזבח הַשְּׁבִיעִי

לֹא יִטְהָר י"פ אכא: 13 כָּל־ י"לי הַנֹּגֵעַ מלוי אהיה דאלפין בְּמֵת י"פ רבוע אהיה בְּנֶפֶשׁ

רמ"ח ו' היות הָאָדָם מ"ה אֲשֶׁר־יָמוּת וְלֹא יִתְחַטָּא אֶת־מִשְׁכַּן ב"פ (רבוע אלהים + ה)

יְהוָֹה טִמֵּא וְנִכְרְתָה הַנֶּפֶשׁ רמ"ח ו' היות הַהִוא מִיִּשְׂרָאֵל כִּי מֵי י"לי

נִדָּה לֹא־זֹרַק עָלָיו טָמֵא יִהְיֶה עוֹד טֻמְאָתוֹ בוֹ: 14 זֹאת הַתּוֹרָה אָדָם

מ"ה כִּי־יָמוּת בְּאֹהֶל לאה (אלד ע"ה) כָּל־ י"לי הַבָּא אֶל־הָאֹהֶל לאה (אלד ע"ה) וְכָל־ י"לי

אֲשֶׁר בָּאֹהֶל לאה (אלד ע"ה) יִטְמָא שִׁבְעַת יָמִים גלך: 15 וְכֹל י"לי כְּלִי כלי פָתוּחַ

אֲשֶׁר אֵין־צָמִיד פָּתִיל י"פ ב"ן עָלָיו טָמֵא הוּא: 16 וְכֹל י"לי אֲשֶׁר־יִגַּע עַל־פְּנֵי

וחכמה בינה הַשָּׂדֶה עדי וַחֲלָל בינה ע"ה וָחֶרֶב רבוע ס"ג ורבוע אהיה ע"ה אוֹ בְמֵת י"פ רבוע אהיה

אוֹ־בְעֶצֶם אָדָם מ"ה אוֹ בְקָבֶר יִטְמָא שִׁבְעַת יָמִים גלך: 17 וְלָקְחוּ לַטָּמֵא

מֵעֲפַר שְׂרֵפַת הַחַטָּאת וְנָתַן אבגית"ץ, ושר, אהבת חנם עָלָיו מַיִם חַיִּים בינה ע"ה

אֶל־כֶּלִי כלי:

SEGUNDA LECTURA – YITSJAK – GUEVURÁ

[18] Y una persona limpia tomará hisopo y lo mojará en el agua, y la rociará sobre la tienda y sobre todos los utensilios, y sobre las personas que estuvieron allí y sobre aquel que tocó el hueso, o al asesinado, o al muerto, o la tumba.

[19] Y la persona limpia rociará sobre el inmundo en el tercer día tercero y el séptimo día; y al séptimo día lo purificará, y él lavará su ropa y se bañará en agua, y quedará limpio al atardecer.

[20] Pero el hombre que sea inmundo y que no se purifique a sí mismo, esa alma será cortada de en medio de la asamblea, porque ha contaminado el Santuario del Eterno; el agua de la purificación no se ha rociado sobre él: es inmundo.

[21] Y será estatuto perpetuo para ellos; y el que rocíe el agua de la purificación lavará su ropa, y el que toque el agua de la purificación quedará inmundo hasta el atardecer.

[22] Y todo lo que la persona inmunda toque quedará inmundo; y el alma que lo toque quedará inmunda hasta el atardecer'".

20 [1] Los hijos de Israel, toda la congregación, llegaron al desierto de Tsin en el primer mes; y el pueblo se quedó en Kadesh. Y allí murió Miriam y allí la sepultaron. [2] Y no había agua para la congregación; y ellos se juntaron contra Moshé y Aharón.

[3] Y el pueblo contendió con Moshé y le habló, diciendo: "¡Ojalá hubiéramos perecido cuando nuestros hermanos murieron delante del Eterno!

[4] ¿Y por qué has traído a la congregación del Eterno a este desierto, para que nosotros y nuestros animales muramos allí?

אֵזוֹב

Números 19:18 – Una hierba medicinal llamada hisopo se mezclaba con las cenizas de la vaca roja con el fin de purificar. Esta lectura nos da la oportunidad de conectar con el poder sanador de todas las hierbas. El *Zóhar* dice:

Cuando vine y relaté esas cosas a Rabí Shimón, dijo: Ciertamente que era un hombre juicioso, porque observa que no hay pasto o hierba que crece en la tierra en el cual no esté manifiesta mucha sabiduría y gran poder. Ven y observa esto del hisopo, porque cuando el Santísimo,

bendito sea Él, desea que los hombres se purifiquen, lo tienen que hacer por medio del hisopo. ¿Cuál es la razón? Despertar ese poder Arriba que está designado, porque cuando es designado, extermina el Espíritu de la Impureza y la persona contaminada es limpiada.
— El *Zóhar, Yitró* 15:278

בְּאֵר

Números 20:2 – Cuando los israelitas estuvieron en el desierto, eran seguidos por un pozo que les proporcionaba agua. Este milagro se debía

SEGUNDA LECTURA – YITSJAK – GUEVURÁ

וְלָקְח֣וּ ב״פ יהוה אדני אהיה אֵ֣זוֹב וְטָבַ֣ל בַּמַּ֗יִם אִישׁ֙ ע״ה קנ״א קס״א טָה֔וֹר יפ אכא 18

וְהִזָּ֤ה יהו עַל־הָאֹ֙הֶל֙ לאה (אלד ע״ה) וְעַל־כָּל־ יל״י; עמם הַכֵּלִ֔ים וְעַל־הַנְּפָשׁ֖וֹת אֲשֶׁ֣ר

הָֽיוּ־שָׁ֑ם אֲ֣תָ יהוה עדי וְעַל־הַנֹּגֵ֗עַ מלוי אהיה ד׳אלפין בַּעֶ֙צֶם֙ א֣וֹ בֶֽחָלָ֔ל חיים, בינה ע״ה או בַּמֵּ֖ת

א֥וֹ בַקָּֽבֶר׃ יפ רביע אהיה 19 וְהִזָּ֧ה יהו הַטָּהֹ֛ר עַל־הַטָּמֵ֖א בַּיּ֣וֹם ע״ה = נגד, זן, מזבח

הַשְּׁלִישִׁ֣י וּבַיּ֣וֹם ע״ה = נגד, זן, מזבח הַשְּׁבִיעִ֑י וְחִטְּאוֹ֙ בַּיּ֣וֹם ע״ה = נגד, זן, מזבח הַשְּׁבִיעִ֔י

וְכִבֶּ֧ס בְּגָדָ֛יו וְרָחַ֥ץ בַּמַּ֖יִם וְטָהֵ֥ר בָּעָֽרֶב רביע יהוה ורבוע אלהים׃ 20 וְאִ֤ישׁ

ע״ה קנ״א קס״א אֲשֶׁר־יִטְמָא֙ וְלֹ֣א יִתְחַטָּ֔א וְנִכְרְתָ֛ה הַנֶּ֥פֶשׁ רמ״ח – ד׳ הויות הַהִ֖וא

מִתּ֣וֹךְ הַקָּהָ֑ל ע״ב ס״ג כִּ֤י אֶת־מִקְדַּ֤שׁ יְהֹוָה֙ ואדניאהדונהי טִמֵּ֔א מֵ֥י יל״י נִדָּ֛ה לֹא־זֹרַ֥ק

עָלָ֖יו טָמֵ֥א הֽוּא׃ 21 וְהָיְתָ֥ה לָהֶ֖ם לְחֻקַּ֣ת עוֹלָ֑ם וּמַזֵּ֤ה מֵֽי־ יל״י הַנִּדָּה֙ יְכַבֵּ֣ס

בְּגָדָ֔יו וְהַנֹּגֵ֙עַ֙ בְּמֵ֣י יל״י הַנִּדָּ֔ה יִטְמָ֖א עַד־הָעָֽרֶב רביע יהוה ורבוע אלהים׃ 22 וְכֹ֛ל יל״י

אֲשֶׁר־יִגַּע־בּ֥וֹ הַטָּמֵ֖א יִטְמָ֑א וְהַנֶּ֛פֶשׁ רמ״ח – ד׳ הויות הַנֹּגַ֥עַת תִּטְמָ֖א עַד־הָעָֽרֶב

רבוע יהוה ורבוע אלהים׃ 20 וַיָּבֹ֣אוּ בְנֵֽי־יִשְׂרָאֵ֣ל כָּל־ יל״י הָ֠עֵדָה מִדְבַּר־צִ֤ן בַּחֹ֙דֶשׁ֙

הָֽרִאשׁ֔וֹן ע״ב הויות וַיֵּ֥שֶׁב הָעָ֖ם בְּקָדֵ֑שׁ וַתָּ֤מָת שָׁם֙ יהוה עדי מִרְיָ֔ם וַתִּקָּבֵ֖ר שָֽׁם

יהוה עדי 2 וְלֹא־הָ֥יָה יהו מַ֖יִם לָעֵדָ֑ה וַיִּקָּ֣הֲל֔וּ עַל־מֹשֶׁ֖ה מהטע, אל שדי וְעַֽל־אַהֲרֹֽן

ע״ב ורבוע ע״ב 3 וַיָּ֥רֶב הָעָ֖ם עִם־מֹשֶׁ֑ה מהטע, אל שדי וַיֹּאמְר֣וּ לֵאמֹ֔ר וְל֥וּ גָוַ֛עְנוּ

בִּגְוַ֥ע אַחֵ֖ינוּ לִפְנֵ֥י יְהֹוָֽה ואדניאהדונהי׃ חכמה בינה יהו 4 וְלָמָ֤ה הֲבֵאתֶם֙ אֶת־קְהַ֣ל ע״ב ס״ג

יְהֹוָ֔ה ואדניאהדונהי אֶל־הַמִּדְבָּ֖ר הֹ֑וֶה יהו לָמ֣וּת שָׁ֔ם יהוה עדי אֲנַ֖חְנוּ וּבְעִירֵֽנוּ׃

---

al mérito de Míriam, puesto que cuando ella murió, el pozo se secó. El hecho de que se le suministrara agua a todo Israel a través de una persona nos demuestra el poder que tenemos como individuos y cuán importante es que cada uno de nosotros alcance su propio potencial. A menudo no alcanzamos nuestro potencial ya sea porque no hemos realizado suficientes acciones dadoras o nuestras acciones negativas egoístas han anulado a las positivas. Esta sección nos proporciona fortaleza interior para ser orientados y actuar según nuestra naturaleza positiva; entonces, al igual que Míriam, se nos podrá permitir traer el sustento del Creador a los demás.

5 ¿Y por qué nos hiciste subir de Egipto, para traernos a este miserable lugar? No es lugar de granos, ni de higueras, ni de viñas, ni de granados; ni siquiera hay agua para beber". 6 Y Moshé y Aharón fueron de delante de la presencia de la asamblea a la puerta de la Tienda de Reunión, y se postraron sobre sus rostros; y la gloria del Eterno se les apareció.

TERCERA LECTURA – YAAKOV – TIFÉRET

7 Y el Eterno habló a Moshé, para decir:

8 "Toma la vara y reúne a la congregación, tú y tu hermano Aharón, y hablen a la roca a los ojos de ellos, para que la roca dé su agua; y sacarán para ellos agua de la roca, para que den de beber a la congregación y sus animales". 9 Y Moshé tomó la vara de la presencia del Eterno, tal como Él se lo había ordenado.

10 Y Moshé y Aharón reunieron a la asamblea ante la roca, y él les dijo: "Oigan ahora, rebeldes; ¿sacaremos agua de esta roca para ustedes?". 11 Y Moshé levantó su mano y golpeó la roca con su vara dos veces; y brotó agua en abundancia, y bebió la congregación y sus animales. 12 Y el Eterno dijo a Moshé y a Aharón: "Porque ustedes no creyeron en Mí, a fin de santificarme ante los ojos de los hijos de Israel, por lo tanto, no llevarán a esta asamblea a la tierra que les he dado".

13 Estas son las aguas de Merivá, donde los hijos de Israel contendieron con el Eterno y Él fue santificado entre ellos.

הַסֶּלַע

Números 20:8 – Cuando el pozo se secó, Dios le dijo a Moshé que recogiera su vara y le hablara a una roca, lo cual haría que la roca surtiera agua. En lugar de ello, Moshé golpeó la roca. A menudo se cree que a Moshé se le prohibió la entrada a la tierra de Israel debido a esta acción, pero este no es el caso. De acuerdo con el *Zóhar*, los israelitas no estaban listos todavía para el gran milagro; su conciencia no podía aceptar la idea de que el agua podía fluir de una roca con tan sólo hablarle; en otras palabras, que un milagro tan grande de la mente sobre la materia podía ocurrir. El pueblo sólo podía relacionarse con la acción física porque era más creíble. La lección aquí es muy importante: hasta que no elevemos nuestra conciencia, nunca estaremos listos para

aceptar los milagros en su forma más pura y se nos impedirá verlos siempre.

לֹא

Números 20:12 – A nivel superficial, parece que Dios estaba castigando a Moshé al prohibirle la entrada a la tierra de Israel. No obstante, según el *Zóhar*, si Moshé hubiese guiado al pueblo hasta la tierra de Israel, habrían alcanzado el *Mashíaj* (la Redención Final). Pero el pueblo todavía no había elevado su conciencia lo suficiente para tener este mérito y, por lo tanto, tuvieron que entrar a Israel sin Moshé. Hoy en día, tenemos que elevar nuestra conciencia mediante nuestra transformación espiritual para tener el mérito y el derecho de que Moshé entre a Israel con nosotros, a fin de ser guiados a la Redención Final.

5 וְלָמָ֤ה הֶֽעֱלִיתֻ֙נוּ֙ מִמִּצְרַ֔יִם מצר לְהָבִ֣יא אֹתָ֔נוּ אֶל־הַמָּק֖וֹם יהוה ברבוע, רפ אל הָרָ֣ע הַזֶּ֑ה ולו לֹ֣א ׀ מְק֣וֹם יהוה ברבוע, רפ אל זֶ֗רַע וּתְאֵנָ֤ה נתה עה וְגֶ֙פֶן֙ וְרִמּ֔וֹן וּמַ֥יִם אַ֖יִן לִשְׁתּֽוֹת׃ 6 וַיָּבֹא֩ מֹשֶׁ֨ה מהעל, אל שדי וְאַהֲרֹ֜ן עב ורבוע עב מִפְּנֵ֣י וחכמה בינה הַקָּהָ֗ל עב סג אֶל־פֶּ֙תַח֙ אֹ֣הֶל לאה (אלד עה) מוֹעֵ֔ד וַֽיִּפְּל֖וּ עַל־פְּנֵיהֶ֑ם וַיֵּרָ֥א אלף למד יהוה כְבוֹד־ לב יהואהדונהי אֲלֵיהֶֽם׃

TERCERA LECTURA – YAAKOV – TIFÉRET

7 וַיְדַבֵּ֥ר ראה יהואהדונהי מהעל, אל שדי אֶל־מֹשֶׁ֖ה לֵּאמֹֽר׃ 8 קַ֣ח אֶת־הַמַּטֶּ֗ה וְהַקְהֵ֤ל אֶת־הָֽעֵדָה֙ אַתָּה֙ וְאַהֲרֹ֣ן עב ורבוע עב אָחִ֔יךָ וְדִבַּרְתֶּ֧ם ראה אֶל־הַסֶּ֛לַע עה קסא לְעֵֽינֵיהֶ֖ם ריבוע מה וְנָתַ֣ן אבגיתץ, ועיר, אהבת חנם בְּמֵימָ֑יו וְהוֹצֵאתָ֨ לָהֶ֥ם מַ֙יִם֙ מִן־הַסֶּ֔לַע עה קסא וְהִשְׁקִיתָ֥ אֶת־הָעֵדָ֖ה וְאֶת־בְּעִירָֽם׃ 9 וַיִּקַּ֥ח חעם מֹשֶׁ֛ה מהעל, אל שדי אֶת־הַמַּטֶּ֖ה מִלִּפְנֵ֣י וחכמה בינה יהואהדונהי כַּאֲשֶׁ֥ר צִוָּֽהוּ׃ 10 וַיַּקְהִ֜לוּ מֹשֶׁ֧ה מהעל, אל שדי וְאַהֲרֹ֛ן עב ורבוע עב אֶת־הַקָּהָ֖ל עב סג אֶל־פְּנֵ֣י וחכמה בינה הַסָּ֑לַע עה קסא וַיֹּ֣אמֶר לָהֶ֗ם שִׁמְעוּ־נָא֙ הַמֹּרִ֔ים הֲמִן־הַסֶּ֣לַע עה קסא הַזֶּ֔ה ולו נוֹצִ֥יא לָכֶ֖ם מָֽיִם׃ 11 וַיָּ֨רֶם מֹשֶׁ֜ה מהעל, אל שדי אֶת־יָד֗וֹ וַיַּ֧ךְ אֶת־הַסֶּ֛לַע עה קסא בְּמַטֵּ֖הוּ פַּעֲמָ֑יִם וַיֵּצְאוּ֙ מַ֣יִם רַבִּ֔ים וַתֵּ֥שְׁתְּ הָעֵדָ֖ה וּבְעִירָֽם׃ 12 וַיֹּ֣אמֶר יהואהדונהי אֶל־מֹשֶׁ֣ה מהעל, אל שדי וְאֶֽל־אַהֲרֹן֮ עב ורבוע עב יַ֣עַן לֹא־הֶאֱמַנְתֶּ֣ם בִּי֒ לְהַ֨קְדִּישֵׁ֔נִי לְעֵינֵ֖י ריבוע מה בְּנֵ֣י יִשְׂרָאֵ֑ל לָכֵ֗ן לֹ֤א תָבִ֙יאוּ֙ אֶת־הַקָּהָ֣ל עב סג הַזֶּ֔ה ולו אֶל־הָאָ֖רֶץ אלהים דההין עה אֲשֶׁר־נָתַ֥תִּי לָהֶֽם׃ 13 הֵ֚מָּה מֵ֣י ילי מְרִיבָ֔ה אֲשֶׁר־רָב֥וּ בְנֵֽי־יִשְׂרָאֵ֖ל אֶת־יהואהדונהי וַיִּקָּדֵ֥שׁ מב בָּֽם׃

CUARTA LECTURA – MOSHÉ – NÉTSAJ

14 Y Moshé envió mensajeros desde Kadesh al rey de Edom, para decirle: "Así ha dicho tu hermano Israel: Tú sabes todas las dificultades que nos han ocurrido; 15 cómo nuestros padres descendieron a Egipto, y habitamos por largo tiempo en Egipto, y los egipcios nos maltrataron a nosotros y a nuestros padres;

16 y cuando clamamos al Eterno, Él oyó nuestra voz y envió un ángel, y nos sacó de Egipto. Y he aquí que estamos en Kadesh, una ciudad al extremo de tu frontera. 17 Permítenos, te ruego, pasar por tu tierra; no pasaremos por campos ni por viñedos, ni siquiera beberemos agua de los pozos. Iremos por el camino del rey, sin volver a la derecha ni a la izquierda hasta que crucemos tu frontera".

18 Y Edom le respondió: "Tú no pasarás por mi tierra, no sea que salga yo con espada a tu encuentro". 19 Entonces los hijos de Israel le dijeron: "Iremos por el camino principal; y si nosotros y nuestro ganado bebemos de tu agua, entonces te daré su precio. Solamente déjame pasar a pie, no dañaremos nada".

20 Y él dijo: "Tú no pasarás". Y Edom salió a su encuentro con mucha gente y con mano fuerte. 21 Edom se rehusó a dejar pasar a Israel por su territorio, así que Israel tuvo que desviarse de él.

QUINTA LECTURA – HOD – AHARÓN

22 Y viajaron desde de Kadesh; y los hijos de Israel, toda la congregación, llegaron a Hor Hahar. 23 Y el Eterno habló a Moshé y a Aharón en Hor Hahar, a la frontera de la tierra de Edom, diciendo:

24 "Aharón será reunido a su gente, pues no entrará a la tierra que Yo he dado a los hijos de Israel, porque ustedes se rebelaron contra Mi palabra en las aguas de Merivá.

וַיִּשְׁלַח

Números 20:14 – Moshé envió mensajeros que eran descendientes de Esav, el hermano de Yaakov, a la tierra de Edom. Uno de los mensajeros le pidió al rey de Edom que permitiera a los israelitas pasar por su tierra pacíficamente, pero el rey se rehusó. La razón por la cual esta solicitud fue rechazada es porque la conciencia de los israelitas en aquel momento era una conciencia egoísta. Su falta de compartir entre ellos y el resto del mundo, junto con su falta de respeto por la dignidad humana, causó que la Luz del Creador estuviera bloqueada para ellos; lo cual causó caos como resultado inevitable. Esto nos enseña la importancia de compartir, dado que compartir nos permite abrir puertas, revelar la Luz en cualquier situación y crear paz en nuestra vida.

CUARTA LECTURA – MOSHÉ – NÉTSAJ

14 וַיִּשְׁלַח מֹשֶׁה מהעו, אל עדי מַלְאָכִים מִקָּדֵשׁ אֶל־מֶלֶךְ אֱדוֹם כֹּה הֵיי
אָמַר אָחִיךָ יִשְׂרָאֵל אַתָּה יָדַעְתָּ אֵת כָּל־ ילי הַתְּלָאָה אֲשֶׁר מְצָאָתְנוּ:

15 וַיֵּרְדוּ אֲבֹתֵינוּ מִצְרַיְמָה מצר וַנֵּשֶׁב בְּמִצְרַיִם מצר יָמִים גלך רַבִּים וַיָּרֵעוּ
לָנוּ מום, אלהים, אהיה ארני מִצְרַיִם מצר וְלַאֲבֹתֵינוּ: 16 וַנִּצְעַק אֶל־יְהֹוָהאהדנהי
וַיִּשְׁמַע קֹלֵנוּ וַיִּשְׁלַח מַלְאָךְ יאהדונהי וַיֹּצִאֵנוּ מִמִּצְרַיִם מצר וְהִנֵּה בית יה
אֲנַחְנוּ בְקָדֵשׁ עִיר בזוהר, ערי, סנדלפוין קְצֵה היפ טל, גיפ ארני גְּבוּלֶךָ: 17 נַעְבְּרָה־נָּא
בְאַרְצֶךָ לֹא נַעֲבֹר בְּשָׂדֶה וּבְכֶרֶם וְלֹא נִשְׁתֶּה מֵי ילי בְאֵר קניא בן דֶּרֶךְ
בית יביק הַמֶּלֶךְ נֵלֵךְ גלך לֹא נִטֶּה יָמִין וּשְׂמֹאול עַד אֲשֶׁר־נַעֲבֹר גְּבֻלֶךָ:

18 וַיֹּאמֶר אֵלָיו אֱדוֹם לֹא תַעֲבֹר בִּי פֶּן־בַּחֶרֶב רבוע סיג ורבוע אהיה אֵצֵא
לִקְרָאתֶךָ: 19 וַיֹּאמְרוּ אֵלָיו בְּנֵי־יִשְׂרָאֵל בַּמְסִלָּה נַעֲלֶה וְאִם־ יוהך, עיה מיב
מֵימֶיךָ נִשְׁתֶּה אֲנִי אני, טדהיד כוזו וּמִקְנַי וְנָתַתִּי מִכְרָם רַק אֵין־דָּבָר ראה
בְּרַגְלַי אֶעֱבֹרָה: 20 וַיֹּאמֶר לֹא תַעֲבֹר וַיֵּצֵא אֱדוֹם לִקְרָאתוֹ בְּעַם
רית באר ענן מן כָּבֵד וּבְיָד חֲזָקָה: 21 וַיְמָאֵן | אֱדוֹם נְתֹן אֶת־יִשְׂרָאֵל עֲבֹר
רבוע יהוה ורבוע אלהים בִּגְבֻלוֹ וַיֵּט יִשְׂרָאֵל מֵעָלָיו:

QUINTA LECTURA – HOD – AHARÓN

22 וַיִּסְעוּ מִקָּדֵשׁ וַיָּבֹאוּ בְנֵי־יִשְׂרָאֵל כָּל־ ילי הָעֵדָה רבוע אלהים + ה
הָהֹר: 23 וַיֹּאמֶר יְהֹוָהאהדנהיאהדונהי אֶל־מֹשֶׁה מהעו, אל עדי וְאֶל־אַהֲרֹן עיב ורבוע עיב
בְּהֹר אור, רז, אין סוף הָהָר עַל־גְּבוּל אֶרֶץ אלהים דאלפין אֱדוֹם לֵאמֹר: 24 יֵאָסֵף
אַהֲרֹן עיב ורבוע עיב אֶל־עַמָּיו כִּי לֹא יָבֹא אֶל־הָאָרֶץ אלהים דההין עיה אֲשֶׁר
נָתַתִּי לִבְנֵי יִשְׂרָאֵל עַל אֲשֶׁר־מְרִיתֶם אֶת־פִּי לְמֵי ילי מְרִיבָה:

²⁵ *Toma a Aharón y a Elazar, su hijo, y tráelos al Monte Hor.* ²⁶ *Y quítale a Aharón sus vestidos y ponlos sobre Elazar, su hijo. Y Aharón será reunido con su pueblo, y morirá allí".*

²⁷ *Y Moshé hizo tal como el Eterno le ordenó, y subieron al Monte Hor ante los ojos de toda la congregación.*

²⁸ *Y Moshé le quitó a Aharón sus vestidos y se los puso a Elazar, su hijo; y Aharón murió allí sobre la cumbre del monte, y Moshé y Elazar descendieron del monte.*

²⁹ *Y cuando toda la congregación vio que Aharón había muerto, toda la casa de Israel lloró a Aharón por treinta días.*

21 ¹ *Y el cananeo, el rey de Arad, que habitaba en el Sur, oyó que Israel subía por el camino de Atarim; y peleó contra Israel y le tomó algunos prisioneros.*

² *E Israel hizo un voto al Eterno y dijo: "Si en verdad entregas a este pueblo en mi mano, yo destruiré por completo sus ciudades".* ³ *Y el Eterno escuchó la voz de Israel y les entregó a los cananeos; y los ellos los destruyeron por completo, a ellos y a sus ciudades. Y el nombre del lugar fue llamado Jormá.*

⁴ *Y partieron de Hor Hahar por el camino del Mar Rojo para rodear la tierra de Edom, y el alma del pueblo se impacientó por causa del viaje.* ⁵ *Y el pueblo habló contra Dios y contra Moshé: "¿Por qué nos han sacado de Egipto para morir en el desierto? Pues no hay pan ni agua, y nuestra alma detesta este pan tan simple".*

וַיָּמָת

Números 20:26 – Después de la muerte de Aharón, su posición de Sumo Sacerdote pasó a su hijo, Elazar. Afortunadamente, la muerte de Aharón ocurrió en público; él era muy popular y, de haber muerto en privado, el pueblo lleno de juicio interminable habría acusado a Moshé de matarlo, a pesar de lo imposible que esto nos parezca ahora. En cuanto a nosotros, sólo podemos eliminar el control del Satán sobre nuestra vida al evitar juzgar a los demás.

Ven y ve: En el momento en que el Santísimo, bendito sea Él, dijo a Moshé: "'Que se reúna Aarón con su pueblo'", su fuerza fue debilitada y supo que su brazo derecho, EL CUAL ES JÉSED, se quebró y su cuerpo entero tembló. Tan pronto como dijo: "'Toma a Aarón y su hijo Elazar…'" (Números 20:25), el Santísimo, bendito sea Él, le dijo: 'te prestaré otro brazo'. "'Y

quítale a Aarón sus vestiduras…y Aarón será reunido'" (ibid. 26). Elazar te servirá como mano derecha en vez de su padre. A pesar de todo esto, él no llenó por completo el lugar de su padre, ya que las nubes de gloria se fueron y no habrían retornado sino por el mérito de Moshé, pero no por el mérito de Elazar.

"Y Moshé hizo lo que Dios le ordenó…" (Números 20:27). PREGUNTA: ¿Por qué "… ante la vista de toda la congregación"? RESPONDE: Esto es porque Aarón era el más amado por la nación y ellos no debían decir que él murió por medio de Moshé. Moshé llevó a Aarón con palabras hasta que subieron a la montaña, y todos los hijos de Yisrael observaban mientras Moshé quitaba las vestiduras de Aarón y vestía con ellas a Elazar.
— El Zóhar, Jukat 9:62-63

25 קַח אֶת־אַהֲרֹן וְאֶת־אֶלְעָזָר בְּנוֹ וְהַעַל אֹתָם הֹר

הָהָר: 26 וְהַפְשֵׁט אֶת־אַהֲרֹן אֶת־בְּגָדָיו

וְהִלְבַּשְׁתָּם אֶת־אֶלְעָזָר בְּנוֹ וְאַהֲרֹן יֵאָסֵף וּמֵת

שָׁם: 27 וַיַּעַשׂ מֹשֶׁה כַּאֲשֶׁר צִוָּה יְהֹוָה וַיַּעֲלוּ

אֶל־הֹר הָהָר לְעֵינֵי כָּל־הָעֵדָה: 28 וַיַּפְשֵׁט מֹשֶׁה

אֶת־אַהֲרֹן אֶת־בְּגָדָיו וַיַּלְבֵּשׁ אֹתָם אֶת־אֶלְעָזָר

בְּנוֹ וַיָּמָת אַהֲרֹן שָׁם בְּרֹאשׁ

הָהָר וַיֵּרֶד מֹשֶׁה וְאֶלְעָזָר מִן־הָהָר: 29 וַיִּרְאוּ כָּל־

הָעֵדָה כִּי גָוַע אַהֲרֹן וַיִּבְכּוּ אֶת־אַהֲרֹן שְׁלֹשִׁים יוֹם

כֹּל בֵּית יִשְׂרָאֵל: 21 1 וַיִּשְׁמַע הַכְּנַעֲנִי מֶלֶךְ־עֲרָד

יֹשֵׁב הַנֶּגֶב כִּי בָּא יִשְׂרָאֵל דֶּרֶךְ הָאֲתָרִים וַיִּלָּחֶם בְּיִשְׂרָאֵל

וַיִּשְׁבְּ מִמֶּנּוּ שֶׁבִי: 2 וַיִּדַּר יִשְׂרָאֵל נֶדֶר לַיהֹוָה וַיֹּאמַר אִם־

נָתֹן תִּתֵּן אֶת־הָעָם הַזֶּה בְּיָדִי וְהַחֲרַמְתִּי אֶת־עָרֵיהֶם:

3 וַיִּשְׁמַע יְהֹוָה בְּקוֹל יִשְׂרָאֵל וַיִּתֵּן אֶת־הַכְּנַעֲנִי

וַיַּחֲרֵם אֶתְהֶם וְאֶת־עָרֵיהֶם וַיִּקְרָא שֵׁם

הַמָּקוֹם חָרְמָה: 4 וַיִּסְעוּ מֵהֹר הָהָר דֶּרֶךְ יַם־סוּף

לִסְבֹב אֶת־אֶרֶץ אֱדוֹם וַתִּקְצַר נֶפֶשׁ־הָעָם בַּדָּרֶךְ

5 וַיְדַבֵּר הָעָם בֵּאלֹהִים וּבְמֹשֶׁה

וַיִּשְׁמַע

Números 21:1 – Durante un ataque de parte del Rey de Arad, un israelita fue tomado como rehén. Normalmente, nadie podía tocar a los israelitas pero, con la muerte de Aharón, desapareció el escudo de protección que los cubría, lo cual creó una abertura para este ataque. Los sabios nos dicen que después de que murió Aharón el pilar de nube que los guiaba había desaparecido, por lo tanto, sus enemigos asumieron que estaban vulnerables para atacarlos (*Rosh Hashaná 3a*). El Satán es lo suficientemente listo para infiltrarse en nuestras filas cuando estamos débiles y sin protección. Nuestro Oponente no nos ataca cuando estamos fuertes o haciendo el trabajo espiritual o compartiendo con los demás. Si nos ocupamos con acciones positivas, el Satán no puede lastimarnos.

6 Y el Eterno envió serpientes venenosas entre el pueblo, y mordieron al pueblo; y mucha gente de Israel murió. 7 Y el pueblo vino a Moshé y dijo: "Hemos pecado, porque hemos hablado contra el Eterno y contra ti; ruega al Eterno para que aleje a las serpientes de entre nosotros". Y Moshé oró por el pueblo.

8 Y el Eterno dijo a Moshé: "Fabrica una serpiente y ponla sobre un asta; y sucederá que todo el que sea mordido, cuando la mire, vivirá". 9 Y Moshé hizo una serpiente de bronce y la puso sobre el asta; y sucedía que si una serpiente mordía a alguno, cuando éste miraba a la serpiente de bronce, vivía.

SEXTA LECTURA – YOSEF – YESOD

10 Y los hijos de Israel partieron y acamparon en Ovot. 11 Y partieron de Ovot y acamparon en Iyí-Haavarim, en el desierto que está frente a Moav, hacia la salida del Sol. 12 De allí partieron y acamparon en el valle de Zered. 13 De allí partieron y acamparon al otro lado del Arnón, que está en el desierto y que sale del territorio de los amorreos. El Arnón es la frontera de Moav, entre Moav y los amorreos; 14 donde se dice en el libro de las Guerras del Eterno: Vaheb que está en Sufá y los valles del Arnón, 15 y la ladera de los valles que llega hasta el sitio de Ar y se apoya en la frontera de Moav.

הַנְּחָשִׁים

Números 21:6 – Una plaga de serpientes fieras ocurrió debido a que los israelitas se quejaron, despotricando contra Moshé y Dios.

"Y habló el pueblo contra Dios y contra Moshé". Dijeron cosas calumniosas acerca del Santísimo, bendito sea Él, de acuerdo con la traducción ARAMEA de "MURMURAR", y riñeron con Moshé. "¿Por qué nos subiste...?" (Números 21:5). Trataron todos los aspectos igualmente, PORQUE IGUALARON A DIOS CON MOSHÉ, Y LES DIJERON: "¿POR QUÉ NOS SUBISTE?". Esto es porque las serpientes que los quemaron como fuego fueron enviadas sobre ellos. El fuego entró en sus entrañas y cayeron muertos, como está escrito: "Y envió HaShem serpientes venenosas entre el pueblo..." (ibid. 6).
— El Zóhar, Jukat 10:71

Cuando los israelitas se arrepintieron y le imploraron ayuda a Moshé, el Creador le dijo a Moshé que fabricara una serpiente de cobre que protegería a todo el que la viera. Tan sólo ver a la serpiente creaba una conexión con Dios e invocaba el poder de la sanación. La serpiente era y todavía es un símbolo poderoso de la sanación. Considera el caso del caduceo, por ejemplo, la vara con las dos serpientes entrelazadas que es el símbolo de la fraternidad médica. Este simbolismo puede ayudar a recordarnos que cuando una persona tiene una aflicción, tienen que usar herramientas más allá de las oraciones a fin de sanar. Deben ejercer acciones, ya sea ir al doctor o meditar en los 72 Nombres de dios. De cualquier manera, la sanación ocurre solamente cuando se emplea una combinación de medidas físicas y espirituales.

וַיְבֵמת

Números 21:6 – Ha habido más conflictos y guerras en nombre de Dios que por cualquier

לָמָה מ״ה הֶעֱלִיתֻנוּ מִמִּצְרַיִם מצר לָמוּת בַּמִּדְבָּר אברהם, וז״פ אל, רמ״ח כִּי אֵין

לֶחֶם ג״פ יהוה וְאֵין מַיִם וְנַפְשֵׁנוּ קָצָה ה״פ טל, ג״פ אדני בַּלֶּחֶם ג״פ יהוה הַקְּלֹקֵל:

6 וַיְשַׁלַּח יְהֹוָ֨אהדי֓אהדונהי בָּעָם ר״ת באר ענו מן אֵת הַנְּחָשִׁים הַשְּׂרָפִים וַיְנַשְּׁכוּ

אֶת־הָעָם וַיָּמָת עי״ב ורבוע מ״ה עַם־רָב מִיִּשְׂרָאֵל: 7 וַיָּבֹא הָעָם אֶל־מֹשֶׁה

מהע, אל עדי וַיֹּאמְרוּ חָטָאנוּ כִּי־דִבַּרְנוּ בַּיהֹוָ֨אהדי֓אהדונהי רעה וָבָךְ הִתְפַּלֵּל

אֶל־יְהֹוָ֨אהדי֓אהדונהי וְיָסֵר מֵעָלֵינוּ רבוע ס״ג אֶת־הַנָּחָשׁ עדי ורבוע אהיה וַיִּתְפַּלֵּל

מֹשֶׁה מהע, אל עדי בְּעַד הָעָם: 8 וַיֹּאמֶר יְהֹוָ֨אהדי֓אהדונהי מ״ה אדני אֶל־מֹשֶׁה מהע, אל עדי

עֲשֵׂה לְךָ שָׂרָף וְשִׂים אֹתוֹ עַל־נֵס מ״ה אדני וְהָיָה יהוה, יהה אדני כָּל־ יכי הַנָּשׁוּךְ

וְרָאָה אֹתוֹ וָחָי: 9 וַיַּעַשׂ מֹשֶׁה מהע, אל עדי נְחַשׁ עדי ורבוע אהיה נְחֹשֶׁת וַיְשִׂמֵהוּ

עַל־הַנֵּס מ״ה אדני וְהָיָה יהוה, יהה אם יהוך, ע״ה מ״ב אִם־ נָשַׁךְ ע״ע הַנָּחָשׁ עדי ורבוע אהיה

אֶת־אִישׁ ע״ה קנ״א קס״א וְהִבִּיט אֶל־נְחַשׁ הַנְּחֹשֶׁת וָחָי: עדי ורבוע אהיה

SEXTA LECTURA – YOSEF – YESOD

10 וַיִּסְעוּ בְּנֵי יִשְׂרָאֵל וַיַּחֲנוּ בְּאֹבֹת: 11 וַיִּסְעוּ מֵאֹבֹת וַיַּחֲנוּ בְּעִיֵּי הָעֲבָרִים

בַּמִּדְבָּר אברהם, וז״פ אל, רמ״ח אֲשֶׁר עַל־פְּנֵי מוֹאָב לחכמה בינה זעה מִמִּזְרַח יוד הא ואו הה

הַשָּׁמֶשׁ ב״פ ש״ר: 12 מִשָּׁם יהוה עדי נָסָעוּ וַיַּחֲנוּ בְּנַחַל זָרֶד: 13 מִשָּׁם יהוה עדי

נָסָעוּ וַיַּחֲנוּ מֵעֵבֶר רבוע יהוה ורבוע אלהים אַרְנוֹן אֲשֶׁר בַּמִּדְבָּר אברהם, וז״פ אל, רמ״ח

הַיֹּצֵא מִגְּבֻל הָאֱמֹרִי כִּי אַרְנוֹן גְּבוּל מוֹאָב יוד הא ואו הה בֵּין מוֹאָב

יוד הא ואו הה וּבֵין הָאֱמֹרִי: 14 עַל־כֵּן יֵאָמַר בְּסֵפֶר מִלְחֲמֹת יְהֹוָ֨אהדי֓אהדונהי

אֶת־וָהֵב בְּסוּפָה אלהים אדני וְאֶת־הַנְּחָלִים חק״ל אַרְנוֹן: 15 וְאֶשֶׁד הַנְּחָלִים חק״ל

---

otro motivo. Dado que trasciende a la religión, cuando se aprende y se aplica la sabiduría de la Kabbalah es posible traer paz en lugar de guerra.

La misión del Centro de Kabbalah es acabar con el caos dondequiera que exista en el mundo.

16 Y de allí fueron hasta Beer; este es el pozo donde el Eterno le dijo a Moshé: "Reúne al pueblo y les daré agua". 17 Entonces cantó Israel este cántico: "¡Brota, pozo! ¡Cántenle!". 18 El pozo que cavaron los jefes, que los nobles del pueblo hicieron con el cetro y con sus báculos. Y desde el desierto fueron a Mataná; 19 y de Mataná a Najaliel; y de Najaliel a Bamot;

20 y de Bamot al valle que está en la tierra de Moav, en la cumbre del Pisgá, que tiene vista al desierto.

SÉPTIMA LECTURA – DAVID – MALJUT

21 E Israel envió mensajeros a Sijón, rey de los amorreos, diciendo: 22 "Déjame pasar por tu tierra; no nos desviaremos, ni por campos ni por viñedos; no beberemos agua de los pozos. Iremos por el camino del rey hasta que hayamos cruzado tus fronteras".

23 Pero Sijón no permitió a Israel pasar por su territorio, sino que reunió Sijón a todo su pueblo y salió contra Israel en el desierto, y llegó a Yahatsá; y peleó contra Israel.

24 E Israel lo hirió a filo de espada y tomó posesión de su tierra desde el Arnón hasta Yaboc, hasta la frontera con los hijos de Amón, porque la frontera de los hijos de Amón era fuerte.

יָשִׁיר

Números 21:17 – El Creador le mostró a Moshé un pozo del cual el pueblo de Israel podía beber. Esta lectura menciona que había una canción para el pozo —"¡Brota, pozo!; ¡Cántenle!"— para iluminarnos acerca del hecho de que en el futuro el agua será la clave para conectar con la Redención Final. El agua tiene el poder de elevar nuestra conciencia. El *Zóhar* dice:

ESTÁ ESCRITO: "...QUE ES EL POZO donde dijo Dios a Moshé: 'Reúne al pueblo...'" (Números 21:16). *Esto es porque ese pozo no estaba ausente de ellos. Si ustedes se preguntan cómo pudieron todos ellos sacar de ese único pozo, esto es porque éste se dividía en trece corrientes. Esto es: YA QUE MALJUT SE DIVIDE EN TRECE, EN EL SECRETO DE LOS DOCE, EL CUAL RECIBE DE LOS DOCE EXTREMOS EN ZEIR ANPÍN, Y UNA ESTÁ COMPUESTA DE TODAS ELLAS. El manantial fluyente en el pozo se llena y se derrama en todas direcciones. Entonces, en el tiempo en que los hijos de Yisrael estaban cantando y deseaban agua, los hijos de YISRAEL se paraban junto a ella, SOBRE EL POZO, y cantaban. ¿Qué decían? "¡Brota, pozo...!" (ibid. 17), y eleva tu agua para producir agua y que todos beban. Ésa es la manera de alabar a este pozo, y ÉSE ES "el pozo que los principales cavaron". Hablaban palabras de verdad. Y así es. De aquí, se nos enseñó que para quien desea despertar asuntos arriba, ya sea de hecho o por discurso, si ese hecho o ese discurso no es realizado apropiadamente, nada es despertado. Todos los habitantes del mundo van a la sinagoga para despertar algo arriba, pero pocos son aquéllos que saben cómo despertarlo. El Santísimo, bendito sea Él, está cerca de aquéllos que saben cómo llamarlo y despertarlo apropiadamente.*

אֲשֶׁר נָטָה לְשֶׁבֶת עָר יּ"ד יּ"ד וְנִשְׁעַן לִגְבוּל מוֹאָב יוד הא ואו הה: 16 וּמִשָּׁם

יהוה שדי בְּאֵרָה הִוא הַבְּאֵר קנ"א בּ"ן אֲשֶׁר אָמַר יְהֹוָה אבנ"דהי למשה אֱסֹף

אֶת־הָעָם וְאֶתְּנָה לָהֶם מָיִם: 17 אָז יָשִׁיר יִשְׂרָאֵל אֶת־הַשִּׁירָה הַזֹּאת

עֲלִי בְאֵר קנ"א בּ"ן עֱנוּ גּ"פ מ"ב, רבוע אדני לָהּ: 18 בְּאֵר קנ"א בּ"ן חֲפָרוּהָ שָׂרִים כָּרוּהָ

נְדִיבֵי הָעָם בִּמְחֹקֵק בְּמִשְׁעֲנֹתָם וּמִמִּדְבָּר מַתָּנָה: 19 וּמִמַּתָּנָה נַחֲלִיאֵל

וּמִנַּחֲלִיאֵל בָּמוֹת: 20 וּמִבָּמוֹת הַגַּיְא אֲשֶׁר בִּשְׂדֵה מוֹאָב יוד הא הה

רֹאשׁ רבוע אלהים ואלהים דיודין ע"ה הַפִּסְגָּה וְנִשְׁקָפָה עַל־פְּנֵי ה חכמה בינה הַיְשִׁימֹן:

SÉPTIMA LECTURA – DAVID – MALJUT

21 וַיִּשְׁלַח יִשְׂרָאֵל מַלְאָכִים אֶל־סִיחֹן מֶלֶךְ־הָאֱמֹרִי לֵאמֹר:

22 אֶעְבְּרָה בְאַרְצֶךָ לֹא נִטֶּה בְּשָׂדֶה וּבְכֶרֶם לֹא נִשְׁתֶּה מֵי יּלּ בְאֵר

קנ"א בּ"ן בְּדֶרֶךְ בּ"פ יב"ק הַמֶּלֶךְ נֵלֵךְ גלך עַד אֲשֶׁר־נַעֲבֹר גְּבֻלֶךָ: 23 וְלֹא־נָתַן

סִיחֹן אֶת־יִשְׂרָאֵל עֲבֹר רבוע יהוה וּרבוע אלהים בִּגְבֻלוֹ וַיֶּאֱסֹף סִיחֹן אֶת־כָּל־ יּלי

עַמּוֹ וַיֵּצֵא לִקְרַאת יִשְׂרָאֵל הַמִּדְבָּרָה וַיָּבֹא יָהְצָה וַיִּלָּחֶם בְּיִשְׂרָאֵל:

24 וַיַּכֵּהוּ יִשְׂרָאֵל לְפִי־חָרֶב רבוע ס"ג ורבוע אהיה וַיִּירַשׁ אֶת־אַרְצוֹ מֵאַרְנֹן

Sin embargo, si no saben cómo llamarlo, Él no está cerca, como está escrito: "Está cerca Dios de todos los que lo llaman, de todos los que lo llaman con verdad" (Salmos 145:18). ¿Qué es "con verdad"? Es que ellos saben cómo despertar el asunto verdadero apropiadamente, y esto se aplica también a todos LOS ASUNTOS.
— *El Zóhar, Jukat 11:77-78*

סִיחֹן

Números 21:21 – En la batalla con la nación de los amoritas, los israelitas salieron victoriosos, desplazando rápidamente a sus oponentes. El conflicto fue breve y decisivo porque los amoritas no debieron haber vivido donde se encontraban; por lo tanto, fueron derrotados fácilmente. Hay circunstancias en nuestra propia vida que hacen que nos desplacemos y, a veces, tenemos que estar conscientes de que tal vez no estamos viviendo donde estamos destinados a vivir. Si no estamos completamente cómodos con la casa, la ciudad o el país en el que estamos viviendo, debemos ver esto como un indicador de que deberíamos mudarnos. Si somos obligados a dejar un lugar, tenemos que considerar la posibilidad de que donde estábamos viviendo no era donde debíamos estar en primer lugar.

[25] E Israel tomó todas estas ciudades, e Israel habitó en todas las ciudades de los amorreos, en Jeshbón y en todas sus aldeas. [26] Porque Jeshbón era la ciudad de Sijón, rey de los amorreos, quien había peleado contra el rey anterior de Moav y le había quitado de su mano toda su tierra, hasta el Arnón.

[27] Por eso quienes hablan en parábolas dicen: "¡Vengan a Jeshbón! ¡Sea la ciudad de Sijón edificada y establecida! [28] Porque fuego ha salido de Jeshbón, una llama del pueblo de Sijón; ha devorado a Ar de Moav, a los señores de las alturas del Arnón.

[29] ¡Ay de ti, Moav! ¡Deshecho estás, pueblo de Quemosh; ha dado a sus hijos como fugitivos y a sus hijas a la cautividad, a Sijón, rey de los amorreos. [30] Nosotros los hemos asaetado —Jeshbón ha perecido— hasta Divón, y hemos devastado hasta Nofaj, la que llega hasta Medevá". [31] Así habitó Israel en la tierra de los amorreos.

[32] Y Moshé envió a espiar a Yazer, y tomaron sus villas y expulsaron a los amorreos que estaban allí. [33] Después se volvieron y subieron por el camino de Bashán; y Og, rey de Bashán, salió en contra de ellos, él y todo su pueblo, para batallar en Edrei.

MAFTIR

[34] Y el Eterno dijo a Moshé: "No le tengas miedo, porque Yo lo he entregado en tu mano, y a todo su pueblo y a su tierra; y harás con él como hiciste con Sijón, rey de los amorreos, quien habitaba en Jeshbón". [35] Así que lo hirieron a él, a sus hijos y a todo su pueblo, hasta que no le quedó remanente; y tomaron posesión de su tierra.

22 [1] Y los hijos de Israel partieron y acamparon en las llanuras de Moav, más allá del Jordán, frente a Yereijó.

אֲשֶׁר

Números 21:30 – En este versículo hay un punto sobre la letra aramea *Resh*, una letra que representa el vacío y la pobreza. El punto no sólo nos ayuda a eliminar cualquier sensación de vacío físico o espiritual en nuestra vida, sino que también recarga nuestras energías.

עוֹג

Números 21:33 – Los israelitas emprendieron una batalla con el rey Og de Bashán. El rey era una persona muy negativa, pero él logró sobrevivir al Diluvio al hacer una acción muy positiva: decirle a Avraham que su sobrino había sido capturado. Dios le aseguró a Moshé la victoria sobre Og, pero Moshé estaba impresionado porque una sola acción positiva del rey Og pudiera contrarrestar toda su negatividad. Esto nos demuestra cuán importantes son nuestras acciones positivas. Puede tomar tan sólo una acción positiva muy poderosa para eliminar muchas acciones negativas.

עַד־יַבֹּק יהוה אלהים עַד־בְּנֵי עַמּוֹן רביע ס״ג כִּי עַז אני יהוה גְּבוּל בְּנֵי עַמּוֹן רביע ס״ג:

25 וַיִּקַּח חומ יִשְׂרָאֵל אֵת כָּל־ ילי הֶעָרִים עכו״ה, ה״פ אדני הָאֵלֶּה וַיֵּשֶׁב יִשְׂרָאֵל

בְּכָל־ ב״ן, לכב, יבמ עָרֵי בוזהרר, ערי, סנדלפון הָאֱמֹרִי בְּחֶשְׁבּוֹן וּבְכָל־ ב״ן, לכב, יבמ

בְּנֹתֶיהָ: 26 כִּי חֶשְׁבּוֹן עִיר בוזהרר, ערי, סנדלפון סִיחֹן מֶלֶךְ הָאֱמֹרִי הִוא וְהוּא

נִלְחַם בְּמֶלֶךְ מוֹאָב יוד הא ואו הה הָרִאשׁוֹן וַיִּקַּח חומ אֶת־כָּל־ ילי אַרְצוֹ מִיָּדוֹ

עַד־אַרְנֹן: 27 עַל־כֵּן יֹאמְרוּ הַמֹּשְׁלִים בֹּאוּ וְחֶשְׁבּוֹן תִּבָּנֶה וְתִכּוֹנֵן

עִיר בוזהרר, ערי, סנדלפון סִיחוֹן: 28 כִּי־אֵשׁ אלהים דיורון ע״ה יָצְאָה מֵחֶשְׁבּוֹן לֶהָבָה

מִקִּרְיַת סִיחֹן אָכְלָה עָר י״ף יו״ד הא ואו הה מוֹאָב בַּעֲלֵי בָּמוֹת אַרְנֹן:

29 אוֹי־לְךָ מוֹאָב יוד הא ואו הה אָבַדְתָּ עַם־כְּמוֹשׁ נָתַן בָּנָיו פְּלֵיטִם וּבְנֹתָיו

בַּשְּׁבִית לְמֶלֶךְ אֱמֹרִי סִיחוֹן: 30 וַנִּירָם אָבַד חֶשְׁבּוֹן עַד־דִּיבֹן וַנַּשִּׁים

עַד־נֹפַח אֲשֶׁר עַד־מֵידְבָא: 31 וַיֵּשֶׁב יִשְׂרָאֵל בְּאֶרֶץ אלהים דאלפין הָאֱמֹרִי:

32 וַיִּשְׁלַח מֹשֶׁה מהוש, אל שדי לְרַגֵּל עסמ״ב ע״ה, קס״א ע״ב אֶת־יַעְזֵר וַיִּלְכְּדוּ בְּנֹתֶיהָ

וַיּוֹרֶשׁ (כתיב: ויירש) אֶת־הָאֱמֹרִי אֲשֶׁר־שָׁם יהוה שדי: 33 וַיִּפְנוּ וַיַּעֲלוּ דֶּרֶךְ

ב״פ יבק הַבָּשָׁן וַיֵּצֵא עוֹג מֶלֶךְ־הַבָּשָׁן לִקְרָאתָם הוּא וְכָל־ ילי עַמּוֹ

לַמִּלְחָמָה אֶדְרֶעִי:

MAFTIR

34 וַיֹּאמֶר יְהוָֹה אדני אהוה אל בְּמֹשֶׁה מהוש, אל שדי אַל־תִּירָא אֹתוֹ כִּי בְיָדְךָ בוכ״ו

נָתַתִּי אֹתוֹ וְאֶת־כָּל־ ילי עַמּוֹ וְאֶת־אַרְצוֹ וְעָשִׂיתָ לּוֹ כַּאֲשֶׁר עָשִׂיתָ לְסִיחֹן

מֶלֶךְ הָאֱמֹרִי אֲשֶׁר יוֹשֵׁב בְּחֶשְׁבּוֹן: 35 וַיַּכּוּ אֹתוֹ וְאֶת־בָּנָיו וְאֶת־כָּל־ ילי

עַמּוֹ עַד־בִּלְתִּי הִשְׁאִיר־לוֹ שָׂרִיד וַיִּירְשׁוּ אֶת־אַרְצוֹ: 22 1 וַיִּסְעוּ בְּנֵי

יִשְׂרָאֵל וַיַּחֲנוּ בְּעַרְבוֹת מוֹאָב יוד הא ואו הה מֵעֵבֶר רביע יהוה ורביע אלהים לְיַרְדֵּן

י״פ יהוה וד׳ אותיות יְרֵחוֹ:

HAFTARÁ DE JUKAT

Uno de los jueces, Yiftaj el galaadita, ayudó a que los israelitas derrotaran a los ejércitos que los rodeaban. La naturaleza honesta, directa y sin juicio de Yiftaj le hizo ganarse el mérito de llevar a los israelitas a la victoria. Leer esta Haftará nos da el poder de derrotar tanto a nuestros enemigos

JUECES 11:1-33

11 ¹ Y Yiftaj, el guiladita, era un poderoso hombre de valor, y era el hijo de una ramera; y Guilad engendró a Yiftaj.

² Y la mujer de Guilad le dio hijos; y cuando los hijos de su mujer crecieron, echaron fuera a Yiftaj, y le dijeron: "No tendrás heredad en la casa de nuestro padre, porque eres hijo de otra mujer".

³ Entonces Yiftaj huyó de sus hermanos y habitó en la tierra de Tov; y hombres indignos se juntaron con Yiftaj y salían con él.

⁴ Y sucedió después de cierto tiempo que los hijos de Amón emprendieron guerra contra Israel.

⁵ Y fue que cuando los hijos de Amón hicieron guerra contra Israel, los ancianos de Guilad fueron a traer a Yiftaj de la tierra de Tov.

⁶ Y dijeron a Yiftaj: "Ven y sé nuestro jefe para que combatamos contra los hijos de Amón".

⁷ Y Yiftaj dijo a los ancianos de Guilad: "¿No me odiaban y me echaron de la casa de mi padre? ¿Por qué han venido a mí ahora cuando están en peligro?".

⁸ Y los ancianos de Guilad dijeron a Yiftaj: "Es por ello que hemos vuelto a ti ahora, para que vengas con nosotros y combatas contra los hijos de Amón y seas jefe sobre todos los habitantes de Guilad".

⁹ Y Yiftaj dijo a los ancianos de Guilad: "Si me hacen volver para combatir contra los hijos de Amón y el Eterno los entrega delante de mí, yo seré su jefe".

¹⁰ Y los ancianos de Guilad dijeron a Yiftaj: "El Eterno será testigo entre nosotros; ciertamente haremos conforme a tu palabra".

HAFTARÁ DE JUKAT

como a nuestros adversarios cuando invocamos en nosotros mismos las mismas cualidades que Yiftaj tenía.

שׁוֹפְטִים פֶּרֶק 11, 1–33

11 1 וְיִפְתָּח הַגִּלְעָדִי הָיָה יהה גִּבּוֹר חַיִל ומב וְהוּא בֶּן־אִשָּׁה זוֹנָה וַיּוֹלֶד
גִּלְעָד אֶת־יִפְתָּח: 2 וַתֵּלֶד אֵשֶׁת־גִּלְעָד לוֹ בָּנִים וַיִּגְדְּלוּ יאל בְנֵי־הָאִשָּׁה
וַיְגָרְשׁוּ אֶת־יִפְתָּח וַיֹּאמְרוּ לוֹ לֹא־תִנְחַל בְּבֵית־ ב"פ ראה אָבִינוּ כִּי
בֶן־אִשָּׁה אַחֶרֶת אָתָּה: 3 וַיִּבְרַח יִפְתָּח מִפְּנֵי חכמה בינה אֶחָיו וַיֵּשֶׁב בְּאֶרֶץ
אלהים דאלפין יהו טוֹב וַיִּתְלַקְּטוּ אֶל־יִפְתָּח אֲנָשִׁים רֵיקִים וַיֵּצְאוּ עִמּוֹ: 4 וַיְהִי אל
מִיָּמִים גלך וַיִּלָּחֲמוּ בְנֵי־עַמּוֹן רבוע ס"ג עִם־יִשְׂרָאֵל: 5 וַיְהִי אל כַּאֲשֶׁר־נִלְחֲמוּ
בְנֵי־עַמּוֹן רבוע ס"ג עִם־יִשְׂרָאֵל וַיֵּלְכוּ ע"ב, ריבוע יהוה. כלי זִקְנֵי גִלְעָד לָקַחַת
אֶת־יִפְתָּח מֵאֶרֶץ אלהים דאלפין טוֹב: 6 וַיֹּאמְרוּ לְיִפְתָּח לְכָה וְהָיִיתָה לָּנוּ
מום, אלהים, אהיה אדני לְקָצִין וְנִלָּחֲמָה בִּבְנֵי עַמּוֹן רבוע ס"ג: 7 וַיֹּאמֶר יִפְתָּח לְזִקְנֵי
גִלְעָד הֲלֹא אַתֶּם שְׂנֵאתֶם אוֹתִי וַתְּגָרְשׁוּנִי מִבֵּית ב"פ ראה אָבִי וּמַדּוּעַ
בָּאתֶם אֵלַי עַתָּה כַּאֲשֶׁר צַר לָכֶם: 8 וַיֹּאמְרוּ זִקְנֵי גִלְעָד אֶל־יִפְתָּח לָכֵן
עַתָּה שַׁבְנוּ אֵלֶיךָ אני וְהָלַכְתָּ עִמָּנוּ ריבוע ס"ג וְנִלְחַמְתָּ בִּבְנֵי עַמּוֹן רבוע ס"ג וְהָיִיתָ
לָּנוּ מום, אלהים, אהיה אדני לְרֹאשׁ ריבוע אלהים ואלהים דיודין ע"ה לְכֹל יה אדני יֹשְׁבֵי גִלְעָד:
9 וַיֹּאמֶר יִפְתָּח אֶל־זִקְנֵי גִלְעָד אִם־ יוהך, ע"ה מ"ב מְשִׁיבִים אַתֶּם אוֹתִי
לְהִלָּחֵם בִּבְנֵי עַמּוֹן רבוע ס"ג וְנָתַן אבגית"ץ, ושׂר, אהבת חנם יְהֹוָה יאהדונהיאהדונהי אוֹתָם לְפָנַי
חכמה בינה אָנֹכִי אע אֶהְיֶה בינו לָכֶם לְרֹאשׁ ריבוע אלהים ואלהים דיודין ע"ה: 10 וַיֹּאמְרוּ
זִקְנֵי־גִלְעָד אֶל־יִפְתָּח יְהֹוָהיאהדונהי יִהְיֶה יוד שֹׁמֵעַ בֵּינוֹתֵינוּ אִם־ יוהך, ע"ה מ"ב

11 Entonces Yiftaj fue con los ancianos de Guilad, y el pueblo lo hizo cabeza y jefe sobre ellos; y Yiftaj habló todas sus palabras delante del Eterno en Mizpa.

12 Y Yiftaj envió mensajeros al rey de los hijos de Amón, diciendo: "¿Qué tienes tú que ver conmigo que has venido a mí para combatir contra mi tierra?".

13 Y el rey de los hijos de Amón contestó a los mensajeros de Yiftaj: "Porque Israel tomó mi tierra cuando subieron de Egipto, desde el Arnón hasta el Yabok, y hasta el Jordán; por tanto, devuelve ahora dichas ciudades en paz".

14 Y Yiftaj volvió a enviar mensajeros al rey de los hijos de Amón,

15 y él le dijo: "Así dice Yiftaj: Israel no tomó la tierra de Moav, ni la tierra de los hijos de Amón.

16 Porque cuando subieron de Egipto, e Israel pasó por el desierto hasta el Mar Rojo y llegó a Kadesh,

17 Israel envió mensajeros al rey de Edom, diciendo: 'Permítenos, te rogamos, pasar por tu tierra', pero el rey de Edom no los escuchó. Y de la misma manera envió mensajeros al rey de Moav, pero él no aceptó, e Israel permaneció en Kadesh.

18 Luego atravesaron el desierto y rodearon la tierra de Edom y la tierra de Moav, y llegaron al lado oriental de la tierra de Moav y acamparon al otro lado del Arnón; pero no entraron en el territorio de Moav, porque el Arnón era la frontera de Moav.

19 E Israel envió mensajeros a Sijón, rey de los amorreos, rey de Jeshbón; e Israel le dijo: 'Permítenos, te rogamos, pasar por tu tierra a mi lugar'.

20 Pero Sijón no confió en Israel para darle paso por su territorio; sino que Sijón reunió a todo su pueblo y acampó en Yahetsá, y combatió contra Israel.

21 Y el Eterno, el Dios de Israel, entregó a Sijón y a todo su pueblo en la mano de Israel, y los hirieron; así Israel tomó posesión de toda la tierra de los amorreos, los habitantes de ese país.

לֹא כִדְבָרֶךָ ראה כֵּן נַעֲשֶׂה: 11 וַיֵּלֶךְ כלי יִפְתָּח עִם־זִקְנֵי גִלְעָד וַיָּשִׂימוּ

הָעָם אוֹתוֹ עֲלֵיהֶם לְרֹאשׁ ריבוע אלהים ואלהים דיודין ע"ה וּלְקָצִין וַיְדַבֵּר ראה יִפְתָּח

אֶת־כָּל־ ילי דְּבָרָיו ראה לִפְנֵי וחכמה בינה יְהֹוָהֵאהדונהי בַּמִּצְפָּה: 12 וַיִּשְׁלַח יִפְתָּח

מַלְאָכִים אֶל־מֶלֶךְ בְּנֵי־עַמּוֹן רבוע ס"ג לֵאמֹר מַה־ מ"ה לִּי וָלָךְ כִּי־בָאתָ

אֵלַי לְהִלָּחֵם בְּאַרְצִי: 13 וַיֹּאמֶר מֶלֶךְ בְּנֵי־עַמּוֹן רבוע ס"ג אֶל־מַלְאֲכֵי יִפְתָּח

כִּי־לָקַח ב"פ יהוה אדני אהיה יִשְׂרָאֵל אֶת־אַרְצִי בַּעֲלוֹתוֹ מִמִּצְרַיִם מצר מֵאַרְנוֹן

וְעַד־הַיַּבֹּק יהוה אלהים וְעַד־הַיַּרְדֵּן י"פ יהוה וד אותיות וְעַתָּה הָשִׁיבָה אֶתְהֶן

בְּשָׁלוֹם: 14 וַיּוֹסֶף ציון, קנאה, ר"פ יהוה עוֹד יִפְתָּח וַיִּשְׁלַח מַלְאָכִים אֶל־מֶלֶךְ בְּנֵי

עַמּוֹן רבוע ס"ג: 15 וַיֹּאמֶר לוֹ כֹּה הוי אָמַר יִפְתָּח לֹא־לָקַח ב"פ יהוה אדני אהיה יִשְׂרָאֵל

אֶת־אֶרֶץ אלהים דאלפין מוֹאָב יוד הא ואו הה וְאֶת־אֶרֶץ אלהים דאלפין בְּנֵי עַמּוֹן רבוע ס"ג:

16 כִּי בַּעֲלוֹתָם מִמִּצְרַיִם מצר כלי וַיֵּלֶךְ יִשְׂרָאֵל בַּמִּדְבָּר אברהם, ח"פ אל, רמ"ח

עַד־יַם־ ילי סוּף וַיָּבֹא קָדֵשָׁה: 17 וַיִּשְׁלַח יִשְׂרָאֵל מַלְאָכִים | אֶל־מֶלֶךְ

אֱדוֹם | לֵאמֹר אֶעְבְּרָה־נָּא בְאַרְצֶךָ וְלֹא שָׁמַע מֶלֶךְ אֱדוֹם וְגַם יג"ל

אֶל־מֶלֶךְ מוֹאָב יוד הא ואו הה שָׁלַח וְלֹא אָבָה וַיֵּשֶׁב יִשְׂרָאֵל בְּקָדֵשׁ: 18 וַיֵּלֶךְ

בַּמִּדְבָּר כלי אברהם, ח"פ אל, רמ"ח וַיָּסָב אֶת־אֶרֶץ אלהים דאלפין אֱדוֹם וְאֶת־אֶרֶץ

אלהים דאלפין מוֹאָב יוד הא ואו הה וַיָּבֹא מִמִּזְרַח־שֶׁמֶשׁ ב"פ ע"ך לְאֶרֶץ אלהים דאלפין

מוֹאָב יוד הא ואו הה וַיַּחֲנוּן בְּעֵבֶר רבוע יהוה ורבוע אלהים אַרְנוֹן וְלֹא־בָאוּ בִּגְבוּל

מוֹאָב יוד הא ואו הה כִּי אַרְנוֹן גְּבוּל מוֹאָב יוד הא ואו הה: 19 וַיִּשְׁלַח יִשְׂרָאֵל

מַלְאָכִים אֶל־סִיחוֹן מֶלֶךְ־הָאֱמֹרִי מֶלֶךְ חֶשְׁבּוֹן וַיֹּאמֶר לוֹ יִשְׂרָאֵל

נַעְבְּרָה־נָּא בְאַרְצְךָ עַד־מְקוֹמִי: 20 וְלֹא־הֶאֱמִין סִיחוֹן אֶת־יִשְׂרָאֵל

עֲבֹר רבוע יהוה ורבוע אלהים בִּגְבֻלוֹ וַיֶּאֱסֹף סִיחוֹן אֶת־כָּל־ ילי עַמּוֹ וַיַּחֲנוּ בְּיַהְצָה

וַיִּלָּחֶם עִם־יִשְׂרָאֵל: 21 וַיִּתֵּן י"פ מלוי ע"ב יְהֹוָהֵאהדונהי אֱלֹהֵי דמב, ילה יִשְׂרָאֵל

אֶת־סִיחוֹן וְאֶת־כָּל־ ילי עַמּוֹ בְּיַד יִשְׂרָאֵל וַיַּכּוּם וַיִּירַשׁ יִשְׂרָאֵל

אֵת כָּל־ ילי אֶרֶץ אלהים דאלפין הָאֱמֹרִי אלהים דההן ע"ה יוֹשֵׁב הָאָרֶץ הַהִיא:

22 Y poseyeron todo el territorio de los amorreos, desde el Arnón hasta el Yabok, y desde el desierto hasta el Jordán.

23 Ahora pues, el Eterno, el Dios de Israel, desposeyó a los amorreos de delante de Su pueblo, Israel, ¿has tú de poseerla?

24 ¿No posees tú lo que Quemosh, tu dios, te ha dado para poseer? De modo que a cualquiera que el Eterno nuestro Dios, ha desposeído delante de nosotros, lo poseeremos.

25 ¿Acaso eres tú mejor que Balak, hijo de Tsipor, rey de Moav? ¿Acaso él luchó con Israel, o acaso combatió contra ellos?

26 Mientras Israel habitó trescientos años en Jeshbón y sus pueblos, y en Aroer y sus aldeas, y en todas las ciudades que están a orillas del Arnón, ¿por qué no las recuperaste durante ese tiempo?

27 Por lo tanto, yo no he pecado contra ti, pero tú me estás haciendo mal al hacer guerra contra mí; que el Eterno, el Juez, juzgue este día entre los hijos de Israel y los hijos de Amón".

28 No obstante, el rey de los hijos de Amón no atendió a las palabras que Yiftaj le envió.

29 Y el espíritu del Eterno vino sobre Yiftaj, y pasó sobre Guilad y Menashé; y pasó sobre Mitspé de Guilad, y de Mitspé de Guilad pasó sobre los hijos de Amón.

30 Y Yiftaj juró un voto al Eterno, y dijo: "Si en verdad entregas a los hijos de Amón en mi mano,

31 entonces sucederá que cualquiera que salga de las puertas de mi casa a recibirme cuando yo regrese en paz de los hijos de Amón, será del Eterno, y lo ofreceré como holocausto".

32 Y Yiftaj cruzó adonde estaban los hijos de Amón para combatir contra ellos; y el Eterno los entregó en su mano.

33 Y los hirió desde Aroer hasta la entrada de Minit, veinte ciudades, hasta Abel-Queramim. Así los hijos de Amón fueron sometidos delante de los hijos de Israel.

22 וַיִּ֣ירְשׁ֗וּ אֵ֚ת כָּל־ גְּב֣וּל הָֽאֱמֹרִ֔י מֵֽאַרְנוֹן֙ וְעַד־הַיַּבֹּ֔ק

וּמִן־הַמִּדְבָּ֖ר וְעַד־הַיַּרְדֵּֽן: 23 וְעַתָּ֞ה יְהֹוָ֣ה ׀ אֱלֹהֵ֣י

יִשְׂרָאֵ֗ל הוֹרִישׁ֙ אֶת־הָ֣אֱמֹרִ֔י מִפְּנֵ֖י עַמּ֣וֹ יִשְׂרָאֵ֑ל וְאַתָּ֖ה

תִּֽירָשֶֽׁנּוּ: 24 הֲלֹ֞א אֵ֣ת אֲשֶׁ֧ר יֽוֹרִֽישְׁךָ֛ כְּמ֥וֹשׁ אֱלֹהֶ֖יךָ אוֹת֣וֹ תִירָ֑שׁ

וְאֵת֩ כָּל־ אֲשֶׁ֨ר הוֹרִ֜ישׁ יְהֹוָ֧ה אֱלֹהֵ֛ינוּ מִפָּנֵ֖ינוּ אוֹת֥וֹ נִירָֽשׁ:

25 וְעַתָּ֗ה הֲט֥וֹב טוֹב֙ אַתָּ֔ה מִבָּלָ֥ק בֶּן־צִפּ֖וֹר מֶ֣לֶךְ מוֹאָ֑ב

הֲר֥וֹב רָב֙ עִם־יִשְׂרָאֵ֔ל אִם־ נִלְחֹ֥ם נִלְחַ֖ם בָּֽם:

26 בְּשֶׁ֣בֶת יִ֠שְׂרָאֵ֠ל בְּחֶשְׁבּ֨וֹן וּבִבְנוֹתֶ֜יהָ וּבְעַרְע֣וֹר וּבִבְנוֹתֶ֗יהָ וּבְכָל־

הֶֽעָרִים֙ אֲשֶׁר֙ עַל־יְדֵ֣י אַרְנ֔וֹן שְׁלֹ֥שׁ מֵא֖וֹת שָׁנָ֑ה

וּמַדּ֥וּעַ לֹֽא־הִצַּלְתֶּ֖ם בָּעֵ֥ת הַהִֽיא: 27 וְאָֽנֹכִי֙ לֹֽא־חָטָ֣אתִי לָ֔ךְ

וְאַתָּ֞ה עֹשֶׂ֤ה אִתִּי֙ רָעָ֔ה לְהִלָּ֖חֶם בִּ֑י יִשְׁפֹּ֨ט יְהֹוָ֤ה הַשֹּׁפֵט֙

הַיּ֔וֹם בֵּ֚ין בְּנֵ֣י יִשְׂרָאֵ֔ל וּבֵ֖ין בְּנֵ֥י עַמּֽוֹן: 28 וְלֹ֣א שָׁמַ֔ע

מֶ֖לֶךְ בְּנֵ֣י עַמּ֑וֹן אֶל־דִּבְרֵ֣י יִפְתָּ֔ח אֲשֶׁ֥ר שָׁלַ֖ח אֵלָֽיו: 29 וַתְּהִ֨י

עַל־יִפְתָּ֜ח ר֣וּחַ יְהֹוָ֗ה וַֽיַּעֲבֹ֤ר אֶת־הַגִּלְעָד֙

וְאֶת־מְנַשֶּׁ֔ה וַֽיַּעֲבֹר֙ אֶת־מִצְפֵּ֣ה גִלְעָ֔ד וּמִמִּצְפֵּ֣ה גִלְעָ֔ד עָבַ֖ר

בְּנֵ֥י עַמּֽוֹן: 30 וַיִּדַּ֨ר יִפְתָּ֥ח נֶ֛דֶר לַֽיהֹוָ֖ה

וַיֹּאמַ֑ר אִם־ נָת֥וֹן תִּתֵּ֛ן אֶת־בְּנֵ֥י עַמּ֖וֹן

בְּיָדִֽי: 31 וְהָיָ֣ה הַיּוֹצֵ֗א אֲשֶׁ֨ר יֵצֵ֜א מִדַּלְתֵ֤י בֵיתִי֙ לִקְרָאתִ֔י

בְּשׁוּבִ֥י בְשָׁל֖וֹם מִבְּנֵ֣י עַמּ֑וֹן וְהָיָה֙ לַֽיהֹוָ֔ה וְהַעֲלִיתִ֖הֽוּ

עוֹלָֽה: 32 וַיַּעֲבֹ֥ר יִפְתָּ֛ח אֶל־בְּנֵ֥י עַמּ֖וֹן לְהִלָּ֣חֶם בָּ֑ם

וַיִּתְּנֵ֥ם יְהֹוָ֖ה בְּיָדֽוֹ: 33 וַיַּכֵּ֡ם מֵעֲרוֹעֵר֩ וְעַד־בּוֹאֲךָ֨ מִנִּ֜ית עֶשְׂרִ֣ים

עִ֗יר וְעַד֙ אָבֵ֣ל כְּרָמִ֔ים מַכָּ֖ה גְּדוֹלָ֣ה מְאֹ֑ד וַיִּכָּֽנְעוּ֙ בְּנֵ֣י

עַמּ֔וֹן מִפְּנֵ֖י בְּנֵ֥י יִשְׂרָאֵֽל:

BALAK

LA LECCIÓN DE BALAK
(Números 22:2-25:9)

Con respecto a Bileam

Este capítulo de la Biblia trata acerca de la historia de Balak y Bileam. Bileam era un gran profeta, pero la diferencia entre él y Moshé es revelada por el siguiente *Midrash*, que dice: "En Israel nunca hubo un profeta como Moshé, pero en las naciones del mundo sí había uno: él era Bileam". No obstante, Moshé era una persona justa, mientras que Bileam era una persona malvada. El *Zóhar* dice:

> *Rabí Shimón dijo: Elazar, todos los dichos de Bileam el perverso son violentos. Los compañeros ya los explicaron, como está escrito: "Y no se levantó en Yisrael otro profeta como Moshé…" (Deuteronomio 34:10). Dijeron que uno igual se levantó pero no en Yisrael, sino más bien entre las naciones del mundo. ¿Quién era él? Fue Bileam. Ya hemos explicado este asunto: que así como no hay uno como Moshé en las coronas más elevadas, no hay nadie como Bileam en las coronas inferiores; el primero en el aspecto de la santidad y el segundo en el aspecto de la Izquierda.*
>
> — *El Zóhar, Balak 11:162*

¿Cómo podemos entender la diferencia entre estos dos individuos, dado que ambos son reconocidos como grandes profetas?

Podríamos preguntarnos también por qué esto es relevante. ¿Por qué necesitamos pensar acerca de gente justa o malvada que vivió hace miles de años en el desierto? ¿Cómo esto está conectado con lo que vivimos hoy día? La respuesta es que la conexión es muy clara y directa: Moshé y Bileam existen dentro de cada uno de nosotros; y en nuestra comprensión de cómo Bileam cayó y se volvió negativo, nosotros mismos podríamos aprender a evitar la caída.

Más específicamente, podemos aprender de la respuesta de Bileam a los mensajeros que llegaron a él. Él dijo: "Dios dijo que yo no debo ir con ustedes". Dios le había dicho: "No vayas con ellos; no maldecirás al pueblo, porque es bendito" (*Números 22:12*). La razón por la que Dios le dijo a Bileam que no fuera es evidente: dado que el pueblo de Israel estaba bendecido, no podían ser maldecidos. Pero Rashí nos dice que Bileam malinterpretó lo que Dios le había dicho. Bileam les dijo a los mensajeros: "Dios no me permite ir con ustedes, sino solamente con ministros más importantes que ustedes". Bileam escogió interpretar la situación, no con el fin de proteger al pueblo de una maldición sino para proteger su propio honor. Al actuar de esta manera, Bileam efectivamente negó las palabras de Dios.

> *El maligno Bileam acostumbraba jactarse en todo. Con todos éstos, él acostumbraba engañar a las mentes de la gente y alcanzó un alto nivel con sus discursos RETÓRICOS. Acostumbraba hacer montañas de granos de arena. Todo lo que decía era acerca de estos*

niveles de discurso sucio, y hablaba la verdad. Sin embargo, ese perverso acostumbraba hablar y acumular autoalabanza en manera disfrazada y hablar arrogantemente HASTA *que quien lo escuchaba pensaba que él había superado a todos los profetas del mundo, como dice: "El discurso del que oye las palabras de el, y conoce el Conocimiento del Altísimo..." (Números 24:16). ¿Quién en el mundo podría oír tal habla e imaginar a algún otro profeta en el mundo tan digno de confianza?*

—El Zóhar, Balak 12:165

La raíz de este problema radica en el hecho de que a menudo oímos y vemos sólo aquello que queremos oír y ver. Esto es lo que podemos identificar en Bileam. Cuando Bileam finalmente emprendió su camino, un ángel de Dios se paró frente a él; pero Bileam no podía ver el ángel. Sin embargo, si Bileam estaba al nivel de Moshé, ¿cómo era esto posible? Más aún, está escrito que incluso el asno de Bileam veía al ángel. Sólo puede haber una explicación a la ceguera de Bileam: Si bien él era profeta y podía ver el futuro, estaba tan inmerso en su propio ego que sólo veía lo que él quería ver.

El ojo humano funciona de tal manera que, en realidad, ve todo al revés. El cerebro invierte la imagen capturada de modo que veamos el mundo como probablemente es. Pero aun así nuestra visión es restringida por los límites de nuestra espiritualidad. Nuestro potencial verdadero es ilimitado: si cumpliéramos con el potencial de nuestra alma, podríamos ver y escuchar todo.

Si tan sólo permaneciéramos abiertos a aquello que nos rodea, encontraríamos las respuestas a todas nuestras preguntas simplemente a través de nuestra propia observación. La mayoría del tiempo, la razón por la cual nuestras preguntas persisten es porque les tememos a las respuestas. A pesar de que a menudo ya conocemos la solución a un problema en particular, esperamos que la respuesta verdadera no sea lo que creemos que es porque puede ser un poco temible o incómoda.

La gente incluso reacciona de esta manera ante las enseñanzas de Rav Berg. Se dicen a sí mismos: "El Rav no quiso decir eso", o "No entendí al Rav", o "El Rav probablemente no entendió lo que yo intentaba decirle". Nosotros hasta le cambiamos el significado a aquello que se nos ha dicho a fin de que sea lo que queríamos escuchar. Nadie dijo que el camino espiritual es un camino fácil, pero si queremos crecer y tener verdaderamente una buena vida, a veces tenemos que hacer cosas que no son cómodas. Sólo de esta manera tendremos el mérito de recibir lo que es bueno. En nuestra alma, ya somos uno con Dios; y en nuestra alma, todos sabemos la verdad. Pero nuestro *Deseo de Recibir para Sí Mismo Solamente* nos aparta de esta verdad.

¿Cómo podemos adiestrarnos para oír la verdad como realmente es, en lugar de como queremos que sea? Podemos comenzar entendiendo lo que ocurre cuando pensamos sólo en nosotros mismos. Aun cuando vemos a otras personas, sólo vemos lo que ellos pueden darnos o aquello que podemos obtener de ellos. Pero cuando vemos más allá de nuestros deseos egoístas —cuando vemos cómo podemos ayudar, cómo podemos dar, cómo podemos compartir—, comenzamos a ver la verdad.

Hay una historia que nos ayudará a entender este concepto. Una vez, un hombre pobre fue a la casa del Baal Shem Tov a pedir caridad. Todos sabían que el Baal Shem Tov siempre daba la misma cantidad: 18 monedas. A pesar de que no era rico, él nunca quería que una persona pobre se fuera de su casa con las manos vacías. No obstante, hombre en particular pidió cinco rublos; lo cual era bastante dinero para el Baal Shem Tov. Así que el sirviente del Baal Shem Tov le dijo: "No puedes recibir cinco rublos, es imposble".

El hombre pobre contestó: "Yo fui rico en algún momento y, durante ese tiempo, les di dinero a todos. Ahora que no tengo nada de dinero, es su deber darme dinero de la forma en la que yo le daba a cada persona pobre que venía a mi casa a pedir caridad". El sirviente dijo: "No puedo hacer eso porque hay reglas acerca de cuánto puedo dar". En ese instante, el Baal Shem Tov se acercó a la puerta y preguntó que estaba ocurriendo. Cuando el sirviente le dijo, el Baal Shem Tov se volvió al mendigo y dijo: "En lugar de pedir cinco rublos, ¿por qué no me preguntas la razón por la cual Dios te quitó todo tu dinero?".

El Baal Shem Tov le dijo al mendigo que se sentara. "¿Recuerdas cuando eras el hombre más rico de la ciudad, y en cada Yom Kipur solías dar tabaco a toda la congregación para ayudarlos con el ayuno? La última vez que hiciste esto, había un hombre que no sólo había ayunado en *Yom Kipur* sino durante todo el año; era tan pobre que no tenía nada que comer. Te dijiste a ti mismo que estaba por debajo de ti darle un poco de tabaco porque él era demasiado pobre y se veía terrible. Sucedió que este hombre casi muere y, como consecuencia, hubo un gran clamor en el Cielo que resultó en un decreto de que todo tu dinero pasaría a aquel hombre. Hoy en día, él es rico y tú eres pobre".

Cuando el mendigo preguntó cómo podía recuperar su dinero, el Baal Shem Tov dijo: "Si le pides un poco de tabaco al hombre que ahora es rico y él se rehúsa a dártelo, todo su dinero pasará a ser tuyo". Así que el mendigo regresó a la ciudad y se paró junto al hombre rico durante sus oraciones y le dijo: "¡Dame un poco de tabaco!". El hombre rico contestó: "Si estás pidiendo, es porque probablemente lo necesitas", y le dio el tabaco. Después, el mendigo fue a la casa del hombre rico y tocó a su puerta. Cuando el hombre rico apareció y preguntó qué quería el mendigo, él le contestó que quería tabaco. El hombre rico respondió: "Si estás pidiendo, entonces lo necesitas". De nuevo, le dio al mendigo un poco de tabaco. Esto sucedió una y otra vez en diferentes situaciones. Cada vez el hombre rico decía: "Si estás pidiendo, entonces debes necesitarlo".

Tiempo después, llegó el día de la boda de la hija del hombre rico. Justamente cuando el hombre rico estaba disfrutando del baile padre-hija con la novia, el mendigo lo interrumpió diciendo: "¡Dame un poco de tabaco, por favor!". Estaba seguro de que el hombre rico se rehusaría dado que estaba en medio de la boda, pero la respuesta del hombre rico fue la misma: "Si estás pidiendo, probablemente la necesitas". El hombre pobre no podía creer lo que estaba escuchando y se desmayó. Cuando despertó, el hombre rico le preguntó por qué se había desmayado, y el mendigo dijo: "Tú no me recuerdas, pero yo solía ser el hombre más rico de la ciudad; y el Baal Shem Tov dijo que tuviste el mérito de recibir todo mi dinero". El hombre rico dijo: "Si el Baal Shem Tov dice que el dinero es tuyo, te daré la mitad bajo una condición: nunca debes negarte a alguien que te pida que des. Debes recordar que cuando alguien pide algo de ti, no le estás haciendo un favor a nadie más que a ti mismo cuando compartes".

La única forma de ver realmente la verdad es al realmente velar por las demás personas. Observarlos cuidadosamente para ver qué les falta nos permitirá entender qué nos falta a nosotros mismos. Sólo al ayudarlos a hacer su corrección es que nosotros podemos corregirnos. De otro modo, seremos como Bileam e incluso los animales podrán ver con más claridad que nosotros.

Con respecto al mal de ojo

Bileam tenía el poder de darles Mal de Ojo a los israelitas. El *Zóhar* dice:

> *Sin embargo, el ojo del perverso Bileam era maligno en toda forma. Lo que él miraba era destruido como con una llama, ya que no existe tal ojo maligno en el mundo como el ojo de ese perverso...*
>
> *—El Zóhar, Balak 39:390*

Hablamos bastante acerca del ojo maligno, pero la mayoría de la gente no conoce en realidad cómo funciona. ¿Cómo puede ser que una persona pueda causar sufrimiento a otra con tan sólo verla?

El ojo maligno despierta fuerzas sutiles. Por ejemplo, lo que ocurre cuando alguien ve envidiosamente el automóvil de alguien más y dice "¡Vaya! ¡Qué automóvil!", en su corazón se está preguntando: "¿Por qué él tiene ese auto?". De este modo, la atención del Lado Negativo es atraída y, si el propietario no merece ese automóvil, le es arrebatado.

La verdad es que no merecemos la mayoría de las cosas que tenemos, pero el Creador nos las da como resultado de acciones que, en el mejor de los casos, realizaremos en el futuro. Sin embargo, cuando otras personas nos juzgan, se despierta un juicio celestial sobre nosotros, ocasionando que perdamos lo que tenemos. Nunca debemos asumir que nada malo les ocurrirá a las personas sólo porque son justas o dadoras. Ellas también son juzgadas, y cualquier cosa que no merezcan se les puede quitar. Al participar y conectar con esta lectura, tenemos protección para que aun cuando alguien nos dé mal de ojo, seamos tratados con misericordia y el juicio no pueda prevalecer sobre nosotros.

Hay acciones que podemos realizar para prevenir el mal de ojo. Una de las más importantes de ellas es usar el Hilo Rojo que es enrollado alrededor de la tumba de Rajel en Israel e imbuido de la protección del Creador. Esto se debe a que Rajel la Matriarca, quien lloró por sus hijos, es la fuente de misericordia para todos nosotros: ella es la madre de todos.

> *Cuando LA SHEJINÁ se apareció por vez primera a Moshé, Ella es llamada 'un ángel', COMO DICE: "Y SE LE APARECIÓ EL ÁNGEL DE HASHEM EN UNA LLAMA ÍGNEA..." (ÉXODO 3:2). A Yaakov, Ella no se le apareció como eso, excepto en una semejanza, SIGNIFICANDO: EN RAJEL ABAJO, QUIEN*

ES LA SEMEJANZA DE RAJEL ARRIBA, LA CUAL ES MALJUT. Está escrito: "…Rajel llegó…" (Génesis 29:9), la cual es la forma de otra Rajel ARRIBA, QUE ES MALJUT, como está escrito: "Así dice Dios: 'Una voz se oye en Ramá… Rajel que llora por sus hijos…'" (Jeremías 31:14). ESTA RAJEL ES EL SECRETO DE MALJUT. AQUÍ TAMBIÉN, "Rajel llegó" sin especificar INDICA A MALJUT. "…con las ovejas…" (Génesis 29:9): Éstos son los niveles DE MALJUT. "…de su padre…" (ibid.), ciertamente, YA QUE ABA, QUE ES JOJMÁ, ESTABLECIÓ A LA HIJA, QUE ES MALJUT. Y todos, ESTO ES: TODOS LOS MUNDOS, fueron designados y asignados a las manos de ella, "…porque era pastora" (ibid.). Ella también las guiaba y había sido asignada sobre ellas.

—*El Zóhar, Balak 6:50*

Cuando usamos el Hilo Rojo en nuestra muñeca izquierda (la muñeca izquierda representa el juicio), tenemos control sobre cualquier juicio que pueda caer sobre nosotros. Más importante aún, si nos abstenemos de juzgar a los demás, entonces el juicio no es traído a este mundo para ellos ni para nosotros tampoco. Si nos restringimos de juzgar a los demás, el mal de ojo no tiene control sobre nosotros. En el *Zóhar* leemos:

"No comas el pan de aquél que causa mal de ojo", porque el pan o beneficio de esa persona que causa mal de ojo no merece ser comido o beneficiarse de ello. Cuando Yisrael descendió a Egipto, si no hubieran probado el pan de Egipto, no habrían sido abandonados al exilio EN EGIPTO, y los egipcios no habrían sido capaces de dañarlos.

—*El Zóhar, Shemot 4:21*

SINOPSIS DE BALAK

Aquí recibimos protección de las fuerzas negativas —ya sea de miradas maliciosas de otras personas o maldiciones— que intentan penetrar nuestras defensas. Cada día realizamos tanto acciones positivas como negativas, pero vivimos bajo un escudo de protección sin el cual nunca podríamos sobrevivir a las repercusiones de incluso una sola de nuestras acciones negativas. Este capítulo nos ayuda a conectarnos con esa clase de protección y a fortalecerla.

PRIMERA LECTURA – AVRAHAM – JÉSED

22 ² **Y** Balak, el hijo de Tsipor, vio todo lo que Israel había hecho a los amorreos. ³ Y Moav tuvo mucho miedo del pueblo, porque eran muchos; y Moav estuvo atemorizada debido a los hijos de Israel.

⁴ Y Moav dijo a los ancianos de Midián: "Esta multitud lamerá todo lo que hay a nuestro alrededor, como el toro lame la hierba del campo". Y Balak, el hijo de Tsipor, era rey de Moav en aquel tiempo.

⁵ Y él envió mensajeros a Bileam, hijo de Beor, en Petor, que está cerca del Río, en la tierra de los hijos de su pueblo, para llamarlo, diciendo: "He aquí que un pueblo salió de Egipto; he aquí que cubren la faz de la tierra y habitan frente a mí.

⁶ Ven ahora, te ruego, y maldíceme a este pueblo porque son demasiado poderosos para mí; quizá pueda lograr derrotarlos y echarlos de la tierra. Porque yo sé que a quien tú bendices es bendecido, y a quien tú maldices es maldecido". ⁷ Y los ancianos de Moav y los ancianos de Midián fueron con el precio de la adivinación en la mano; y llegaron a Bileam, y le hablaron las palabras de Balak.

COMENTARIO DEL RAV

Hay un relato en el *Zóhar* que habla acerca de un israelita, Tseliyá, que podía volar y estaba persiguiendo a Bileam; tal como lo ha representado George Lucas, quien renovó las celestiales Guerras de Estrellas en nuestra época. Sin embargo, esta guerra en particular mencionada en el *Zóhar* ocurrió hace 3.000 años. Los dos hombres estaban literal y físicamente en el aire: Bileam volaba en el aire como un pájaro y Tseliyá lo perseguía sin lograr alcanzarlo. El significado de la historia del *Zóhar* es que no todas las guerras ocurren aquí, ni la victoria ni lo opuesto, Dios no lo permita. No ocurren en lo físico, ocurren sólo entre aquellos que tienen una conexión fuerte con la Luz y aquellos que quieren maldecir, es decir, bloquear la conexión de nuestro mundo con la Luz.

Esto se debe a que la Luz es metafísica. No puede verse o tocarse. Y aprendemos en la Kabbalah que, si queremos controlar los cortocircuitos en nuestra vida, si hay problemas, no debemos tratar el problema mismo. Así como los médicos que tratan dolencias, y sólo buscan detener la enfermedad y no entienden más allá de eso. Leo acerca de lo que hacen los doctores para eliminar la enfermedad, pero no pueden hacerlo porque en todo lo que piensan es en la realidad material. No obstante, sabemos a través del *tikún* (corrección) del alma y mediante las palabras de la Kabbalah que, si hay un problema, sólo se puede tratar de una cosa: un cortocircuito. La Luz no viene y no ilumina para que no haya oscuridad.

Debemos identificar esto como algo cierto. Si hay algún problema —no sólo una enfermedad, sino cualquier otro problema en la vida— debemos entender inequívocamente que dondequiera que hay dolor, sufrimiento y enfermedad, lo que falta es Luz. Es como una habitación oscura en la noche en la cual no hay luz. Una vez que enciendes la luz, la oscuridad

PRIMERA LECTURA – AVRAHAM – JÉSED

וַיַּ֖רְא בָּלָ֣ק בֶּן־צִפּ֑וֹר אֵ֛ת כָּל־ יֵ֥י אֲשֶׁר־עָשָׂ֥ה יִשְׂרָאֵ֖ל לָאֱמֹרִֽי: 3 וַיָּ֨גָר

קס"א ב"ן מוֹאָ֜ב יוד הא ואו הה מִפְּנֵ֤י וחכמה בינה וה הָעָם֙ מ"ה מְאֹ֔ד עיב ורבוע מ"ה כִּ֥י רַב־

ה֖וּא וַיָּ֣קָץ מנק מוֹאָ֔ב יוד הא ואו הה מִפְּנֵ֖י וחכמה בינה בְּנֵ֥י יִשְׂרָאֵֽל: 4 וַיֹּ֨אמֶר מוֹאָ֜ב

יוד הא ואו הה אֶל־זִקְנֵ֣י מִדְיָ֗ן עַתָּ֞ה יְלַחֲכ֤וּ הַקָּהָל֙ ע"ב ס"ג אֶת־כָּל־ יֵ֣י סְבִ֣יבֹתֵ֔ינוּ

כִּלְחֹ֣ךְ הַשּׁ֗וֹר אבגית"ץ, ועד, אהבת חנם אֵ֚ת יֶ֣רֶק הַשָּׂדֶ֔ה עד"י וּבָלָ֧ק בֶּן־צִפּ֛וֹר מֶ֥לֶךְ

לְמוֹאָ֖ב יוד הא ואו הה בָּעֵ֥ת יפ אהוה י היות ע הַהִֽוא: 5 [וַיִּשְׁלַ֨ח] מַלְאָכִ֜ים אֶל־בִּלְעָ֣ם

בֶּן־בְּעֹ֗ר פְּת֠וֹרָה אֲשֶׁ֧ר עַל־הַנָּהָ֛ר אלהים דאלפין אֶ֖רֶץ בְּנֵי־עַמּ֥וֹ לִקְרֹא־ל֑וֹ

לֵאמֹ֗ר מ"ה יה הִ֠נֵּה מצר הִנֵּ֣ה מ"ה יה עַ֞ם יָצָ֤א מִמִּצְרַ֨יִם֙ כִּסָּ֖ה אֶת־עֵ֣ין ריבוע מ"ה

הָאָ֔רֶץ אלהים דההין ע"ה וְה֥וּא יֹשֵׁ֖ב מִמֻּלִֽי: 6 וְעַתָּה֩ לְכָה־נָּ֨א אָֽרָה־לִּ֜י

אֶת־הָעָ֣ם הֲזֶה֮ כִּֽי־עָצ֣וּם ה֣וּא מִמֶּ֔נִּי אוּלַ֤י אוכ"ל אוכ"ל אל יהוה נ֣ח֘נ֗י בּ֔וֹ

וַאֲגָרְשֶׁ֖נּוּ מִן־הָאָ֑רֶץ אלהים דההין ע"ה כִּ֣י יָדַ֗עְתִּי אֵ֤ת אֲשֶׁר־תְּבָרֵךְ֙ מְבֹרָ֔ךְ

וַאֲשֶׁ֥ר תָּאֹ֖ר יוּאָֽר: 7 וַיֵּ֨לְכ֜וּ ע"ב, ריבוע יהוה זִקְנֵ֤י מוֹאָב֙ כ"ל זקני יהוד; ה ואו הה וְזִקְנֵ֣י מִדְיָ֔ן

וּקְסָמִ֖ים בְּיָדָ֑ם וַיָּבֹ֨אוּ֙ אֶל־בִּלְעָ֔ם ראה וַיְדַבְּר֥וּ רה אֵלָ֖יו דִּבְרֵ֥י ראה בָלָֽק:

---

desaparece. Sin embargo, si hay certeza, como en el *Shabat*, en el momento en que pienso en *Mem Hei Shin*, activo la conexión entre el problema y la Luz; creando así un puente que conecta a la Luz con el lugar de oscuridad. ¿Adónde se fue la oscuridad? No me importa, siempre y cuando yo entre en la habitación y haya Luz.

וַיִּשְׁלַח

Números 22:5 – Balak, el rey de Moav, envió mensajeros para traer a Bileam, un hechicero. Balak quería combinar su propio poder del ojo maligno con el poder de las palabras de Bileam, o el poder de maldecir, a fin de que dominaran a todos. Con la bendición que proviene de leer esta sección, podemos superar las fuerzas del habla maliciosa y el mal de ojo. El *Zóhar* dice:

Esto es lo que dice: "Y Bileam levantó su ojo y vio a los hijos de Yisrael". Una vez que el Espíritu Santo, QUE ES MALJUT LLAMADA 'RAJEL', notó el ojo DE BILEAM enfocado, instantáneamente "el espíritu de Elohim vino sobre él". ¿Sobre quién ESTABA EL ESPÍRITU DE ELOHIM? ESO SIGNIFICA: sobre los hijos de Yisrael, QUE EL ESPÍRITU DE ELOHIM extendió sus alas y los cubrió. Inmediatamente, el perverso fue retirado.
— El Zóhar, Balak 23:324

8 Y él les dijo: "Alójense aquí esta noche y yo les traeré palabra según lo que el Eterno me diga". Y los jefes de Moav se quedaron con Bileam. 9 Y Dios vino a Bileam y dijo: "¿Quiénes son estos hombres que están contigo?".

10 Y Bileam dijo a Dios: "Balak, el hijo de Tsipor, rey de Moav, los ha enviado a mí, diciendo: 11 "He aquí que el pueblo que salió de Egipto cubre la faz de la tierra; ahora, ven a maldecírmelos; quizá yo pueda combatir contra ellos y expulsarlos". 12 Y Dios dijo a Bileam: "No irás con ellos; no maldecirás al pueblo, porque es bendito".

SEGUNDA LECTURA – YITSJAK – GUEVURÁ

13 Bileam se levantó de mañana y dijo a los jefes de Balak: "Vuelvan a su tierra, porque el Eterno se rehúsa a dejarme ir con ustedes". 14 Y los jefes de Moav se levantaron y volvieron a Balak, y dijeron: "Bileam se rehúsa a venir con nosotros".

15 Entonces Balak envió otra vez más jefes y más distinguidos que éstos.

16 Y fueron a Bileam, y le dijeron: "Así dice Balak, el hijo de Tsipor: 'Te ruego que no permitas que nada te impida venir a mí;

17 porque te beneficiaré con gran honor, y haré cualquier cosa que me digas. Ven, pues, te ruego, maldíceme a este pueblo'".

18 Y Bileam respondió y dijo a los siervos de Balak: "Incluso si Balak me diera su casa llena de plata y oro, yo no podría traspasar la palabra del Eterno, mi Dios, para hacer cosa alguna; ni pequeña ni grande.

19 Por lo tanto, les ruego que se queden aquí esta noche a fin de que sepa qué más me dice el Eterno".

20 Y Dios vino a Bileam de noche, y le dijo: "Si los hombres vienen a llamarte, levántate y ve con ellos; pero sólo has de hacer la palabra que Yo te hable".

וַיֵּעַן

Números 22:18 – Bileam sabía que no era lo suficientemente fuerte para combatir con Dios, así que en vez de crear el mal directamente, él desvió el poder del Creador para sus propios fines. Pero Dios no dejó que Bileam alcanzara a Balak al principio. A menudo le solicitamos cosas al Creador. A veces la respuesta es "no" pero, ocasionalmente, obtenemos un "sí" si pedimos fervorosamente. La respuesta puede depender de cómo realicemos la pregunta. Tal vez tengamos que preguntar una y otra vez hasta que realmente estemos haciendo una pregunta en lugar de anticipar la respuesta que queremos. Sólo cuando dejamos de lado nuestras intenciones ocultas es cuando la respuesta verdadera puede llegar.

8 וַיֹּ֣אמֶר אֲלֵיהֶ֗ם לִ֤ינוּ פֹה֙ מילה, ע״ה אלהים, ע״ה מום הַלַּ֔יְלָה מלה וַהֲשִׁבֹתִ֤י אֶתְכֶם֙ דָּבָ֔ר ראה כַּאֲשֶׁ֛ר יְדַבֵּ֥ר אהדיאהדונהי יְהוָֹ֖ה ראה אֵלָ֑י וַיֵּשְׁב֥וּ שָׂרֵֽי־מוֹאָ֖ב עִם־בִּלְעָֽם: יוד הא ואו הה 9 וַיָּבֹ֥א אֱלֹהִ֖ים מום, אלהים, אהיה אדני אֶל־בִּלְעָ֑ם וַיֹּ֕אמֶר מִ֛י ילי הָאֲנָשִׁ֥ים הָאֵ֖לֶּה עִמָּֽךְ: ה היות, גמב:10 וַיֹּ֧אמֶר בִּלְעָ֛ם אֶל־הָֽאֱלֹהִ֖ים מום, אלהים, אהיה אדני בָּלָ֧ק בֶּן־צִפֹּ֛ר מֶ֥לֶךְ מוֹאָ֖ב יוד הא ואו הה שָׁלַ֥ח אֵלָֽי: 11 הִנֵּ֤ה מ״ה יה הָעָם֙ הַיֹּצֵ֣א מִמִּצְרַ֔יִם מצר וַיְכַ֖ס אֶת־עֵ֣ין רִבוע מ״ה הָאָ֑רֶץ אלהים דההן ע״ה עַתָּ֗ה לְכָ֤ה קָֽבָה־לִּי֙ אֹת֔וֹ אוּלַ֥י אל יהוה אוּכַ֛ל אוב לְהִלָּ֥חֶם בּ֖וֹ וְגֵרַשְׁתִּֽיו: 12 וַיֹּ֤אמֶר אֱלֹהִים֙ מום, אהיה אדני ; ילה אֶל־בִּלְעָ֔ם לֹ֥א תֵלֵ֖ךְ עִמָּהֶ֑ם לֹ֤א תָאֹר֙ אֶת־הָעָ֔ם כִּ֥י בָר֖וּךְ יהוה ע״ב ורבוע מ״ה הֽוּא:

SEGUNDA LECTURA – YITSJAK – GUEVURÁ

13 וַיָּ֤קָם בִּלְעָם֙ בַּבֹּ֔קֶר וַיֹּ֙אמֶר֙ אֶל־שָׂרֵ֣י בָלָ֔ק לְכ֖וּ אֶל־אַרְצְכֶ֑ם כִּ֚י מֵאֵ֣ן יְהוָֹֽ֔ה אהדיאהדונהי לְתִתִּ֖י לַהֲלֹ֥ךְ מ״ה עִמָּכֶֽם: 14 וַיָּק֙וּמוּ֙ שָׂרֵ֣י מוֹאָ֔ב יוד הא ואו הה וַיָּבֹ֖אוּ אֶל־בָּלָ֑ק וַיֹּ֣אמְר֔וּ מֵאֵ֥ן בִּלְעָ֖ם מ״ה עִמָּֽנוּ הֲלֹ֥ךְ רבוע ס״ג: 15 וַיֹּ֥סֶף ע֖וֹד בָּלָ֑ק שְׁלֹ֣חַ שָׂרִ֔ים רַבִּ֥ים וְנִכְבָּדִ֖ים מֵאֵֽלֶּה: 16 וַיָּבֹ֖אוּ אֶל־בִּלְעָ֑ם וַיֹּ֣אמְרוּ ל֗וֹ כֹּ֤ה היי אָמַר֙ בָּלָ֣ק בֶּן־צִפּ֔וֹר אַל־נָ֥א תִמָּנַ֖ע מֵהֲלֹ֥ךְ פוי, אל אדני אֵלָֽי: 17 כִּֽי־כַבֵּ֤ד אֲכַבֶּדְךָ֙ מְאֹ֔ד מ״ה וְכֹ֛ל ילי אֲשֶׁר־תֹּאמַ֥ר אֵלַ֖י אֶֽעֱשֶׂ֑ה וּלְכָה־נָּא֙ קָֽבָה־לִּ֔י אֵ֖ת הָעָ֥ם הַזֶּֽה: יהו 18 וַיַּ֣עַן בִּלְעָ֔ם וַיֹּ֙אמֶר֙ אֶל־עַבְדֵ֣י בָלָ֔ק אִם־ יוהך, ע״ה מ״ה יִתֶּן־לִ֤י בָלָק֙ מְלֹ֣א בֵיתוֹ֙ ב״פ ראה כֶּ֣סֶף וְזָהָ֔ב לֹ֣א אוּכַ֗ל אל יהוה לַעֲבֹר֙ רבוע יהוה ורבוע אלהים אֶת־פִּי֙ יְהוָֹ֣ה אהדיאהדונהי אֱלֹהָ֔י דמב, ילה לַעֲשׂ֥וֹת קְטַנָּ֖ה א֥וֹ גְדוֹלָֽה: 19 וְעַתָּ֗ה שְׁב֨וּ נָ֥א בָזֶ֛ה גַּם־ יג״ל אַתֶּ֖ם הַלָּ֑יְלָה מלה וְאֵ֣דְעָ֔ה מ״ה יֹסֵ֥ף יְהוָֹ֖ה אהדיאהדונהי דַּבֵּ֥ר ראה עִמִּֽי: 20 וַיָּבֹ֨א אֱלֹהִ֥ים מום, אהיה אדני ; ילה אֶל־בִּלְעָם֮ לַיְלָה֒ מלה וַיֹּ֣אמֶר ל֗וֹ אִם־ יוהך, ע״ה מ״ב לִקְרֹ֤א לְךָ֙ בָּ֣אוּ הָֽאֲנָשִׁ֔ים

TERCERA LECTURA – YAAKOV – TIFÉRET

[21] *Y Bileam se levantó de mañana, ensilló su asna y se fue con los jefes de Moav.*

[22] *Y la ira de Dios fue encendida porque él iba; y el ángel del Eterno se puso en el camino como un adversario contra él. Y Bileam iba montado sobre su asna, y sus dos sirvientes estaban con él.*

[23] *Y la asna vio al ángel del Eterno de pie en el camino, con su espada desenvainada en la mano; y la asna se salió del camino y se fue por medio del campo; y Bileam golpeó a la asna para hacerla volver al camino.*

[24] *Entonces el ángel del Eterno se puso en una senda estrecha entre los viñedos, con una cerca a un lado y otra cerca al otro lado.*

[25] *Y la asna vio al ángel del Eterno, y se pegó contra la cerca y presionó el pie de Bileam contra la cerca; y él la golpeó otra vez.*

[26] *Y el ángel del Eterno se fue más lejos y se puso en un sitio estrecho donde no había manera de volverse ni a la derecha ni a la izquierda.*

[27] *Y la asna vio al ángel del Eterno, y se echó debajo de Bileam; y se encendió la ira de Bileam y golpeó a la asna con su vara.*

[28] *Y el Eterno abrió la boca de la asna, la cual dijo a Bileam: "¿Qué te he hecho yo que me has golpeado estas tres veces?".*

וַיֵּקֶם

Números 22:21 – Cuando Bileam se embarcó en su viaje para encontrarse con Balak, su asna vio un ángel. Bileam no podía ver el ángel hasta que en efecto el asna le habló al ángel. A veces, estamos tan involucrados en nuestras propias intenciones ocultas que aun los animales están más conscientes que nosotros. Esta sección nos recuerda trabajar arduamente en buscar maneras de volvernos "libres de intenciones ocultas", a fin de que estemos abiertos a ver y escuchar los mensajes del Creador. El *Zóhar* dice:

> *"Y el asna vio al ángel de HaShem…"* (Números 22:25). *Rabí Yitsjak dijo: ¿Cómo es que EL ASNA lo vio y Bileam, quien era tan sabio, no lo vio? Rabí Yosi dijo: ¡No permita el Cielo que el perverso vea una visión sagrada, QUE LE SEA POSIBLE PERCIBIR UN ÁNGEL DE DIOS! Le dijo: Si es así, ¿por qué está escrito: "… Caído pero con ojos abiertos" (Números 24:4)? Le dijo: No he oído nada acerca de esto, así que no digo nada. Dijo: Oí que cuando él necesitó ver, cayó, y entonces vio. POR MEDIO DEL ÁNGEL; no había la intención de que mirara, Y ES POR ESO QUE NO VEÍA.*

> *Él le dijo: Si es así, entonces BILEAM estaba en un nivel más alto que todos los otros profetas fieles, porque él "tenía sus ojos abiertos", viendo y observando la gloria del Santísimo, bendito sea Él. ¿No dijo Rabí Shimón que Bileam con su hechicería entendía a las Sefirot inferiores, como está escrito: "A Bileam*

קוּם לֵךְ אִתָּם וְאַ֗ךְ אֶת־הַדָּבָ֞ר אֲשֶׁר־אֲדַבֵּ֥ר אֵלֶ֖יךָ אֹת֥וֹ תַעֲשֶׂ֑ה׃

TERCERA LECTURA – YAAKOV – TIFÉRET

21 וַיָּ֤קָם בִּלְעָם֙ בַּבֹּ֔קֶר וַֽיַּחֲבֹשׁ֙ אֶת־אֲתֹנ֔וֹ וַיֵּ֖לֶךְ עִם־שָׂרֵ֥י מוֹאָֽב׃

22 וַיִּֽחַר־אַ֣ף אֱלֹהִים֮ כִּֽי־הוֹלֵ֣ךְ הוּא֒ וַיִּתְיַצֵּ֞ב מַלְאַ֧ךְ יְהֹוָ֛ה בַּדֶּ֖רֶךְ לְשָׂטָ֣ן ל֑וֹ וְהוּא֙ רֹכֵ֣ב עַל־אֲתֹנ֔וֹ וּשְׁנֵ֥י נְעָרָ֖יו עִמּֽוֹ׃

23 וַתֵּ֣רֶא הָאָתוֹן֩ אֶת־מַלְאַ֨ךְ יְהֹוָ֜ה נִצָּ֣ב בַּדֶּ֗רֶךְ וְחַרְבּ֤וֹ שְׁלוּפָה֙ בְּיָד֔וֹ וַתֵּ֤ט הָֽאָתוֹן֙ מִן־הַדֶּ֔רֶךְ וַתֵּ֖לֶךְ בַּשָּׂדֶ֑ה וַיַּ֤ךְ בִּלְעָם֙ אֶת־הָ֣אָת֔וֹן לְהַטֹּתָ֖הּ הַדָּֽרֶךְ׃

24 וַֽיַּעֲמֹד֙ מַלְאַ֣ךְ יְהֹוָ֔ה בְּמִשְׁע֖וֹל הַכְּרָמִ֑ים גָּדֵ֥ר מִזֶּ֖ה וְגָדֵ֥ר מִזֶּֽה׃

25 וַתֵּ֨רֶא הָאָת֜וֹן אֶת־מַלְאַ֣ךְ יְהֹוָ֗ה וַתִּלָּחֵץ֙ אֶל־הַקִּ֔יר וַתִּלְחַ֛ץ אֶת־רֶ֥גֶל בִּלְעָ֖ם אֶל־הַקִּ֑יר וַיֹּ֖סֶף לְהַכֹּתָֽהּ׃

26 וַיּ֥וֹסֶף מַלְאַךְ־יְהֹוָ֖ה עֲב֑וֹר וַֽיַּעֲמֹד֙ בְּמָק֣וֹם צָ֔ר אֲשֶׁ֛ר אֵֽין־דֶּ֥רֶךְ לִנְט֖וֹת יָמִ֥ין וּשְׂמֹֽאול׃

27 וַתֵּ֤רֶא הָֽאָתוֹן֙ אֶת־מַלְאַ֣ךְ יְהֹוָ֔ה וַתִּרְבַּ֖ץ תַּ֣חַת בִּלְעָ֑ם וַיִּֽחַר־אַ֣ף בִּלְעָ֔ם וַיַּ֥ךְ אֶת־הָאָת֖וֹן בַּמַּקֵּֽל׃

28 וַיִּפְתַּ֥ח יְהֹוָ֖ה אֶת־פִּ֣י הָאָת֑וֹן וַתֹּ֤אמֶר לְבִלְעָם֙ מֶֽה־עָשִׂ֣יתִי לְךָ֔ כִּ֣י הִכִּיתַ֔נִי זֶ֖ה שָׁלֹ֥שׁ רְגָלִֽים׃

---

el adivino, hijo de Beor…" (Josué 13:22). La Escritura lo llama "adivino", esto es: porquería inmunda, y ¿cómo pudo él mirar la gloria de su Señor? Además ¿no dijo Rabí Shimón que cuando él contempló por un momento, como está escrito: "Entonces Dios abrió los ojos de Bileam", sus ojos se entrecerraron y ustedes dirán que él había de ver con sus ojos abiertos, observando la gloria del Santísimo, bendito sea Él?
— El Zóhar, Balak 42:413-414

²⁹ Y Bileam dijo a la asna: "Te has burlado de mí; ojalá tuviera una espada en mi mano, que ahora mismo te habría matado".

³⁰ Y la asna dijo a Bileam: "¿No soy yo tu asna sobre la cual has cabalgado toda tu vida hasta este día? ¿He tenido el hábito de portarme así contigo?". Y él dijo: "No".

³¹ Entonces el Eterno abrió los ojos de Bileam, y él vio al ángel del Eterno de pie en el camino, con la espada desenvainada en su mano; e inclinó su cabeza y cayó sobre su rostro.

³² Y el ángel del Eterno le dijo: "¿Por qué has golpeado a tu asna estas tres veces? He aquí que yo he salido como adversario, porque tu camino me era contrario;

³³ y la asna me vio y se apartó de mí estas tres veces. Si no se hubiera apartado de mí, ciertamente yo te habría matado ahora mismo, y a ella la habría dejado vivir".

³⁴ Y Bileam dijo al ángel del Eterno: "He pecado, pues no sabía que tú estabas en el camino de cara a mí. Por tanto ahora, si te desagrada, me volveré".

³⁵ El ángel del Eterno dijo a Bileam: "Ve con esos hombres; pero hablarás sólo la palabra que yo te diga". Entonces Bileam se fue con los jefes de Balak.

³⁶ Y cuando Balak oyó que Bileam se había venido, salió a recibirlo en la ciudad de Moav, que está sobre la frontera del Arnón, la cual está extremo de la frontera.

³⁷ Y Balak le dijo a Bileam: ¿No envié a llamarte con urgencia? ¿Por qué no viniste a mí? ¿Acaso no soy capaz de honrarte?". ³⁸ Y Bileam dijo a Balak: "Mira, ahora he venido a ti; ¿hay algo, acaso, que pueda decir? La palabra que Dios ponga en mi boca, ésa diré".

וַיַּרְא

Números 22:31 – Después de que habló el asna, Dios descubrió los ojos de Bileam para que pudiera ver al ángel parado en el camino con una espada en mano, lo cual era otra señal de Dios de que Bileam no debía encontrarse con Balak. Dios dijo: "Hablarás sólo la palabra que Yo te diga" (*Números 22:35*). Bileam ni siquiera escuchó el mensaje que decía que no fuera en lo absoluto. Cuando estamos muy enfocados en lo que queremos hacer, a menudo nos perdemos las pistas que están en el camino. La Kabbalah nos da las herramientas para ver más allá de lo que normalmente podemos ver y para conectar los puntos de los mensajes sutiles

que recibimos, a fin de que podamos percibir el panorama completo.

וַיִּשְׁמַע

Números 22:36 – Balak y Bileam se unieron para hacer una ofrenda en el altar e invocar al Espíritu Santo, pero entonces lo hicieron negativo. Esto nos muestra que el Lado Negativo usa el mismo sistema que nosotros, razón por la cual a veces es tan difícil saber quién nos habla; si la Luz o el Satán. Por ejemplo, en tiempos de adversidades, a veces no sabemos si debemos dejar ir o seguir persistiendo. En este versículo, podemos fortalecer nuestra capacidad de distinguir entre la Luz y la Oscuridad.

29 וַיֹּאמֶר בִּלְעָם לָאָתוֹן כִּי הִתְעַלַּלְתְּ בִּי לוּ יֶשׁ־ רביע ס״ג ורבוע אהיה ״פ אל וְחֶֽרֶב

בְּיָדִי כִּי עַתָּה הֲרַגְתִּֽיךְ: 30 וַתֹּאמֶר הָאָתוֹן אֶל־בִּלְעָם הֲלוֹא אָנֹכִי דין

אֲתֹֽנְךָ אֲשֶׁר־רָכַבְתָּ עָלַי מֵעֽוֹדְךָ עַד־הַיּוֹם ע״ה = נגד, ז׳, מזבח הֲזֵה והו

הַהַסְכֵּן הִסְכַּנְתִּי לַעֲשׂוֹת לְךָ כֹּה הֵי וַיֹּאמֶר לֹא: 31 וַיְגַל יְהֹוָֽ״ִאֲדֹנָֽיאֲהִֽדֹנָֽהי אֵלֶף למד יהוה

אֶת־עֵינֵי רִבוּע מ״ה בִלְעָם וַיַּ֖רְא אֶת־מַלְאַךְ יְהֹוָֽ״ִאֲדֹנָֽיאֲהִֽדֹנָֽהי יאהדונהי

נִצָּב בַּדֶּרֶךְ ב״פ יב״ק וְחַרְבּוֹ רי״ו, גבורה שְׁלֻפָה בְּיָדוֹ וַיִּקֹּד וַיִּשְׁתַּחוּ לְאַפָּיו:

32 וַיֹּאמֶר אֵלָיו מַלְאַךְ יְהֹוָֽ״ִאֲדֹנָֽיאֲהִֽדֹנָֽהי יאהדונהי עַל־מָה מ״ה הִכִּיתָ אֶת־אֲתֹֽנְךָ

זֶה שָׁלוֹשׁ רְגָלִים הִנֵּה מ״ה יה אָנֹכִי איע יָצָאתִי לְשָׂטָן כִּי־יָרַט הַדֶּרֶךְ ב״פ יב״ק

לְנֶגְדִּי: 33 וַתִּרְאַנִי הָאָתוֹן וַתֵּט לְפָנַי וחכמה בינה זֶה שָׁלֹשׁ רְגָלִים אוּלַי אום

נָטְתָה מִפָּנַי וחכמה בינה כִּי עַתָּה גַּם־ יג״ל אֹתְכָה הָרַגְתִּי וְאוֹתָהּ הֶחֱיֵֽיתִי:

34 וַיֹּאמֶר בִּלְעָם אֶל־מַלְאַךְ יְהֹוָֽ״ִאֲדֹנָֽיאֲהִֽדֹנָֽהי יאהדונהי חָטָאתִי כִּי לֹא יָדַעְתִּי

כִּי אַתָּה נִצָּב לִקְרָאתִי בַּדָּרֶךְ ב״פ יב״ק וְעַתָּה אִם־ יודך, ע״ה מ״ב רַע בְּעֵינֶיךָ

אָשׁוּבָה לִּי: 35 וַיֹּאמֶר מַלְאַךְ יְהֹוָֽ״ִאֲדֹנָֽיאֲהִֽדֹנָֽהי יאהדונהי אֶל־בִּלְעָם לֵךְ ע״ה קס״א

עִם־הָאֲנָשִׁים וְאֶפֶס אֶת־הַדָּבָר ראה אֲשֶׁר־אֲדַבֵּר ראה אֵלֶיךָ אני אֹתוֹ

תְדַבֵּר ראה וַיֵּלֶךְ בִּלְעָם עִם־שָׂרֵי בָלָק: 36 וַיִּשְׁמַ֖ע בָּלָק כִּי בָא בִלְעָם

וַיֵּצֵא לִקְרָאתוֹ אֶל־עִיר מוֹאָב בוזהך, ערי, סנדלפון יוד הא ואו הה אֲשֶׁר עַל־גְּבוּל

אַרְנֹן אֲשֶׁר בִּקְצֵה ה״פ טל, ג״פ אדני הַגְּבֽוּל: 37 וַיֹּאמֶר בָּלָק אֶל־בִּלְעָם הֲלֹא

שָׁלֹחַ שָׁלַחְתִּי אֵלֶיךָ אני לִקְרֹא־לָךְ לָמָּה לֹא־הָלַכְתָּ אֵלָי הַאֻמְנָם לֹא

אוּכַל אל יהוה כַּבְּדֶֽךָ: 38 וַיֹּאמֶר בִּלְעָם אֶל־בָּלָק הִנֵּה מ״ה יה בָאתִי אֵלֶיךָ

אני עַתָּה הֲיָכֹל אוּכַל אל יהוה דַּבֵּר ראה מְאוּמָה הַדָּבָר ראה אֲשֶׁר יָשִׂים

אֱלֹהִים מום, אהיה אדני ; ילה בְּפִי אֹתוֹ אֲדַבֵּֽר ראה:

CUARTA LECTURA – MOSHÉ – NÉTSAJ

³⁹ Bileam fue con Balak, y llegaron a Kiriat Jutsot.

⁴⁰ Y Balak sacrificó un toro y una oveja, y envió algunos a Bileam y a los jefes que estaban con él.

⁴¹ Y sucedió que en la mañana Balak tomó a Bileam y lo hizo subir a Bamot-Baal, y desde allí vio la extensión del pueblo.

23 ¹ Entonces Bileam dijo a Balak: "Constrúyeme aquí siete altares y prepárame aquí siete novillos y siete carneros".

² Y Balak hizo según como Bileam le había dicho; y Balak y Bileam ofrecieron un novillo y un carnero en cada altar.

³ Y Bileam dijo a Balak: "Párate junto a tu holocausto, y yo iré; quizá el Eterno venga a mi encuentro, y lo que me manifieste te lo haré saber". Y se fue a un cerro desierto.

⁴ Y Dios fue al encuentro de Bileam, y éste le dijo: "He preparado los siete altares y he ofrecido un novillo y un carnero sobre cada altar".

⁵ Y el Eterno puso palabra en la boca de Bileam, y dijo: "Vuelve a Balak y así hablarás".

⁶ Y él entonces volvió a él, y allí estaba junto a su holocausto, él y todos los jefes de Moav.

וַיִּזְבַּח

Números 22:40 – Al final, Bileam en realidad dijo una bendición porque era incapaz de transformar la Fuerza de Luz en negatividad. Había todavía un campo de protección que no podía penetrar. Esto nos demuestra la importancia de permanecer sin ser afectados por la negatividad y de transformar la negatividad en energía positiva. Todas las cosas que llegan a nuestra vida provienen de la Luz. A través de esta sección, reconocemos que tenemos el poder de transformar esta energía y hacerla positiva cuando transformamos cada situación en una lección para nosotros.

וַיֹּאמֶר

Números 23:1 – Balak y Bileam continuaron en sus viajes y su búsqueda de la maldad. Con el tiempo, llegaron a un lugar en el cual sólo podían ver a algunas de las personas. Ellos pensaron que si sólo atacaban a unos cuantos individuos a la vez, finalmente podrían infiltrarse en el resto; pero esto fue imposible. Sus maldiciones nuevamente se convirtieron en una bendición, a pesar de que habían intentado crear fragmentación y discordia. Esta lectura nos protege de cualquier influencia negativa que nos conlleve a tratar mal a los demás o a irrespetar su dignidad humana debido a prejuicios que tengamos sobre razas, religiones o cualquier otra característica.

CUARTA LECTURA – MOSHÉ – NÉTSAJ

39 וַיֵּ֤לֶךְ כלי בִּלְעָם֙ עִם־בָּלָ֔ק וַיָּבֹ֖אוּ קִרְיַ֥ת חֻצֽוֹת׃ 40 וַיִּזְבַּ֥ח בָּלָ֖ק בָּקָ֣ר

וָצֹ֑אן מלוי אהיה דיודין ע״ה וַיְשַׁלַּ֣ח לְבִלְעָ֔ם וְלַשָּׂרִ֖ים אֲשֶׁ֥ר אִתּֽוֹ׃ 41 וַיְהִ֣י אל

בַבֹּ֔קֶר וַיִּקַּ֤ח חולם בָּלָק֙ אֶת־בִּלְעָ֔ם וַיַּעֲלֵ֖הוּ בָּמ֣וֹת בָּ֑עַל וַיַּ֥רְא אלף למד יהוה

מִשָּׁ֖ם יהוה שדי קְצֵ֥ה ה״פ טל, ג״פ אדני הָעָֽם׃ 23 1 וַיֹּ֤אמֶר בִּלְעָם֙ אֶל־בָּלָ֔ק

בְּנֵה־לִ֥י בָזֶ֖ה שִׁבְעָ֣ה מִזְבְּחֹ֑ת וְהָכֵ֥ן לִי֙ בָּזֶ֔ה שִׁבְעָ֥ה פָרִ֖ים וְשִׁבְעָ֥ה

אֵילִֽים׃ 2 וַיַּ֣עַשׂ בָּלָ֔ק כַּאֲשֶׁ֖ר דִּבֶּ֣ר ראה בִּלְעָ֑ם וַיַּ֧עַל בָּלָ֛ק וּבִלְעָ֖ם

פָּ֖ר בוזהר, ערי, סנדלפון וָאַ֥יִל בַּמִּזְבֵּֽחַ׃ זהר, נגד 3 וַיֹּ֨אמֶר בִּלְעָ֜ם לְבָלָ֗ק הִתְיַצֵּב֮

עַל־עֹלָתֶךָ֒ וְאֵֽלְכָ֗ה אוּלַ֞י אהיה יִקָּרֵ֤ה יְהֹוָה(אדניאלהים) לִקְרָאתִי֙ וּדְבַ֥ר ראה

מַה־מ״ה יַּרְאֵ֖נִי וְהִגַּ֣דְתִּי לָ֑ךְ וַיֵּ֖לֶךְ שֶֽׁפִי׃ כלי 4 וַיִּקָּ֥ר אֱלֹהִ֖ים מוס, אלהים, אהיה אדני

אֶל־בִּלְעָ֑ם וַיֹּ֣אמֶר אֵלָ֗יו אֶת־שִׁבְעַ֤ת הַֽמִּזְבְּחֹת֙ עָרַ֔כְתִּי וָאַ֛עַל פָּ֥ר

בוזהר, ערי, סנדלפון וָאַ֖יִל בַּמִּזְבֵּֽחַ׃ זהר, נגד 5 וַיָּ֧שֶׂם יְהֹוָה(אדניאלהים) דָּבָ֖ר ראה בְּפִ֣י

בִלְעָ֑ם וַיֹּ֥אמֶר שׁ֥וּב אֶל־בָּלָ֖ק וְכֹ֥ה הי תְדַבֵּֽר כי 6 וַיָּ֣שָׁב אֵלָ֔יו וְהִנֵּ֥ה

מ״ה יה נִצָּ֖ב עַל־עֹֽלָתֽוֹ אבגיתץ, ו״ער, אהבת חנם ה֑וּא וְכָל־ יכו שָׂרֵ֥י מוֹאָֽב יוד הא ואו הה:

El Santísimo, bendito sea Él, le dijo: 'Perverso: ¿Realmente piensas que depende de ti si las bendiciones serán realizadas en Mis hijos o no? Ellos no te necesitan. Ellos dicen a una abeja: NO DE TU AGUIJÓN Y NO DE TU MIEL, sino más bien "...'Regresa a Balak...'" (Números 23:16). Cuando abres tu boca, ésta no estará bajo tu control y no dependerá de tu boca, sino solamente "'...y di así (heb. coh)'" (ibid.). Porque coh, QUE ES LA SHEJINÁ, está preparada para bendecirlos y coh expresará la bendición de Mis hijos. Cuando abres tu boca, Ella hablará las palabras que se harán verdad en Mis hijos, y Yo no dejaré estos asuntos en tus manos'.

Ven y ve que esto es como fue. Tan pronto como BILEAM vino a Balak y Balak oyó todas estas cosas, CON LAS CUALES BENDIJO A YISRAEL, Balak primero pensó que emergieron de la boca de Bileam. Dijo: "Te llamé para que maldijeras a mis enemigos…" (ibid. 11) y Bileam replicó: Toma esta hechicería en tu mano para dominar esta coh, QUE ES MALJUT. Si eres capaz de detenerla con esta brujería, yo eliminaré todas estas palabras que Ella dijo de ella, SIGNIFICANDO QUE ÉL ANULARÁ LAS BENDICIONES QUE ELLA DIJO, COMO SE MENCIONÓ ARRIBA.

—El Zóhar, Balak 45:460-461

⁷ Y tomó su parábola y dijo: "Desde Aram me ha traído Balak, rey de Moav, desde las montañas del oriente: 'Ven, y maldíceme a Jacob; ven, y condena a Israel'.

⁸ ¿Cómo he de maldecir a quien Dios no ha maldecido? ¿Cómo he de condenar a quien el Eterno no ha condenado? ⁹ Porque desde la cumbre de las rocas lo veo, y desde los montes lo observo: vean que es un pueblo que debe morar separadamente, y que no será contado entre las naciones.

¹⁰ ¿Quién ha contado el polvo de Yaakov o enumerado el linaje de Israel? ¡Que yo muera la muerte de los rectos, y que mi fin sea como el suyo!".

¹¹ Y Balak dijo a Bileam: "¿Qué me has hecho? Te tomé para maldecir a mis enemigos, y he aquí que los has bendecido abundantemente". ¹² Y él respondió y dijo: "¿No debo tener cuidado de hablar lo que el Eterno pone en mi boca?".

QUINTA LECTURA – AHARÓN – HOD

¹³ Y Balak le dijo: "Te ruego que vengas conmigo a otro sitio desde donde podrás verlos, aunque sólo verás el extremo de ellos, y no los verás a todos; y maldícemelos desde allí". ¹⁴ Lo llevó al campo de Tsofim, hasta la cima del Pisgá, y edificó siete altares, y ofreció un novillo y un carnero en cada altar.

¹⁵ Y él dijo a Balak: "Párate aquí junto a tu holocausto, mientras voy allá al encuentro".

¹⁶ Y el Eterno salió al encuentro de Bileam, y puso palabra en su boca, y le dijo: "Vuelve a Balak y así hablarás".

¹⁷ Y él volvió a él, y estaba de pie junto a su holocausto y los jefes de Moav con él. Y Balak le dijo: "¿Qué ha dicho el Eterno?".

¹⁸ Y él tomó su parábola, y dijo: "Levántate, Balak, y escucha; dame oídos, hijo de Tsipor: ¹⁹ Dios no es hombre para que mienta, ni hijo de hombre, para que se arrepienta. ¿Cuándo Él ha dicho algo que después no hará? ¿O cuándo ha hablado, y no lo cumplirá?

לך

Números 23:13 – La próxima vez que Bileam intentó bendecir en vez de maldecir, acabó transformándose a sí mismo. Nuestro trabajo en la vida es transformar nuestra naturaleza del *Deseo de Recibir para Sí Mismo Solamente* en el *Deseo de Recibir para Compartir*. En esencia, nuestras cualidades buenas no son relevantes para este fin. La transformación de Bileam fue tan poderosa que, cuando leemos al respecto, nos proporciona el poder de transformar nuestras propias características negativas en características positivas.

7 וַיִּשָּׂא מְשָׁלוֹ וַיֹּאמַר מִן־אֲרָם יַנְחֵנִי בָלָק מֶלֶךְ־מוֹאָב יוד הא ואו הה

מֵהַרְרֵי־קֶדֶם רביע בן לְכָה אָרָה־לִּי יַעֲקֹב ז"פ יהוה, יאהדונהי אידהנויה וּלְכָה

זֹעֲמָה יִשְׂרָאֵל: 8 מָה מ"ה אֶקֹּב לֹא קַבֹּה אֵל ייא"י וּמָה מ"ה אֶזְעֹם לֹא זָעַם

יְ**הוֹ**אֲדֹנָ**הֹי**אהדונהי אהיה ע"ב ורבוע אהיה ע"ה 9 כִּי־מֵרֹאשׁ רבוע אלהים ואלהים דיודין ע"ה צֻרִים

אֶרְאֶנּוּ וּמִגְּבָעוֹת אֲשׁוּרֶנּוּ הֶן־עָם לְבָדָד יִשְׁכֹּן וּבַגּוֹיִם לֹא יִתְחַשָּׁב:

10 מִי יִלי מָנָה ע"ה פ"י עֲפַר יַעֲקֹב ז"פ יהוה, יאהדונהי אידהנויה וּמִסְפָּר אֶת־רֹבַע

יִשְׂרָאֵל תָּמֹת נַפְשִׁי מוֹת יְשָׁרִים וּתְהִי אַחֲרִיתִי כָּמֹהוּ: 11 וַיֹּאמֶר בָּלָק

אֶל־בִּלְעָם מֶה מ"ה עָשִׂיתָ לִי לָקֹב אֹיְבַי לְקַחְתִּיךָ וְהִנֵּה מ"ה יה בֵּרַכְתָּ בָרֵךְ:

12 וַיַּעַן וַיֹּאמַר הֲלֹא אֵת אֲשֶׁר יָשִׂים יְ**הוֹ**אֲדֹנָ**הֹי**אהדונהי בְּפִי אֹתוֹ אֶשְׁמֹר

לְדַבֵּר ראה:

QUINTA LECTURA – AHARÓN – HOD

13 וַיֹּאמֶר אֵלָיו בָּלָק לְךָ־נָּא אִתִּי אֶל־מָקוֹם יהוה בִּרבוע, ר"פ אל אַחֵר אֲשֶׁר

תִּרְאֶנּוּ מִשָּׁם יהוה שדי אֶפֶס קָצֵהוּ תִרְאֶה וְכֻלּוֹ לֹא תִרְאֶה וְקָבְנוֹ־לִי

מִשָּׁם יהוה שדי: 14 וַיִּקָּחֵהוּ שְׂדֵה צֹפִים אֶל־רֹאשׁ רבוע אלהים ואלהים דיודין ע"ה

הַפִּסְגָּה וַיִּבֶן חיים, בינה ע"ה שִׁבְעָה מִזְבְּחֹת וַיַּעַל פָּר בֹּוֹזֶךְ, ערי, סנדלפון וָאַיִל

בַּמִּזְבֵּחַ זן, גגד: 15 וַיֹּאמֶר אֶל־בָּלָק הִתְיַצֵּב כֹּה היי עַל־עֹלָתֶךָ וְאָנֹכִי איע

אִקָּרֶה כֹּה היי: 16 וַיִּקָּר יְ**הוֹ**אֲדֹנָ**הֹי**אהדונהי אֶל־בִּלְעָם וַיָּשֶׂם דָּבָר ראה בְּפִיו

וַיֹּאמֶר שׁוּב אֶל־בָּלָק וְכֹה היי תְדַבֵּר ראה: 17 וַיָּבֹא אֵלָיו וְהִנּוֹ נִצָּב

עַל־עֹלָתוֹ אבגיתצ, ושׂר, אהבת חנם וְשָׂרֵי מוֹאָב יוד הא ואו הה אִתּוֹ וַיֹּאמֶר לוֹ בָּלָק

מַה־ מ"ה דִּבֶּר ראה יְ**הוֹ**אֲדֹנָ**הֹי**אהדונהי: 18 וַיִּשָּׂא מְשָׁלוֹ וַיֹּאמַר קוּם בָּלָק

וּשֲׁמָע הַאֲזִינָה עָדַי בְּנוֹ צִפֹּר שע"צ: 19 לֹא אִישׁ ע"ה קנ"א קס"א אֵל ייא"י וִיכַזֵּב

וּבֶן־אָדָם מ"ה וְיִתְנֶחָם הַהוּא אָמַר וְלֹא יַעֲשֶׂה וְדִבֶּר ראה וְלֹא יְקִימֶנָּה:

²⁰ *He aquí que he recibido orden de bendecir; y cuando Él ha bendecido, yo no lo puedo anular.*

²¹ *No ha visto iniquidad en Yaakov, ni ha visto perversidad en Israel; el Eterno, su Dios, está con él, y el clamor por el Rey está entre ellos.*

²² *Dios, quien los sacó de Egipto conforme a la intensidad de Su excelencia.*

²³ *Porque no hay hechizo en Yaakov, ni hay adivinación en Israel; como ahora se dirá Yaakov y a Israel: ¿Qué ha hecho Dios?'.*

²⁴ *He aquí un pueblo que se levanta como leona y se yergue como león; no se echará hasta que devore la presa y beba la sangre de los que ha matado".*

²⁵ *Y Balak dijo a Bileam: "No los maldigas ni los bendigas de ninguna manera".*

²⁶ *Pero Bileam respondió y dijo a Balak: "¿No te dije que todo lo que el Eterno habla, eso debo hacer?".*

SEXTA LECTURA – YOSEF – YESOD

²⁷ *Y Balak dijo a Bileam: "Ven, te ruego, te llevaré a otro lugar; quizá le plazca a Dios que me los maldigas desde allí".*

²⁸ *Y Balak llevó a Bileam a la cumbre del Peor, que da hacia el desierto.*

²⁹ *Y Bileam dijo a Balak: "Constrúyeme aquí siete altares y prepárame aquí siete novillos y siete carneros".*

³⁰ *Balak hizo según Bileam le había dicho, y ofreció un novillo y un carnero en cada altar.*

24 ¹ *Cuando Bileam vio que agradaba al Eterno bendecir a Israel, no fue como otras veces al encuentro con hechizos, sino que volvió su rostro hacia el desierto.*

² *Y Bileam levantó sus ojos y vio a Israel habitando por tribus; y el espíritu de Dios vino sobre él.*

³ *Y él tomó su parábola, y dijo: "Palabras de Bileam, el hijo de Beor, y palabras del hombre cuyos ojos están abiertos;*

20 הִנֵּה מ"ה יה בָרֵךְ לָקָחְתִּי וּבֵרֵךְ וְלֹא אֲשִׁיבֶנָּה: 21 לֹא־הִבִּיט אָוֶן בְּיַעֲקֹב

ד"פ יהוה, יאהדונהי אידהנויה וְלֹא־רָאָה ראה עָמָל עלם בְּיִשְׂרָאֵל יְהֹוָאדֹנָהִיֵאהדונהי אֱלֹהָיו

ילה עִמּוֹ וּתְרוּעַת מֶלֶךְ בּוֹ: 22 אֵל ייא"י מוֹצִיאָם מִמִּצְרַיִם מצר כְּתוֹעֲפֹת

רְאֵם לוֹ: 23 כִּי לֹא־נַחַשׁ שדי ורבוע אהיה בְּיַעֲקֹב ד"פ יהוה, יאהדונהי אידהנויה וְלֹא־קֶסֶם

רבוע אלהים בְּיִשְׂרָאֵל כָּעֵת י"פ אהיה י היווה יֵאָמֵר לְיַעֲקֹב ד"פ יהוה, יאהדונהי אידהנויה

וּלְיִשְׂרָאֵל מַה־ מ"ה פָּעַל אֵל ייא"י: 24 הֶן־עָם כְּלָבִיא יָקוּם וְכַאֲרִי יִתְנַשָּׂא

לֹא יִשְׁכַּב עַד־יֹאכַל טֶרֶף רפ"ח ע"ה וְדַם־ רבוע אהיה חֲלָלִים יִשְׁתֶּה: 25 וַיֹּאמֶר

בָּלָק אֶל־בִּלְעָם גַּם־ יג"ל קֹב לֹא תִקֳּבֶנּוּ גַּם־ יג"ל בָּרֵךְ לֹא תְבָרֲכֶנּוּ:

26 וַיַּעַן בִּלְעָם וַיֹּאמֶר אֶל־בָּלָק הֲלֹא דִּבַּרְתִּי ראה אֵלֶיךָ אני לֵאמֹר כֹּל ילי

אֲשֶׁר־יְדַבֵּר ראה יְהֹוָ̇אדֹנָהִיֵאהדונהי אֹתוֹ אֶעֱשֶׂה:

SEXTA LECTURA – YOSEF – YESOD

27 וַיֹּאמֶר בָּלָק אֶל־בִּלְעָם לְכָה־נָּא אֶקָּחֲךָ אֶל־מָקוֹם יהוה ברבוע, ו"פ אל

אַחֵר אוּלַי אום יִישַׁר בְּעֵינֵי רבוע מ"ה הָאֱלֹהִים מום, אהיה אדני ; ילה וְקַבֹּתוֹ לִי מִשָּׁם

יהוה שדי: 28 וַיִּקַּח וזעם בָּלָק אֶת־בִּלְעָם רֹאשׁ רבוע אלהים ואלהים דיודין ע"ה הַפְּעוֹר

הַנִּשְׁקָף עַל־פְּנֵי חכמה בינה הַיְשִׁימֹן: 29 וַיֹּאמֶר בִּלְעָם אֶל־בָּלָק בְּנֵה־לִי

בָזֶה שִׁבְעָה מִזְבְּחֹת וְהָכֵן לִי בָּזֶה שִׁבְעָה פָרִים וְשִׁבְעָה אֵילִם:

30 וַיַּעַשׂ בָּלָק כַּאֲשֶׁר אָמַר בִּלְעָם וַיַּעַל פָּר בוזהרף, ערי, סנדלפון וָאַיִל בַּמִּזְבֵּחַ

מן, גגד 24 1 וַיַּרְא אלף למד יהוה בִּלְעָם כִּי טוֹב והו בְּעֵינֵי רבוע מ"ה יְהֹוָ̇אדֹנָהִיֵאהדונהי

לְבָרֵךְ אֶת־יִשְׂרָאֵל וְלֹא־הָלַךְ מ"ה כְּפַעַם־בְּפַעַם לִקְרַאת נְחָשִׁים

וַיָּשֶׁת אֶל־הַמִּדְבָּר פָּנָיו: 2 וַיִּשָּׂא בִלְעָם אֶת־עֵינָיו רבוע מ"ה וַיַּרְא אלף למד יהוה

אֶת־יִשְׂרָאֵל שֹׁכֵן ע"ג לִשְׁבָטָיו וַתְּהִי עָלָיו רוּחַ מלוי אלהים דיודין אֱלֹהִים

מום, אהיה אדני ; ילה: 3 וַיִּשָּׂא מְשָׁלוֹ וַיֹּאמַר נְאֻם בִּלְעָם בְּנוֹ בְעֹר וּנְאֻם הַגֶּבֶר

⁴ palabra del que escucha las palabras de Dios, del que ve la visión del Todopoderoso, caído, pero con los ojos abiertos: ⁵ ¡Cuán hermosas son tus tiendas, Yaakov; tus moradas, Israel! ⁶ Como valles que se extienden, como jardines junto al río, como áloes plantados por el Eterno, como cedros junto a las aguas;

⁷ agua correrá de sus hojas, y su simiente estará en muchas aguas; y su rey será más grande que Agag y su reino será exaltado.

⁸ Dios, quien lo sacó de Egipto, es para él conforme al poder de Su excelencia; consumirá a las naciones que lo oprimen, y romperá sus huesos en pedazos, y los traspasará con Sus saetas. ⁹ Se agazapa, se echa como león y como leona; ¿quién lo despertará? Benditos los que te bendigan y malditos los que te maldigan".

¹⁰ Y la ira de Balak se encendió contra Bileam, y batió las palmas, y le dijo Balak a Bileam: "Te llamé para maldecir a mis enemigos, y he aquí que los has bendecido completamente estas tres veces. ¹¹ Por lo tanto, huye ahora mismo a tu lugar; yo dije que te daría grandes honores, pero el Eterno te ha privado de honores".

¹² Y Bileam dijo a Balak: "¿No les hablé también a los mensajeros que me enviaste, diciendo:

¹³ 'Aunque Balak me dé su casa llena de plata y oro, yo no puedo traspasar la palabra del Eterno para hacer lo bueno o lo malo a mi parecer; lo que hable el Eterno, eso hablaré'?

SÉPTIMA LECTURA – DAVID – MALJUT

¹⁴ Y ahora, he aquí que me voy a mi pueblo; ven y te anunciaré lo que este pueblo hará a tu pueblo en al final de los días".

¹⁵ Y dijo: "Palabra de Bileam, el hijo de Beor, y palabra del hombre cuyos ojos están abiertos;

מַה

Números 24:5 – La letra *Mem* en la palabra *ma* está al comienzo de una columna nueva en el Rollo de la Torá. Usualmente, la primera letra al inicio de cada columna de la Torá es la letra *Vav*; sólo hay seis ocasiones en el rollo de la Torá en las que una columna comienza con una letra que no sea *Vav*. Juntas, estas seis letras crean una combinación para sanación. Esta Mem es

parte de esa combinación, por lo tanto, aquí podemos conectar con la energía de sanación.

וְעַתָּה

Números 24:14 – Cuando Bileam se conectó con la Luz, comenzó a ver el futuro y pudo profetizar la elevación y la caída de todas las naciones. Balak estaba furioso y quería matar

שְׁתֻם הָעָֽיִן ריבוע מ״ה: 4 נְאֻם שֹׁמֵעַ אִמְרֵי־אֵל יי׳י אֲשֶׁר מַחֲזֵה שַׁדַּי יֶחֱזֶה

נֹפֵל וּגְלוּי עֵינָֽיִם: 5 מַה־ מ״ה ריבוע מ״ה: טֹּבוּ אֹהָלֶיךָ יַעֲקֹב יי׳ו יהוה, יאהדונהי אידהנויה

מִשְׁכְּנֹתֶיךָ יִשְׂרָאֵֽל: 6 כִּנְחָלִים נִטָּיוּ וחק״ל כְּגַנֹּת עֲלֵי נָהָר כַּאֲהָלִים נָטַע

יְ‍הֹוָ‍ה‍יאהדונהי כַּאֲרָזִים עֲלֵי־מָֽיִם: 7 יִֽזַּל־מַיִם מִדָּלְיָו וְזַרְעוֹ בְּמַיִם רַבִּים

וְיָרֹם מֵֽאֲגַג מַלְכּוֹ וּי׳ וְתִנַּשֵּׂא מַלְכֻתֽוֹ: 8 אֵל יי׳י מוֹצִיאוֹ מִמִּצְרַיִם מַצר

כְּתוֹעֲפֹת רְאֵם לוֹ יֹאכַל גּוֹיִם צָרָיו וְעַצְמֹתֵיהֶם יְגָרֵם וְחִצָּיו יִמְחָֽץ:

9 כָּרַע שָׁכַב כַּאֲרִי וּכְלָבִיא מִי יְ‍יׄ יְקִימֶנּוּ מְבָרֲכֶיךָ בָרוּךְ יהוה ע״ב וריבוע מ״ה

וְאֹרֲרֶיךָ אָרֽוּר: 10 וַיִּֽחַר־אַף בָּלָק אֶל־בִּלְעָם וַיִּסְפֹּק אֶת־כַּפָּיו וַיֹּאמֶר

בָּלָק אֶל־בִּלְעָם לָקֹב אֹֽיְבַי קְרָאתִיךָ וְהִנֵּה מ״ה יה בֵּרַכְתָּ בָרֵךְ זֶה

שָׁלֹשׁ פְּעָמִֽים: 11 וְעַתָּה בְּרַח־לְךָ אֶל־מְקוֹמֶךָ אָמַרְתִּי יי׳פ אדני ע״ה כַּבֵּד

אֲכַבֶּדְךָ וְהִנֵּה מ״ה יה מְנָעֲךָ יְ‍הֹוָ‍ה‍יאהדונהי מִכָּבֽוֹד: 12 לב״ב וַיֹּאמֶר בִּלְעָם

אֶל־בָּלָק הֲלֹא גַּם יג״ל אֶל־מַלְאָכֶיךָ אֲשֶׁר־שָׁלַחְתָּ אֵלַי דִּבַּרְתִּי ראה

לֵאמֹֽר: 13 אִם־ יוהך, ע״ה מ״ב יִתֶּן־לִי בָלָק מְלֹא בֵיתוֹ כֶּסֶף וְזָהָב לֹא אוּכַל

אל יהוה לַעֲבֹר רבוע יהוה ורבוע אלהים אֶת־פִּי יְ‍הֹוָ‍ה‍יאהדונהי לַעֲשׂוֹת טוֹבָה אכא אוֹ

רָעָה רהע מִלִּבִּי אֲשֶׁר־יְדַבֵּר ראה יְ‍הֹוָ‍ה‍יאהדונהי אֹתוֹ אֲדַבֵּֽר ראה:

SÉPTIMA LECTURA – DAVID – MALJUT

14 וְעַתָּה הִנְנִי הוֹלֵךְ מ״ה לְעַמִּי לְכָה אִיעָצְךָ אֲשֶׁר יַעֲשֶׂה הָעָם

הַזֶּה וה׳ לְעַמְּךָ ד״ן ה׳ הויות, גמב בְּאַחֲרִית הַיָּמִֽים גלך: 15 וַיִּשָּׂא מְשָׁלוֹ

וַיֹּאמַר נְאֻם בִּלְעָם בְּנוֹ בְעֹר וּנְאֻם הַגֶּבֶר שְׁתֻם הָעָֽיִן ריבוע מ״ה:

a Bileam porque lo vio transformarse justo ante sus propios ojos. Cuando estamos conectados a la Luz, todo nuestro ser cambia. Tal vez no lo notemos durante el proceso, pero el resultado final es una persona completamente diferente. Tenemos que esforzarnos en alcanzar un nivel en el que seamos tan diferentes que la gente ni siquiera nos reconozca.

[16] palabra del que escucha las palabras de Dios y conoce la mente del Todopoderoso; caído, pero con los ojos descubiertos:

[17] Lo veo, pero no ahora; lo contemplo, pero no cerca; una estrella emergerá de Yaakov, y un cetro se levantará de Israel que aplastará los confines de Moav y derrumbará a todos los hijos de Shet.

[18] Y Edom será una posesión, y Seir también será una conquista de sus enemigos; mientras que Israel hará riquezas.

[19] Y uno de Yaakov tendrá dominio y destruirá al remanente de la ciudad".

[20] Y él vio a Amalek, y tomó su parábola y dijo: "Amalek fue la primera de las naciones, pero su fin será destrucción".

[21] Después vio al kenita, y tomó su parábola y dijo: "Aunque firme es tu morada y en la roca está puesto tu nido.

[22] tú serás consumido; ¿hasta cuándo? Ashur te llevará cautivo". [23] Y tomó su parábola, y dijo: "¡Ay! ¿Quién vivirá después de que Dios lo haya impuesto?

[24] Pero las naves vendrán de la costa de Quitim, y afligirán a Ashur y afligirán a Ever, y él también tendrá destrucción". [25] Y Bileam se levantó, se fue y volvió a su lugar; y Balak también se fue por su camino.

25 [1] E Israel se asentó en Shitim, y el pueblo comenzó a prostituirse con las hijas de Moav. [2] Y éstas invitaron al pueblo a los sacrificios de sus dioses; y el pueblo comió y se postró ante sus dioses.

[3] E Israel se unió al Baal de Peor; y la ira del Eterno se encendió contra Israel.

[4] Y el Eterno dijo a Moshé: "Toma a todos los jefes del pueblo y cuélgalos para el Eterno de cara al Sol, para que la ira del Eterno se aparte de Israel".

וַיֵּשֶׁב

Número 25:1 – Lamentablemente, la transformación de Bileam no fue permanente. Los dos perversos se dieron cuenta de que no ganarían al crear maldiciones, así que decidieron dominar a los israelitas a través del Deseo de Recibir de los israelitas. Bileam y Balak tentaron a los hombres israelitas con prostitutas, causando que los hombres fuesen subyugados por la negatividad. El *Zóhar* dice:

Ellos tuvieron la visión de que la cabeza sería atrapada en su red, pero no sabían QUIÉN ERA. Vieron, pero no vieron. Tuvieron una visión que el jefe del pueblo caería con ella, CON KOZBÍ, y varios otros miles. Pensaron que sería Moshé, así que la soltaron, y le ordenaron acerca de Moshé, de modo que no hiciera pareja con otro sino solamente con él. Ella les preguntó: ¿Cómo me será posible diferenciarlo? Le dijeron: Aquél que veas que todos se ponen de pie delante de él, te relacionarás con él y con nadie

16 נֹאֶם שֹׁמֵעַ אִמְרֵי־אֵל וְיֹדֵעַ דַּעַת עֶלְיוֹן מַחֲזֵה שַׁדַּי

יֶחֱזֶה נֹפֵל וּגְלוּי עֵינָיִם 17 אֶרְאֶנּוּ וְלֹא עַתָּה אֲשׁוּרֶנּוּ וְלֹא קָרוֹב

דָּרַךְ כּוֹכָב מִיַּעֲקֹב וְקָם שֵׁבֶט מִיִּשְׂרָאֵל וּמָחַץ

פַּאֲתֵי מוֹאָב וְקַרְקַר כָּל־בְּנֵי־שֵׁת 18 וְהָיָה אֱדוֹם

יְרֵשָׁה וְהָיָה יְרֵשָׁה שֵׂעִיר אֹיְבָיו וְיִשְׂרָאֵל עֹשֶׂה חָיִל 19 וְיֵרְדְּ

מִיַּעֲקֹב וְהֶאֱבִיד שָׂרִיד מֵעִיר 20 וַיַּרְא

אֶת־עֲמָלֵק וַיִּשָּׂא מְשָׁלוֹ וַיֹּאמַר רֵאשִׁית גּוֹיִם עֲמָלֵק

וְאַחֲרִיתוֹ עֲדֵי אֹבֵד 21 וַיַּרְא אֶת־הַקֵּינִי וַיִּשָּׂא מְשָׁלוֹ

וַיֹּאמַר אֵיתָן מוֹשָׁבֶךָ וְשִׂים בַּסֶּלַע קִנֶּךָ 22 כִּי אִם־

יִהְיֶה לְבָעֵר קָיִן עַד־מָה אַשּׁוּר תִּשְׁבֶּךָּ 23 וַיִּשָּׂא

מְשָׁלוֹ וַיֹּאמַר אוֹי מִי יִחְיֶה מִשֻּׂמוֹ אֵל 24 וְצִים מִיַּד כִּתִּים וְעִנּוּ

אַשּׁוּר וְעִנּוּ עֵבֶר

וְגַם־הוּא עֲדֵי אֹבֵד 25 וַיָּקָם בִּלְעָם וַיֵּלֶךְ וַיָּשָׁב לִמְקֹמוֹ וְגַם־

בָּלָק הָלַךְ לְדַרְכּוֹ 1 25 וַיֵּשֶׁב יִשְׂרָאֵל בַּשִּׁטִּים וַיָּחֶל הָעָם

לִזְנוֹת אֶל־בְּנוֹת מוֹאָב 2 וַתִּקְרֶאןָ לָעָם לְזִבְחֵי אֱלֹהֵיהֶן

וַיֹּאכַל הָעָם וַיִּשְׁתַּחֲווּ לֵאלֹהֵיהֶן 3 וַיִּצָּמֶד יִשְׂרָאֵל לְבַעַל פְּעוֹר

וַיִּחַר־אַף יְהוָה בְּיִשְׂרָאֵל 4 וַיֹּאמֶר יְהוָה אֶל־מֹשֶׁה

קַח אֶת־כָּל־רָאשֵׁי הָעָם וְהוֹקַע אוֹתָם לַיהוָה

נֶגֶד הַשֶּׁמֶשׁ וְיָשֹׁב חֲרוֹן אַף־יְהוָה מִיִּשְׂרָאֵל:

---

más. Una vez Zimrí, hijo de Salú, vino y 24.000 personas de la tribu de Shimón se pusieron de pie en su honor, ya que él era su jefe. Ella supuso que él era Moshé y se unió a él. Cuando todos los 24.000 vieron esto, ellos continuaron con lo que vieron apropiado, y ésa fue la causa de todo lo que pasó después.
—El Zóhar, Balak 6:95

Esto nos demuestra que nuestras faltas individuales tienen un efecto mucho mayor de lo que pensamos, de modo que tenemos la responsabilidad de resistirnos a nuestros deseos egoístas y destructivos; tanto por nosotros mismos como por el bien de la humanidad.

⁵ Y Moshé dijo a los jueces de Israel: "Cada uno de ustedes mate sus hombres que se unieron a Baal de Peor".

⁶ Y he aquí que uno de los hijos de Israel vino y presentó una madianita a sus hermanos, a la vista de Moshé y a la vista de toda la congregación de los hijos de Israel, mientras lloraban a la puerta de la Tienda de Reunión.

MAFTIR

⁷ Y cuando lo vio Pinjás, hijo de Elazar, hijo de Aharón, el sacerdote, se levantó de en medio de la congregación y tomó una lanza en su mano.

⁸ Y fue tras el hombre de Israel, entró en la tienda de la prostitución, y los traspasó a los dos, al hombre de Israel y a la mujer por su vientre. Así fue detenida la plaga sobre los hijos de Israel.

⁹ Y los que murieron por la plaga fueron veinticuatro mil.

וַיַּרְא

Números 25:7 – Para acabar con la plaga causada por la prostitución, Pinjás mató a Zimrí, el jefe de la tribu de Shimón, quien era la persona de mayor nivel espiritual en caer en esta trampa. Cuanto más elevada es una persona, mayor es la negatividad que genera cuando cae, por lo tanto, la acción de Pinjás de terminar con la vida del líder detuvo la plaga.

Una vez que somos completamente conscientes de que no debemos hacer algo, entonces somos responsables de abstenernos de hacerlo, no sea que causemos una negatividad aún mayor.

Por otro lado, la ignorancia tampoco es felicidad. Las acciones negativas causan negatividad, ya sea que reconozcamos que son negativas o no. Unas 24.000 personas murieron con la plaga en la época de Pinjás, y reencarnaron como los estudiantes de Rav Akivá, quienes murieron nuevamente en una plaga porque no fueron capaces de tratarse unos a otros con dignidad humana.

5 וַיֹּאמֶר מֹשֶׁה מהע, אל שדי אֶל־שֹׁפְטֵי יִשְׂרָאֵל הִרְגוּ אִישׁ ע״ה קנ״א קס״א אֲנָשָׁיו הַנִּצְמָדִים לְבַעַל פְּעוֹר: 6 וְהִנֵּה מ״ה יה אִישׁ מה יה ע״ה קנ״א קס״א מִבְּנֵי יִשְׂרָאֵל בָּא וַיַּקְרֵב אֶל־אֶחָיו אֶת־הַמִּדְיָנִית רינוע מ״ה לְעֵינֵי מֹשֶׁה מהע, אל שדי וּלְעֵינֵי רינוע מ״ה כָּל־ יל עֲדַת בְּנֵי־יִשְׂרָאֵל וְהֵמָּה בֹכִים פֶּתַח אֹהֶל (אלד ע״ה) לאה ע״ה מוֹעֵד:

MAFTIR

7 וַיַּרְא אלף למד יהוה פִּינְחָס בֶּן־אֶלְעָזָר בֶּן־אַהֲרֹן ע״ב ורבוע ע״ב הַכֹּהֵן מלה וַיָּקָם מִתּוֹךְ הָעֵדָה וַיִּקַּח חוע רֹמַח אברהם, ח״פ אל, רמ״ח בְּיָדוֹ: 8 וַיָּבֹא אַחַר אִישׁ־ ע״ה קנ״א קס״א יִשְׂרָאֵל אֶל־הַקֻּבָּה וַיִּדְקֹר אֶת־שְׁנֵיהֶם אֵת אִישׁ ע״ה קנ״א קס״א יִשְׂרָאֵל וְאֶת־הָאִשָּׁה אֶל־קֳבָתָהּ וַתֵּעָצַר הַמַּגֵּפָה מֵעַל עלב בְּנֵי יִשְׂרָאֵל: 9 וַיִּהְיוּ מלוי ס״ג הַמֵּתִים בַּמַּגֵּפָה אַרְבָּעָה וְעֶשְׂרִים אָלֶף אלף למד עין דלת יוד ע״ה:

Cuando la multitud mixta llegó, ellos se entremezclaron con las mujeres de la tribu de Shimón, después de que se habían convertido, y procrearon hijos, algunos de los cuales murieron en el episodio del Becerro de Oro y otros de los que murieron en la plaga; mientras que los que quedaron vivos murieron aquí, como está literalmente escrito: "Y los muertos por la plaga fueron veinticuatro mil" (Números 25:9).
— El Zóhar, Pinjás 75:469

Mi maestro, de bendita memoria, siempre mencionaba la historia de los 24.000 estudiantes de Rav Akivá que murieron de muertes innaturales. El Talmud afirma que ellos murieron porque "no se trataban con respeto unos a otros".
—Yedid Nafshí por Rav Yehuda Tzvi Brandwein

HAFTARÁ DE BALAK

En esta lectura de la Haftará, escuchamos acerca del día en el que el caos acabará para los israelitas y el Creador los protegerá mientras destruye a sus enemigos. Esto nos enseña que la negatividad es temporal pero la Luz es eterna, y que cuando resistimos nuestra negatividad y

MIQUEAS 5:6-6:8

5 *⁶ Y el remanente de Yaakov estará en medio de muchos pueblos, como rocío que viene del Eterno, como lluvias sobre la hierba que no las espera el hombre ni las aguardan las manos de los hijos de los hombres.*

⁷ Y el remanente de Yaakov será entre las naciones, en medio de muchos pueblos, como león entre las bestias de la selva, como leoncillo entre los rebaños de ovejas, que atrapa y desgarra a quien pase, y no hay quien lo libre.

⁸ Que Tu mano se alce contra Tus adversarios y que todos Tus enemigos sean exterminados.

⁹ Y sucederá en aquel día, dice el Eterno, que exterminaré tus caballos de en medio de ti, y destruiré tus carros;

¹⁰ Y exterminaré las ciudades de tu tierra, y derribaré todas tus fortalezas;

¹¹ y exterminaré las hechicerías de tu mano y no tendrás más adivinos;

¹² y exterminaré tus imágenes talladas y tus pilares de en medio de ti; y no te postrarás más ante la obra de tus manos.

¹³ Y arrancaré tus Asherim de en medio de ti y destruiré a tus enemigos.

¹⁴ Y cobraré venganza con ira y furia sobre las naciones, porque no obedecieron.

6 *¹ Oigan ahora lo que dice el Eterno: Levántate, contiende ante los montes, que las colinas oigan tu voz.*

² Oigan, montes, la controversia del Eterno, y ustedes, perdurables cimientos de la Tierra; porque el Eterno tiene una controversia contra Su pueblo y entablará juicio con Israel.

³ Pueblo Mío, ¿qué te he hecho? ¿Y en qué te he molestado? Testifica en Mi contra.

HAFTARÁ DE BALAK

deseamos transformarnos, la Luz entra y nos ayuda a superar a quien, ultimadamente, es nuestro mayor enemigo: nuestro propio ego.

מיכה פרק 5, 6–פרק 6, 8

5 וְהָיָה יהוה, יהה | שְׁאֵרִית יַעֲקֹב ו'פ יהוה, יאהדונהי אידהנויה בְּקֶרֶב קמ'ג קס'א עַמִּים
רַבִּים קס'א כְּטַל כוז'ו מֵאֵת יְהֹוָהאהדונהי כִּרְבִיבִים עֲלֵי־עֵשֶׂב ע'ב שמות
אֲשֶׁר לֹא־יְקַוֶּה לְאִישׁ קנ'א קס'א ע'ה וְלֹא יְיַחֵל לִבְנֵי אָדָם מ'ה: 7 וְהָיָה יהוה, יהה
שְׁאֵרִית יַעֲקֹב ו'פ יהוה, יאהדונהי אידהנויה בַּגּוֹיִם בְּקֶרֶב קמ'ג קס'א עַמִּים ע'ה קס'א
רַבִּים כְּאַרְיֵה רו'י, גבורה בְּבַהֲמוֹת יַעַר סאלפין, ערי, סנדלפון כִּכְפִיר בְּעֶדְרֵי־צֹאן
מלוי אהיה דיודין ע'ה אֲשֶׁר אִם־ יוהך, ע'ה מ'ב עָבַר רבוע יהוה ורבוע אלהים וְרָמַס וְטָרַף רפ'ח ע'ה
וְאֵין מַצִּיל: 8 תָּרֹם בכ'י יָדְךָ עַל־צָרֶיךָ וְכָל־ ילי אֹיְבֶיךָ יִכָּרֵתוּ: 9 וְהָיָה
יהוה, יהה בַיּוֹם ע'ה = נגד, זן, מזבח הַהוּא נְאֻם־יְהֹוָהאהדונהי וְהִכְרַתִּי סוּסֶיךָ
מִקִּרְבֶּךָ וְהַאֲבַדְתִּי מַרְכְּבֹתֶיךָ: 10 וְהִכְרַתִּי עָרֵי סאלפין, ערי, סנדלפון אַרְצֶךָ
וְהָרַסְתִּי כָּל־ ילי מִבְצָרֶיךָ: 11 וְהִכְרַתִּי כְשָׁפִים בכ'י מִיָּדֶךָ וּמְעוֹנְנִים לֹא
יִהְיוּ־ אל לָךְ: 12 וְהִכְרַתִּי פְסִילֶיךָ וּמַצֵּבוֹתֶיךָ מִקִּרְבֶּךָ וְלֹא־תִשְׁתַּחֲוֶה
עוֹד לְמַעֲשֵׂה יָדֶיךָ: 13 וְנָתַשְׁתִּי אֲשֵׁירֶיךָ מִקִּרְבֶּךָ וְהִשְׁמַדְתִּי עָרֶיךָ:
14 וְעָשִׂיתִי בְּאַף וּבְחֵמָה נָקָם מנצפך אֶת־הַגּוֹיִם אֲשֶׁר לֹא שָׁמֵעוּ:
6 שִׁמְעוּ־נָא אֵת אֲשֶׁר־יְהֹוָהאהדונהי אֹמֵר קוּם רִיב אֶת־הֶהָרִים
הריות וְתִשְׁמַעְנָה הַגְּבָעוֹת קוֹלֶךָ: 2 שִׁמְעוּ הָרִים אֶת־רִיב יְהֹוָהאהדונהי
וְהָאֵתָנִים מוֹסְדֵי אֱלהים דאלפין אָרֶץ כִּי רִיב לַיהֹוָהאהדונהי עִם־עַמּוֹ
וְעִם־יִשְׂרָאֵל יִתְוַכָּח: 3 עַמִּי מ'ה מֶה־ עָשִׂיתִי לְךָ וּמָה מ'ה הֶלְאֵתִיךָ עֲנֵה

4 Yo te hice subir de la tierra de Egipto, y de la casa de esclavitud te redimí, y envié a Moshé, Aharón y Miriam delante de ti.

5 Pueblo Mío, recuerda ahora lo que ideó Balak, rey de Moav, y lo que le respondió Bileam, hijo de Beor; desde Shitim hasta Guilgal, para que conozcas los actos justos del Eterno.

6 "¿Con qué llegaré al Eterno y me postraré ante Dios en lo alto? ¿Llegaré delante de Él con holocaustos, con becerros de un año?

7 ¿Se agradará el Eterno con mil carneros, con diez mil ríos de aceite? ¿Entregaré a mi primogénito por mi transgresión, el fruto de mis entrañas por el pecado de mi alma?".

8 Se te ha dicho, hombre, lo que es bueno y lo que el Eterno demanda de ti: sólo obrar con justicia, amar la misericordia y andar humildemente con tu Dios.

בִּי: 4 כִּי הֶעֱלִתִיךָ מֵאֶרֶץ אלהים דאלפין מִצְרַיִם מצר וּמִבֵּית ב"פ ראה עֲבָדִים פְּדִיתִיךָ וָאֶשְׁלַח לְפָנֶיךָ סמ"ב אֶת־מֹשֶׁה מהש, אל שדי אַהֲרֹן ע"ב ורבוע ע"ב וּמִרְיָם:

5 עַמִּי זְכָר־נָא מַה־ מ"ה יָּעַץ בָּלָק מֶלֶךְ מוֹאָב יוד הא ואו הה וּמֶה־ מ"ה עָנָה אֹתוֹ בִּלְעָם בֶּן־בְּעוֹר מִן־הַשִּׁטִּים עַד־הַגִּלְגָּל לְמַעַן דַּעַת צִדְקוֹת יְהוָואדניאהדונהי: 6 בַּמָּה אֲקַדֵּם יְהוָואדניאהדונהי אִכַּף לֵאלֹהֵי דמב, ילה מָרוֹם הַאֲקַדְּמֶנּוּ בְעוֹלוֹת בַּעֲגָלִים בְּנֵי שָׁנָה: 7 הֲיִרְצֶה יְהוָואדניאהדונהי בְּאַלְפֵי אֵילִים בְּרִבְבוֹת נַחֲלֵי־שָׁמֶן י"פ טל, י"פ כוז"ו, ביט הַאֶתֵּן בְּכוֹרִי פִּשְׁעִי פְּרִי ע"ה אלהים דאלפין בִטְנִי וְחַטַּאת נַפְשִׁי: 8 הִגִּיד לְךָ אָדָם מ"ה מַה־ מ"ה טּוֹב והו וּמָה־ מ"ה יְהוָואדניאהדונהי דּוֹרֵשׁ מִמְּךָ כִּי אִם־ יוהך, ע"ה מ"ב עֲשׂוֹת מִשְׁפָּט ע"ה ה"פ אלהים וְאַהֲבַת ב"פ רו, ב"פ אור, ב"פ אין—סוף חֶסֶד ע"ב, ריבוע יהוה וְהַצְנֵעַ לֶכֶת עִם־אֱלֹהֶיךָ ילה:

PINJÁS

LA LECCIÓN DE PINJÁS
(Números 25:10-30:1)

El poder de transformar el cuerpo en alma

Rav Leví Yitsjak de Berdichev (1740-1809), en su libro *Kedushat HaLeví*, escribió:

"Pinjás es Eliyahu [Elías] y está vivo y a salvo. ¿A qué se debe esto? A que el cuerpo de una persona está lejos de realizar la obra de Dios, ya que piensa solamente en sus necesidades físicas. Sólo el alma de una persona está pensando siempre en el temor reverencial que siente por la Luz. Por otro lado, el cuerpo no tiene estos pensamientos de la Luz y, por lo tanto, finalmente debe ser sepultado. No obstante, si el cuerpo también realizara la obra de Dios constantemente, el hombre nunca podría morir y, como tal, sería como fue antes del Pecado Original. Pinjás en realidad se entregó para morir de esta manera, como nuestros sabios han escrito (Sanhedrín 82): 'Y se hallado que el cuerpo de Pinjás no tomaba en cuenta sus necesidades físicas; éste sólo realizaba la obra de Dios sinceramente, tal como lo hacía su alma, porque durante el momento de esta acción fue como si su cuerpo no existiera. Pinjás se entregó para morir en este acto que hizo por voluntad de Dios y, por lo tanto, su cuerpo fue purificado para seguir existiendo y viviendo'".

La explicación de Rav Yehuda Áshlag aclarará esto aún más. Rav Áshlag dijo que el *Deseo de Recibir para Sí Mismo Solamente* es lo que nos separa del bendito Creador. Hablando en términos espirituales, las cosas que difieren entre sí están separadas y alejadas, en tanto que las cosas que tienen afinidad y son semejantes están unidas. Mientras la esencia del cuerpo es *Deseo de Recibir para Sí Mismo Solamente*, la esencia del alma es *Deseo de Compartir*; que es también la Esencia del Creador. Nuestro trabajo en este mundo es convertir nuestro *Deseo de Recibir para Sí Mismo* en el *Deseo de Compartir*, que es el deseo del alma. También es importante entender que la muerte proviene del *Deseo de Recibir para Sí Mismo Solamente*. Ese deseo nos mantiene alejados de vivir nuestra vida verdaderamente; y la vida es la expresión de la Luz. Nuestra separación de la Luz tanto causa la muerte como nos conecta con ella, la cual proviene del Lado Negativo.

Se debe entender que cuanto más una persona se deje llevar únicamente por el *Deseo de Recibir*, más atrae sobre sí misma la energía de muerte en todas sus manifestaciones; hasta que tanta muerte haya sido atraída sobre la persona que muere. En cambio, cuando una persona hace el esfuerzo de cambiar su comportamiento y seguir el *Deseo de Compartir*, se aleja del poder de la muerte y se acerca a la Luz de la vida. Si la gente entendiera esto verdaderamente, sólo los tontos persistirían en su *Deseo de Recibir para Sí Mismo Solamente*, ya que, al seguir este aspecto de su naturaleza, en realidad están matándose a sí mismos.

En las palabras de Rav Áshlag, en su introducción a las *Diez Emanaciones Luminosas*, párrafo 96:

*"Y alabados sean los merecedores que no pueden dejar de realizar de las mitsvot [preceptos]
como están destinadas a realizarse, como un hombre que no puede separarse de un placer
maravilloso, y como tal, huyen del pecado como huirían del fuego".*

Estas son palabras sagradas que purifican y encienden el fuego del compromiso en el corazón de
aquellos que quieren hacer la verdadera obra de Dios.

Lamentablemente, el destino de muerte de todos revela que todos somos tontos en cierta medida,
dado que todos nosotros aún seguimos dejándonos llevar por nuestro *Deseo de Recibir para Sí
Mismo Solamente*. Ahora podemos entender lo que el *Kedushat HaLeví* decía: Pinjás purgó cada
chispa de *Deseo de Recibir* de su propio ser, convirtiendo así su cuerpo en alma y separándolo
de cualquier conexión con la muerte. Por lo tanto, la muerte evidentemente no tuvo control sobre
su cuerpo.

Nuestra lección de la historia de Pinjás es que necesitamos despertar dentro de nosotros mismos
el entendimiento de que debemos huir del *Deseo de Recibir para Sí Mismo Solamente* como
huiríamos de la muerte, porque éstos son uno solo. Antes de actuar conforme a cualquier *Deseo
de Recibir para Sí Mismo Solamente,* debemos preguntarnos: "¿Quiero atraer sobre mí la energía
de muerte que, obviamente, será el resultado de mi acción?".

En el relato de Pinjás, el Creador nos ha dado un regalo maravilloso: la Luz y la fortaleza para
convertir nuestro *Deseo de Recibir* en el *Deseo de Compartir*; convertir cuerpo en alma y transformar
lo físico en lo espiritual. A través de nuestra participación en la lectura de este *Shabat* y la conexión
con la esencia de Pinjás, se nos da el poder de hacer este cambio dentro de nosotros. Y de este
modo, podemos tener el mérito de que la muerte sea devorada por siempre.

La Luz que es Preservada

En el momento de la Creación del mundo, el Creador escondió la Luz más grande, que es llamada
"la Luz Preservada". Esta Luz Preservada está presente en los 21 días a partir del 17 de *Tamuz*
hasta el 9 de *Av*. De acuerdo con la Kabbalah, estas tres semanas parecen incluir los días más
negativos del año. Si bien el 9 de *Av* parece ser el día más negativo del año, es realmente el día
que puede revelar la mayor cantidad de Luz Preservada.

Para entender esta paradoja, podemos leer la introducción a las *Diez Emanaciones Luminosas* de
Rav Yehuda Áshlag, carta 13:

*Y los sabios ya hicieron una metáfora hermosa acerca de esto, en el versículo: "¡Ay de los
que ansían el día de Dios! ¿De qué les servirá el día de Dios si es oscuridad y no Luz?"
(Amós 5:18). La metáfora es la de un gallo y un murciélago que están esperando la luz. El
gallo le dijo al murciélago: "Estoy esperando a mi luz, pero ¿para qué necesitas tú la luz?"
(Sanhedrín 99:72). Está explicado que en el 9 de Av toda la Luz del mundo será revelada,
pero será oscuridad absoluta para aquellos que no tienen el mérito.*

Rav Áshlag enseñó que todo nuestro trabajo en este mundo está dirigido hacia convertir el *Deseo de Recibir para Sí Mismo Solamente* en el *Deseo de Compartir*. Para alguien que esté completamente ensimismado, la Luz parecerá oscuridad. Cuando una persona todavía está enredada en el *Deseo de Recibir*, su felicidad y dicha son completamente opuestas a la Luz y la Luz es opuesta a su felicidad y dicha.

Desafortunadamente, la mayoría de la gente comete el error de pensar que merecerán la Luz debido a sus buenas acciones, a pesar de que continúen sumergidos en su *Deseo de Recibir para Sí Mismo Solamente*. No están completamente equivocados en esa creencia: el Creador no alejará la Luz de la persona que la merezca. Pero la Luz que podemos recibir de nuestras buenas acciones es nada en comparación con la Luz que podemos obtener a través del verdadero trabajo espiritual de transformarnos.

Es por ello que estos días entre el 17 de *Tamuz* y el 9 de *Av* son oscuridad para nosotros: todavía estamos atrapados en nuestro *Deseo de Recibir para Sí Mismo Solamente*, y es este deseo el que convierte la bondad en maldad y la dulzura en amargura. Nuestro trabajo ahora es cambiarnos a nosotros mismos a fin de que merezcamos la gran Luz que está preservada en estos días. Sólo de esta manera podremos disfrutar realmente de la Luz del Creador y verdaderamente conocer a Dios.

SINOPSIS DE PINJÁS

Los kabbalistas enseñan que la historia de Pinjás trata acerca de la sanación. Pinjás era conocido como un sanador porque él no reaccionaba a las circunstancias; en lugar de ello, él pensaba antes de actuar. A fin de que nosotros podamos sanar, tenemos que restringir nuestra naturaleza reactiva. Sin ese cambio en nosotros, ninguna herramienta de sanación puede funcionar.

PRIMERA LECTURA – AVRAHAM – JÉSED

25 ¹⁰ Y el Eterno habló a Moshé, para decir: ¹¹ "Pinjás, hijo de Eleazar, hijo de Aharón, el sacerdote, ha apartado Mi furia de los hijos de Israel porque demostró su fervor por Mi Nombre entre ellos, a fin de que yo no consuma a los hijos de Israel en Mi celo.

¹² Por lo tanto, di: He aquí que Yo le doy Mi pacto de paz; ¹³ y será para él y para su simiente después de él un pacto de sacerdocio perpetuo; porque tuvo fervor por su Dios e hizo expiación por los hijos de Israel".

COMENTARIO DEL RAV

Aquellos que usan el rollo de la Torá durante *Shabat* saben que éste pierde su validez luego de cierto tiempo: la tinta se cae porque cada letra se levanta del pergamino y al cabo de un tiempo desaparece. Si hay incluso una grieta fina en una de las letras de las miles de palabras en la Torá, aun si una sola letra está picada, ese rollo es inválido.

En la palabra *shalom* (paz, completitud) la letra *Vav* aparece con una delgada grieta. Esta letra debe incluir ese espacio; de hecho, si un escriba tiene que escribir dicha letra *Vav* y no incluye la pequeña separación, se considera inválida. ¿Se pueden imaginar? Para poder validar la Torá en esta sección de Pinjás, se requiere que esta *Vav* contenga una fractura fina. ¿Cómo podemos conciliar esto? El *Zóhar* es muy profundo, y dice que la razón por la cual esta letra está quebrada es para proporcionarnos una oportunidad para usar nuestra conciencia y nuestro conocimiento (y esto es ciencia del siglo cincuenta, según el calendario hebreo), y tomar esas dos partes de la *Vav* rota y unirlas. Por ende, a través de esta letra quebrada se nos da la oportunidad de entender que donde las cosas necesitan ser enmendadas, en las áreas de nuestra vida donde hay quiebres, podemos enmendar esta letra agrietada con nuestra conciencia, con el poder y la energía que nos ofrece este *Shabat*. Comenzar a pensar acerca de esta posibilidad es demasiado remoto en el ámbito de la ciencia: tener una oportunidad de acceder a esta clase de Fuerza de Luz que está disponible, y completar o rehacer cualesquiera partes rotas en nuestra vida, en cualquiera de las formas que aparezcan dichas roturas.

פִּינְ֖חָס

Números 25:11 – Hay una *Yud* pequeña en el nombre Pinjás. La Kabbalah nos enseña que cada letra aramea contiene a la *Yud*, que es la fuente de toda materia, aunque su forma siempre sea modificada para ser el componente de una letra en específico. Aquí, donde es más pequeña de lo normal, nos da la capacidad de reducir la influencia de la realidad física así como nos ayuda a disminuir nuestro ego para que la Luz del Creador pueda llenarnos de vida. La *Yud* está presente en el nombre de Pinjás porque él tenía la capacidad de controlar la materia.

> ... *Y el Espíritu Santo,* ESTO ES: MALJUT, *le gritó: "Para guardarte de la mujer extraña, la mujer extranjera que suaviza sus palabras..." (Proverbios 7:5).* PREGUNTA: *¿Qué está esto tratando de enseñarnos aquí?* Y RESPONDE: ESTO NOS ESTÁ ENSEÑANDO *que todo aquél que se guarda de tal cosa* COMO LO HIZO YOSEF *está atado a la Shejiná y se aferra a este testimonio* QUE ES MALJUT.

PRIMERA LECTURA – AVRAHAM – JÉSED

פִּינְחָס 11 לֵאמֹר: רֵאה יְהֹוָאדִּיְלֵהֹיְּאֱהֹדּוֹנָהִּי מֶהֵע, אֵל שַׁדִּי אֶל־מֹשֶׁה וַיְדַבֵּר 10

עלם מֵעַל אֶת־חֲמָתִי הֵשִׁיב מלה הַכֹּהֵן ע"ב ורביע ע"ב אַהֲרֹן בֶּן־אֶלְעָזָר בֶּן־

אֶת־בְּנֵי וְלֹא־כִלִּיתִי בְּתוֹכָם אֶת־קִנְאָתִי בְּקַנְאוֹ בְנֵי־יִשְׂרָאֵל

אֶת־בְּרִיתִי לוֹ נֹתֵן הִנְנִי אֹמַר לָכֵן 12 אבויתא, ושיר, אהבת חנם נָתַן הִנְנִי אֹמֵר לָכֵן

תַּחַת עוֹלָם כְּהֻנַּת בְּרִית אַחֲרָיו וּלְזַרְעוֹ לוֹ וְהָיְתָה 13 שָׁלוֹם:

עַל־בְּנֵי יִשְׂרָאֵל: וַיְכַפֵּר ילה לֵאלֹהָיו מקוה, קנ"א, אלהים אדני אֲשֶׁר קִנֵּא

¿Y cuál es éste? Éste es la Hei que le fue añadida, como está escrito: "Esto ordenó en Yosef por testimonio" (Salmos 81:6). También en nuestra sección, una Yud fue añadida al nombre de Pinjás porque él era celoso sobre el mismo asunto, EL CASO DE ZIMRÍ, PORQUE LA YUD INSINÚA A MALJUT.
— El Zóhar, Pinjás 5:16

Y ÉL RESPONDE: Porque hay dos juegos de alfabetos registrados: un alfabeto de letras grandes y uno de letras pequeñas. Y EXPLICA: Las letras grandes pertenecen al mundo por Venir Y ESTÁN EN EL ASPECTO DE BINÁ, QUE ES LLAMADA 'EL MUNDO POR VENIR', en tanto que las letras pequeñas pertenecen a este mundo Y SON DEL ASPECTO DE MALJUT, QUE ES LLAMADA 'ESTE MUNDO'. AQUÍ SE ENCUENTRA LA RAZÓN PARA la letra pequeña Yud, que es una señal del Pacto Sagrado, A SABER: MALJUT. Dado que Pinjás era celoso de este Pacto, una Yud pequeña le fue añadida, la cual es el secreto de este Pacto, A SABER: MALJUT.
— El Zóhar, Pinjás 20:129

שָׁלוֹם

Números 25:12 – En este versículo hay una letra Vav segmentada en la palabra shalom (paz). Cuando estamos conectados con la paz, tenemos salud completa; sólo la desconexión de la paz y la Luz es lo que causa la enfermedad. A nivel global, la enfermedad es causada por nuestra falta de respeto a la dignidad de todas las personas.

וְהָיְתָה

Números 25:13 – Pinjás se ganó el sacerdocio perpetuo para su familia debido a sus acciones positivas; acciones que surgieron de su confianza absoluta y certeza en su conexión con el Creador a pesar de que, si hubiese pensado lógicamente, nunca habría intentado actuar de la forma que lo hizo. Nosotros también debemos reconocer que cualquier cosa es posible. Debemos reemplazar el miedo con la certeza absoluta, y entonces la Luz hará el resto. Pinjás estaba completamente seguro de que lo imposible era posible, y muchos milagros ocurrieron a partir de la fortaleza de su pensamiento consciente.

El Zóhar dice:

Ven y ve: Uno que es fervoroso con el Santo Nombre del Santísimo, bendito sea Él, aun si no está designado para la grandeza y no es merecedor de ésta, la gana y la obtiene. Pinjás no era merecedor DEL SACERDOCIO en ese tiempo, pero debido a que era fervoroso con el nombre de su Señor, ganó todo y se elevó a la posición más elevada, y todo fue puesto justo dentro de él, y él obtuvo el privilegio de servir en el sumo sacerdocio.
— El Zóhar, Pinjás 3:11

14 El nombre del hombre de Israel que fue muerto con la madianita era Zimrí, hijo de Salú, jefe de una casa paterna entre los shimonitas.

15 Y el nombre de la mujer madianita que fue muerta era Kozbí, hija de Tsur; él era cabeza del pueblo de una casa paterna en Midián.

16 Y el Eterno habló a Moshé, diciendo:

17 "Hostiguen a los madianitas y hiéranlos;

18 puesto que ellos los hostigan con sus tretas, con los que los engañaron en el asunto de Peor, y en el asunto de Kozbí, hija del jefe de Madián, su hermana, que fue muerta el día de la plaga en el asunto de Peor".

26 1 Y sucedió después de la plaga, que el Eterno habló a Moshé y a Eleazar, hijo de Aharón, el sacerdote, para decir:

2 "Saquen la suma de toda la congregación de los hijos de Israel, de veinte años en adelante por sus casas paternas, todos los que en Israel puedan salir a la guerra".

Números 26:1 – Hay muy pocos espacios en la Biblia, lugares donde hay una separación o espacio dentro de un versículo. Uno de ellos está aquí, justo después de la palabra aramea *maguefá* que significa "plaga". Según la Kabbalah, una plaga surge cuando el Satán tiene el dominio. El *Zóhar* dice:

> *...hemos aprendido que cuando hay una plaga en una ciudad o en el mundo, una persona no debe mostrarse en el mercado, porque el Ángel de la Destrucción ha recibido permiso para destruir todo.*
> — El Zóhar, Nóaj 12:79

Este espacio después de la palabra *maguefá* nos ayuda a distanciarnos de las plagas. Debemos desconectarnos de personas, lugares o cosas que son afectados por una plaga. En esencia, una plaga es cualquier cosa que inflige una mancha mortal en el espíritu. Cuando percibimos una mancha en los demás, debemos distanciarnos a fin de no contaminarnos. Por otro lado, si nosotros mismos somos afectados por una plaga, debemos reconocer la necesidad de nuestra purificación espiritual y actuar en consecuencia.

שְׂאוּ

Números 26:2 – Moshé decidió contar al pueblo de nuevo para purificarlos de todas las plagas y todas las demás negatividades que habían experimentado. Después de su más reciente batalla con el Satán, ellos necesitaban reconectar con la Luz. Cuando experimentamos una caída espiritual o cualquier clase de negatividad en nuestra vida, necesitamos reconectar con la Luz de alguna manera. Este versículo nos ayuda a lograr nuestra reconexión.

Más acerca de las Influencias Astrológicas

Hay varios atributos de las 12 tribus que pueden estar vinculados a los 12 signos astrológicos. Aunque cada uno de nosotros tiene un solo signo de nacimiento, somos influenciados por todos los planetas e incluimos características de todos los signos en nosotros mismos. Tenemos que superar los atributos negativos de los signos y conectar con sus cualidades positivas para así transformarnos. El *Zóhar* explica:

14 וְשֵׁם אִישׁ יִשְׂרָאֵל הַמֻּכֶּה אֲשֶׁר הֻכָּה אֶת־הַמִּדְיָנִית

זִמְרִי בֶּן־סָלוּא נְשִׂיא בֵית־אָב לַשִּׁמְעֹנִי׃ 15 וְשֵׁם הָאִשָּׁה

הַמֻּכָּה הַמִּדְיָנִית כָּזְבִּי בַת־צוּר רֹאשׁ

אֻמּוֹת בֵּית־אָב בְּמִדְיָן הוּא׃ 16 וַיְדַבֵּר יְהוָֹה

אֶל־מֹשֶׁה לֵּאמֹר׃ 17 צָרוֹר אֶת־הַמִּדְיָנִים וְהִכִּיתֶם אוֹתָם׃

18 כִּי צֹרְרִים הֵם לָכֶם בְּנִכְלֵיהֶם אֲשֶׁר־נִכְּלוּ לָכֶם עַל־דְּבַר־

פְּעוֹר וְעַל־דְּבַר כָּזְבִּי בַת־נְשִׂיא מִדְיָן אֲחֹתָם הַמֻּכָּה בַיּוֹם־

הַמַּגֵּפָה עַל־דְּבַר־פְּעוֹר׃ 26 1 וַיְהִי אַחֲרֵי הַמַּגֵּפָה

וַיֹּאמֶר יְהוָֹה אֶל־מֹשֶׁה וְאֶל אֶלְעָזָר בֶּן־אַהֲרֹן

הַכֹּהֵן לֵאמֹר׃ 2 שְׂאוּ אֶת־רֹאשׁ כָּל־

עֲדַת בְּנֵי־יִשְׂרָאֵל מִבֶּן עֶשְׂרִים שָׁנָה וָמַעְלָה לְבֵית אֲבֹתָם

Y aquéllos que no conocen este secreto dicen: 'Los hijos, la vida y el sustento no son un asunto del mérito de uno, sino que más bien depende esto de las constelaciones (heb. mazal)'. Tomen el caso de Avraham, quien vio que él no estaba destinado a tener un hijo, y el Santísimo, bendito sea Él, lo llevó afuera, como está dicho: "Y Él lo llevó afuera, y dijo: 'Mira...'" (Génesis 15:5). Y ha sido enseñado que Él le dijo: 'Deja tu astrología', A SABER: NO CONSULTES A LAS ESTRELLAS Y A LAS CONSTELACIONES. Y lo subió arriba de las estrellas y le dijo: "'... Mira ahora al cielo y cuenta las estrellas...'" (ibid.). ¡Qué pena por las palabras de los sabios, pero ellas tienen que ser interpretadas místicamente!

Ven y ve: Todas las criaturas en el mundo, antes de que la Torá fuera entregada a Yisrael, dependían del Mazal (destino entendido como influencia de las estrellas), aun los hijos, la vida y el sustento. Después de que la Torá fue entregada a Yisrael, Él quitó a Yisrael de las influencias de las estrellas y

constelaciones. Esto lo hemos aprendido de Avraham, dado que sus hijos estaban destinados a recibir la Hei de Avraham, esto es: los cinco libros de la Torá, A SABER: MALJUT, como está dicho: "Éstas son las generaciones del Cielo y de la Tierra cuando fueron creados (heb. behibaram)..." (Génesis 2:4). Behibaram: beHei Beraam (significando: 'Él los creó con una Hei'). Él dijo a Avraham: 'Debido a esa Hei que fue añadida a tu nombre, el Cielo debajo de ti y todas las estrellas y todas las constelaciones que brillan en la Hei estarán subordinadas a ti'; PORQUE ÉL LO ELEVÓ POR ENCIMA DE ELLAS. Además, está dicho: "... ¡Miren (heb. he): Aquí tienen semilla para ustedes, y ustedes deben sembrar la tierra!" (Génesis 47:23) con Hei. Esto es: "'...porque en Yitsjak será llamada tu descendencia'" (Génesis 21:12), QUIEN ES EL SECRETO DE LA COLUMNA IZQUIERDA, DE LA CUAL MALJUT, EL SECRETO DE HEI, ES ATRAÍDA, Y LA SIEMBRA ESTÁ ASÍ EN MALJUT.

— El Zóhar, Pinjás 11:64-65

³ Entonces Moshé y Eleazar, el sacerdote, hablaron con ellos en las llanuras de Moav, junto al Jordán, frente a Yerijó, diciendo:

⁴ "Saquen la suma del pueblo, de veinte años en adelante, como el Eterno ordenó a Moshé, y los hijos de Israel que salieron de la tierra de Egipto".

SEGUNDA LECTURA – YITSJAK – GUEVURÁ

⁵ Reuvén, primogénito de Israel: Los hijos de Reuvén: de Janoj, la familia de los janojitas; de Falú, la familia de los faluitas;

⁶ de Jetsrón, la familia de los jetsronitas; de Carmí, la familia de los carmitas.

⁷ Estas son las familias de los rubenitas, y los que fueron enumerados de ellas eran cuarenta y tres mil setecientos treinta. ⁸ El hijo de Falú: Eliav.

⁹ Y los hijos de Eliav: Nemuel, Datán y Aviram. Datán y Aviram son los que fueron electos por la congregación y quienes contendieron contra Moshé y contra Aharón en la comunidad de Kóraj, cuando contendieron contra el Eterno;

¹⁰ y la tierra abrió su boca y los tragó a ellos junto con Kóraj cuando esa comunidad murió, momento en el cual el fuego devoró a doscientos cincuenta hombres, y se convirtieron en una señal. ¹¹ No obstante, los hijos de Kóraj no murieron.

¹² Los hijos de Shimón según sus familias: de Nemuel, la familia de los nemuelitas; de Yamín, la familia de los yaminitas; de Yajín, la familia de los yajinitas;

¹³ de Zéraj, la familia de los zerajitas; de Shaúl, la familia de los shaulitas. ¹⁴ Estas son las familias de los shimeonitas: veintidós mil doscientos.

¹⁵ Los hijos de Gad según sus familias: de Tsefón, la familia de los tsefonitas; de Jaguí, la familia de los jaguitas; de Shuní, la familia de los shunitas;

רְאוּבֵן

Números 26:5 – Los cancerianos tienen las cualidades de maternidad, cuidado y sensibilidad emocional, pero pueden ser propensos a los cambios de humor y a la depresión, lo cual crea aberturas para la negatividad y la enfermedad. Los cancerianos también deben evitar la trampa de ser demasiado necesitados, especialmente al necesitar demasiado de una madre o una figura maternal, así como la necesidad de sentirse refugiados y protegidos.

שִׁמְעוֹן

Números 26:12 – Los leo pueden ser muy cariñosos, generosos y creativos. Por otro lado, deben procurar no volverse sobreprotectores, dominantes y egoístas.

כָּל־ יֹצֵא צָבָא בְּיִשְׂרָאֵל: 3 וַיְדַבֵּר מֹשֶׁה וְאֶלְעָזָר הַכֹּהֵן

אֹתָם בְּעַרְבֹת מוֹאָב עַל־יַרְדֵּן יְרֵחוֹ לֵאמֹר:

4 מִבֶּן עֶשְׂרִים שָׁנָה וָמַעְלָה כַּאֲשֶׁר צִוָּה יְהֹוָה אֶת־מֹשֶׁה

וּבְנֵי יִשְׂרָאֵל הַיֹּצְאִים מֵאֶרֶץ מִצְרָיִם:

SEGUNDA LECTURA – YITSJAK – GUEVURÁ

5 רְאוּבֵן בְּכוֹר יִשְׂרָאֵל בְּנֵי רְאוּבֵן חֲנוֹךְ מִשְׁפַּחַת

הַחֲנֹכִי לְפַלּוּא מִשְׁפַּחַת הַפַּלֻּאִי: 6 לְחֶצְרֹן מִשְׁפַּחַת הַחֶצְרוֹנִי לְכַרְמִי

מִשְׁפַּחַת הַכַּרְמִי: 7 אֵלֶּה מִשְׁפְּחֹת הָראוּבֵנִי וַיִּהְיוּ פְקֻדֵיהֶם שְׁלֹשָׁה

וְאַרְבָּעִים אֶלֶף וּשְׁבַע מֵאוֹת וּשְׁלֹשִׁים:

8 וּבְנֵי פַלּוּא אֱלִיאָב: 9 וּבְנֵי אֱלִיאָב נְמוּאֵל וְדָתָן

וַאֲבִירָם הוּא־דָתָן וַאֲבִירָם קְרִיאֵי (כתיב: קְרוּאֵי)

הָעֵדָה אֲשֶׁר הִצּוּ עַל־מֹשֶׁה וְעַל־אַהֲרֹן בַּעֲדַת־קֹרַח

בְּהַצֹּתָם עַל־יְהֹוָה: 10 וַתִּפְתַּח הָאָרֶץ אֶת־פִּיהָ

וַתִּבְלַע אֹתָם וְאֶת־קֹרַח בְּמוֹת הָעֵדָה בַּאֲכֹל הָאֵשׁ אֵת חֲמִשִּׁים

וּמָאתַיִם אִישׁ וַיִּהְיוּ לְנֵס: 11 וּבְנֵי־קֹרַח לֹא־מֵתוּ:

12 בְּנֵי שִׁמְעוֹן לְמִשְׁפְּחֹתָם לִנְמוּאֵל מִשְׁפַּחַת הַנְּמוּאֵלִי לְיָמִין מִשְׁפַּחַת

הַיָּמִינִי לְיָכִין מִשְׁפַּחַת הַיָּכִינִי: 13 לְזֶרַח מִשְׁפַּחַת הַזַּרְחִי

לְשָׁאוּל מִשְׁפַּחַת הַשָּׁאוּלִי: 14 אֵלֶּה מִשְׁפְּחֹת הַשִּׁמְעֹנִי שְׁנַיִם וְעֶשְׂרִים

אֶלֶף וּמָאתָיִם: 15 בְּנֵי גָד לְמִשְׁפְּחֹתָם לִצְפוֹן מִשְׁפַּחַת

גָּד

Números 26:15 – Los virgo se preocupan de los detalles y no ven el panorama completo.

Son perfeccionistas, pero también pueden ser excesivamente críticos y sentenciosos consigo mismos y con los demás.

16 de Ozni, la familia de los oznitas; de Erí, la familia de los eritas;

17 de Arod, la familia de los aroditas; de Arelí, la familia de los arelitas.

18 Estas son las familias de los hijos de Gad según los que fueron enumerados en ellas: cuarenta mil quinientos.

19 Los hijos de Yehuda: Er y Onán; y Er y Onán murieron en la tierra de Canaán.

20 Y los hijos de Yehuda según sus familias fueron: de Shelá, la familia de los shelanitas; de Perets, la familia de los peretsitas; de Zeraj, la familia de los zerajitas.

21 Y los hijos de Perets fueron: de Jetsrón, la familia de los jetsronitas; de Jamul, la familia de los jamulitas.

22 Estas son las familias de Yehuda según los que fueron enumerados en ellas: setenta y seis mil quinientos.

23 Los hijos de Yisajar según sus familias: de Tolá, la familia de los tolaítas; de Puvá, la familia de los puvaítas;

24 de Yashuv, la familia de los yashuvitas; de Shimrón, la familia de los shimronitas.

25 Estas son las familias de Yisajar según los que fueron enumerados en ellas: sesenta y cuatro mil trescientos.

26 Los hijos de Zevulún según sus familias: de Sered, la familia de los sereditas; de Elón, la familia de los elonitas; de Yajleel, la familia de los yajlelitas.

27 Estas son las familias de los zabulonitas según los que fueron enumerados en ellas: sesenta mil quinientos.

28 Los hijos de Yosef según sus familias: Menashé y Efrayim. 29 Los hijos de Menashé: de Majir, la familia de los majiritas; y Majir engendró a Guilad; de Guilad, la familia de los guiladitas.

יְהוּדָה

Números 26:19 – Los aries tienen mucha iniciativa y tienen una gran audacia, pero también tienen problemas en terminar lo que comienzan. La trampa de ellos es que pueden ser ingenuos y egocéntricos, lo cual a veces les hace pensar que son exitosos aun cuando no lo son.

יִשָּׂשכָר

Números 26:23 – El signo de Tauro está relacionado con los negocios, el dinero, la estabilidad y el deseo de disfrutar todos los aspectos de la vida. El individuo tauro también puede ser exageradamente posesivo con los objetos y las personas. Además, ellos anhelan la comodidad física y se resisten al cambio, en especial cuando el cambio conlleva el abandono de su zona de confort espiritual.

הַצְּפוֹנִי לְוַזָּגִּי מִשְׁפַּחַת הַוַזָּגִּי לְשׁוּנִי מִשְׁפַּחַת הַשּׁוּנִי: 16 לְאָזְנִי מִשְׁפַּחַת

הָאָזְנִי לְעֵרִי בְּוַזְבֵּר, עֵרִי, סַנְדְּלְפוֹן מִשְׁפַּחַת הָעֵרִי בְּוַזְבֵּר, עֵרִי, סַנְדְּלְפוֹן: 17 לַאֲרוֹד

מִשְׁפַּחַת הָאֲרוֹדִי לְאַרְאֵלִי מִשְׁפַּחַת הָאַרְאֵלִי: 18 אֵלֶּה מִשְׁפְּחֹת

בְּנֵי־גָד לִפְקֻדֵיהֶם אַרְבָּעִים אֶלֶף אלף למד שׁין דלת יוד ע"ה וַחֲמֵשׁ מֵאוֹת:

19 בְּנֵי יְהוּדָה עֵר י"פ ז"ך וְאוֹנָן וַיָּמָת עֵר י"פ ז"ך וְאוֹנָן בָּאֶרֶץ אלהים דאלפין כְּנָעַן:

20 וַיִּהְיוּ מלוי ס"ג בְנֵי־יְהוּדָה לְמִשְׁפְּחֹתָם לְשֵׁלָה מִשְׁפַּחַת הַשֵּׁלָנִי לְפֶרֶץ

מִשְׁפַּחַת הַפַּרְצִי לְזֶרַח ע"ה רי"ו, סמ"ב מִשְׁפַּחַת הַזַּרְחִי: 21 וַיִּהְיוּ מלוי ס"ג בְנֵי־פֶרֶץ

לְחֶצְרֹן מִשְׁפַּחַת הַחֶצְרֹנִי לְחָמוּל מִשְׁפַּחַת הֶחָמוּלִי: 22 אֵלֶּה מִשְׁפְּחֹת

יְהוּדָה לִפְקֻדֵיהֶם שִׁשָּׁה וְשִׁבְעִים אֶלֶף אלף למד שׁין דלת יוד ע"ה וַחֲמֵשׁ

מֵאוֹת: 23 בְּנֵי יִשָּׂשכָר י"פ אל י"פ ב"ן לְמִשְׁפְּחֹתָם תּוֹלָע אבגית"ץ, ושׁר, אהבת חנם

מִשְׁפַּחַת הַתּוֹלָעִי לְפֻוָה מִשְׁפַּחַת הַפּוּנִי: 24 לְיָשׁוּב מִשְׁפַּחַת הַיָּשֻׁבִי

לְשִׁמְרֹן מִשְׁפַּחַת הַשִּׁמְרֹנִי: 25 אֵלֶּה מִשְׁפְּחֹת יִשָּׂשכָר י"פ אל י"פ ב"ן

לִפְקֻדֵיהֶם אַרְבָּעָה וְשִׁשִּׁים אֶלֶף אלף למד שׁין דלת יוד ע"ה וּשְׁלֹשׁ מֵאוֹת: 26 בְּנֵי

זְבוּלֻן לְמִשְׁפְּחֹתָם לְסֶרֶד מִשְׁפַּחַת הַסַּרְדִּי לְאֵלוֹן מִשְׁפַּחַת הָאֵלֹנִי

לְיַחְלְאֵל מִשְׁפַּחַת הַיַּחְלְאֵלִי: 27 אֵלֶּה מִשְׁפְּחֹת הַזְּבוּלֹנִי לִפְקֻדֵיהֶם

שִׁשִּׁים אֶלֶף אלף למד שׁין דלת יוד ע"ה וַחֲמֵשׁ מֵאוֹת: 28 בְּנֵי יוֹסֵף ציון, ר"פ יהוה

לְמִשְׁפְּחֹתָם מְנַשֶּׁה וְאֶפְרָיִם אל מצפצ"ך: 29 בְּנֵי מְנַשֶּׁה לְמָכִיר מִשְׁפַּחַת

הַמָּכִירִי וּמָכִיר הוֹלִיד אֶת־גִּלְעָד לְגִלְעָד מִשְׁפַּחַת הַגִּלְעָדִי:

זְבוּלֻן

Números 26:26 – Géminis es comunicativo, le da la bienvenida al cambio, al aprendizaje, es curioso y colecciona información, amistades y compañeros. Por otro lado, el signo tiene dificultades en enfocarse y establecer compromisos. Si bien los géminis están abiertos al entusiasmo y las ideas novedosas, tienden a saltar de una cosa a otra y, a menudo, no terminan aquello que iniciaron.

מְנַשֶּׁה

Números 26:29 – Los escorpios pueden ser canales espirituales muy poderosos, pero tienden a ser demasiado emocionales, oscilando entre los polos opuestos de amor y odio. Ellos dividen el mundo en blanco y negro, amigos y enemigos. Para revelar la asombrosa Luz que poseen, tienen que aprender a crear un equilibrio entre lo negativo y lo positivo.

³⁰ Estos son los hijos de Guilad: de Yezer, la familia de los yezeritas; de Jélek, la familia de los jelekitas; ³¹ y de Asriel, la familia de los asrielitas; de Shejem, la familia de los shejemitas; ³² y de Shemidá, la familia de los shemidaítas; de Jéfer, la familia de los jeferitas.

³³ Y Tselofejad, hijo de Jéfer, no tuvo hijos, sino sólo hijas; y los nombres de las hijas de Tselofejad fueron Majlá, Noá, Joglá, Milká y Tirtsá.

³⁴ Estas son las familias de Menashé, y los que fueron enumerados de ellas: cincuenta y dos mil setecientos.

³⁵ Estos son los hijos de Efrayim según sus familias: de Shutelaj, la familia de los sutelaítas; de Bejer, la familia de los bejeritas; de Taján, la familia de los tajanitas.

³⁶ Y estos son los hijos de Shutelaj: de Erán, la familia de los eranitas. ³⁷ Estas son las familias de los hijos de Efrayim según los que fueron enumerados de ellas: treinta y dos mil quinientos. Estos son los hijos de Yosef según sus familias.

³⁸ Los hijos de Binyamín según sus familias: de Belá, la familia de los belitas; de Ashbel, la familia de los ashbelitas; de Ajiram, la familia de los ajiramitas; ³⁹ de Shefufam, la familia de los shefufamitas; de Jufam, la familia de los jufamitas.

⁴⁰ Y los hijos de Bela fueron Ard y Naamán: de Ard, la familia de los arditas; de Naamán, la familia de los naamitas. ⁴¹ Estos son los hijos de Binyamín según sus familias, y de ellos los que fueron enumerados: cuarenta y cinco mil seiscientos.

⁴² Estos son los hijos de Dan según sus familias: de Shujam, la familia de los shujamitas. Estas son las familias de Dan según sus familias. ⁴³ Todas las familias de los shujamitas, según los que fueron enumerados en ellas: sesenta y cuatro mil cuatrocientos.

⁴⁴ Los hijos de Asher según sus familias: de Yimná, la familia de los yimnaítas; de Yishví, la familia de los yishvitas; de Beriá, la familia de los beritas.

אֶפְרַיִם

Números 26:35 – Los libras vienen a traer armonía al universo. Son individuos cariñosos, relajados y pacíficos que, no obstante, luchan arduamente por la justicia. Pero necesitan encontrar equilibrio en la vida y no dar más de lo que es sabio dar.

בִּנְיָמִן

Números 26:38 – Sagitario es un signo filosófico que imparte el deseo de estudiar y aprender. Los sagitarios pueden ser muy amigables, optimistas y espirituales, pero también tienen una tendencia a ser frívolos y con poco tacto.

דָּן

Números 26:42 – Los capricornio son muy materialistas y prácticos. La vida para ellos se trata de orden, disciplina y rigidez. Puede ser muy difícil para ellos ser espirituales, ya que se basan demasiado en sus cinco sentidos físicos.

30 אֵלֶּה בְּנֵי גִלְעָד אִיעֶזֶר מִשְׁפַּחַת הָאִיעֶזְרִי לְחֵלֶק יהוה אהיה אהיה יהוה ארני מִשְׁפַּחַת

הַחֶלְקִי: 31 וְאַשְׂרִיאֵל מִשְׁפַּחַת הָאַשְׂרִאֵלִי וְשֶׁכֶם מִשְׁפַּחַת הַשִּׁכְמִי:

32 וּשְׁמִידָע מִשְׁפַּחַת הַשְּׁמִידָעִי וְחֵפֶר מִשְׁפַּחַת הַחֶפְרִי: 33 וּצְלָפְחָד

בֶּן־חֵפֶר לֹא־הָיוּ לוֹ בָּנִים כִּי אִם־בָּנוֹת וְשֵׁם יהוה שדי בְּנוֹת צְלָפְחָד יוחרך מ"ב ע"ה,

מַחְלָה וְנֹעָה חָגְלָה מִלְכָּה וְתִרְצָה: פוי, אל ארני ע"ה 34 אֵלֶּה מִשְׁפְּחֹת מְנַשֶּׁה

וּפְקֻדֵיהֶם שְׁנַיִם וַחֲמִשִּׁים אֶלֶף אלף למד שין דלת יוד ע"ה וּשְׁבַע ע"ב ואלהים דיורין

מֵאוֹת: 35 אֵלֶּה בְנֵי אֶפְרַיִם אל מצפצ לְמִשְׁפְּחֹתָם לְשׁוּתֶלַח מִשְׁפַּחַת

הַשֻּׁתַלְחִי לְבֶכֶר מִשְׁפַּחַת הַבַּכְרִי לְתַחַן מִשְׁפַּחַת הַתַּחֲנִי: 36 וְאֵלֶּה

מ"ב בְּנֵי שׁוּתָלַח לְעֵרָן מִשְׁפַּחַת הָעֵרָנִי: 37 אֵלֶּה מִשְׁפְּחֹת בְּנֵי־אֶפְרַיִם

לִפְקֻדֵיהֶם שְׁנַיִם וּשְׁלֹשִׁים אֶלֶף אלף למד שין דלת יוד ע"ה וַחֲמֵשׁ מֵאוֹת אל מצפצ

אֵלֶּה בְנֵי־יוֹסֵף ציון, רפ יהוה לְמִשְׁפְּחֹתָם: 38 בְּנֵי בִנְיָמִן לְמִשְׁפְּחֹתָם לְבֶלַע

מִשְׁפַּחַת הַבַּלְעִי לְאַשְׁבֵּל מִשְׁפַּחַת הָאַשְׁבֵּלִי לַאֲחִירָם מִשְׁפַּחַת

הָאֲחִירָמִי: 39 לִשְׁפוּפָם מִשְׁפַּחַת הַשּׁוּפָמִי לְחוּפָם מִשְׁפַּחַת הַחוּפָמִי:

40 וַיִּהְיוּ מלוי ס"ג בְנֵי־בֶלַע אַרְדְּ וְנַעֲמָן מִשְׁפַּחַת הָאַרְדִּי לְנַעֲמָן מִשְׁפַּחַת

הַנַּעֲמִי: 41 אֵלֶּה בְנֵי־בִנְיָמִן לְמִשְׁפְּחֹתָם וּפְקֻדֵיהֶם חֲמִשָּׁה וְאַרְבָּעִים

אֶלֶף אלף למד שין דלת יוד ע"ה וְשֵׁשׁ מֵאוֹת: 42 אֵלֶּה בְנֵי דָן לְמִשְׁפְּחֹתָם

לְשׁוּחָם מִשְׁפַּחַת הַשּׁוּחָמִי אֵלֶּה מִשְׁפְּחֹת דָּן לְמִשְׁפְּחֹתָם: 43 כָּל־ ילי

מִשְׁפְּחֹת הַשּׁוּחָמִי לִפְקֻדֵיהֶם אַרְבָּעָה וְשִׁשִּׁים אֶלֶף אלף למד שין דלת יוד ע"ה

וְאַרְבַּע מֵאוֹת: 44 בְּנֵי אָשֵׁר מלוי אהיה דיורין לְמִשְׁפְּחֹתָם לְיִמְנָה מִשְׁפַּחַת

הַיִּמְנָה לְיִשְׁוִי מִשְׁפַּחַת הַיִּשְׁוִי לִבְרִיעָה מִשְׁפַּחַת הַבְּרִיעִי:

אָשֵׁר

Números 26:44 – Los acuario vienen a romper los límites de cualquier concepto, creencia o tradición que sientan que ya no tiene validez; en lugar de estas tradiciones, ellos revelan y crean unas nuevas. No obstante, ellos tienen que ejercer más orden y disciplina en sus vidas porque, de lo contrario, pueden generar caos.

45 De los hijos de Beriá: de Jever, la familia de los jeveritas; de Malquiel, la familia de los malquielitas. 46 Y el nombre de la hija de Asher era Sáraj. 47 Estas son las familias de los hijos de Asher según los que fueron enumerados en ellas: cincuenta y tres mil cuatrocientos. 48 Los hijos de Naftalí según sus familias: de Yajtseel, la familia de los jaiselitas; de Guní, la familia de los gunitas;

49 de Yetser, la familia de los jeseritas; de Shilem, la familia de los silemitas. 50 Estas son las familias de Naftalí según sus familias, y los que fueron enumerados de ellas: cuarenta y cinco mil cuatrocientos. 51 Estos son los que fueron enumerados de los hijos de Israel: seiscientos un mil setecientos treinta.

TERCERA LECTURA – YAAKOV – TIFÉRET

52 Y el Eterno habló a Moshé, para decir: 53 "La tierra se dividirá para ustedes por heredad según el número de nombres. 54 A quienes sean más les darás más heredad, y a quienes sean menos les darás menos heredad; a cada uno se le dará su heredad según los que fueron enumerados de ellos. 55 Pero la tierra se dividirá por suertes; heredarán según los nombres de las tribus de sus padres.

56 Según la selección por suerte se dividirá la heredad entre las tribus numerosas y las de menor número". 57 Y estos son los que fueron enumerados de los levitas según sus familias: de Guershón, la familia de los guershonitas; de Kehat, la familia de los kehatitas; de Merarí, la familia de los meraritas.

נַפְתָּלִי

Números 26:48 – Los piscis son muy sensibles, emocionales y compasivos. También pueden ser muy psíquicos pero, a veces, pueden llegar a estar muy cómodos en sus vidas y no alcanzar su potencial.

לְאֵלֶּה

Números 26:53 – La tierra fue asignada en lotes para cada una de las 12 tribus. El lugar en el que cada tribu estaba asignada en Israel dependía tanto del lote que ellos seleccionaban como de la Intervención Divina. Hoy en día, sabemos que dondequiera que una persona viva, ésta puede revelar Luz y determinar cuánto. Aun si vivimos entre millones de personas, debemos tener un

sentido de responsabilidad de revelar la Luz dondequiera que estemos.

פְּקוּדֵי

Números 26:57 – Los levitas fueron contados nuevamente para darles Luz después de haber sido contaminados por Kóraj. Sin importar quiénes somos o cuán elevados estamos, todavía podemos ser contaminados por la negatividad.

"… Bendecirá a la casa de Aharón" (Salmos 115:12), porque ellos SON LOS SACERDOTES Y bendicen al pueblo con un ojo benevolente, un buen corazón y amor de corazón … "Bendecirá a aquéllos que temen a Dios" (ibid. 13). Éstos son los levitas, todos los cuales son bendecidos

45 לִבְנֵי בְרִיעָה לְחֶ֫בֶר קס״ו ורבוע אהיה מִשְׁפַּ֫חַת הַחֶבְרִי לְמַלְכִּיאֵ֫ל מִשְׁפַּ֫חַת

הַמַּלְכִּיאֵלִֽי: 46 וְשֵׁ֫ם יהוה שדי בַּת־אָשֵׁ֫ר מלוי אהיה דיודין שָׂ֫רַח: 47 אֵ֫לֶּה מִשְׁפְּחֹת

בְּנֵי־אָשֵׁ֫ר מלוי אהיה דיודין לִפְקֻדֵיהֶ֫ם שְׁלֹשָׁ֫ה וַחֲמִשִּׁ֫ים אֶ֫לֶף אלף למד שין דלת יוד ע״ה

וְאַרְבַּ֫ע מֵאֽוֹת: 48 בְּנֵ֫י נַפְתָּלִ֫י לְמִשְׁפְּחֹתָ֫ם לְיַחְצְאֵ֫ל מִשְׁפַּ֫חַת הַיַּחְצְאֵלִ֫י

לְגוּנִ֫י מִשְׁפַּ֫חַת הַגּוּנִֽי: 49 לְיֵ֫צֶר מִשְׁפַּ֫חַת הַיִּצְרִ֫י לְשִׁלֵּ֫ם מִשְׁפַּ֫חַת

הַשִּׁלֵּמִֽי: 50 אֵ֫לֶּה מִשְׁפְּחֹת נַפְתָּלִ֫י לְמִשְׁפְּחֹתָ֫ם וּפְקֻדֵיהֶ֫ם וַחֲמִשָּׁ֫ה

וְאַרְבָּעִ֫ים אֶ֫לֶף אלף למד שין דלת יוד ע״ה וְאַרְבַּ֫ע מֵאֽוֹת: 51 אֵ֫לֶּה פְּקוּדֵ֫י בְּנֵ֫י

יִשְׂרָאֵ֫ל שֵׁשׁ־מֵא֫וֹת אֶ֫לֶף אלף למד שין דלת יוד ע״ה וָאָ֫לֶף אלף למד שין דלת יוד ע״ה שְׁבַ֫ע

ע״ב ואלהים דיודין מֵא֫וֹת וּשְׁלֹשִֽׁים:

TERCERA LECTURA – YAAKOV – TIFÉRET

52 וַיְדַבֵּ֫ר ראה יהו״האדנ״יאהדונה״י אֶל־מֹשֶׁ֫ה מהש, אל שדי לֵּאמֹֽר: 53 לָאֵ֫לֶּה תֵּחָלֵ֫ק

הָאָ֫רֶץ אלהים דההין ע״ה בְּנַחֲלָ֫ה בְּמִסְפַּ֫ר שֵׁמֽוֹת: 54 לָרַ֫ב ע״ב ורבוע מ״ה תַּרְבֶּ֫ה

נַחֲלָת֫וֹ וְלַמְעַ֫ט תַּמְעִ֫יט נַחֲלָת֫וֹ אִ֫ישׁ ע״ה קס״א קס״א לְפִ֫י פְּקֻדָ֫יו יֻתַּ֫ן נַחֲלָתֽוֹ:

55 אַךְ־ אהיה בְּגוֹרָ֫ל יֵחָלֵ֫ק אֶת־הָאָ֫רֶץ אלהים דההין ע״ה לִשְׁמ֫וֹת מַטּוֹת־אֲבֹתָ֫ם

יִנְחָֽלוּ: 56 עַל־פִּ֫י הַגּוֹרָ֫ל תֵּחָלֵ֫ק נַחֲלָת֫וֹ בֵּ֫ין רַ֫ב ע״ב ורבוע מ״ה לִמְעָֽט: 57 וְאֵ֫לֶּה

מ״ב פְקוּדֵ֫י הַלֵּוִ֫י ע״ה יהוה אהיה לְמִשְׁפְּחֹתָ֫ם לְגֵרְשׁ֫וֹן ע״ה ב״פ מזל״ך מִשְׁפַּ֫חַת

הַגֵּרְשֻׁנִּ֫י לִקְהָ֫ת מִשְׁפַּ֫חַת הַקְּהָתִ֫י הׂ״פ מים לִמְרָרִ֫י מִשְׁפַּ֫חַת הַמְּרָרִֽי הׂ״פ מים:

---

porque temen a Dios. Está escrito: "ambos, los pequeños y los grandes" (ibid.), porque aunque LOS JÓVENES no fueron incluidos en el conteo, YA QUE SÓLO FUERON CONTADOS EN LA POBLACIÓN LOS DE VEINTE AÑOS EN ADELANTE, SIN EMBARGO, DEBEN SER BENDECIDOS JUNTO CON LOS MAYORES. Ven y ve: No encontramos otro conteo entre los hijos de Yisrael por medio del cual ellos recibieron bendiciones de éste como en esta cuenta, EN LA CUAL ELLOS USARON EL MEDIO SHÉKEL PARA EL CONTEO, porque este conteo estaba destinado a propósito para una bendición, y fue destinado para perfeccionar la completitud de los mundos.

— El Zóhar, Bemidbar 1:15-17

⁵⁸ *Estas son las familias de Leví: la familia de los libnitas, la familia de los jebronitas, la familia de los majlitas, la familia de los mushitas, la familia de los korajitas. Y Kehat engendró a Amram.*

⁵⁹ *Y el nombre de la mujer de Amram era Yojeved, hija de Leví, que le nació a Leví en Egipto; y ella dio a luz de Amram, a Aharón, a Moshé y a su hermana Miriam.*

⁶⁰ *Y a Aharón le nacieron Nadav, Avihú, Eleazar e Itamar.*

⁶¹ *Y Nadav y Avihú murieron cuando ofrecieron fuego extraño delante del Eterno.*

⁶² *Y los que fueron enumerados de ellos: veintitrés mil, todo varón de un mes en adelante; pues no fueron contados entre los hijos de Israel, ya que ninguna heredad les fue dada entre los hijos de Israel.*

⁶³ *Estos son los que fueron enumerados por Moshé y Eleazar, el sacerdote, los cuales enumeraron a los hijos de Israel en los llanos de Moav, junto al Jordán, frente a Yerijó.*

⁶⁴ *Pero entre éstos no había un hombre de los que fueron contados por Moshé y Aharón, el sacerdote, cuando contaron a los hijos de Israel en el desierto de Sinaí.*

⁶⁵ *Porque el Eterno había dicho de ellos: "Ciertamente morirán en el desierto". Y no quedó ninguno de ellos, sino Calev, hijo de Yefuné, y Yehoshúa, hijo de Nun.*

27 ¹ *Entonces se acercaron las hijas de Tselofejad, hijo de Jéfer, hijo de Galaad, hijo de Maquir, hijo de Menashé, de las familias de Menashé, hijo de Yosef; y estos eran los nombres de sus hijas: Majlá, Noa, Joglá, Milká y Tirtsá.*

² *Y se presentaron delante de Moshé y Eleazar, el sacerdote, y delante de los jefes y toda la congregación, a la entrada de la Tienda de Reunión, diciendo:*

³ *"Nuestro padre murió en el desierto, y él no estuvo entre la compañía de los que se juntaron contra el Eterno, en la compañía de Kóraj, sino que murió por su pecado y no tuvo hijos varones.*

⁴ *¿Por qué ha de desaparecer el nombre de nuestro padre de entre su familia sólo porque no tuvo hijo varón? Dennos posesión entre los hermanos de nuestro padre".*

58 אֵ֣לֶּה | מִשְׁפְּחֹ֣ת לֵוִ֗י עׂ״ה יהוה אהיה מִשְׁפַּ֨חַת֙ הַֽלִּבְנִ֔י מִשְׁפַּ֨חַת֙ הַֽחֶבְרֹנִ֔י מִשְׁפַּ֨חַת֙ הַמַּחְלִ֗י מִשְׁפַּ֨חַת֙ הַמּוּשִׁ֔י מִשְׁפַּ֖חַת הַקָּרְחִ֑י וּקְהָ֖ת הוֹלִ֥ד אֶת־עַמְרָֽם: 59 וְשֵׁ֣ם יהוה עׂדי | אֵ֣שֶׁת עַמְרָ֗ם יוֹכֶ֨בֶד֙ מ״ב בַּת־לֵוִ֔י עׂ״ה יהוה אהיה אֲשֶׁ֨ר יָלְדָ֤ה אֹתָהּ֙ לְלֵוִ֔י דַע דַע בְּמִצְרָ֑יִם מצר וַתֵּ֣לֶד לְעַמְרָ֗ם אֶֽת־אַהֲרֹ֤ן וְאֶת־מֹשֶׁה֙ עׂ״ב ורבוע מהׂע, אל שׁדי וְאֵ֖ת מִרְיָ֥ם אֲחֹתָֽם: 60 וַיִּוָּלֵ֣ד לְאַהֲרֹ֔ן אֶת־נָדָב֙ עׂ״ב ורבוע עׂ״ב אהיה בוכׂׂ״י וְאֶת־אֲבִיה֔וּא אֶת־אֶלְעָזָ֖ר דַע דַע וְאֶת־אִֽיתָמָֽר: דׂ דׂ

61 וַיָּ֥מָת נָדָ֖ב עׂ״ה אהיה בוכׂ״י וַאֲבִיה֑וּא עׂ״ה אלהים דיודין בְּהַקְרִיבָ֥ם אֵשׁ־ זָרָ֖ה עׂ״ה לִפְנֵ֥י וׂחכמה בינה יְהֹוָֽהֽׅׅׅׅׅׅׅׅׅׅׅׅׅׅׅׅׅׅׅׅׅׅׅׅׅׅׅ: 62 וַיִּהְי֣וּ מלוי סׂ״ג פְקֻֽדֵיהֶ֗ם שְׁלֹשָׁ֤ה וְעֶשְׂרִים֙ אֶ֔לֶף אלף למד עין דלת יוד עׂ״ה כָּל־זָכָ֖ר יׂלי מִבֶּן־חֹ֣דֶשׁ מׂ״ב הוויות וָמָ֑עְלָה כִּ֣י | לֹ֣א הָתְפָּֽקְד֗וּ בְּתוֹךְ֙ בְּנֵ֣י יִשְׂרָאֵ֔ל כִּ֠י לֹא־נִתַּ֤ן לָהֶם֙ נַחֲלָ֔ה בְּת֖וֹךְ בְּנֵ֥י יִשְׂרָאֵֽל: 63 אֵ֚לֶּה פְּקוּדֵ֣י מֹשֶׁ֔ה מהׂע, אל שׁדי וְאֶלְעָזָ֖ר הַכֹּהֵ֑ן מלה אֲשֶׁ֣ר פָּֽקְד֗וּ אֶת־בְּנֵ֣י יִשְׂרָאֵ֔ל בְּעַֽרְבֹ֣ת מוֹאָ֑ב יוד הא ואו הה דׂׂ עַ֖ל יַרְדֵּ֥ן יׂ״פ יהוה וד׳ אותיות יְרֵח֥וֹ: 64 וּבְאֵ֨לֶּה֙ לֹא־הָ֣יָה אִ֔ישׁ יהוה עׂ״ה קנׂ״א קסׂ״א מִפְּקוּדֵ֣י מֹשֶׁ֔ה מהׂע, אל שׁדי וְאַהֲרֹ֖ן עׂ״ב ורבוע עׂ״ב הַכֹּהֵ֑ן מלה אֲשֶׁ֥ר פָּֽקְד֛וּ אֶת־בְּנֵ֥י יִשְׂרָאֵ֖ל בְּמִדְבַּ֥ר אברהם, וזׂ״ו אל, רמׂ״ח סִינָֽי: נמם, הׂ״פ יהוה

65 כִּֽי־אָמַ֤ר יְהֹוָה֙ אהיהׅׅׅׅאהדׂׂׂׂׂׂׂׂׂׂׂׂׂׂׅׅׅׅׅׅׅׅׅׅׅׅ לָהֶ֔ם מ֥וֹת יָמֻ֖תוּ בַּמִּדְבָּ֑ר אברהם, וזׂ״ו אל, רמׂ״ח וְלֹא־נוֹתַ֤ר מֵהֶם֙ אִ֔ישׁ עׂ״ה קנׂ״א קסׂ״א כִּ֚י אִם־ יׂהרך, עׂ״ה מׂ״ב כָּלֵ֣ב בׂ״ן, לכב יבם בֶּן־יְפֻנֶּ֔ה וִיהוֹשֻׁ֖עַ בִּן־נֽוּן: 27 1 וַתִּקְרַ֜בְנָה בְּנ֣וֹת צְלָפְחָ֗ד בֶּן־חֵ֤פֶר בֶּן־גִּלְעָד֙ בֶּן־מָכִ֣יר בֶּן־מְנַשֶּׁ֔ה לְמִשְׁפְּחֹ֖ת מְנַשֶּׁ֣ה בֶן־יוֹסֵ֑ף ציון, רׂ״פ יהוה וְאֵ֨לֶּה֙ מׂ״ב שְׁמ֣וֹת בְּנֹתָ֔יו מַחְלָ֣ה נֹעָ֔ה וְחָגְלָ֥ה וּמִלְכָּ֖ה עׂ״ה פני, אל אדני וְתִרְצָֽה: 2 וַֽתַּעֲמֹ֜דְנָה לִפְנֵ֣י וׂחכמה בינה מֹשֶׁ֗ה מהׂע, אל שׁדי וְלִפְנֵי֙ וׂחכמה בינה אֶלְעָזָ֣ר הַכֹּהֵ֔ן מלה וְלִפְנֵ֥י וׂחכמה בינה הַנְּשִׂיאִ֖ם יׂלי וְכָל־הָעֵדָ֑ה לאה (אלדׂ עׂ״ה) פֶּ֥תַח אֹֽהֶל־ מוֹעֵ֖ד לֵאמֹֽר: 3 אָבִ֘ינ֘וּ מֵ֣ת יׂ״פ רבוע אהיה בַּמִּדְבָּ֗ר רמׂ״ו, וזׂ״פ אל וְה֨וּא לֹֽא־הָיָ֜ה יהה בְּת֣וֹךְ הָעֵדָ֣ה הַנּֽוֹעָדִ֗ים עַל־יְהֹוָה֙ אהדׂׂׂׂׂׂׂׂׂׂׂׂׅׅׅׅׅׅׅׅׅׅׅׅׅׅׅׅׅׅ בַּעֲדַת־קֹ֑רַח כִּֽי־בְחֶטְא֣וֹ מֵ֔ת יׂ״פ רבוע אהיה וּבָנִ֖ים לֹא־הָ֥יוּ לֽוֹ: 4 לָ֣מָּה יִגָּרַ֤ע שֵֽׁם־ יהוה שׁדי אָבִ֨ינוּ֙ מִתּ֣וֹךְ מִשְׁפַּחְתּ֔וֹ כִּ֛י

⁵ Y Moshé presentó la causa ante el Eterno.

CUARTA LECTURA – MOSHÉ – NÉTSAJ

⁶ Y el Eterno habló a Moshé, para decir:

⁷ "Las hijas de Tselofejad tienen razón en lo que dicen: ciertamente les darás posesión entre los hermanos de su padre, y harás que la herencia de su padre pase a ellas.

⁸ Y hablarás a los hijos de Israel, diciendo: Si un hombre muere y no tiene hijo varón, harán que su herencia pase a su hija.

⁹ Y si no tiene hija, entonces darán su herencia a sus hermanos.

¹⁰ Y si no tiene hermanos, entonces darán su herencia a los hermanos de su padre.

¹¹ Y si su padre no tiene hermanos, entonces darán su herencia al pariente más cercano en su familia, y él la poseerá. Y será ley de derecho para los hijos de Israel, tal como el Eterno ordenó a Moshé".

¹² Y el Eterno dijo a Moshé: "Sube a este monte Haavarim, y he aquí la tierra que Yo he dado a los hijos de Israel.

¹³ Y cuando la hayas visto, tú también te reunirás a tu pueblo, como se reunió tu hermano Aharón;

¹⁴ porque cuando se rebelaron contra Mi mandamiento en el desierto de Tsin, durante la contienda de la congregación, para santificarme en las aguas ante sus ojos". Estas son las aguas de Merivá-Kadesh, en el desierto de Tsin.

מִשְׁפָּטֻן

Números 27:5 – Aquí hay una *Nun* grande al final de la palabra *mishpatán* (juicio). Experimentamos juicio en nuestra vida solamente porque nosotros juzgamos a los demás. Cuando una persona abre el portal al juicio mediante pensamientos o acciones, la energía de juicio es aplicada de inmediato a su propia vida. Esta es la Ley Universal de Causa y Efecto: lo que tú das es lo que recibes de regreso. La *Nun* grande en esta lectura nos conecta con el poder de superar nuestra propia naturaleza sentenciosa. Al hacer esto, evitamos activar la energía de juicio en nuestra vida.

פֶּן

Números 27:7 – Las leyes de la herencia son tratadas aquí. Una familia que pelea por una heredad es una de las ofensas más grandes a la dignidad humana. Hay muchas leyes acerca de las herencias, pero la más importante es no

אֵין לוֹ בֵּן תַּֽנְה־כֶּֽנּוּ מום, אלהים, אהיה אדני אַחֻזָּה בְּתוֹךְ אֲחֵי אֲבִיו: 5 וַיַּקְרֵב
מֹשֶׁה מהע, אל שדי אֶת־מִשְׁפָּטָן לִפְנֵי וחכמה בינה יְהוָֹואדניאהדונהי:

CUARTA LECTURA – MOSHÉ – NÉTSAJ

6 וַיֹּאמֶר יְהוָֹואדניאהדונהי אֶל־מֹשֶׁה מהע, אל שדי לֵּאמֹר: 7 כֵּן בְּנוֹת צְלָפְחָד
דֹּבְרֹת רא נָתֹן תִּתֵּן ב"פ כהת לָהֶם אֲחֻזַּת נַחֲלָה בְּתוֹךְ אֲחֵי אֲבִיהֶם וְהַעֲבַרְתָּ
אֶת־נַחֲלַת אֲבִיהֶן לָהֶן ע"ה מום, ע"ה אלהים: 8 וְאֶל־בְּנֵי יִשְׂרָאֵל תְּדַבֵּר רא
לֵאמֹר אִישׁ ע"ה קנ"א קס"א כִּי־יָמוּת וּבֵן אֵין לוֹ וְהַֽעֲבַרְתֶּם אֶת־נַחֲלָתוֹ
לְבִתּוֹ: 9 וְאִם־ יוהך, ע"ה מ"ב אֵין לוֹ בַּת וּנְתַתֶּם אֶת־נַחֲלָתוֹ לְאֶחָיו: 10 וְאִם־
יוהך, ע"ה מ"ב אֵין לוֹ אַחִים וּנְתַתֶּם אֶת־נַחֲלָתוֹ לַאֲחֵי אָבִיו: 11 וְאִם־
יוהך, ע"ה מ"ב אֵין אַחִים לְאָבִיו וּנְתַתֶּם אֶת־נַחֲלָתוֹ לִשְׁאֵרוֹ הַקָּרֹב אֵלָיו
מִמִּשְׁפַּחְתּוֹ וְיָרַשׁ אֹתָהּ וְהָֽיְתָה לִבְנֵי יִשְׂרָאֵל לְחֻקַּת מִשְׁפָּט ע"ה ה"פ אלהים
כַּאֲשֶׁר צִוָּה פי יְהוָֹואדניאהדונהי אֶת־מֹשֶׁה מהע, אל שדי: 12 וַיֹּאמֶר יְהוָֹואדניאהדונהי
אֶל־מֹשֶׁה מהע, אל שדי עֲלֵה אֶל־הַר רבוע אלהים ~ ה הָֽעֲבָרִים וֹהו הַזֶּה וּרְאֵה
אֶת־הָאָרֶץ אלהים דההן ע"ה אֲשֶׁר נָתַתִּי לִבְנֵי יִשְׂרָאֵל: 13 וְרָאִיתָה אֹתָהּ
וְנֶאֱסַפְתָּ אֶל־עַמֶּיךָ גַּם־ יג"ל אַתָּה כַּאֲשֶׁר נֶאֱסַף אַהֲרֹן ע"ב ורבוע ע"ב אָחִיךָ:
14 כַּאֲשֶׁר מְרִיתֶם פִּי בְּמִדְבַּר־ אברהם, וז"פ אל, רמ"ח צִן בִּמְרִיבַת הָעֵדָה
לְהַקְדִּישֵׁנִי בַמַּיִם לְעֵינֵיהֶם רבוע מ"ה הֵם מ"י ילי מְרִיבַת קָדֵשׁ מִדְבַּר־צִן:

discutir porque, cuando lo hacemos, no estamos pensando en la persona que murió.

וּרְאֵה

Números 27:12 – Dios le mostró a Moshé la tierra de Canaán y Moshé hizo una conexión visual con ésta, a pesar de que no entraría en ella. A él se le permitió hacer esta conexión de modo que reconociera el lugar en su próxima encarnación. Hay siempre un vínculo entre un tiempo de vida y otro, y siempre conoceremos al menos a una persona en nuestra vida presente a quien encontraremos también en la próxima.

¹⁵ Y Moshé habló al Eterno, para decir:

¹⁶ "Que el Eterno, Dios de los espíritus de toda carne, ponga a un hombre sobre la congregación,

¹⁷ que salga delante de ellos y entre delante de ellos, y que los haga salir y entrar; a fin de que la congregación del Eterno no sea como ovejas que no tienen pastor".

¹⁸ Y el Eterno dijo a Moshé: "Toma a Yehoshúa, hijo de Nun, hombre en quien está el espíritu, y pon tu mano sobre él;

¹⁹ y haz que se ponga delante de Eleazar, el sacerdote, y delante de toda la congregación, e impondrás su cargo la vista de ellos.

²⁰ Y pondrás sobre él parte de tu honor, a fin de que toda la congregación de los hijos de Israel le obedezca.

²¹ Y él se presentará delante de Eleazar, el sacerdote, quien inquirirá por él por medio del juicio del Urim ante el Eterno; a su palabra saldrán y a su palabra entrarán, él y todos los hijos de Israel con él, toda la congregación".

²² Y Moshé hizo tal como el Eterno le ordenó: tomó a Yehoshúa y lo puso delante de Eleazar, el sacerdote, y delante de toda la congregación.

²³ Y puso sus manos sobre él y le impuso su cargo, tal como el Eterno había hablado por mano de Moshé.

יִפְקֹד

Números 27:16 – Moshé le pidió al Creador que nombrara a su sucesor. Aquí tenemos una enorme enseñanza acerca de la relación maestro-alumno. Un maestro en realidad le transfiere parte de su alma al estudiante, razón por la cual la relación está en un nivel más elevado incluso que la relación padre-hijo. Un padre alimenta las necesidades físicas de un hijo, pero un maestro alimenta al alma.

Está escrito: "… ¡Es bastante para ti! No me hables más de este asunto…'" (Deuteronomio 3:26). Explicamos que el Santísimo, bendito sea Él, dijo a Moshé: 'Moshé, tú deseas que el mundo cambie. ¿Has visto en tus días que el Sol sirva a la Luna? ¿Has visto en tus días que la Luna gobierne mientras el Sol está presente? Pero, "… 'He aquí que tus días se acercan a tu muerte. Llama a Yehoshúa…'"* (Deuteronomio 31:14). 'Que el Sol sea recogido y la Luna reine. Además: si tú entras en la tierra, la Luna será reunida para ti y no le será posible gobernar. Seguramente, el dominio de la Luna está por llegar, LA CUAL ES YEHOSHÚA, pero no puede gobernar mientras tú estás en el mundo'.*

"…'Llama a Yehoshúa Y PRESÉNTENSE USTEDES EN LA TIENDA DE LA REUNIÓN, PARA QUE YO PUEDA DARLE A ÉL UN CARGO…'" (ibid.). ¿Qué hay acerca de Sus palabras: "… 'He aquí que dormirás con tus padres; y este pueblo se levantará…'"* (ibid 16). No encontramos nunca al Santísimo, bendito sea Él, dando un cargo a Yehoshúa sino a Moshé, cuando Él dijo todo eso a Moshé, como está escrito: "'… y Me abandonarán, y romperán Mi Pacto… Entonces Mi ira*

15 וַיְדַבֵּר רָאֹה מֹשֶׁה מהע, אל שדי אֶל־יְהוָֹ־אדני־אהדונהי לֵאמֹר: 16 יִפְקֹד

יְהוָֹ־אדני־אהדונהי אֱלֹהֵי דמב, ילה הָרוּחֹת לְכָל־ יה אדני בָּשָׂר אִישׁ עֵ"ה קנ"א קס"א

עַל־הָעֵדָה: 17 אֲשֶׁר־יֵצֵא לִפְנֵיהֶם וַאֲשֶׁר יָבֹא לִפְנֵיהֶם וַאֲשֶׁר יוֹצִיאֵם

וַאֲשֶׁר יְבִיאֵם וְלֹא תִהְיֶה עֲדַת יְהוָֹ־אדני־אהדונהי כַּצֹּאן מלוי אהיה דיודין ע"ה אֲשֶׁר

אֵין־לָהֶם רֹעֶה: 18 וַיֹּאמֶר יְהוָֹ־אדני־אהדונהי אֶל־מֹשֶׁה מהע, אל שדי קַח־לְךָ

אֶת־יְהוֹשֻׁעַ בִּן־נוּן אִישׁ עֵ"ה קנ"א קס"א אֲשֶׁר־רוּחַ מלוי אלהים דיודין בּוֹ וְסָמַכְתָּ

אֶת־יָדְךָ בוכי עָלָיו: 19 וְהַעֲמַדְתָּ אֹתוֹ לִפְנֵי חכמה בינה אֶלְעָזָר הַכֹּהֵן מלה וְלִפְנֵי

כָּל־ ילי הָעֵדָה וְצִוִּיתָה אֹתוֹ לְעֵינֵיהֶם: 20 וְנָתַתָּה מֵהוֹדְךָ ריבוע מ"ה:

עָלָיו לְמַעַן יִשְׁמְעוּ כָּל־ ילי עֲדַת בְּנֵי יִשְׂרָאֵל: 21 וְלִפְנֵי חכמה בינה אֶלְעָזָר

הַכֹּהֵן מלה יַעֲמֹד וְשָׁאַל לוֹ בְּמִשְׁפַּט הָאוּרִים לִפְנֵי חכמה בינה

יְהוָֹ־אדני־אהדונהי עַל־פִּיו יֵצְאוּ וְעַל־פִּיו יָבֹאוּ הוּא וְכָל־ ילי בְּנֵי־יִשְׂרָאֵל

אִתּוֹ וְכָל־ ילי הָעֵדָה: 22 וַיַּעַשׂ מֹשֶׁה מהע, אל שדי כַּאֲשֶׁר צִוָּה פוי יְהוָֹ־אדני־אהדונהי

אֹתוֹ וַיִּקַּח וְעם אֶת־יְהוֹשֻׁעַ וַיַּעֲמִדֵהוּ לִפְנֵי חכמה בינה אֶלְעָזָר הַכֹּהֵן מלה וְלִפְנֵי

חכמה בינה כָּל־ ילי הָעֵדָה: 23 וַיִּסְמֹךְ אֶת־יָדָיו עָלָיו וַיְצַוֵּהוּ כַּאֲשֶׁר דִּבֶּר רָאֹה

יְהוָֹ־אדני־אהדונהי בְּיַד־מֹשֶׁה: מהע, אל שדי

---

arderá contra ellos en ese día…'" (ibid. 16-17), "'Ahora escribe por lo tanto este poema para ustedes mismos, y enséñalo a los hijos de Yisrael. Ponlo en sus bocas…'" (ibid. 19). TODO ESTO FUE DICHO A MOSHÉ. En ese caso, ¿qué se quiso decir con: "'para que Yo pueda darle a él un cargo'", DADO QUE ÉL NO LE DIO CARGO ALGUNO?

Y ÉL RESPONDE: El versículo dice: "'He aquí que dormirás con tus padres'". El Santísimo, bendito sea Él, dijo a Moshé: 'Aunque dormirás con tus padres, aún brillarás siempre sobre la Luna, A SABER: YEHOSHÚA, QUIEN ES EL ASPECTO DE LA LUNA, MALJUT, como el Sol que, aunque se haya ocultado, se ocultó solamente para brillar sobre la Luna. Porque entonces, después de que se ocultó, brilla sobre la Luna. Por tanto, 'dormirás' para brillar'. Esto es lo que significa "'para que Yo pueda darle un cargo'". PORQUE CON LA PARTIDA DE MOSHÉ, ÉL BRILLA CON LAS PALABRAS DE HASHEM A YEHOSHÚA, COMO EL SOL BRILLA SOBRE LA LUNA DESPUÉS DE QUE SE OCULTA. LUEGO ENTONCES Yehoshúa fue instruido para brillar. De aquí el versículo: "'… Llama a Yehoshúa…'" (Deuteronomio 3:14); el propósito de todo es iluminarlo A ÉL.

— El Zóhar, Vayelej 2:12-14

QUINTA LECTURA – AHARÓN – HOD

28 *¹ Y habló el Eterno a Moshé, para decir: ² "Ordena a los hijos de Israel, y diles: Cuidarán de presentar Mi ofrenda, Mi alimento para Mis ofrendas ígneas, aroma agradable para Mí, a su tiempo señalado. ³ Y les dirás: Esta es la ofrenda ígnea que ofrecerán al Eterno: dos corderos de un año sin defecto, cada día como holocausto continuo. ⁴ Un cordero lo ofrecerás por la mañana, y el otro cordero lo ofrecerás al atardecer;*

⁵ y una décima de un efá de flor de harina como ofrenda de cereal, mezclada con la cuarta parte de un hin de aceite batido. ⁶ Es un holocausto continuo, ofrecido en el monte Sinaí como aroma agradable, una ofrenda ígnea al Eterno.

⁷ Y su libación será la cuarta parte de un hin por cada cordero; en el lugar santo derramarás una libación de bebida fuerte al Eterno. ⁸ Y el otro cordero lo ofrecerás al atardecer; como la ofrenda de cereal de la mañana y como su libación lo presentarás, una ofrenda ígnea, aroma agradable al Eterno. ⁹ Y en el día de Shabat ofrecerás dos corderos de un año sin defecto y dos décimas de un efá de flor de harina como ofrenda de cereal, mezclada con aceite, y su libación.

¹⁰ Este es el holocausto de cada Shabat, además del holocausto continuo y de su libación. ¹¹ Y en sus Lunas Nuevas presentarán un holocausto al Eterno: dos novillos y un carnero, y siete corderos de un año sin defecto;

לְהַקְרִיב

Números 28:2 – La ofrenda diaria es tratada en este versículo. Cada mañana, una entidad negativa llamada *Tolá* viene a destruir el mundo. A la misma vez, una *Tolá* positiva viene a despertar la energía de misericordia. A través de los sacrificios en el Tabernáculo (y, posteriormente, en el Templo), la *Tolá* negativa era destruida. Hoy en día, destruimos estas mismas entidades cuando decimos la sección de los sacrificios en las oraciones matutinas.

הַשַּׁבָּת

Números 28:9 – La conexión con el Shabat es tratada aquí. El *Shabat* nos ofrece una oportunidad de desconectar del Mundo del 1 Por Ciento físico de acción y conectar con la Realidad Espiritual del 99. Todos deberían tomar al menos cinco minutos cada sábado para conectar con la energía de *Shabat*. Rav Yitsjak Luria (el Arí) escribió:

> *"De cierto guardarán Mis Shabatot..." (Éxodo 31:13). La esencia del precepto relacionado con el Shabat y honrar a nuestro padre y nuestra madre es la misma, porque uno es honrar a nuestro padre y a nuestra madre con el cuerpo y el otro es honrar a nuestro padre y a nuestra madre con el alma; que son Masculino y Femenino. Este es el significado de "De cierto guardarán Mis Shabatot".*
>
> *— Los escritos del Arí, compilaciones 5, sección Tisá 2*

וּבְרָאשֵׁי וָחְדְשֵׁיכֶם

Números 28:11 – Al principio de cada mes (*Rosh Jódesh*) tenemos una oportunidad de controlar —a nivel de la semilla— tanto la energía de todo

QUINTA LECTURA – AHARÓN – HOD

וַיְדַבֵּר רֶאה יְהוֹוָהדֹיֵאהדֹונֵהי אֶל־מֹשֶׁה מהש, אל עֹדִי לֵאמֹר: 2 פֵיו צַו אֶת־בְּנֵי 28 1

יִשְׂרָאֵל וְאָמַרְתָּ אֲלֵהֶם אֶת־קָרְבָּנִי לַחְמִי לְאִשַּׁי רֵיחַ נִיחֹחִי תִּשְׁמְרוּ

לְהַקְרִיב לִי בְּמוֹעֲדוֹ: 3 וְאָמַרְתָּ לָהֶם זֶה הָאִשֶּׁה אֲשֶׁר תַּקְרִיבוּ

לַיהוֹוָהדֹיֵאהדֹונֵהי כְּבָשִׂים בְּנֵי־שָׁנָה תְמִימִם שְׁנַיִם לַיּוֹם עֹ"ה = נגד, זן, מזבח

עֹלָה תָמִיד עֹ"ה נתה, קס"א קנ"א קמ"ג: 4 אֶת־הַכֶּבֶשׂ ב"פ קס"א אֶחָד אהבה, דאגה תַּעֲשֶׂה

בַבֹּקֶר וְאֵת הַכֶּבֶשׂ ב"פ קס"א הַשֵּׁנִי תַּעֲשֶׂה בֵּין הָעַרְבָּיִם: 5 וַעֲשִׂירִית

הָאֵיפָה סֹלֶת לְמִנְחָה עֹ"ה ב"פ בין בְּלוּלָה בְּשֶׁמֶן יֵ"פ טל, יֵ"פ כוזו, ביט כְּתִית רְבִיעִת

הַהִין: 6 עֹלַת אבגיתץ, ושר, אהבת וזם תָמִיד עֹ"ה נתה, קס"א קנ"א קמ"ג הָעֲשֻׂיָה בְּהַר

סִינַי נמם, אין סוף יהוה, הֵ"פ יהוה לְרֵיחַ אברהם, וזֵ"פ אל, רמ"ח נִיחֹחַ אִשֶּׁה לַיהוֹוָהדֹיֵאהדֹונֵהי: אור, רֹ,

7 וְנִסְכּוֹ רְבִיעִת הַהִין לַכֶּבֶשׂ הָאֶחָד ב"פ קס"א אהבה, דאגה בַּקֹּדֶשׁ הַסֵּךְ

נֶסֶךְ שֵׁכָר יֵ"פ בין לַיהוֹוָהדֹיֵאהדֹונֵהי: 8 וְאֵת הַכֶּבֶשׂ ב"פ קס"א הַשֵּׁנִי תַּעֲשֶׂה

בֵּין הָעַרְבָּיִם כְּמִנְחַת הַבֹּקֶר וּכְנִסְכּוֹ תַּעֲשֶׂה אִשֵּׁה רֵיחַ נִיחֹחַ

לַיהוֹוָהדֹיֵאהדֹונֵהי: 9 וּבְיוֹם עֹ"ה = נגד, זן, מזבח הַשַּׁבָּת שְׁנֵי־כְבָשִׂים בְּנֵי־שָׁנָה

תְּמִימִם וּשְׁנֵי עֶשְׂרֹנִים סֹלֶת מִנְחָה עֹ"ה ב"פ בין בְּלוּלָה בַשֶּׁמֶן יֵ"פ טל, יֵ"פ כוזו, ביט

וְנִסְכּוֹ: 10 עֹלַת אבגיתץ, ושר, אהבת וזם שַׁבַּת בְּשַׁבַּתּוֹ עַל־עֹלַת אבגיתץ, ושר, אהבת וזם

הַתָּמִיד עֹ"ה נתה, קס"א קנ"א קמ"ג וְנִסְכָּהּ: 11 וּבְרָאשֵׁי חָדְשֵׁיכֶם תַּקְרִיבוּ עֹלָה

---

el mes como el ciclo de la Luna. Así como la Luna sólo refleja la luz del Sol, nosotros tampoco tenemos Luz propia. Nosotros tenemos que conectarnos con la Luz. Para conectar con la energía positiva del mes, necesitamos hacer más acciones dadoras, más escaneo del *Zóhar* y más meditaciones con las letras arameas en el nombre del nuevo mes. Cuando bendecimos la Luna Nueva, en efecto estamos bendiciendo lo que vendrá; es decir, la Luz que comenzará a brillar a medida que la Luna se va llenando. Esto

es similar a bendecir una pequeña bellota en la cual podemos visualizar un frondoso roble que algún día será el resultado de nuestra siembra. La semilla de cualquier cosa contiene siempre todo su potencial, razón por la que debemos prestar atención especial al nivel de la semilla de todo en el universo y por la que siempre debemos recordar sembrar semillas positivas para el futuro.

12 y tres décimas de un efá de flor de harina como ofrenda de cereal, mezclada con aceite, por cada novillo; y dos décimas de flor de harina como ofrenda de cereal, mezclada con aceite, por el carnero; 13 y un décimo de efá de flor de harina mezclada con aceite como ofrenda de cereal por cada cordero; como holocausto de aroma agradable, una ofrenda ígnea al Eterno.

14 Y sus libaciones serán medio hin de vino por novillo, y la tercera parte de un hin por el carnero y la cuarta parte de un hin por cordero. Este es el holocausto de cada Luna Nueva en los meses del año.

SEXTA LECTURA – YOSEF – YESOD

15 Y un macho cabrío como ofrenda por pecado al Eterno; se ofrecerá con su libación además del holocausto continuo. 16 Y en el primer mes, el día catorce del mes, será el Pésaj del Eterno. 17 Y el día quince de este mes habrá fiesta; por siete días se comerá pan ácimo.

18 En el primer día habrá santa convocación; no harán trabajo mundano, 19 sino que presentarán una ofrenda ígnea, un holocausto al Eterno: dos novillos, un carnero y siete corderos de un año; serán sin defecto; 20 y su ofrenda de cereal: flor de harina mezclada con aceite, tres décimas ofrecerán por novillo y dos décimas por el carnero;

21 siete décimas ofrecerán por cada cordero de los siete corderos; 22 y un macho cabrío como ofrenda por pecado, para hacer expiación por ustedes. 23 Prepararán éstos además del holocausto de la mañana, el cual es como holocausto continuo.

פֶּסַח

Números 28:16 – En *Pésaj* nos liberamos de las cadenas de las "cosas" que nos mantienen esclavizados. Somos encarcelados por nuestros deseos egoístas de gratificación inmediata, apegos, comodidad, bienes materiales, objetos hermosos, experiencias placenteras y así sucesivamente. Pero si les guardamos lealtad en lugar de al Creador, cada una de estas cosas que nos parecen tan buenas formará una barrera entre nosotros y la Luz. El *Zóhar* explica:

"Y … en el primer mes…" (Números 28:16). PREGUNTA: *¿Qué se quiere decir aquí con el primer mes? Y* RESPONDE: *Es Nisán, que es cuando ese animal parió* PARA LAS LUCES DE LA REDENCIÓN, *de*

acuerdo con la enseñanza de los sabios de la Mishná: En el mes de Nisán fueron redimidos, y en el mes de Nisán serán redimidos. Y esto es con Su mano (heb. yad = 14), EN SU DÉCIMOCUARTO, DE ACUERDO CON EL SECRETO DEL VERSÍCULO: *"Porque dijo: alzó su mano contra el trono de Yah…" (Éxodo 17:16), cuando Él juró eliminar la semilla de Esav, los amalekitas, del mundo. En esa ocasión: "… Saquen y tomen corderos de acuerdo a sus familias, y sacrifíquenlos en Pésaj" (Éxodo 12:21),* DONDE EL SIGNIFICADO DE *"Saquen" (heb. mishjú) es como en el versículo: "… Él extendió (heb. mashaj) su mano con los escarnecedores" (Oseas 7:5).*
— *El Zóhar, Pinjás 105:703*

לַיהֹוָהאהדנהי פָּרִים בְּנֵי־בָקָר שְׁנַיִם וְאַיִל אֶחָד אהבה, דאגה כְּבָשִׂים

בְּנֵי־שָׁנָה שִׁבְעָה תְּמִימִם: 12 וּשְׁלֹשָׁה עֶשְׂרֹנִים סֹלֶת מִנְחָה ע"ה ב"פ ב"ן

בְּלוּלָה בַשֶּׁמֶן י"פ טל, י"פ כוז"ו, ביט לַפָּר בוזחוך, ערי, סנדלפון הָאֶחָד אהבה, דאגה וּשְׁנֵי

עֶשְׂרֹנִים סֹלֶת מִנְחָה ע"ה ב"פ ב"ן בְּלוּלָה בַשֶּׁמֶן י"פ טל, י"פ כוז"ו, ביט לָאַיִל הָאֶחָד

אהבה, דאגה13: וְעִשָּׂרֹן עִשָּׂרוֹן סֹלֶת מִנְחָה ע"ה ב"ן בְּלוּלָה בַשֶּׁמֶן י"פ טל, י"פ כוז"ו, ביט

לַכֶּבֶשׂ ב"פ קס"א הָאֶחָד אהבה, דאגה עֹלָה רֵיחַ נִיחֹחַ אִשֶּׁה לַיהֹוָהאדנהיאהדנהי:

14 וְנִסְכֵּיהֶם וַחֲצִי הַהִין יִהְיֶה לַפָּר בוזחוך, ערי, סנדלפון יֵין וּשְׁלִישִׁת הַהִין לָאַיִל

וּרְבִיעִת הַהִין לַכֶּבֶשׂ ב"פ קס"א יָיִן מיכ, י"פ האא זֹאת עֹלַת אבגיתץ, ושר, אהבת חנם וֹחֹדֶשׁ

י"ב הוויות בְּחָדְשׁוֹ לְחָדְשֵׁי הַשָּׁנָה: 15 וּשְׂעִיר עִזִּים אֶחָד אהבה, דאגה לְחַטָּאת

לַיהֹוָהאדנהיאהדנהי עַל־עֹלַת אבגיתץ, ושר, אהבת חנם הַתָּמִיד ע"ה נתה, קס"א קנ"א קמ"ג יֵעָשֶׂה

וְנִסְכּוֹ:

SEXTA LECTURA – YOSEF – YESOD

16 וּבַחֹדֶשׁ י"ב הוויות הָרִאשׁוֹן בְּאַרְבָּעָה עָשָׂר יוֹם ע"ה = נגד, זן, מזבח לַחֹדֶשׁ

י"ב הוויות פֶּסַח לַיהֹוָהאדנהיאהדנהי: 17 וּבַחֲמִשָּׁה עָשָׂר יוֹם ע"ה = נגד, זן, מזבח לַחֹדֶשׁ

י"ב הוויות הַזֶּה וחו חָג שִׁבְעַת יָמִים נכך מַצּוֹת יֵאָכֵל: 18 בַּיּוֹם ע"ה = נגד, זן, מזבח

הָרִאשׁוֹן מִקְרָא שם ע"ה, יהוה עדיי קֹדֶשׁ כָּל־ ילי מְלֶאכֶת עֲבֹדָה לֹא תַעֲשׂוּ:

19 וְהִקְרַבְתֶּם אִשֶּׁה עֹלָה לַיהֹוָהאדנהיאהדנהי פָּרִים בְּנֵי־בָקָר שְׁנַיִם

וְאַיִל אֶחָד אהבה, דאגה וְשִׁבְעָה כְבָשִׂים בְּנֵי שָׁנָה תְּמִימִם יִהְיוּ אל לָכֶם:

20 וּמִנְחָתָם סֹלֶת בְּלוּלָה בַשֶּׁמֶן י"פ טל, י"פ כוז"ו, ביט שְׁלֹשָׁה עֶשְׂרֹנִים לַפָּר

בוזחוך, ערי, סנדלפון וּשְׁנֵי עֶשְׂרֹנִים לָאַיִל תַּעֲשׂוּ: 21 עִשָּׂרוֹן עִשָּׂרוֹן תַּעֲשֶׂה

לַכֶּבֶשׂ ב"פ קס"א הָאֶחָד אהבה, דאגה לְשִׁבְעַת הַכְּבָשִׂים: 22 וּשְׂעִיר וְחַטָּאת

אֶחָד אהבה, דאגה לְכַפֵּר מצפצ עֲלֵיכֶם: 23 מִלְּבַד עֹלַת אבגיתץ, ושר, אהבת חנם

²⁴ De esta manera ofrecerán cada día, por siete días, el alimento de la ofrenda ígnea, como aroma agradable al Eterno; se preparará con su libación además del holocausto continuo.

²⁵ Y al séptimo día tendrán santa convocación: no harán trabajo mundano.

²⁶ También, el día de las primicias, cuando presenten una ofrenda de cereal nuevo al Eterno en su Fiesta de las Semanas, tendrán santa convocación: no harán trabajo mundano,

²⁷ sino que presentarán un holocausto como aroma agradable al Eterno: dos novillos, un carnero, siete corderos de un año;

²⁸ y su ofrenda de cereal, flor de harina mezclada con aceite: tres décimas por cada novillo, dos décimas por el carnero,

²⁹ y un décimo de efa por cada cordero de los siete corderos, ³⁰ y un macho cabrío para hacer expiación por ustedes.

³¹ Esto ofrecerán además del holocausto continuo con su ofrenda de cereal y sus libaciones: serán sin defecto.

29 ¹ Y en el séptimo mes, el primer día del mes, tendrán santa convocación: no harán trabajo mundano, es para ustedes un día de tocar la trompeta.

² Y prepararán un holocausto como aroma agradable al Eterno: un novillo, un carnero, siete corderos de un año, sin defecto, ³ y su ofrenda de cereal, flor de harina mezclada con aceite: tres décimas por el novillo, dos décimas por el carnero

---

בְּשָׁבֻעֹתֵיכֶם

Números 28:26 – En *Shavuot* conectamos con la energía de la Revelación en el Monte Sinaí y con la realidad de la inmortalidad. El *Zóhar* dice:

"'Y en el día de la primicias, cuando traigan una nueva ofrenda a HaShem...'" (Números 28:26). Rabí Aba dijo: Está escrito "el día de las primicias", pero ¿a cuál "día" se refiere? RESPONDE QUE este es un río que brota de Edén, A SABER: ZEIR ANPÍN, que es un día de esos frutos superiores, A SABER: YUD HEI, ABA E IMA, QUIENES SON LLAMADOS "PRIMICIAS". Y sobre esto depende la Torá, A SABER: ZEIR ANPÍN, y Él produce todos los secretos de la Torá,

y debido a que Él es el Árbol de la Vida, el fruto del árbol ha de ser traído.
    — El Zóhar, Pinjás 113:766

בְּאֶחָד

Números 29:1 – En *Rosh Hashaná* somos limpiados y liberados de los juicios que han venido a nosotros durante el año. El *Zóhar* dice:

Hemos aprendido que desde la Luna Nueva, SIGNIFICANDO ROSH HASHANÁ ('AÑO NUEVO'), los libros son abiertos y los jueces juzgan. Los tribunales empiezan a juzgar diariamente hasta ese día conocido como el noveno día del mes. En ese día, todas las decisiones judiciales

הַבֹּקֶר אֲשֶׁר לְעֹלַת אבגיתץ, ועּר, אהבת חנם הַתָּמִיד ע"ה נתה, קס"א קנ"א קמ"ג תַּעֲשׂוּ

אֶת־אֵלֶּה: 24 כָּאֵלֶּה תַּעֲשׂוּ לַיּוֹם ע"ה = נגר, זן, מזבּח שִׁבְעַת יָמִים נלך לֶחֶם

ג"פ יהוה רֵיחַ־נִיחֹחַ לַיהֹוָ‑ה‑‑‑אדני ‑אהדונהי עַל־עֹלַת אבגיתץ, ועּר, אהבת חנם הַתָּמִיד

ע"ה נתה, קס"א קנ"א קמ"ג יֵעָשֶׂה וְנִסְכּוֹ: 25 וּבַיּוֹם ע"ה = נגר, זן, מזבּח הַשְּׁבִיעִי מִקְרָא־

שם ע"ה, יהוה עדי קֹדֶשׁ יִהְיֶה יי‑ לָכֶם כָּל־ ילי מְלֶאכֶת עֲבֹדָה לֹא תַעֲשׂוּ:

26 וּבְיוֹם ע"ה = נגר, זן, מזבּח הַבִּכּוּרִים בְּהַקְרִיבְכֶם מִנְחָה ע"ה ב"פ בן וַחֲדָשָׁה

לַיהֹוָ‑ה‑‑‑אדני ‑אהדונהי בְּשָׁבֻעֹתֵיכֶם מִקְרָא־ שם ע"ה, יהוה עדי קֹדֶשׁ יִהְיֶה יי‑ לָכֶם כָּל־

ילי מְלֶאכֶת עֲבֹדָה לֹא תַעֲשׂוּ: 27 וְהִקְרַבְתֶּם עוֹלָה לְרֵיחַ לריח אברהם, וח"פ אל, רמ"ח

נִיחֹחַ לַיהֹוָ‑ה‑‑‑אדני ‑אהדונהי פָּרִים בְּנֵי־בָקָר שְׁנַיִם אַיִל אֶחָד אהבה, דאגה שִׁבְעָה

כְּבָשִׂים בְּנֵי שָׁנָה: 28 וּמִנְחָתָם סֹלֶת בְּלוּלָה בַשָּׁמֶן י"פ טל, י"פ כוזו, ביט שְׁלֹשָׁה

עֶשְׂרֹנִים לַפָּר בֹּוֹּוְֹזֶּר, ערי, סנדלפון אהבה, דאגה הָאֶחָד שְׁנֵי עֶשְׂרֹנִים לָאַיִל הָאֶחָד

אהבה, דאגה 29 עִשָּׂרוֹן עִשָּׂרוֹן לַכֶּבֶשׂ ב"פ קס"א הָאֶחָד אהבה, דאגה לְשִׁבְעַת

הַכְּבָשִׂים: 30 שְׂעִיר עִזִּים אֶחָד אהבה, דאגה לְכַפֵּר מלצפ עֲלֵיכֶם: 31 מִלְּבַד

עֹלַת אבגיתץ, ועּר, אהבת חנם הַתָּמִיד ע"ה נתה, קס"א קנ"א קמ"ג וּמִנְחָתוֹ תַּעֲשׂוּ תְּמִימִם

יִהְיוּ־ אל לָכֶם וְנִסְכֵּיהֶם: 29 1 וּבַחֹדֶשׁ י"ב הוויות הַשְּׁבִיעִי בָּאֶחָד אהבה, דאגה

לַחֹדֶשׁ י"ב הוויות מִקְרָא־ שם ע"ה, יהוה עדי קֹדֶשׁ יִהְיֶה יי‑ לָכֶם כָּל־ ילי מְלֶאכֶת

עֲבֹדָה לֹא תַעֲשׂוּ יוֹם ע"ה = נגר, זן, מזבּח תְּרוּעָה יִהְיֶה יי‑ לָכֶם: 2 וַעֲשִׂיתֶם

עֹלָה לְרֵיחַ לריח אברהם, וח"פ אל, רמ"ח נִיחֹחַ לַיהֹוָ‑ה‑‑‑אדני ‑אהדונהי פַּר בֹּוֹּוְֹזֶּר, ערי, סנדלפון בֶּן־בָּקָר

אֶחָד אהבה, דאגה אַיִל אֶחָד אהבה, דאגה כְּבָשִׂים בְּנֵי־שָׁנָה שִׁבְעָה תְּמִימִם:

3 וּמִנְחָתָם סֹלֶת בְּלוּלָה בַשֶּׁמֶן י"פ טל, י"פ כוזו, ביט שְׁלֹשָׁה עֶשְׂרֹנִים לַפָּר

---

suben al juez. Preparan un trono celestial de Misericordia para el Santo Rey. En este día, los hijos de Yisrael necesitan regocijarse delante de su Señor, quien en el segundo día estará sentado en Su trono de Misericordia para ellos, Su trono

de absolución SIGNIFICANDO EL PERDÓN DE LOS PECADOS.

— *El Zóhar, Ajaréi Mot 32:196*

⁴ y una décima por cada cordero de los siete corderos;

⁵ y un macho cabrío como ofrenda por pecado, para hacer expiación por ustedes;

⁶ además del holocausto de la Luna Nueva y de su ofrenda de cereal, y del holocausto continuo y de su ofrenda de cereal y de sus libaciones, según su ordenanza, como aroma agradable, una ofrenda ígnea al Eterno.

⁷ Y en el décimo día de este séptimo mes tendrán santa convocación y afligirán sus almas; no harán ninguna clase de trabajo,

⁸ sino que presentarán al Eterno un holocausto como aroma agradable: un novillo, un carnero, siete corderos de un año, sin defecto,

⁹ y su ofrenda de cereal, flor de harina mezclada con aceite: tres décimas por el novillo, dos décimas por el carnero,

¹⁰ una décima por cada cordero de los siete corderos;

¹¹ y un macho cabrío como ofrenda por pecado, además de la ofrenda de expiación por pecado y del holocausto continuo, de su ofrenda de cereal y de sus libaciones.

SÉPTIMA LECTURA – DAVID – MALJUT

¹² Y en el día quince del séptimo mes, tendrán santa convocación: no harán ninguna clase de trabajo mundano, y guardarán fiesta al Eterno por siete días;

וּבֶעָשׂוֹר

Números 29:7 – En *Yom Kipur* recibimos la energía de amor y de compartir del Creador para el año venidero. El *Zóhar* dice:

Lo mismo es verdad de Yom Kipur, otro día en el cual la serpiente mala se mantiene ocupada con el chivo expiatorio, el cual es la iluminación de la Izquierda. Tal como en el primer día del mes, cuando la serpiente está ocupada con el chivo expiatorio, QUE ES LA ILUMINACIÓN DE LA IZQUIERDA. AL IGUAL QUE EN EL PRIMER DÍA DEL MES LUNAR, CUANDO LA SERPIENTE ESTÁ OCUPADA CON EL CHIVO EXPIATORIO, la Luna está separada

de ésta y puede ocuparse de proteger a Yisrael como una madre que protege a sus hijos. Entonces el Santísimo, bendito sea Él, bendice a Yisrael desde Arriba y perdona todos sus pecados.
— El Zohar, Nóaj 14:105

וּבַחֲמִשָּׁה עָשָׂר

Números 29:12 – En *Sucot* presentamos 70 sacrificios y compartimos la energía que hemos recibido con las 70 naciones del mundo.

El *Zóhar* dice:

בוזהר, ערי, סנדלפון שְׁנֵי עֶשְׂרֹנִים לָאָיִל: 4 וְעִשָּׂרוֹן אֶחָד אהבה, דאגה לַכֶּבֶשׂ ב"פ קס"א

הָאֶחָד אהבה, דאגה לְשִׁבְעַת הַכְּבָשִׂים: 5 וּשְׂעִיר־עִזִּים אֶחָד אהבה, דאגה וְחַטָּאת

לְכַפֵּר מצפצ עֲלֵיכֶם: 6 מִלְּבַד עֹלַת אבניתץ, ושר, אהבת חונם הַחֹדֶשׁ י"ב הויות וּמִנְחָתָהּ

וְעֹלַת אבניתץ, ושר, אהבת חונם הַתָּמִיד ע"ה נתה, קס"א קנ"א קמ"ג וּמִנְחָתָהּ וְנִסְכֵּיהֶם

כְּמִשְׁפָּטָם לְרֵיחַ אברהם, וז"פ אל, רמ"ח נִיחֹחַ אִשֶּׁה לַיהֹוָה אהדינהי אהדונהי: 7 וּבֶעָשׂוֹר

לַחֹדֶשׁ י"ב הויות הַשְּׁבִיעִי הַזֶּה וה מִקְרָא־ שם ע"ה, יהוה שדי קֹדֶשׁ יְיָי לָכֶם

וְעִנִּיתֶם אֶת־נַפְשֹׁתֵיכֶם כָּל־ ילי מְלָאכָה אל אדני לֹא תַעֲשׂוּ: 8 וְהִקְרַבְתֶּם

עֹלָה לַיהֹוָה אהדינהי אהדונהי רֵיחַ נִיחֹחַ פַּר בוזהר, ערי, סנדלפון בֶּן־בָּקָר אֶחָד אהבה, דאגה

אַיִל אֶחָד אהבה, דאגה כְּבָשִׂים בְּנֵי־שָׁנָה שִׁבְעָה תְּמִימִם יִהְיוּ אל לָכֶם:

9 וּמִנְחָתָם סֹלֶת בְּלוּלָה בַשֶּׁמֶן י"פ טל, י"פ כוז"ו, ביט שְׁלֹשָׁה עֶשְׂרֹנִים לַפָּר

בוזהר, ערי, סנדלפון שְׁנֵי עֶשְׂרֹנִים לָאַיִל הָאֶחָד אהבה, דאגה: 10 עִשָּׂרוֹן עִשָּׂרוֹן

לַכֶּבֶשׂ ב"פ קס"א הָאֶחָד אהבה, דאגה לְשִׁבְעַת הַכְּבָשִׂים: 11 שְׂעִיר־עִזִּים אֶחָד

אהבה, דאגה וְחַטָּאת מִלְּבַד חַטַּאת הַכִּפֻּרִים וְעֹלַת אבניתץ, ושר, אהבת חונם הַתָּמִיד

ע"ה נתה, קס"א קנ"א קמ"ג וּמִנְחָתָהּ וְנִסְכֵּיהֶם:

SÉPTIMA LECTURA – DAVID – MALJUT

12 וּבַחֲמִשָּׁה עָשָׂר יוֹם ע"ה = נגד, זן, מוצפצ לַחֹדֶשׁ י"ב הויות הַשְּׁבִיעִי מִקְרָא־

שם ע"ה, יהוה שדי קֹדֶשׁ יִהְיֶה יְיָי לָכֶם כָּל־ ילי מְלֶאכֶת עֲבֹדָה לֹא תַעֲשׂוּ

Más tarde, cuando Yisrael llega a la festividad de Sucot (LA FIESTA DEL TABERNÁCULO), la Columna Derecha de Arriba es despertada, como está aludido EN EL VERSÍCULO "Y SU DERECHA ME ABRAZA" (CANTAR DE LOS CANTARES 2:6) ... Lo mismo se aplica abajo EN ESTE MUNDO, cuando todas las otras naciones son bendecidas, todas se ocupan con su porción y no

se entremeten con Yisrael ni envidian su porción ... Por esto es que DURANTE SUCOT, CUANDO OFRECEN LOS SETENTA TOROS COMO SACRIFICIO, Yisrael atrae bendiciones de todos los ministros celestiales de las setenta naciones, así que están ocupados con su porción y no se entremeten con Yisrael.

— El Zóhar, Nóaj 14:106-107

¹³ y ofrecerán un holocausto, una ofrenda ígnea como aroma agradable al Eterno: trece novillos, dos carneros, catorce corderos de un año; serán sin defecto;

¹⁴ y su ofrenda de cereal, flor de harina mezclada con aceite: tres décimas por cada novillo de los trece novillos, dos décimas por cada carnero de los dos carneros,

¹⁵ y un décimo de efa por cada uno de los catorce corderos; ¹⁶ y un macho cabrío como ofrenda por pecado, además del holocausto continuo, de su ofrenda de cereal y de su libación.

¹⁷ Y en el segundo día presentarán doce novillos, dos carneros, catorce corderos de un año, sin defecto,

¹⁸ y su ofrenda de cereal, y sus libaciones por los novillos, por los carneros y por los corderos, por su número según la ordenanza;

¹⁹ y un macho cabrío como ofrenda por pecado, además del holocausto continuo, de su ofrenda de cereal y de sus libaciones.

²⁰ Y en el tercer día once novillos, dos carneros, catorce corderos de un año, sin defecto,

²¹ y su ofrenda de cereal, y sus libaciones por los novillos, por los carneros y por los corderos, por su número según la ordenanza;

²² y un macho cabrío como ofrenda por pecado, además del holocausto continuo, de su ofrenda de cereal y de su libación.

²³ Y en el cuarto día diez novillos, dos carneros, catorce corderos de un año, sin defecto,

²⁴ y su ofrenda de cereal y sus libaciones por los novillos, por los carneros y por los corderos, por su número según la ordenanza;

וְעִשָּׂרוֹן

Números 29:15 – De acuerdo con las enseñanzas kabbalísticas, cada encuentro con la letra *Vav* nos conecta con el ámbito espiritual de *Zeir Anpín*; es decir, con la energía total del Mundo Superior.

Y así también, la Vav, QUE ES ZEIR ANPÍN, que incluye seis Sefirot, y el cual es el hijo de Yud-Hei, QUE SON ABA E IMA QUE SON LLAMADOS 'PRIMICIAS', es llamado 'una primicia'. Y todas las ramas que salen de este y en las cuales hay cabezas,

LOS NIVELES QUE CONTIENEN LAS TRES SEFIROT SUPERIORES QUE SON LLAMADAS CABEZA, son llamadas 'primicias'. La Vav es un río de esas primicias superiores, SIENDO ZEIR ANPÍN, y este es el río que sale de Edén, EL CUAL ES YUD HEI, y es en este que la Torá es dependiente. Y cuando sale Y ES REVELADA, entonces todos los secretos de la Torá salen porque esta es ambos: el Árbol de la Vida y la Torá, como está escrito: "Es un Árbol de Vida para aquellos que se aferran a ella..." (Proverbios 3:18). Y los preceptos DE ZEIR ANPÍN, QUIEN ES LA TORÁ, son como los brotes de la fruta del árbol

וְנִסְכְּכֶם: 13 וְהִקְרַבְתֶּם עֹלָה אִשֵּׁה וְנַגְּתֶם וָזֶג לַיהוה‑ה‑אהדונהי שִׁבְעַת יָמִים

רֵיחַ נִיחֹחַ לַיהוה‑ה‑אהדונהי פָּרִים בְּנֵי‑בָקָר שְׁלֹשָׁה עָשָׂר אֵילִם שְׁנָיִם

כְּבָשִׂים בְּנֵי‑שָׁנָה אַרְבָּעָה עָשָׂר תְּמִימִם יִהְיוּ: 14 וּמִנְחָתָם סֹלֶת

בְּלוּלָה בַשֶּׁמֶן שְׁלֹשָׁה עֶשְׂרֹנִים לַפָּר הָאֶחָד

לִשְׁלֹשָׁה עָשָׂר פָּרִים שְׁנֵי עֶשְׂרֹנִים לָאַיִל הָאֶחָד

לִשְׁנֵי הָאֵילִם: 15 וְעִשָּׂרוֹן עִשָּׂרוֹן לַכֶּבֶשׂ הָאֶחָד

לְאַרְבָּעָה עָשָׂר כְּבָשִׂים: 16 וּשְׂעִיר‑עִזִּים אֶחָד חַטָּאת מִלְּבַד

עֹלַת הַתָּמִיד מִנְחָתָהּ וְנִסְכָּהּ: 17 וּבַיּוֹם

הַשֵּׁנִי פָּרִים בְּנֵי‑בָקָר שְׁנֵים עָשָׂר אֵילִם שְׁנָיִם כְּבָשִׂים

בְּנֵי‑שָׁנָה אַרְבָּעָה עָשָׂר תְּמִימִם: 18 וּמִנְחָתָם וְנִסְכֵּיהֶם לַפָּרִים

לָאֵילִם וְלַכְּבָשִׂים בְּמִסְפָּרָם כַּמִּשְׁפָּט: 19 וּשְׂעִיר‑עִזִּים אֶחָד

חַטָּאת מִלְּבַד עֹלַת הַתָּמִיד

וּמִנְחָתָהּ וְנִסְכֵּיהֶם: 20 וּבַיּוֹם הַשְּׁלִישִׁי פָּרִים עַשְׁתֵּי‑עָשָׂר

אֵילִם שְׁנָיִם כְּבָשִׂים בְּנֵי‑שָׁנָה אַרְבָּעָה עָשָׂר תְּמִימִם: 21 וּמִנְחָתָם

וְנִסְכֵּיהֶם לַפָּרִים לָאֵילִם וְלַכְּבָשִׂים בְּמִסְפָּרָם כַּמִּשְׁפָּט:

22 וּשְׂעִיר חַטָּאת אֶחָד מִלְּבַד עֹלַת הַתָּמִיד

וּמִנְחָתָהּ וְנִסְכָּהּ: 23 וּבַיּוֹם הָרְבִיעִי פָּרִים

עֲשָׂרָה אֵילִם שְׁנָיִם כְּבָשִׂים בְּנֵי‑שָׁנָה אַרְבָּעָה עָשָׂר תְּמִימִם: 24 מִנְחָתָם

וְנִסְכֵּיהֶם לַפָּרִים לָאֵילִם וְלַכְּבָשִׂים בְּמִסְפָּרָם כַּמִּשְׁפָּט:

---

que tienen que ser traídos A LA CASA DE HaShem.
— El Zóhar, Pinjás 113:768

En este pasaje vemos una Vav coronada por un punto pequeño, el punto representa la forma más pequeña de la fisicalidad. Como Rav Berg explica, una de las paradojas de la vida es que sólo podemos obtener verdadero control sobre el ámbito material cuando alcanzamos el nivel de la antimateria. Donde hay poca fisicalidad, hay gran poder. El mismo principio puede observarse en un microchip: cuanto más pequeño sea el chip, mayor es su energía. El punto pequeño sobre la Vav nos ayuda a reducirnos en nuestra versión más pequeña, lo que nos permite atraer el volumen total de la Luz disponible en esta lectura.

[25] *y un macho cabrío como ofrenda por pecado, además del holocausto continuo, de su ofrenda de cereal y de su libación.*

[26] *Y en el quinto día nueve novillos, dos carneros, catorce corderos de un año, sin defecto,* [27] *y su ofrenda de cereal y sus libaciones por los novillos, por los carneros y por los corderos, por su número según la ordenanza;*

[28] *y un macho cabrío como ofrenda por pecado, además del holocausto continuo, de su ofrenda de cereal y de su libación.* [29] *Y en el sexto día ocho novillos, dos carneros, catorce corderos de un año, sin defecto,*

[30] *y su ofrenda de cereal y sus libaciones por los novillos, por los carneros y por los corderos, por su número según la ordenanza;*

[31] *y un macho cabrío como ofrenda por pecado, además del holocausto continuo, de su ofrenda de cereal y de sus libaciones.*

[32] *Y en el séptimo día siete novillos, dos carneros, catorce corderos de un año, sin defecto,* [33] *y su ofrenda de cereal y sus libaciones por los novillos, por los carneros y por sus corderos, por su número según la ordenanza;* [34] *y un macho cabrío como ofrenda por pecado, además del holocausto continuo, de su ofrenda de cereal y de su libación.*

MAFTIR

[35] *En el octavo día tendrán asamblea solemne; no harán ninguna clase de trabajo mundano,* [36] *sino que presentarán un holocausto, una ofrenda ígnea como aroma agradable al Eterno: un novillo, un carnero, siete corderos de un año, sin defecto,*

[37] *su ofrenda de cereal y sus libaciones por el novillo, por el carnero y por los corderos, por su número según la ordenanza;*

הַשְּׁמִינִי עֲצֶרֶת

Números 29:35 – *Sheminí Atséret* y *Simjat Torá* nos conectan con la energía de felicidad y dicha a lo largo del año. El *Zóhar* dice:

Ven y ve: está escrito: "'En el día octavo tendrán ustedes una asamblea solemne (heb. Sheminí Atséret)...'" (Números 29:35). ¿Cuál es la asamblea? RESPONDE que el lugar en el cual todo está conectado junto, es llamado una asamblea, QUE ES MALJUT QUE RECIBE DE TODAS LAS SEFIROT. Porque ¿qué significa "'asamblea'"? Una reunión. Ustedes pueden preguntar por cuál razón es llamada una asamblea aquí. Y RESPONDE: A través de los días DE SUCOT estuvieron los días de fiesta de las ramas del Árbol, A SABER: LOS SETENTA MINISTROS QUE VIENEN DE LA PARTE EXTERNA DE ZEIR ANPÍN; de aquí los setenta toros SACRIFICADOS EN LOS SIETE DÍAS DE SUCOT.

25 וּשְׂעִיר־עִזִּים אֶחָד אהבה, דאגה וְחַטָּאת מִלְּבַד עֹלַת אבגיתץ, ושׂר, אהבת חנם

הַתָּמִיד ע״ה נתה, קס״א קנ״א קמ״ג מִנְחָתָהּ וְנִסְכָּהּ: 26 וּבַיּוֹם ע״ה = נגד, זן, מזכה הַחֲמִישִׁי

פָּרִים תִּשְׁעָה אֵילִם שְׁנָיִם כְּבָשִׂים בְּנֵי־שָׁנָה אַרְבָּעָה עָשָׂר תְּמִימִם:

27 וּמִנְחָתָם וְנִסְכֵּיהֶם לַפָּרִים לָאֵילִם וְלַכְּבָשִׂים בְּמִסְפָּרָם כַּמִּשְׁפָּט

ע״ה ה״פ אלהים: 28 וּשְׂעִיר חַטָּאת אֶחָד אהבה, דאגה מִלְּבַד עֹלַת אבגיתץ, ושׂר, אהבת חנם

הַתָּמִיד ע״ה נתה, קס״א קנ״א קמ״ג וּמִנְחָתָהּ וְנִסְכָּהּ: 29 וּבַיּוֹם ע״ה = נגד, זן, מזכה הַשִּׁשִּׁי

פָּרִים שְׁמֹנָה אֵילִם שְׁנָיִם כְּבָשִׂים בְּנֵי־שָׁנָה אַרְבָּעָה עָשָׂר תְּמִימִם:

30 וּמִנְחָתָם וְנִסְכֵּיהֶם לַפָּרִים לָאֵילִם וְלַכְּבָשִׂים בְּמִסְפָּרָם כַּמִּשְׁפָּט

ע״ה ה״פ אלהים: 31 וּשְׂעִיר חַטָּאת אֶחָד אהבה, דאגה מִלְּבַד עֹלַת אבגיתץ, ושׂר, אהבת חנם

הַתָּמִיד ע״ה נתה, קס״א קנ״א קמ״ג מִנְחָתָהּ וּנְסָכֶיהָ: 32 וּבַיּוֹם ע״ה = נגד, זן, מזכה הַשְּׁבִיעִי

פָּרִים שִׁבְעָה אֵילִם שְׁנָיִם כְּבָשִׂים בְּנֵי־שָׁנָה אַרְבָּעָה עָשָׂר תְּמִימִם:

33 וּמִנְחָתָם וְנִסְכֵּהֶם לַפָּרִים לָאֵילִם וְלַכְּבָשִׂים בְּמִסְפָּרָם כְּמִשְׁפָּטָם:

34 וּשְׂעִיר חַטָּאת אֶחָד אהבה, דאגה מִלְּבַד עֹלַת אבגיתץ, ושׂר, אהבת חנם הַתָּמִיד

ע״ה נתה, קס״א קנ״א קמ״ג מִנְחָתָהּ וְנִסְכָּהּ:

MAFTIR

35 בַּיּוֹם ע״ה = נגד, זן, מזכה הַשְּׁמִינִי עֲצֶרֶת תִּהְיֶה לָכֶם כָּל־ יכ מְלֶאכֶת עֲבֹדָה

לֹא תַעֲשׂוּ: 36 וְהִקְרַבְתֶּם עֹלָה אִשֵּׁה רֵיחַ נִיחֹחַ לַיהֹוָה אהדונהי פַּר

בוזכֹר, ערי, סנדלפון אֶחָד אהבה, דאגה אַיִל אֶחָד אהבה, דאגה כְּבָשִׂים בְּנֵי־שָׁנָה שִׁבְעָה

תְּמִימִם: 37 מִנְחָתָם וְנִסְכֵּיהֶם בוזכֹר, ערי, סנדלפון לַפָּר לָאַיִל וְלַכְּבָשִׂים

Después de eso, EN SHEMINÍ ATSÉRET (EL DÍA DE LA ASAMBLEA SOLEMNE) viene la alegría del Árbol mismo, ZEIR ANPÍN MISMO. Porque hay una asamblea por un día, el cual es

la alegría en la Torá, la alegría del Árbol, que es el cuerpo, A SABER: ZEIR ANPÍN.
— El Zóhar, Emor 27:155

38 y un macho cabrío como ofrenda por pecado, además del holocausto continuo, de su ofrenda de cereal y de su libación.

39 Ofrecerán éstos para el Eterno en sus fechas señaladas, además de sus votos y de sus ofrendas de buena voluntad, ya sea que fueren sus holocaustos, sus ofrendas de cereal, sus libaciones o sus ofrendas de paz".

30 1 Y Moshé habló a los hijos de Israel conforme a todo lo que el Eterno había ordenado a Moshé.

HAFTARÁ DE PINJÁS

Eliyahu el Profeta ejerció un juicio sobre los israelitas para evitar que lo hiciera el Satán, porque cuando el Satán ve a alguien más haciendo su trabajo, le permite a esa persona hacerlo. Actualmente, este juicio de Eliyahu ocurre principalmente durante la ceremonia de la circuncisión (*brit milá*). Dado que el Satán ve a Eliyahu como un "agente doble", no se molesta en asistir a la

I REYES 18:46-19:21

18 46 Y la mano del Eterno estaba sobre Eliyahu; y él ciñó sus lomos y corrió delante de Ajav a la entrada de Jezreel.

19 1 Y Ajav le contó a Izevel todo lo que Eliyahu había hecho y cómo había matado a espada a todos los profetas.

2 Entonces Izevel envió un mensajero a Eliyahu, diciendo: "Así hagan los dioses conmigo, y más aún, si yo no hago tu vida como la vida de uno de ellos mañana a estas horas".

3 Y cuando vio eso, se levantó y se fue para salvar su vida, y vino a Beersheva de Yehuda y dejó allí a su siervo.

4 Pero él anduvo un día de camino por el desierto, y vino y se sentó bajo una retama; pidió morirse y dijo: "Basta ya, Eterno, toma mi vida porque yo no soy mejor que mis padres".

בְּמִסְפָּרָם כַּמִּשְׁפָּט ע"ה ה"פ אלהים: 38 וּשְׂעִיר וְחַטָּאת אֶחָד אהבה, דאגה מִלְּבַד

עֹלַת אבגיתץ, ושיר, אהבת חנם הַתָּמִיד ע"ה נתה, קס"א קנ"א קמ"ג וּמִנְחָתָהּ וְנִסְכָּהּ: 39 אֵלֶּה

תַּעֲשׂוּ לַיהֹוָהֵאדנֵיאהדונהי בְּמוֹעֲדֵיכֶם לְבַד מִנִּדְרֵיכֶם וְנִדְבֹתֵיכֶם

לְעֹלֹתֵיכֶם וּלְמִנְחֹתֵיכֶם וּלְנִסְכֵּיכֶם וּלְשַׁלְמֵיכֶם: 30 1 וַיֹּאמֶר מֹשֶׁה

מהע, אל עדי אֶל־בְּנֵי יִשְׂרָאֵל כְּכֹל אֲשֶׁר־צִוָּה פזי יְהֹוָהֵאדנֵיאהדונהי אֶת־מֹשֶׁה

מהע, אל עדי:

HAFTARÁ DE PINJÁS

circuncisión; asumiendo que Eliyahu ejercerá un juicio tan severamente como él —el Satán— lo haría. De esta manera, Eliyahu viene a la circuncisión en lugar del Satán porque el propósito verdadero de Eliyahu es traer protección al niño.

מלכים א', פרק 18, 46–פרק 19, 21

18 46 וְיַד־יְהֹוָהֵאדנֵיאהדונהי הָיְתָה אֶל־אֵלִיָּהוּ ב"ן, לכב, יבמ וַיְשַׁנֵּס מָתְנָיו וַיָּרָץ

לִפְנֵי וחכמה בינה אַחְאָב עַד־בֹּאֲכָה יִזְרְעֶאלָה: 19 1 וַיַּגֵּד אַחְאָב לְאִיזֶבֶל

אֵת כָּל־ ילי אֲשֶׁר עָשָׂה אֵלִיָּהוּ ב"ן, לכב, יבמ וְאֵת כָּל־ ילי אֲשֶׁר הָרַג

אֶת־כָּל־ ילי הַנְּבִיאִים בֶּחָרֶב רבוע ס"ג ורבוע אהוה: 2 וַתִּשְׁלַח אִיזֶבֶל מַלְאָךְ יאהדונהי

אֶל־אֵלִיָּהוּ ב"ן, לכב, יבמ לֵאמֹר כֹּה הי יַעֲשׂוּן אֱלֹהִים מוּם, אהיה אדני ; ילה וְכֹה הי

יוֹסִפוּן כִּי־כָעֵת מ"ה אהיה י היות מָחָר אברהם, וח"פ אל, רמ"ח אָשִׂים אֶת־נַפְשְׁךָ כְּנֶפֶשׁ

רמ"ח ד' היות אַחַד אהבה, דאגה מֵהֶם: 3 וַיַּרְא אלף למד יהוה וַיָּקָם וַיֵּלֶךְ כלי אֶל־נַפְשׁוֹ

וַיָּבֹא בְּאֵר קנ"א ב"ן שֶׁבַע ע"ב ואלהים דיודין אֲשֶׁר לִיהוּדָה וַיַּנַּח אֶת־נַעֲרוֹ שָׁם

יהוה עדיו וְהוּא־הָלַךְ מ"ה בַּמִּדְבָּר אברהם, וח"פ אל, רמ"ח הֶרֶךְ ב"פ יב"ק יוֹם ע"ה = נגד, זן, מזבח

וַיָּבֹא וַיֵּשֶׁב תַּחַת רֹתֶם אֶחָד אהבה, דאגה אוֹזֶ (כתיב: אוזת) וַיִּשְׁאַל אֶת־נַפְשׁוֹ לָמוּת

⁵ *Y se acostó y se durmió bajo la retama; y he aquí que un ángel lo tocó y le dijo: "Levántate y come".*

⁶ *Y miró, y he aquí que a su cabecera había una torta cocida sobre piedras calientes y una vasija de agua. Y comió y bebió, y volvió a acostarse.*

⁷ *Y el ángel del Eterno volvió nuevamente, lo tocó y le dijo: "Levántate y come, porque el camino es muy largo para ti".*

⁸ *Y se levantó, y comió y bebió, y con la fuerza de aquella comida caminó cuarenta días y cuarenta noches hasta Jorev, el Monte de Dios.*

⁹ *Y llegó a una cueva y se alojó allí; y he aquí que la palabra del Eterno vino a él, y Él le dijo: "¿Qué haces aquí, Eliyahu?".*

¹⁰ *Y él dijo: "He tenido mucho fervor por el Eterno, Dios de los ejércitos; porque los hijos de Israel han abandonado Tu Pacto, han derribado Tus altares y han matado a espada a Tus profetas. Sólo quedo yo y buscan mi vida para quitármela".*

¹¹ *Entonces Él dijo: "Sal y ponte en el monte delante del Eterno". Y he aquí que el Eterno pasaba, y un grande y poderoso viento destrozaba los montes y hacía pedazos las rocas delante del Eterno; pero el Eterno no estaba en el viento. Y después del viento, un terremoto; pero el Eterno no estaba en el terremoto.*

¹² *Y después del terremoto, un fuego; pero el Eterno no estaba en el fuego. Y después del fuego, el susurro de una brisa apacible.*

¹³ *Y sucedió que cuando Eliyahu lo oyó, se cubrió el rostro con su manto, y salió y se puso a la entrada de la cueva. Y he aquí que una voz vino a él y le dijo: "¿Qué haces aquí, Eliyahu?".*

¹⁴ *Y él respondió: "He tenido mucho fervor por el Eterno, Dios de los ejércitos; porque los hijos de Israel han abandonado Tu Pacto, han derribado Tus altares y han matado a espada a Tus profetas. Y sólo he quedado yo y buscan mi vida para quitármela".*

וַיֹּאמֶר | רַב ע״ב ורבוע מ״ה עַתָּה יְהֹוָ֖האֲדֹנָיאֲדֹנָי קַ֣ח נַפְשִׁ֔י כִּֽילֹאט֥וֹב והו אָנֹכִ֖י

אִיע מֵאֲבֹתָֽי׃ 5 וַיִּשְׁכַּב֙ וַיִּישַׁ֔ן ע״ע נהורין תַּ֖חַת רֹ֣תֶם אֶחָ֑ד אהבה, דאה וְהִנֵּהזֶ֤ה מ״ה יה

זֶ֤ה מַלְאָךְ֙ יאהדונהי מלוי אהיה דאלפין נֹגֵ֣עַ בּ֔וֹ וַיֹּ֥אמֶר ל֖וֹ ק֥וּם אֱכֽוֹל׃ 6 וַיַּבֵּ֕ט וְהִנֵּ֧ה

מ״ה יה מְֽרַאֲשֹׁתָ֛יו עֻגַ֥ת רְצָפִ֖ים וְצַפַּ֣חַת מָ֑יִם וַיֹּ֣אכַל וַיֵּ֔שְׁתְּ וַיָּ֖שׇׁב וַיִּשְׁכָּֽב׃

7 וַיָּ֩שׇׁב֩ מַלְאַ֨ךְ יאהדונהי יְהֹוָ֤האֲדֹנָיאֲדֹנָי | שֵׁנִית֙ וַיִּגַּעבּ֔וֹ וַיֹּ֖אמֶר ק֣וּם אֱכֹ֑ל כִּ֛י

רַ֥ב ע״ב ורבוע מ״ה מִמְּךָ֖ הַדָּֽרֶךְ׃ 8 בפ יב״ל וַיָּ֜קׇם וַיֹּ֣אכַל וַיִּשְׁתֶּ֗ה וַיֵּ֜לֶךְ כלו בְּכֹ֣חַ |

הָאֲכִילָ֣ה אדני הַהִ֗יא אַרְבָּעִ֥ים י֛וֹם ע״ה = נגד, זן, מזבח וְאַרְבָּעִ֥ים לַ֖יְלָה מלה עַד

הַ֥ר רבוע אלהים ־ ה הָאֱלֹהִ֖ים מום, אהיה אדני ; ילה חֹרֵֽב רבוע ס״ג ורבוע אהיה׃ 9 וַיָּבֹאשָׁ֥ם

יהוה שדי אֶלהַמְּעָרָ֖ה שדי וַיָּ֣לֶן שָׁ֑ם וְהִנֵּ֤ה יהוה שדי יה מ״ה יה דְבַריְהֹוָה֙אֲדֹנָיאֲדֹנָי רֹאֵ֨ה

אֵלָ֔יו וַיֹּ֣אמֶר ל֔וֹ מַהלְּךָ֥ מ״ה פֹ֖ה מילה, ע״ה אלהים ע״ה מום אֵלִיָּֽהוּ ב״ן, לכב, יבמ׃

10 וַיֹּ֩אמֶר֩ קַנֹּ֨א מקוה, קנ״א, אלהים אדני קִנֵּ֜אתִי לַיהֹוָ֣האֲדֹנָיאֲדֹנָי | אֱלֹהֵ֣י דמב, ילה

צְבָא֗וֹת נתה ורבוע אהיה כִּֽיעָזְב֤וּ בְרִֽיתְךָ֙ בְּנֵ֣י יִשְׂרָאֵ֔ל אֶתמִזְבְּחֹתֶ֣יךָ הָרָ֔סוּ

וְאֶתנְבִיאֶ֖יךָ הָרְג֣וּ בֶחָ֑רֶב רבוע ס״ג ורבוע אהיה וָֽאִוָּתֵ֤ר אֲנִי֙ אני, טדהד כוזו לְבַדִּ֔י

וַיְבַקְשׁ֥וּ אֶתנַפְשִׁ֖י לְקַחְתָּֽהּ׃ 11 וַיֹּ֗אמֶר צֵ֣א וְעָמַדְתָּ֣ בָהָר֮ אור, רז, אין סוף לִפְנֵ֣י

וחכמה בינה יְהֹוָה֒אֲדֹנָיאֲדֹנָי וְהִנֵּ֧ה מ״ה יה יְהֹוָ֣האֲדֹנָיאֲדֹנָי עֹבֵ֗ר רבוע יהוה ורבוע אלהים וְר֣וּחַ

מלוי אלהים דיודין גְּדוֹלָ֣ה וְחָזָ֡ק פהל מְפָרֵק֩ הָרִ֨ים וּמְשַׁבֵּ֤ר סְלָעִים֙ לִפְנֵ֣י וחכמה בינה

יְהֹוָ֔האֲדֹנָיאֲדֹנָי לֹ֥א בָר֖וּחַ מלוי אלהים דיודין יְהֹוָ֑האֲדֹנָיאֲדֹנָי וְאַחַ֤ר הָר֙וּחַ֙ מלוי אלהים דיודין

רַ֔עַשׁ לֹ֥א בָרַ֖עַשׁ יְהֹוָֽהאֲדֹנָיאֲדֹנָי׃ 12 וְאַחַ֤ר הָרַ֙עַשׁ֙ אֵ֔שׁ אלהים דיודין ע״ה לֹ֥א

בָאֵ֖שׁ אלהים דיודין ע״ה יְהֹוָ֑האֲדֹנָיאֲדֹנָי וְאַחַ֣ר הָאֵ֔שׁ שאה ק֖וֹל ע״ב ס״ג ע״ה דְּמָמָ֥ה

דַקָּֽה׃ 13 וַיְהִ֣י אל | כִּשְׁמֹ֣עַ אֵלִיָּ֗הוּ ב״ן, לכב, יבמ וַיָּ֤לֶט פָּנָיו֙ בְּאַדַּרְתּ֔וֹ וַיֵּצֵ֕א

וַֽיַּעֲמֹ֖ד פֶּ֣תַח הַמְּעָרָ֑ה שדי וְהִנֵּ֤ה מ״ה יה אֵלָיו֙ ק֔וֹל ע״ב ס״ג ע״ה וַיֹּ֕אמֶר מַהלְּךָ֥ מ״ה

לְּךָ֥ פֹ֖ה מילה, ע״ה אלהים ע״ה מום אֵלִיָּֽהוּ ב״ן, לכב, יבמ׃ 14 וַיֹּ֩אמֶר֩ קַנֹּ֨א מקוה, קנ״א, אלהים אדני

קִנֵּ֜אתִי לַיהֹוָ֣האֲדֹנָיאֲדֹנָי | אֱלֹהֵ֣י דמב, ילה צְבָא֗וֹת נתה ורבוע אהיה כִּֽיעָזְב֤וּ

בְרִֽיתְךָ֙ בְּנֵ֣י יִשְׂרָאֵ֔ל אֶתמִזְבְּחֹתֶ֣יךָ הָרָ֔סוּ וְאֶתנְבִיאֶ֖יךָ הָרְג֣וּ בֶחָ֑רֶב

15 Y el Eterno le dijo: "Ve, regresa por tu camino al desierto de Damasco; y cuando hayas llegado, ungirás a Jazael por rey sobre Aram;

16 y a Yehú, hijo de Nimshí, ungirás por rey sobre Israel; y a Elishá, hijo de Shafat de Abel-Meholá, ungirás por profeta en tu lugar.

17 Y sucederá que al que escape de la espada de Jazael, Yehú lo matará; y al que escape de la espada de Yehú, Elishá lo matará.

18 Pero dejaré siete mil en Israel, todas las rodillas que no se han doblado ante Baal y toda boca que no lo ha besado".

19 Así que partió de allí y encontró a Elishá, hijo de Shafat, que estaba arando con doce yuntas delante de él, y él estaba con la duodécima; y Eliyahu pasó adonde él estaba y le echó su manto encima

20 Y él dejó las reses, corrió tras Eliyahu, y dijo: "Te ruego que me permitas besar a mi padre y a mi madre, y entonces te seguiré". Y él le dijo: "Vuelve, pues ¿qué te he hecho yo?".

21 Y él se volvió, dejando de seguirle, tomó una yunta de reses y las sacrificó, y coció su carne con los implementos de las reses, y la dio a la gente y ellos comieron. Después se levantó y fue tras Eliyahu, y le ministraba.

רבוע ס״ג ורבוע אדיה וְאִוָּתֵר אֲנִי אני, טדהה׳ד כוז״ו לְבַדִּי וַיְבַקְשׁוּ אֶת־נַפְשִׁי לְקַחְתָּהּ:

‏15 וַיֹּאמֶר יְהוָהאדני־אהדונהי אֵלָיו לֵךְ שׁוּב לְדַרְכְּךָ מִדְבַּרָה דַמָּשֶׂק וּבָאתָ

וּמָשַׁחְתָּ אֶת־חֲזָאֵל לְמֶלֶךְ עַל־אֲרָם: 16 וְאֵת יֵהוּא בֶן־נִמְשִׁי תִּמְשַׁח

לְמֶלֶךְ עַל־יִשְׂרָאֵל וְאֶת־אֱלִישָׁע בֶּן־שָׁפָט מֵאָבֵל מְחוֹלָה תִּמְשַׁח

לְנָבִיא תַּחְתֶּיךָ: 17 וְהָיָה יהוה, יהוה הַנִּמְלָט מֵחֶרֶב רבוע ס״ג ורבוע אדיה וַחֲזָאֵל יָמִית

יֵהוּא וְהַנִּמְלָט מֵחֶרֶב רבוע ס״ג ורבוע אדיה יֵהוּא יָמִית אֱלִישָׁע: 18 וְהִשְׁאַרְתִּי

בְיִשְׂרָאֵל שִׁבְעַת אֲלָפִים קס״א כָּל־ ילי הַבִּרְכַּיִם אֲשֶׁר לֹא־כָרְעוּ לַבַּעַל

וְכָל־ ילי הַפֶּה מילה, ע״ה אלהים ע״ה מום אֲשֶׁר לֹא־נָשַׁק לוֹ: 19 וַיֵּלֶךְ כלי מִשָּׁם יהוה שדי

וַיִּמְצָא אֶת־אֱלִישָׁע בֶּן־שָׁפָט וְהוּא חֹרֵשׁ שְׁנֵים־עָשָׂר צְמָדִים לְפָנָיו

וְהוּא בִּשְׁנֵים הֶעָשָׂר וַיַּעֲבֹר אֵלִיָּהוּ רפ״ח, ע״ב רי״ו אֵלָיו וַיַּשְׁלֵךְ

אַדַּרְתּוֹ אֵלָיו: 20 וַיַּעֲזֹב אֶת־הַבָּקָר וַיָּרָץ אַחֲרֵי אֵלִיָּהוּ ב״ן, לכב, יבמ וַיֹּאמֶר

אֶשְּׁקָה־נָּא לְאָבִי וּלְאִמִּי וְאֵלְכָה אַחֲרֶיךָ וַיֹּאמֶר לוֹ לֵךְ שׁוּב כִּי מֶה־

מ״ה עָשִׂיתִי לָךְ: 21 וַיָּשָׁב מֵאַחֲרָיו וַיִּקַּח חלם אֶת־צֶמֶד הַבָּקָר וַיִּזְבָּחֵהוּ

וּבִכְלִי הַבָּקָר בִּשְּׁלָם הַבָּשָׂר וַיִּתֵּן י״פ מלוי ע״ב לָעָם עלב וַיֹּאכֵלוּ וַיָּקָם וַיֵּלֶךְ

כלי אַחֲרֵי אֵלִיָּהוּ ב״ן, לכב, יבמ וַיְשָׁרְתֵהוּ:

MATOT

LA LECCIÓN DE MATOT
(Números 30:2-32:42)

Con respecto a los jefes de las tribus

Iniciamos esta sección con dos preguntas: "¿Por qué Moshé habló solamente a los jefes de las tribus y no a todo Israel?" y "¿Qué significaba ser el jefe de una tribu?".

Para poder dar respuesta esto, es importante que entendamos que tenemos que aprender a no considerarnos mejor o peor que nadie, sin importar las circunstancias. Espiritualmente hablando, todos estamos en el mismo barco, y nuestro destino y viaje conjuntos son mucho más importantes que cualquier diferencia superficial entre nosotros. Todos tenemos una meta en particular en este mundo, y hasta que cada uno de nosotros la alcance, el *Mashíaj* (Mesías) no puede venir y el caos no puede ser eliminado del mundo entero.

Todos hemos experimentado momentos en los que nos hemos sentido como si fuéramos mejor o peor que otras personas: "Tengo menos dinero que ella" o "Yo soy más inteligente que él". Pero cualquiera que comienza en un camino espiritual necesita comprender la importancia de trabajar en la eliminación tanto del orgullo egoísta como de la baja autoestima.

Aquí hay una historia que puede ayudar a aclarar esta idea. Un par de compañeros comerciantes viajaron juntos a la ciudad para comprar mercancía. Uno de ellos pagó sus compras con dinero efectivo, mientras que el otro tomó la mercancía a crédito. El que pagó en efectivo compró sólo lo que podía permitirse, pero el otro compró cuanto podía meter en su carreta con la intención de pagar la mercancía posteriormente. Y, a pesar de que uno tuviera mucha mercancía y el otro poca, ellos se sentían uno igual al otro.

No obstante, la verdad es que la igualdad sólo puede manifestarse cuando una persona es sincera acerca de su situación. Un comerciante ya había pagado su mercancía y el otro tenía el pago pendiente. Si ellos no fuesen claros y honestos con respecto a esto, el que tiene menos mercancía podría parecer inferior ante el otro; lo cual no sería cierto.

Esta historia es muy importante. Cuando estamos en un camino espiritual, tal vez tengamos más herramientas que otra persona para conectar con la Luz. Pero el individuo con más herramientas también tiene más responsabilidad de revelar Luz para sí mismo y para los demás. La vida consiste en usar lo que se nos ha dado a fin de revelar cuanta Luz podamos. Si nos enfocamos minuciosamente en nuestro propio trabajo espiritual en particular, nunca creeremos que somos superiores o inferiores a alguien más en el mundo. Visualiza un barco y verás que quien tiene más que ofrecer con relación a la dirección es el capitán, pero el capitán no puede dirigir su barco sin el trabajo y la dedicación de todos los demás marineros; cada uno de los cuales posee sus propias fortalezas y capacidades especiales. El buen funcionamiento de la nave requiere la cooperación de todos y, más importante aún, la dedicación de todos a seguir la ruta correcta.

Acerca de los votos

Hay tanto que decir acerca de los votos que este asunto en sí podría ser el tema de un libro completo. El principio más importante trata acerca de cuán minuciosamente debemos cuidar lo que decimos. Esto se demuestra muy claramente en la historia de Rajel y Yaakov. Yaakov dijo que a quienquiera hubiere robado los ídolos de Laván, no le sería permitido vivir; pero él no sabía en aquel entonces que su amada Rajel fue quien los había tomado (*Génesis 31:34*). Sin embargo, una vez que Yaakov había dicho las palabras, el cumplimiento de su predicción fue inevitable y Rajel murió mientras daba a luz a Binyamín (*Génesis 35:18*).

Una vez, una persona cercana a Rav Brandwein le dijo: "Sin importar que pase, estaré contigo después del próximo *Pésaj*". Rav Brandwein falleció en *Jol Hamoed* (los días de semana del festival) de *Pésaj* de ese mismo año y, en *Shavuot*, el amigo de Rav Brandwein también falleció. Está claro que no tenemos el poder de predecir lo que nosotros o los demás harán en el futuro porque siempre pueden ocurrir eventos impredecibles. Por lo tanto, es inútil emitir votos, y siempre es mejor asegurarles a los demás que intentaremos proporcionar lo que ellos necesitan. Cuidar nuestra habla es importante porque cada palabra que decimos tiene gran poder, ya sea para bien o para mal.

Entonces, podemos preguntarnos: "¿Cuál es el propósito real de un voto?". De acuerdo con los sabios, la respuesta está en que a la gente le es fácil hablar, pero cuando se trata de la acción, la mayoría hace muy poco. Un voto nos da la oportunidad de inyectarle el poder de la acción a nuestra habla. El voto nos da el deseo inalienable de actuar.

Pero hay gente que usa el poder de un voto de forma negativa. En lugar de usar el poder para ayudarle a completar su trabajo espiritual, lo usan para escapar de la responsabilidad.

En una oportunidad, el dueño de una tienda en un pueblo pequeño fue a la gran ciudad a comprar mercancía. Fue a ver a su proveedor de costumbre y ordenó toda la mercancía que necesitaba. Cuando se le presentó la cuenta, el dueño de la tienda preguntó si podía pagar después dado que no tenía suficiente dinero en ese momento. Él prometió que pagaría toda la deuda la próxima vez que regresara a la ciudad. El proveedor le dijo: "No, no puedo darte la mercancía si no puedes pagar. He investigado y vi que has tomado mercancía en el pasado y has prometido pagarla, pero nunca has cumplido tu promesa. Así que no puedo confiar en ti".

El dueño de la tienda comenzó a llorar y a rogarle, diciendo que no era su culpa no haber pagado sus deudas. Dijo que tenía buenas razones para que eso hubiese sucedido en el pasado, y juró mantener su palabra esta vez, añadiendo que si no recibía la mercancía ahora, podía caer en la ruina y su familia pasaría hambre. Pero el proveedor no aceptó su solicitud.

Justo en ese entonces, otro comerciante llegó a la oficina en la que estaban discutiendo. Él le dijo al dueño de la tienda: "Escúchame y te daré un consejo que hará que todos estén contentos. ¿Por qué necesitas comprar tanto ahora y deber tanto dinero que no podrás pagar después? ¿Por qué no comprar una cantidad pequeña ahora, sólo cuanto puedas pagar? Estoy seguro que el proveedor entenderá tu posición y te venderá una pequeña cantidad con precio al mayor a fin de que puedas obtener una buena ganancia".

El dueño de la tienda escuchó este buen consejo y compró una pequeña cantidad de mercancía con dinero en efectivo. Regresó a su lugar, vendió la mercancía, y luego regresó a la gran ciudad y compró más con dinero. Hizo esto unas cuantas veces hasta que obtuvo la suficiente ganancia para pagar la deuda con el proveedor y también para recuperarse económicamente.

Es de esta manera como es nuestro trabajo espiritual. Algunos días, nos despertamos y decimos que tenemos que cambiarnos a nosotros mismos; todo de una vez, todo en un día. Entonces, cuando no tenemos éxito en cambiar todo de una vez, regresamos a no cambiar nada. Mucha gente viene al Centro de Kabbalah y dicen: "Voy a reconstruirme por completo". Cuando no tienen éxito al instante, dicen: "Esta cosa de la espiritualidad no me ayudó". La forma adecuada de alcanzar la iluminación espiritual y revelar cuanta Luz como podamos en nuestra vida es siendo constantes y consistentes; cada día, cada hora, cada segundo.

Con respecto a nuestra habla, podemos comenzar prestándole atención a los efectos de lo que decimos, así como reconociendo la conexión de nuestras palabras con los niveles espirituales superiores. Si cambiamos tan sólo ese aspecto para mejor, esto, solo, puede traer al *Mashíaj* (Mesías). Con suerte, ¡todos tendremos el mérito de ver al Mesías en nuestros días!

SINOPSIS DE MATOT

Este capítulo tiene 112 versículos. Según la *Gematría* —numerología kabbalística—, 112 está formado por 86 (el valor numérico de *Elohim*, el Nombre de Dios en la dimensión de *Zeir Anpín*) más 26 (el valor numérico del Tetragrámaton, el Nombre de Dios en la dimensión de *Maljut*). Esto revela que conectar con la lectura de *Matot* nos ayuda a unir los Mundos Superiores e Inferiores, juntando *Zeir Anpín* y *Maljut*.

Leer este capítulo elimina cualquier distancia que sintamos entre nosotros y el Mundo Superior pues nos quita cualquier sensación de desconexión o vacío que podamos sentir en nuestras acciones, pensamientos o, efectivamente, en cualquier área de nuestra vida.

PRIMERA LECTURA – AVRAHAM – JÉSED

30 ² **Y** *Moshé habló a los jefes de las tribus de los hijos de Israel, diciendo: "Esto es lo que el Eterno ha ordenado. ³ Si un hombre hace un voto al Eterno, o hace un juramento para imponerle a su alma una obligación, no faltará a su palabra; hará conforme a todo lo que salga de su boca.*

⁴ *Asimismo, si una mujer hace un voto al Eterno, y se impone una obligación en su juventud estando en casa de su padre,*

COMENTARIO DEL RAV

Debemos tener presente que la realidad física no tiene ninguna relevancia excepto actuar como una interferencia en nuestro ejercicio del libre albedrío. No existe más que la conciencia. Nosotros nos estorbamos a nosotros mismos; conciencia es todo de lo que se trata.

¿Qué es un voto? Un voto se refiere sólo a la realidad física. Cuando decimos: "Quiero hacer esto o aquello", ya hemos creado la situación. Entonces, ¿por qué si decimos que queremos un millón de dólares no aparece al instante? Es porque tenemos que desarrollar nuestra conciencia hasta el punto en el que ésta pueda ser elevada a un estado de certeza. Entonces, tendremos control de la realidad física. Sólo nosotros traemos el caos a nuestra propia vida; somos nosotros los perpetradores, no el mundo. La Torá intenta enseñarnos que un voto se refiere a cualquier cosa en el nivel físico que representa al caos.

Sólo al hacer una introspección podemos eliminar la fuente, el *Kéter*, de nuestro caos. Si entendemos la fuente del caos, podemos eliminarlo. Los psiquiatras y psicólogos tratan el efecto. Conozco a alguien que ha asistido a terapias psicológicas por 30 años y, cada vez que hablo con él, me dice que está mejorando. La pregunta que le hago es: "¿Por qué sigues yendo?".

El relato de la anulación de los votos está allí para decirnos que los hombres y las mujeres tienen su propio tipo de conciencia. La mujer se refiere al Efecto; el creador, quien desarrolla las cosas. El hombre es el canal. ¡Y sabemos que la mujer es más importante! Si leemos la Torá con minuciosidad, observamos que dice que el voto sólo puede anularse el día en que el padre o el esposo lo escuche; no una semana o incluso un día después. Esto es para enseñarnos que podemos desarraigar el caos sólo en el día en que aparece; en el momento que reconocemos el caos, podemos desarraigarlo. Una vez que se ha manifestado, ya no puede ser anulado.

רָאשֵׁי הַמַּטּוֹת

Números 30:2 – Todos los votos y juramentos que emitimos son tratados aquí. En términos kabbalísticos, cuando alguien emite un voto es como si la acción ya fuese completada. El principio de "como es Arriba es Abajo" aplica en esta situación. En el momento que pronunciamos un voto, éste es completado en los Mundos Superiores y, si hacemos la acción, concluimos el circuito completo de Luz y conectamos nuestro mundo de *Maljut* a los Mundos Superiores de *Zeir Anpín*. Por otro lado, si no hacemos lo que dijimos que haríamos, aún así es concluido en los Mundos Superiores, pero ahora hemos creado una abertura en nuestra vida que se convierte en el blanco del Satán, dado que existe una energía incompleta que no manifestamos la cual está disponible para él. Esta

PRIMERA LECTURA – AVRAHAM – JÉSED

$$2 \text{ וַיְדַבֵּר} \text{ רְאֵה} \text{ מֹשֶׁה} \text{ מהֹש׳, אל שֹדי} \text{ אֶל} \boxed{\text{רָאשֵׁי הַמַּטּוֹת}} \text{ לִבְנֵי יִשְׂרָאֵל לֵאמֹר}$$

$$\text{זֶה הַדָּבָר} \text{ רְאֵה} \text{ אֲשֶׁר} \text{ צִוָּה} \text{ פוי יְהֹוָֹהֱ־אֲ־דֹנֵ־הֵ־אֲהֱ־דֹנֵ} \text{ 3} \text{ אִישׁ} \text{ ע״ה קנ״א קסי״א} \text{ כִּי־יִדֹּר נֶדֶר}$$

$$\text{לַיהֹ־אֲדֹנֵ־הֵ־אֲ־הֱ־דֹנֵ} \text{ אוֹ־הִשָּׁבַע} \text{ ע״ב ואלהים דיודין} \text{ שְׁבֻעָה לֶאְסֹר אִסָּר עַל־נַפְשׁוֹ}$$

$$\text{לֹא יַחֵל דְּבָרוֹ} \text{ רְאֵה} \text{ כְּכָל־} \text{ יל} \text{ הַיֹּצֵא מִפִּיו יַעֲשֶׂה:} \text{ 4} \text{ וְאִשָּׁה כִּי־תִדֹּר נֶדֶר}$$

---

lectura nos da el poder de cerrar cualquier abertura que hemos creado para el Satán a través de nuestras promesas sin cumplir. El *Zóhar* dice:

> En el tiempo en que un hombre hace un juramento veraz, firmemente adherido a la Verdad, esa roca flota y recibe ese juramento, y luego regresa a su lugar en las aguas profundas. Y el mundo es mantenido por ese juramento veraz.
>
> Cuando un hombre hace un falso juramento, esa roca sube, intentando recibir ese juramento, pero cuando ve que ese juramente fue pronunciado en vano, se retrae y todas las aguas suben. Y las letras de esa piedra se remontan dentro de la profundidad y se dispersan. Y las aguas desean cubrir al mundo y regresarlo a su estado anterior DE AGUA.
> — *El Zóhar, Yitró* 31:520-521

Con respecto a la diferencia entre un voto (*néder*) y un juramento, el *Zóhar* dice lo siguiente:

> Un voto (heb. *néder*) está conectado más alto y es la vida del Rey, SIGNIFICANDO LOS MOJÍN DE MALJUT EN BINÁ, el secreto de 248 miembros y doce ataduras, QUE SON LAS CUATRO SEFIROT: JÉSED Y GUEVURÁ, TIFÉRET Y MALJUT. CADA UNA DE ESTAS SEFIROT INCLUYE LAS TRES COLUMNAS. Así, suman el valor numérico de "néder" (=254), YA QUE 248 MÁS DOCE SUMAN 254. Por lo tanto, hacer un voto es un acto más estricto que hacer un juramento. Esta Vida del Rey mantiene todos las 248 miembros y es llamado 'LA VIDA DEL REY' porque da verdaderamente vida, y esta vida desciende de arriba, DE

LA LUZ INFINITA hacia abajo, a la fuente de la vida, QUE ES BINÁ de la cual desciende A MALJUT, a todos los 248 miembros.

> Un juramento mantiene el grado inferior, el secreto del Santo Nombre, QUE ES MALJUT, llamado el Rey Mismo, cuyo espíritu celestial dentro de Su cuerpo VIENE a morar en éste y se queda dentro como un espíritu morando en un cuerpo, LO CUAL SIGNIFICA QUE LOS MOJÍN YA ESTÁN COLOCADOS EN LA VASIJA DE MALJUT, QUE ES LLAMADA 'CUERPO'. PORQUE ESTÁ OCULTO ARRIBA EN BINÁ, Y ES REVELADO SÓLO EN MALJUT. Por lo tanto, quien hace un juramento veraz mantiene ese lugar y al hacerlo, el mundo entero es mantenido. Un voto se aplica a ambos: lo que es obligatorio y lo que es opcional. Pero un juramento no es así, YA QUE NO SE APLICA A LOS PRECEPTOS. Esto ha sido explicado por los compañeros.
> — *El Zóhar, Yitró* 31:525-526

Y adicionalmente:

> Es seguro que un juramento puede sólo llevarse a cabo sobre algo sustancioso, pero una promesa solemne puede llevarse a cabo aun sobre una cosa insignificante, y así está establecido en la Mishná. Además, dijeron que una promesa solemne es superior a un juramento en que el que jura lo hace por el Rey mismo, DENOTANDO MALJUT, en tanto que una promesa solemne es considerada haciendo la promesa por la vida del Rey, DENOTANDO BINÁ, DE DONDE LA VIDA ES ATRAÍDA, A SABER: MOJÍN, A MALJUT.
> — *El Zóhar, Mishpatim* 10:402

⁵ y su padre escucha su voto y la obligación que se ha impuesto a su alma, y su padre guarda silencio, entonces todos los votos de ella serán firmes, y toda obligación que le ha impuesto a su alma será firme

⁶ Pero si su padre se lo prohíbe el día en que lo escucha, ninguno de sus votos ni las obligaciones que le ha impuesto a su alma serán firmes; y el Eterno la perdonará porque su padre se lo prohibió.

⁷ Y si se casa mientras sus votos o la declaración clara de sus labios con que se ha atado están sobre ella,

⁸ y su marido lo escucha y guarda silencio el día en que lo oye, entonces su voto permanecerá firme, y las obligaciones que le ha impuesto a su alma, serán firmes.

⁹ Pero si su marido se lo prohíbe el día en que se entera de ello, entonces él anulará el voto que está sobre ella y la declaración clara de sus labios con que ha comprometido a su alma, y el Eterno la perdonará.

¹⁰ Pero el voto de una viuda o de una divorciada, todo aquello por lo cual se ha comprometido, será firme contra ella.

¹¹ Y si una mujer hizo el voto en casa de su marido, o le impuso a su alma una obligación por juramento,

¹² y su marido lo oyó, y guardó silencio y no se lo prohibió, entonces sus votos serán firmes y toda obligación que le impuso a su alma será firme.

¹³ Pero si el marido los anula e invalida en el día que se entera de ello, entonces todo lo que salga de los labios de ella en relación con sus votos, o en relación con la obligación impuesta a su alma, no será firme; su marido los ha anulado, y el Eterno la perdonará.

¹⁴ Todo voto y todo juramento de obligación para afligir su alma, su marido puede confirmarlo o su marido puede anularlo.

¹⁵ Pero si su marido guarda silencio siempre, entonces confirma todos sus votos o todas sus obligaciones impuestas sobre su alma; las ha confirmado porque guardó silencio el día en que los oyó.

¹⁶ Pero si él los anula después de haberlos oído, entonces él cargará la iniquidad de ella".

¹⁷ Estos son los estatutos que el Eterno mandó a Moshé, entre un marido y su mujer, y entre un padre y su hija que durante su juventud está aún en casa de su padre.

לַֽיהוָֹ֑האהדני וְאָסְרָה֙ אִסָּר֙ בְּבֵ֣ית בּ״פ ראה אָבִ֔יהָ בִּנְעֻרֶֽיהָ׃ 5 וְשָׁמַ֨ע אָבִ֜יהָ

אֶת־נִדְרָהּ֙ וֶֽאֱסָרָהּ֙ אֲשֶׁ֣ר אָֽסְרָ֣ה עַל־נַפְשָׁ֔הּ וְהֶחֱרִ֥ישׁ לָ֖הּ אָבִ֑יהָ וְקָ֨מוּ֙ כָּל־

ילי נְדָרֶ֔יהָ וְכָל־ ילי אִסָּ֛ר אֲשֶׁר־אָֽסְרָ֥ה עַל־נַפְשָׁ֖הּ יָקֽוּם׃ 6 וְאִם־ יוהרך, ע״ה, מ״ב

הֵנִ֣יא אָבִ֣יהָ אֹתָהּ֮ בְּיֹ֣ום ע״ה, ז״ן = נגד, מזבח שָׁמְעֹו֒ כָּל־ ילי נְדָרֶ֨יהָ֙ וֶֽאֱסָרֶ֔יהָ

אֲשֶׁר־אָֽסְרָ֥ה עַל־נַפְשָׁ֖הּ לֹ֣א יָק֑וּם וַֽיהוָֹה֙אהדני יִֽסְלַח־לָ֔הּ כִּֽי־הֵנִ֥יא

אָבִ֖יהָ אֹתָֽהּ׃ 7 וְאִם־ יוהרך, ע״ה, מ״ב הָיֹ֤ו תִֽהְיֶה֙ לְאִ֔ישׁ ע״ה קנ״א קס״א וּנְדָרֶ֖יהָ עָלֶ֑יהָ

פהל אֹ֚ו מִבְטָ֣א שְׂפָתֶ֔יהָ אֲשֶׁ֥ר אָֽסְרָ֖ה עַל־נַפְשָֽׁהּ׃ 8 וְשָׁמַ֨ע אִישָׁ֜הּ בְּיֹ֣ום

ע״ה = נגד, ז״ן, מזבח שָׁמְעֹו֒ וְהֶחֱרִ֖ישׁ לָ֑הּ וְקָ֣מוּ נְדָרֶ֗יהָ וֶֽאֱסָרֶ֨הָ֙ אֲשֶׁר־אָֽסְרָ֣ה

עַל־נַפְשָׁ֔הּ יָקֻֽמוּ׃ 9 וְאִם֩ שָׁמְעוֹ ע״ה = נגד בְּיֹ֨ום ע״ה, מ״ב יוהרך אִישָׁ֜הּ יָנִ֣יא

אֹותָ֗הּ וְהֵפֵ֞ר אֶת־נִדְרָהּ֙ אֲשֶׁ֣ר עָלֶ֔יהָ פהלוְאֵת֙ מִבְטָ֣א שְׂפָתֶ֔יהָ אֲשֶׁ֥ר אָֽסְרָ֖ה

עַל־נַפְשָׁ֑הּ וַֽיהוָֹה֙אהדני יִֽסְלַח־לָֽהּ׃ 10 וְנֵ֥דֶר אַלְמָנָ֖ה כוך, רבוע אדני וּגְרוּשָׁ֑ה

כֹּ֛ל ילי אֲשֶׁר־אָֽסְרָ֥ה עַל־נַפְשָׁ֖הּ יָק֥וּם עָלֶֽיהָ׃ פהל11 וְאִם־ יוהרך, ע״ה, מ״ב בֵּ֥ית בּ״פ ראה

אִישָׁ֖הּ נָדָ֑רָה אֹֽו־אָֽסְרָ֥ה אִסָּ֛ר עַל־נַפְשָׁ֖הּ בִּשְׁבֻעָֽה׃ 12 וְשָׁמַ֤ע אִישָׁהּ֙

וְהֶחֱרִ֣שׁ לָ֔הּ לֹ֥א הֵנִ֖יא אֹתָ֑הּ וְקָ֨מוּ֙ כָּל־ ילי נְדָרֶ֔יהָ וְכָל־ ילי אִסָּ֛ר אֲשֶׁר־

אָֽסְרָ֥ה עַל־נַפְשָׁ֖הּ יָקֽוּם׃ 13 וְאִם־ יוהרך, ע״ה, מ״ב הָפֵר֩ בֹּז״הרך, ערי, סנדלפון יָפֵ֨ר אֹתָ֥ם |

אִישָׁ֣הּ בְּיֹ֣ום ע״ה = נגד, ז״ן, מזבח שָׁמְעֹו֒ כָּל־ ילי מֹוצָ֧א שְׂפָתֶ֛יהָ לִנְדָרֶ֥יהָ וּלְאִסַּ֥ר

נַפְשָׁ֖הּ לֹ֣א יָק֑וּם אִישָׁ֣הּ הֲפֵרָ֔ם וַֽיהוָֹה֙אהדניאהדני יִֽסְלַֽח־לָֽהּ׃ 14 כָּל־ ילי נֵ֛דֶר

וְכָל־ ילי שְׁבֻעַ֥ת אִסָּ֖ר לְעַנֹּ֣ת נָ֑פֶשׁ רמ״ח ← ד׳ הויות אִישָׁהּ֙ יְקִימֶ֔נּוּ וְאִישָׁ֖הּ יְפֵרֶֽנּוּ׃

15 וְאִם־ יוהרך, ע״ה מ״ב הַחֲרֵשׁ֩ יַחֲרִ֨ישׁ לָ֥הּ אִישָׁהּ֙ מִיֹּ֣ום ע״ה = נגד, מזבח אֶל־יֹ֔ום

ע״ה = נגד, ז״ן, מזבח וְהֵקִים֙ אֶת־כָּל־ ילי נְדָרֶ֔יהָ אֹ֥ו אֶת־כָּל־ ילי אֱסָרֶ֖יהָ אֲשֶׁ֣ר

עָלֶ֑יהָ פהלהֵקִ֣ים אֹתָ֔ם כִּֽי־הֶחֱרִ֥שׁ לָ֖הּ בְּיֹ֥ום ע״ה = נגד, ז״ן, מזבח שָׁמְעֹֽו׃ 16 וְאִם־

יוהרך, ע״ה מ״ב הָפֵ֥ר בֹּז״הרך, ערי, סנדלפון יָפֵ֛ר אֹתָ֖ם אַחֲרֵ֣י שָׁמְעֹ֑ו וְנָשָׂ֖א אֶת־עֲוֹנָֽהּ׃

17 אֵ֣לֶּה הַֽחֻקִּ֗ים אֲשֶׁ֨ר צִוָּ֤ה פ״ו יְהוָֹה֙אהדני אֶת־מֹשֶׁ֔ה מהיע, אל שדי בֵּ֥ין אִ֖ישׁ

ע״ה קנ״א קס״א לְאִשְׁתֹּ֑ו בֵּֽין־אָ֣ב לְבִתֹּ֔ו בִּנְעֻרֶ֖יהָ בּ״פ ראה בֵּ֥ית אָבִֽיהָ׃

EN AÑO BISIESTO: SEGUNDA LECTURA – YITSJAK – GUEVURÁ

31 ¹ *Entonces el Eterno habló a Moshé, para decir:*

² *"Cobra venganza sobre los midianitas por los hijos de Israel; después serás reunido a tu pueblo".*

³ *Y habló Moshé al pueblo, diciendo: "Armen a algunos hombres de entre ustedes para la guerra, a fin de que vayan contra Midián para ejecutar la venganza del Eterno en Midián*

⁴ *De cada tribu, de todas las tribus de Israel, enviarán a la guerra mil de cada una".*

⁵ *Entonces fueron entregados, de entre los miles de Israel, mil de cada tribu, doce mil hombres armados para la guerra.*

⁶ *Y Moshé los envió a la guerra, mil de cada tribu, y a Pinjás, hijo de Eleazar, el sacerdote, a la guerra con ellos, con los vasos sagrados y las trompetas para la alarma en su mano.*

⁷ *E hicieron guerra contra Midián, tal como el Eterno había ordenado a Moshé, y mataron a todos los varones.*

⁸ *Y mataron a los reyes de Midián junto con el resto de sus muertos: Eví, Rekem, Tsur, Jur y Revá, los cinco reyes de Midián. También Bileam, hijo de Beor, fue muerto a espada.*

נָקֹם

Números 31:2 – La batalla con el pueblo de Madián es descrita en este versículo. Bileam se *contaminó a sí mismo y a toda la nación israelita. Acerca de Bileam, el Zóhar dice:*

> *Ven y ve que todo partió de Midián; el impulso de su consejo fue acerca de Moshé, y con el consejo de Midián alquilaron a Bileam. Cuando se dieron cuenta de que Bileam era incapaz, siguieron otra mala idea, y libremente soltaron a sus mujeres e hijas aún más que Moav. Acerca de las mujeres de Midián está escrito: "… he aquí que ellas causaron a los hijos de Yisrael…" (Números 31:16). Todo partió de Midián. Ellos se aconsejaron con su jefe para que él soltara a su hija, ya que estaban*
> *planeando hacer que Moshé cayera en su red. La adornaron con muchos hechizos, de modo que ella pudiera exitosamente atrapar a la cabeza de los hijos* DE YISRAEL. *Y el Santísimo, bendito sea Él, "…atonta a los sabios" (Isaías 44:25).*
> — El Zóhar, Balak 6:94

Además, dice:

> *Rabí Elazar preguntó acerca de Bileam; ¿quién lo mato, y cómo lo mataron? Rabí Yitsjak dijo: Pinjás y su gente lo mataron, como dice: "… y mataron a todo varón" (Números 31:7) "…y también a Bileam, hijo de Beor…" (Ibid. 8). Se nos enseñó que en la ciudad de Midián, Bileam actuaba con su hechicería y que estaba volando en el aire junto con los reyes de Midián. Si no hubiera sido por la lámina de oro y la oración de Pinjás que los*

EN AÑO BISIESTO: SEGUNDA LECTURA – YITSJAK – GUEVURÁ

וַיְדַבֵּר יְהֹוָה אֶל־מֹשֶׁה לֵּאמֹר: 2 נְקֹם נִקְמַת 31 1
בְּנֵי יִשְׂרָאֵל מֵאֵת הַמִּדְיָנִים אַחַר תֵּאָסֵף אֶל־עַמֶּיךָ: 3 וַיְדַבֵּר מֹשֶׁה
אֶל־הָעָם לֵאמֹר הֵחָלְצוּ מֵאִתְּכֶם אֲנָשִׁים לַצָּבָא וְיִהְיוּ
עַל־מִדְיָן לָתֵת נִקְמַת־יְהֹוָה בְּמִדְיָן: 4 אֶלֶף
לַמַּטֶּה אֶלֶף לְכֹל מַטּוֹת יִשְׂרָאֵל תִּשְׁלְחוּ
לַצָּבָא: 5 וַיִּמָּסְרוּ מֵאַלְפֵי יִשְׂרָאֵל אֶלֶף לַמַּטֶּה
שְׁנֵים־עָשָׂר אֶלֶף חֲלוּצֵי צָבָא: 6 וַיִּשְׁלַח אֹתָם מֹשֶׁה
אֶלֶף לַמַּטֶּה לַצָּבָא אֹתָם וְאֶת־פִּינְחָס
בֶּן־אֶלְעָזָר הַכֹּהֵן לַצָּבָא וּכְלֵי הַקֹּדֶשׁ וַחֲצֹצְרוֹת הַתְּרוּעָה בְּיָדוֹ:
7 וַיִּצְבְּאוּ עַל־מִדְיָן כַּאֲשֶׁר צִוָּה יְהֹוָה אֶת־מֹשֶׁה
וַיַּהַרְגוּ כָּל־זָכָר: 8 וְאֶת־מַלְכֵי מִדְיָן הָרְגוּ עַל־חַלְלֵיהֶם אֶת־אֱוִי

hizo caer AL SUELO sobre sus muertos, NO HABRÍAN SIDO VICTORIOSOS SOBRE ELLOS. Eso es lo que está escrito: "…Y MATARON A LOS REYES DE MIDIÁN, además del resto de ellos" y: "A Bileam también, el hijo de Beor, los hijos de Yisrael lo mataron con la espada…" (Josué 13:22). Rabí Elazar le dijo: Yo sé todo esto.
— El Zóhar, Balak 11:161

La Luz que Moshé había creado fue apagada, pero no desapareció del todo; fue restaurada por aquellos soldados cuya naturaleza espiritual era más fuerte, a pesar de que no necesariamente eran los mejores guerreros. Nosotros también combatimos de forma continua con la versión actual de Madián, que representa las características negativas dentro de nuestro ser, así como los aspectos negativos de nuestro entorno.

Todo se originó en Midián en varias maneras. Por lo tanto, Midián fue castigada y el Santísimo, bendito sea Él, dijo a Moshé: "'Ejecuta la venganza de los hijos de Yisrael sobre los midianitas…'" (Números 31:2). Para ustedes, esto es apropiado y conveniente. En cuanto a Moav, los dejo solos hasta que las dos joyas salgan de entre ellos. Aquí está David hijo de Yishaí quien tomará la revancha sobre Moav, y enjuagará el tarro cargado de mugre de Peor. Esto es lo que dice: "'Moav es mi lavabo…'" (Salmos 60:10) ciertamente. En tanto estas dos joyas no salieron de allí, ellos no fueron castigados. Tan pronto como ellas salieron, llegó David y limpió el lavabo de su mugre, y todos recibieron su castigo, Midián durante el tiempo de Moshé y Moav durante el tiempo de David.
— El Zóhar, Balak 6:96

⁹ Y los hijos de Israel tomaron cautivas a las mujeres de Midián y a sus pequeños; y saquearon todo su ganado, todos sus rebaños y todos sus bienes. ¹⁰ Y prendieron fuego a todas las ciudades donde habitaban y a todos sus campamentos.

¹¹ Y tomaron todo el despojo y todo el botín, tanto de hombres como de animales.

¹² Y trajeron los cautivos, el botín y los despojos a Moshé, a Eleazar, el sacerdote, y a la congregación de los hijos de Israel, al campamento en las llanuras de Moav que están junto al Jordán, cerca de Yerijó.

EN AÑO BISIESTO: TERCERA LECTURA – YAAKOV – TIFÉRET

CUANDO ESTÁN CONECTADAS: SEGUNDA LECTURA – YITSJAK – GUEVURÁ

¹³ Y Moshé y Eleazar, el sacerdote, y todos los jefes de la congregación salieron a recibirlos fuera del campamento. ¹⁴ Moshé se airó con los oficiales del ejército, los capitanes de miles y los capitanes de cientos, que volvían del servicio en la guerra.

¹⁵ Y Moshé les dijo: "¿Han dejado con vida a todas las mujeres?

¹⁶ He aquí que éstas fueron la causa de que los hijos de Israel, por el consejo de Bileam, se rebelaran a fin de quebrar la fe con el Eterno en el asunto de Peor, por lo que hubo plaga entre la congregación del Eterno.

¹⁷ Por lo tanto, maten a todo varón entre los pequeños, y maten a toda mujer que haya conocido varón acostándose con él.

וַיֵּצְאוּ

Números 31:13 – Los oficiales racionalizaron por qué no habían terminado el trabajo; es decir, por qué no habían matado a las mujeres como se les había dicho que hicieran. Moshé reprendió a los oficiales porque no habían destruido toda la oscuridad. No obstante, en realidad la oscuridad que debe ser completamente destruida vive dentro de nosotros, y tenemos que aprender a no racionalizar nuestro rechazo a eliminarla. A veces, a fin de alcanzar nuestra victoria espiritual, debemos sacrificar alguna parte de nuestra personalidad que ha sido muy preciada para nosotros. Esta lectura nos ayuda a lograr ese propósito.

El *Zóhar* dice:

Ven y ve que, a pesar de todo esto, los perversos de Midián no descansaron de toda su maldad. Generaciones más tarde, cuando vieron que Yehoshúa había muerto, junto con todos los ancianos que fueron merecedores de tener milagros realizados a través de ellos, calcularon que el momento era ahora oportuno. ¿Qué hicieron? Se acercaron a los amalekitas y les dijeron: Vale la pena que ustedes recuerden que los hijos de Yisrael y su señor Moshé y su discípulo Yehoshúa han traído sobre ustedes lo que los destruirá. Ahora es el momento

וְאֶת־רֶקֶם וְאֶת־צוּר אלהים דההון ע"ה וְאֶת־חוּר וְאֶת־רֶבַע וְאֵת־חֲמֵשֶׁת מַלְכֵי

מִדְיָן וְאֵת בִּלְעָם בֶּן־בְּעוֹר הָרְגוּ בֶּחָרֶב רבוע ס"ג ורבוע אהיה: 9 וַיִּשְׁבּוּ

בְנֵי־יִשְׂרָאֵל אֶת־נְשֵׁי מִדְיָן וְאֶת־טַפָּם וְאֵת כָּל־ יי בְּהֶמְתָּם וְאֶת־כָּל־

יי מִקְנֵהֶם וְאֶת־כָּל־ יי חֵילָם בָּזָזוּ: 10 וְאֵת כָּל־ יי עָרֵיהֶם בְּמוֹשְׁבֹתָם

וְאֵת כָּל־ יי טִירֹתָם שָׂרְפוּ בָּאֵשׁ אלהים דיודין ע"ה: 11 וַיִּקְחוּ וםה אֶת־כָּל־ יי

הַשָּׁלָל ב"פ עס"ב וְאֵת כָּל־ יי הַמַּלְקוֹחַ בָּאָדָם וּבַבְּהֵמָה מ"ה ב"ן, לכב, יבמ: 12 וַיָּבִאוּ

אֶל־מֹשֶׁה מהע, אל שדי וְאֶל־אֶלְעָזָר הַכֹּהֵן מלה וְאֶל־עֲדַת בְּנֵי־יִשְׂרָאֵל

אֶת־הַשְּׁבִי וְאֶת־הַמַּלְקוֹחַ וְאֶת־הַשָּׁלָל ב"פ עס"ב אֶל־הַמַּחֲנֶה אֶל־עַרְבֹת

מוֹאָב יוד הא ואו הה אֲשֶׁר עַל־יַרְדֵּן יי פ יהוה וד אותיות יְרֵחוֹ:

EN AÑO BISIESTO: TERCERA LECTURA – YAAKOV – TIFÉRET

CUANDO ESTÁN CONECTADAS: SEGUNDA LECTURA – YITSJAK – GUEVURÁ

13 וַיֵּצְאוּ מֹשֶׁה מהע, אל שדי וְאֶלְעָזָר הַכֹּהֵן מלה וְכָל־ יי נְשִׂיאֵי הָעֵדָה

לִקְרָאתָם אֶל־מִחוּץ לַמַּחֲנֶה: 14 וַיִּקְצֹף מֹשֶׁה מהע, אל שדי עַל פְּקוּדֵי הֶחָיִל

ומב שָׂרֵי הָאֲלָפִים קס"א וְשָׂרֵי הַמֵּאוֹת הַבָּאִים מִצְּבָא הַמִּלְחָמָה: 15 וַיֹּאמֶר

אֲלֵיהֶם מֹשֶׁה מהע, אל שדי הַחִיִּיתֶם כָּל־ יי נְקֵבָה: 16 הֵן הֵנָּה מ"ה יה הָיוּ לִבְנֵי

יִשְׂרָאֵל בִּדְבַר ראה בִּלְעָם לִמְסָר־מַעַל עלם בַּיהוָה אהדונהי אהדונהי עַל־דְּבַר ראה

פְּעוֹר וַתְּהִי הַמַּגֵּפָה בַּעֲדַת יְהוָה אהדונהי אהדונהי: 17 וְעַתָּה הִרְגוּ כָל־ יי זָכָר

---

oportuno, porque ellos no tienen a nadie que los proteja. Nosotros iremos con ustedes, los acompañaremos, como está escrito: "Los midianitas y los amalekitas y los hijos de oriente…" (Jueces 6:33). "Y a causa de los midianitas los hijos de Yisrael se hicieron los túneles…" (ibid. 2). No había nadie en el mundo que quisiera dañar a los hijos de YISRAEL como Midián. Y ustedes pueden decir que Amalek; debido a la envidia por el Pacto, se acercaron al Pacto, PARA DAÑARLO. Por lo tanto, el Santísimo, bendito sea Él, tomó venganza sempiterna, la cual no sería olvidada. Estuvieron de acuerdo en que esto era ciertamente así y no hubo ninguna duda absolutamente.

— El Zóhar, Balak 6:97

18 Y a toda niña que no hayan conocido varón acostándose con él, las dejarán con vida para ustedes. 19 Y acampen fuera del campamento por siete días; todo el que haya matado a una persona y todo el que haya tocado a un muerto, purifíquense en el tercer día y el séptimo día, ustedes y sus cautivos

20 Y en cuanto a todo vestido, todo artículo de cuero y toda obra de pelo de cabra y todo objeto de madera, lo han de purificar".

21 Y Eleazar, el sacerdote, dijo a los hombres de guerra que habían ido a la batalla: "Este es el estatuto de la ley que el Eterno ha ordenado a Moshé: 22 sólo el oro, la plata, el bronce, el hierro, el estaño y el plomo,

23 todo lo que resiste el fuego, lo harán pasar por el fuego y será limpio, pero será purificado con el agua de purificación; y todo lo que no resiste el fuego lo pasarán por agua. 24 Y lavarán sus ropas en el séptimo día y serán limpios; después podrán entrar al campamento".

EN AÑO BISIESTO: CUARTA LECTURA – MOSHÉ – NÉTSAJ

25 Y el Eterno habló a Moshé, diciendo: 26 "Cuenta la suma del botín que fue tomado, tanto de hombres como de animales; tú y Eleazar, el sacerdote, y los jefes de las casas paternas de la congregación;

27 y divide el botín en dos partes: entre los guerreros que salieron a la batalla y toda la congregación. 28 Y toma un tributo para el Eterno de los hombres de guerra que salieron a la batalla, un alma por cada quinientos, tanto de las personas como del ganado, los asnos y los rebaños;

29 tómalo de la mitad de ellos, y dáselo a Eleazar, el sacerdote, como porción destinada al Eterno.

שִׂיא

Números 31:26 – Todo lo que había sido tomado de Madián como botín fue dividido. Una porción del botín estaba destinada a ir a los *cohanim* (sacerdotes) y a los levitas porque su trabajo era traer Luz al mundo. Cuando tenemos la oportunidad de donar dinero, debemos siempre asegurarnos de que lo estamos dando a persona u organizaciones que traen Luz a todo el mundo.

הָעֵדָה

Números 31:27 – Una porción del botín fue al resto de toda la nación, a pesar de que no tuvieron nada que ver con la batalla. En una nación o una familia, si unos son exitosos, todos tienen parte en la recompensa. Cuando somos parte de un todo, a veces recibimos y a veces tenemos la responsabilidad de proveer al resto.

בְּטַף וְכֹל־ יליּ אִשָּׁה יֹדַעַת אִישׁ עה קנ"א קס"א לְמִשְׁכַּב זָכָר הֲרֹגוּ: 18 וְכֹל

יליּ הַטַּף בַּנָּשִׁים אֲשֶׁר לֹא־יָדְעוּ מִשְׁכַּב זָכָר הַחֲיוּ לָכֶם: 19 וְאַתֶּם וַחֲנוּ

מִחוּץ לַמַּחֲנֶה שִׁבְעַת יָמִים נלך כֹּל יליּ הֹרֵג נֶפֶשׁ רמ"ח – ז' הויות וְכֹל | יליּ נֹגֵעַ

מליּ אהיה דאלפין בֶּחָלָל חיים, בינה עה עה = נגד, זן, מזבוח תִּתְחַטְּאוּ בַּיּוֹם הַשְּׁלִישִׁי וּבַיּוֹם

עה = נגד, זן, מזבוח הַשְּׁבִיעִי אַתֶּם וּשְׁבִיכֶם: 20 וְכָל־ יליּ בֶּגֶד וְכָל־ יליּ כְּלִי־ כלי

עוֹר וְכָל־ יליּ מַעֲשֵׂה עִזִּים וְכָל־ יליּ כְּלִי־ כלי עֵץ עה קס"א תִּתְחַטָּאוּ: 21 וַיֹּאמֶר

אֶלְעָזָר הַכֹּהֵן מלה אֶל־אַנְשֵׁי הַצָּבָא הַבָּאִים לַמִּלְחָמָה זֹאת חֻקַּת הַתּוֹרָה

אֲשֶׁר־צִוָּה פיּ יְהוָֹה יאהדונהי אֶת־מֹשֶׁה מהע, אל שדי חוהו: 22 אַךְ אהיה אֶת־הַזָּהָב

וְאֶת־הַכֶּסֶף אֶת־הַנְּחֹשֶׁת אֶת־הַבַּרְזֶל ר"ת בלהה רחל זלפה לאה אֶת־הַבְּדִיל

וְאֶת־הָעֹפָרֶת: 23 כֹּל יליּ דָּבָר ראה אֲשֶׁר־יָבֹא בָאֵשׁ אלהים דיודין עה תַּעֲבִירוּ

בָאֵשׁ אלהים דיודין עה וְטָהֵר אַךְ אהיה בְּמֵי יליּ נִדָּה יְתְחַטָּא וְכֹל יליּ אֲשֶׁר

לֹא־יָבֹא בָּאֵשׁ אלהים דיודין עה תַּעֲבִירוּ בַמָּיִם: 24 וְכִבַּסְתֶּם בִּגְדֵיכֶם בַּיּוֹם

עה = נגד, זן, מזבוח הַשְּׁבִיעִי וּטְהַרְתֶּם וְאַחַר תָּבֹאוּ אֶל־הַמַּחֲנֶה:

EN AÑO BISIESTO: CUARTA LECTURA – MOSHÉ – NÉTSAJ

25 וַיֹּאמֶר יְהוָֹה יאהדונהי אֶל־מֹשֶׁה מהע, אל שדי לֵּאמֹר: 26 שָׂא אֶת

רֹאשׁ ריבוע אלהים ואלהים דיודין עה מַלְקוֹחַ הַשְּׁבִי בָּאָדָם מ"ה וּבַבְּהֵמָה

ב"ן, לכב, יבמ אַתָּה וְאֶלְעָזָר הַכֹּהֵן מלה וְרָאשֵׁי אֲבוֹת הָעֵדָה: 27 וְחָצִיתָ

אֶת־הַמַּלְקוֹחַ בֵּין תֹּפְשֵׂי הַמִּלְחָמָה הַיֹּצְאִים לַצָּבָא וּבֵין כָּל־ יליּ

הָעֵדָה: 28 וַהֲרֵמֹתָ מֶכֶס לַיהוָֹה יאהדונהי מֵאֵת אַנְשֵׁי הַמִּלְחָמָה

הַיֹּצְאִים לַצָּבָא אֶחָד אהבה, דאגה נֶפֶשׁ רמ"ח – ז' הויות מֵחֲמֵשׁ הַמֵּאוֹת

מִן־הָאָדָם מ"ה וּמִן־הַבָּקָר וּמִן־הַחֲמֹרִים וּמִן־הַצֹּאן מליּ אהיה דיודין עה:

29 מִמַּחֲצִיתָם תִּקָּחוּ וְנָתַתָּה לְאֶלְעָזָר הַכֹּהֵן מלה תְּרוּמַת יְהוָֹה יאהדונהי:

30 Y de la mitad de los hijos de Israel tomarás uno de cada cincuenta, tanto de las personas como del ganado, los asnos y los rebaños, de todo animal, y los darás a los levitas que guardan el Tabernáculo del Eterno".

31 Y Moshé y Eleazar, el sacerdote, hicieron tal como el Eterno había ordenado a Moshé.

32 Y el botín que quedó del despojo que los hombres de guerra habían tomado fue de seiscientas setenta y cinco mil ovejas,

33 y setenta y dos mil cabezas de ganado,

34 y sesenta y un mil asnos,

35 y treinta y dos mil personas en total, de las mujeres que no habían conocido varón acostándose con él.

36 Y la mitad, la porción para los que salieron a la guerra, fue de trescientas treinta y siete mil quinientas ovejas.

37 Y el tributo de ovejas al Eterno fue de seiscientas setenta y cinco.

38 Y las cabezas de ganado fueron treinta y seis mil, de las cuales el tributo al Eterno fue de setenta y dos.

39 Y los asnos fueron treinta mil quinientos, de los cuales el tributo al Eterno fue de sesenta y uno.

40 Y las personas fueron dieciséis mil, de las cuales el tributo al Eterno fue de treinta y dos personas.

41 Y Moshé dio el tributo, que era apartado para el Eterno, a Eleazar, el sacerdote, tal como el Eterno había ordenado a Moshé.

30 וּמִמַּחֲצִת בְּנֵי־יִשְׂרָאֵל רבוע אהיה דאלפין תִּקַּח אֶחָד אהבה, דאגה | אָחֻז אֶחָד מִן־הַחֲמִשִּׁים מִן־הָאָדָם מ"ה מִן־הַבָּקָר מִן־הַחֲמֹרִים וּמִן־הַצֹּאן מלוי אהיה דיודין ע"ה מִכָּל־ יל הַבְּהֵמָה ב"ן, לכב, יבמ וְנָתַתָּה אֹתָם לַלְוִיִּם שֹׁמְרֵי מִשְׁמֶרֶת מִשְׁכַּן ב"פ (רבוע אלהים ‒ ה) יְהֹוָ‍ֽאַדֹנָ‍ֽיאהדונהי: 31 וַיַּעַשׂ מהעו, אל שדי מֹשֶׁה וְאֶלְעָזָר הַכֹּהֵן מלה כַּאֲשֶׁר צִוָּה פוי יְהֹוָ‍ֽאַדֹנָ‍ֽיאהדונהי אֶת־מֹשֶׁה מהעו, אל שדי: 32 וַיְהִי אל הַמַּלְקוֹחַ יֶתֶר הַבָּז אֲשֶׁר בָּזְזוּ עַם הַצָּבָא צֹאן מלוי אהיה דיודין ע"ה שֵׁשׁ־מֵאוֹת אֶלֶף אלף למד דלת עין דלת יוד ע"ה וְשִׁבְעִים אֶלֶף אלף למד עין דלת יוד דלת ע"ה וַחֲמֵשֶׁת אֲלָפִים קס"א: 33 וּבָקָר שְׁנַיִם וְשִׁבְעִים אֶלֶף אלף למד עין דלת יוד דלת ע"ה: 34 וַחֲמֹרִים אֶחָד אהבה, דאגה וְשִׁשִּׁים אֶלֶף אלף למד דלת עין דלת יוד ע"ה: 35 וְנֶפֶשׁ רמ"ח ‒ ד' הויות אָדָם מ"ה מִן־הַנָּשִׁים אֲשֶׁר לֹא־יָדְעוּ מִשְׁכַּב זָכָר כָּל־ יל נֶפֶשׁ רמ"ח ‒ ד' הויות שְׁנַיִם וּשְׁלֹשִׁים אֶלֶף אלף למד עין דלת יוד דלת ע"ה: 36 וַתְּהִי הַמֶּחֱצָה חֵלֶק יהוה אהיה יהוה אדני הַיֹּצְאִים בַּצָּבָא מִסְפַּר הַצֹּאן מלוי אהיה דיודין ע"ה שְׁלֹשׁ־מֵאוֹת אֶלֶף אלף למד עין דלת יוד ע"ה וּשְׁלֹשִׁים אֶלֶף אלף למד עין דלת יוד ע"ה וְשִׁבְעַת אֲלָפִים קס"א וַחֲמֵשׁ מֵאוֹת: 37 וַיְהִי אל הַמֶּכֶס לַיהֹוָ‍ֽאַדֹנָ‍ֽיאהדונהי מִן־הַצֹּאן מלוי אהיה דיודין ע"ה שֵׁשׁ מֵאוֹת וָחָמֵשׁ וְשִׁבְעִים: 38 וְהַבָּקָר שִׁשָּׁה וּשְׁלֹשִׁים אֶלֶף אלף למד עין דלת יוד ע"ה וּמִכְסָם לַיהֹוָ‍ֽאַדֹנָ‍ֽיאהדונהי שְׁנַיִם וְשִׁבְעִים: 39 וַחֲמֹרִים שְׁלֹשִׁים אֶלֶף אלף למד עין דלת יוד ע"ה וַחֲמֵשׁ מֵאוֹת וּמִכְסָם לַיהֹוָ‍ֽאַדֹנָ‍ֽיאהדונהי אֶחָד אהבה, דאגה וְשִׁשִּׁים: 40 וְנֶפֶשׁ רמ"ח ‒ ד' הויות אָדָם מ"ה שִׁשָּׁה עָשָׂר אֶלֶף אלף למד עין דלת יוד ע"ה וּמִכְסָם לַיהֹוָ‍ֽאַדֹנָ‍ֽיאהדונהי שְׁנַיִם וּשְׁלֹשִׁים נָפֶשׁ רמ"ח ‒ ד' הויות: 41 וַיִּתֵּן י"פ מלוי ע"ב מֹשֶׁה מהעו, אל שדי אֶת־מֶכֶס תְּרוּמַת יְהֹוָ‍ֽאַדֹנָ‍ֽיאהדונהי לְאֶלְעָזָר הַכֹּהֵן מלה כַּאֲשֶׁר צִוָּה פוי יְהֹוָ‍ֽאַדֹנָ‍ֽיאהדונהי אֶת־מֹשֶׁה מהעו, אל שדי:

EN AÑO BISIESTO: QUINTA LECTURA – AHARÓN – HOD

[42] Y de la mitad para los hijos de Israel, la cual Moshé había apartado de los hombres que habían ido a la guerra, [43] la mitad del botín de la congregación fue de trescientas treinta y siete mil quinientas ovejas,

[44] y treinta y seis mil cabezas de ganado, [45] y treinta mil quinientos asnos,

[46] y dieciséis mil personas

[47] Y de la mitad del botín de los hijos de Israel, Moshé tomó uno de cada cincuenta, tanto de hombres como de animales, y se los dio a los levitas, los cuales estaban encargados del Tabernáculo del Eterno, tal como el Eterno había ordenado a Moshé.

[48] Y los oficiales que estaban sobre los miles del ejército, los capitanes de miles y los capitanes de cientos, se acercaron a Moshé;

[49] y dijeron a Moshé: "Tus siervos han sacado la suma de los hombres de guerra que están a nuestro cargo, y ninguno de nosotros falta.

[50] Y hemos traído la ofrenda del Eterno, lo que cada hombre ha hallado: objetos de oro, pulseras, brazaletes, anillos, pendientes y collares, para hacer expiación por nosotros ante el Eterno".

[51] Y Moshé y Eleazar, el sacerdote, recibieron de ellos el oro y toda clase de alhajas labradas.

[52] Y todo el oro de la ofrenda que ellos ofrecieron al Eterno, de los capitanes de miles y de los capitanes de cientos, fue de dieciséis mil setecientos cincuenta shekalim.

[53] Porque los hombres de guerra habían tomado botín, cada hombre algo para sí mismo.

[54] Y Moshé y Eleazar, el sacerdote, recibieron el oro de los capitanes de miles y de cientos, y lo llevaron a la Tienda de Reunión como memorial para los hijos de Israel delante del Eterno.

וַנִּקְרָב

Números 31:50 – Los comandantes del ejército no tenían la obligación de dar caridad o diezmar, pero ellos querían hacerlo, sin embargo, porque sabían que cuando la gente no da, no puede recibir. Con respecto al diezmo y las donaciones, cuanto más demos, más potencial hay de recibir. Debemos siempre pedir la capacidad de dar, porque dar es incluso más beneficioso para los dadores que para los receptores.

EN AÑO BISIESTO: QUINTA LECTURA – AHARÓN – HOD

וּמִמַּחֲצִ֣ת בְּנֵ֣י יִשְׂרָאֵ֑ל אֲשֶׁר֙ וַיָּ֣חֶץ מֹשֶׁ֔ה מהע, אל שדי מִן־הָ֣אֲנָשִׁ֔ים 42

הַצֹּבְאִֽים: 43 וַתְּהִ֗י מֶחֱצַ֤ת הָעֵדָה֙ מִן־הַצֹּ֔אן מלוי אהיה דיודין ע"ה שְׁלֹשׁ־מֵא֣וֹת

אֶ֔לֶף אלף למד עין דלת ע"ה וּשְׁלֹשִׁ֥ים אֶ֖לֶף אלף למד עין דלת ע"ה שִׁבְעַ֤ת אֲלָפִים֙ קס"א

וַחֲמֵ֣שׁ מֵא֔וֹת: 44 וּבָקָ֕ר שִׁשָּׁ֥ה וּשְׁלֹשִׁ֖ים אָ֑לֶף אלף למד עין דלת יוד ע"ה: 45 וַחֲמֹרִ֕ים

שְׁלֹשִׁ֥ים אֶ֖לֶף אלף למד עין דלת יוד ע"ה וַחֲמֵ֥שׁ מֵאֽוֹת: 46 וְנֶ֣פֶשׁ רמז"ו ~ ז' הויות אָדָ֔ם מ"ה

שִׁשָּׁ֥ה עָשָׂ֖ר אָ֑לֶף אלף למד עין דלת יוד ע"ה: 47 וַיִּקַּ֨ח וזעם מהע, אל שדי מֹשֶׁ֜ה מִמַּחֲצִ֣ת

בְּנֵֽי־יִשְׂרָאֵל֮ אֶת־הָֽאָחֻ֣ז אֶחָד֒ אהבה, דאגה מִן־הַֽחֲמִשִּׁ֔ים מִן־הָֽאָדָ֖ם מ"ה

וּמִן־הַבְּהֵמָ֑ה ב"ן, לכב, יבם וַיִּתֵּ֨ן י"פ מלוי ע"ב אֹתָ֜ם לַלְוִיִּ֗ם שֹֽׁמְרֵי֙ מִשְׁמֶ֣רֶת

מִשְׁכַּ֣ן ב"ן (רבוע אלהים ~ ה) יְהוָֹ(אדני/אהדונהי) פרי כַּאֲשֶׁ֛ר צִוָּ֥ה יְהוָֹ(אדני/אהדונהי) אֶת־מֹשֶֽׁה

מהע, אל שדי: 48 וַֽיִּקְרְבוּ֙ אֶל־מֹשֶׁ֔ה מהע, אל שדי הַפְּקֻדִ֕ים אֲשֶׁ֖ר לְאַלְפֵ֣י הַצָּבָ֑א

שָׂרֵ֥י הָאֲלָפִ֖ים קס"א וְשָׂרֵ֥י הַמֵּאֽוֹת: 49 וַיֹּֽאמְרוּ֙ אֶל־מֹשֶׁ֔ה מהע, אל שדי עֲבָדֶ֣יךָ

נָֽשְׂא֗וּ רבוע אלהים ואלהים דיודין ע"ה אֶת־רֹ֛אשׁ אַנְשֵׁ֥י הַמִּלְחָמָ֖ה אֲשֶׁ֣ר בְּיָדֵ֑נוּ

וְלֹא־נִפְקַ֥ד מִמֶּ֖נּוּ אִֽישׁ ע"ה קנ"א קס"א: 50 וַנַּקְרֵ֞ב קנ"א קס"א עה אֶת־קָרְבַּ֣ן יְהוָֹ(אדני/אהדונהי)

אִ֣ישׁ ע"ה קנ"א קס"א אֲשֶׁ֣ר מָצָא֩ ק"ל ע"ה כְלִֽי־ כלי זָהָ֜ב כלי אֶצְעָדָ֤ה וְצָמִיד֙ טַבַּ֣עַת

עָגִ֣יל וְכוּמָ֔ז מצפצ לְכַפֵּ֥ר עַל־נַפְשֹׁתֵ֖ינוּ לִפְנֵ֥י וחכמה בינה יְהוָֹ(אדני/אהדונהי): 51 וַיִּקַּ֨ח

וזעם מֹשֶׁ֜ה מהע, אל שדי וְאֶלְעָזָ֧ר הַכֹּהֵ֛ן מלה אֶת־הַזָּהָ֖ב וזהו מֵֽאִתָּ֑ם כֹּ֖ל יל כְּלִ֥י כלי

מַֽעֲשֶֽׂה: 52 וַיְהִ֣י אלן | כָּל־ יל זְהַ֤ב הַתְּרוּמָה֙ אֲשֶׁ֤ר הֵרִ֨ימוּ֙ לַֽיהוָֹ(אדני/אהדונהי)

שִׁשָּׁ֥ה עָשָׂ֖ר אָ֑לֶף אלף למד עין דלת יוד ע"ה שְׁבַֽע־מֵא֥וֹת וַֽחֲמִשִּׁ֖ים שָׁ֑קֶל מֵאֵ֕ת

שָׂרֵ֥י הָאֲלָפִ֖ים קס"א וּמֵאֵ֖ת שָׂרֵ֥י הַמֵּאֽוֹת: 53 אַנְשֵׁי֙ הַצָּבָ֔א בָּ֣זְז֔וּ אִ֖ישׁ

ע"ה קנ"א קס"א לֽוֹ: 54 וַיִּקַּ֨ח וזעם מֹשֶׁ֜ה מהע, אל שדי וְאֶלְעָזָ֤ר הַכֹּהֵן֙ מלה אֶת־הַזָּהָ֔ב וזהו

מֵאֵ֛ת שָׂרֵ֥י הָאֲלָפִ֖ים קס"א וְהַמֵּא֑וֹת וַיָּבִ֤אוּ אֹתוֹ֙ אֶל־אֹ֣הֶל לאה (אלד ע"ה) מוֹעֵ֔ד

זִכָּר֞וֹן ע"ב קס"א נע"ב לִבְנֵֽי־יִשְׂרָאֵ֖ל לִפְנֵ֥י וחכמה בינה יְהוָֹ(אדני/אהדונהי):

EN AÑO BISIESTO: SEXTA LECTURA – YOSEF – YESOD

CUANDO ESTÁN CONECTADAS: TERCERA LECTURA – YAAKOV – TIFÉRET

32 ¹ Los hijos de Reuvén y los hijos de Gad tenían una cantidad muy grande de ganado; y cuando vieron la tierra de Yazer y la tierra de Guilad, he aquí que el lugar era para ganado,

² los hijos de Gad y los hijos de Reuvén fueron y hablaron a Moshé, a Eleazar, el sacerdote, y a los jefes de la congregación, diciendo:

³ "Atarot, Divón, Yazer, Nimrá, Jeshbón, Elealé, Sevam, Nevó y Beón, ⁴ la tierra que el Eterno conquistó delante de la congregación de Israel es tierra para ganado, y tus siervos tienen ganado".

⁵ Y dijeron: "Si hemos hallado gracia ante tus ojos, que se dé esta tierra a tus siervos como posesión; no nos hagas cruzar el Jordán".

⁶ Y Moshé dijo a los hijos de Gad y a los hijos de Reuvén: "¿Irán sus hermanos a la guerra, mientras ustedes se quedan aquí?

⁷ ¿Y por qué desalientan el corazón de los hijos de Israel a fin de que no pasen a la tierra que el Eterno les ha dado?

אַל־תַּעֲבִרֵנוּ

Números 32:5 – Las tribus de Reuvén y Gad pidieron que se les permitiera vivir al oriente del río Jordán en vez de la tierra de Canaán. Ellos sabían que no podían manejar la energía de Canaán porque ellos tenían una Vasija pequeña. Después de que Yaakov se acostara con Leá, ella dio a luz a Reuvén. Dado que Yaakov había pensado que Leá era Rajel (Génesis 29:25), la energía de la concepción de Reuvén fue la incorrecta, por lo que la Vasija de Reuvén sufrió. Gad había pecado, así que su Vasija había sufrido también. No obstante, el *Zóhar* dice:

Reuvén fue el primogénito de Yaakov. Rabí Jiyá dijo: Tenía derecho a todo: REINO, DERECHOS DE PRIMOGENITURA Y SACERDOCIO, pero todo esto le fue quitado. El reino le fue dado a Yehudá; los derechos de primogenitura a Yosef y el sacerdocio a Leví. Éste es el significado de las palabras: "Impetuoso como el agua, no sobresaldrás…" (Génesis 49:4); A SABER: no serás dejado con ellos. Al decir: "…mi poder y el comienzo de mi fuerza…" (ibid. 3), lo bendijo y lo recordó al Santísimo, bendito sea Él.
— *El Zóhar Vayejí 56:544*

"Impetuoso como el agua, no sobresaldrás". Aquí declaró su suerte: que no permanecería en la Tierra de Yisrael, sino que habitaría fuera de ésta, a saber: AL ESTE DEL YARDÉN. Correspondientemente, el oficial a cargo, en el lado del Tabernáculo arriba, LA NUKVÁ, a cargo bajo Mijael ES RECHAZADO TAMBIÉN FUERA DEL TABERNÁCULO. Algunos dicen QUE EL ADMINISTRADOR QUE FUE RECHAZADO DEL TABERNÁCULO ARRIBA ESTABA bajo Gavriel. Y AUNQUE REUVÉN ES JÉSED, Mijael es el primero DE LOS ÁNGELES en el lado de Jésed, y Gavriel es el primero en EL LADO IZQUIERDO,

EN AÑO BISIESTO: SEXTA LECTURA – YOSEF – YESOD
CUANDO ESTÁN CONECTADAS: TERCERA LECTURA – YAAKOV – TIFÉRET

וּלְבְנֵי־גָד גּ"פ אלהים ע"ה לִבְנֵי יהה רַב ע"ב ורבוע מ"ה הָיָה רַב ע"ב ורבוע מ"ה | וּמִקְנֶה 32 1

אֶת־הָאָרֶץ מ"ה וַיִּרְאוּ אלהים דאלפין יַעְזֵר וְאֶת־אָרֶץ אלהים דאלפין עָצוּם מְאֹד מְאֹד

וַיָּבֹאוּ 2 :מִקְנֶה אל יהוה ברבוע ו"פ מָקוֹם יהוה ברבוע ו"פ מ"ה יה הַמָּקוֹם וְהִנֵּה גִּלְעָד

וְאֶל־אֶלְעָזָר אל שדי מהיא וַיֹּאמְרוּ אֶל־מֹשֶׁה גּ"פ אלהים ע"ה בְנֵי־גָד וּבְנֵי רְאוּבֵן

וְיַעְזֵר וְדִיבֹן עֲטָרוֹת 3 :לֵאמֹר הָעֵדָה וְאֶל־נְשִׂיאֵי מלה הַכֹּהֵן

הִכָּה אֲשֶׁר אלהים דההין ע"ה הָאָרֶץ 4 וּבְעֹן וּנְבוֹ וּשְׂבָם וְאֶלְעָלֵה וְנִמְרָה וְחֶשְׁבּוֹן

הוּא מִקְנֶה אלהים דאלפין אָרֶץ יִשְׂרָאֵל עֲדַת חכמה בינה לִפְנֵי אֲדֹנָ"י יהוה

בְּעֵינֶיךָ מוזי וְחֵן מָצָאנוּ ע"ה מ"ב אִם יָהך וַיֹּאמְרוּ 5 :מִקְנֶה וְלַעֲבָדֶיךָ

אַל־תַּעֲבִרֵנוּ לַאֲחֻזָּה הַזֹּאת לַעֲבָדֶיךָ אלהים דההין ע"ה אֶת־הָאָרֶץ

וְלִבְנֵי לְבְנֵי־גָד אל שדי מהיא מֹשֶׁה וַיֹּאמֶר 6 :אֶת־הַיַּרְדֵּן י"פ יהוה ורי אותיות

פֹּה תֵּשְׁבוּ וְאַתֶּם לַמִּלְחָמָה יָבֹאוּ הַאַחֵיכֶם גּ"פ אלהים ע"ה רְאוּבֵן

מֵעֲבֹר יִשְׂרָאֵל בְּנֵי אֶת־לֵב (כתיב: תנואון) תְּנִיאוּן ע"ה אלהים ע"ה מ"ה מילה, תְּנִיאוּן וְלָמָּה 7

Guevurá, REUVÉN ES SIN EMBARGO DEL LADO DE GUEVURÁ, LO CUAL APRENDEMOS DEL VERSÍCULO: "...pero Yehudá todavía descienda con El..." (Oseas 12:1), *EL DESCENDIENTE QUE INDICA QUE ES DEL* lado de Guevurá y es llamado tribunal. La herencia de Reuvén fue adyacente a la suya. *LA PORCIÓN DE YEHUDÁ ESTABA AL OESTE DEL YARDÉN Y LA DE REUVÉN ESTABA AL ESTE DEL YARDÉN. ESTO MUESTRA QUE REUVÉN, TAMBIÉN, ES DEL LADO DE GUEVURÁ.* Y aunque el reino (Maljut), *EL SECRETO DE LA GUEVURÁ INFERIOR, FUE TOMADO DE REUVÉN y* pertenece a Yehudá, *NO ESTÁ COMPLETAMENTE LIMPIO DE GUEVURÁ, YA QUE LA HERENCIA DE* Reuvén es adyacente a la suya, *LO CUAL ES UNA INDICACIÓN DE GUEVURÁ.*
— El Zóhar, Vayejí 56:546

Con relación a Gad, el *Zóhar* dice:

Si no fuera Gad de los hijos de las sirvientas, *QUIENES SON CONSIDERADOS PARTES TRASERAS,* habría tenido éxito en elevarse más alto que todas las otras tribus, *A CAUSA DEL ALTO Y PERFECTO ORIGEN DEL NOMBRE GAD.* Está escrito "... Ba Gad (la buena fortuna viene)..." (Génesis 30:11).
— El Zóhar, Vayejí 71:728

Estas son las razones por las cuales Gad y Reuvén no querían entrar en Israel. A veces, nuestra vasija no está lista para la Luz. Espiritualmente, hay siempre un equilibrio entre la Luz que deseamos y la capacidad de la Vasija que hemos creado.

8 Así hicieron sus padres cuando los envié de Kadesh Barnea a ver la tierra.

9 Porque cuando subieron hasta el valle de Eshcol y vieron la tierra, desalentaron el corazón de los hijos de Israel para que no entraran a la tierra que el Eterno les había dado.

10 Y la ira del Eterno se encendió aquel día y juró, diciendo:

11 'Ciertamente ninguno de los hombres que salieron de Egipto, de veinte años en adelante, verá la tierra que juré a Avraham, Yitsjak y Yaakov, porque no me siguieron completamente,

12 excepto por Calev, hijo de Yefuné, el keniseo, y Yehoshúa, hijo de Nun; pues ellos sí han seguido fielmente enteramente al Eterno'.

13 Y se encendió la ira del Eterno contra Israel, y los hizo vagar en el desierto por cuarenta años, hasta que fue consumida toda la generación de los que habían hecho mal a ojos del Eterno.

14 Y he aquí que ustedes se han levantado en lugar de sus padres, progenie de hombres pecadores, para añadir aún más a la ardiente ira del Eterno contra Israel.

15 Porque si dejan de seguirlo, otra vez los abandonará en el desierto, y destruirán a todo este pueblo".

16 Y ellos se acercaron a él, y le dijeron: "Edificaremos aquí apriscos para nuestro ganado y ciudades para nuestros pequeños;

17 pero nosotros nos armaremos para ir delante de los hijos de Israel hasta que los hayamos llevado a su lugar, y nuestros pequeños se quedarán en las ciudades fortificadas por causa de los habitantes de la tierra.

18 No volveremos a nuestros hogares hasta que cada uno de los hijos de Israel haya recibido su heredad.

19 Porque no tendremos heredad con ellos al otro lado del Jordán y más allá, pues nuestra heredad nos ha tocado de este lado del Jordán, al oriente".

רבוע יהוה ורבוע אלהים אֶל־הָאָ֗רֶץ אלהים דההין ע״ה אֲשֶׁר־נָתַ֣ן לָהֶ֑ם יְהֹ֒וָ֒֒האלהיאהדונהי:

8 כֹּ֥ה עָשׂ֖וּ אֲבֹתֵיכֶ֑ם בְּשָׁלְחִ֣י אֹתָ֗ם מִקָּדֵ֤שׁ בַּרְנֵ֙עַ֙ לִרְא֖וֹת אֶת־הָאָֽרֶץ

אלהים דההין ע״ה 9 וַֽיַּעֲל֞וּ עַד־נַ֣חַל אֶשְׁכּ֗וֹל וַיִּרְאוּ֙ אֶת־הָאָ֔רֶץ אלהים דההין ע״ה וַיָּנִ֕יאוּ

אֶת־לֵ֖ב בְּנֵ֣י יִשְׂרָאֵ֑ל לְבִלְתִּי־בֹא֙ אֶל־הָאָ֔רֶץ אלהים דההין ע״ה אֲשֶׁר־נָתַ֥ן

לָהֶ֖ם יְהֹ֒וָ֒֒האדניאהדונהי: 10 וַיִּֽחַר־אַ֥ף יְהֹ֒וָ֒֒האדניאהדונהי ע״ה = נגד, זן, מזבח בַּיּ֣וֹם הַה֑וּא

וַיִּשָּׁבַ֖ע לֵאמֹֽר: 11 אִם־ יוהך, ע״ה מ״ב יִרְא֨וּ הָאֲנָשִׁ֜ים הָעֹלִ֣ים מִמִּצְרַ֗יִם מצר

מִבֶּ֨ן עֶשְׂרִ֤ים שָׁנָה֙ וָמַ֔עְלָה אֵ֚ת הָֽאֲדָמָ֔ה אֲשֶׁ֥ר נִשְׁבַּ֛עְתִּי לְאַבְרָהָ֥ם

רמ״ח, ו״ז אל לְיִצְחָ֖ק ד״פ בּ״ן וּֽלְיַעֲקֹ֑ב י״פ יהוה, יאהדונהי אידהנויה כִּ֥י לֹא־מִלְא֖וּ אַחֲרָֽי:

12 בִּלְתִּ֞י כָּלֵ֤ב בּ״ן, לכב, יבם בֶּן־יְפֻנֶּה֙ הַקְּנִזִּ֔י וִיהוֹשֻׁ֖עַ בִּן־נ֑וּן כִּ֥י מִלְא֖וּ אַחֲרֵ֥י

יְהֹ֒וָ֒֒האדניאהדונהי: 13 וַיִּֽחַר־אַ֤ף יְהֹ֒וָ֒֒האדניאהדונהי בְּיִשְׂרָאֵ֔ל וַיְנִעֵם֙ בַּמִּדְבָּ֔ר

אברהם, ו״ז אל, רמ״ח אַרְבָּעִ֖ים שָׁנָ֑ה עַד־תֹּם֙ י״פ רבוע אהיה כָּל־ ילי הַדּ֔וֹר הָעֹשֶׂ֥ה

הָרַ֖ע בְּעֵינֵ֣י רבוע מ״ה יְהֹ֒וָ֒֒האדניאהדונהי מ״ה מ״ה יה 14 וְהִנֵּ֣ה קַמְתֶּ֗ם תַּ֚חַת אֲבֹ֣תֵיכֶ֔ם

תַּרְבּ֖וּת אֲנָשִׁ֣ים חַטָּאִ֑ים לִסְפּ֣וֹת ע֗וֹד עַ֛ל חֲר֥וֹן אַף־יְהֹ֒וָ֒֒האדניאהדונהי

אֶל־יִשְׂרָאֵֽל: 15 כִּ֤י תְשׁוּבֻן֙ מֵֽאַחֲרָ֔יו וְיָסַ֣ף ע֔וֹד לְהַנִּיח֖וֹ בַּמִּדְבָּ֑ר

אברהם, ו״ז אל, רמ״ח וְשִֽׁחַתֶּ֖ם לְכָל־ יה אדני הָעָ֥ם הַזֶּֽה: 16 וַיִּגְּשׁ֤וּ אֵלָיו֙ וַ֣יֹּאמְר֔וּ

גִּדְרֹ֥ת צֹ֛אן מלוי אהיה דיודין ע״ה נִבְנֶ֥ה לְמִקְנֵ֖נוּ פֹּ֑ה מילה, ע״ה אלהים ע״ה מום וְעָרִ֖ים

לְטַפֵּֽנוּ: 17 וַאֲנַ֜חְנוּ נֵחָלֵ֣ץ חֻשִׁ֗ים חכמה בינה לִפְנֵי֙ בְּנֵ֣י יִשְׂרָאֵ֔ל עַ֛ד אֲשֶׁ֥ר

אִם־ יוהך, ע״ה מ״ב הֲבִֽיאֹנֻ֖ם אֶל־מְקוֹמָ֑ם וְיָשַׁ֤ב טַפֵּ֙נוּ֙ בְּעָרֵ֣י בוזהך, ערי, סנדלפון

הַמִּבְצָ֔ר מִפְּנֵ֖י חכמה בינה יֹשְׁבֵ֥י הָאָֽרֶץ אלהים דההין ע״ה: 18 לֹ֥א נָשׁ֖וּב אֶל־בָּתֵּ֑ינוּ

עַ֗ד הִתְנַחֵל֙ בְּנֵ֣י יִשְׂרָאֵ֔ל אִ֖ישׁ ע״ה קנ״א קס״א נַחֲלָתֽוֹ: 19 כִּ֣י לֹ֤א נִנְחַל֙ אִתָּ֔ם

מֵעֵ֖בֶר רבוע יהוה ורבוע אלהים לַיַּרְדֵּ֣ן י״פ יהוה וד׳ אותיות וָהָ֑לְאָה כִּ֣י בָ֚אָה נַחֲלָתֵ֙נוּ֙

אֵלֵ֔ינוּ מֵעֵ֥בֶר רבוע יהוה ורבוע אלהים הַיַּרְדֵּ֖ן י״פ יהוה וד׳ אותיות מִזְרָֽחָה:

EN AÑO BISIESTO: SÉPTIMA LECTURA – DAVID – MALJUT

CUANDO ESTÁ CONECTADA: CUARTA LECTURA – MOSHÉ – NÉTSAJ

20 Y Moshé les dijo: "Si hacen tal cosa, si se arman delante del Eterno para la guerra,

21 y todos sus guerreros cruzan el Jordán delante del Eterno hasta que Él haya expulsado a Sus enemigos delante de Él,

22 y la tierra queda doblegada delante del Eterno, y después vuelven; entonces quedarán libres de obligación para con el Eterno y para con Israel, y esta tierra será su posesión delante del Eterno.

23 Pero si no lo hacen así, he aquí que habrán pecado ante el Eterno; y tengan por seguro que su pecado los alcanzará. 24 Edifiquen ciudades para sus pequeños y apriscos para sus ovejas; y hagan lo que ha salido de sus bocas".

25 Y los hijos de Gad y los hijos de Reuvén hablaron a Moshé, diciendo: "Tus siervos harán tal como mi señor ordena.

26 Nuestros pequeños, nuestras mujeres, y todos nuestros animales estarán allí en las ciudades de Guilad;

27 pero tus siervos, todos los que están armados para la guerra, cruzarán delante del Eterno para la batalla, tal como mi señor dijo".

28 Así lo ordenó Moshé con relación a ellos a Eleazar, el sacerdote, a Yehoshúa, hijo de Nun, y a los jefes de las casas paternas de las tribus de los hijos de Israel.

29 Y Moshé les dijo: "Si los hijos de Gad y los hijos de Reuvén, todos los que están armados para la batalla, cruzan con ustedes el Jordán en presencia del Eterno, y la tierra es doblegada delante de ustedes, entonces les darán la tierra de Guilad en posesión;

30 pero si no cruzan armados con ustedes, tendrán la posesiones entre ustedes en la tierra de Canaán". 31 Y los hijos de Gad y los hijos de Reuvén respondieron, diciendo: "Como el Eterno ha dicho a sus siervos, así haremos.

תַּעֲשׂוֹן

Números 32:20 – Moshé rechazó la solicitud de Reuvén y Gad de no entrar a la tierra de Canaán. Él no quería que alguien pensara que no necesitaban a la Luz, que podrían estar satisfechos sin ella. La lección que aprendemos de Moshé es que nunca debemos conformarnos con menos. Debemos siempre esforzarnos por obtener más, aun si esto nos saca de nuestra zona de confort.

EN AÑO BISIESTO: SÉPTIMA LECTURA – DAVID – MALJUT

CUANDO ESTÁ CONECTADA: CUARTA LECTURA – MOSHÉ – NÉTSAJ

20 וַיֹּאמֶר אֲלֵיהֶם מֹשֶׁה מהע, אל שדי אִם־ יוהך, ע"ה מ"ב תַּעֲשׂוּן אֶת־הַדָּבָר

הַזֶּה ודו אִם־ יוהך, ע"ה מ"ב תֵּחָלְצוּ לִפְנֵי וחכמה בינה יְהוֹוָ־אֲדֹנָ־יאהדונהי לַמִּלְחָמָה:

21 וְעָבַר רבוע יהוה ורבוע אלהים כָּל־ ילי חָלוּץ לָכֶם אֶת־הַיַּרְדֵּן י"פ יהוה וד' אותיות

לִפְנֵי וחכמה בינה יְהוֹוָ־אֲדֹנָ־יאהדונהי עַד הוֹרִישׁוֹ אֶת־אֹיְבָיו מִפָּנָיו: 22 וְנִכְבְּשָׁה

הָאָרֶץ אלהים דההין ע"ה לִפְנֵי וחכמה בינה יְהוֹוָ־אֲדֹנָ־יאהדונהי וְאַחַר תָּשֻׁבוּ וִהְיִיתֶם

נְקִיִּם מֵיְהוֹוָ־אֲדֹנָ־יאהדונהי וּמִיִּשְׂרָאֵל וְהָיְתָה הָאָרֶץ אלהים דההין ע"ה הַזֹּאת

לָכֶם לַאֲחֻזָּה לִפְנֵי וחכמה בינה יְהוֹוָ־אֲדֹנָ־יאהדונהי: 23 וְאִם־ יוהך, ע"ה מ"ב לֹא תַעֲשׂוּן

כֵּן הִנֵּה מ"ה יה חֲטָאתֶם לַיהוֹוָ־אֲדֹנָ־יאהדונהי וּדְעוּ חַטַּאתְכֶם אֲשֶׁר תִּמְצָא

אֶתְכֶם: 24 בְּנוּ־לָכֶם עָרִים לְטַפְּכֶם וּגְדֵרֹת לְצֹנַאֲכֶם וְהַיֹּצֵא מִפִּיכֶם

תַּעֲשׂוּ: 25 וַיֹּאמֶר בְּנֵי־גָד וּבְנֵי רְאוּבֵן ג"פ אלהים ע"ה אֶל־מֹשֶׁה מהע, אל שדי

לֵאמֹר עֲבָדֶיךָ יַעֲשׂוּ כַּאֲשֶׁר אֲדֹנִי מְצַוֶּה: 26 טַפֵּנוּ נָשֵׁינוּ מִקְנֵנוּ וְכָל־

בְּהֶמְתֵּנוּ יִהְיוּ־ ילי שָׁם אל שדי יהוה בְעָרֵי בֹוזוּך, ערי, סנדלפון הַגִּלְעָד: 27 וַעֲבָדֶיךָ

יַעַבְרוּ כָל־ ילי חֲלוּץ צָבָא לִפְנֵי וחכמה בינה יְהוֹוָ־אֲדֹנָ־יאהדונהי לַמִּלְחָמָה כַּאֲשֶׁר

אֲדֹנִי דֹּבֵר ראה: 28 וַיְצַו פיי לָהֶם מֹשֶׁה מהע, אל שדי אֵת אֶלְעָזָר הַכֹּהֵן מלה וְאֵת

יְהוֹשֻׁעַ בִּן־נוּן וְאֶת־רָאשֵׁי אֲבוֹת הַמַּטּוֹת לִבְנֵי יִשְׂרָאֵל: 29 וַיֹּאמֶר

מֹשֶׁה מהע, אל שדי אֲלֵהֶם אִם־ יוהך, ע"ה מ"ב יַעַבְרוּ בְנֵי־גָד וּבְנֵי־רְאוּבֵן

ג"פ אלהים ע"ה אִתְּכֶם אֶת־הַיַּרְדֵּן י"פ יהוה וד' אותיות כָּל־ ילי חָלוּץ לַמִּלְחָמָה לִפְנֵי

וחכמה בינה יְהוֹוָ־אֲדֹנָ־יאהדונהי וְנִכְבְּשָׁה הָאָרֶץ אלהים דההין ע"ה לִפְנֵיכֶם וּנְתַתֶּם לָהֶם

אֶת־אֶרֶץ אלהים דאלפין הַגִּלְעָד לַאֲחֻזָּה: 30 וְאִם־ יוהך, ע"ה מ"ב לֹא יַעַבְרוּ חֲלוּצִים

אִתְּכֶם וְנֹאחֲזוּ בְתֹכְכֶם בְּאֶרֶץ אלהים דאלפין כְּנָעַן: 31 וַיַּעֲנוּ בְנֵי־גָד וּבְנֵי

רְאוּבֵן לֵאמֹר אֵת אֲשֶׁר דִּבֶּר ראה יְהוֹוָ־אֲדֹנָ־יאהדונהי אֶל־עֲבָדֶיךָ כֵּן נַעֲשֶׂה:

³² Nosotros cruzaremos armados delante del Eterno a la tierra de Canaán, y la posesión de nuestra heredad quedará con nosotros de este lado del Jordán".

³³ Y Moshé dio a ellos, a los hijos de Gad y a los hijos de Reuvén, y a la media tribu de Menashé, hijo de Yosef, el reino de Sijón, rey de los amorreos, y el reino de Og, rey de Bashán: la tierra con sus ciudades dentro de sus fronteras y las ciudades de la tierra circunvecina.

³⁴ Y los hijos de Gad construyeron a Divón, Atarot, Aroer,

³⁵ y Aterot-Shofán, Yazir, Yaguebhá,

³⁶ y a Bet Nimrá y a Bet Harán; ciudades fortificadas y apriscos para las ovejas.

³⁷ Y los hijos de Reuvén construyeron a Jeshbón, Elealé y Kiriatayim,

³⁸ y Nevó, y Baal Meón —cuyos nombres fueron cambiados—, y Sibemá; y dieron otros nombres a las ciudades que edificaron.

EN AÑO BISIESTO: MAFTIR

³⁹ Y los hijos de Majir, hijo de Menashé, fueron a Guilad y la tomaron, y expulsaron a los amorreos que estaban allí.

⁴⁰ Y Moshé dio Guilad a Majir, hijo de Menashé, y éste habitó en ella.

⁴¹ Y Yaír, hijo de Menashé, fue y tomó sus aldeas, y las llamó Javot Yaír.

⁴² También Nóvaj fue y conquistó a Kenat y sus aldeas, y la llamó Nóvaj, como su nombre.

וַיִּתֵּן

Números 32:33 – Las dos tribus de Reuvén y Gad se comprometieron con Moshé para combatir al frente de los ejércitos en nombre de todos los israelitas, a pesar de que ellos como tal nunca entrarían a la tierra por la cual luchaban. Al trabajar por otros, ellos recibieron lo que necesitaban para sus propias Vasijas. Para que nosotros recibamos algo extraordinario, debemos realizar para los demás una acción dadora extraordinaria.

El *Zóhar* dice:

Rabí Shimón dijo: Los hijos de Reuvén deberán en el futuro pelear dos guerras en la Tierra de Yisrael. Ven y ve: Está

32 נַחְנוּ נַעֲבֹר חֲלוּצִים לִפְנֵי יְהֹוָה‎אדניאהדונהי אֶרֶץ אלהים דאלפין כְּנָעַן

וְאִתָּנוּ אֲחֻזַּת נַחֲלָתֵנוּ מֵעֵבֶר רבוע יהוה ורבוע אלהים לַיַּרְדֵּן י״פ יהוה וד׳ אותיות׃

33 [וַיִּתֵּן] י״פ מלוי ע״ב לָהֶם מהע״ב‎ מֹשֶׁה‎ | אל שדי לִבְנֵי־גָד וְלִבְנֵי רְאוּבֵן ג״פ אלהים ע״ה

וְלַחֲצִי | שֵׁבֶט מְנַשֶּׁה בֶן־יוֹסֵף ציון, ר״פ יהוה אֶת־מַמְלֶכֶת סִיחֹן מֶלֶךְ הָאֱמֹרִי

וְאֶת־מַמְלֶכֶת עוֹג מֶלֶךְ הַבָּשָׁן הָאָרֶץ אלהים דההן ע״ה לִגְבֻלֹתֶיהָ עָרֵי בגבֻלֹת

הָאָרֶץ אלהים דההן ע״ה סָבִיב׃ 34 וַיִּבְנוּ בְנֵי־גָד אֶת־דִּיבֹן עֲרֵי בוז׳הר, ערי, סנדלפון

וְאֶת־עֲטָרֹת וְאֵת עֲרֹעֵר׃ 35 וְאֶת־עַטְרֹת שׁוֹפָן וְאֶת־יַעְזֵר וְיָגְבֳּהָה׃

36 וְאֶת־בֵּית ב״פ ראה נִמְרָה וְאֶת־בֵּית הָרָן עָרֵי בוזהר, ערי, סנדלפון מִבְצָר

וְגִדְרֹת צֹאן מלוי אהיה דיודין ע״ה׃ 37 וּבְנֵי רְאוּבֵן ג״פ אלהים ע״ה בָּנוּ אֶת־חֶשְׁבּוֹן

וְאֶת־אֶלְעָלֵא וְאֵת קִרְיָתָיִם׃ 38 וְאֶת־נְבוֹ וְאֶת־בַּעַל מְעוֹן ג״פ מ״ב מוּסַבֹּת

שֵׁם שדי יהוה וְאֶת־שִׂבְמָה וַיִּקְרְאוּ בְשֵׁמֹת אֶת־שְׁמוֹת הֶעָרִים עכ״ה, ה״פ אדני

אֲשֶׁר בָּנוּ׃ 39 וַיֵּלְכוּ כלי בְּנֵי מָכִיר בֶּן־מְנַשֶּׁה גִּלְעָדָה וַיִּלְכְּדֻהָ וַיּוֹרֶשׁ

אֶת־הָאֱמֹרִי אֲשֶׁר־בָּהּ׃

EN AÑO BISIESTO: MAFTIR

40 וַיִּתֵּן י״פ מלוי ע״ב מֹשֶׁה מהע״ב, אל שדי אֶת־הַגִּלְעָד לְמָכִיר בֶּן־מְנַשֶּׁה וַיֵּשֶׁב בָּהּ׃

41 וְיָאִיר בֶּן־מְנַשֶּׁה הָלַךְ מ״ה וַיִּלְכֹּד אֶת־חַוֺּתֵיהֶם וַיִּקְרָא ב״פ קס״א עם ה׳ אותיות

אֶתְהֶן חַוֺּת יָאִיר׃ 42 וְנֹבַח הָלַךְ מ״ה וַיִּלְכֹּד אֶת־קְנָת וְאֶת־בְּנֹתֶיהָ וַיִּקְרָא

ב״פ קס״א עם ה׳ אותיות לָה נֹבַח בִּשְׁמוֹ מהע״ה, אל שדי ע״ה׃

---

escrito "mi poder", A SABER: el exilio en Egipto; "y el principio de mi fuerza", A SABER: fueron los primeros entre los hermanos en pelear. "...Principal en dignidad..." (Génesis 49:3), es el exilio de Asiria (heb Ashur), a donde los hijos de Gad y Reuvén fueron los primeros en bajar y sufrieron mucha tortura, y no regresaron DE AHÍ hasta ahora.
— El Zóhar, Vayejí 56:547

HAFTARÁ DE MATOT

Yirmiyahu habla acerca de la destrucción del Templo, mientras que el capítulo de Matot trata sobre Egipto. El período de los israelitas en Egipto representa la primera vez que ellos experimentaban una desconexión o un "exilio" de la Luz. Cuando combinas el capítulo de la Torá y la Haftará, se revela una lección poderosa. Yirmiyahu nos está recordando que cuando hemos caído —cuando nos encontramos en un lugar de destrucción, o cuando estamos molestos o deprimidos— en

JEREMÍAS 1:1-2:3

1 *¹ Palabras de Yirmeyahu, hijo de Jilkiyahu, de los sacerdotes que habitaban en Anatot, en la tierra de Binyamín,*

² a quien vino la palabra del Eterno en los días de Yoshiyahu, hijo de Amón, rey de Yehuda, en el año trece de su reinado.

³ También vino a él la palabra en los días de Yehoyaquim, hijo de Yoshiyahu, rey de Yehuda, hasta el fin del año once de Tsidquiyahu, hijo de Yoshiyahu, rey de Yehuda, hasta el destierro de Yerushaláyim en el quinto mes.

⁴ Y la palabra del Eterno vino a mí, para decir:

⁵ "Antes de que Yo te formara en el vientre, te conocí, y antes de que nacieras, te santifiqué; te puse por profeta para las naciones".

⁶ Entonces dije: "¡Ah, Dios Eterno! He aquí, no sé hablar; porque soy un niño".

⁷ Pero el Eterno me dijo: "No digas: 'Soy un niño', porque adondequiera que te envíe, irás, y todo lo que te ordene, dirás.

⁸ No tengas temor ante ellos, porque contigo estoy para librarte", dice el Eterno.

⁹ Entonces el Eterno extendió Su mano y tocó mi boca. Y el Eterno me dijo: "He aquí que he puesto Mis palabras en tu boca.

¹⁰ He aquí que este día te he puesto sobre las naciones y sobre los reinos, para arrancar y derribar, para destruir y derrocar; para construir y plantar".

HAFTARÁ DE MATOT

realidad esta es una oportunidad invaluable para aumentar nuestra conexión con la Luz. Si bien es fácil estar conectados con la Luz cuando tenemos una mentalidad positiva, debemos recordar que la razón por la que fuimos creados —y, por lo tanto, donde está nuestro verdadero trabajo espiritual— es para hacer ese esfuerzo para conectar cuando estamos pasando por nuestros momentos más oscuros.

ירמיהו פרק 1, 1-פרק 2, 3

1 1 דִּבְרֵי ירמיהו בֶּן־חִלְקִיָּהוּ מִן־הַכֹּהֲנִים אֲשֶׁר בַּעֲנָתוֹת
בְּאֶרֶץ בִּנְיָמִן: 2 אֲשֶׁר הָיָה דְבַר־יְהֹוָהֵאֲדֹנָיֵאֱלֹהִים אֵלָיו
בִּימֵי יֹאשִׁיָּהוּ בֶן־אָמוֹן מֶלֶךְ יְהוּדָה בִּשְׁלֹשׁ־עֶשְׂרֵה שָׁנָה לְמׇלְכוֹ
3 וַיְהִי בִּימֵי יְהוֹיָקִים בֶּן־יֹאשִׁיָּהוּ מֶלֶךְ יְהוּדָה עַד־תֹּם
עַשְׁתֵּי עֶשְׂרֵה שָׁנָה לְצִדְקִיָּהוּ בֶן־יֹאשִׁיָּהוּ מֶלֶךְ יְהוּדָה עַד־גְּלוֹת
יְרוּשָׁלַ͏ִם בַּחֹדֶשׁ הַחֲמִישִׁי: 4 וַיְהִי דְבַר־יְהֹוָהֵאֲדֹנָיֵאֱלֹהִים
אֵלַי לֵאמֹר: 5 בְּטֶרֶם (כתיב: אצורך) אֶצׇּרְךָ בַבֶּטֶן
יְדַעְתִּיךָ וּבְטֶרֶם תֵּצֵא מֵרֶחֶם
הִקְדַּשְׁתִּיךָ נָבִיא לַגּוֹיִם נְתַתִּיךָ: 6 וָאֹמַר אֲהָהּ אֲדֹנָי יֱהֹוִהֵאֲדֹנָיֵאֱלֹהִים
הִנֵּה לֹא־יָדַעְתִּי דַּבֵּר כִּי־נַעַר אָנֹכִי: 7 וַיֹּאמֶר יְהֹוָהֵאֲדֹנָיֵאֱלֹהִים
אֵלַי אַל־תֹּאמַר נַעַר אָנֹכִי כִּי עַל־כׇּל־אֲשֶׁר אֶשְׁלָחֲךָ תֵּלֵךְ
וְאֵת כׇּל־אֲשֶׁר אֲצַוְּךָ תְּדַבֵּר: 8 אַל־תִּירָא מִפְּנֵיהֶם כִּי־אִתְּךָ
אֲנִי לְהַצִּלֶךָ נְאֻם־יְהֹוָהֵאֲדֹנָיֵאֱלֹהִים: 9 וַיִּשְׁלַח יְהֹוָהֵאֲדֹנָיֵאֱלֹהִים
אֶת־יָדוֹ וַיַּגַּע עַל־פִּי וַיֹּאמֶר יְהֹוָהֵאֲדֹנָיֵאֱלֹהִים אֵלַי הִנֵּה נָתַתִּי דְבָרַי
בְּפִיךָ: 10 רְאֵה הִפְקַדְתִּיךָ | הַיּוֹם הַזֶּה עַל־הַגּוֹיִם
וְעַל־הַמַּמְלָכוֹת לִנְתוֹשׁ וְלִנְתוֹץ וּלְהַאֲבִיד וְלַהֲרוֹס לִבְנוֹת וְלִנְטוֹעַ:

11 Además, la palabra del Eterno vino a mí, diciendo: "Yirmeyahu, ¿qué ves tú?". Y yo respondí: "Veo una vara de almendro".

12 Entonces me dijo el Eterno: "Has visto bien, porque Yo velo sobre Mi palabra para cumplirla".

13 Y la palabra del Eterno vino a mí por segunda vez, diciendo: "¿Qué ves tú?". Y dije: "Veo una olla hirviendo; y se vuelve desde el norte".

14 Y el Eterno me dijo: "Desde el norte irrumpirá el mal sobre todos los habitantes de la tierra.

15 Porque he aquí que Yo llamaré a todas las familias de los reinos del norte", dice el Eterno; "y vendrán y cada uno pondrá su trono a la entrada de las puertas de Yerushaláim, frente a todos sus muros alrededor y frente a todas las ciudades de Yehuda.

16 Y Yo pronunciaré Mis juicios contra ellos por toda su maldad; porque me abandonaron, han ofrendado a otros dioses y adoraron la obra de sus propias manos.

17 Tú, pues, ciñe tus lomos y levántate, y diles todo lo que Yo te ordeno; no temas ante ellos, no sea que Yo te confunda delante de ellos.

18 Porque he aquí que este día Yo te he hecho como ciudad fortificada, y una columna de hierro y muros de bronce contra toda la tierra: contra los reyes de Yehuda, contra sus príncipes, contra sus sacerdotes y contra el pueblo de la tierra.

19 Y ellos pelearán contra ti, pero no te vencerán, porque Yo estoy contigo", declara el Eterno, "para librarte".

2 1 Y la palabra del Eterno vino a mí, para decir:

2 "Ve y clama a los oídos de Yerushaláim, diciendo: 'Así dice el Eterno: De ti recuerdo el afecto de tu juventud, el amor de tus desposorios; de cómo me seguías en el desierto, por tierra no sembrada.

3 Israel es la porción santificada del Eterno, primicias de Su cosecha; todos los que coman de ella serán culpables, el mal vendrá sobre ellos, declara el Eterno".

11 וַיְהִי דְבַר־ רְאֵה יְהֹוָהֹאהדונהי אֵלַי לֵאמֹר מָה־ מה דַ מַתָּה רֹאֶה ראה

יִרְמְיָהוּ וָאֹמַר מַקֵּל שָׁקֵד אֲנִי אני, טדהד כּוֹזוֹ רֹאֵה ראה 12 וַיֹּאמֶר יְהֹוָהֹאהדונהי

אֵלַי הֵיטַבְתָּ לִרְאוֹת כִּי־שֹׁקֵד אֲנִי אני, טדהד כּוֹזוֹ עַל־דְּבָרִי ראה לַעֲשֹׂתוֹ:

13 וַיְהִי דְבַר־ רְאֵה יְהֹוָהֹאהדונהי | אֵלַי שֵׁנִית לֵאמֹר מָה מה דַ אַתָּה רֹאֶה

ראה וָאֹמַר סִיר נָפוּחַ אֲנִי אני, טדהד כּוֹזוֹ רֹאֵה ראה וּפָנָיו מִפְּנֵי וחכמה בינה צָפוֹנָה

עה עסמב: 14 וַיֹּאמֶר יְהֹוָהֹאהדונהי אֵלַי מִצָּפוֹן תִּפָּתַח הָרָעָה רהע עַל כָּל־

ילוי; עמם יֹשְׁבֵי הָאָרֶץ אלהים דההן עה: 15 כִּי | הִנְנִי קֹרֵא לְכָל־ יה אדני מִשְׁפְּחוֹת

מַמְלְכוֹת צָפוֹנָה עה עסמב נְאֻם־יְהֹוָהֹאהדונהי וּבָאוּ וְנָתְנוּ אִישׁ עה קנא קסא

כִּסְאוֹ פֶּתַח | שַׁעֲרֵי יְרוּשָׁלַ͏ִם רייו שע עלם; עמם וְעַל כָּל־ וְחוֹמֹתֶיהָ סָבִיב וְעַל

כָּל־ ילוי; עמם עָרֵי בֹזוֹזפר, ערי, סנדלפון יְהוּדָה: ראה 16 וְדִבַּרְתִּי מִשְׁפָּטַי אוֹתָם עַל

כָּל־ ילוי; עמם רָעָתָם אֲשֶׁר עֲזָבוּנִי וַיְקַטְּרוּ לֵאלֹהִים אחיה אדני ; יֹלה אֲחֵרִים

וַיִּשְׁתַּחֲווּ לְמַעֲשֵׂי יְדֵיהֶם: 17 וְאַתָּה תֶּאְזֹר מָתְנֶיךָ וְקַמְתָּ וְדִבַּרְתָּ ראה

אֲלֵיהֶם אֵת כָּל־ ילי אֲשֶׁר אָנֹכִי איע אֲצַוֶּךָּ אַל־תֵּחַת מִפְּנֵיהֶם פֶּן־אֲחִתְּךָ

לִפְנֵיהֶם: 18 וַאֲנִי אני, בפ אהיה יהוה מה יה הִנֵּה נְתַתִּיךָ הַיּוֹם עה = נגד, זן, מזבח לְעִיר

בֹזוֹזפר, ערי, סנדלפון מִבְצָר וּלְעַמּוּד בַּרְזֶל רת בלהה רחל זלפה לאה וּלְחֹמוֹת נְחֹשֶׁת

עַל־כָּל־ ילי; עמם הָאָרֶץ אלהים דההן עה לְמַלְכֵי יְהוּדָה לְשָׂרֶיהָ לְכֹהֲנֶיהָ וּלְעַם

הָאָרֶץ עלם אלהים דההן עה: 19 וְנִלְחֲמוּ אֵלֶיךָ אני וְלֹא־יוּכְלוּ לָךְ כִּי־אִתְּךָ אֲנִי

אני, טדהד כּוֹזוֹ נְאֻם־יְהֹוָהֹאהדונהי לְהַצִּילֶךָ: 2 1 וַיְהִי דְבַר־ ראה יְהֹוָהֹאהדונהי

אֵלַי לֵאמֹר: 2 הָלֹךְ מה וְקָרָאתָ בְאָזְנֵי יְרוּשָׁלַ͏ִם רייו שע לֵאמֹר כֹּה היי אָמַר

יְהֹוָהֹאהדונהי זָכַרְתִּי לָךְ וָחֶסֶד עב, ריבוע יהוה נְעוּרַיִךְ אַהֲבַת כְּלוּלֹתָיִךְ

לֶכְתֵּךְ אַחֲרַי בַּמִּדְבָּר אברהם, וופ אל, רמוז בָּאָרֶץ אלהים דאלפין לֹא זְרוּעָה: 3 קֹדֶשׁ

יִשְׂרָאֵל לַיהֹוָהֹאהדונהי רֵאשִׁית תְּבוּאָתֹה כָּל־ ילי אֹכְלָיו יֶאְשָׁמוּ רָעָה

רהע תָּבֹא אֲלֵיהֶם נְאֻם־יְהֹוָהֹאהדונהי:

MASEI

LA LECCIÓN DE MASEI
(Números 33:1-36:13)

Entre las enseñanzas del Baal Shem Tov hay una lección acerca de la importancia de cumplir nuestros votos. El Baal Shem Tov explica:

"Es mejor no emitir un voto que emitir uno y no cumplirlo. El Creador nos ha dicho: 'Cuiden de cumplir sus votos'. Quienquiera que no cumpla con su palabra no será perdonado, porque está escrito en Éxodo 20:7: 'No tomarás el Nombre del Eterno, tu Dios, en vano, porque el Eterno no tendrá por inocente al que tome Su Nombre en vano'".

El *Zóhar* dice:

Entonces el Santísimo, bendito sea Él, invita a Yeazriel el Ministro, quien está a cargo de las setenta llaves del secreto del Santo Nombre. Luego graba las Letras Santas como estaban antes, y el mundo es estabilizado por ellas, y las aguas profundas regresan a su lugar. De eso está escrito: "No pronunciarás el Nombre del Eterno, tu Dios, en vano…" (Éxodo 20:7).

El duodécimo Precepto es jurar en Su Nombre en una forma veraz. Y aquél que hace un juramento se combina con los siete grados celestiales en los cuales el Nombre del Santísimo, bendito sea Él, QUE ES MALJUT, está incluido. Así, hay seis grados: JÉSED, GUEVURÁ, TIFÉRET, NÉTSAJ, HOD Y YESOD, y cuando el hombre hace un juramento veraz, se incluye entonces con ellos volviéndose un séptimo, CORRESPONDIENTE A MALJUT, para mantener así el Santo Nombre, QUE ES MALJUT, en su lugar. Por lo tanto, está escrito: "Y jurarás por Su Nombre" (Deuteronomio 6:13). Y quien hace un falso juramento causa que ese lugar, MALJUT, sea disturbado en su morada.
— *El Zóhar, Yitró 31:522-523*

Cada acción que realizamos en este mundo tiene influencia en cada nivel de existencia, hasta el Infinito: el Mundo Sin Fin. Por lo tanto, cuando hablamos de realizar una acción espiritual o cuando hacemos una promesa de hacer tal cosa, el Lado Negativo prepara un ataque especial para evitar que cumplamos nuestro voto. No obstante, ataque no comienza sino hasta que hemos dicho lo que tenemos la intención de hacer. Es por ello que los votos pronunciados son tan importantes en las enseñanzas de la Kabbalah: porque la energía negativa puede adherirse al habla.

El juramento de guardar el Precepto del Señor de uno es un juramento veraz, y la Inclinación al Mal lo denuncia y tienta a este hombre para que transgreda el Precepto de su Señor. Ése es un juramento con el cual su Señor se exalta, y es apropiado para un hombre hacer un juramento veraz en el Nombre de su Señor, porque entonces el Santísimo, bendito sea Él, es exaltado por su juramento, como hizo Boaz, como está escrito: "…¡Vive Dios! Acuéstate

hasta la mañana...” (Rut 3:13). Hizo un juramento, porque la Inclinación al Mal estaba, entonces, denunciándolo. Por lo tanto, juró.
— El Zóhar, Yitró 31:524

Si queremos realizar una acción positiva y nos parece que tenemos que hablar al respecto, debemos recitar la oración de *LeShem Yijud* para evitar que las fuerzas negativas tomen el control. El Baal Shem Tov nos enseña a usar esta oración de protección a fin de que podamos estar seguros de que cumpliremos nuestros votos.

Otro secreto revelado en esta enseñanza del Baal Shem Tov es acerca de los efectos de “abusar de nuestra suerte” en un sentido espiritual. Si, por ejemplo, nos decimos a nosotros mismos: “Me comportaré de forma negativa sólo por hoy, y sólo seré un poco malo”, podemos descender rápidamente en la escalera espiritual hasta el punto en que ni siquiera recordemos la existencia del Creador.

Está escrito en el *Kriat Shemá* (la oración que se recita antes de ir a dormir): “Ten cuidado, no sea que tu corazón sea seducido y te vuelvas para adorar a otros dioses”. Los sabios explican que cuando una persona no está involucrada en la espiritualidad, está involucrada en la idolatría. Aun cuando pensamos que esa tentación no puede tomar el control, debemos reconocer que nuestra tendencia es hacia la fisicalidad, y que es allí donde el Lado Negativo nos atrapará. Por lo tanto, debemos hacer cada esfuerzo posible en superar todas las tentaciones, aun las aparentemente pequeñas.

Los justos examinan constantemente sus intenciones y son suspicaces acerca de sus motivos personales. Incluso el santo Rav Elimélej dijo una vez: “Cuando abandone este mundo, se creará un nuevo Infierno para mí. ¡El antiguo no es suficiente para limpiar toda mi negatividad!”. Con este ejemplo en mente, podemos entender por qué la Biblia advirtió a los israelitas de recitar las siguientes palabras dos veces —o hasta una tercera vez— antes de ir a dormir: “Ten cuidado, no sea que tu corazón sea seducido y te vuelvas para adorar a otros dioses”. Siempre debemos sospechar de nosotros mismos y nuestros motivos personales, apartándonos en todo momento de nuestros deseos egoístas. Aun cuando no vemos una tentación específica, debemos entender que la tentación de cualquier clase está siempre ahí.

El Lado Negativo siempre está presente para evitar que completemos nuestra misión en este mundo. Debemos recordar que estamos en guerra las 24 horas del día contra la negatividad. Y si hacemos un verdadero esfuerzo de controlar nuestro *Deseo de Recibir para Sí Mismo Solamente*, tenemos probabilidades de ganar las batallas en esta guerra.

¡Existe tanto caos en el mundo! Debemos reconocer que nada de éste proviene del Creador, ya que la energía del Creador consiste únicamente de amor incondicional y compartir. Si hay negatividad en nuestra vida, es el resultado de nuestras propias decisiones y de los juicios que hemos ejecutado sobre nosotros mismos y los demás.

Acerca de esto, el Jafets Jayim [Rav Israel Meir (haCohén) Kagán, 1838-1933) contó el siguiente relato: Un comerciante adinerado estaba obsesionado y preocupado con su negocio desde el amanecer hasta el anochecer. De hecho, estaba tan ocupado que nunca tenía tiempo de rezar o estudiar la Biblia. Pasaron los años, y ya estaba anciano cuando de pronto se dio cuenta de que toda su vida no había hecho nada con respecto a su trabajo espiritual porque siempre estuvo ocupado con las cosas materiales.

A la mañana siguiente, fue a rezar. Después de las oraciones matutinas, se quedó dos horas más estudiando la Biblia antes de ir a su tienda. Cuando llegó finalmente a la tienda, después de pasar tres horas con el estudio y la oración, su esposa le preguntó acerca de su paradero. Ella le recordó que durante las horas de la mañana, la tienda estaba llena de comerciantes; y ella quería saber por qué había llegado tan tarde. Él evitó darle una respuesta directa, y dijo solamente que había estado ocupado con un asunto muy importante. Eso ocurrió por unos cuantos días.

Una mañana, su esposa perdió la paciencia. Cuando vio que su esposo estaba retardado, fue a buscarlo. Estaba sorprendida y muy perturbada cuando se dio cuenta de que él estaba rezando y estudiando. "¿Qué te pasa?", le preguntó ella. "¿Estás loco? ¿La tienda está llena de clientes y tú estás aquí sentado estudiando? No me importa la pérdida de dinero que nos estás acarreando, ¡pero tenemos clientes fieles en la tienda ahora! ¿Los debería enviar con nuestra competencia, que están esperando por ellos?".

El esposo contestó: "Esposa mía, dime, ¿qué harías si el Ángel de la Muerte apareciera una mañana ante ti y te dijera que yo tengo que morir? ¿Le dirías que no hay tiempo para eso, ya que la tienda está llena de clientes? De hoy en adelante, sólo imagínate que cada mañana, cuando no estoy en la tienda, fui llevado por el Ángel de la Muerte. ¿No haría una gran diferencia para ti si supieras que, después de una o dos horas, seré resucitado y llegaré a ayudarte en la tienda?".

La persona debe sentir como si la muerte estuviera pendiendo sobre él porque, de esa forma, se liberará de las excusas que le impiden hacer su trabajo espiritual. Debemos considerar nuestro tiempo espiritual como sacrosanto, como si durante esas horas, literalmente, no estuviéramos en este mundo.

SINOPSIS DE MASEI

Este capítulo de Masei se lee siempre entre el 17 de *Tamuz* y el 9 de *Av*, un período espiritualmente oscuro conocido como el "tiempo de la Luz Preservada". Dado que este período cae durante el mes de Cáncer (*Tamuz*), podemos usar esta oportunidad para superar la enfermedad del cáncer, cuya raíz está en este mes. La enfermedad del cáncer no es necesariamente física; de igual manera puede estar presente en las relaciones de las personas, en su capacidad de generar sustento y en sus negocios. Leer y conectar con este capítulo puede ayudarnos a eliminar el cáncer en todas sus formas, y también ayuda a prevenir que éste ocurra en primer lugar.

PRIMERA LECTURA – AVRAHAM – JÉSED

33 ¹ **E**stas son las jornadas de los hijos de Israel, a través de las cuales salieron de la tierra de Egipto con sus ejércitos bajo la mano de Moshé y Aharón. ² Y Moshé escribió sus puntos de partida, estación por estación, por mandato del Eterno; y estas son las estaciones de sus jornadas.

³ Y partieron de Ramsés el primer mes, el día quince del primer mes; el día después de Pésaj, los hijos de Israel marcharon con mano alzada a la vista de todos los egipcios,

---

COMENTARIO DEL RAV

Masei es acerca de los viajes de los israelitas en el desierto —de aquí a allá, etc.— por casi toda la lectura. Estas ciudades ya no existen; no podrías ni siquiera encontrarlas en un mapa. Pero, ¿de verdad crees que vienes aquí a escuchar sobre los israelitas yendo de lugar a lugar, a ciudades que ni siquiera existen hoy en día? Rav Shimón dijo que esta lectura, cuando es leída superficialmente, está llena de estupideces; los israelitas salieron de Egipto y viajaron de un lugar a otro, como decir que yo viajara de Brooklyn a Nueva York. ¿Tengo que repetir que viajaré de Nueva York a California? ¿Tengo que decirles que viajo de Nueva York a Brooklyn, y después a Los Ángeles, y así sucesivamente? Es casi como si faltaran cosas por escribir acerca de ello en la Torá y la repetición de las andanzas de los israelitas ocupa la mayor parte del capítulo. ¿Por qué?

Conté cuántas veces fueron de una ciudad a otra, cuántas veces hablaron acerca de un viaje a ciudades que ya no existen actualmente. ¿Pueden imaginar que esto se trata de un viaje que ocurrió en el transcurso de 40 años? ¿Se imaginan sentarse con un amigo y contarle por dónde anduvieron durante un período de 40 años?

Hay 42 estaciones en Masei. El *Zóhar* dice que las contemos, así que las conté. Como kabbalista, debes saber el significado de 42; este número representa al *Aná Bejóaj*. Los números son el idioma oculto. ¿Pero qué significa la conexión con el *Aná Bejóaj*? Hemos aprendido que es una conexión muy poderosa porque el mundo fue creado a partir de 42 letras, y estas letras controlan a toda la Creación. Pero sin una perspectiva kabbalística, ¿cómo puedes entender que regresamos al momento original de la Creación, tiempo después de que haya ocurrido? ¿Quiere decir que vamos a controlar lo que ocurrió hace 5761 años? ¡Sí, porque tenemos el *Aná Bejóaj*! ¡Eso es lo que es, eso es lo que hace!

En *Rosh Jódesh*, decimos: "Esta es la semilla". Lo que sea que está en la semilla, se encuentra allí. Si en la semilla hay algo contaminado, lo manifestará aquello que germine de la semilla. Es por eso que tenemos todas las meditaciones y conexiones en *Rosh Jódesh*: para controlar la semilla del mes. Steven Spielberg pensaba que era ficción, pero nosotros estamos creando control.

Pero, ¿cómo podemos controlar algo que ya ocurrió? Supongamos que alguien se enferma. ¿Cómo podemos regresar y controlar la semilla de esa enfermedad? Estamos muy, muy cerca de la eliminación del tiempo, el espacio y el movimiento.

PRIMERA LECTURA – AVRAHAM – JÉSED

אֵ֣לֶּה מַסְעֵ֣י בְנֵֽי־יִשְׂרָאֵ֗ל אֲשֶׁ֥ר יָצְא֛וּ מֵאֶ֥רֶץ מִצְרַ֖יִם 33 1

לְצִבְאֹתָ֑ם בְּיַד־מֹשֶׁ֖ה וְאַהֲרֹֽן׃ 2 וַיִּכְתֹּ֨ב מֹשֶׁ֜ה

אֶת־מוֹצָאֵיהֶ֛ם לְמַסְעֵיהֶ֖ם עַל־פִּ֣י יְהוָ֑ה וְאֵ֣לֶּה

מַסְעֵיהֶ֖ם לְמוֹצָאֵיהֶֽם׃ 3 וַיִּסְע֤וּ מֵֽרַעְמְסֵס֙ בַּחֹ֣דֶשׁ הָֽרִאשׁ֔וֹן

בַּחֲמִשָּׁ֨ה עָשָׂ֥ר יוֹם֙ לַחֹ֣דֶשׁ הָֽרִאשׁ֑וֹן מִֽמָּחֳרַ֣ת

הַפֶּ֗סַח יָצְא֤וּ בְנֵֽי־יִשְׂרָאֵל֙ בְּיָ֣ד רָמָ֔ה לְעֵינֵ֖י כָּל־מִצְרָֽיִם׃

Eso es el *Aná Bejóaj*, la remoción y la eliminación del tiempo, el espacio y el movimiento. No tengan miedo, esto llegará. De todo lo que trata la Kabbalah es de alcanzar aquello que la ciencia tomará 5.500 años en alcanzar a partir de ahora. Eso es lo que está disponible para nosotros: regresar en el tiempo, regresar a la Creación original y eliminar el caos que estaba destinado para nosotros y el mundo.

מַסְעֵי

Números 33:1 – Esta sección sintetiza todas las peripecias que los israelitas enfrentaron en su viaje por el desierto. La pregunta que debemos hacernos es: "¿Por qué este relato esta aquí?". En el *Zóhar*, caminar es una metáfora de la elevación de nuestra conciencia. Cuando viajamos a un lugar, elevamos chispas allí; especialmente si la negatividad está presente. Cuando estamos por emprender un viaje, tenemos que pensar por qué vamos y qué podemos lograr allí. A veces, un viaje puede ser importante para el propósito general de un tiempo de vida particular.

וַיִּסְעוּ

Números 33:3 – Este versículo enumera los lugares que los israelitas visitaron en su viaje.

Fueron 42 estaciones, un número que representa la oración del *Aná Bejóaj* —una serie de siete oraciones que nos ayudan a elevarnos por encima de las influencias astrales— también conocida como el Nombre de Dios de 42 Letras. De acuerdo con el *Zóhar*, el mundo fue creado con 42 letras:

Cuando LAS 42 LETRAS, LAS CUALES FUERON INSCRITAS DENTRO DE MALJUT, son combinadas Y FORMAN NOMBRES, ENTONCES las letras ascienden AL NOMBRE DE 42 LETRAS DE BINÁ, y descienden AL PRINCIPIO FEMENINO, EL CUAL ES LLAMADO 'EL MUNDO'. Ellas son coronadas en todas las cuatro partes del mundo, LAS CUALES ESTÁN REPRESENTADAS POR JOJMÁ, BINÁ, TIFÉRET Y MALJUT DENTRO DE MALJUT. Entonces EL PRINCIPIO FEMENINO, QUIEN ES LLAMADO 'EL MUNDO', es capaz de existir. En cambio, LOS MOJÍN QUE MALJUT RECIBE son sustentados en ella por las BUENAS acciones DE LA GENTE en el mundo. La forma en la cual MALJUT recibió estos MOJÍN es como el sello de un anillo. Mientras cada letra DE LAS 42 LETRAS entraba y salía, el mundo era creado. LAS LETRAS ENTRARON en el sello, EL CUAL ES BINÁ, y se juntaron formando LOS NOMBRES SAGRADOS. ESTO SIGNIFICA QUE DESPUÉS QUE ELLAS RECIBIERON LOS MOJÍN, MALJUT LAS RECIBIÓ y el mundo fue establecido.
— *El Zóhar, Bereshit A 31:319*

Cuando conectamos con esta sección, estas "42 estaciones" nos protegen en nuestros viajes.

⁴ *mientras los egipcios sepultaban a quienes el Eterno había herido entre ellos, a todos sus primogénitos. Contra sus dioses el Eterno también había ejecutado juicios.*

⁵ *Y los hijos de Israel partieron de Ramsés y acamparon en Sucot.* ⁶ *Y partieron de Sucot y acamparon en Etam, que está en el extremo del desierto.*

⁷ *Y partieron de Etam y se volvieron hacia Pi Hajirot, frente a Baal Tsefón; y acamparon delante de Migdol.*

⁸ *Y pasaron de Pi Hajirot y cruzaron por en medio del mar al desierto; y anduvieron tres días en el desierto de Etam y acamparon en Mará.*

⁹ *Y partieron de Mará y llegaron a Elim; y en Elim había doce fuentes de agua y setenta palmeras; y acamparon allí.* ¹⁰ *Y partieron de Elim y acamparon junto al Mar de Juncos.*

EN AÑO BISIESTO: SEGUNDA LECTURA – YITSJAK – GUEVURÁ

¹¹ *Y partieron del Mar de Juncos y acamparon en el desierto de Sin.* ¹² *Y partieron del desierto de Sin y acamparon en Dofcá.*

¹³ *Y partieron de Dofcá y acamparon en Alúsh.* ¹⁴ *Y partieron de Alúsh y acamparon en Refidim; donde el pueblo no tuvo agua para beber.*

¹⁵ *Y partieron de Refidim y acamparon en el desierto de Sinaí.* ¹⁶ *Y partieron del desierto de Sinaí y acamparon en Kivrot Hataavá.*

¹⁷ *Y partieron de Kivrot Hataavá y acamparon en Hatserot.* ¹⁸ *Y partieron de Hatserot y acamparon en Ritmá.*

¹⁹ *Y partieron de Ritmá y acamparon en Rimón Paréts.* ²⁰ *Y partieron de Rimón Paréts y acamparon en Livná.* ²¹ *Y partieron de Livná y acamparon en Risá.* ²² *Y partieron de Risá y acamparon en Kelatá.*

²³ *Y partieron de Kelatá y acamparon en el Monte Sháfer.* ²⁴ *Y partieron del Monte Sháfer y acamparon en Jaradá.*

²⁵ *Y partieron de Jaradá y acamparon en Makelot.* ²⁶ *Y partieron de Makelot y acamparon en Tájat.*

²⁷ *Y partieron de Tájat y acamparon en Táraj.* ²⁸ *Y partieron de Táraj y acamparon en Mitká.*

²⁹ *Y partieron de Mitká y acamparon en Jashmoná.*

4 וּמִצְרַיִם מצר מְקַבְּרִים אֵת אֲשֶׁר הִכָּה יְהֹוָהאדניואהדנהי בָּהֶם כָּל ילי
בְּכוֹר וּבֵאלֹהֵיהֶם ילה עָשָׂה יְהֹוָהאדניואהדנהי שְׁפָטִים: 5 וַיִּסְעוּ בְנֵי־יִשְׂרָאֵל
מֵרַעְמְסֵס וַיַּחֲנוּ בְּסֻכֹּת: 6 וַיִּסְעוּ סאל מִסֻּכֹּת וַיַּחֲנוּ סאל בְאֵתָם אֲשֶׁר
בִּקְצֵה הדפ טל, גיפ אדני הַמִּדְבָּר: 7 וַיִּסְעוּ מֵאֵתָם וַיָּשָׁב עַל־פִּי הַחִירֹת אֲשֶׁר
עַל־פְּנֵי וחכמה בינה בַּעַל צְפוֹן וַיַּחֲנוּ לִפְנֵי מִגְדֹּל עזי: 8 וַיִּסְעוּ מִפְּנֵי
הַחִירֹת וחכמה בינה וַיַּעַבְרוּ בְתוֹךְ־הַיָּם ילי הַמִּדְבָּרָה וַיֵּלְכוּ כלו בפ יבק דֶרֶךְ
שְׁלֹשֶׁת יָמִים נלך בְּמִדְבַּר אברהם, וזיפ אל, רמיזו אֵתָם וַיַּחֲנוּ בְּמָרָה: 9 וַיִּסְעוּ
מִמָּרָה וַיָּבֹאוּ אֵילִמָה וּבְאֵילִם שְׁתֵּים עֶשְׂרֵה עֵינֹת מַיִם וְשִׁבְעִים
תְּמָרִים וַיַּחֲנוּ־שָׁם יהוה עדי: 10 וַיִּסְעוּ מֵאֵילִם וַיַּחֲנוּ עַל־יַם־ ילי סוּף:

EN AÑO BISIESTO: SEGUNDA LECTURA – YITSJAK – GUEVURÁ

11 וַיִּסְעוּ מִיַּם־ ילי סוּף וַיַּחֲנוּ בְּמִדְבַּר אברהם, וזיפ אל, רמיזו סִין: 12 וַיִּסְעוּ
מִמִּדְבַּר אברהם, וזיפ אל, רמיזו סִין וַיַּחֲנוּ בְּדָפְקָה: 13 וַיִּסְעוּ מִדָּפְקָה וַיַּחֲנוּ
בְּאָלוּשׁ: 14 וַיִּסְעוּ מֵאָלוּשׁ וַיַּחֲנוּ בִּרְפִידִם וְלֹא־הָיָה יהוה עדי שָׁם מַיִם
לָעָם עלב לִשְׁתּוֹת: 15 וַיִּסְעוּ מֵרְפִידִם וַיַּחֲנוּ בְּמִדְבַּר אברהם, וזיפ אל, רמיזו סִינָי
נמם, הפ יהוה: 16 וַיִּסְעוּ מִמִּדְבַּר סִינָי נמם, הפ יהוה וַיַּחֲנוּ בְּקִבְרֹת הַתַּאֲוָה:
17 וַיִּסְעוּ מִקִּבְרֹת הַתַּאֲוָה וַיַּחֲנוּ בַּחֲצֵרֹת: 18 וַיִּסְעוּ מֵחֲצֵרֹת וַיַּחֲנוּ
בְּרִתְמָה: 19 וַיִּסְעוּ מֵרִתְמָה וַיַּחֲנוּ בְּרִמֹּן פָּרֶץ: 20 וַיִּסְעוּ מֵרִמֹּן פָּרֶץ
וַיַּחֲנוּ בְּלִבְנָה: 21 וַיִּסְעוּ מִלִּבְנָה וַיַּחֲנוּ בְּרִסָּה: 22 וַיִּסְעוּ מֵרִסָּה וַיַּחֲנוּ
בִּקְהֵלָתָה: 23 וַיִּסְעוּ מִקְּהֵלָתָה וַיַּחֲנוּ בְּהַר־ אור, רז, אין סוף שָׁפֶר: 24 וַיִּסְעוּ
מֵהַר־שָׁפֶר וַיַּחֲנוּ בַּחֲרָדָה: 25 וַיִּסְעוּ מֵחֲרָדָה וַיַּחֲנוּ בְּמַקְהֵלֹת:
26 וַיִּסְעוּ מִמַּקְהֵלֹת וַיַּחֲנוּ בְּתָחַת: 27 וַיִּסְעוּ מִתָּחַת וַיַּחֲנוּ בְּתָרַח:
28 וַיִּסְעוּ מִתָּרַח וַיַּחֲנוּ בְּמִתְקָה: 29 וַיִּסְעוּ מִמִּתְקָה וַיַּחֲנוּ בְּחַשְׁמֹנָה:

[30] *Y partieron de Jashmoná y acamparon en Moserot.* [31] *Y partieron de Moserot y acamparon en Bené Yaacán.* [32] *Y partieron de Bené Yaacán y acamparon en Jor Haguidgad.* [33] *Y partieron de Jor Haguidgad y acamparon en Yotvata.*

[34] *Y partieron de Yotvata y acamparon en Abroná.* [35] *Y partieron de Abroná y acamparon en Etsión Gever.*

[36] *Y partieron de Etsión Gever y acamparon en el desierto de Tsin, que es Kadesh.*

[37] *Y partieron de Kadesh y acamparon en el Monte Hor, en el borde de la tierra de Edom.*

[38] *Y Aharón, el sacerdote, subió al Monte Hor por mandamiento del Eterno, y allí murió, el año cuarenta después de que los hijos de Israel habían salido de la tierra de Egipto, en el mes quinto, el primer día del mes quinto.*

[39] *Y Aharón tenía ciento veintitrés años de edad cuando murió en el Monte Hor.* [40] *Y el cananeo, el rey de Arad, quien habitaba al Sur, en la tierra de Canaán, oyó de la llegada de los hijos de Israel.* [41] *Y partieron del Monte Hor y acamparon en Tsalmoná.*

[42] *Y partieron de Tsalmoná y acamparon en Punón.* [43] *Y partieron de Punón y acamparon en Ovot.*

[44] *Y partieron de Ovot y acamparon en Iyí Avarim, en la frontera con Moav.* [45] *Y partieron de Iyí Avarim y acamparon en Divón Gad.*

[46] *Y partieron de Divón Gad y acamparon en Almón Diblataima.* [47] *Y partieron de Almón Diblataima y acamparon en los montes de Avarim, frente a Nevo.*

[48] *Y partieron de los montes de Avarim y acamparon en las llanuras de Moav, junto al Yardén, cerca de Yerijó*

[49] *Y acamparon junto al Yardén, desde Bet Yeshimot hasta Avel de los shitim, en las llanuras de Moav.*

EN AÑO BISIESTO: TERCERA LECTURA – YAAKOV – TIFÉRET

CUANDO ESTÁN CONECTADAS: QUINTA LECTURA – AHARÓN – HOD

[50] *Y el Eterno habló a Moshé en las llanuras de Moav, junto al Jordán, cerca de Jericó, para decir:*

[51] *"Habla a los hijos de Israel, y diles: Cuando crucen el Yardén a la tierra de Canaán,*

30 וַיִּסְעוּ מֵחֲשְׁמֹנָה וַיַּחֲנוּ בְּמֹסֵרוֹת׃ 31 וַיִּסְעוּ מִמֹּסֵרוֹת וַיַּחֲנוּ בִּבְנֵי יַעֲקָן׃

32 וַיִּסְעוּ מִבְּנֵי יַעֲקָן וַיַּחֲנוּ בְּחֹר הַגִּדְגָּד׃ 33 וַיִּסְעוּ מֵחֹר הַגִּדְגָּד וַיַּחֲנוּ בְּיָטְבָתָה׃ 34 וַיִּסְעוּ מִיָּטְבָתָה וַיַּחֲנוּ בְּעַבְרֹנָה׃ 35 וַיִּסְעוּ מֵעַבְרֹנָה וַיַּחֲנוּ בְּעֶצְיֹן גָּבֶר׃ 36 וַיִּסְעוּ מֵעֶצְיֹן גָּבֶר וַיַּחֲנוּ בְמִדְבַּר־צִן הִוא קָדֵשׁ׃ 37 וַיִּסְעוּ מִקָּדֵשׁ וַיַּחֲנוּ בְּהֹר הָהָר בִּקְצֵה אֶרֶץ אֱדוֹם׃ 38 וַיַּעַל אַהֲרֹן הַכֹּהֵן אֶל־הֹר הָהָר עַל־פִּי יְהֹוָה וַיָּמָת שָׁם בִּשְׁנַת הָאַרְבָּעִים לְצֵאת בְּנֵי־יִשְׂרָאֵל מֵאֶרֶץ מִצְרַיִם בַּחֹדֶשׁ הַחֲמִישִׁי בְּאֶחָד לַחֹדֶשׁ׃ 39 וְאַהֲרֹן בֶּן־שָׁלֹשׁ וְעֶשְׂרִים וּמְאַת שָׁנָה בְּמֹתוֹ בְּהֹר הָהָר׃ 40 וַיִּשְׁמַע הַכְּנַעֲנִי מֶלֶךְ עֲרָד וְהוּא־יֹשֵׁב בַּנֶּגֶב בְּאֶרֶץ כְּנָעַן בְּבֹא בְּנֵי יִשְׂרָאֵל׃ 41 וַיִּסְעוּ מֵהֹר הָהָר וַיַּחֲנוּ בְּצַלְמֹנָה׃ 42 וַיִּסְעוּ מִצַּלְמֹנָה וַיַּחֲנוּ בְּפוּנֹן׃ 43 וַיִּסְעוּ מִפּוּנֹן וַיַּחֲנוּ בְּאֹבֹת׃ 44 וַיִּסְעוּ מֵאֹבֹת וַיַּחֲנוּ בְּעִיֵּי הָעֲבָרִים בִּגְבוּל מוֹאָב׃

45 וַיִּסְעוּ מֵעִיִּים וַיַּחֲנוּ בְּדִיבֹן גָּד׃ 46 וַיִּסְעוּ מִדִּיבֹן גָּד וַיַּחֲנוּ בְּעַלְמֹן דִּבְלָתָיְמָה׃ 47 וַיִּסְעוּ מֵעַלְמֹן דִּבְלָתָיְמָה וַיַּחֲנוּ בְּהָרֵי הָעֲבָרִים לִפְנֵי נְבוֹ׃ 48 וַיִּסְעוּ מֵהָרֵי הָעֲבָרִים וַיַּחֲנוּ בְּעַרְבֹת מוֹאָב עַל יַרְדֵּן יְרֵחוֹ׃ 49 וַיַּחֲנוּ עַל־הַיַּרְדֵּן מִבֵּית הַיְשִׁמֹת עַד אָבֵל הַשִּׁטִּים בְּעַרְבֹת מוֹאָב׃

EN AÑO BISIESTO: TERCERA LECTURA – YAAKOV – TIFÉRET

CUANDO ESTÁN CONECTADAS: QUINTA LECTURA – AHARÓN – HOD

50 וַיְדַבֵּר יְהֹוָה אֶל־מֹשֶׁה בְּעַרְבֹת מוֹאָב עַל־יַרְדֵּן יְרֵחוֹ לֵאמֹר׃ 51 דַּבֵּר אֶל־בְּנֵי יִשְׂרָאֵל

52 expulsarán a todos los habitantes de la tierra delante de ustedes, y destruirán todas sus piedras grabadas, y destruirán todas sus imágenes fundidas, y demolerán todos sus altares.

53 Y a los habitantes los desposeerán de la tierra y habitarán en ella, porque les he dado la tierra para que la posean. 54 Y heredarán la tierra por suertes según sus familias; a las más grandes darán más heredad, y a las más pequeñas darán menos heredad. Donde la suerte caiga a cada uno, eso será suyo. Conforme a las tribus de sus padres heredarán.

55 Pero si no expulsan a los habitantes de la tierra de delante de ustedes, entonces sucederá que los que dejen de ellos serán para ustedes como aguijones en sus ojos y como espinas en sus costados, y los hostigarán en la tierra en que habiten. 56 Y sucederá que como pienso hacerles a ellos, les haré a ustedes".

34 1 Y habló el Eterno a Moshé, para decir: 2 "Manda a los hijos de Israel y diles: Cuando entren en la tierra de Canaán, esta es la tierra que les tocará como herencia, la tierra de Canaán según sus fronteras.

3 Su lado sur será desde el desierto de Tsin, seguirá al lado de Edom, y su frontera sur será desde el extremo del Mar de la Sal hacia el Poniente; 4 y los rodeará desde el lado sur hasta la subida de Akrabim y continuará por Tsin; y sus extremos estarán hasta el sur de Kadesh Barnea y pasará a Jatsar Adar y seguirá a Atsmón.

5 Y la frontera cruzará de Atsmón al torrente de Egipto, y terminará en el mar. 6 Y en cuanto a la frontera occidental, tendrán el Mar Grande y su región como frontera; esta será su frontera occidental. 7 Y esta será para ustedes su frontera norte: trazarán la línea fronteriza desde el Mar Grande hasta el Monte Hor;

8 Del Monte Hor se desviarán hasta la entrada de Jamat; y los remates de la frontera serán hacia Tsedad;

וְהוֹרַשְׁתֶּם

Números 33:52 – La entrada de los israelitas a la tierra de Israel fue una oportunidad tanto para ellos como para los habitantes que ya estaban ahí de transformarse a fin de revelar la máxima Luz posible. Quien no tenía deseo de transformarse, tenía que abandonar la tierra de Israel. Hay una tierra destinada para todos, dependiendo de nuestro deseo de transformarnos. En nuestra propia vida hoy en día, podemos evitar conflictos con aquellos que compiten por nuestros recursos al ocuparnos de nuestro trabajo espiritual y evitando el juicio a toda costa.

צַו

Números 34:2 – Los límites reales de la tierra de Israel son importantes porque podemos conectar con la grandiosa Luz en toda la tierra de Israel, no sólo en Jerusalén. Cuando rezamos o usamos otro medio para conectar con la Luz, debemos meditar primero en conectarnos con la tierra de Israel para que podamos absorber cuanta Luz sea posible. Esto es especialmente importante cuando pedimos ayuda de parte del Creador para liberarnos de nuestro ego y reconocer cuánta ayuda necesitamos.

וְאָמַרְתָּ֣ אֲלֵהֶ֗ם כִּ֥י אַתֶּ֛ם עֹבְרִ֥ים אֶת־הַיַּרְדֵּ֖ן אֶל־אֶ֣רֶץ

כְּנָ֑עַן 52 וְהֽוֹרַשְׁתֶּ֜ם אֶת־כָּל־ יֹשְׁבֵ֤י הָאָ֙רֶץ

מִפְּנֵיכֶ֗ם וְאִבַּדְתֶּ֔ם אֵ֖ת כָּל־ מַשְׂכִּיֹּתָ֑ם וְאֵ֨ת כָּל־ צַלְמֵ֤י מַסֵּכֹתָם֙

תְּאַבֵּ֔דוּ וְאֵ֥ת כָּל־ בָּמֹתָ֖ם תַּשְׁמִֽידוּ׃ 53 וְהוֹרַשְׁתֶּ֥ם אֶת־הָאָ֖רֶץ

וִישַׁבְתֶּם־בָּ֑הּ כִּ֥י לָכֶ֛ם נָתַ֥תִּי אֶת־הָאָ֖רֶץ לָרֶ֥שֶׁת

אֹתָֽהּ׃ 54 וְהִתְנַחַלְתֶּם֩ אֶת־הָאָ֨רֶץ בְּגוֹרָ֜ל לְמִשְׁפְּחֹֽתֵיכֶ֗ם

לָרַ֞ב תַּרְבּ֣וּ אֶת־נַחֲלָת֗וֹ וְלַמְעַט֙ תַּמְעִ֣יט אֶת־נַחֲלָת֔וֹ אֶ֗ל

אֲשֶׁר־יֵ֨צֵא ל֥וֹ שָׁ֛מָּה הַגּוֹרָ֖ל ל֣וֹ יִהְיֶ֑ה לְמַטּ֥וֹת אֲבֹתֵיכֶ֖ם

תִּתְנֶחָֽלוּ׃ 55 וְאִם־ לֹ֨א תוֹרִ֜ישׁוּ אֶת־יֹשְׁבֵ֤י הָאָ֙רֶץ

מִפְּנֵיכֶ֗ם וְהָיָ֞ה אֲשֶׁ֤ר תּוֹתִ֙ירוּ֙ מֵהֶ֔ם לְשִׂכִּ֣ים בְּעֵֽינֵיכֶ֔ם

וְלִצְנִינִ֖ם בְּצִדֵּיכֶ֑ם וְצָרֲר֣וּ אֶתְכֶ֔ם עַל־הָאָ֕רֶץ אֲשֶׁ֥ר אַתֶּ֖ם

יֹשְׁבִ֥ים בָּֽהּ׃ 56 וְהָיָ֕ה כַּאֲשֶׁ֥ר דִּמִּ֖יתִי לַעֲשׂ֣וֹת לָהֶ֑ם אֶֽעֱשֶׂ֖ה לָכֶֽם׃

34 1 וַיְדַבֵּ֥ר יְהוָֹ֖ה אֶל־מֹשֶׁ֥ה לֵּאמֹֽר׃ 2 צַ֥ו אֶת־בְּנֵ֣י

יִשְׂרָאֵל֮ וְאָמַרְתָּ֣ אֲלֵהֶם֒ כִּֽי־אַתֶּ֥ם בָּאִ֖ים אֶל־הָאָ֣רֶץ כְּנָ֑עַן

זֹ֣את הָאָ֗רֶץ אֲשֶׁ֨ר תִּפֹּ֤ל לָכֶם֙ בְּנַחֲלָ֔ה אֶ֥רֶץ כְּנַ֖עַן

לִגְבֻלֹתֶֽיהָ׃ 3 וְהָיָ֨ה לָכֶ֧ם פְּאַת־נֶ֛גֶב מִמִּדְבַּר־צִ֖ן עַל־יְדֵ֣י אֱד֑וֹם

וְהָיָ֨ה לָכֶ֜ם גְּב֣וּל נֶ֗גֶב מִקְצֵ֛ה יָם־ הַמֶּ֖לַח קֵ֥דְמָה׃

4 וְנָסַ֣ב לָכֶם֩ הַגְּב֨וּל מִנֶּ֜גֶב לְמַעֲלֵ֤ה עַקְרַבִּים֙ וְעָ֣בַר

צִ֔נָה וְהָיָה֙ (כתיב: והיה) תּֽוֹצְאֹתָ֔יו מִנֶּ֖גֶב לְקָדֵ֣שׁ בַּרְנֵ֑עַ וְיָצָ֥א וְחָצַ֖ר־אַדָּ֑ר

וְעָבַ֖ר עַצְמֹֽנָה׃ 5 וְנָסַ֧ב הַגְּב֛וּל מֵעַצְמ֖וֹן נַ֣חְלָה מִצְרָ֑יִם

וְהָי֥וּ תוֹצְאֹתָ֖יו הַיָּֽמָּה׃ 6 וּגְב֣וּל יָ֔ם וְהָיָ֥ה לָכֶ֛ם הַיָּ֥ם הַגָּד֖וֹל

וּגְב֑וּל זֶֽה־יִהְיֶ֥ה לָכֶ֖ם גְּב֣וּל יָ֑ם 7 וְזֶֽה־יִהְיֶ֥ה לָכֶ֖ם

גְּב֣וּל צָפ֑וֹן מִן־הַיָּם֙ הַגָּדֹ֔ל תְּתָא֥וּ לָכֶ֖ם הֹ֥ר הָהָֽר׃

8 מֵהֹ֣ר הָהָ֔ר תְּתָא֖וּ לְבֹ֣א חֲמָ֑ת וְהָי֛וּ תּוֹצְאֹ֥ת הַגְּבֻ֖ל צְדָֽדָה׃

⁹ y la frontera saldrá hacia Zifrón, y terminará en Jatsar Einán. Esta será para ustedes su frontera norte.

¹⁰ Y trazarán también una línea para su frontera oriental, desde Jatsar Einán hasta Sefam,

¹¹ y la frontera descenderá de Sefam a Riblá, al lado oriental de Ain; y la frontera descenderá y alcanzará la ladera oriental del Mar Kinéret;

¹² y la frontera descenderá al Yardén, y terminará en el Mar de la Sal. Esta será su tierra, conforme a sus fronteras circundantes".

¹³ Y Moshé dio órdenes a los hijos de Israel, diciendo: "Esta es la tierra donde recibirán heredad por sorteo, la cual el Eterno ha ordenado dar a las nueve y media tribus

¹⁴ puesto que la tribu de los hijos de Reuvén, según sus casas paternas, y la tribu de los hijos de Gad, según sus casas paternas, y la media tribu de Menashé han recibido su heredad.

¹⁵ Las dos y media tribus han recibido su heredad al otro lado del Yardén, hacia el frente, al Oriente de Yerijó".

EN AÑO BISIESTO: CUARTA LECTURA – MOSHÉ – NÉTSAJ

CUANDO ESTÁN CONECTADAS: SEXTA LECTURA – YOSEF – HOD

¹⁶ Y el Eterno habló a Moshé, para decir:

¹⁷ "Estos son los nombres de los hombres que tomarán posesión de la tierra por ustedes: Elazar, el sacerdote, y Yehoshúa, hijo de Nun.

¹⁸ Y de cada tribu tomarás un jefe para que tome posesión de la tierra.

¹⁹ Y estos son los nombres de los hombres: de la tribu de Yehuda, Calev, hijo de Yefuné.

יִנְחֲלוּ

Números 34:16 – Doce hombres fueron escogidos para ser los líderes en Israel, y cada uno representaba a un signo del Zodíaco. No obstante, esto no quiere decir que estaban limitados por sus signos individuales. Al entender las necesidades de las demás personas y al compartir con ellas, estos líderes podrían representar verdaderamente a cualquiera, no sólo a sus propias perspectivas individuales. Nosotros también podemos elevarnos por encima de los planetas, sus influencias y cualquier negatividad asociada

9 וַיָּצָא הַגְּבֻל זִפְרֹנָה וְהָיוּ תֹצְאֹתָיו וְחֲצַר עֵינָן וְזֶה־יִהְיֶה לָכֶם גְּבוּל צָפוֹן: 10 וְהִתְאַוִּיתֶם לָכֶם לִגְבוּל קֵדְמָה מֵחֲצַר עֵינָן שְׁפָמָה: 11 וְיָרַד הַגְּבֻל מִשְּׁפָם הָרִבְלָה מִקֶּדֶם לָעָיִן וְיָרַד הַגְּבֻל וּמָחָה עַל־כֶּתֶף יָם־כִּנֶּרֶת קֵדְמָה: 12 וְיָרַד הַגְּבוּל הַיַּרְדֵּנָה וְהָיוּ תֹצְאֹתָיו יָם הַמֶּלַח זֹאת תִּהְיֶה לָכֶם הָאָרֶץ לִגְבֻלֹתֶיהָ סָבִיב: 13 וַיְצַו מֹשֶׁה אֶת־בְּנֵי יִשְׂרָאֵל לֵאמֹר זֹאת הָאָרֶץ אֲשֶׁר תִּתְנַחֲלוּ אֹתָהּ בְּגוֹרָל אֲשֶׁר צִוָּה יְהֹוָה לָתֵת לְתִשְׁעַת הַמַּטּוֹת וַחֲצִי הַמַּטֶּה: 14 כִּי לָקְחוּ מַטֵּה בְנֵי הָראוּבֵנִי לְבֵית אֲבֹתָם וּמַטֵּה בְנֵי־הַגָּדִי לְבֵית אֲבֹתָם וַחֲצִי מַטֵּה מְנַשֶּׁה לָקְחוּ נַחֲלָתָם: 15 שְׁנֵי הַמַּטּוֹת וַחֲצִי הַמַּטֶּה לָקְחוּ נַחֲלָתָם מֵעֵבֶר לְיַרְדֵּן יְרֵחוֹ קֵדְמָה מִזְרָחָה:

EN AÑO BISIESTO: CUARTA LECTURA – MOSHÉ – NÉTSAJ

CUANDO ESTÁN CONECTADAS: SEXTA LECTURA – YOSEF – HOD

16 וַיְדַבֵּר יְהֹוָה אֶל־מֹשֶׁה לֵּאמֹר: 17 אֵלֶּה שְׁמוֹת הָאֲנָשִׁים אֲשֶׁר יִנְחֲלוּ לָכֶם אֶת־הָאָרֶץ אֶלְעָזָר הַכֹּהֵן וִיהוֹשֻׁעַ בִּן־נוּן: 18 וְנָשִׂיא אֶחָד נָשִׂיא אֶחָד מִמַּטֶּה תִּקְחוּ לִנְחֹל אֶת־הָאָרֶץ: 19 וְאֵלֶּה שְׁמוֹת הָאֲנָשִׁים לְמַטֵּה יְהוּדָה כָּלֵב בֶּן־יְפֻנֶּה:

---

a ellos. Todo lo que tenemos que hacer para superar las limitaciones impuestas por nuestro signo astrológico es ocuparnos de los demás e intentar ver la vida desde su punto de vista.

Cualquiera que sea escogido para un cargo de liderazgo debe cultivar una perspectiva de 360 grados. Si se limitan a sólo ver una pequeña parte del círculo, todos los que estén bajo su directriz sufrirán alguna clase de carencia. Sólo aquellos que tienen el poder espiritual de superar la influencia de su constelación particular son merecedores del liderazgo.

²⁰ De la tribu de los hijos de Shimón, Shemuel, hijo de Amihud. ²¹ De la tribu de Binyamín, Elidad, hijo de Quislón.

²² De la tribu de los hijos de Dan, un jefe: Bukí, hijo de Yoglí. ²³ De los hijos de Yosef: de la tribu de los hijos de Menashé, un jefe: Janiel, hijo de Efod;

²⁴ y de la tribu de los hijos de Efrayim, un jefe: Kemuel, hijo de Shiftán. ²⁵ Y de la tribu de los hijos de Zevulún, un jefe: Elitsafán, hijo de Parnaj.

²⁶ Y de la tribu de los hijos de Yisajar, un jefe: Paltiel, hijo de Azán. ²⁷ Y de la tribu de los hijos de Asher, un jefe: Ajihud, hijo de Shelomí.

²⁸ Y de la tribu de los hijos de Naftalí, un jefe: Pedahel, hijo de Amihud. ²⁹ Estos a quienes el Eterno mandó que dividieran la heredad a los hijos de Israel en la tierra de Canaán"

EN AÑO BISIESTO: QUINTA LECTURA – AHARÓN – HOD

35 ¹ Y el Eterno habló a Moshé en las llanuras de Moav, junto al Jordán, cerca de Jericó, para decir:

² "Ordena a los hijos de Israel que den a los levitas de la herencia de su posesión ciudades en que puedan habitar; y darán a los levitas terrenos abiertos alrededor de las ciudades.

³ Y las ciudades tendrán para habitar; y sus terrenos abiertos serán para sus animales, para sus bienes y para todas sus necesidades vitales. ⁴ Y los terrenos abiertos alrededor de las ciudades que darán a los levitas se extenderán desde la muralla de la ciudad hacia afuera mil codos alrededor.

⁵ Y medirán también afuera de la ciudad, al lado oriental dos mil codos, al lado sur dos mil codos, al lado occidental dos mil codos y al lado norte dos mil codos, con la ciudad en el centro. Esto será para ellos los terrenos abiertos alrededor de las ciudades.

⁶ Las ciudades que darán a los levitas serán las seis ciudades de refugio, las que darán para que el homicida huya a ellas; y a éstas les sumarán cuarenta y dos ciudades.

וְנָתְנוּ

Números 35:2 – Dado que cada tribu tenía que diezmar no sólo de su dinero sino también de su tierra, todos ellos le daban parte de su tierra a los levitas. Es importante diezmar un porcentaje de todo lo que se nos da —tiempo, dinero, herencias, intereses obtenidos en inversiones, inteligencia— para que podamos conservar estos regalos.

20 וּלְמַטֵּה בְנֵי שִׁמְעוֹן שְׁמוּאֵל בֶּן־עַמִּיהוּד: 21 לְמַטֵּה בִנְיָמִן אֱלִידָד בֶּן־כִּסְלוֹן: 22 וּלְמַטֵּה בְנֵי־דָן נָשִׂיא בֻּקִּי בֶּן־יָגְלִי: 23 לִבְנֵי יוֹסֵף ציון, ר"פ יהוה לְמַטֵּה בְנֵי־מְנַשֶּׁה נָשִׂיא חַנִּיאֵל בֶּן־אֵפֹד: 24 וּלְמַטֵּה בְנֵי־אֶפְרַיִם אל מצפצ נָשִׂיא קְמוּאֵל בֶּן־שִׁפְטָן: 25 וּלְמַטֵּה בְנֵי־זְבוּלֻן נָשִׂיא אֱלִיצָפָן בֶּן־פַּרְנָךְ: 26 וּלְמַטֵּה בְנֵי־יִשָׂשכָר י"פ אל י"פ ב"ן נָשִׂיא פַּלְטִיאֵל בֶּן־עַזָּן: 27 וּלְמַטֵּה בְנֵי־אָשֵׁר מלוי אהדי דיודין נָשִׂיא אֲחִיהוּד בֶּן־שְׁלֹמִי: 28 וּלְמַטֵּה בְנֵי־נַפְתָּלִי נָשִׂיא פְּדַהְאֵל בֶּן־עַמִּיהוּד: 29 אֵלֶּה פי יהוה אהדיאהדונהי אֲשֶׁר צִוָּה יְהוָה לְנַחֵל אֶת־בְּנֵי־יִשְׂרָאֵל בְּאֶרֶץ אלהים דאלפין כְּנָעַן:

EN AÑO BISIESTO: QUINTA LECTURA – AHARÓN – HOD

35 1 וַיְדַבֵּר יְהוָה ראה אהדיאהדונהי אֶל־מֹשֶׁה מהע, אל עדי בְּעַרְבֹת מוֹאָב יוד הא ואו הה עַל־יַרְדֵּן י"פ יהוה ור' אותיות יְרֵחוֹ לֵאמֹר: 2 צַו פי אֶת־בְּנֵי יִשְׂרָאֵל וְנָתְנוּ לַלְוִיִּם מִנַּחֲלַת אֲחֻזָּתָם עָרִים לָשָׁבֶת וּמִגְרָשׁ לֶעָרִים סְבִיבֹתֵיהֶם תִּתְּנוּ לַלְוִיִּם: 3 וְהָיוּ הֶעָרִים עכ"ה, ה"פ אדני לָהֶם לָשָׁבֶת וּמִגְרְשֵׁיהֶם יִהְיוּ אל לִבְהֶמְתָּם וְלִרְכֻשָׁם וּלְכֹל יה אדני חַיָּתָם: 4 וּמִגְרְשֵׁי הֶעָרִים עכ"ה, ה"פ אדני אֲשֶׁר תִּתְּנוּ לַלְוִיִּם מִקִּיר הָעִיר בזוהר, ערי, סנדלפון וָחוּצָה אֶלֶף אלף למד שין דלת יוד ע"ה אַמָּה דמב, מלוי ע"ב סָבִיב: 5 וּמַדֹּתֶם מִחוּץ לָעִיר בזוהר, ערי, סנדלפון אֶת־פְּאַת־קֵדְמָה אַלְפַּיִם קס"א בָּאַמָּה דמב, מלוי ע"ב וְאֶת־פְּאַת־נֶגֶב אַלְפַּיִם קס"א בָּאַמָּה דמב, מלוי ע"ב וְאֶת־פְּאַת־יָם ילי| אַלְפַּיִם קס"א בָּאַמָּה דמב, מלוי ע"ב וְאֶת פְּאַת צָפוֹן אַלְפַּיִם קס"א בָּאַמָּה דמב, מלוי ע"ב וְהָעִיר בזוהר, ערי, סנדלפון בַּתָּוֶךְ זֶה יִהְיֶה ייי לָהֶם מִגְרְשֵׁי הֶעָרִים עכ"ה, ה"פ אדני: 6 וְאֵת הֶעָרִים עכ"ה, ה"פ אדני אֲשֶׁר תִּתְּנוּ לַלְוִיִּם אֵת שֵׁשׁ־עָרֵי בזוהר, ערי, סנדלפון הַמִּקְלָט אֲשֶׁר תִּתְּנוּ לָנֻס שָׁמָּה מהע, משה, אל עדי הָרֹצֵחַ וַעֲלֵיהֶם תִּתְּנוּ אַרְבָּעִים וּשְׁתַּיִם עִיר בזוהר, ערי, סנדלפון:

⁷ Todas las ciudades que darán a los levitas serán cuarenta y ocho ciudades: las darán junto con sus terrenos abiertos alrededor.

⁸ Y en cuanto a las ciudades que darán de la posesión de los hijos de Israel, tomarán más del más grande y tomarán menos del más pequeño; cada tribu dará de sus ciudades a los levitas conforme a la posesión que haya heredado".

EN AÑO BISIESTO: SEXTA LECTURA – YOSEF – YESOD

CUANDO ESTÁN CONECTADAS: SÉPTIMA LECTURA – DAVID – MALJUT

⁹ Y el Eterno habló a Moshé, para decir:

¹⁰ "Habla a los hijos de Israel, y diles: Cuando crucen el Yardén a la tierra de Canaán,

¹¹ designarán ciudades para ustedes a como ciudades de refugio, a fin de que pueda huir allí el homicida que haya matado a alguna persona por error.

¹² Y las ciudades serán para ustedes como refugio del vengador, para que el homicida no muera hasta que se presente ante la congregación para juicio.

¹³ Y en cuanto a las ciudades que darán, seis ciudades de refugio serán para ustedes.

¹⁴ Darán tres ciudades al otro lado del Jordán y tres ciudades en la tierra de Canaán; serán ciudades de refugio.

בְּשֶׁגָגָה

Números 35:11 – Este versículo trata el asesinato accidental. Una persona que es muerta sin premeditación maliciosa puede que haya matado a alguien en otra vida. Si bien a veces pareciera que no hay justicia en este mundo, en realidad la hay: aquellos que hacen el bien, recibirán el bien; mientras que aquellos que hacen el mal están tal vez destinados a una caída más fuerte finalmente. Mientras estemos en un camino espiritual, tendremos una vida plena, aun si surgen dificultades a lo largo del recorrido. El Arí, Rav Yitsjak Luria, habla extensamente acerca de la reencarnación y el funcionamiento de la Ley Universal de Causa y Efecto, de la cual nosotros, sin excepción, debemos estar conscientes:

Un día en el que estaba ayunando, lloré mucho y hablé mucho delante del Dios bendito, preguntando por qué Él me había retenido de los caminos del arrepentimiento y por qué Él no había puesto en el corazón de mi maestro que me enseñara como yo quería, y sobre tantos temas. Fui a la casa [de mi maestro] y él reconoció el asunto en mi rostro; me dijo que en aquel momento habían deseado castigarme en la corte celestial por haber hablado de forma insolente contra el Cielo pero, afortunadamente, un abogado entró y dijo que mi intención era buena. Y [mi maestro] me dijo que tuviera cuidado de no decir tales cosas en otra oportunidad, porque mayor es el deseo que tiene la vaca de alimentar

7 כָּל־הֶעָרִים אֲשֶׁר תִּתְּנוּ לַלְוִיִּם אַרְבָּעִים וּשְׁמֹנֶה עִיר אֶתְהֶן וְאֶת־מִגְרְשֵׁיהֶן׃ 8 וְהֶעָרִים אֲשֶׁר תִּתְּנוּ מֵאֲחֻזַּת בְּנֵי־יִשְׂרָאֵל מֵאֵת הָרַב תַּרְבּוּ וּמֵאֵת הַמְעַט תַּמְעִיטוּ אִישׁ כְּפִי נַחֲלָתוֹ אֲשֶׁר יִנְחָלוּ יִתֵּן מֵעָרָיו לַלְוִיִּם׃

EN AÑO BISIESTO: SEXTA LECTURA – YOSEF – YESOD
CUANDO ESTÁN CONECTADAS: SÉPTIMA LECTURA – DAVID – MALJUT

9 וַיְדַבֵּר יְהֹוָה אֶל־מֹשֶׁה לֵּאמֹר׃ 10 דַּבֵּר אֶל־בְּנֵי יִשְׂרָאֵל וְאָמַרְתָּ אֲלֵהֶם כִּי אַתֶּם עֹבְרִים אֶת־הַיַּרְדֵּן אַרְצָה כְּנָעַן׃ 11 וְהִקְרִיתֶם לָכֶם עָרִים עָרֵי מִקְלָט תִּהְיֶינָה לָכֶם וְנָס שָׁמָּה רֹצֵחַ מַכֵּה־נֶפֶשׁ בִּשְׁגָגָה׃ 12 וְהָיוּ לָכֶם הֶעָרִים לְמִקְלָט מִגֹּאֵל וְלֹא יָמוּת הָרֹצֵחַ עַד־עָמְדוֹ לִפְנֵי הָעֵדָה לַמִּשְׁפָּט׃ 13 וְהֶעָרִים אֲשֶׁר תִּתֵּנוּ שֵׁשׁ־עָרֵי מִקְלָט תִּהְיֶינָה לָכֶם׃ 14 אֵת שְׁלֹשׁ הֶעָרִים תִּתְּנוּ מֵעֵבֶר לַיַּרְדֵּן וְאֵת שְׁלֹשׁ הֶעָרִים תִּתְּנוּ בְּאֶרֶץ כְּנָעַן עָרֵי מִקְלָט תִּהְיֶינָה׃

---

que el deseo que tiene el becerro de alimentarse; pero hay un tiempo fijado para todo, como se menciona en el versículo: "Hay un tiempo señalado para todo, y hay un tiempo para cada propósito" (Eclesiastés 3:1), ¿y cómo podía yo decir que el Santísimo, bendito sea Él, me retenía de los caminos del arrepentimiento? Al contrario, nadie podía poner en mi corazón todo este despertar de arrepentimiento de no ser por Dios en

Su misericordia que es próxima a todas Sus criaturas. Y [mi maestro] dijo que la razón por la que se abstuvo de decirme todo lo que yo quería hasta ese entonces era por el tiempo señalado, y que en ese día el tiempo había llegado. [Él agregó] que, a partir de ese día, ya no me retendría de nada que yo le preguntara; y desde entonces nunca lo hizo.

— Los escritos del Arí, La puerta de la reencarnación, p. 132.

[15] *Estas seis ciudades serán refugio para los hijos de Israel, y para el forastero y para el peregrino entre ellos, para que huya allí todo el que por error mate a una persona.*

[16] *Pero si lo hirió con un objeto de hierro, y murió, es un asesino; al asesino ciertamente se le dará muerte. [17] Y si lo hirió con una piedra en la mano, por la cual pueda morir, y muere, es un asesino; al asesino ciertamente se le dará muerte.*

[18] O si lo golpeó con arma de madera en la mano, por lo cual pueda morir, y muere, es un asesino; al asesino ciertamente se le dará muerte. [19] El vengador de sangre mismo dará muerte al asesino; cuando se encuentre con él le dará muerte. [20] Y si lo embistió con odio, o le arrojó algo mientras lo esperaba, y murió;

[21] o si en enemistad lo hirió con la mano, y murió; al que lo hirió ciertamente se le dará muerte: es un asesino. El vengador de sangre dará muerte al asesino cuando se encuentre con él. [22] Pero si lo empujó súbitamente sin enemistad, o le arrojó algo sin esperarlo,

[23] o tiró cualquier piedra que pudo matarlo, sin haberlo visto, y le cayó encima, y éste murió, no siendo su enemigo ni procurando herirlo, [24] entonces la congregación juzgará entre el homicida y el vengador de la sangre conforme a estas ordenanzas.

[25] Y la congregación librará al homicida de la mano del vengador de sangre, y la congregación lo restaurará a la ciudad de refugio a la cual huyó; y vivirá en ella hasta la muerte del Sumo Sacerdote, quien fue ungido con aceite santo.

בִּכְלִי

Números 35:16 – Cualquiera que ha matado a otro individuo con premeditación en realidad cambia la manera en la que funciona el universo y, debido a esto, él tendrá que regresar nuevamente en otro cuerpo. No podrá terminar su trabajo espiritual porque él ha contrariado las leyes del universo. A veces, hacemos cosas que hacen que nuestra transformación sea imposible en un tiempo de vida; este versículo nos muestra un ejemplo claro de tal acción.

Sabe también que si un hombre peca contra su prójimo, aun si los dos no son de la misma raíz, los dos tienen que reencarnar; y el que le causó pecar será concebido en él para ayudarlo a realizar preceptos a fin de restituir el asunto pecaminoso en particular que él causó. Sabe que si la Néfesh de un hombre llega a ser totalmente completa y restituida, todas las chispas del talón aparecerán en él e irradiarán en su cuerpo. Para que él pueda ser corregido, éstas tienen que aparecer en su frente, donde será reconocido por alguien a quien Dios haya dotado con la sabiduría de la lectura del rostro; la presencia de todas las 613 chispas de esa raíz, ya sean de la Néfesh, la Rúaj o la Neshamá, tienen que ser reveladas en su frente. Las 613 son los estudiosos de la Torá en todas y cada una de las raíces. Hay muchos que no se ven claramente, pero están incluidos en otros más grandes que ellos. El asunto es que hay unas chispas grandes, que son las principales entre las 613 chispas pequeñas, porque cuando esas aparecen, ciertamente todas las demás aparecen con ellas; salvo aquellas que, debido a la gran iluminación de las principales, no son visibles. Mi maestro no me explicó cuántas chispas principales hay. Si la Néfesh, la Rúaj y la Neshamá de un individuo no están corregidas por

15 לִבְנֵי יִשְׂרָאֵל וְלַגֵּר וְלַתּוֹשָׁב בְּתוֹכָם תִּהְיֶינָה שֵׁשׁ־הֶעָרִים הָאֵלֶּה לְמִקְלָט לָנוּס שָׁמָּה כָּל־מַכֵּה־נֶפֶשׁ בִּשְׁגָגָה: 16 וְאִם־ בְּכְלִי בַרְזֶל הִכָּהוּ וַיָּמֹת רֹצֵחַ הוּא מוֹת יוּמַת הָרֹצֵחַ: 17 וְאִם בְּאֶבֶן יָד אֲשֶׁר־יָמוּת בָּהּ הִכָּהוּ וַיָּמֹת רֹצֵחַ הוּא מוֹת יוּמַת הָרֹצֵחַ: 18 אוֹ בִּכְלִי עֵץ־יָד אֲשֶׁר־יָמוּת בּוֹ הִכָּהוּ וַיָּמֹת רֹצֵחַ הוּא מוֹת יוּמַת הָרֹצֵחַ: 19 גֹּאֵל הַדָּם הוּא יָמִית אֶת־הָרֹצֵחַ בְּפִגְעוֹ־בוֹ הוּא יְמִתֶנּוּ: 20 וְאִם־ בְּשִׂנְאָה יֶהְדָּפֶנּוּ אוֹ־הִשְׁלִיךְ עָלָיו בִּצְדִיָּה וַיָּמֹת: 21 אוֹ בְאֵיבָה הִכָּהוּ בְיָדוֹ וַיָּמֹת מוֹת־יוּמַת הַמַּכֶּה רֹצֵחַ הוּא גֹּאֵל הַדָּם יָמִית אֶת־הָרֹצֵחַ בְּפִגְעוֹ־בוֹ: 22 וְאִם־ בְּפֶתַע בְּלֹא־אֵיבָה הֲדָפוֹ אוֹ־הִשְׁלִיךְ עָלָיו כָּל־ כְּלִי בְּלֹא צְדִיָּה: 23 אוֹ בְכָל־ אֶבֶן אֲשֶׁר־יָמוּת בָּהּ בְּלֹא רְאוֹת וַיַּפֵּל עָלָיו וַיָּמֹת וְהוּא לֹא־אוֹיֵב לוֹ וְלֹא מְבַקֵּשׁ רָעָתוֹ: 24 וְשָׁפְטוּ הָעֵדָה בֵּין הַמַּכֶּה וּבֵין גֹּאֵל הַדָּם עַל הַמִּשְׁפָּטִים הָאֵלֶּה: 25 וְהִצִּילוּ הָעֵדָה אֶת־הָרֹצֵחַ מִיַּד גֹּאֵל הַדָּם וְהֵשִׁיבוּ אֹתוֹ הָעֵדָה אֶל־עִיר מִקְלָטוֹ אֲשֶׁר־נָס שָׁמָּה

בְּפֶתַע

Números 35:22 – Cuando alguien ocasionaba una muerte accidentalmente, era exiliado a una ciudad de refugio hasta que el Sumo Sacerdote moría. Cuando ocurrían cosas negativas sin intención alguna o planificación previa, al Sumo Sacerdote se le adjudicaba la responsabilidad; se pensaba que su energía espiritual debía haber prevenido el caos. Sólo después de su muerte se le permitía regresar del exilio a la persona que ocasionó la muerte accidental.

completo, las chispas de las 613 de la Néfesh, las 613 de Rúaj o las 613 de Neshamá aparecerán en él de acuerdo con los preceptos que éste realice. Algunas chispas están muy distanciadas de él y otras están muy cercanas; algunas lo rodean desde lejos, y otras lo rodean y sobrevuelan encima de él muy de cerca. Todo es en concordancia con las acciones del hombre; cuando él peca, éstas nuevamente lo abandonarán, Dios no lo permita, y el número de chispas que le abandonarán es en relación con la magnitud del pecado.

— Los escritos del Arí, La puerta de la reencarnación, 145

²⁶ Pero si el homicida en cualquier momento sale de los límites de su ciudad de refugio a la cual huyó,

²⁷ y el vengador de sangre lo halla fuera de los límites de su ciudad de refugio, y el vengador de sangre mata al homicida, no será culpable de sangre,

²⁸ porque el homicida debe permanecer en la ciudad de refugio hasta la muerte del Sumo Sacerdote; pero después de la muerte del Sumo Sacerdote, el homicida podrá volver a la tierra de su posesión.

²⁹ Y estas cosas serán por estatuto de ley para ustedes por sus generaciones en todas sus moradas.

³⁰ Si alguno mata a una persona, al asesino se le dará muerte por boca de testigos; pero a ninguna persona se le dará muerte por testimonio de un solo testigo.

³¹ Además, no tomarán rescate por la vida de un asesino que es culpable de muerte, sino que ciertamente se le dará muerte.

³² Y no tomarán rescate por el que ha huido a la ciudad de refugio para que vuelva y habite en la tierra sino hasta la muerte del sacerdote.

³³ De modo que no contaminen la tierra en que están; porque la sangre contamina la tierra y no se puede hacer expiación por la tierra, por la sangre derramada en ella, excepto mediante la sangre del que la derramó.

³⁴ Y no contaminarán la tierra en que habitan, en medio de la cual Yo moro; porque Yo, el Eterno, habito en medio de los hijos de Israel".

וַיֵּשֶׁב

Números 35:25 – Continuando la explicación del asesinato accidental, el hecho de que alguien pudiera tener acceso a una persona y matarla significa que el Satán estuvo involucrado de alguna manera. El Sumo Sacerdote estaba a cargo del escudo protector que mantenía al Satán afuera. En este mundo, todos somos sumos sacerdotes metafóricamente y, por ende, somos responsables de los demás; por lo tanto, si algo malo le ocurre a alguien que conocemos, significa que no hicimos lo suficiente para proteger a ese individuo.

מהטע, מטעה, אל עדי וַיָּ֨שֶׁב בָּ֜ה עַד־מ֨וֹת הַכֹּהֵ֤ן מלה הַגָּדֹל֙ לתהו, מבה, יזל, אום

אֲשֶׁר־מָשַׁ֤ח אֹתוֹ֙ בְּשֶׁ֣מֶן י"פ טל, י"פ כוז"ו, בוט הַקֹּ֔דֶשׁ יוהר, ע"ה מ"ב 26 וְאִם־ יָצֹ֤א

יֵצֵא֙ הָרֹצֵ֔חַ אֶת־גְּבוּל֙ עִ֣יר בוזוהר, ערי, סנדלפון מִקְלָט֔וֹ אֲשֶׁ֥ר יָנ֖וּס שָׁ֑מָּה

מהטע, מטעה, אל עדי 27 וּמָצָ֤א קיל ע"ה אֹתוֹ֙ גֹּאֵ֣ל הַדָּ֔ם רבוע אהיה מִח֕וּץ לִגְב֖וּל עִ֣יר

בוזוהר, ערי, סנדלפון מִקְלָט֑וֹ וְרָצַ֞ח גֹּאֵ֤ל הַדָּם֙ אֶת־הָ֣רֹצֵ֔חַ רבוע אהיה אֵ֥ין ל֖וֹ דָּֽם

רבוע אהיה 28 כִּ֣י בְעִ֤יר בוזוהר, ערי, סנדלפון מִקְלָטוֹ֙ יֵשֵׁ֔ב עַד־מ֖וֹת הַכֹּהֵ֣ן מלה

הַגָּדֹ֑ל לתהו, מבה, יזל, אום וְאַחֲרֵ֣י מ֤וֹת הַכֹּהֵן֙ מלה הַגָּדֹ֔ל לתהו, מבה, יזל, אום יָשׁוּב֙

הָ֣רֹצֵ֔חַ אֶל־אֶ֖רֶץ אלהים דאלפין אֲחֻזָּתֽוֹ 29 וְהָי֨וּ אֵ֧לֶּה לָכֶ֛ם לְחֻקַּ֥ת מִשְׁפָּ֖ט

ע"ה ה"פ אלהים לְדֹרֹתֵיכֶ֑ם בְּכֹ֖ל ב"ן, לכב, יבם מוֹשְׁבֹֽתֵיכֶֽם 30 כָּל־ ילי מַכֵּה־נֶ֗פֶשׁ

רמ"ח + ד היות לְפִ֣י עֵדִ֔ים יִרְצַ֖ח אֶת־הָרֹצֵ֑חַ וְעֵ֣ד אֶחָ֔ד אהבה, דאגה לֹא־יַעֲנֶ֥ה

בְנֶ֖פֶשׁ רמ"ח + ד היות לָמֽוּת 31 וְלֹֽא־תִקְח֥וּ כֹ֨פֶר֙ מצפצ לְנֶ֣פֶשׁ רמ"ח + ד היות רֹצֵ֗חַ

אֲשֶׁר־ה֥וּא רָשָׁ֖ע לָמ֑וּת כִּי־מ֖וֹת יוּמָֽת 32 וְלֹא־תִקְח֣וּ כֹ֔פֶר מצפצ לָנ֖וּס

אֶל־עִ֣יר בוזוהר, ערי, סנדלפון מִקְלָט֑וֹ לָשׁוּב֙ לָשֶׁ֣בֶת בָּאָ֔רֶץ אלהים דאלפין עַד־מ֖וֹת

הַכֹּהֵֽן מלה 33 וְלֹֽא־תַחֲנִ֣יפוּ אֶת־הָאָ֗רֶץ אלהים דההין ע"ה אֲשֶׁ֤ר אַתֶּם֙ בָּ֔ה

כִּ֣י הַדָּ֔ם רבוע אהיה ה֥וּא יַחֲנִ֖יף אֶת־הָאָ֑רֶץ אלהים דההין ע"ה וְלָאָ֣רֶץ אלהים דאלפין

לֹֽא־יְכֻפַּ֗ר לַדָּם֙ רבוע אהיה אֲשֶׁ֣ר שֻׁפַּךְ־בָּ֔הּ כִּי־אִ֖ם יוהר, ע"ה מ"ב בְּדַ֥ם רבוע אהיה

שֹׁפְכֽוֹ 34 וְלֹ֧א תְטַמֵּ֣א אֶת־הָאָ֗רֶץ אלהים דההין ע"ה אֲשֶׁ֤ר אַתֶּם֙ יֹשְׁבִ֣ים בָּ֔הּ

אֲשֶׁ֥ר אֲנִ֖י אני, טדהד כוז"ו שֹׁכֵ֣ן ע"ע בְּתוֹכָ֑הּ כִּ֚י אֲנִ֣י אני, טדהד כוז"ו יְהֹוָ֔ה אדני יאהדונהי

שֹׁכֵ֕ן ע"ע בְּת֖וֹךְ בְּנֵ֥י יִשְׂרָאֵֽל

EN AÑO BISIESTO: SÉPTIMA LECTURA – DAVID – MALJUT

36 [1] Y los jefes de las casas paternas de la familia de los hijos de Galaad, hijo de Majir, hijo de Menashé, de las familias de los hijos de Yosef, se acercaron y hablaron ante Moshé y ante los jefes, las cabezas de las casas paternas de los hijos de Israel. [2] Y dijeron: "El Eterno ordenó a mi señor dar la tierra como heredad por sorteo a los hijos de Israel; y el Eterno ordenó a mi señor dar la heredad de Tselofejad, nuestro hermano, a sus hijas.

[3] Y si ellas se casan con alguno de los hijos de las otras tribus de los hijos de Israel, su heredad será quitada de la herencia de nuestros padres, y será añadida a la heredad de la tribu a la que ellas pertenezcan ahora; y así será quitada de la suerte de nuestra heredad. [4] Y cuando sea el jubileo de los hijos de Israel, entonces su heredad será añadida a la heredad de la tribu a la que ellas pertenezcan; así su heredad será quitada de la heredad de la tribu de nuestros padres".

וַיִּקְרְבוּ

Números 36:1 – El matrimonio entre tribus es tratado en este versículo, y aprendemos que Moshé emitió un decreto en contra de éste. Hay lugares en los cuales nuestra alma gemela no puede encontrarse. Pero el Arí y el *Zóhar* nos dan pistas para saber dónde puede ubicarse nuestra alma gemela; de este modo, obtenemos asistencia y claridad para entender quién es adecuado para nosotros. El Arí escribió:

"Cuando un hombre es nuevo —es decir, que está en este mundo por primera vez— su alma gemela nace con él, y cuando llega el momento para que él se case con ella, la encuentra de inmediato y sin problema alguno. Pero si ese hombre cometió un pecado y ha tenido que reencarnar debido a éste, siendo uno de aquellos de quienes se dice: "entonces su esposa saldrá con él", como fue mencionado por el Saba de Mishpatim, causa que su alma gemela reencarne con él para el beneficio de él. Cuando llega el momento para que este hombre se case con ella, no la encuentra de inmediato, sino después de mucha tribulación porque, ya que él encarnó debido a una iniquidad, algunos lo denuncian Arriba y desean alejarla de él,

y causan conflictos entre ellos. Es por ello que se ha dicho que es tan difícil unirlos como lo es dividir el Mar Rojo; razón por la cual esto es considerado como un segundo matrimonio. Esto significa que ella es su verdadera alma gemela, pero ya se ha casado con él antes y, en esta encarnación, es considerado como un segundo matrimonio, puesto que la mujer es la anterior pero el matrimonio es el segundo. Por lo tanto, no dicen que se casó con una segunda esposa, sino que se casó nuevamente.

Esto esclarece la razón por la cual un hombre se casa en una oportunidad sin problema alguno o discusiones; sin embargo, a veces lo hace sólo después de grandes conflictos hasta que se casan. Una vez que están casados, viven pacíficamente. Esto es indicio de una unión perfecta, si bien es una segunda. Si ella no fuera su alma gemela, no habría paz entre ellos una vez que estuvieran casados".

— *Los escritos del Arí, La Puerta de la Reencarnación, vigésima introducción, 1-2*

Y del *Zóhar*:

EN AÑO BISIESTO: SÉPTIMA LECTURA – DAVID – MALJUT

36 1 וַיִּקְרְבוּ רָאשֵׁי הָאָבוֹת לְמִשְׁפַּחַת בְּנֵי־גִלְעָד בֶּן־מָכִיר בֶּן־מְנַשֶּׁה

מִמִּשְׁפְּחֹת בְּנֵי יוֹסֵף צִיּוּן, ר"פ יהוה, ר"פ וַיְדַבְּרוּ רָאה לִפְנֵי וחכמה בינה מֹשֶׁה מהטע, אל עַדִי

וְלִפְנֵי וחכמה בינה הַנְּשִׂאִים רָאשֵׁי אָבוֹת לִבְנֵי יִשְׂרָאֵל: 2 וַיֹּאמְרוּ אֶת־אֲדֹנִי

צִוָּה פ"י יְהֹוָ־ואדנהיאהדונהי לָתֵת אֶת־הָאָרֶץ אלהים ההין ע"ה בְּנַחֲלָה בְּגוֹרָל לִבְנֵי

יִשְׂרָאֵל וַאדֹנִי צֻוָּה פ"י בְּיְהֹוָ־ואדנהיאהדונהי לָתֵת אֶת־נַחֲלַת צְלָפְחָד אָחִינוּ

לִבְנֹתָיו: 3 וְהָיוּ לְאֶחָד אהבה, דאגה מִבְּנֵי שִׁבְטֵי ע"ך בְנֵי־יִשְׂרָאֵל לְנָשִׁים

וְנִגְרְעָה נַחֲלָתָן מִנַּחֲלַת אֲבֹתֵינוּ וְנוֹסַף עַל נַחֲלַת הַמַּטֶּה אֲשֶׁר תִּהְיֶינָה

לָהֶם וּמִגֹּרַל נַחֲלָתֵנוּ יִגָּרֵעַ: 4 וְאִם־ יוהך, ע"ה מ"ב יִהְיֶה יהוה הַיֹּבֵל לִבְנֵי יִשְׂרָאֵל

ÉL PREGUNTA: *Si es así, el segundo matrimonio de la mujer no es decretado desde arriba, porque tú dijiste que un hombre es rechazado ante otro.* CONTESTA: *Pero dije que para el segundo marido que se casó con esta mujer, ella es su alma gemela misma, mientras que el primero no es su real alma gemela. Por lo tanto, ella es del segundo, y cuando su tiempo llega* Y ÉL SE CASA CON ELLA, *el primero es echado a un lado de él. Ciertamente es así, porque el espíritu del primero que estaba en esa mujer es rechazado sólo porque el segundo es su alma gemela. Así,* EL SEGUNDO MATRIMONIO ES DEL CIELO.
— *El Zóhar, Mishpatim 3:155*

Y al final de Masei hemos terminado la lectura del libro de Números y se encuentran las palabras "¡Jazak! ¡Jazak! ¡Venitjazek!". Esto significa "¡Sé fuerte! ¡Sé fuerte! ¡Y que seamos fortalecidos!". Acerca de estas palabras, el Rav dice:

... y con la lectura de estas dos porciones concluimos el libro de Bemidbar (en el desierto). Entonces, decimos Jazak tres veces, que es igual a 345; Mashíaj (Mesías) y Mem, Hei, Shin. Completamos un libro y atraemos hoy, en conjunto, toda

la energía, todo lo que obtuvimos de cada Shabat, y accedemos a cada porción. Tenemos el beneficio adicional —miren nada más todas las cosas gratuitas que recibimos en Shabat, es increíble—, tal vez todo es demasiado sencillo. Unimos en conjunto todas las secciones anteriores de Bemidbar, tomando toda la energía independiente de las demás lecturas para eliminar el caos que ha estado acompañando a la humanidad por los últimos 4000 años.

No llamamos a eso "nueva era"; es simplemente que ha sido menospreciado, no hemos hecho uso de ello. Por alguna razón, tenemos esta clase de energía disponible ahora para que mantengamos al caos alejado. Hay destrucción a todo nuestro alrededor, ¿de qué otra forma puedes evitar el caos en tu vida? ¿En qué otro lugar puedes adquirir esta clase de energía? Quién sabe lo que el futuro traerá; queremos manipular el futuro ahora y controlar nuestro destino mediante el uso del mes y la lectura de la Torá.

— *Rav Berg, clase de Matot-Masei, año 2001*

⁵ *Y Moshé ordenó a los hijos de Israel, conforme a la palabra del Eterno, diciendo: "La tribu de los hijos de Yosef dice bien.*

⁶ *Esto es lo que el Eterno ha ordenado con referencia a las hijas de Tselofejad, diciendo: 'Cásense con el que bien les parezca; sólo deben casarse dentro de la familia de la tribu de su padre.*

⁷ *De modo que ninguna heredad de los hijos de Israel sea traspasada de tribu a tribu, pues los hijos de Israel se aferrarán cada uno la heredad de la tribu de sus padres.*

⁸ *Y toda hija que posea de una heredad en alguna de las tribus de los hijos de Israel, será esposa de alguno de la familia de la tribu de su padre, a fin de que los hijos de Israel posean la heredad de sus padres.*

⁹ *Así, ninguna heredad será traspasada de una tribu a otra tribu, pues las tribus de los hijos de Israel se aferrarán cada una a su propia heredad"*

¹⁰ *Conforme a lo que el Eterno ordenó a Moshé, hicieron las hijas de Tselofejad.*

MAFTIR

¹¹ *Pues Majlá, Tirtsá, Joglá, Milcá y Noa, las hijas de Tselofejad, se casaron con los hijos de sus tíos.*

¹² *Se casaron con los de las familias de los hijos de Menashé, hijo de Yosef, y su heredad permaneció con la tribu de la familia de su padre.*

¹³ *Estos son los mandamientos y las ordenanzas que el Eterno dio mandó por mano de Moshé a los hijos de Israel en las llanuras de Moav, junto al Yardén, cerca de Yerijó.*

חֲזַק

Cuando concluimos la lectura de un Libro de la Torá, decimos *jazak* (que significa "fuerza") tres veces. El valor numérico de las tres repeticiones de *jazak* es *Mem Hei Shin*, lo cual nos proporciona sanación. También usamos uno de los 72 Nombres de Dios —*Pei Hei Lámed*— para activar nuestra fortaleza. El camino espiritual no es fácil, y necesitamos fuerza y certeza para aprovechar todo lo que se nos presenta. Los 72 Nombres de Dios nos conectan a la fuerza de Luz que necesitamos para adquirir el poder de la mente sobre la materia. Y, cuando usamos las herramientas de los 72 Nombres, accedemos a la dimensión en la cual la conciencia controla la realidad.

וְנוֹסְפָה נַחֲלָתָן עַל נַחֲלַת הַמַּטֶּה אֲשֶׁר תִּהְיֶינָה לָהֶם וּמִנַּחֲלַת מַטֵּה

אֲבֹתֵינוּ יִגָּרַע נַחֲלָתָן: 5 וַיְצַו פו״י מֹשֶׁה מהע, אל שדי אֶת־בְּנֵי יִשְׂרָאֵל עַל־פִּי

יְהוָֹוָאֲדֹנָֹיאהדונהי לֵאמֹר כֵּן מַטֵּה בְנֵי־יוֹסֵף צ״ון, ר״פ יהוה דֹּבְרִים ראה:6 זֶה הַדָּבָר

ראה אֲשֶׁר־צִוָּה פו״י יְהוָֹוָאֲדֹנָֹיאהדונהי לִבְנוֹת צְלָפְחָד לֵאמֹר לַטּוֹב והי בְּעֵינֵיהֶם

ריבוע מ״ה תִּהְיֶינָה לְנָשִׁים אַךְ אהיה לְמִשְׁפַּחַת מַטֵּה אֲבִיהֶם תִּהְיֶינָה

לְנָשִׁים: 7 וְלֹא־תִסֹּב נַחֲלָה לִבְנֵי יִשְׂרָאֵל מִמַּטֶּה אֶל־מַטֶּה כִּי אִישׁ

ע״ה קנ״א קס״א בְּנַחֲלַת מַטֵּה אֲבֹתָיו יִדְבְּקוּ בְּנֵי יִשְׂרָאֵל:8 וְכָל־ ילי בַּת יֹרֶשֶׁת

נַחֲלָה מִמַּטּוֹת בְּנֵי יִשְׂרָאֵל לְאֶחָד מִמִּשְׁפַּחַת מבמשפחת דאגה, אהבה מַטֵּה אָבִיהָ

תִּהְיֶה לְאִשָּׁה לְמַעַן יִירְשׁוּ בְּנֵי יִשְׂרָאֵל אִישׁ ע״ה קנ״א קס״א נַחֲלַת אֲבֹתָיו:

9 וְלֹא־תִסֹּב נַחֲלָה מִמַּטֶּה לְמַטֶּה אַחֵר כִּי־אִישׁ ע״ה קנ״א קס״א בְּנַחֲלָתוֹ

יִדְבְּקוּ מַטּוֹת בְּנֵי יִשְׂרָאֵל: 10 כַּאֲשֶׁר צִוָּה פו״י יְהוָֹוָאֲדֹנָֹיאהדונהי אֶת־מֹשֶׁה

מהע, אל שדי כֵּן עָשׂוּ בְּנוֹת צְלָפְחָד:

MAFTIR

11 וַתִּהְיֶינָה מַחְלָה תִרְצָה וְחָגְלָה וּמִלְכָּה ע״ה פו״י, אל אדני וְנֹעָה בְּנוֹת צְלָפְחָד

לִבְנֵי דֹדֵיהֶן לְנָשִׁים: 12 מִמִּשְׁפְּחֹת בְּנֵי־מְנַשֶּׁה בֶן־יוֹסֵף צ״ון, ר״פ יהוה הָיוּ

לְנָשִׁים וַתְּהִי נַחֲלָתָן עַל־מַטֵּה מִשְׁפַּחַת אֲבִיהֶן: 13 אֵלֶּה הַמִּצְוֹת

וְהַמִּשְׁפָּטִים אֲשֶׁר צִוָּה פו״י יְהוָֹוָאֲדֹנָֹיאהדונהי בְּיַד־מֹשֶׁה מהע, אל שדי אֶל־בְּנֵי

יִשְׂרָאֵל בְּעַרְבֹת מוֹאָב יוד הא ואו הה עַל יַרְדֵּן י״פ יהוה וד׳ אותיות יְרֵחוֹ:

(וחסד־ימין) רוזק פהל   (גבורה־שמאל) ורזק פהל   (תפארת־אמצע) ורזק פהל, מהע

(מלכות) ונתחזק

HAFTARÁ DE MASEI

En esta Haftará, Dios se pregunta por qué el pueblo estaba tan desconectado de la energía de la Luz. El deseo del Creador de darnos Luz es mucho más fuerte que nuestro deseo de recibir esta Luz. Cuando ocurren cosas negativas es porque Dios en realidad quiere compartir con nosotros.

JEREMÍAS 2:4-28; 4:1-2

2 ⁴ Oigan la palabra del Eterno, casa de Yaakov, y todas las familias de la casa de Israel.

⁵ Así dice el Eterno: "¿Qué injusticia hallaron en Mí sus padres, para que se alejaran de Mí y anduvieran tras ídolos y se hicieran idólatras?

⁶ Tampoco dijeron: ¿Dónde está el Eterno que nos hizo subir de la tierra de Egipto, que nos condujo por el desierto, por una tierra de yermos y de barrancos, por una tierra seca y de sombra de muerte, una tierra por la que ningún hombre pasó y donde ningún hombre habitó?'.

⁷ Y Yo los traje a una tierra de campos fructíferos, para que comieran de su fruto y de sus bondades; pero cuando entraron contaminaron Mi tierra y de Mi heredad hicieron abominación.

⁸ Los sacerdotes no dijeron: '¿Dónde está el Eterno?'. Y los que se ocupaban de la ley no me conocieron, y los gobernantes transgredieron contra Mí; los profetas también profetizaban por Baal y andaban tras cosas que no benefician.

⁹ "Por lo tanto, aún contenderé con ustedes", dice el Eterno, "y con los hijos de sus hijos contenderé.

¹⁰ Pasen, pues, a las islas de Quitim y vean, y envíen gente a Kedar y observen minuciosamente, y vean si ha habido cosa semejante.

¹¹ ¿Alguna nación ha cambiado a sus dioses, aunque ésos no son dioses? Pues Mi pueblo ha cambiado su gloria por lo que no beneficia.

¹² Asómbrense, Cielos, por esto, y atérrense y constérnense", dice el Eterno.

¹³ "Porque Mi pueblo ha cometido dos males: me han abandonado a Mí, fuente de aguas vivas, y han cavado para sí cisternas, cisternas agrietadas que no retienen el agua.

HAFTARÁ DE MASEI

Se nos dan recordatorios en forma de desafíos que se vuelven más grandes y más drásticos hasta que prestemos atención y comencemos a cambiarnos a nosotros mismos.

ירמיהו פרק 2, 4–28; פרק 4, 1–2

2 שִׁמְע֞וּ דְבַר־יְהֹוָה֙ בֵּ֣ית יַֽעֲקֹ֔ב

וְכָל־מִשְׁפְּח֖וֹת בֵּ֣ית יִשְׂרָאֵֽל: 5 כֹּ֣ה | אָמַ֣ר יְהֹוָ֗ה

מַה־מָּֽצְא֨וּ אֲבֽוֹתֵיכֶ֥ם בִּי֙ עָ֔וֶל כִּ֥י רָֽחֲק֖וּ מֵֽעָלָ֑י וַיֵּֽלְכ֛וּ

אַֽחֲרֵ֥י הַהֶ֖בֶל וַיֶּהְבָּֽלוּ: 6 וְלֹ֣א אָֽמְר֔וּ אַיֵּ֣ה יְהֹוָ֔ה הַמַּֽעֲלֶ֥ה

אֹתָ֖נוּ מֵאֶ֣רֶץ מִצְרָ֑יִם הַמּוֹלִ֨יךְ אֹתָ֜נוּ בַּמִּדְבָּ֗ר

בְּאֶ֨רֶץ עֲרָבָ֤ה וְשׁוּחָה֙ בְּאֶ֣רֶץ צִיָּ֣ה וְצַלְמָ֔וֶת בְּאֶ֕רֶץ

לֹא־עָ֣בַר בָּהּ֙ אִ֔ישׁ וְלֹֽא־יָשַׁ֥ב אָדָ֖ם

שָֽׁם: 7 וָֽאָבִ֤יא אֶתְכֶם֙ אֶל־אֶ֣רֶץ הַכַּרְמֶ֔ל לֶֽאֱכֹ֥ל פִּרְיָ֖הּ

וְטוּבָ֑הּ וַתָּבֹ֨אוּ֙ וַתְּטַמְּא֣וּ אֶת־אַרְצִ֔י וְנַֽחֲלָתִ֥י שַׂמְתֶּ֖ם לְתֽוֹעֵבָֽה:

8 הַכֹּֽהֲנִ֗ים לֹ֤א אָֽמְרוּ֙ אַיֵּ֣ה יְהֹוָ֔ה וְתֹֽפְשֵׂ֤י הַתּוֹרָה֙ לֹ֣א יְדָע֔וּנִי

וְהָֽרֹעִים֙ פָּ֣שְׁעוּ בִ֔י וְהַנְּבִיאִים֙ נִבְּא֣וּ בַבַּ֔עַל וְאַֽחֲרֵ֥י לֹֽא־יוֹעִ֖לוּ

הָלָֽכוּ: 9 לָכֵ֗ן עֹ֛ד אָרִ֥יב אִתְּכֶ֖ם נְאֻם־יְהֹוָ֑ה וְאֶת־בְּנֵ֥י בְנֵיכֶ֖ם

אָרִֽיב: 10 כִּ֣י עִבְר֞וּ אִיֵּ֤י כִתִּיִּים֙ וּרְא֔וּ וְקֵדָ֛ר שִׁלְח֥וּ וְהִֽתְבּֽוֹנְנ֖וּ מְאֹ֑ד

וּרְא֕וּ הֵ֥ן הָֽיְתָ֖ה כָּזֹֽאת: 11 הַהֵימִ֥יר גּוֹי֙ אֱלֹהִ֔ים וְהֵ֖מָּה לֹ֣א אֱלֹהִ֑ים

וְעַמִּ֛י הֵמִ֥יר כְּבוֹד֖וֹ בְּל֥וֹא יוֹעִֽיל: 12 שֹׁ֥מּוּ שָׁמַ֖יִם

עַל־זֹ֑את וְשַֽׂעֲר֛וּ חָֽרְב֥וּ מְאֹ֖ד נְאֻם־יְהֹוָֽה: 13 כִּֽי־שְׁתַּ֥יִם

רָע֖וֹת עָשָׂ֣ה עַמִּ֑י אֹתִ֤י עָֽזְבוּ֙ מְק֣וֹר | מַ֣יִם חַיִּ֔ים לַחְצֹ֤ב לָהֶם֙

14 ¿Es un esclavo Israel? ¿Es un siervo nacido en casa? ¿Por qué se ha convertido en presa?

15 Los leoncillos rugieron contra él, e hicieron resonar su voz; y han hecho de su tierra una desolación, sus ciudades están en ruinas, sin habitantes.

16 Y también hijos de Nof y de Tajpanjés se han alimentado sobre tu coronilla.

17 ¿No te has provocado esto por haber dejado al Eterno tu Dios, cuando Él te guiaba por el camino?

18 Y ahora, ¿qué haces en el camino a Egipto para beber las aguas del Shijor? ¿O qué haces en el camino a Asiria para beber las aguas del río?

19 Tu propia maldad te corregirá, y tus apostasías te condenarán. Por lo tanto, reconoce y ve que es malo y amargo el dejar al Eterno, tu Dios, y no tener temor de Mí", dice el Eterno, Dios de los ejércitos.

20 "Porque hace tiempo rompí tu yugo y destruí tus coyundas; y dijiste: 'No transgrediré', mientras sobre toda colina alta y bajo todo árbol frondoso te echabas como ramera.

21 Pero Yo te planté una noble vid, toda ella de buenas semillas; ¿entonces cómo te has vuelto sarmiento degenerado de una vid extraña delante de Mí?

22 Porque aunque te laves con nitro y uses mucho jabón, tu iniquidad está aún delante de Mí", declara el Eterno, Dios.

23 "¿Cómo puedes decir: 'No estoy contaminada, no he ido tras los Baalim'? Mira tu proceder en el valle, reconoce lo que has hecho; eres una camella joven y liviana que anda por sus caminos,

24 asna salvaje acostumbrada al desierto, que aspira el viento en su deseo. Su celo, ¿quién puede impedirlo? Todos los que la busquen, no se cansarán; en su mes la encontrarán.

25 Guarda tus pies de andar descalzos y tu garganta de la sed. Pero dijiste: 'No hay esperanza; no, porque he amado a extraños y tras ellos iré'.

26 Como se avergüenza el ladrón cuando es descubierto, así se ha avergonzado la casa de Israel: ellos, sus reyes, sus príncipes, sus sacerdotes y sus profetas;

27 los que dicen al leño: 'Tú eres mi padre', y a la piedra: 'Tú me engendraste'. Porque ellos me han dado su espalda y no su rostro; pero en el tiempo de sus tribulaciones dirán: 'Levántate y sálvanos'.

בְּאֵרֹת בְּאֵרֹת נִשְׁבָּרִים אֲשֶׁר לֹא־יָכִלוּ הַמָּיִם: 14 הַעֶבֶד יִשְׂרָאֵל

אִם־יְלִיד בַּיִת הוּא מַדּוּעַ הָיָה לָבַז: 15 עָלָיו יִשְׁאֲגוּ

כְפִרִים נָתְנוּ קוֹלָם וַיָּשִׁיתוּ אַרְצוֹ לְשַׁמָּה עָרָיו נִצְּתָה

(כתיב: נצתה) מִבְּלִי יֹשֵׁב: 16 גַּם־בְּנֵי־נֹף וְתַחְפַּנְחֵס (כתיב: ותחפנס) יִרְעוּךְ

קָדְקֹד: 17 הֲלוֹא־זֹאת תַּעֲשֶׂה־לָּךְ עָזְבֵךְ אֶת־יְהוָה אֱלֹהַיִךְ

בְּעֵת מוֹלִכֵךְ בַּדָּרֶךְ: 18 וְעַתָּה מַה־לָּךְ לְדֶרֶךְ

מִצְרַיִם לִשְׁתּוֹת מֵי שִׁחוֹר וּמַה־לָּךְ לְדֶרֶךְ אַשּׁוּר

לִשְׁתּוֹת מֵי נָהָר: 19 תְּיַסְּרֵךְ רָעָתֵךְ וּמְשֻׁבוֹתַיִךְ תּוֹכִחֻךְ וּדְעִי וּרְאִי

כִּי־רַע וָמָר עָזְבֵךְ אֶת־יְהוָה אֱלֹהָיִךְ וְלֹא פַחְדָּתִי אֵלַיִךְ

נְאֻם־אֲדֹנָי יְהוִה צְבָאוֹת: 20 כִּי מֵעוֹלָם שָׁבַרְתִּי

עֻלֵּךְ נִתַּקְתִּי מוֹסְרוֹתַיִךְ וַתֹּאמְרִי לֹא אֶעֱבוֹר (כתיב: אעבוד) כִּי עַל־כָּל־

גִּבְעָה גְּבֹהָה וְתַחַת כָּל־עֵץ רַעֲנָן אַתְּ צֹעָה זֹנֶה: 21 וְאָנֹכִי

נְטַעְתִּיךְ שׂוֹרֵק כֻּלֹּה זֶרַע אֱמֶת וְאֵיךְ נֶהְפַּכְתְּ לִי

סוּרֵי הַגֶּפֶן נָכְרִיָּה: 22 כִּי אִם־תְּכַבְּסִי בַּנֶּתֶר וְתַרְבִּי־לָךְ בֹּרִית

נִכְתָּם עֲוֹנֵךְ לְפָנַי נְאֻם אֲדֹנָי יְהוִה: 23 אֵיךְ תֹּאמְרִי

לֹא נִטְמֵאתִי אַחֲרֵי הַבְּעָלִים לֹא הָלַכְתִּי רְאִי דַרְכֵּךְ בַּגַּיְא דְעִי מֶה

עָשִׂית בִּכְרָה קַלָּה מְשָׂרֶכֶת דְּרָכֶיהָ: 24 פֶּרֶה | לִמֻּד מִדְבָּר בְּאַוַּת

נַפְשָׁהּ (כתיב: נפשו) שָׁאֲפָה רוּחַ תַּאֲנָתָהּ מִי יְשִׁיבֶנָּה כָּל־

מְבַקְשֶׁיהָ לֹא יִיעָפוּ בְּחָדְשָׁהּ יִמְצָאוּנְהָ: 25 מִנְעִי רַגְלֵךְ מִיָּחֵף וּגְרוֹנֵךְ

(כתיב: וגורנך) מִצִּמְאָה וַתֹּאמְרִי נוֹאָשׁ לוֹא כִּי־אָהַבְתִּי זָרִים וְאַחֲרֵיהֶם

אֵלֵךְ: 26 כְּבֹשֶׁת גַּנָּב כִּי יִמָּצֵא כֵּן הֹבִישׁוּ בֵּית יִשְׂרָאֵל הֵמָּה

מַלְכֵיהֶם שָׂרֵיהֶם וְכֹהֲנֵיהֶם וּנְבִיאֵיהֶם: 27 אֹמְרִים לָעֵץ אָבִי

אַתָּה וְלָאֶבֶן אַתְּ יְלִדְתָּנִי (כתיב: ילדתנו) כִּי־פָנוּ אֵלַי עֹרֶף וְלֹא

פָנִים וּבְעֵת רָעָתָם יֹאמְרוּ קוּמָה וְהוֹשִׁיעֵנוּ:

²⁸ *Pero, ¿dónde están los dioses que has fabricado? Que se levanten, a ver si pueden salvarte en el tiempo de tu tribulación; porque según el número de tus ciudades son tus dioses, Yehuda.*

4 ¹ Si has de volver, Israel", dice el Eterno, "Sí, vuelve a Mí. Y si quitas de Mi presencia tus abominaciones y no vacilas,

² *y juras: 'Por la vida del Eterno' en verdad, en justicia y en rectitud, entonces se bendecirán en Él las naciones, y en Él se gloriarán".*

וְאַיֵּה אֱלֹהֶיךָ אֲשֶׁר עָשִׂיתָ לָּךְ יָקוּמוּ אִם־ יוֹשִׁיעוּךָ בְּעֵת 28

רָעָתֶךָ כִּי מִסְפַּר עָרֶיךָ הָיוּ אֱלֹהֶיךָ יְהוּדָה: 14 אִם־

תָּשׁוּב יִשְׂרָאֵל נְאֻם־יְהוָֹה אֵלַי תָּשׁוּב וְאִם־

תָּסִיר שִׁקּוּצֶיךָ מִפָּנַי וְלֹא תָנוּד: 2 וְנִשְׁבַּעְתָּ חַי־יְהוָֹה

בֶּאֱמֶת בְּמִשְׁפָּט וּבִצְדָקָה

וְהִתְבָּרְכוּ בוֹ גּוֹיִם וּבוֹ יִתְהַלָּלוּ:

LECTURAS ESPECIALES

HAFTARÁ DE LA VÍSPERA DE ROSH JÓDESH

En un nivel, esta Haftará corresponde a la víspera de Rosh Jódesh, la víspera de un nuevo mes lunar (astrológico). En un sentido más profundo, habla acerca del amor entre David y Yonatán. Si bien Yonatán era heredero al trono, él sabía que David se podría convertir en rey. No obstante,

I SAMUEL 20:18-42

20 ¹⁸ Entonces Yonatán le dijo: "Mañana es la Luna Nueva y serás echado de menos porque tu asiento estará vacío.

¹⁹ Cuando hayas estado ausente tres días, descenderás deprisa y vendrás al lugar donde te escondiste el día de aquel suceso, y permanecerás junto a la piedra Haazel.

²⁰ Yo tiraré tres saetas hacia un lado, como si estuviese tirando a un blanco.

²¹ Y he aquí que enviaré al muchacho, diciendo: 'Ve, busca las saetas'. Si digo específicamente al muchacho: 'He aquí que las saetas están más hacia este lado de ti, búscalas', entonces ven porque hay seguridad para ti y no habrá mal, como que vive el Eterno.

²² Pero si digo al joven: 'He aquí que las saetas están más allá de ti', vete, porque el Eterno te ha enviado.

²³ En cuanto al acuerdo del cual tú y yo hemos hablado, he aquí que el Eterno está entre nosotros dos para siempre".

²⁴ Así que David se escondió en el campo; y cuando vino la Luna Nueva el rey se sentó a comer. ²⁵ El rey se sentó en su asiento como de costumbre, el asiento junto a la pared; entonces Yonatán se levantó y Avner se sentó al lado de Shaúl, pero el lugar de David estaba vacío.

²⁶ No obstante, Shaúl no dijo nada aquel día, porque pensó: "Algo debe haberle ocurrido por estar impuro; de seguro no está limpio".

²⁷ Y sucedió al día siguiente, el segundo día de la Luna Nueva, que el lugar de David estaba vacío; entonces Shaúl dijo a Yonatán, su hijo: "¿Por qué no ha venido el hijo de Yishái a la comida ni ayer ni hoy?"

²⁸ Yonatán contestó a Shaúl: "David me rogó encarecidamente que le dejara ir a Bet Lejem,

HAFTARÁ DE LA VÍSPERA DE ROSH JÓDESH

Yonatán amaba a David y no sentía celos de él. Para amar verdaderamente a otra persona, debemos deshacernos de nuestros propios deseos egoístas. Para tener una relación exitosa de cualquier índole, debemos estar dispuestos a sacrificar algo.

שְׁמוּאֵל א', פֶּרֶק 20, פְּסוּקִים 18–42

18 וַיֹּאמֶר־לוֹ יְהוֹנָתָן מָחָר חֹדֶשׁ רמ"חז י"ב הוויות וְנִפְקַדְתָּ כִּי יִפָּקֵד מוֹשָׁבֶךָ:

19 וְשִׁלַּשְׁתָּ תֵּרֵד מְאֹד מ"ה וּבָאתָ אֶל־הַמָּקוֹם יהוה ברבוע אֲשֶׁר־נִסְתַּרְתָּ שָׁם בְּיוֹם גגד, ז', מזבח הַמַּעֲשֶׂה וְיָשַׁבְתָּ אֵצֶל הָאֶבֶן יוד הה וו הה הָאָזֶל: 20 וַאֲנִי אני ב"פ אהיה יהוה שְׁלֹשֶׁת הַחִצִּים צִדָּה אוֹרֶה לְשַׁלַּח־לִי לְמַטָּרָה: 21 וְהִנֵּה מ"ה יה אֶשְׁלַח אֶת־הַנַּעַר שׂרך לֵךְ מְצָא אֶת־הַחִצִּים אִם יוֹרך ־אָמֹר אֹמַר לַנַּעַר שׂרך הִנֵּה הַחִצִּים מ"ה יה מִמְּךָ | וָהֵנָּה מ"ה יה קָחֶנּוּ | וָבֹאָה כִּי־שָׁלוֹם לְךָ וְאֵין דָּבָר וְחַי־יְ־הֹוָ־ואדניאהדונהי רַאה 22 וְאִם יוֹרך ־כֹּה היי אֹמַר לָעֶלֶם הִנֵּה מ"ה יה הַחִצִּים מִמְּךָ וָהָלְאָה לֵךְ כִּי שִׁלַּחֲךָ יְ־הֹוָ־ואדניאהדונהי רַאה 23 וְהַדָּבָר אֲשֶׁר דִּבַּרְנוּ רַאה אֲנִי אני וָאַתָּה הִנֵּה מ"ה יה יְ־הֹוָ־ואדניאהדונהי בֵּינִי וּבֵינְךָ עַד־עוֹלָם: [ס]

24 וַיִּסָּתֵר ב"פ מצר דָּוִד בַּשָּׂדֶה וַיְהִי הַחֹדֶשׁ י"ב הוויות וַיֵּשֶׁב הַמֶּלֶךְ אֶל־ (כתיב: עֶל־) הַלֶּחֶם גֹּפ יהוה לֶאֱכוֹל: 25 וַיֵּשֶׁב הַמֶּלֶךְ עַל־מוֹשָׁבוֹ כְּפַעַם | בְּפַעַם אֶל־מוֹשַׁב הַקִּיר וַיָּקָם יְהוֹנָתָן וַיֵּשֶׁב אַבְנֵר מִצַּד שָׁאוּל וַיִּפָּקֵד מְקוֹם יהוה ברבוע דָּוִד: 26 וְלֹא־דִבֶּר רַאה שָׁאוּל מְאוּמָה בַּיּוֹם גגד, ז', מזבח הַהוּא כִּי אָמַר מִקְרֶה הוּא בִּלְתִּי טָהוֹר י"פ אכא הוּא כִּי־לֹא טָהוֹר י"פ אכא: [ס]

27 וַיְהִי אל מִמָּחֳרַת הַחֹדֶשׁ י"ב הוויות הַשֵּׁנִי וַיִּפָּקֵד מְקוֹם יהוה ברבוע דָּוִד [פ] וַיֹּאמֶר שָׁאוּל אֶל־יְהוֹנָתָן בְּנוֹ מַדּוּעַ לֹא־בָא בֶן־יִשַׁי גם יגל ־תְּמוֹל גַּם יגל ־הַיּוֹם גגד, ז', מזבח אֶל־הַלָּחֶם גֹּפ יהוה: 28 וַיַּעַן יְהוֹנָתָן אֶת־שָׁאוּל נִשְׁאֹל

29 porque dijo: 'Te ruego que me dejes ir, pues nuestra familia tiene sacrificio en la ciudad y mi hermano me ha mandado que asista. Ahora, si he hallado gracia ante tus ojos, te ruego me dejes ir para ver a mis hermanos'. Por este motivo no ha venido a la mesa del rey".

30 Se encendió la ira de Shaúl contra Yonatán, y le dijo: "¡Hijo de mujer perversa y rebelde! ¿Acaso no sé yo que prefieres al hijo de Yishái, para tu propia vergüenza y para vergüenza de la desnudez de tu madre?

31 Pues mientras viva el hijo de Yishái sobre la Tierra, ni tú ni tu reino serán establecidos. Ahora manda a traérmelo, porque ciertamente ha de morir".

32 Pero Yonatán contestó a su padre Shaúl, y le dijo: "¿Por qué ha de morir? ¿Qué ha hecho?".

33 Entonces Shaúl le arrojó la lanza para matarlo: así Yonatán supo que su padre había decidido matar a David.

34 Entonces Yonatán se levantó de la mesa ardiendo de ira y no probó comida en el segundo día de la Luna Nueva, pues estaba entristecido por David y porque su padre le había deshonrado.

35 Y aconteció a la mañana siguiente que Yonatán salió al campo para su encuentro con David, y un jovenzuelo iba con él.

36 Y dijo a su jovencito: "Corre, busca ahora las saetas que voy a tirar". Y mientras el joven corría, tiró una saeta más allá de él.

37 Cuando el muchacho llegó a la saeta que Yonatán había tirado, Yonatán le gritó al muchacho, y dijo: "¿No está la saeta más lejos de ti?".

38 Y Yonatán gritó al joven: "Corre, date prisa, no te detengas". Y el jovenzuelo de Yonatán recogió la saeta y volvió a su señor.

39 El joven no estaba al tanto de nada; sólo Yonatán y David sabían del asunto.

40 Entonces Yonatán dio sus armas al muchacho y le dijo: "Vete, llévalas a la ciudad".

41 Cuando el muchacho se fue, David salió del lado del sur y cayó rostro en tierra, postrándose tres veces, y se besaron el uno al otro y lloraron juntos, pero David lloró más. *42* Y Yonatán dijo a David: "Vete en paz, ya que nos hemos jurado el uno al otro

נִשְׁאַל דָּוִד מֵעִמָּדִי עַד־בֵּית ב׳׳פ ראה וַיֹּאמֶר שַׁלְּחֵנִי נָא כִּי זֶבַח 29 לָהֶם:

מִשְׁפָּחָה לָנוּ בָּעִיר בַּזֹּהַר, עֵרִי, סַנדלפון וְהוּא צִוָּה־לִי אֹחִי וְעַתָּה אלהים, מום

אִם־ יוהר מָצָאתִי חֵן וְזֶה מוֹזי בְּעֵינֶיךָ ע׳׳ה קס׳׳א אִמָּלְטָה נָּא וְאֶרְאֶה אֶת־אֶחָי

עַל־כֵּן לֹא־בָא אֶל־שֻׁלְחַן הַמֶּלֶךְ: [ס] 30 וַיִּחַר־אַף שָׁאוּל בִּיהוֹנָתָן

וַיֹּאמֶר לוֹ בֶּן־נַעֲוַת הַמַּרְדּוּת הֲלוֹא יָדַעְתִּי כִּי־בֹחֵר אַתָּה לְבֶן־יִשַׁי

לְבָשְׁתְּךָ וּלְבֹשֶׁת עֶרְוַת אִמֶּךָ: 31 כִּי כָל־ ילי ־הַיָּמִים אֲשֶׁר בֶּן־יִשַׁי גלר וְזֶי

עַל־הָאֲדָמָה לֹא תִכּוֹן אַתָּה וּמַלְכוּתֶךָ וְעַתָּה שְׁלַח וְקַח אֹתוֹ אֵלַי

כִּי בֶן־מָוֶת הוּא: [ס] 32 וַיַּעַן יְהוֹנָתָן אֶת־שָׁאוּל אָבִיו וַיֹּאמֶר אֵלָיו לָמָּה

יוּמַת מֶה מ׳׳ה עָשָׂה: 33 וַיָּטֶל שָׁאוּל אֶת־הַחֲנִית עָלָיו לְהַכֹּתוֹ וַיֵּדַע יְהוֹנָתָן

כִּי־כָלָה הִיא מֵעִם עמם אָבִיו לְהָמִית אֶת־דָּוִד: [ס] 34 וַיָּקָם יְהוֹנָתָן מֵעִם עמם

הַשֻּׁלְחָן בָּחֳרִי־אָף וְלֹא־אָכַל בְּיוֹם נגד, זך, מזבח ־הַחֹדֶשׁ י׳׳ב הויות הַשֵּׁנִי

לֶחֶם ג׳׳פ יהוה כִּי נֶעְצַב אֶל־דָּוִד כִּי הִכְלִמוֹ אָבִיו: [ס] 35 וַיְהִי אל בַבֹּקֶר וַיֵּצֵא

יְהוֹנָתָן הַשָּׂדֶה ש׳׳די לְמוֹעֵד דָּוִד וְנַעַר ש׳׳ך קָטֹן עִמּוֹ: 36 וַיֹּאמֶר לְנַעֲרוֹ רֻץ

מְצָא נָא אֶת־הַחִצִּים אֲשֶׁר אָנֹכִי איע מוֹרֶה הַנַּעַר ש׳׳ך רָץ וְהוּא־יָרָה ד׳׳ה

הַחֵצִי לְהַעֲבִרוֹ: 37 וַיָּבֹא הַנַּעַר ש׳׳ך עַד־מְקוֹם יהוה ברבוע הַחֵצִי אֲשֶׁר יָרָה

יְהוֹנָתָן וַיִּקְרָא עם ה' אותיות = ב׳׳פ קס׳׳א יְהוֹנָתָן אַחֲרֵי הַנַּעַר ש׳׳ך וַיֹּאמֶר הֲלוֹא

הַחֵצִי מִמְּךָ וָהָלְאָה: 38 וַיִּקְרָא עם ה' אותיות = ב׳׳פ קס׳׳א יְהוֹנָתָן אַחֲרֵי הַנַּעַר ש׳׳ך

מְהֵרָה חוּשָׁה אַל־תַּעֲמֹד וַיְלַקֵּט נַעַר ש׳׳ך יְהוֹנָתָן אֶת־הַחִצִּים (כתיב: החצי)

וַיָּבֹא אֶל־אֲדֹנָיו: 39 וְהַנַּעַר ש׳׳ך לֹא־יָדַע מְאוּמָה אַךְ אההי יְהוֹנָתָן וְדָוִד

יָדְעוּ אֶת־הַדָּבָר רַאה: [ס] 40 וַיִּתֵּן י׳׳פ מלוי ע׳׳ב יְהוֹנָתָן אֶת־כֵּלָיו כלי אֶל־הַנַּעַר

אֲשֶׁר־לוֹ ש׳׳ך וַיֹּאמֶר לוֹ לֵךְ הָבֵיא הָעִיר בַּזֹּהַר, עֵרִי, סַנדלפון: 41 הַנַּעַר ש׳׳ך

בָּא וְדָוִד קָם מֵאֵצֶל הַנֶּגֶב וַיִּפֹּל לְאַפָּיו אלהים דההין ע׳׳ה אַרְצָה וַיִּשְׁתַּחוּ

שָׁלֹשׁ פְּעָמִים וַיִּשְּׁקוּ | אִישׁ ע׳׳ה קנ׳׳א קס׳׳א אֶת־רֵעֵהוּ וַיִּבְכּוּ אִישׁ ע׳׳ה קנ׳׳א קס׳׳א

אֶת־רֵעֵהוּ עַד־דָּוִד הִגְדִּיל: 42 וַיֹּאמֶר יְהוֹנָתָן לְדָוִד לֵךְ לְשָׁלוֹם אֲשֶׁר

en el Nombre del Eterno, diciendo: 'Que el Eterno esté entre tú y yo, y entre mi descendencia y tu descendencia para siempre'".

MAFTIR DE SHABAT ROSH JÓDESH

En este Maftir, leemos acerca de las tribus de Reuvén, Shimón y Gad, las cuales se ubicaron al Sur. El *Zóhar* en Trumá dice que el Sur significa *Jésed* (amor y misericordia) y es un lugar de quietud que está protegido por el ángel Mijael. Además dice que el Sur es donde todo se manifiesta una

NÚMEROS 28:9-15

28 ⁹ *"En el Shabat ofrecerás dos corderos de un año sin defecto, junto con su libación y su ofrenda de cereal de dos décimas de un efá de flor de harina mezclada con aceite.*

¹⁰ *Este es el holocausto de cada Shabat, además del holocausto continuo y de su libación.*

¹¹ *El primer día de cada mes presentarán al Eterno un holocausto de dos novillos, un carnero y siete corderos de un año, todos sin defecto.*

¹² *Con cada novillo habrá una ofrenda de cereal de tres décimas de un efá de flor de harina mezclada con aceite; con el carnero, una ofrenda de cereal de dos décimas de flor de harina, mezclada con aceite;*

¹³ *y con cada cordero, una ofrenda de cereal de una décima de un efá de flor de harina mezclada con aceite. Esto será como holocausto, un aroma agradable, una ofrenda ígnea al Eterno.*

¹⁴ *Sus libaciones serán medio hin de vino por cada novillo; un tercio de un hin por el carnero; y un cuarto de un hin por cada cordero. Este es el holocausto mensual que se debe hacer cada Luna Nueva durante el año.*

¹⁵ *Además del holocausto continuo con su libación, se presentará al Eterno un macho cabrío como ofrenda por pecado".*

נִשְׁבַּעְנוּ עָנִינוּ אֲנַחְנוּ בְּשֵׁם עדי יהוה יְהֹוָאדֹהָיאהדונהי לֵאמֹר יְהֹוָאדֹהָיאהדונהי

יִהְיֶה יי | בֵּינִי וּבֵינֶךָ וּבֵין זַרְעִי וּבֵין זַרְעֲךָ עַד־עוֹלָם: [פ]

MAFTIR DE SHABAT ROSH JÓDESH

vez que hemos completado nuestras conexiones espirituales. Al escuchar esta lectura, tenemos una oportunidad de hacer una introspección, encontrar la claridad para manifestar todas nuestras conexiones espirituales e imbuir de Luz el próximo mes.

בְּמִדְבַּר פֶּרֶק 28, פְּסוּקִים 9–15

28 9 וּבְיוֹם גנה, זן, מזבח הַשַּׁבָּת שְׁנֵי־כְבָשִׂים בְּנֵי־שָׁנָה תְּמִימִם וּשְׁנֵי

עֶשְׂרֹנִים סֹלֶת מִנְחָה עה, ב"פ ב"ן בְּלוּלָה בַשֶּׁמֶן י"פ טל, י"פ כוזו, ביט וְנִסְכּוֹ: 10 עֹלַת

שַׁבַּת בְּשַׁבַּתּוֹ עַל־עֹלַת אבגיתץ, ושר, אהבת חנם הַתָּמִיד נתה, קס"א + קנ"א + קמ"ג

וְנִסְכָּהּ: [פ] 11 וּבְרָאשֵׁי ריבוע אלהים + אלהים דיודין עה חָדְשֵׁיכֶם י"ב הוויות תַּקְרִיבוּ

עֹלָה לַיהֹוָאדֹהָיאהדונהי פָּרִים בְּנֵי־בָקָר שְׁנַיִם וְאַיִל אֶחָד אהבה, ראגה כְּבָשִׂים

בְּנֵי־שָׁנָה שִׁבְעָה תְּמִימִם: 12 וּשְׁלֹשָׁה עֶשְׂרֹנִים סֹלֶת מִנְחָה עה, ב"פ ב"ן

בְּלוּלָה בַשֶּׁמֶן י"פ טל, י"פ כוזו, ביט לַפָּר בזוחפר, ערי הָאֶחָד אהבה, ראגה וּשְׁנֵי עֶשְׂרֹנִים

סֹלֶת מִנְחָה עה, ב"פ ב"ן בְּלוּלָה בַשֶּׁמֶן י"פ טל, י"פ כוזו, ביט לָאַיִל הָאֶחָד אהבה, ראגה:

13 וְעִשָּׂרֹן עִשָּׂרוֹן סֹלֶת מִנְחָה עה, ב"פ ב"ן בְּלוּלָה בַשֶּׁמֶן י"פ טל, י"פ כוזו, ביט לַכֶּבֶשׂ

הָאֶחָד ב"פ קס"א אהבה, ראגה עֹלָה רֵיחַ נִיחֹחַ אִשֶּׁה לַיהֹוָאדֹהָיאהדונהי: 14 וְנִסְכֵּיהֶם

וְחֲצִי הַהִין יִהְיֶה יי לַפָּר בזוחפר, ערי וּשְׁלִישִׁת הַהִין לָאַיִל וּרְבִיעִת הַהִין

לַכֶּבֶשׂ ב"פ קס"א יָיִן מזכ, י"פ האא זֹאת עֹלַת אבגיתץ, ושר, אהבת חנם חֹדֶשׁ י"ב הוויות

בְּחָדְשׁוֹ י"ב הוויות לְחָדְשֵׁי י"ב הוויות הַשָּׁנָה: 15 וּשְׂעִיר עִזִּים אֶחָד אהבה, ראגה

לְחַטָּאת לַיהֹוָאדֹהָיאהדונהי עַל־עֹלַת אבגיתץ, ושר, אהבת חנם הַתָּמִיד נתה, קס"א + קנ"א + קמ"ג

יֵעָשֶׂה וְנִסְכּוֹ: [ס]

HAFTARÁ DE SHABAT ROSH JÓDESH

Así como el Shabat enfría las llamas del Infierno, estas mismas llamas son apagadas durante *Rosh Jódesh*, lo que nos da el poder de desviar y evitar el juicio.

ISAÍAS 66:1-24

66 *¹ Esto dice el Eterno: "El Cielo es Mi Trono y la Tierra es Mi Escabel. ¿Dónde está la Casa que podrían construir para Mí? ¿Dónde estará Mi lugar de reposo?*

² ¿Acaso Mi Mano no hizo todas estas cosas, para que llegaran a existir?", declara el Eterno. "Pero a este estimaré: al que es humilde y contrito de espíritu, y que tiembla ante Mi Palabra.

³ Pero el que sacrifica a un toro es como el que mata a un hombre, y el que sacrifica un cordero es como el que desnuca un perro; el que presenta ofrenda de cereal es como el que ofrece sangre de cerdo, el que quema incienso es como el que adora a un ídolo. Como ellos han escogido sus propios caminos y su alma se deleita en sus abominaciones,

⁴ también Yo escogeré sus castigos y traeré sobre ellos lo que temen. Porque cuando llamé, nadie respondió; cuando hablé, nadie escuchó. Hicieron lo malo ante Mis ojos y escogieron aquello que no es de Mi agrado".

⁵ Escuchen la Palabra del Eterno, ustedes que tiemblan ante Su Palabra: "Sus hermanos que los aborrecen y excluyen por causa de Mi Nombre, han dicho: '¡Que el Eterno sea glorificado, para que veamos su alegría!'. Pero ellos serán avergonzados.

⁶ ¡Oigan el estruendo que viene de la ciudad, oigan ese ruido que sale del Templo! Es el sonido del Eterno que retribuye a Sus enemigos todo lo que ellos merecen.

⁷ Antes de que entre en labor de parto, ella da a luz; antes que le vinieran los dolores, ella da a luz un niño.

⁸ ¿Quién ha oído tal cosa? ¿Quién ha visto una cosa así? ¿Puede nacer un país en un solo día o puede nacer una nación en un instante? Porque tan pronto como Tsiyón tuvo los dolores de parto dio a luz a sus hijos.

⁹ ¿Acaso propiciaré el momento del parto y no haré nacer?", dice el Eterno. "¿Acaso Yo, que hago dar a luz, cerraré la matriz?", dice tu Dios.

HAFTARÁ DE SHABAT ROSH JÓDESH

יְשַׁעְיָהוּ פֶּרֶק 66, פְּסוּקִים 1–24

66 1 כֹּה אָמַר יְהֹוָה֒אהדי֙אהדונהי הַשָּׁמַיִם כִּסְאִ֔י וְהָאָ֖רֶץ הֲדֹ֣ם רַגְלָ֑י אֵי־זֶ֥ה בַ֙יִת֙ אֲשֶׁ֣ר תִּבְנוּ־לִ֔י וְאֵי־זֶ֥ה מָק֖וֹם מְנוּחָתִֽי: 2 וְאֶת־כָּל־אֵ֙לֶּה֙ יָדִ֣י עָשָׂ֔תָה וַיִּהְי֥וּ כָל־אֵ֖לֶּה נְאֻם־יְהֹוָ֒האהדי֙אהדונהי וְאֶל־זֶ֣ה אַבִּ֔יט אֶל־עָנִי֙ וּנְכֵה־ר֔וּחַ וְחָרֵ֖ד עַל־דְּבָרִֽי: 3 שׁוֹחֵ֣ט הַשּׁ֗וֹר מַכֵּה־אִישׁ֙ זוֹבֵ֤חַ הַשֶּׂה֙ עֹ֣רֵֽף כֶּ֔לֶב מַעֲלֵ֤ה מִנְחָה֙ דַּם־חֲזִ֔יר מַזְכִּ֥יר לְבֹנָ֖ה מְבָ֣רֵֽךְ אָ֑וֶן גַּם־הֵ֗מָּה בָּחֲרוּ֙ בְּדַרְכֵיהֶ֔ם וּבְשִׁקּוּצֵיהֶ֖ם נַפְשָׁ֥ם חָפֵֽצָה: 4 גַּם־אֲנִ֞י אֶבְחַ֣ר בְּתַעֲלֻלֵיהֶ֗ם וּמְגֽוּרֹתָם֙ אָבִ֣יא לָהֶ֔ם יַ֤עַן קָרָ֙אתִי֙ וְאֵ֣ין עוֹנֶ֔ה דִּבַּ֖רְתִּי וְלֹ֣א שָׁמֵ֑עוּ וַיַּעֲשׂ֤וּ הָרַע֙ בְּעֵינַ֔י וּבַאֲשֶׁ֥ר לֹֽא־חָפַ֖צְתִּי בָּחָֽרוּ: [ס] 5 שִׁמְעוּ֙ דְּבַר־יְהֹ֒וָה֙אהדי֙אהדונהי הַחֲרֵדִ֖ים אֶל־דְּבָר֑וֹ אָמְרוּ֩ אֲחֵיכֶ֙ם שֹׂנְאֵיכֶ֜ם מְנַדֵּיכֶ֗ם לְמַ֤עַן שְׁמִי֙ יִכְבַּ֣ד יְהֹ֒וָה֒אהדי֙אהדונהי וְנִרְאֶ֣ה בְשִׂמְחַתְכֶ֔ם וְהֵ֖ם יֵבֹֽשׁוּ: 6 ק֤וֹל שָׁאוֹן֙ מֵעִ֔יר ק֖וֹל מֵֽהֵיכָ֑ל ק֣וֹל יְהֹ֒וָ֒האהדי֙אהדונהי מְשַׁלֵּ֥ם גְּמ֖וּל לְאֹיְבָֽיו: 7 בְּטֶ֥רֶם תָּחִ֖יל יָלָ֑דָה בְּטֶ֛רֶם יָב֥וֹא חֵ֛בֶל לָ֖הּ וְהִמְלִ֥יטָה זָכָֽר: 8 מִֽי־שָׁמַ֣ע כָּזֹ֗את מִ֤י רָאָה֙ כָּאֵ֔לֶּה הֲי֤וּחַל אֶ֙רֶץ֙ בְּי֣וֹם אֶחָ֔ד אִם־יִוָּ֥לֵֽד גּ֖וֹי פַּ֣עַם אֶחָ֑ת כִּֽי־חָ֛לָה גַּם־יָלְדָ֥ה צִיּ֖וֹן אֶת־בָּנֶֽיהָ: 9 הַאֲנִ֥י אַשְׁבִּ֛יר וְלֹ֥א אוֹלִ֖יד יֹאמַ֣ר יְהֹוָ֑האהדי֙אהדונהי אִם־אֲנִ֥י

[10] "Regocíjense con Yerushaláyim y alégrense por ella, todos los que la aman; rebosen de júbilo con ella, todos los que hacen duelo por ella.

[11] Para que puedan mamar y sea saciados con los pechos de sus consuelos, para que puedan beber y deleitarse en su abundancia".

[12] Porque así dice el Eterno: "Extenderé paz hacia ella como un río y la riqueza de las naciones como torrente desbordado; y beberán y serán llevados en sus brazos y acariciados sobre sus rodillas.

[13] Como una madre que consuela a su hijo, así los consolaré Yo; y serán consolados en Yerushaláyim".

[14] Cuando vean esto, su corazón se llenará de gozo y florecerán como hierba; la mano del Eterno se dará a conocer a Sus siervos y Su furia será mostrada a Sus enemigos.

[15] He aquí que el Eterno vendrá con fuego y Sus carros son como torbellino; Él descargará Su ira con furia y Su reprimenda con llamas de fuego.

[16] Porque el Eterno ejercerá juicio con fuego y con Su espada a todos, y serán muchos los muertos del Eterno.

[17] "Los que se santifican y se purifican para ir a los jardines, tras uno que está en medio de aquellos que comen carne de cerdo y ratones y otras cosas abominables, serán exterminados juntos", declara el Eterno.

[18] "Y dado que Yo conozco sus obras y sus pensamientos, iré a reunir a todas las naciones y lenguas, y vendrán y verán Mi gloria.

[19] Y pondré una señal entre ellas y enviaré a sus sobrevivientes a las naciones: a Tarshish, a Pul, y Lud, que manejan el arco, a Tuval y Tuvána, arqueros famosos, a Tubal y a las islas remotas que no han oído de Mi fama ni han visto Mi gloria. Ellos anunciarán Mi gloria entre las naciones.

[20] Y ellos traerán a todos sus hermanos, de entre todas las naciones, a Mi Monte Santo en Yerushaláyim como ofrenda al Eterno; en caballos, en carros, en literas, en burros y en dromedarios", dice el Eterno. "Los traerán tal como los israelitas traen su ofrenda de grano en vasijas ceremonialmente limpias al Templo del Eterno.

[21] "Y seleccionaré algunos de ellos para sacerdotes y para levitas", dice el Eterno.

[22] "Porque como los Cielos nuevos y la Tierra Nueva que Yo hago permanecerán delante de Mí", declara el Eterno, "así permanecerá su nombre y su descendencia".

הַמּוֹלִיד וְעָצַרְתִּי אָמַר אֱלֹהָיִךְ יְלֹה׳ רי׳י שי׳ע שי׳ע וְגִילוּ 10 [ס]: שִׂמְחוּ אֶת־יְרוּשָׁלַםִ

בָהּ כָּל יְלי ־אֹהֲבֶיהָ שִׂישׂוּ אִתָּהּ מָשׂוֹשׂ כָּל יְלי ־הַמִּתְאַבְּלִים עָלֶיהָ פּהל׳:

11 לְמַעַן תִּינְקוּ וּשְׂבַעְתֶּם מִשֹּׁד תַּנְחֻמֶיהָ לְמַעַן תָּמֹצּוּ וְהִתְעַנַּגְתֶּם

מִזִּיז כְּבוֹדָהּ: [ס] 12 כִּי־כֹה י הי׳׳ | אָמַר יְהֹוָהִאדני אהדנהי הִנְנִי נֹטֶה־אֵלֶיהָ כְּנָהָר

שָׁלוֹם וּכְנַחַל שׁוֹטֵף כְּבוֹד גּוֹיִם וִינַקְתֶּם עַל־צַד תִּנָּשֵׂאוּ וְעַל־בִּרְכַּיִם לּ׳ב׳

תְּשָׁעֳשָׁעוּ: 13 כְּאִישׁ עֿה קנ׳׳א קס׳׳א אֲשֶׁר אִמּוֹ תְּנַחֲמֶנּוּ כֵּן אָנֹכִי אי׳׳ע אֲנַחֶמְכֶם

וּבִירוּשָׁלַםִ רי׳י שי׳ע תְּנֻחָמוּ: 14 וּרְאִיתֶם וְשָׂשׂ לִבְּכֶם וְעַצְמוֹתֵיכֶם כַּדֶּשֶׁא

תִפְרַחְנָה וְנוֹדְעָה יַד־יְהֹוָהִאדני אהדנהי אֶת־עֲבָדָיו וְזָעַם אֶת־אֹיְבָיו: [ס]

15 כִּי־הִנֵּה יְהֹוָהִאדני אהדנהי מ׳ה יה אלהים דיודין עה בָּאֵשׁ יָבוֹא וְכַסּוּפָה מַרְכְּבֹתָיו

לְהָשִׁיב בְּחֵמָה אַפּוֹ וְגַעֲרָתוֹ בְּלַהֲבֵי־אֵשׁ אלהים דיודין עה : 16 כִּי בָאֵשׁ

אלהים דיודין עה יְהֹוָהִאדני אהדנהי נִשְׁפָּט וּבְחַרְבּוֹ רי׳י, גבורה אֶת־כָּל ־בָּשָׂר וְרַבּוּ יְלי

חַלְלֵי יְהֹוָהִאדני אהדנהי: 17 הַמִּתְקַדְּשִׁים וְהַמִּטַּהֲרִים אֶל־הַגַּנּוֹת אַחַר אַחַת

(כתיב: אחד) בַּתָּוֶךְ אֹכְלֵי בְּשַׂר הַחֲזִיר וְהַשֶּׁקֶץ וְהָעַכְבָּר יַחְדָּו יָסֻפוּ

נְאֻם־יְהֹוָהִאדני אהדנהי: 18 וְאָנֹכִי אי׳׳ע מַעֲשֵׂיהֶם וּמַחְשְׁבֹתֵיהֶם בָּאָה לְקַבֵּץ

אֶת־כָּל יְלי ־הַגּוֹיִם וְהַלְּשֹׁנוֹת וּבָאוּ וְרָאוּ אֶת־כְּבוֹדִי: 19 וְשַׂמְתִּי בָהֶם

אוֹת וְשִׁלַּחְתִּי מֵהֶם | פְּלֵיטִים אֶל־הַגּוֹיִם תַּרְשִׁישׁ פּוּל וְלוּד מֹשְׁכֵי קֶשֶׁת

תֻּבַל בּ׳פ רי׳י, בׅ׳פ גבורה וְיָוָן הָאִיִּים הָרְחֹקִים אֲשֶׁר לֹא־שָׁמְעוּ אֶת־שִׁמְעִי

וְלֹא־רָאוּ אֶת־כְּבוֹדִי וְהִגִּידוּ אֶת־כְּבוֹדִי בַּגּוֹיִם: 20 וְהֵבִיאוּ אֶת־כָּל

־אֲחֵיכֶם יְלי מִכָּל ־הַגּוֹיִם יְלי | מִנְחָה עׅה בׅ׳פ בׅן לַיהֹוָהִאדני אהדנהי בַּסּוּסִים

רִבוע אדני, כוק וּבָרֶכֶב וּבַצַּבִּים וּבַפְּרָדִים וּבַכִּרְכָּרוֹת עַל הַר רבוע אלהים א׳ה

קָדְשִׁי יְרוּשָׁלַםִ רי׳י שי׳ע אָמַר יְהֹוָהִאדני אהדנהי כַּאֲשֶׁר יָבִיאוּ בְנֵי יִשְׂרָאֵל

אֶת־הַמִּנְחָה עׅה בׅ׳פ בׅן בִּכְלִי טָהוֹר כלׅי בֵּית בׅ׳פ ראה יְהֹוָהִאדני אהדנהי: 21 וְגַם

־מֵהֶם אֶקַּח לַכֹּהֲנִים לַלְוִיִּם מלׅה יהוה - אהיה אָמַר יְהֹוָהִאדני אהדנהי: 22 כִּי

כַּאֲשֶׁר הַשָּׁמַיִם י׳פ טל, י׳פ כוזו הַחֳדָשִׁים וְהָאָרֶץ אלהים דאלפין הַחֳדָשָׁה אֲשֶׁר

[23] De una Luna Nueva a otra y de un Shabat a otro, toda la humanidad vendrá y se postrará ante Mí", dice el Eterno.

[24] "Y saldrán y verán los cadáveres de los hombres que se rebelaron contra Mí; su gusano no morirá, ni su fuego se apagará, y serán el horror de toda la humanidad". De una Luna Nueva a otra y de un Shabat a otro, toda la humanidad vendrá y se postrará ante Mí", dice el Eterno.

אֲנִֽי עֹשֶׂה עֹמְדִים לְפָנַי נְאֻם־יְהֹוָהֵדֹנָיאהדוני כֵּן יַעֲמֹד זַרְעֲכֶם וְשִׁמְכֶֽם:

23 וְהָיָה מִדֵּי־חֹדֶשׁ ־ י״ב הוויות בְּחׇדְשׁוֹ וּמִדֵּי שַׁבָּת בְּשַׁבַּתּוֹ יָבוֹא כׇל ־בָּשָׂר לְהִשְׁתַּחֲוֺת לְפָנַי אָמַר יְהֹוָהֵדֹנָיאהדוני: 24 וְיָצְאוּ וְרָאוּ בְּפִגְרֵי הָאֲנָשִׁים הַפֹּשְׁעִים בִּי כִּי תוֹלַעְתָּם לֹא תָמוּת וְאִשָּׁם לֹא תִכְבֶּה וְהָיוּ דֵרָאוֹן לְכׇל ־בָּשָׂר: וְהָיָה מִדֵּי־חֹדֶשׁ ־ י״ב הוויות בְּחׇדְשׁוֹ וּמִדֵּי שַׁבָּת בְּשַׁבַּתּוֹ יָבוֹא כׇל ־בָּשָׂר לְהִשְׁתַּחֲוֺת לְפָנַי אָמַר יְהֹוָהֵדֹנָיאהדוני:

NOTAS

www.ingramcontent.com/pod-product-compliance
Lightning Source LLC
Chambersburg PA
CBHW040845100426
42812CB00014B/2610